SSC CHSL टियर-1

संयुक्त उच्च माध्यमिक स्तर (10+2) परीक्षा

नवीनतम संस्करण

अभ्यास किट

11 टेस्ट्स

03 गतवर्षीय प्रश्न पत्र

08 मॉक टेस्ट्स

वास्तविक परीक्षा प्रारूप पर आधारित टेस्ट

✓ पूर्णतः संशोधित और अद्यतन

✓ सभी बहुविकल्पीय प्रश्नो का विस्तृत विश्लेषण

शीर्षक	: SSC CHSL टियर-1 संयुक्त उच्च माध्यमिक स्तर (10+2) परीक्षा
लेखक का नाम	: Mr. Rohit Manglik
प्रकाशक	: EduGorilla Community Pvt. Ltd.
प्रकाशक का पता	: 12/651 प्रथम तल, अरविन्दो पार्क के सामने, निकट जामा मस्जिद, इंदिरा नगर लखनऊ, उत्तर प्रदेश, 226016, भारत।

कॉपीराइट EduGorilla

अस्वीकरण EduGorilla

रोहित मांगलिक
सीईओ, EduGorilla

प्रिय छात्रों,

एक बहुत ही प्रचलित कहावत है कि "सफलता उन्हीं को मिलती है जो उसके लिए कड़ी मेहनत करते हैं।" लेकिन मैंने लोगों को उनकी परीक्षाओं के लिए दिन-रात एक करके मेहनत करते हुए देखा है, पर फिर भी वे सफल नहीं हो पाते। तो वहीं दूसरी ओर, कुछ लोग बस आधी मेहनत करके परीक्षा में सफलता प्राप्त करते हैं। तो, क्या वे किस्मत वाले हैं? नहीं मेरा मानना है, कि ऐसा इसलिए है क्योंकि वे सिर्फ कड़ी नहीं बल्कि कुशल तरीके से अपनी तैयारी करते हैं। इसी तरह आपको भी अपनी परीक्षाओं की तैयारी के लिए अपनी योजना बनानी चाहिए, ताकि आपकी भी सफलता की संभावना बढ़ सके। तो तैयार हो जाइये EduGorilla के साथ अपनी परीक्षा में चयन होने की संभावना को 16 गुना बढ़ाने के लिए।

EduGorilla आपको न केवल कड़ी मेहनत करने में मदद करता है, बल्कि एक स्मार्ट और योजनाबद्ध तरीके से तैयारी करने में भी सहायता प्रदान करता है। EduGorilla की तैयारी पैकेज के साथ आप अपने परीक्षा में चयन होने के रास्ते को सहज और मनोरंजक बना सकते हैं। अपनी तैयारी के लिए सही रास्ता खोजना मुश्किल हो सकता है, यदि आप ये नहीं जानते कि आपको किस दिशा में जाना है। चिंता न करें हम आपके साथ खड़े हैं! EduGorilla आपकी सफलता में आपका मार्गदर्शक बनेगा। हमारे तैयारी पैकेज के साथ आप रणनीतिक रूप से तैयारी कर, अपनी परीक्षा में सिर्फ एक ही प्रयास में सफल हो सकते हैं।

EduGorilla के तैयारी पैकेज में शामिल हैं-

• टेस्ट सीरीज़   • किताबें

हमारे तैयारी पैकेज को सभी तरह के नये बदलवों, विशेषज्ञों की राय एवं छात्रों के प्रतिक्रिया के अनुसार तैयार किया गया है। जो आपको परीक्षा के प्रत्येक चरण की चयन प्रक्रिया को पार करने के योग्य बनाता है।

हमारी किताबें शिक्षकों और विशेषज्ञों द्वारा आपकी परीक्षा के लिए तैयार की गई हैं, 150+ वर्षों के अनुभव के साथ; ताकि आपको आसान, कुशल और प्रभावी शिक्षण प्रदान किया जा सके। हमारी स्मार्ट किताबें न सिर्फ आपको प्रश्नों के उत्तर देने की समझ देती हैं, अपितु आपके अभ्यास के लिए समान रूप के प्रश्न भी प्रदान करती हैं।

EduGorilla की सक्षम टेस्ट सीरीज आपको वास्तविक अनुभव और आत्मविश्वास प्रदान करती हैं, जिसके माध्यम से आप केवल एक प्रयास में अपनी ऑफलाइन अथवा ऑनलाइन परीक्षा पास कर सकते हैं। वर्तमान में हम 84,000+ मॉक टेस्ट्स और 1,440+ प्रतियोगी एवं शैक्षणिक परीक्षाओं की तैयारी कराते हैं।

अर्थात, EduGorilla आपकी तैयारी में आपकी सहायता करने का कोई भी मौका नहीं छोड़ता है और परीक्षा के सभी चरणों को कवर करता है, ताकि परीक्षा की तैयारी के लिए आपको कहीं और भटकना ना पड़े।

हम आपको डिफेन्स, बैंकिंग, टीचिंग और अन्य राष्ट्रीय एवं राज्य स्तरीय परीक्षाओं के लिए सम्पूर्ण तैयारी पैकेज प्रदान करते हैं। अत: इससे कोई फर्क नहीं पड़ता कि आप किस परीक्षा के लिए तैयारी कर रहे हैं, क्योंकि आप सफलता हासिल करेंगे।

आपको परीक्षा की शुभकामनाएं!

रोहित मांगलिक,
संस्थापक और मुख्य कार्यकारी अधिकारी, EduGorilla

प्रस्तावना

EduGorilla छात्रों को उनकी परीक्षा में सफल होने के लिए मार्गदर्शन प्रदान करता है। जिसको ध्यान में रखते हुए हमारे कुल 150+ वर्षों का अनुभव रखने वाले प्रतिष्ठित विशेषज्ञों ने कड़े प्रयासों के द्वारा "SSC CHSL टियर-1 : संयुक्त उच्च माध्यमिक स्तर (10+2) परीक्षा" को तैयार किया है। इस किताब के प्रश्नों को हाल ही में परीक्षा के पाठ्यक्रम और पैटर्न में हुए सभी बदलावों को ध्यान में रखकर बनाया गया है। वो प्रश्न जिनकी SSC CHSL परीक्षा में आने कि संभवना काफी प्रबल है, उनको इस किताब मे रखा गया है। आप EduGorilla की "SSC CHSL टियर-1 : संयुक्त उच्च माध्यमिक स्तर (10+2) परीक्षा" के माध्यम से अपनी सफलता की संभावना को 16 गुना बढ़ा सकते हैं।

EduGorilla ये अपनी संपूर्ण तैयारी पैकेज के माध्यम से साकार करता है। इस किट में आपको प्रश्न अच्छी तरह अवधारित एवं संरचित रूप मे मिलेंगे जिन्हे आपकी जरूरतों के अनुसार बनाया गया है। इसके माध्यम से आपको स्मार्ट तरीके से परीक्षा के लिए अभ्यास करने में मदद मिलेगी। साथ ही आपको सहायक, समाधान और स्मार्ट उत्तर पत्रिका भी प्रदान की जायेंगी। जिससे आप अपना मूल्यांकन स्वयं कर सकते हैं। आप स्वयं की समीक्षा कर, उन सभी बिन्दुओं पर खुद को बेहतर तरीके से तैयार कर सकते हैं।

EduGorilla आपको अपनी परीक्षा में सफलता दिलाने और आपके लक्ष्य को हासिल करने में आपकी सहायता करने का वादा करता हैं। हम अपने प्रतिभागियों पर पूरा भरोसा करते हैं और उन्हें मेरिट सूची के शीर्ष पर देखते हैं। शीर्ष स्थान की ओर आपका पहला कदम है हमारे साथ तैयारी शुरू करना। EduGorilla की "SSC CHSL टियर-1 : संयुक्त उच्च माध्यमिक स्तर (10+2) परीक्षा" की विशेषताएं कुछ इस प्रकार हैं।

➤ अच्छी तरह से शोध किया हुआ पाठ्यक्रम

➤ उच्च गुणवत्ता

➤ विस्तृत उत्तर और विश्लेषण

➤ स्मार्ट उत्तर पत्रिका

➤ परीक्षा सुसंगत प्रश्न

इस प्रकार EduGorilla आपकी तैयारी को मजबूत और आपको परीक्षा में सफल होने के योग्य बनाता है।

SSC CHSL
परीक्षा की योग्यता, परीक्षा पैटर्न, विषय को जानने
के लिए QR कोड को स्कैन करें।

Book ID: 1146

विषय–सूची

English Language

Q.1 Direction: Choose the option that is the active form of the sentence.

The politician's speech was loudly cheered.

A. The audience cheer the politician's loud speech.

B. The audience was loudly cheered by the politician's speech.

C. The audience loudly cheered the politician's speech.

D. The audience had been loudly cheered by the politician.

Q.2 Direction: Choose the option that is the indirect form of the sentence.

Vandana said, "I'm being dropped to office today".

A. Vandana said that she should be dropped to office today.

B. Vandana said that I am being dropped to office on that day.

C. Vandana said that she was being dropped to office that day.

D. Vandana said she was dropped to office today.

Ques (3-4):Direction: Given below idioms/phrases followed by four alternative meanings to each. Choose whichever is the most appropriate meaning and mark your answer.

Q.3 Overstep the mark

[UPSC NDA, 2021]

A. To tell people how successful you are

B. To step into someone else's areas of expertise

C. To upset someone by doing/saying more than you should

D. To do something in an excited way

Q.4 Palsy-walsy friends

[UPSC NDA, 2021]

A. Good friends

B. Friends who help each other in difficult suituations

C. Friends by choice, and not by chance

D. Unfriendly

Ques (5-6):Direction: Question consists of a sentence with an underlined word followed by four words. Select the option that is opposite in meaning to the underlined word and mark your answer.

Q.5 He found her extremely <u>attractive</u> and charming.

[UPSC NDA, 2021]

A. Unnatural   B. Modern

C. Repulsive   D. Disapproving

Q.6 The sky is <u>boundless</u>.

[UPSC NDA, 2021]

A. High   B. Vast

C. Expansive   D. Finite

Q.7 Direction: Choose the appropriate word to fill in the blank.

A ________ of seagulls flew over the ship screeching raucously.

[Allahabad High Court Review Officer (RO), 2017]

A. drove   B. fleet   C. bunch   D. flock

Q.8 Direction: Choose the appropriate word to fill in the blank.

She was the ______ of all eyes at the party.

[Allahabad High Court Review Officer (RO), 2017]

A. pride   B. limelight   C. star   D. cynosure

Q.9 Choose the miss-spelt word.

[NCHM JEE (Hotel Mgmt & Catering), 2018]

A. Fatuous   B. Obituary

C. Mortury   D. Congress

Q.10 Direction: In the following question, out of the given alternatives, choose the one which can be substituted for the given words/sentence.

The extreme fear of time or time passing

A. Cellophobia   B. Claustrophobia

C. Chronophobia   D. Centrophobia

Q.11 Direction: In the following question, out of the given alternatives, choose the one which can be substituted for the given words/sentence.

An imaginary ideal society

A. Model   B. Ultimate   C. Utopia   D. Flawless

Q.12 Direction: In the following question, out of the four alternatives, select the alternative which will improve the underlined part of the sentence. In case no improvement is needed, select "No improvement".

Sneha agrees that <u>her older brother is much clever than</u> her.

A. her older brother is much clever to her

B. her elder brother is much clever to

C. her elder brother is much clever than

D. No improvement

Q.13 Direction: In the given question, a part of the sentence is made bold. Below are given alternatives to the bold part at (A), (B), and (C) which may improve the sentence. Choose the correct alternative. In case no replacement is needed, mark (D) as your answer.

The accumulated dust on the **furnitures indicated that the family were** long gone.

A. furnitures indicated that the family were

B. furnitures indicated that the family was

C. furniture indicated that the family was

D. No replacement required

Q.14 Direction: Fill in the blank with a suitable adjective from those given in the options.

Tammy is ______ than Ashish, even if Ashish is very muscular.

A. heavy   B. more heavy

C. heavier   D. heaviest

Q.15 Choose the correctly spelt word.

A. Asspersion   **B.** Voluptuous

C. Voguei   **D.** Equestrain

Ques (16-20):Direction: In the following passage, some words have been deleted. Select the most appropriate option to fill in each blank.

Christmas is one of the most famous and light-hearted festivals which is ___(1)___ across the world by billions of people. People of the Christian religion celebrate Christmas to ___(2)___ the great works of Jesus Christ. 25th December is celebrated as Christmas Day ___(3)___ the world. Christians celebrate Christmas Day as the birth anniversary of Jesus Christ. Jesus Christ of Bethlehem was a spiritual leader and prophet whose teachings ___(4)___ the premise of their religion. People ___(5)___ popular customs including exchanging gifts, decorating Christmas trees, attending church, sharing meals with family and friends, and, obviously, trusting that Santa Claus will arrive. 25th December, Christmas Day, has been a federal holiday in the United States since 1870.

Q.16 Select the most appropriate option to fill in blank number 1.

A. Celebrated   **B.** Complicated

C. Abducted   **D.** Protected

Q.17 Select the most appropriate option to fill in blank number 2.

A. Order   **B.** Listener

C. Remember   **D.** Viewer

Q.18 Select the most appropriate option to fill in blank number 3.

A. Aimless   **B.** Address   **C.** Recess   **D.** Across

Q.19 Select the most appropriate option to fill in blank number 4.

A. Ensure   **B.** Structure   **C.** Secure   **D.** Figure

Q.20 Select the most appropriate option to fill in blank number 5.

A. Allow   **B.** Disallow   **C.** Fallow   **D.** Follow

Q.21 Direction: Given below are four sentences in jumbled order. Pick the option that gives their correct order.

A. The zip on the bag got jammed and wouldn't open no matter how hard I pulled at it.

B. We were flying to England for a week.

C. I also remembered that I had put the frequent flyer card in the carry-on bag hanging around my neck.

D. As we were checking in, I remembered that I was a member of the frequent flyer programme.

[SSC Sub Inspector (CPO), 2021]

A. BDCA   **B.** ABDC   **C.** BACD   **D.** DBAC

Q.22 Direction: Given here are four sentences. The first sentence is in the correct order. Pick the option that gives the correct order.

A. In the late 1930s, American foreign policy in the Pacific hinged on support for China, and aggression against

B. China by Japan therefore necessarily would bring Japan into conflict with the United States.

C. As early as 1931 the Tokyo government had extended its control over the Chinese province of Manchuria, and the following year

D. the Japanese cemented their hold on the region with the creation of the puppet state of Manchukuo.

A. ABCD   **B.** ACBD   **C.** ADBC   **D.** ADCB

Ques (23-24):Direction: Select the most appropriate synonym of the given word.

Q.23 Abscond

A. Flee   **B.** Come   **C.** Evict   **D.** Remain

Q.24 Persecution

A. Perfection   **B.** Affliction

C. Stimulation   **D.** Oppression

Q.25 Direction: In the following sentences is divided into three parts a, b & c. Some of the sentences have errors in one part and some have none. Find out which part of the sentence has an error.

My sister and her husband (a) / broke out (b) / When they heard the bad news. (c) / (d) No error.

A. (a)   **B.** (b)   **C.** (c)   **D.** (d)

General Intelligence

Ques (26-27):निर्देश: निम्नलिखित प्रश्न में दिए गए विकल्पों में से संबंधित संख्या का चयन करें।

Q.26 86 : 62 : : 49 : ?

A. 29   **B.** 49   **C.** 35   **D.** 42

Q.27 62 : 155 : : 58 : ?

A. 131   **B.** 148   **C.** 145   **D.** 256

Q.28 निर्देश: निम्नलिखित प्रश्न आकृति का दर्पण प्रतिबिंब ज्ञात करे:

प्रश्न आकृति:

उत्तर आकृति:

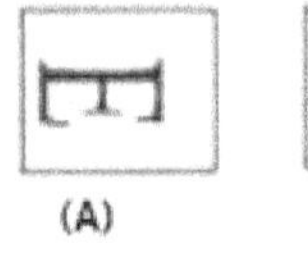

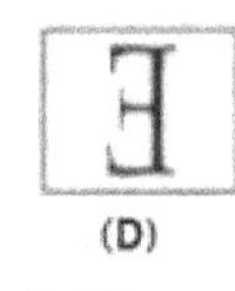

A. (A)   **B.** (B)   **C.** (C)   **D.** (D)

Q.29 निर्देश: निम्नलिखित दिया गया समीकरण गलत है। समीकरण को सही करने के लिए किन दो संकेतों का परस्पर संबंध होना चाहिए?

18 ÷ 2 × 4 + 10 - 2 = 25

A. ÷ और -   **B.** + और ÷   **C.** - और +   **D.** × और -

Q.30 यदि 'A' का अर्थ '+', 'B' का अर्थ '-', 'C' का अर्थ '÷' तथा 'D' का अर्थ '×' हो, तो निम्नलिखित में से कौन सा समीकरण सही है?

A. 5D14C28A12 = (−2)

B. 22D2C4A11 = 33

C. 56C28D17B36 = (−2)

D. 14D2B18A19 = 6

Q.31 निर्देश: एक कागज़ के टुकड़े को निम्न प्रश्न आकृतियों में दर्शाए गये अनुसार मोड़ा जाता है और उसमें छेद किया जाता है। खोलने के बाद वह किस उत्तर आकृति के समान दिखाई देगा?

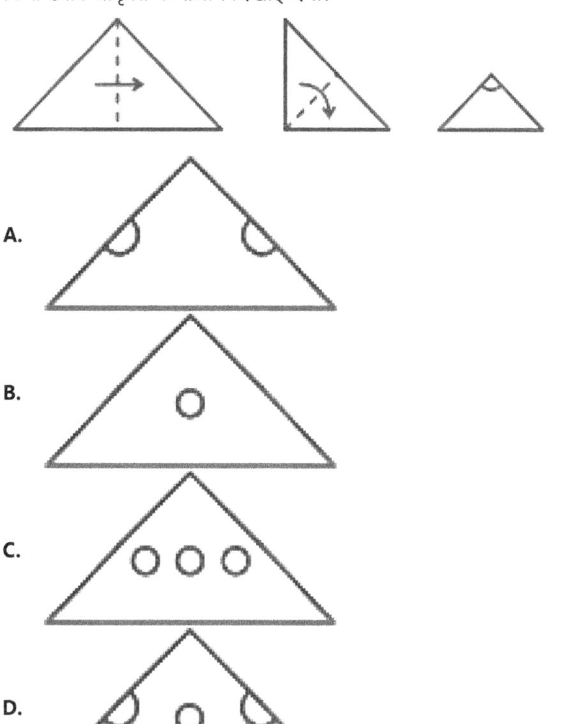

Q.32 एक कूट भाषा में SKILLS को HPROOH के रूप में लिखा जाता है। उस भाषा में PLACES कैसे लिखा जाएगा?

[SSC Selection Post Phase IX, 2020]

A. KOZXVH

B. KOBXVG

C. LOZXVI

D. KPZXUH

Q.33 एक कूट भाषा में, यदि SECRETE को 1922318222022 के रूप में लिखा जाता है और *SOUND* को 19126144 के रूप में लिखा जाता है, तो NOISE उसी भाषा में कैसे लिखा जाएगा?

[SSC Selection Post Phase IX, 2020]

A. 1312181920

B. 141514195

C. 1412181922

D. 1415182922

Q.34 निर्देश: दिए गए आकृति में त्रिकोणों की संख्या ज्ञात कीजिए।

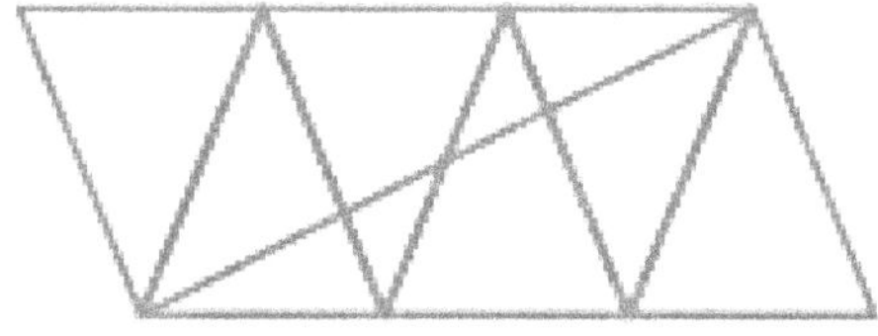

A. 16

B. 20

C. 24

D. 32

Q.35 Xe, Fr का पिता है। Fr, Za से विवाहित है। Gr Za का बेटा है। Fr, Gr से कैसे संबंधित है?

A. माता

B. पिता

C. या तो माता या पिता

D. भाई

Q.36 निर्देश: उस आरेख की पहचान कीजिये जो नीचे दिए गए वर्गों के बीच संबंध को सबसे बेहतर ढंग से दर्शाता है:

सेब, फल, केला

A. 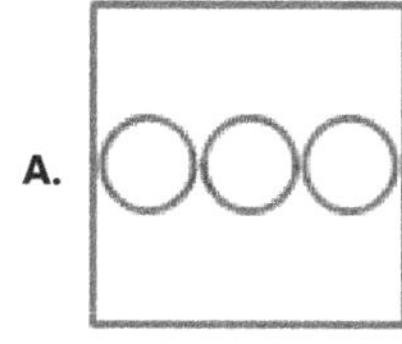   B. 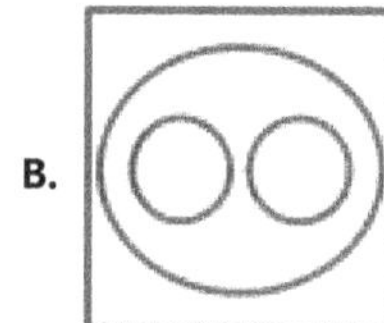

C.    D. 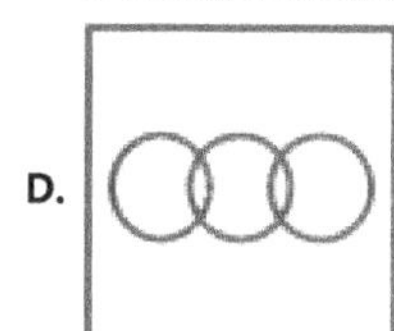

Q.37 दिए गए विकल्पों में से विषम अक्षर युग्म का चयन करें।

A. *HIUL*   **B.** *QIEM*   **C.** *ZOIV*   **D.** *TEAP*

Ques (38-39):निर्देश: निम्नलिखित श्रृंखला में प्रश्नवाचक चिह्न '?' के स्थान पर क्या आएगा?

Q.38 5, 9, 10, 28, 17, 65, ______

A. 32   **B.** 26   **C.** 78   **D.** 93

Q.39 7, 9, 13, 21, 37, ______

A. 58   **B.** 63   **C.** 69   **D.** 72

Q.40 यदि '@' का अर्थ 'जोड़ना', '%' का अर्थ 'गुणा', '$' का अर्थ 'भाग' और '#' का अर्थ 'घटाना' है, तो निम्नलिखित व्यंजक का मान ज्ञात कीजिए।

29 @ 128 $ 16 % 7 # 22

A. 47   **B.** 58   **C.** 63   **D.** 23

Q.41 1 जनवरी 2018 को सोमवार था। फिर 1 जनवरी 2019, इस दिन पड़ता है:

A. मंगलवार   **B.** बुधवार   **C.** गुरूवार   **D.** शनिवार

Q.42 पिता और पुत्र की वर्तमान आयु (वर्ष में) का अनुपात $15:8$ है। छः वर्ष पहले, उनकी आयु का अनुपात $13:6$ था। पिता की वर्तमान आयु क्या है?

A. 45 वर्ष   **B.** 58 वर्ष   **C.** 65 वर्ष   **D.** 78 वर्ष

Q.43 उस विकल्प का चयन कीजिए, जो दी गई आकृति के दर्पण प्रतिबिंब से निकटता से मेल खाता है, जब दर्पण को बाईं ओर रखा जाता है।

प्रश्न आकृति

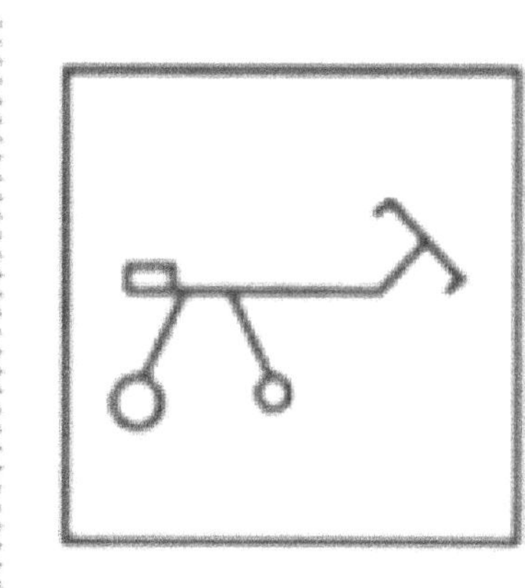

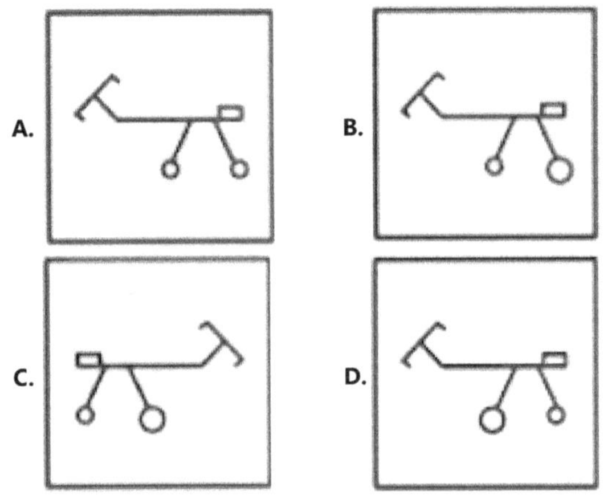

Q.44 अंग्रेजी शब्दकोश के अनुसार निम्नलिखित शब्दों को व्यवस्थित करें।

(a) peremptory

(b) perceptible

(c) perceptual

(d) perforation

(e) percentile

A. (e), (c), (b), (d), (a)   **B.** (e), (b), (c), (a), (d)

C. (e), (c), (b), (a), (d)   **D.** (e), (b), (c), (d), (a)

Q.45 पासे की चार स्थितियाँ नीचे दी गयी हैं। कौन सा अक्षर D के विपरीत है?

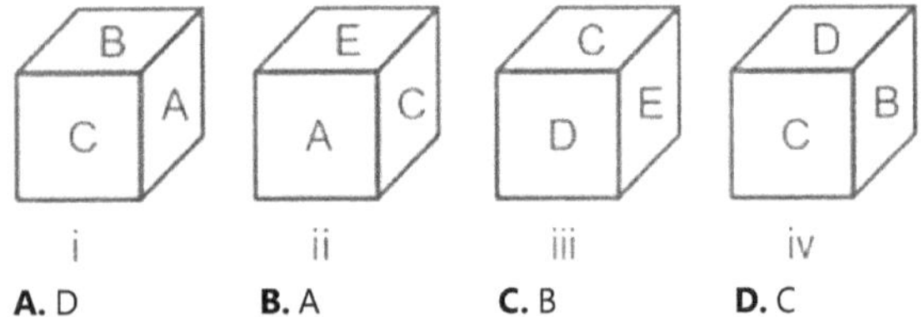

A. D   **B.** A   **C.** B   **D.** C

Q.46 दिए गए कथनों और निष्कर्षों को ध्यानपूर्वक पढ़िए। यह मानते हुए कि कथनों में दी गई जानकारी सत्य है, भले ही वह सामान्य रूप से ज्ञात तथ्यों से भिन्न प्रतीत होती हो, तय कीजिए कि दिए गए निष्कर्षों में से कौन सा कथनों का तार्किक रूप से अनुसरण करता है।

कथन:

कुछ कार्ड पोस्टकार्ड हैं।

कुछ कार्ड लिफाफे हैं।

सभी लिफाफे कॉपी हैं।

निष्कर्ष:

I. कुछ कॉपी लिफाफे हैं।

II. कुछ पोस्टकार्ड कॉपी हैं।

III. कुछ कार्ड कॉपी हैं।

A. केवल निष्कर्ष I और II अनुसरण करते हैं

B. केवल निष्कर्ष II और III अनुसरण करते हैं

C. केवल निष्कर्ष I अनुसरण करता है

D. केवल निष्कर्ष I और III अनुसरण करते हैं

Ques (47-48):निर्देश: एक श्रृंखला दी गई है, जिसमें एक पद लुप्त है। दिए गये विकल्पों में से उस सही विकल्प का चयन कीजिये, जो श्रृंखला को पूरा करेगा।

Q.47 DKY, FJW, HIU, JHS, ?

A. LGQ   **B.** KGR   **C.** KFR   **D.** LFQ

Q.48 ABC, EFG, IJK, ?, QRS

A. KLM   **B.** MNP   **C.** MNO   **D.** LMN

Q.49 दी गई उत्तर आकृतियों में से, उस आकृति का चयन कीजिये जिसमें प्रश्न आकृति छिपी/अंतर्निहित है?

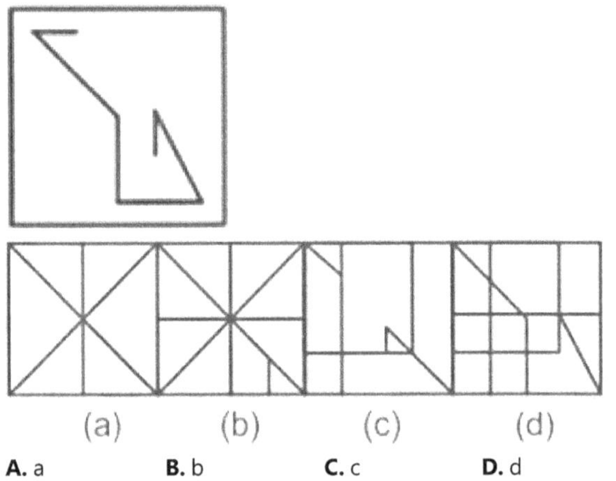

A. a   **B.** b   **C.** c   **D.** d

Q.50 निम्नलिखित समीकरण में सभी * चिह्नों को प्रतिस्थापित करने के लिए चिह्नों के निम्नलिखित में से किस समुच्चय का उपयोग किया जाना चाहिए?

7 * 8 * 6 = 225 * 9 * 25

A. × - ÷ +   **B.** × ÷ × +   **C.** + × ÷ -   **D.** + × × +

Quantitative Aptitude

Q.51 एक व्यक्ति 2.5% प्रति माह की दर से कुछ राशि ऋण पर लेता है। यदि वह अपना बकाया कम करने के लिए 6 माह के बाद 13110 रुपये का भुगतान करता है, तो व्यक्ति द्वारा भुगतान की गई ब्याज की राशि ज्ञात कीजिए।

A. 1840 रुपये   **B.** 1690 रुपये

C. 1710 रुपये   **D.** 1660 रुपये

Q.52 यदि $\sin^{-1}x + \sin^{-1}y = \frac{5\pi}{6}$ तो $\cos^{-1}x + \cos^{-1}y$ का मान क्या है?

A. $\frac{\pi}{2}$ **B.** $\frac{\pi}{4}$ **C.** $\frac{\pi}{6}$ **D.** $\frac{\pi}{8}$

Q.53 यदि $\sin^4 x + 2\cos^4 x = \frac{2}{3}$, तो, $\sec^2 x$ का मान क्या है?

A. 2   **B.** 3   **C.** 1   **D.** 4

Q.54 यदि $a - b = 3$ और $a^3 - b^3 = 279$ है, तो $a^3 + b^3$ का मान ज्ञात करें?

A. 317   **B.** 407   **C.** 297   **D.** 502

Q.55 एक मिश्रधातु में सोना और तांबा 3 : 4 के अनुपात में हैं। दूसरी मिश्रधातु में सोना और तांबा 5 : 3 के अनुपात में हैं। इन्हें किस अनुपात में मिलाया जाए ताकि हमें प्राप्त अंतिम मिश्रण में सोने और तांबे का अनुपात 5 : 4 हो?

A. 17 : 32   **B.** 9 : 16   **C.** 71 : 128   **D.** 35 : 64

Q.56 एक व्यक्ति 35 मिनट में 455 मीटर लंबी दूरी पार करता है। किमी प्रति घंटे में उसकी गति क्या है?

[UP Police ASI, 2018]

A. 0.52   **B.** 0.95   **C.** 0.62   **D.** 0.78

Q.57 यदि $A : B = 7 : 3$, $\frac{AB + B^2}{A^2 - B^2}$ का मान ज्ञात करें।

A. $\frac{3}{4}$ **B.** $\frac{4}{3}$ **C.** $\frac{7}{3}$ **D.** $\frac{3}{7}$

Q.58 निम्न में से कौन पूर्ण वर्ग नहीं है?

[RRB/RRC Group D, 2018]

A. 1250 **B.** 16641 **C.** 2025 **D.** 9801

Q.59 निर्देश: आलेख का ध्यानपूर्वक अध्ययन कीजिए और निम्नलिखित प्रश्नों के उत्तर दीजिये।

दंड आलेख 2019 और 2020 में 4 कंपनियों द्वारा बेची गई बाइक की संख्या को दर्शाता है।

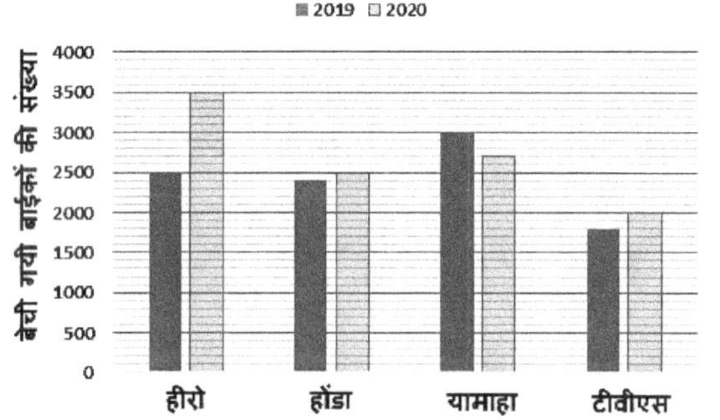

2020 में हीरो और टीवीएस को मिलाकर बेची जाने वाली बाइकों का औसत और 2019 में होंडा और यामाहा को मिलाकर बेची जाने वाली बाइकों के औसत का अंतर क्या है?

A. 150 **B.** 100 **C.** 70 **D.** 50

Q.60 O केंद्र वाले एक वृत्त के बाहर एक बिंदु P से खींची गई एक स्पर्शरेखा PT वृत्त को बिंदु Q पर स्पर्श करती है। यदि PQ = 30 सेमी और वृत्त का व्यास 32 सेमी है, तो OP की लम्बाई क्या है?

A. 32 **B.** 38 **C.** 34 **D.** 36

Q.61 एक वस्तु का विक्रय मूल्य 144 रुपए है। यदि लाभ प्रतिशत वस्तु की क्रय मूल्य के बराबर है, तो वस्तु की क्रय मूल्य क्या है?

A. 80 **B.** 60 **C.** 90 **D.** 120

Q.62 यदि क्रेता को क्रमशः एक ही वस्तु पर निर्माता, डीलर और विक्रेता से क्रमिक छूट 30%, 20% और 10% की छूट मिलती है तो वास्तविक छूट क्या है?

A. 44.6% **B.** 54.6% **C.** 44.4% **D.** 49.6%

Q.63 एक क्लब के आठ सदस्य एक सहायता कोष में 1000 रू प्रति सदस्य के हिसाब से दान करते हैं। क्लब का अध्यक्ष औसत दान (अध्यक्ष को मिलाकर) से 500 रू अधिक दान करता है। तब, अध्यक्ष द्वारा दान की गई राशि है।

A. 1062.5 रू **B.** 1562.5 रू
C. 562.5 रू **D.** 2062.5 रू

Q.64 यदि $x + \frac{1}{y} = 3$, $y + \frac{1}{z} = 2$ और $z + \frac{1}{x} = 4$ है, तो $xyz + \frac{1}{xyz}$ का मान ज्ञात कीजिये।

A. 15 **B.** 25 **C.** 10 **D.** 20

Q.65 बेलन का वक्र पृष्ठीय क्षेत्रफल 88 वर्ग सेमी है। बेलन की त्रिज्या बेलन की ऊंचाई से 8.6 कम है। बेलन की और गोले की त्रिज्या के बीच का अनुपात 2 : 3 है। गोले का आयतन ज्ञात कीजिये।

A. 32 घन सेमी **B.** 39 घन सेमी
C. 41 घन सेमी **D.** 46 घन सेमी

Q.66 20 आदमी और 15 लड़के एक काम को 10 दिनों में कर सकते हैं। 25 पुरुष और 10 लड़के इसे 9 दिनों में कर सकते हैं। एक आदमी द्वारा किए गए दैनिक काम से एक लड़के द्वारा किए गए दैनिक काम का अनुपात ज्ञात कीजिए।

[RRB (NTPC), 2021]

A. 5:12 **B.** 5:14 **C.** 12:5 **D.** 14:5

Q.67 एक छात्र को उत्तीर्ण होने के लिए कुल अंकों का 40% प्राप्त करना होता है। उसे 150 अंक मिले हैं और वह 50 अंकों से अनुत्तीर्ण हो गया है। अधिकतम अंक क्या हैं?

A. 500 **B.** 550 **C.** 480 **D.** 520

Q.68 एक समद्विबाहु त्रिभुज की परिधि और दो समान भुजाओं में से एक क्रमशः $72\ cm$ और $20\ cm$ हैं। त्रिभुज का क्षेत्रफल है:

A. 124 वर्ग सेमी **B.** 145 वर्ग सेमी
C. 160 वर्ग सेमी **D.** 192 वर्ग सेमी

Q.69 शांत जल में एक नाव की गति धारा की गति से आठ गुना है। नाव द्वारा धारा के अनुकूल 315 किमी और धारा के प्रतिकूल 385 किमी की दूरी तय करने में 18 घंटे का समय लगता है। तो, नाव को धारा के अनुकूल 225 किमी की दूरी तय करने में कितना समय लगेगा?

A. 4 घंटे **B.** 5 घंटे **C.** 9 घंटे **D.** 6 घंटे

Q.70 यदि 24 सेमी त्रिज्या और 48 सेमी ऊंचाई के एक धात्विक शंकु को पिघलाया गया है और उसे 6 सेमी त्रिज्या वाले के धात्विक गोले में बदला जाता है, तो ऐसे गोलों की संख्या ज्ञात कीजिये।

A. 32 **B.** 42 **C.** 48 **D.** 24

Q.71 यदि सात-अंकीय संख्या $161x208{,}11$ से विभाज्य है और चार-अंकीय संख्या $953y$, 9 से विभाज्य है, तो $(x + y)$ का मान क्या है?

A. 7 **B.** 8 **C.** 10 **D.** 12

Q.72 निर्देश: नीचे दिए गए प्रश्न का उत्तर देने के लिए निम्नलिखित पाई चार्ट का ध्यानपूर्वक अध्ययन करें।

खिलाड़ियों के प्रतिशत-वार वितरण जो पांच अलग-अलग खेल खेलते हैं

कुल खिलाड़ी = 22,000

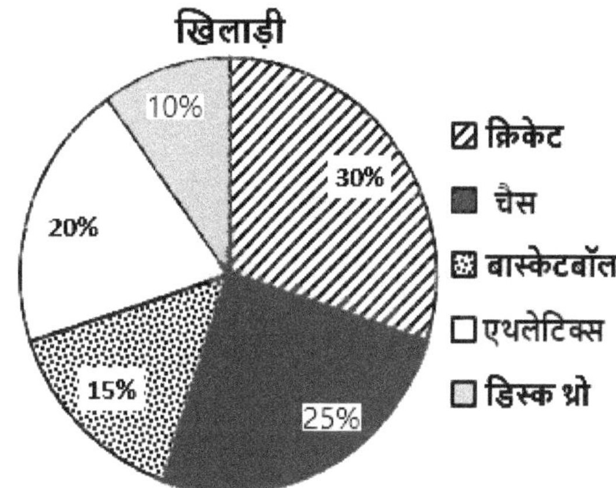

एथलेटिक्स और डिस्क थ्रो करने वाले खिलाड़ियों का अनुपात क्या है?

A. 2:1 **B.** 4:3 **C.** 5:1 **D.** 7:2

Q.73 निर्देश: नीचे दी गई जानकारी का अध्ययन कीजिए और निम्नलिखित प्रश्न का उत्तर दीजिए।

निम्नलिखित रेखा आलेख पांच गाँवों की शिक्षित और अशिक्षित जनसंख्या को दर्शाता है।

कुल जनसंख्या = साक्षर जनसंख्या + निरक्षर जनसंख्या

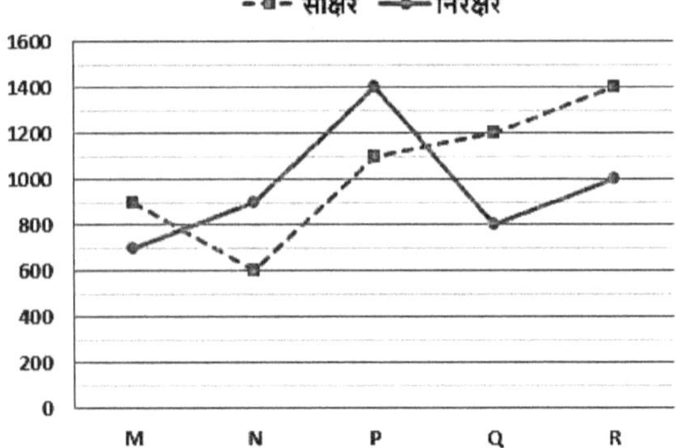

पांच गाँवों की साक्षर और निरक्षर जनसंख्या के बीच अंतर ज्ञात कीजिए।

A. 300 **B.** 550 **C.** 750 **D.** 400

Q.74 दो घनों के आयतन $27:64$ के अनुपात में हैं। उनके सतही क्षेत्रफलों का अनुपात है:

A. $3:4$ **B.** $4:3$ **C.** $16:9$ **D.** $9:16$

Q.75 व्यंजक को सरल कीजिये $45 - [36 - \{29 - \left(25 - \overline{7 + 4}\right)\}]$.

A. 24 **B.** 22 **C.** 26 **D.** 28

General Awareness

Q.76 5 जून, 2022 को नॉर्वेजियन कैस्पर रूड को हराकर 14वां फ्रेंच ओपन खिताब किसने जीता है?

A. नोवाक जोकोविच
B. राफेल नडाल
C. माइकल चांग
D. मैक्स डिकुगिस

Q.77 भारतीय संविधान की चौथी अनुसूची निम्नलिखित में से किस विकल्प के बारे में बताती है?

A. सदस्य का वेतन
B. संघ और उसके क्षेत्र
C. राज्यसभा सीटों का आवंटन
D. इनमे से कोई नहीं

Q.78 निम्नलिखित में से कौन सी एक विशेषता औद्योगिक हड़ताल की विशेषता नहीं है?

A. एक सामूहिक कार्य जिसमें एक निश्चित मात्रा में एकजुटता होती है
B. शिकायतों को व्यक्त करने के लिए एक सामूहिक कार्य
C. एक कार्मिक द्वारा काम रुकवाना
D. औद्योगिक संघर्ष का एक विनियमित रूप

Q.79 लीला सैम्सन का सम्बन्ध किस शास्त्रीय नृत्य शैली से है?

A. भरतनाट्यम **B.** कुचिपुड़ी
C. ओडिसी **D.** कथकली

Q.80 मौर्य काल में शिक्षा का सबसे प्रसिद्ध केंद्र था:

[Uttarakhand Public Service Commission (UKPSC), 2011]

A. तक्षशिला **B.** उज्जैन **C.** नालंदा **D.** वल्लभी

Q.81 जिन सैन्य कमांडरों को विजयनगर में शासन करने के लिए क्षेत्र दिए गए थे, उन्हें _______ कहा जाता था।

A. रयास **B.** आमिर
C. अमारा-नायक **D.** उपरोक्त में से कोई नहीं

Q.82 मध्य प्रदेश में बुंदेला विद्रोह कब हुआ था?

A. 1942 **B.** 1842 **C.** 1930 **D.** 1830

Q.83 पाक जलडमरूमध्य _______ देशों के बीच स्थित है।

A. श्रीलंका और मालदीव
B. भारत और श्रीलंका
C. भारत और मालदीव
D. इंडोनेशिया और मालदीव

Q.84 भारत का पहला बायोस्फीयर रिजर्व कौन सा है?

A. नंदा देवी **B.** सुंदरबन
C. नीलगिरि **D.** ग्रेट निकोबार

Q.85 29 दिसंबर 2022 को, विदेश मंत्री एस. जयशंकर ने रक्षा और सैन्य सहयोग बढ़ाने के लिए किस देश के साथ एक रक्षा समझौते पर हस्ताक्षर किए?

A. माल्टा **B.** साइप्रस **C.** ग्रीस **D.** अल्बानिया

Q.86 भारत की पहली महिला न्यायाधीश और उच्च न्यायालय की न्यायाधीश बनने वाली पहली महिला कौन थी?

A. जस्टिस गीता मित्तल
B. जस्टिस लीला सेठ
C. जस्टिस एम फातिमा बीविक
D. जस्टिस अन्ना चांडी

Q.87 निम्नलिखित में से कौन-सा क्षेत्र भारत का जैवविविधता अतिक्षेत्र का प्रतिनिधित्व करता है?

A. पश्चिमी हिमालय
B. पूर्वी घाट
C. मध्य पठार (केंद्रीय पठार)
D. पश्चिमी घाट

Q.88 किसी राशि को अदिश राशि कहा जाता है यदि यह पूरी तरह से _______ द्वारा परिभाषित की जाती है।

A. केवल इसके परिमाण
B. केवल इसकी दिशा
C. इसके परिमाण और दिशा दोनों
D. केवल इसके आकार

Q.89 निम्नलिखित में से कौन सा पदार्थ क्लोरीन गैस के साथ अभिक्रिया करके एक अन्य पदार्थ बनाता है जो पानी में घुलनशील होता है और इसका जलीय विलयन विद्युत का संचालन करता है?

A. सल्फर **B.** सिलिकॉन **C.** ग्रेफाइट **D.** मैग्नीशियम

Q.90 शरीर/ग्रंथियों का निम्नलिखित में से कौन सा भाग शरीर के तापमान को बनाए रखता है?

A. अवटुग्रंथि (थायरॉइड)
B. पीयूषिका (पिट्यूटरी)
C. अधिवृक्क (एड्रिनल)
D. अध:श्रेतक (हाइपोथैलेमस)

Q.91 सरकार PM प्रणम योजना शुरू करने की योजना बना रही है। यह निम्नलिखित में से किस मुद्दे से संबंधित है?

A. रासायनिक खाद का प्रयोग कम करना
B. ऊर्जा के नवीकरणीय स्रोत के उपयोग को बढ़ावा देना
C. इलेक्ट्रिक वाहनों को बढ़ावा देना

D. कोयला आधारित बिजली संयंत्रों से प्रदूषण कम करना

Q.92 दार्शनिक रूसो ने निम्नलिखित में से कौन सी पुस्तक लिखी है?

A. समाजवाद: अतीत और भविष्य

B. ऑन लिबर्टी

C. स्वतंत्रता का अर्थ

D. सामाजिक अनुबंध

Q.93 संयुक्त प्रांत के अंतिम गवर्नर-जनरल और उत्तर प्रदेश के पहले गवर्नर एक ही व्यक्ति थे। वह कौन था?

A. न्यायधीश बी.बी. मलिक

B. कन्हैयालाल माणिकलाल मुंशी

C. सर मौरिस गार्नियर हैलेट

D. होर्मासजी फिरोजशाह मोदी

Q.94 कौन सी जोड़ी नवंबर 2022 में ।TTF टेबल टेनिस विश्व रैंकिंग के शीर्ष पांच में प्रवेश करने वाली पहली भारतीय मिश्रित युगल जोड़ी बन गई है?

A. मनिका बत्रा और ज्ञानशेखरन साथियान

B. शरथ कमल और नेहा अग्रवाल

C. मौमा दास और ज्ञानशेखरन साथियान

D. शरथ कमल और मनिका बत्रा

Q.95 ऐतिहासिक चंद्रगिरी किला किस राज्य में स्थित है?

A. आंध्र प्रदेश   **B.** तमिलनाडु   **C.** झारखंड   **D.** महाराष्ट्र

Q.96 एमएस एक्सेल (MS Excel) का फाइल एक्सटेंशन निम्नलिखित में से कौन - सा है?

A. .xlsx   **B.** .els   **C.** .exl   **D.** .exis

Q.97 वर्ड दस्तावेज में किसी विशेष शब्द को खोजने के लिए किस शॉर्टकट कुंजी का उपयोग किया जाता है?

A. CTRL + S   **B.** CTRL + F

C. CTRL + R   **D.** CTRL + Y

Q.98 निम्नलिखित में से किसने, प्रतिस्पर्धात्मकता संस्थान के साथ साझेदारी में, मार्च 2022 में निर्यात तैयारी सूचकांक (EPI) 2021 जारी किया?

A. नीति आयोग   **B.** एसोचैम

C. फिक्की   **D.** नैसकॉम

Q.99 दिसंबर 2022 में यूनाइटेड वर्ल्ड रेसलिंग 2022 राइजिंग स्टार ऑफ द ईयर पुरस्कार के लिए किसे नामांकित किया गया है?

A. अंतिम पंघाल   **B.** विनेश फोगाट

C. साक्षी मलिक   **D.** बबीता कुमारी

Q.100 भारत ने संयुक्त राष्ट्र शांति सैनिकों के मानसिक स्वास्थ्य पर UNSC के प्रस्ताव के पक्ष में मतदान किया है। किस देश ने प्रस्ताव का मसौदा तैयार किया?

A. मेक्सिको   **B.** अमेरीका   **C.** ब्राज़िल   **D.** पोलैंड

// स्मार्ट उत्तर पुस्तिका //

सही उत्तर	उन छात्रों का प्रतिशत जिन्होंने प्रश्नों का सही उत्तर दिया था।	छोड़ दिया	उन छात्रों का प्रतिशत जिन्होंने प्रश्नों को छोड़ दिया था।

प्रश्न संख्या	उत्तर	सही उत्तर / छोड़ दिया	प्रश्न संख्या	उत्तर	सही उत्तर / छोड़ दिया	प्रश्न संख्या	उत्तर	सही उत्तर / छोड़ दिया	प्रश्न संख्या	उत्तर	सही उत्तर / छोड़ दिया	प्रश्न संख्या	उत्तर	सही उत्तर / छोड़ दिया	प्रश्न संख्या	उत्तर	सही उत्तर / छोड़ दिया
1	C	34.6 % / 16.83 %	18	D	4.44 % / 94.29 %	35	C	34.6 % / 27.62 %	52	C	12.38 % / 36.51 %	69	B	0.95 % / 96.83 %	86	D	0.32 % / 96.19 %
2	C	44.44 % / 15.56 %	19	B	2.22 % / 94.29 %	36	B	59.37 % / 23.17 %	53	B	7.94 % / 33.96 %	70	A	0 % / 100 %	87	D	0.63 % / 96.2 %
3	C	26.98 % / 16.51 %	20	D	3.49 % / 94.29 %	37	A	21.9 % / 24.13 %	54	B	9.21 % / 40.63 %	71	A	1.27 % / 96.51 %	88	A	1.59 % / 96.51 %
4	A	11.11 % / 16.51 %	21	A	1.27 % / 96.83 %	38	B	0.95 % / 95.56 %	55	D	5.4 % / 40.95 %	72	A	2.22 % / 96.83 %	89	D	0.32 % / 96.51 %
5	C	43.17 % / 17.46 %	22	A	1.59 % / 95.87 %	39	C	2.86 % / 95.55 %	56	D	10.16 % / 43.81 %	73	D	0.63 % / 96.51 %	90	D	1.9 % / 96.51 %
6	D	38.41 % / 17.15 %	23	A	0.95 % / 96.83 %	40	C	2.86 % / 95.55 %	57	A	24.76 % / 42.22 %	74	D	1.27 % / 96.19 %	91	A	0.63 % / 96.51 %
7	D	21.59 % / 18.41 %	24	D	0.32 % / 96.82 %	41	A	2.54 % / 95.87 %	58	A	28.57 % / 35.24 %	75	A	1.9 % / 97.47 %	92	D	0.32 % / 96.51 %
8	D	7.62 % / 17.46 %	25	B	1.9 % / 96.51 %	42	A	1.59 % / 95.55 %	59	D	16.83 % / 35.55 %	76	B	16.51 % / 32.38 %	93	D	0.32 % / 96.51 %
9	C	25.4 % / 20.63 %	26	B	7.3 % / 27.62 %	43	B	1.9 % / 96.83 %	60	C	9.52 % / 41.27 %	77	C	23.17 % / 30.16 %	94	A	0.32 % / 96.19 %
10	C	2.54 % / 93.02 %	27	C	22.54 % / 27.62 %	44	B	1.9 % / 96.51 %	61	A	9.84 % / 40.64 %	78	C	13.33 % / 28.89 %	95	A	0.63 % / 96.2 %
11	C	2.54 % / 94.29 %	28	D	63.49 % / 25.08 %	45	B	1.27 % / 96.83 %	62	D	11.43 % / 44.44 %	79	A	11.11 % / 31.43 %	96	A	1.59 % / 96.19 %
12	C	2.86 % / 93.01 %	29	D	28.25 % / 28.26 %	46	D	1.9 % / 96.51 %	63	B	19.05 % / 36.51 %	80	A	26.03 % / 31.75 %	97	B	1.59 % / 96.19 %
13	C	2.86 % / 93.33 %	30	C	46.35 % / 17.46 %	47	A	2.22 % / 96.83 %	64	A	4.76 % / 41.59 %	81	C	20.95 % / 32.38 %	98	A	0.95 % / 96.51 %
14	C	3.49 % / 94.29 %	31	A	17.14 % / 26.67 %	48	C	2.54 % / 96.83 %	65	B	6.98 % / 39.05 %	82	B	16.83 % / 31.74 %	99	A	0.63 % / 97.15 %
15	B	0.95 % / 94.29 %	32	A	45.71 % / 25.08 %	49	D	2.54 % / 96.51 %	66	C	0.95 % / 96.83 %	83	B	33.65 % / 32.7 %	100	A	0 % / 100 %
16	A	5.4 % / 94.28 %	33	C	46.03 % / 21.91 %	50	A	0.63 % / 96.83 %	67	A	1.9 % / 96.83 %	84	C	16.51 % / 33.01 %			
17	C	4.13 % / 94.28 %	34	A	37.78 % / 23.17 %	51	C	8.89 % / 41.59 %	68	D	0.63 % / 96.51 %	85	B	0.63 % / 96.51 %			

//संकेत और समाधान//

1. The correct answer is:

'The audience loudly cheered the politician's speech.'

In the active form, the subject and the object will get interchanged. So, 'the politician's speech' will become the object. The passive form contains 'was' which means the active form must be in the past tense.

Option (A) is in the present tense.

Option (B) changes the meaning.

Option (D) is in the past perfect tense.

Rules of Conversion from Passive to Active Voice:

1. Identify the subject, the verb and the object: S+V+O.
2. Change the subject into object.
3. Omit the suitable helping verb or auxiliary verb.
4. Change the past participle to simple past tense form of the verb.
5. Omit the preposition "by".
6. Change the object into subject.

Hence, the correct option is (C).

2. The correct sentence is: Vandana said that she was being dropped to office that day.

In the indirect form, 'today' changes to 'that day'. So, we can reject option (A) and (D).

The first person pronoun i.e., 'I' changes to third person i.e., 'she'.

The direct form is in present continuous form as indicated by (being dropped). So, the indirect form will be in past continuous form (was being dropped). Therefore, option (B) can also be rejected.

The only option which shows the structure of past continuous form is option (C).

Hence, the correct option is (C).

3. Overstep the mark: To upset someone by doing/saying more than you should

The meaning of the 'Overstep the mark' is to go beyond what is proper or allowed by something.

Example: She warned us not to overstep the mark.

Hence, the correct option is (C).

4. The meaning of the 'Palsy-walsy friends' is good friends, pals, or buddies.

Example: I'm surprised you haven't met Ravi's new palsy-walsy friends from school yet.

Hence, the correct option is (A).

5. The meaning of the given words:

- Attractive: appealing to look at; alluring, pleasant, acceptable.
- Repulsive: extremely unpleasant or unacceptable.
- Unnatural: contrary to the ordinary course of nature; abnormal.
- Modern: relating to the present or recent times as opposed to the remote past.
- Disapproving: expressing an unfavourable opinion.

From the meanings of the given words, we can say that the word 'repulsive' is the opposite of the meaning of the underlined word 'attractive'.

Hence, the correct option is (C).

6. The meaning of the given words:

- Boundless: unlimited, infinite or immense.
- Finite: limited in size or extent.
- High: great, or greater than normal, in quantity, size, or intensity.
- Vast: of very great extent or quantity, immense.
- Expansive: covering a wide area in terms of space or scope; extensive.

From the meanings of the given words, we can say that the word 'finite' is the opposite of the meaning of the underlined word 'boundless'.

Hence, the correct option is (D).

7. The meaning of the given words:

- Flock: a number of birds of one kind feeding, resting, or travelling together.
- Drove: a herd or flock of animals being driven in a body.
- Fleet: a marshland creek, channel, or ditch.
- Bunch: a number of things, typically of the same kind, growing or fastened together.

Use of Collective Noun 'Flock' in the blank space of the sentence is appropriate.

Hence, the correct option is (D).

8. She was the **cynosure** of all eyes at the party.

The word 'cynosure' means- something that strongly attracts attention by its brilliance, interest, etc. The cynosure of all eyes, something serving for guidance or direction; a person or thing that is the center of attention or admiration.

Use of Noun 'cynosure' (attraction point) in the blank space of the sentence is appropriate.

Hence, the correct option is (D).

9. Mortury is not correct, the correct word is mortuary means a room or building in which dead bodies are kept, for hygienic storage or for examination, until burial or cremation.

Fatuous is foolish or silly.

Obituary is a notice of a death, especially in a newspaper, typically including a brief biography of the deceased person.

Congress is a formal meeting or series of meetings for discussion between delegates, especially those from a political party, trade union, or from within a particular sphere of activity.

Hence, the correct option is (C).

10. Chronophobia: The extreme fear of time or time passing.

Chronophobia is the extreme fear of time or time passing. It can cause severe anxiety, feelings of dread, obsessive behaviors, and depression. People who are elderly, ill or imprisoned are more likely to develop this anxiety disorder.

Hence, the correct option is (C).

11. An imaginary ideal society - Utopia

Utopia: A perfect society in which people work well with each other and are happy.

Example: Try and imagine a perfect society, a utopia, in which the government really got everything right.

Hence, the correct option is (C).

12. The correct sentence is: Sneha agrees that her elder brother is much clever than her.

- 'Elder' and 'eldest' mean the same as 'older' and 'oldest'.
- We only use the adjectives elder and eldest before a noun (as attributive adjectives), and usually when talking about relationships within a family.
- Example: Let me introduce Siga. She's my elder sister.
- Older and oldest can be used to refer to the age of things more generally. It can be used for both persons and things.
- Example: The town hall is by far the oldest building in the whole region.
- In the above-given sentence, Sneha is referring to one of her family members.
- Therefore, 'older' should be replaced by 'elder'.

Hence, the correct option is (C).

13. Complete Sentence: The accumulated dust on the furniture indicated that the family was long gone.

- There are two errors in the bold part.
- Firstly, the term 'furniture' is a collective noun. Collective nouns are used in singular form. Therefore, 'furnitures' must be replaced by 'furniture' in order to make the sentence correct.
- Secondly, the word 'family' has been used in singular form and should be followed by a singular verb. Therefore, 'were' should be replaced by 'was' in order to make it a grammatically correct sentence.

Hence, the correct option is (C).

14. Tammy is heavier than Ashish, even if Ashish is very muscular.

Comparative degrees are used to compare one or more objects with other objects (he is stronger, they are weaker, etc. Many of them use the "er" structure in comparison by adding either "er" or "ier" after the adjective. For example - nearer, heavier.

Hence, the correct option is (C).

15. A voluptuous woman has a soft, curved, sexually attractive body.

Vogue - the prevailing fashion or style at a particular time.

Equestrian - relating to horse riding.

Aspersion - an attack on the reputation or integrity of someone or something.

Hence, the correct option is (B).

16. Complete Sentence: Christmas is one of the most famous and light-hearted festivals which is celebrated across the world by billions of people.

- The given sentence "Christmas is one of the most famous and light-hearted festivals which is ___(1)___ across the world by billions of people" is saying that Christmas is acknowledged all over the world.
- Therefore, the most appropriate word to be filled in the blank is 'Celebrated'.
- Also, the use of the word "festivals" in the sentence indicates the use of the word 'celebrated' in the blank.
- The word 'Celebrated' means To acknowledge a significant or happy day or event with a social gathering or enjoyable activity.

Hence, the correct option is (A).

17. Complete Sentence: People of the Christian religion celebrate Christmas to remember the great works of Jesus Christ.

- The given sentence "People of the Christian religion celebrate Christmas to ___(2)___ the great works of Jesus Christ" is saying that people of the Christian religion celebrate Christmas to recall the great works of Jesus Christ.
- Therefore, the most appropriate word to be filled in the blank is 'Remember'.
- Also, the use of the word "works" in the sentence indicates the use of the word 'remember' in the blank.
- The word 'Remember' means To have in or be able to bring to one's mind an awareness of someone or something from the past.

Hence, the correct option is (C).

18. Complete Sentence: 25th December is celebrated as Christmas Day across the world.

- The given sentence "25th December is celebrated as Christmas Day ___(3)___ the world" is saying that 25th December is celebrated as Christmas Day all over the world.
- Therefore, the most appropriate word to be filled in the blank is 'Across'.
- Also, the use of the word "world" in the sentence indicates the use of the word 'across' in the blank.
- The word 'Across' means From one side to the other of a place, area, etc.

Hence, the correct option is (D).

19. Complete Sentence: Jesus Christ of Bethlehem was a spiritual leader and prophet whose teachings structure the premise of their religion.

- The given sentence "Jesus Christ of Bethlehem was a spiritual leader and prophet whose teachings ___(4)___ the premise of their religion" is saying that Jesus Christ's teachings organized the premise of their religion.

- Therefore, the most appropriate word to be filled in the blank is 'Structure'.
- Also, the use of the word "premise" in the sentence indicates the use of the word 'structure' in the blank.
- The word 'Structure' means The quality of being organized.

Hence, the correct option is (B).

20. Complete Sentence: People follow popular customs including exchanging gifts, decorating Christmas trees, attending church, sharing meals with family and friends, and, obviously, trusting that Santa Claus will arrive.

- The given sentence "People ___(5)___ popular customs including exchanging gifts, decorating Christmas trees, attending church, sharing meals with family and friends, and, obviously, trusting that Santa Claus will arrive" is talking about people going along with popular customs during Christmas.
- Therefore, the most appropriate word to be filled in the blank is 'Follow'.
- Also, the use of the word "customs" in the sentence indicates the use of the word 'follow' in the blank.
- The word 'Follow' means To take an active interest in or be a supporter of someone or something.

Hence, the correct option is (D).

21. Correct Sequence: We were flying to England for a week. As we were checking in, I remembered that I was a member of the frequent flyer programme. I also remembered that I had put the frequent flyer card in the carry-on bag hanging around my neck. The zip on the bag got jammed and wouldn't open no matter how hard I pulled at it.

The given question is an example of a Para Jumble.

We know that the first statement of a para jumbled question is usually an independent general statement, a noun, a universal fact, starting of an incident, or it starts with 'most' or 'once'.

Sentence B in the given question is the starting of an incident. It talks about the author flying to England for a week.

Sentence D will be the next sentence because it tells about the events that happened when the author was checking in at the airport.

Sentence C will be the next sentence because it is connected with Sentence D and further tells that the author had kept the frequent flyer card in the carry-on bag hanging around his neck.

Lastly, sentence A will be used because it tells about the bag's zip getting jammed, and the author couldn't open it.

Thus, the sequence becomes:

B: We were flying to England for a week.

D: As we were checking in, I remembered that I was a member of the frequent flyer programme.

C: I also remembered that I had put the frequent flyer card in the carry-on bag hanging around my neck.

A: The zip on the bag got jammed and wouldn't open no matter how hard I pulled at it.

Hence, the correct option is (A).

22. It is given in the question that the first sentence is in the correct order:

- In the late 1930s, American foreign policy in the Pacific hinged on support for China, and aggression against

The next sentence will be B because it describes aggression against Japan- "aggression against China by Japan"

- China by Japan therefore necessarily would bring Japan into conflict with the United States.

The next sentence will be C because it describes the incident after 1930(the previous sentences tells us about 1930)

- As early as 1931 the Tokyo government had extended its control over the Chinese province of Manchuria, and the following year

The last sentence will be D because it completes the previous sentence and further extension of Japanese.

- The Japanese cemented their hold on the region with the creation of the puppet state of Manchukuo.

Hence, the correct rearrangement: A. In the late 1930s, American foreign policy in the Pacific hinged on support for China, and aggression against B. China by Japan therefore necessarily would bring Japan into conflict with the United States. C. As early as 1931 the Tokyo government had extended its control over the Chinese province of Manchuria, and the following year D. the Japanese cemented their hold on the region with the creation of the puppet state of Manchukuo.

Hence, the correct option is (A).

23. Abscond - leave hurriedly and secretly, typically to avoid detection of or arrest for an unlawful act such as theft.

Flee - run away from a place or situation of danger.

Hence from the given meanings, we find that Abscond and Flee are synonyms.

Hence, the correct option is (A).

24. Persecution: unfair or cruel treatment over a long period of time because of race, religion, or political beliefs.

Oppression: a situation in which people are governed in an unfair and cruel way and prevented from having opportunities and freedom.

The exact synonym of the given word 'Persecution' is 'Oppression'.

Hence, the correct option is (D).

25. The correct sentence is "My sister and her husband broke down when they heard the bad news.

There is an error in part (b).

'broke out' will be replaced by 'broke down'.

Break out means to escape from a place or thing (often prison). It does not fit into the context.

Break down means to lose control of one's emotions when in a state of distress.

In the given sentence, we need to use past tense as the subordinate clause is in the past tense hence, the main clause should be in the past tense.

Hence, the correct option is (B).

26. यहाँ पैटर्न है,

$86 = (8 \times 6) + (8 + 6) = 48 + 14 = 62$

इसी तरह,

$49 = (4 \times 9) + (4 + 9) = 36 + 13 = 49$

इस प्रकार, 49 से संबंधित संख्या 49 है।

अतः विकल्प (B) सही है।

27. यहाँ पैटर्न है:

$$62 = \frac{62}{2} = 31$$

$$31 \times 5 = 155$$

इसी तरह,

$$58 = \frac{58}{2} = 29$$

$$29 \times 5 = 145$$

इस प्रकार, 58 से संबंधित संख्या 145 है।

अतः विकल्प (C) सही है।

28. आकृति (D), प्रश्न आकृति का सही दर्पण प्रतिबिंब है।

(D)

अतः विकल्प (D) सही है।

29. दिया गया समीकरण है: $18 \div 2 \times 4 + 10 - 2 = 25$

प्रत्येक विकल्प की जाँच करें,

(A) ÷ और - → $18 - 2 \times 4 + 10 \div 2 = 15 \neq 25$

(B) + और ÷ → $18 + 2 \times 4 \div 10 - 2 = 16.8 \neq 25$

(C) - और + → $18 \div 2 \times 4 - 10 + 2 = 28 \neq 25$

(D) × और - → $18 \div 2 - 4 + 10 \times 2 = 25 = 25$

इसलिए, × और - को इंटरचेंज करने से समीकरण सही होगा।

अतः विकल्प (D) सही है।

30. अनुसरण किया गया तर्क निम्न प्रकार है:

जानकारी का कूटानुवाद करने पर,

चिह्न	A	B	C	D
अर्थ	+	-	÷	×

प्रत्येक विकल्प की जाँच करने पर;

(A) दिया गया समीकरण है: 5D14C28A12 = (−2)

बाएं से दायें चिह्नों को बदलने और BODMAS नियम का प्रयोग करने पर,

$5 \times 14 \div 28 + 12$

$= 5 \times 0.5 + 12$

$= 2.5 + 12$

$= 14.5 \neq -2$

(B) दिया गया समीकरण है: 22D2C4A11 = 33

बाएं से दायें चिह्नों को बदलने और BODMAS नियम का प्रयोग करने पर,

$22 \times 2 \div 4 + 11$

$= 22 \times 0.5 + 11$

$= 11 + 11$

$= 22 \neq 33$

(C) दिया गया समीकरण है: 56C28D17B36 = (−2)

बाएं से दायें चिह्नों को बदलने और BODMAS नियम का प्रयोग करने पर,

$56 \div 28 \times 17 - 36$

$= 2 \times 17 - 36$

$= 34 - 36$

$= -2$

(D) दिया गया समीकरण है: 14D2B18A19 = 6

बाएं से दायें चिह्नों को बदलने और BODMAS नियम का प्रयोग करने पर,

$14 \times 2 - 18 + 19$

$= 28 - 18 + 19$

$= 47 - 18$

$= 29 \neq 6$

अतः विकल्प (C) सही है।

31. जब कागज़ को खोला जाएगा तो इस प्रकार दिखाई देगा:

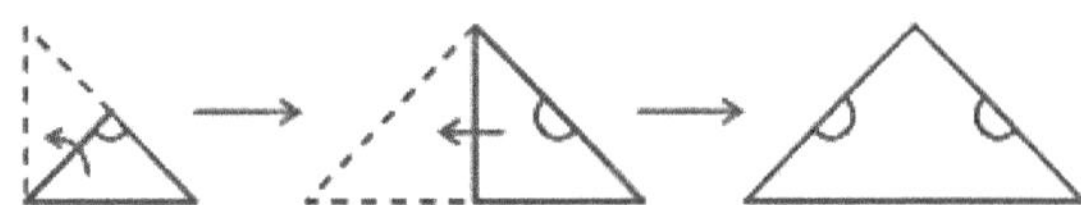

अतः विकल्प (A) सही है।

32.

वर्णमाला	A	B	C	D	E	F	G	H	I	J	K	L	M
स्थानीय मान	1	2	3	4	5	6	7	8	9	10	11	12	13
स्थानीय मान	26	25	24	23	22	21	20	19	18	17	16	15	14
वर्णमाला	Z	Y	X	W	V	U	T	S	R	Q	P	O	N

विपरीत अक्षरों का उपयोग कूट भाषा में इस प्रकार किया जाता है :

इसी तरह,

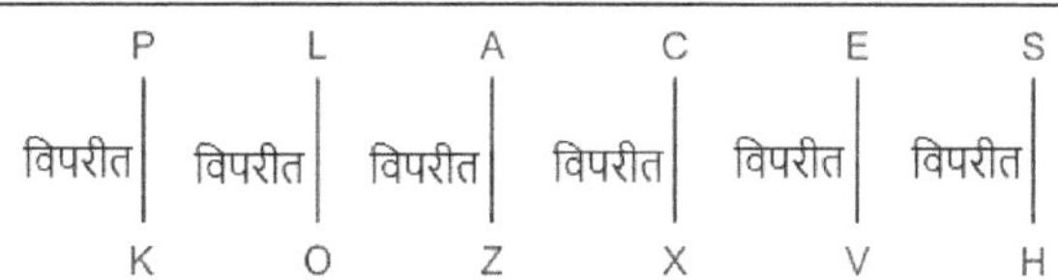

इसलिए, KOZXVH सही उत्तर है।

अत: विकल्प (A) सही हैं।

33.

वर्णमाला	A	B	C	D	E	F	G	H	I	J	K	L	M
स्थानीय मान	1	2	3	4	5	6	7	8	9	10	11	12	13
स्थानीय मान	26	25	24	23	22	21	20	19	18	17	16	15	14
वर्णमाला	Z	Y	X	W	V	U	T	S	R	Q	P	O	N

यहाँ, व्यंजन के लिए कूट उनका स्थानीय मान है और स्वर के लिए कूट विपरीत वर्णमाला का स्थानीय मान है।

SECRETE को 1922318222022 के रूप में लिखा गया है।

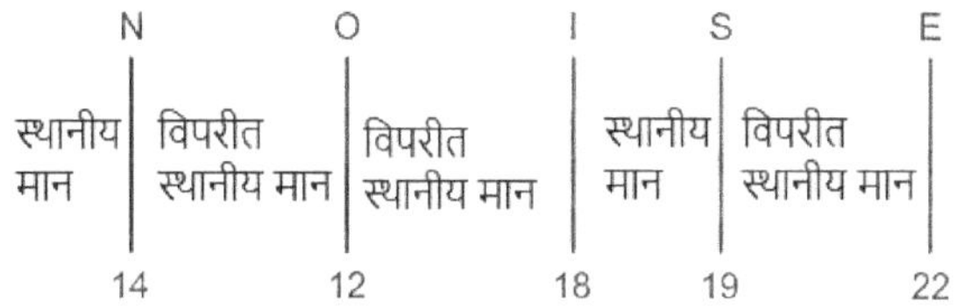

और, SOUND को 19126144 के रूप में लिखा गया है।

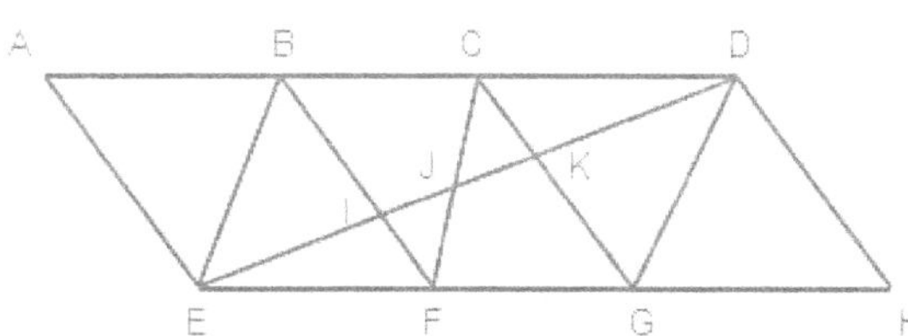

इसी तरह, NOISE को उसी भाषा में लिखा जाना चाहिए-

N	O	I	S	E
स्थानीय मान	विपरीत स्थानीय मान	विपरीत स्थानीय मान	स्थानीय मान	विपरीत स्थानीय मान
14	12	18	19	22

इसलिए, 1412181922 सही उत्तर है।

अत: विकल्प (C) सही हैं।

34. उपरोक्त आरेख में निम्नानुसार त्रिकोण हैं:

इसलिए, त्रिकोणों की कुल संख्या = 16

अतः विकल्प (A) सही है।

35. निम्नलिखित प्रतीकों का उपयोग करके परिवारिक वृक्ष को तैयार करना:

आरेख में प्रतीक	अर्थ
◯	महिला
▢	पुरुष
══	विवाहित जोड़ा
—	भाई/बहन
│	पीढ़ी का अंतर

संभावित वृक्ष आरेख होगा:

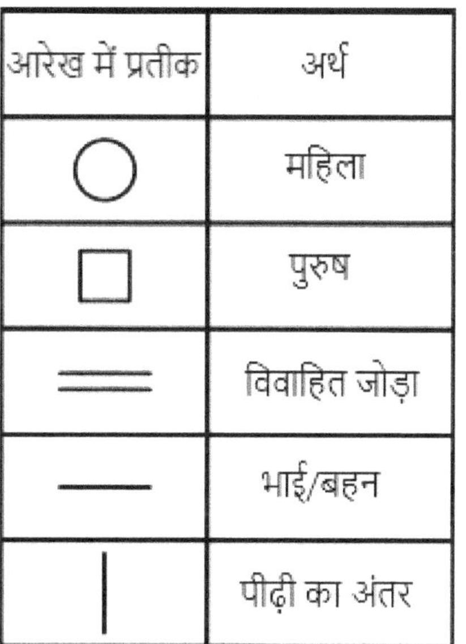

इसलिए, Fr, Gr की या तो माता या पिता हैं।

अतः विकल्प (C) सही है।

36. यहाँ अनुसरित तर्क इस प्रकार है:

सेब और केला फलों के प्रकार के अंतर्गत आते हैं।

तो आरेख जो दिए गए चरों के बीच संबंधों को सबसे बेहतर ढंग से दर्शाता है वह है:

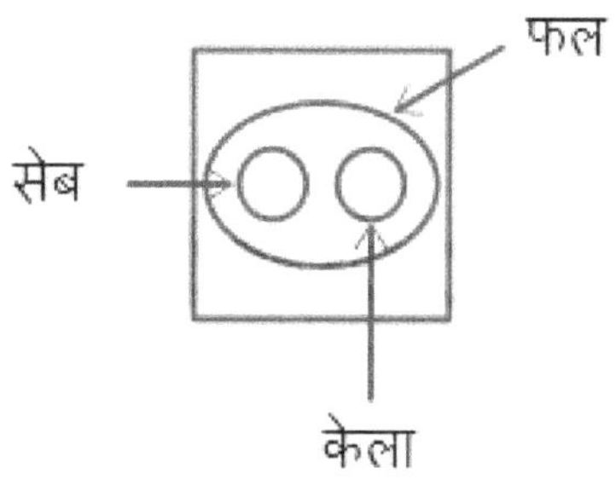

अतः विकल्प (B) सही है।

37. यहाँ अनुसरण किया गया स्वरूप इस प्रकार है,

स्वर
H I U L
+4
स्वर
Q I E M
-4
स्वर
Z O I V
-4
स्वर
T E A P
-4

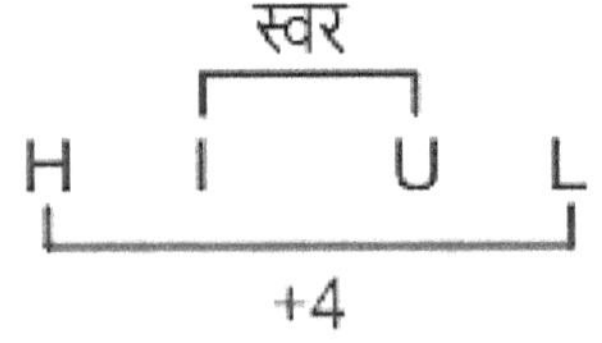

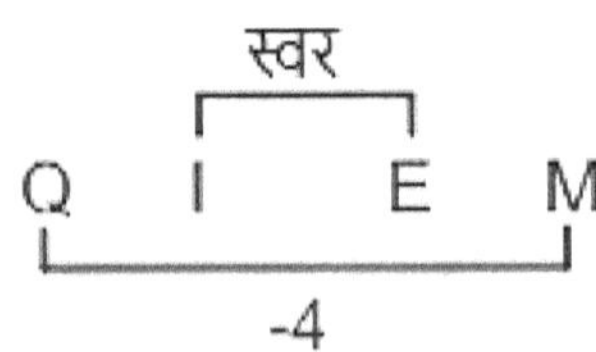

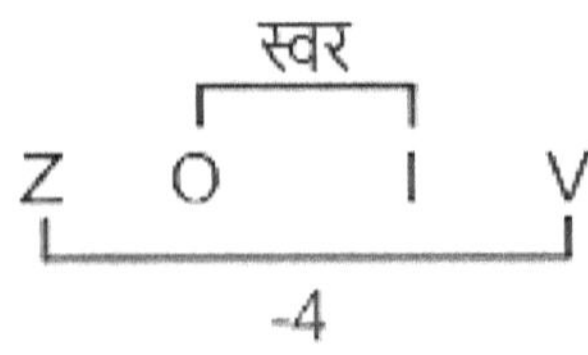

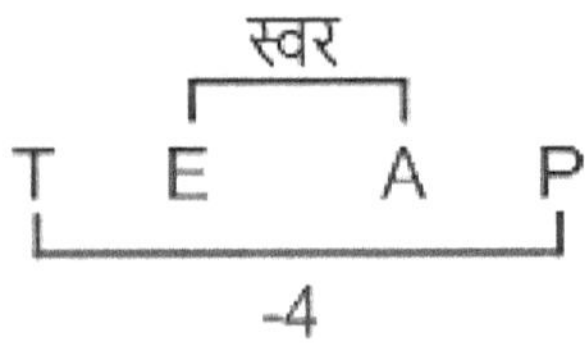

' $HIUL$' के अतिरिक्त शेष सभी समान स्वरूप का अनुसरण करते हैं।

इसलिए, " $HIUL$" विषम अक्षर युग्म है।

अतः विकल्प (A) सही है।

38. दिया गया है,

5, 9, 10, 28, 17, 65, ______

स्वरूप निम्न प्रकार अनुसरण करता है,

5 9 10 28 17 65 26
2²+1 2³+1 3²+1 3³+1 4²+1 4³+1 5²+1

अतः विकल्प (B) सही है।

39. अनुसरित स्वरूप है:

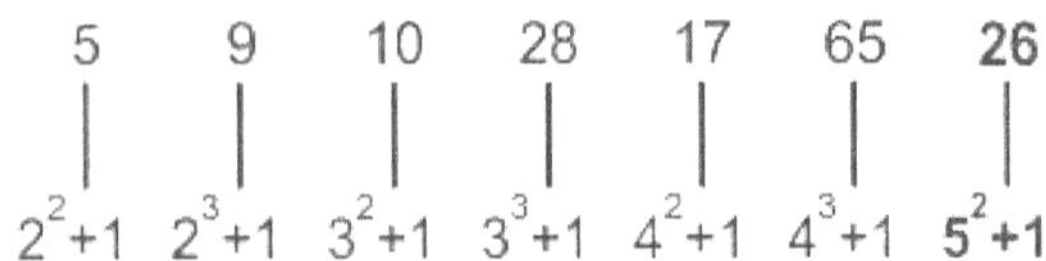

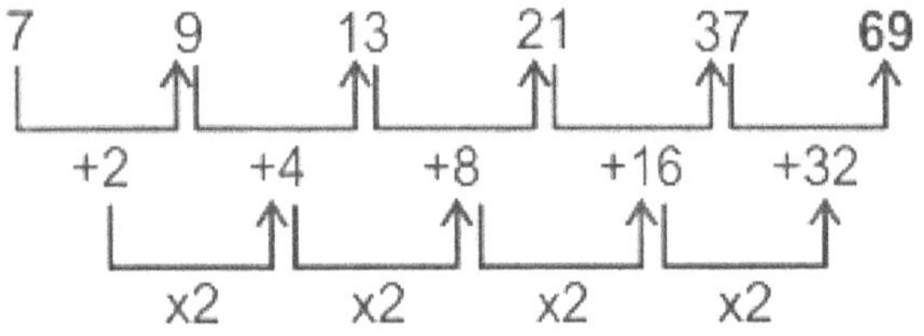

7 9 13 21 37 69
+2 +4 +8 +16 +32
x2 x2 x2 x2

अतः विकल्प (C) सही है।

40. दिया है:

29 @ 128 $ 16 % 7 # 22

प्रतीकों को बाएँ से दाएँ बदलने के बाद और बोडमास (BODMAS) नियम का उपयोग करने के बाद,

= 29 + 128 ÷ 16 × 7 - 22

= 29 + 8 × 7 - 22

= 29 + 56 - 22

= 85 - 22

= 63

इसलिए, "63" सही उत्तर है।

अत: विकल्प (C) सही है।

41. दिया गया,

1 जनवरी 2018 को सोमवार था

एक सामान्य वर्ष में दिनों की संख्या = 365

विषम दिनों की संख्या $= \frac{365}{7} = +1$

1 जनवरी 2018 = सोमवार

1 जनवरी 2019 = सोमवार + 1 = मंगलवार

∴ 1 जनवरी 2019 = मंगलवार

अतः विकल्प (A) सही है।

42. माना पिता की वर्तमान आयु $15x$ वर्ष है।

इसलिए, पुत्र की आयु $= \left(15x \times \frac{8}{15}\right) = 8x$

अब, प्रश्न के अनुसार,

$\frac{15x-6}{8x-6} = \frac{13}{6}$

$\Rightarrow 90x - 36 = 104x - 78$

$\Rightarrow 14x = 42$

$\Rightarrow x = 3$

पिता की वर्तमान आयु $= 15 \times 3 = 45$ वर्ष

अतः विकल्प (A) सही है।

43. दी गई आकृति है:

प्रश्न आकृति

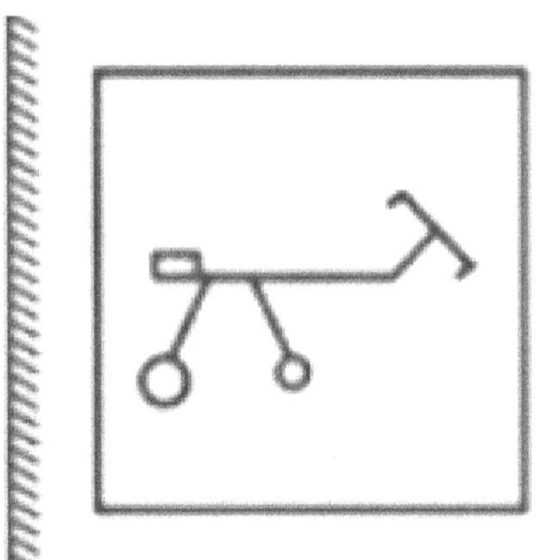

यदि हम एक दर्पण को आकृति के बाईं ओर रखते हैं, तो आकृति अपने ऊर्ध्वाधर अक्ष पर 180 डिग्री घूम जाएगी जैसा कि नीचे दर्शाया गया है:

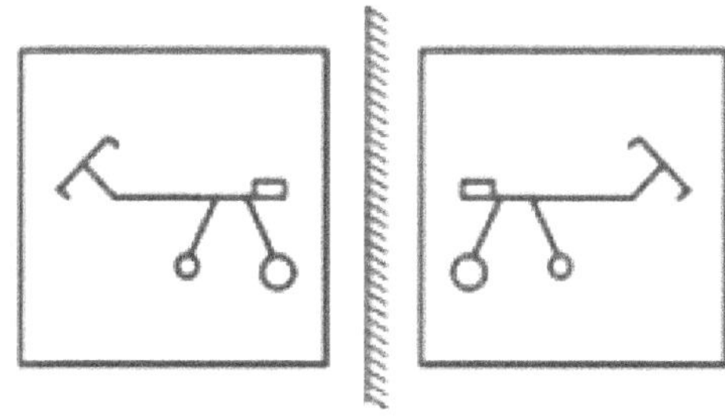

अतः, विकल्प (B) दी गई आकृति का प्रतिबिंब है।

अतः विकल्प (B) सही है।

44. शब्दकोश का सही क्रम है,

Percentile

Perceptible

Perceptual

Peremptory

Perforation

अतः विकल्प (B) सही है।

45. जब दो अंक/अक्षर दोनों स्थिति में उभयनिष्ठ होते हैं तो, असामान्य अंक/अक्षर एक दूसरे के विपरीत होते हैं।

यहाँ पासा 1 और 4 में, हम देख सकते हैं कि 'B' और 'C' उभयनिष्ठ है।

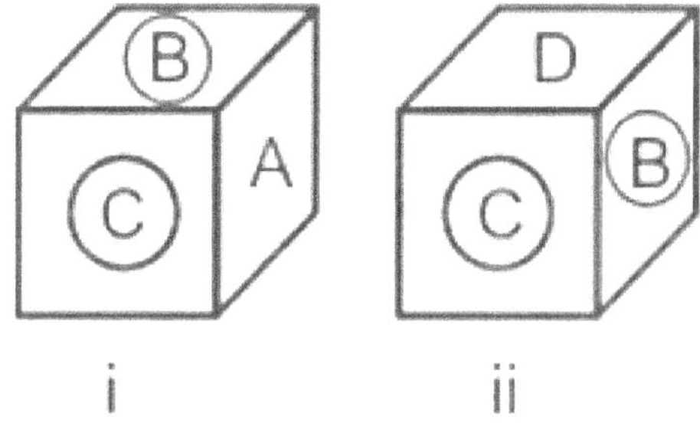

इसलिए दो सामान्य विधियो से हम कह सकते हैं कि D और A एक दूसरे के विपरीत हैं।

अतः विकल्प (B) सही है।

46. न्यूनतम संभावित वेन आरेख है:

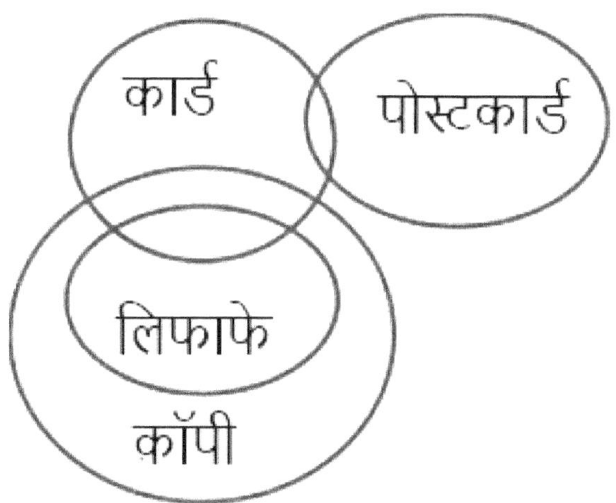

निष्कर्ष:

I. कुछ कॉपी लिफाफे हैं → सत्य (चूंकि सभी लिफाफे कॉपी हैं, इसका अर्थ है कि कुछ कॉपी लिफाफे हैं)

II. कुछ पोस्टकार्ड कॉपी हैं → असत्य (यह संभव है लेकिन निश्चित नहीं है जैसा कि ऊपर दी गई आकृति में दिखाया गया है कि कोई पोस्टकार्ड कॉपी, संभव नहीं है)

III. कुछ कार्ड कॉपी हैं → सत्य (चूंकि कुछ कार्ड लिफाफे हैं और सभी लिफाफे कॉपी हैं, इसका अर्थ है कि कुछ कार्ड कॉपी हैं)

अतः, केवल निष्कर्ष I और III अनुसरण करते हैं।

अतः विकल्प (D) सही है।

47. इसके लिए स्वरूप इस प्रकार है;

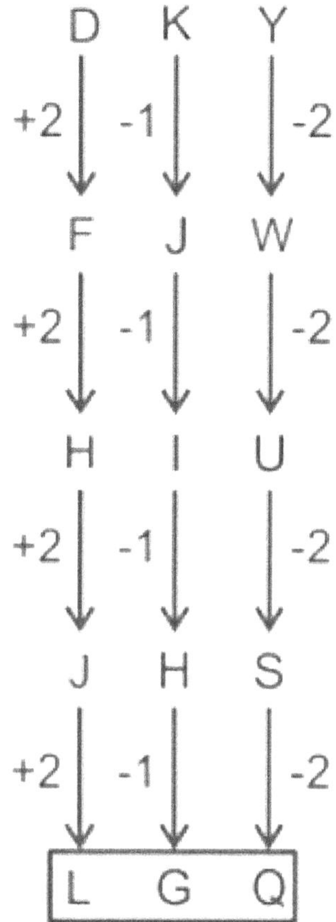

अतः, सही उत्तर "LGQ" है।

अतः विकल्प (A) सही है।

48. यहाँ अनुसरण किया गया स्वरूप निम्न प्रकार है:

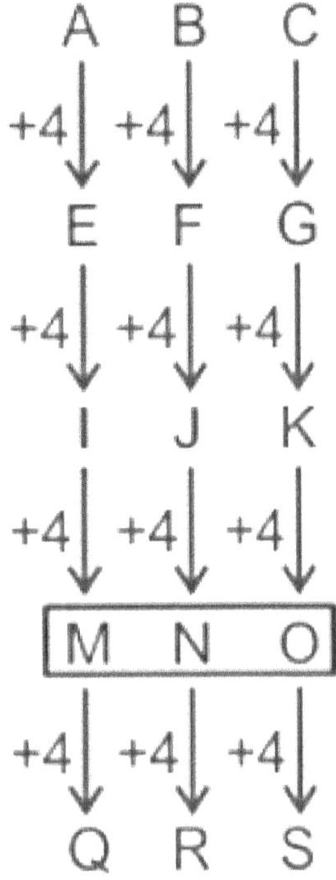

अतः, सही उत्तर "MNO" है।

अतः विकल्प (C) सही है।

49. अवलोकन करने पर, हमें प्राप्त होता है कि प्रश्न आकृति, आकृति (d) में अंतर्निहित है जैसा कि नीचे दर्शाया गया है।

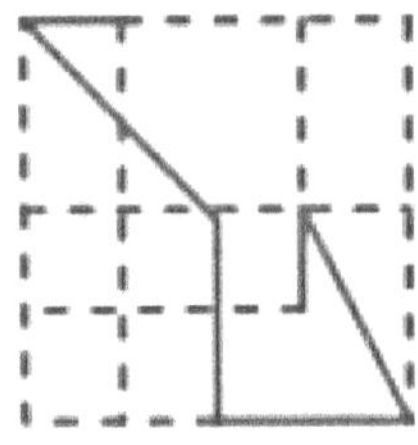

अतः विकल्प (D) सही है।

50. प्रत्येक विकल्प की जाँच करने और चिह्नों को बाएँ से दाएँ बदलने और BODMAS नियम का प्रयोग करने पर, हमें प्राप्त होता है:

(A) × - ÷ +

⇒ 7 × 8 - 6 = 225 ÷ 9 + 25

⇒ 7 × 8 - 6 = 25 + 25

⇒ 56 - 6 = 25 + 25

⇒ 56 - 6 = 50

⇒ 50 = 50

(B) × ÷ × +

⇒7 × 8 ÷ 6 = 225 × 9 + 25

⇒ 7 × 1.3 = 225 × 9 + 25

⇒ 9.1 = 2025 + 25

⇒ 9.1 ≠ 2050

(C) + × ÷ -

⇒ 7 + 8 × 6 = 225 ÷ 9 - 25

⇒ 7 + 8 × 6 = 25 - 25

⇒ 7 + 48 = 25 - 25

⇒ 55 = 25 - 25

⇒ 55 ≠ 0

(D) + × × +

⇒7 + 8 × 6 = 225 × 9 + 25

⇒7 + 48 = 2025 + 25

⇒ 55 = 2050

⇒ 55 ≠ 2050

अतः विकल्प (A) सही है।

51. दिया है:

ब्याज दर $= 2.5\%$ प्रति माह

6 महीने के बाद भुगतान की गई राशि $= 13110$ रुपये

राशि, $A = P + SI$

साधारण ब्याज, $SI = \dfrac{P \times R \times T}{100}$

जहां $P \rightarrow$ मूलधन, $R \rightarrow$ ब्याज की दर, $T \rightarrow$ समय

मान लीजिए ऋण ली गई राशि x रुपये है

$SI = \dfrac{x \times 2.5 \times 6}{100} = 0.15x$

$A = x + 0.15x = 1.15x$

$1.15x = 13110$

$\Rightarrow x = 11400$

$\Rightarrow$ ब्याज की राशि $= 0.15 \times 11400$

$= 1710$ रुपये

अतः विकल्प (C) सही है।

52. दिया हुआ,

$\sin^{-1}x + \sin^{-1}y = \dfrac{5\pi}{6}$ ....(1)

माना कि, $\cos^{-1}x + \cos^{-1}y = a$ .... (2)

दो समीकरणों को जोड़ने पर हम प्राप्त करते हैं,

$(\sin^{-1}x + \cos^{-1}x) + (\sin^{-1}y + \cos^{-1}y) = \dfrac{5\pi}{6} + a$

$\Rightarrow \dfrac{\pi}{2} + \dfrac{\pi}{2} = \dfrac{5\pi}{6} + a$ $\quad [\because \sin^{-1}x + \cos^{-1}x = \dfrac{\pi}{2}]$

$\Rightarrow \pi - \dfrac{5\pi}{6} = a$

$\Rightarrow a = \dfrac{\pi}{6}$

इसलिए $\cos^{-1}x + \cos^{-1}y = \dfrac{\pi}{6}$

अतः विकल्प (C) सही है।

53. दिया है:

$$\sin^4 x + 2\cos^4 x = \frac{2}{3}$$

$$\Rightarrow \sin^4 x + \cos^4 x + \cos^4 x = \frac{2}{3}$$

$$\Rightarrow 1 - 2\sin^2 x\cos^2 x + \cos^4 x = \frac{2}{3}$$

$$\Rightarrow 1 - 2(1 - \cos^2 x)\cos^2 x + \cos^4 x = \frac{2}{3}$$

$$\Rightarrow 1 - 2\cos^2 x + 2\cos^4 x + \cos^4 x = \frac{2}{3}$$

$$\Rightarrow 9\cos^4 x - 6\cos^2 x + 1 = 0$$

$$\Rightarrow (3\cos^2 x - 1)^2 = 0$$

$$\Rightarrow \cos^2 x = \frac{1}{3}$$

$$\Rightarrow \sec^2 x = 3$$

अतः विकल्प (B) सही है।

54. समरूपता से:

$$(a - b)^3 = a^3 - b^3 - 3ab(a - b)$$

$$\Rightarrow 3^3 = 279 - 3ab \times 3$$

$$\Rightarrow 9ab = 279 - 27 = 252$$

$$\Rightarrow ab = 28$$

अब,

$$(a + b)^2 = (a - b)^2 + 4ab$$

$$\Rightarrow (a + b)^2 = 3^2 + 4 \times 28 = 121$$

$$\Rightarrow (a + b) = 11$$

अब,

$$(a + b)^3 = a^3 + b^3 + 3ab(a + b)$$

$$\Rightarrow 11^3 = a^3 + b^3 + 3 \times 28 \times 11$$

$$\Rightarrow 1331 = a^3 + b^3 + 924$$

$$\Rightarrow a^3 + b^3 = 407$$

अतः विकल्प (B) सही है।

55. माना कि पहली मिश्रधातु का M किलोग्राम और दूसरी मिश्रधातु का N किलोग्राम मिलाया गया।

मिश्रण में सोने की मात्रा $= \dfrac{3M}{7} + \dfrac{5N}{8}$

मिश्रण में तांबे की मात्रा $= \dfrac{4M}{7} + \dfrac{3N}{8}$

$$\Rightarrow \frac{\frac{3M}{7} + \frac{5N}{8}}{\frac{4M}{7} + \frac{3N}{8}} = \frac{5}{4}$$

$$\Rightarrow \frac{12M}{7} + \frac{20N}{8} = \frac{20M}{7} + \frac{15N}{8}$$

$$\Rightarrow \frac{5N}{8} = \frac{8M}{7}$$

$$\Rightarrow \frac{M}{N} = \frac{35}{64}$$

$\therefore$ अनुपात $35 : 64$ होना चाहिए।

अतः विकल्प (D) सही है।

56. दिया है:

35 मिनट में 455 मीटर की दूरी तय करता है

गति $=$ दूरी/समय

गति $=$ 455 मीटर/35 मिनट

लेकिन हमें किमी प्रति घंटे में गति की आवश्यकता है

हम जानते हैं कि,

1 किमी $=$ 1000 मीटर

1 घंटा $=$ 60 मिनट

$$\Rightarrow \text{गति} = \frac{\left(\frac{455}{1000}\right)}{\left(\frac{35}{60}\right)}$$

$$\Rightarrow \text{गति} = \frac{(455 \times 60)}{(1000 \times 35)}$$

$$\Rightarrow \text{गति} = 0.78 \text{ किमी/घंटा}$$

$\therefore$ व्यक्ति की गति 0.78 किमी/घंटा है।

अतः विकल्प (D) सही है।

57. दिया है-

$$A : B = 7 : 3$$

माना कि $A = 7k, B = 3k$ है।

A और B का मान रखने पर,

$$\frac{AB + B^2}{A^2 - B^2}$$

$$= \frac{(7k \times 3k) + (3k)^2}{(7k)^2 - (3k)^2}$$

$$= \frac{21k^2 + 9k^2}{49k^2 - 9k^2}$$

$$= \frac{30k^2}{40k^2}$$

$$= \frac{3}{4}$$

अतः विकल्प (A) सही है।

58. (A) $\sqrt{1250} = 35.35$

(B) $\sqrt{16641} = \sqrt{(129 \times 129)} = 129$

(C) $\sqrt{2025} = \sqrt{(45 \times 45)} = 45$

(D) $\sqrt{9801} = \sqrt{(99 \times 99)} = 99$

अब हम यह कह सकते हैं कि 1250 एक पूर्ण वर्ग नहीं है।

अतः विकल्प (A) सही है।

59. दिया है:

2020 में हीरो द्वारा बेची गई बाइक = 3500

2020 में टीवीएस द्वारा बेची गई बाइक = 2000

2019 में होंडा द्वारा बेची गई बाइक = 2400

2019 में यामाहा द्वारा बेची गई बाइक = 3000

सूत्र:

औसत = (मानों का योग)/(मानों की संख्या)

गणना:

2020 में हीरो और टीवीएस को मिलाकर बेची जाने वाली बाइकों का औसत

$$= \frac{3500+2000}{2}$$

$$= \frac{5500}{2}$$

= 2750

2019 में होंडा और यामाहा को मिलाकर बेची जाने वाली बाइकों का औसत

$$= \frac{2400+3000}{2}$$

$$= \frac{5400}{2}$$

= 2700

अंतर = 2750 – 2700

= 50

∴ 2020 में हीरो और टीवीएस को मिलाकर बेची जाने वाली बाइकों का औसत और 2019 में होंडा और यामाहा को मिलाकर बेची जाने वाली बाइकों के औसत का अंतर 50 है।

अतः विकल्प (D) सही है।

60. दिया है:

PQ = 30 सेमी

व्यास = 32 सेमी

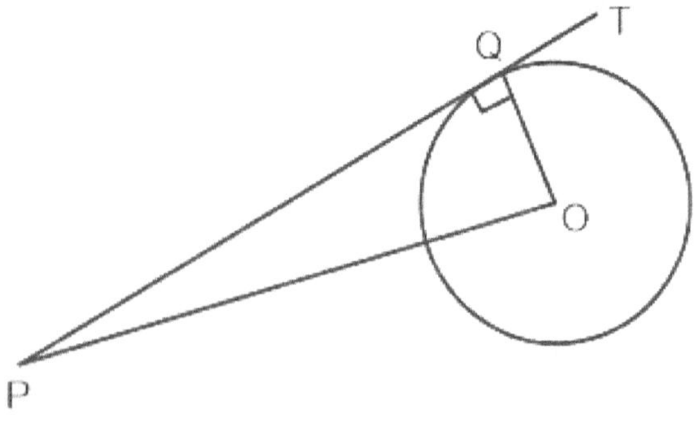

OQ वृत्त की त्रिज्या है

OQ = 16 सेमी

∠OQP = 90°

अब, पाइथागोरस प्रमेय लागू करने पर:

$OP^2 = PQ^2 + OQ^2$

$\Rightarrow OP^2 = 16^2 + 30^2$

$\Rightarrow OP^2 = 1156$

$\Rightarrow OP = 34$ सेमी

∴ OP की लम्बाई 34 सेमी है।

अतः विकल्प (C) सही है।

61. माना कि वस्तु का क्रय मूल्य x रुपये है।

लाभ % = (विक्रय मूल्य – क्रय मूल्य)/क्रय मूल्य × 100

$$\Rightarrow x = \left(\frac{144-x}{x}\right) \times 100$$

$\Rightarrow x^2 = 14400 - 100x$

$\Rightarrow x^2 + 100x - 14400 = 0$

$\Rightarrow x^2 + 180x - 80x - 14400 = 0$

$\Rightarrow (x + 180)(x - 80) = 0$

$\Rightarrow x = 80$

∴ वस्तु का क्रय मूल्य = 80 रुपए

अतः विकल्प (A) सही है।

62. दिए गए आंकड़ों से,

निर्माता 30% की छूट देता है

डीलर 20% की छूट देता है

विक्रेता 10% की छूट देता है

यह प्रश्न क्रमिक छूट विधि का प्रकार है,

30% और 20% के क्रमिक छूट के लिए एकल समकक्ष छूट

= {30 + 20 – (30 × 20 ÷ 100)}   ——(∵ सूत्र = {a + b – (a × b ÷ 100)}

= (50 - 6)   ——(जहां a और b क्रमिक छूट है)

= 44%

44% और 10% के लिए एकल समकक्ष छूट

= {44 + 10 – (44 × 10 ÷ 100)}   ——(∵ सूत्र = {a + b – (a × b ÷ 100)}

अब,

$\Rightarrow$ a = 44 उपरोक्त उत्तर पहले दो क्रमिक छूट के लिए है

= {54 – 4.4}

= 49.6%

∴ क्रेता को 49.6% की वास्तविक छूट मिलती है।

अतः विकल्प (D) सही है।

63. क्लब के सदस्य 1000 रू प्रति सदस्य के हिसाब से दान करते हैं

8 सदस्यों द्वारा दान की गई राशि= 8000 रू

माना सभी के द्वारा किया गया औसत दान = x रू

अध्यक्ष का हिस्सा = x+500 रू

हम जानते है,

औसत = (अवलोकन के योग / अवलोकन की संख्या)

$$\Rightarrow x = \frac{8000 + x + 500}{9}$$

$$\Rightarrow 9x = 8500 + x$$

$$\Rightarrow 8x = 8500$$

$$\Rightarrow x = \frac{8500}{8}$$

$$\therefore x = 1062.5 \text{ रू}$$

अध्यक्ष का योगदान $= \mathbf{x} + 500$ रू

$$= 1062.5 + 500 \text{ रू}$$

$$= 1562.5 \text{ रू}$$

अतः विकल्प (B) सही है।

64. दिया है:

$$x + \frac{1}{y} = 3 \quad ..(i)$$

$$y + \frac{1}{z} = 2 \quad ..(ii)$$

$$z + \frac{1}{x} = 4 \quad ..(iii)$$

समीकरण (i), (ii) और (iii) का योग करने पर,

$$\Rightarrow x + y + z + \frac{1}{x} + \frac{1}{y} + \frac{1}{z} = 9 - (v)$$

अब समीकरण (i), (ii) और (iii) को गुणा करने पर,

$$\Rightarrow \left(x + \frac{1}{y}\right) \times \left(y + \frac{1}{z}\right) \times \left(z + \frac{1}{x}\right) = 3 \times 2 \times 4$$

$$\Rightarrow \left(xy + \frac{x}{z} + 1 + \frac{1}{zy}\right)\left(z + \frac{1}{x}\right) = 24$$

$$\Rightarrow xyz + y + x + \frac{1}{z} + z + \frac{1}{x} + \frac{1}{y} + \frac{1}{xyz} = 24$$

$$\Rightarrow xyz + \frac{1}{xyz} + x + y + z + \frac{1}{x} + \frac{1}{y} + \frac{1}{z} = 24$$

$$\Rightarrow xyz + \frac{1}{xyz} + 9 = 24$$

$$\Rightarrow xyz + \frac{1}{xyz} = 24 - 9 = 15$$

$$\therefore \text{उत्तर } 15 \text{ है।}$$

अतः विकल्प (A) सही है।

65. दिया है:

बेलन का वक्र पृष्ठीय क्षेत्रफल = $2\pi rh = 88$

$\Rightarrow rh = 14$

$\Rightarrow r = h - 8.6$

हल करने पर,

$\Rightarrow r = 1.4$ सेमी और $h = 10$ सेमी

$\Rightarrow$ गोले की त्रिज्या $= 1.4 \times \dfrac{3}{2} = 2.1$ सेमी , क्योंकि बेलन की और गोले की त्रिज्या के बीच का अनुपात $2:3$ है।

$\Rightarrow$ गोले का आयतन $= \dfrac{4}{3}\pi r^3$

$$= \frac{4}{3} \times \frac{22}{7} \times (2.1)^3$$

$$= 38.808 \approx 39 \text{ घन सेमी}$$

$\therefore$ गोले का आयतन $= 39$ घन सेमी

अतः विकल्प (B) सही है।

66. दिया गया है:

20 आदमी और 15 लड़के एक काम को 10 दिनों में कर सकते हैं और 25 पुरुष और 10 लड़के इसे 9 दिनों में कर सकते हैं।

हम जानते हैं कि,

कार्य $=$ कार्य क्षमता $\times$ कुल समय

अब,

माना पुरुषों की कार्यक्षमता ' m ' है।

माना लड़कों की कार्यक्षमता ' b ' है।

प्रश्न के अनुसार,

$$(20\,m + 15\,b) \times 10 = (25\,m + 10\,b) \times 9$$

$$\Rightarrow 200\,m + 150\,b = 225\,m + 90\,b$$

$$\Rightarrow 60\,b = 25\,m$$

$$\Rightarrow 12\,b = 5\,m$$

$$\Rightarrow \frac{b}{m} = \frac{5}{12}$$

इसलिए,

$$m:b = 12:5$$

अतः विकल्प (C) सही है।

67. दिया गया है:

एक छात्र को उत्तीर्ण होने के लिए आवश्यक कुल अंक $= 40\%$

उसने 150 अंक प्राप्त किए और 50 अंक से अनुत्तीर्ण रहा है

हम जानते हैं कि,

$$A \text{ का } P\% = Q$$

$$A = \frac{Q \times 100}{P}$$

अब,

न्यूनतम उत्तीर्ण अंक $= 150 + 50 = 200$

प्रश्न के अनुसार,

न्यूनतम उत्तीर्ण अंक $=$ कुल अंक का 40%

माना कुल अंक P हैं।

$$\frac{40}{100} \times P = 200$$

$$\Rightarrow P = \frac{200 \times 100}{40}$$

$$\Rightarrow P = 500$$

$\therefore$ अधिकतम अंक 500 हैं।

अतः विकल्प (A) सही है।

68. दिया गया है:

एक समद्विबाहु त्रिभुज के दो बराबर भुजाओं में से एक, $a = 20$ सेमी

त्रिभुज का परिमाप $= 72$ सेमी

हम जानते हैं कि,

एक समद्विबाहु त्रिभुज का परिमाप $= 2a + b$

एक समद्विबाहु त्रिभुज का क्षेत्रफल $= \left(\dfrac{b}{4}\right) \times \sqrt{(4a^2 - b^2)}$

माना $a = 20$ सेमी

$$2a + b = 72$$

$$\Rightarrow 2 \times 20 + b = 72$$

$$\Rightarrow 40 + b = 72$$

$$\Rightarrow b = 72 - 40$$

$$\Rightarrow b = 32$$

समद्विबाहु त्रिभुज का क्षेत्रफल $= \left(\dfrac{32}{4}\right) \times \sqrt{(4 \times 20^2 - 32^2)}$

$$\Rightarrow 8 \times \sqrt{(4 \times 400 - 1024)}$$

$$\Rightarrow 8 \times \sqrt{(1600 - 1024)}$$

$$\Rightarrow 8 \times \sqrt{576}$$

$$\Rightarrow 8 \times 24$$

$$\Rightarrow 192 \text{ वर्ग सेमी}$$

$\therefore$ समद्विबाहु त्रिभुज का क्षेत्रफल 192 वर्ग सेमी है।

अतः विकल्प (D) सही है।

69. दिया गया है:

शांत जल में नाव की गति $=$ धारा की गति की आठ गुनी

नाव द्वारा धारा के अनुकूल 315 किमी और धारा के प्रतिकूल 385 किमी की दूरी तय करने में लिया गया समय $= 18$ घंटे

हम जानते हैं कि,

दूरी $=$ गति $\times$ समय

धारा की गति x किमी/घंटा है, तो शांत जल में नाव की गति $8x$ किमी/घंटा होगी।

$\therefore$ धारा के अनुकूल गति $= (8x + x)$

$$= 9x$$

धारा के प्रतिकूल गति $= (8x - x)$

$$= 7x$$

प्रश्न के अनुसार,

$$\dfrac{315}{9x} + \dfrac{385}{7x} = 18$$

$$\Rightarrow \dfrac{35}{x} + \dfrac{55}{x} = 18$$

$$\Rightarrow \dfrac{90}{x} = 18$$

$$\Rightarrow x = \dfrac{90}{18}$$

$$\Rightarrow x = 5$$

$\therefore$ धारा की गति $= 5$ किमी/घंटा

शांत जल में नाव की गति $= 8x$

$$= 8 \times 5$$

$$= 40 \text{ किमी/घंटा}$$

इसलिए, धारा के अनुकूल गति $= (40 + 5)$ किमी/घंटा

$$= 45 \text{ किमी/घंटा}$$

प्रश्न के अनुसार,

$\therefore$ नाव से 225 किमी धारा के प्रतिकूल तय करने में लगने वाला समय $= \dfrac{225}{45}$

$$= 5 \text{ घंटे}$$

अतः विकल्प (B) सही है।

70. दिया गया है:

24 सेमी त्रिज्या और 48 सेमी ऊंचाई के एक धात्विक शंकु को पिघलाया गया है और उसे 6 सेमी त्रिज्या वाले के धात्विक गोले में बदला जाता है।

गोले का आयतन $= \left(\dfrac{4}{3}\right)\pi r^3$

शंकु का आयतन $= \left(\dfrac{1}{3}\right)\pi r^2 h$

मान लीजिए 6 सेमी त्रिज्या के लिए आवश्यक गोलों की संख्या 'n' है। तो गोले का कुल आयतन $= n \times \left(\dfrac{4}{3}\right)\pi \times 6^3$

धात्विक शंकु का आयतन $= \left(\dfrac{1}{3}\right)\pi r^2 h$

अब,

धात्विक शंकु का आयतन $= n$ गोलों का आयतन

$$\Rightarrow \left(\dfrac{1}{3}\right)\pi (24)^2 \times 48 = n \times \left(\dfrac{4}{3}\right)\pi (6)^3$$

$$\Rightarrow 128 = 4n$$

$$\Rightarrow n = 32$$

$\therefore$ कुल बने गोलों की संख्या 32 है।

अतः विकल्प (A) सही है।

71. हम जानते हैं कि,

11 की विभाज्यता:

यदि किसी संख्या के एकांतर अंकों के योग का अंतर 11 से विभाज्य हो, तो वह संख्या 11 से पूर्णत: विभाज्य होती है।

9 की विभाज्यता:

यदि संख्या के अंकों का योग 9 से विभाज्य है, तो वह संख्या स्वयं 9 से विभाज्य होगी।

अब,

दी गई संख्या $161x208$ में,

$\Rightarrow (1 + 1 + 2 + 8) - (6 + x + 0)$

$\Rightarrow 12 - 6 - x$

$\Rightarrow 6 - x$

यहाँ $x = 6$, संख्या को 11 से विभाज्य करने के लिए लेते हैं।

अन्य दी गई संख्या $953y$ में,

अंकों का योग $= 9 + 5 + 3 + y$

अंकों का योग $= 17 + y$

इसे 9 से विभाज्य करने के लिए, $y = 1$

इसलिए $x + y = 6 + 1 = 7$

अत: विकल्प (A) सही है।

72. दिया गया है:

कुल खिलाड़ी $= 22,000$

डिस्क थ्रो करने वाले खिलाड़ियों का प्रतिशत $= 10\%$

एथलेटिक्स खेलने वाले खिलाड़ियों का प्रतिशत $= 20\%$

हम जानते है कि,

अनुपात $=$ एथलेटिक्स करने वाले खिलाड़ी : डिस्क थ्रो करने वाले खिलाड़ी

एथलेटिक्स करने वाले खिलाड़ी $= \frac{20}{100} \times 22,000 = 4,400$

डिस्क थ्रो करने वाले खिलाड़ी $= \frac{10}{100} \times 22,000 = 2,200$

अनुपात $= 4400 : 2200$

$= 2 : 1$

अत: विकल्प (A) सही है।

73. दिया गया है:

पांच गाँवों की कुल साक्षर जनसंख्या $= 900 + 600 + 1100 + 1200 + 1400 = 5200$

पांच गाँवों की कुल निरक्षर जनसंख्या $= 700 + 900 + 1400 + 800 + 1000 = 4800$

अभीष्ट अंतर,

$= 5200 - 4800$

$= 400$

अत: विकल्प (D) सही है।

74. जैसा कि हम जानते हैं,

एक घन का आयतन $=$ भुजा^{3}

घन का सतह क्षेत्रफल $= 6 \times$ भुजा^{2}

दिया गया है, घनों के आयतनों का अनुपात $27 : 64$ है।

भुजाओं का अनुपात $= \left(\frac{27}{64}\right)^{\frac{1}{3}} = 3 : 4$

सतह क्षेत्रफल का अनुपात $=$ (भुजाओं का अनुपात)^2

$= 9 : 16$

अत: विकल्प (D) सही है।

75. दिया गया है:

$$45 - [36 - \{29 - \left(25 - 7 \overline{+ 4}\right)\}]$$

$\Rightarrow ? = 45 - [36 - \{29 - (25 - 11)\}]$

$\Rightarrow ? = 45 - [36 - \{29 - 14\}]$

$\Rightarrow ? = 45 - [36 - 15]$

$\Rightarrow ? = 45 - 21$

$\therefore ? = 24$

अत: विकल्प (A) सही है।

76. 5 जून, 2022 को राफेल नडाल ने नॉर्वेजियन कैस्पर रुड को हराकर 14 वां फ्रेंच ओपन खिताब जीता है।

स्पेन के राफेल नडाल ने फ्रांस के पेरिस में रोलैंड गैरोस स्टेडियम में फ्रेंच ओपन टेनिस टूर्नामेंट में नॉर्वे के कैस्पर रूड के खिलाफ तीन सेट, $6 - 3, 6 - 3, 6 - 0$ में फाइनल मैच जीतने के बाद ट्रॉफी जीती।

अत: विकल्प (B) सही है।

77. भारतीय संविधान की चौथी अनुसूची हमें राज्यसभा सीटों के आवंटन के बारे में बताती है।

प्रत्येक राज्य/केंद्रशासित प्रदेश से चुने जाने वाले राज्य सभा के सदस्यों की संख्या संविधान की चौथी अनुसूची द्वारा तय की गई है।

भारत में, राज्यों/केंद्रशासित प्रदेशों की सीटें बड़ी आबादी पर निर्भर होती है जनसंख्या के छोटे राज्यों के साथ राज्यों की तुलना में अधिक प्रतिनिधि सीटें मिलती हैं।

अत: विकल्प (C) सही है।

78. एक कार्य का रुकना, विरोध के रूप में कार्य के अस्थायी समापन को संदर्भित करता है और इसे कर्मचारियों या कंपनी प्रबंधन द्वारा शुरू किया जा सकता है। जब कर्मचारियों द्वारा पहल की जाती है, तो कार्य का रुकना उद्देश्यपूर्ण विरोध के एक साधन के रुप में एकल कर्मचारी या कर्मचारियों के समूह द्वारा कार्य के रोकने को संदर्भित करता है।

अत: सही विकल्प (C) है।

79. शास्त्रीय नृत्य का यह एक प्रसिद्ध नृत्य है। भरतनाट्यम, भारत के प्रसिद्ध नृत्यों में से एक है तथा इसका संबंध दक्षिण भारत के तमिलनाडु राज्य से है। यह नाम 'भरत' शब्द से लिया गया तथा इसका संबंध 'नृत्यशास्त्र' से है।

अत: विकल्प (A) सही है।

80. मौर्य काल में शिक्षा का सबसे प्रसिद्ध केंद्र तक्षशिला था।

तक्षशिला प्राचीन भारत का एक महत्वपूर्ण शहर था, जो सिंधु नदी के पूर्वी तट पर भारतीय उपमहाद्वीप और मध्य एशिया के महत्वपूर्ण जंक्शन पर स्थित था। इसकी उत्पत्ति 600 ईसा पूर्व की है। तक्षशिला के कुछ खंडहर छठवीं शताब्दी ईसा पूर्व में एकेमेनिड साम्राज्य के समय के हैं, इसके बाद मौर्य साम्राज्य, इंडो-ग्रीक, इंडो-स्काइथियन और कुषाण साम्राज्य काल के बाद क्रमिक रूप से आए।

अतः विकल्प (A) सही है।

81. अमारा-नायक सैन्य कमांडर थे जिन्हें विजयनगर के शासकों की किरणों द्वारा शासित होने के लिए क्षेत्र दिए गए थे।

- अमारा-नायक प्रणाली की कई विशेषताएं दिल्ली सल्तनत की इक्ता प्रणाली से प्राप्त हुई थीं।
- अमारा-नायकों ने क्षेत्र में किसानों, शिल्पकारों और व्यापारियों से कर और अन्य देय राशि एकत्र की।
- विजयनगर राज्य की स्थापना 1336 ईस्वी में संगम वंश के हरिहर और बुक्का ने की थी।

अतः विकल्प (C) सही है।

82. 1842 में ब्रिटिश अत्याचार के खिलाफ सागर-नर्मदा क्षेत्र में एक विद्रोह हुआ, जो मध्य प्रदेश के इतिहास में बुंदेला विद्रोह बन गया।

- चंद्रपुर के जवाहर सिंह बुंदेला और नरहट के मधुकर शाह विद्रोह के नेता थे।
- वे मदनपुर के गोंड राजा दिलन शाह, हीरापुर के राजा हीरा शाह, और नरसिंहपुर के लोगों सहित कई अन्य प्रमुखों में शामिल हुए।
- ब्रिटिश सेनाओं ने बुंदेला विद्रोह पर नियंत्रण करने की पूरी कोशिश की।
- हिरदे शाह और मधुकर शाह को पकड़ने में उन्हें एक वर्ष से अधिक समय लगा।
- मधुकर शाह एक लोकप्रिय नायक बन गए और मध्य भारत की लोक-कथाओं में गौरवान्वित हुए।

अतः विकल्प (B) सही है।

83. पाक जलडमरूमध्य भारत और श्रीलंका के बीच स्थित है।

पाक जलडमरूमध्य:

- यह भारत के तमिलनाडु राज्य और श्रीलंका के द्वीप राष्ट्र के उत्तरी प्रांत के जाफना जिले के बीच एक जलडमरूमध्य है।
- जलडमरूमध्य 40 से 85 मील (64 से 137 किमी) चौड़ा, 85 मील लंबा और 330 फीट (100 मीटर) से कम गहरा है।
- यह वैगई (भारत) सहित कई नदियों को प्राप्त करता है, और इसमें श्रीलंकाई पक्ष के कई द्वीप शामिल हैं।
- सेतुसमुद्रम शिप कैनाल प्रोजेक्ट (SSCP) 167 किलोमीटर लंबी शिपिंग नहर है और जहाजों की आवाजाही को सुविधाजनक बनाने के लिए मन्नार की खाड़ी से बंगाल की खाड़ी तक एक नौगम्य नहर के निर्माण की परिकल्पना की गई है।

अतः विकल्प (B) सही है।

84. नीलगिरि, भारत का पहला बायोस्फीयर रिजर्व है।

नीलगिरि बायोस्फीयर रिजर्व:

- नीलगिरि बायोस्फीयर रिजर्व आरक्षित क्षेत्र भारत का पहला और सबसे पुराना बायोस्फीयर रिजर्व आरक्षित क्षेत्र है, जिसे वर्ष 1986 में स्थापित किया गया था।
- यह पश्चिमी घाटों में स्थित है और इसमें भारत के 10 जैव-भौगोलिक प्रांतों में से 2 शामिल हैं।
- नीलगिरि बायोस्फीयर रिजर्व आरक्षित क्षेत्र मालाबार वर्षा वन के जैवभौगोलिक क्षेत्र के अंतर्गत आता है।
- मुदुमलाई वन्यजीव अभयारण्य, वायनाड वन्यजीव अभयारण्य, बांदीपुर राष्ट्रीय उद्यान, नागरहोल राष्ट्रीय उद्यान, मुकुर्ती राष्ट्रीय उद्यान और साइलेंट वैली इस आरक्षित क्षेत्र के भीतर मौजूद संरक्षित क्षेत्र हैं।

अतः विकल्प (C) सही है।

85. विदेश मंत्री एस. जयशंकर ने 29 दिसंबर 2022 को राजधानी निकोसिया में साइप्रस सरकार के साथ एक रक्षा समझौते पर हस्ताक्षर किए।

- इसे रक्षा और सैन्य सहयोग बढ़ाने के लिए गाया गया था।
- अवैध प्रवासन की जांच करने के लिए आप्रवासन और गतिशीलता पर एक आशय पत्र पर भी हस्ताक्षर किए गए।
- साइप्रस अंतर्राष्ट्रीय सौर गठबंधन (ISA) में शामिल हो गया।

अतः विकल्प (B) सही है।

86. जस्टिस अन्ना चांडी भारत की पहली महिला न्यायाधीश बनीं। वह उच्च न्यायालय की न्यायाधीश बनने वाली भारत की पहली महिला भी बनीं।

वे 1928 में न्यायालयी सेवा में आयीं और उन्हें सर सी.पी.रामास्वामी द्वारा, जो त्रावणकोर के तत्कालीन दीवान थे, जिला न्यायाधीश (मुंसिफ) के रूप में नियुक्त किया गया। वे केरल उच्च न्यायालय में 9 फरवरी 1959 से 5 अप्रैल 1967 तक न्यायाधीश के पद पर कार्यरत रहीं। अपने कार्यकाल के दौरान उन्होने भारत के कानूनी क्षेत्र में महिलाओं के कैरियर रूपी आशाओं को जन्म दिया।

अतः विकल्प (D) सही है।

87. भारत में पश्चिमी घाट एक जैव विविधता अतिक्षेत्र का प्रतिनिधित्व करते हैं।

- इसे सह्याद्री हिल्स के नाम से भी जाना जाता है।
- वे वनस्पतियों और जीवों के अपने समृद्ध और अद्वितीय संयोजन के लिए जाने जाते हैं।
- यह अपने उच्च स्तर की जैविक विविधता और स्थानिकता के कारण जैविक विविधता के विश्व के आठ अतिक्षेत्र में से एक है।
- इस पर्वतमाला को उत्तरी महाराष्ट्र में सह्याद्री और केरल में सह्या पर्वतम कहा जाता है।

अतः विकल्प (D) सही है।

88. वह भौतिक राशि जिसमें केवल परिमाण होता है उसे अदिश राशि कहा जाता है। उनका केवल संख्यात्मक मान होता है और यह राशि दिशा को इंगित नहीं करती है।

उदाहरण: लंबाई, समय, गति, द्रव्यमान, घनत्व, दाब, तापमान, ऊर्जा, कार्य, शक्ति

अतः विकल्प (A) सही है।

89. मैग्नीशियम क्लोरीन गैस के साथ अभिक्रिया करके एक अन्य पदार्थ बनाता है जो पानी में घुलनशील होता है और इसका जलीय विलयन विद्युत का संचालन करता है।

मैग्नीशियम के साथ क्लोरीन गैस की अभिक्रिया:

$$Mg + Cl_2 \rightarrow MgCl_2$$

$MgCl_2$ एक विद्युत अपघट्य है,इसलिए यह पानी में घुलने पर Mg^{2+} और Cl^- आयनों में वियोजित और विद्युत का संचालन करेगा।

अतः विकल्प (D) सही है।

90. शरीर/ग्रंथियों का हाइपोथैलेमस भाग शरीर के तापमान को बनाए रखता है।

हाइपोथैलेमस आपके मस्तिष्क का एक महत्वपूर्ण हिस्सा है जो आपके कई बुनियादी शारीरिक कार्यों को नियंत्रित करता है। कुछ हाइपोथैलेमस विकार हार्मोन और वजन की समस्याओं को जन्म देते हैं। यह शरीर के तापमान को भी बनाए रखता है।

अत: विकल्प (D) सही है।

91. राज्यों को प्रोत्साहित करके रासायनिक उर्वरकों के उपयोग को कम करने के लिए, केंद्र सरकार ने एक नई योजना - PM प्रणाम शुरू करने की योजना बनाई है, जो कृषि प्रबंधन योजना के लिए वैकल्पिक पोषक तत्वों के PM संवर्धन के लिए है।

इस योजना का कोई अलग बजट नहीं होगा और उर्वरक विभाग द्वारा संचालित योजनाओं के तहत "मौजूदा उर्वरक सब्सिडी की बचत" के माध्यम से वित्तपोषित किया जाएगा। सब्सिडी बचत का 50% उस राज्य को अनुदान के रूप में दिया जाएगा जो पैसा बचाता है।

अत: विकल्प (A) सही है।

92. द सोशल कॉन्ट्रैक्ट बुक फिलॉसफर रूसो द्वारा लिखी गई है।

- इसमें आधुनिक राजनीति और सामाजिक विचारों के बारे में चर्चा की गई है।
- रूसो एक जीनवान दार्शनिक, लेखक और संगीतकार थे।
- अठारहवीं शताब्दी के यूरोप में ज्ञानोदय के दौरान जीन-जैक्स रूसो सबसे प्रभावशाली विचारकों में से एक थे।
- उनका पहला प्रमुख दार्शनिक कार्य, ए डिस्कोर्स ऑन द साइंसेज एंड आर्ट्स, 1750 में एकेडमी ऑफ डिजन द्वारा आयोजित एक निबंध प्रतियोगिता की विजेता प्रतिक्रिया थी।

अत: विकल्प (D) सही है।

93. सर होर्मासजी फिरोजशाह संयुक्त प्रांत के अंतिम गवर्नर-जनरल और उत्तर प्रदेश के पहले गवर्नर थे।

- सर होर्मासजी फिरोजशाह मोदी को आमतौर पर सर होमी मोदी के नाम से जाना जाता था।
- वह एक प्रसिद्ध पारसी व्यवसायी थे जो टाटा समूह के साथ जुड़े और भारत के प्रशासक बने।
- उन्होंने 2 मई 1949 से 25 जनवरी 1950 तक संयुक्त प्रांत के गवर्नर के रूप में पद संभाला।

अत: विकल्प (D) सही है।

94. टेबल टेनिस खिलाड़ी मनिका बत्रा और ज्ञानशेखरन साथियान ने 8 नवंबर, 2022 को ITTF टेबल टेनिस विश्व रैंकिंग के शीर्ष पांच में प्रवेश करने वाली पहली भारतीय मिश्रित युगल जोड़ी बनकर इतिहास रच दिया।

यह जोड़ी स्लोवेनिया के नोवा गोरिका में WTT कंटेंडर इवेंट के फाइनल में पहुंचने के बाद रैंकिंग में ऊपर आ गई, जहां वे फाइनल में दक्षिण कोरिया के लिम जोंगहून और शिन यूबिन से 3-0 से हार गए।

अत: विकल्प (A) सही है।

95. ऐतिहासिक चंद्रगिरी किला आंध्र प्रदेश में स्थित है।

चंद्रगिरी किला आंध्र प्रदेश के तिरुपति में स्थित है। चंद्रगिरी किला 11 वीं शताब्दी में यादव शासकों द्वारा बनाया गया था, और उन्होंने इसे तीन शताब्दियों तक शासन किया। इसे बाद में विजयनगर साम्राज्य और फिर मैसूर शासकों द्वारा कब्जा कर लिया गया था। चंद्रगिरी किले में मुख्य संरचना राजा महल, राजा का महल था।

अत: विकल्प (A) सही है।

96. एमएस एक्सेल 2007 में प्रयुक्त एक्सटेंशन '.xlsx' है।

माइक्रोसॉफ्ट एक्सेल एक इलेक्ट्रॉनिक स्प्रेडशीट है जो पर्सनल कंप्यूटर पर चलती है। माइक्रोसॉफ्ट एक्सेल 2007 माइक्रोसॉफ्ट द्वारा विकसित एक्सेल का एक संस्करण है। माइक्रोसॉफ्ट एक्सेल में बनाई गई फाइलें वर्कबुक के रूप में जानी जाती हैं।

अत: विकल्प (A) सही है।

97. माइक्रोसॉफ्ट वर्ड और अन्य वर्ड प्रोसेसर और टेक्स्ट एडिटर में, Ctrl + F एक खोज बॉक्स खोलता है जो आपको वर्तमान दस्तावेज़ में वर्ण, टेक्स्ट और वाक्यांशों की खोज करने की अनुमति देता है। वर्ड में विशेष रूप से, Ctrl + F नेविगेशन टास्क पेन में एक खोज बॉक्स खोलता है।

अत: विकल्प (B) सही है।

98. नीति आयोग ने प्रतिस्पर्धात्मकता संस्थान के साथ साझेदारी में 25 मार्च 2022 को निर्यात तैयारी सूचकांक (EPI) 2021 जारी किया।

गुजरात ने शीर्ष स्थान बरकरार रखा है, उसके बाद महाराष्ट्र, कर्नाटक, तमिलनाडु, हरियाणा, उत्तर प्रदेश, मध्य प्रदेश, पंजाब, आंध्र प्रदेश और तेलंगाना ने सूचकांक 2021 में शीर्ष 10 प्रदर्शन किया है। केंद्र शासित प्रदेशों में, दिल्ली ने गोवा के बाद सूचकांक में शीर्ष स्थान हासिल किया है।

अत: विकल्प (A) सही है।

99. भारतीय महिला पहलवान अंतिम पंघाल को दिसंबर 2022 में यूनाइटेड वर्ल्ड रेसलिंग 2022 राइजिंग स्टार ऑफ द ईयर पुरस्कार के लिए नामांकित किया गया है।

जापान की नोनोका ओजाकी, संयुक्त राज्य अमेरिका के अमित एलोर, स्वीडन की एम्मा माल्मग्रेन और रोमानिया की एंड्रिया एना पांच-महिला नामांकित व्यक्तियों की सूची में शामिल अन्य उम्मीदवार हैं। अंतिम पंघाल ने अगस्त 2022 में विश्व U20 कुश्ती चैंपियनशिप में भारत के लिए पहला स्वर्ण पदक जीतकर इतिहास रच दिया।

अत: विकल्प (A) सही है।

100. भारत ने संयुक्त राष्ट्र शांति सैनिकों के मानसिक स्वास्थ्य पर UNSC के प्रस्ताव के पक्ष में मतदान किया था।

संयुक्त राष्ट्र सुरक्षा परिषद (UNSC) के सदस्यों ने सर्वसम्मति से संयुक्त राष्ट्र शांति अभियानों के कर्मियों के लिए मानसिक स्वास्थ्य और मनोसामाजिक समर्थन पर एक प्रस्ताव पारित किया था। मेक्सिको ने मसौदा प्रस्ताव की शुरुआत की थी। मसौदा प्रस्ताव मानसिक स्वास्थ्य पर पहला स्टैंड-अलोन सुरक्षा परिषद का प्रस्ताव हुआ था।

अत: विकल्प (A) सही है।

English Language

Q.1 Direction: Select the alternative that will improve the underlined part of the sentence in case there is no improvement select "No improvement".

You have to wear this uniform <u>whether you likes it or not</u>.

A. whether you like it or not
B. whether you are liking it or not
C. No improvement
D. Whether if you like it or not

Q.2 Direction: Select the most appropriate meaning of the underlined idiom in the given sentence.

I told you not to play the prank but you didn't listen, now <u>face the music</u>.

A. accept the consequences
B. put on earphones
C. listen to the songs
D. sing popular songs

Q.3 Direction: Choose the option that is the passive form of the sentence.

Shyam saw Abhishek starting the car.

A. Abhishek has seen Shyam starting the car.
B. Abhishek can be seen starting the car by Shyam.
C. Abhishek was seen starting the car by Shyam.
D. Abhishek was saw by Shyam starting the car.

Q.4 Direction: Select the word which means the same as the group of words given.

An arrangement of events or dates in the order of their occurrence.

[SSC Sub Inspector (CPO), 2019]

A. Chronometry
B. Charter
C. Chronology
D. Calendar

Q.5 Direction: Question consists of a sentence with an underlined word followed by four words. Select the option that is nearest in meaning to the underlined word and mark your answer.

Her smile was <u>contagious</u>.

[UPSC NDA, 2021]

A. Arrogant
B. Disrespectful
C. Sarcastic
D. Catching

Q.6 Direction: Choose the appropriate word to fill in the blank.

She _______ for a walk every morning to the park.

[Allahabad High Court Review Officer (RO), 2017]

A. is going
B. goes
C. has gone
D. gone

Q.7 Choose the correct spelling from the options given.

A. Inaugurate
B. Enaugarate
C. Innagarate
D. Inagurate

Q.8 Direction: Find the correct antonym of the given word.

Necessary

A. Significant
B. Useless
C. Required
D. Basic

Q.9 Direction: Select the misspelt word.

A. Enummerate
B. Dislike
C. Sincere
D. Adore

Q.10 Direction: Choose the correct antonym of the given word.

Deadlock

A. Stalemate
B. Advantage
C. Impasse
D. Predicament

Q.11 Direction: Given here are four sentences. The first sentence is in the correct order, while the rest of the sentences are jumbled. Pick the option that gives their correct order.

A. Kristina was excited to go to her Aunt, who lived in Paris.

B. When she reached Paris, she found out that her Aunt was already dead.

C. Because she wanted to give her a surprise.

D. She booked a flight and she didn't tell her Aunt that she was going to her house.

A. ABCD
B. ADBC
C. ABDC
D. ADCB

Q.12 Change the given sentence into indirect speech.

The gatekeeper said, "I am not feeling well since Monday."

A. The gatekeeper told that he was not feeling well since Monday.
B. The gatekeeper said that he was not feeling well since Monday.
C. The gatekeeper said that he is not feeling well since Monday.
D. The gatekeeper said that he has been not feeling well since Monday.

Q.13 Choose the word which can be the best substitute for the given phrase.

'That which cannot be corrected'.

A. Unintelligible
B. Indelible
C. Illegible
D. Incorrigible

Q.14 Select the most appropriate meaning of the given idiom/phrase.

Bleed someone dry

A. To take all of the resources from someone
B. To make room for someone
C. To help someone
D. To emotionally hurt someone

Q.15 Direction: The following sentence has been split into four segments. Identify the segments that contain a grammatical error.

All mine office colleagues / were very supportive / and encouraging / during my office tenure.

A. were very supportive
B. All mine office colleagues
C. and encouraging
D. during my office tenure

Q.16 Direction: Sentences of a paragraph are given below in jumbled order. Arrange the sentences in the right order to form a meaningful and coherent paragraph.

A. A man of that character is free from fear, free from hatred.

B. And it is neither a question of ceremonial piety nor of merely going through the ritual prescribed to us.

C. Unless that kind of transformation occurs, you are not an authentically religious man.

D. Religion is not a matter of mere dogmatic conformity.

E. It is the remarking of your own self, the transformation of your nature.

A. ADEBC   **B.** DEBCA   **C.** ACBDE   **D.** DBECA

Q.17 Direction: Fill in the blank with an appropriate option.

A variety of beverages ______ flooded the market.

A. has   **B.** hadn't   **C.** have   **D.** would

Q.18 Direction: Fill in the blank by choosing the part of speech that grammatically completes the given sentence.

I have quite ______ few books on art and culture.

A. the   **B.** a   **C.** many   **D.** most

Q.19 Direction: Select the option that is nearest in meaning to the underlined word and mark your response in your answer sheet accordingly.

If you had one of those Yugoslav names with a **paucity** of vowels, you might sprinkle in a few.

A. Abundance   **B.** Amplitude
C. Profusion   **D.** Dearth

Ques (20-24):Direction: In the following passage some words have been deleted. Fill in the blanks with the help of the alternatives given. Select the most appropriate option for the blank.

Weddings are wonderful times in people's lives if the main idea is the coming together of families and to have a day or two of fun. ____(1)___, they become primarily about what 'must be done' because of tradition or satisfying the ego of a few people (often the oldest male or female member from the boy's side). They ____(2)____ focus on the fact that a new relationship is often ______(3)______ and the idea that family is meant to support and help ______(4)______ it up, rather than bring it down by taking up opposite positions, sulking, and laying the foundations of ______(5)______ relationships. These make for corrosive memories, often brought up years later, sometimes after grandchildren are born.

Q.20 Select the most appropriate option to fill in blank No. 1.
A. Instead   **B.** Despite of
C. Although   **D.** In spite

Q.21 Select the most appropriate option to fill in blank No. 2.
A. however   **B.** nevertheless
C. seldom   **D.** frequently

Q.22 Select the most appropriate option to fill in blank No. 3.

A. rigid   **B.** fragile   **C.** obscure   **D.** robust

Q.23 Select the most appropriate option to fill in blank No. 4.
A. to build   **B.** building
C. to building   **D.** build

Q.24 Select the most appropriate option to fill in blank No. 5.
A. discordant   **B.** compatible
C. dulcet   **D.** harmonious

Q.25 Direction: In the given question, a part of the sentence is made bold. Below are given alternatives to the bold part at (A), (B), and (C) which may improve the sentence. Choose the correct alternative. In case no replacement is needed, mark (D) as your answer.

Always check under the seat thoroughly before **you have placed your luggages.**

A. you place your luggage
B. you are placing your luggages
C. you placed your luggage
D. No replacement required

General Intelligence

Q.26 जब दी गई आकृति को मोड़कर एक पासा बनाया जाता है, तो 3 बिंदुओं वाले फलक के विपरीत कितने बिंदु होते हैं?

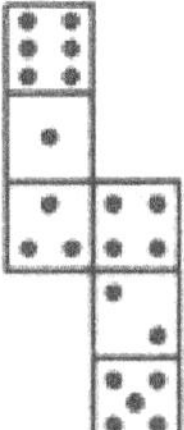

A. 2   **B.** 4   **C.** 5   **D.** 6

Q.27 निर्देश: निम्नलिखित प्रश्न में दिए गए विकल्पों में से संबंधित शब्द/अक्षर/संख्या का चयन करें।

$21:3::574:?$

A. 23   **B.** 82   **C.** 97   **D.** 113

Q.28 यदि, ' + ' को ' ! ' के रूप में कोडित किया जाता है, ' ÷ ' को ' @ ' के रूप में कोडित किया जाता है, ' × ' को ' % ' के रूप में कोडित किया जाता है और ' – ' को ' ^ ' के रूप में कोडित किया जाता है तो दिए गए समीकरण का मान होगा।

$13!102@6\%2^41$

A. 6   **B.** 9   **C.** 14   **D.** 12

Q.29 निर्देश: निम्नलिखित वर्गों के बीच संबंध का सर्वोत्तम निरूपण करने वाले वेन आरेख का चयन करें।

चील, पक्षी, मगरमच्छ

[Rajasthan Police Constable, 2020]

A. 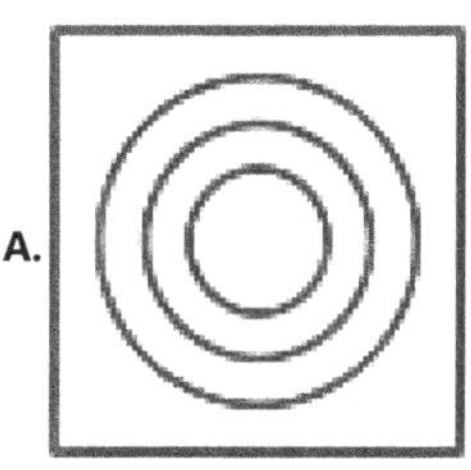   **B.** 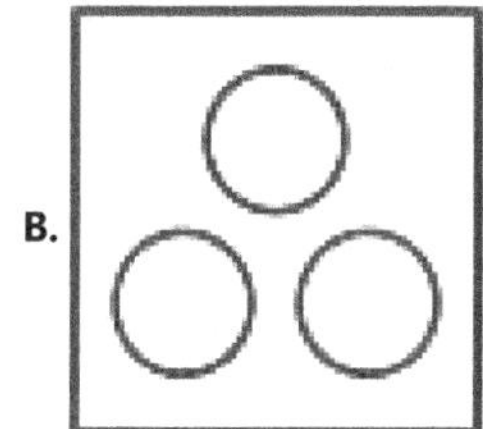

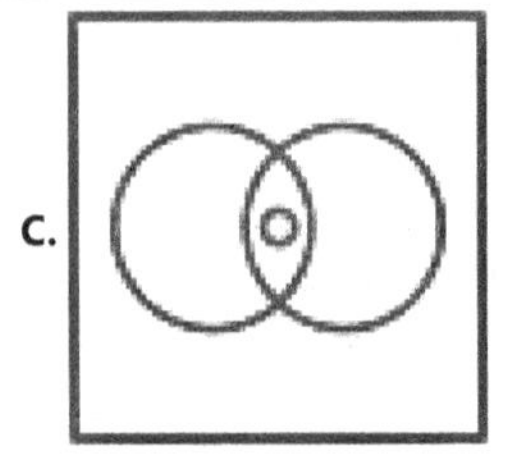 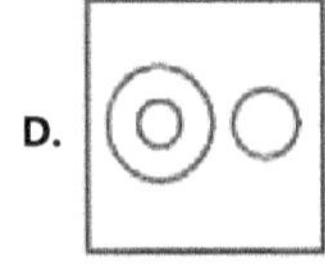

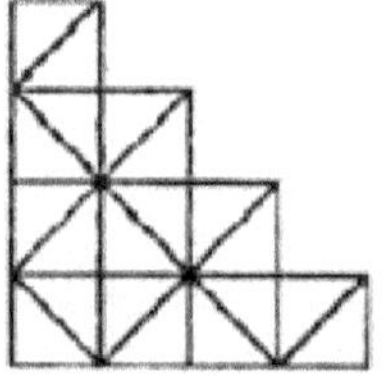

A. 10   **B.** 11   **C.** 12   **D.** 14

Q.30 दी गई उत्तर आकृतियों में से, उस उत्तर आकृति का चयन कीजिये जिसमें प्रश्न आकृति छिपी/निहित है (घूर्णन की अनुमति नहीं है)।

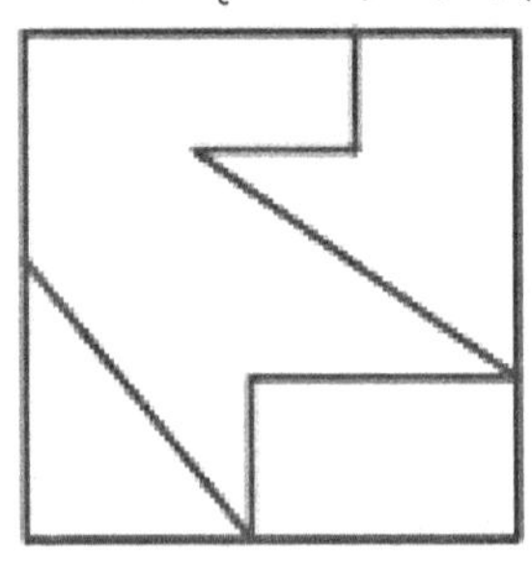

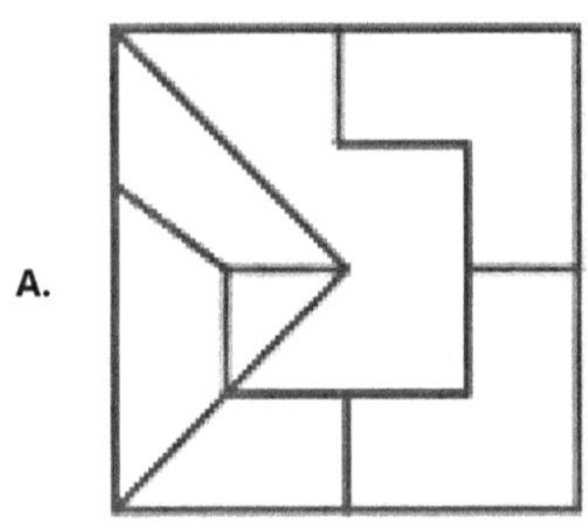

A.

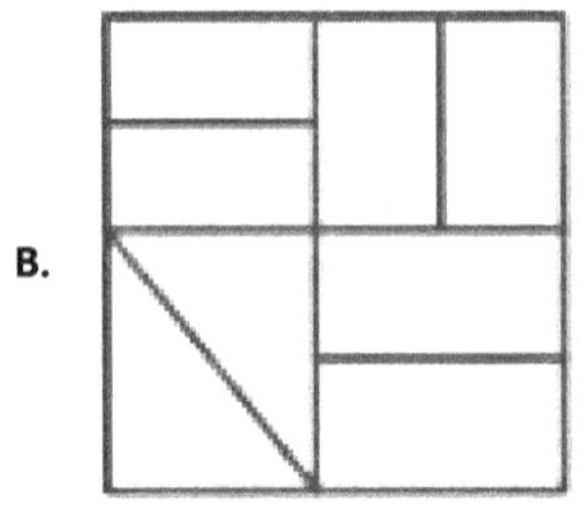

B.

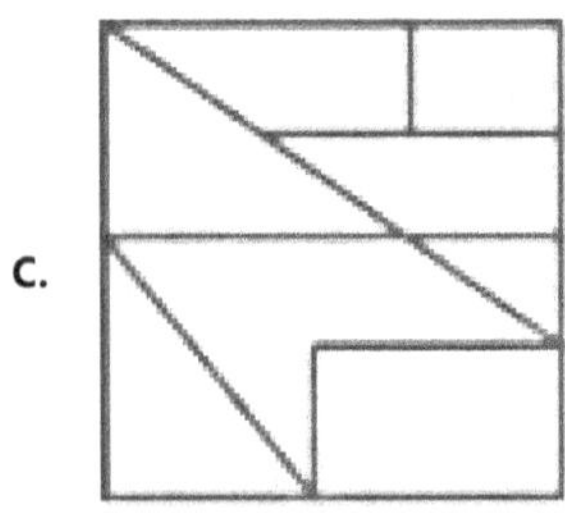

C.

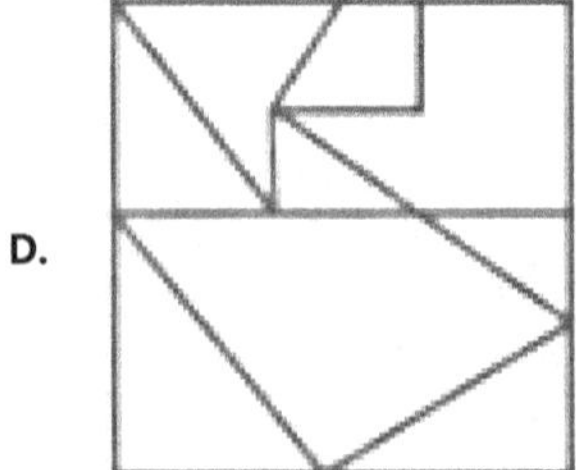

D.

Q.31 नीचे दिए हुए रेखाचित्र में कुल कितने वर्ग है?

Q.32 शशांक ने विमल को देखा, उसे याद आया "वह मेरी पुत्री की माता के पिता का पुत्र है"। विमल कौन है?

A. भाई   **B.** ब्रदर-इन-लॉ
C. फादर-इन-लॉ   **D.** पिता

Q.33 निम्नलिखित प्रश्न में, दिए गए विकल्पों से विषम संख्या का चयन करें।

A. 416   **B.** 925   **C.** 257   **D.** 164

Q.34 निर्देश: दी गई प्रश्न आकृति की दर्पण प्रतिबिंब कौन सा होगा?

प्रश्न आकृति:

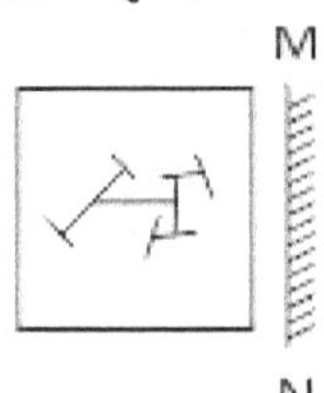

उत्तर आकृति:

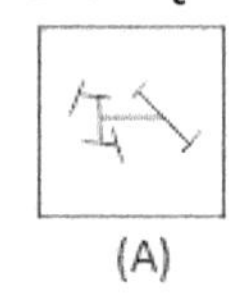

(A)   (B)   (C)   (D)

A. (A)   **B.** (B)   **C.** (C)   **D.** (D)

Q.35 निर्देश: कागज का एक टुकड़ा मोड़ा और काटा जाता है जैसा कि नीचे दिए गए प्रश्न आकृति में दिखाया गया है। दिए गए उत्तर आकृतियों से, इंगित करें कि खोला जाने पर यह कैसा दिखाई देगा।

प्रश्न आकृति:

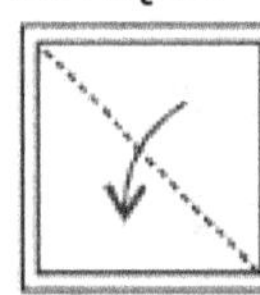 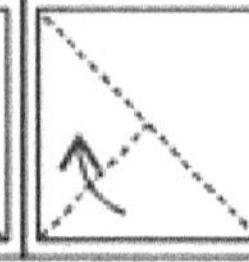 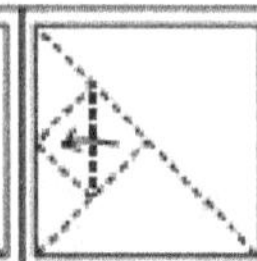 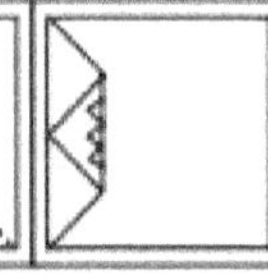

उत्तर आकृति:

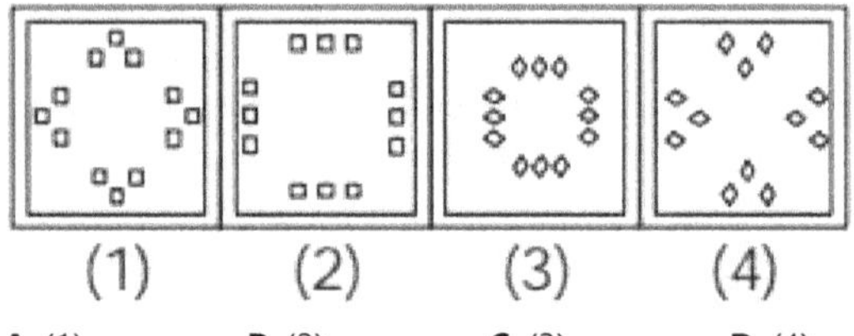

(1)   (2)   (3)   (4)

A. (1)   **B.** (2)   **C.** (3)   **D.** (4)

Q.36 दी गई श्रृंखला में ? चिह्न के स्थान पर क्या आना चाहिए?

25, 52, 106, 214, 430, ?

A. 860   **B.** 841   **C.** 863   **D.** 862

Q.37 निम्नलिखित संख्या श्रृंखला में कौन-सी संख्या प्रश्न चिन्ह (?) को प्रतिस्थापित करेगी?

86, 74, 84, 76, ?, 78, 80

A. 84   B. 78   C. 80   D. 82

Q.38 यदि '÷' का अर्थ '+' है, '×' का अर्थ '-' है, '+' का अर्थ '÷' है और '-' का अर्थ '×' है, तो निम्नलिखित में से कौन-सा विकल्प सही है?

A. $6 × 16 + 2 ÷ 4 - 3 = 14 + 7 ÷ 4 - 2$
B. $7 × 42 + 7 ÷ 3 - 4 = 42 + 6 ÷ 2 - 7$
C. $50 × 49 + 7 ÷ 1 - 2 = 30 + 6 ÷ 9 - 5$
D. $9 × 16 + 8 ÷ 6 - 3 = 32 + 32 ÷ 4 - 8$

Q.39 एक निश्चित कूट भाषा में, 'TORQUE' को 'WSUUXI' लिखा जाता है। उसी कूट भाषा में 'GABENT' के लिए क्या कूट है?

A. KFFJRX   B. KEEJQX
C. JEEIQX   D. JFEIQX

Q.40 दिए गए विकल्पों में से उस अक्षर-समूह का चयन कीजिए जो निम्न श्रृंखला में प्रश्नवाचक चिन्ह (?) के स्थान पर आ सकता है।

BEI, EHL, HKO, KNR, ?

A. NPS   B. NRU   C. NQU   D. NQT

Q.41 एक निश्चित कूट भाषा में, 'CAT' को '24' के रूप में लिखा जाता है और 'RAT' को '39' के रूप में लिखा जाता है। उस कूट भाषा में 'MAP' का कूट क्या होगा?

A. 31   B. 30   C. 40   D. 25

Q.42 उस विकल्प का चयन कीजिए जो तीसरी संख्या से उसी प्रकार सम्बन्धित है जिस प्रकार दूसरी संख्या प्रथम संख्या से सम्बन्धित है :

8 : 576 : : 13 : ?

A. 2210   B. 2197   C. 2366   D. 2112

Q.43 जब दर्पण को 'PQ' पर रखा जाता है, तो निम्नलिखित संयोजनों में से कौन-सी दर्पण छवि सही है?

Q.44 दिए गए कथनों और निष्कर्षों का ध्यानपूर्वक अध्ययन कीजिए। यह मानते हुए कि कथनों में दी गई जानकारी सत्य है, भले ही वह सामान्य रूप से ज्ञात तथ्यों से भिन्न प्रतीत होती हो, तय कीजिए कि दिए गए निष्कर्षों में से कौन सा/से निष्कर्ष कथनों का तार्किक रूप से अनुसरण करता है/हैं।

कथन:

कोई चूहा आम नहीं है।

कुछ आम पत्ते हैं।

सभी पत्ते पपीते हैं।

निष्कर्ष:

(I) कुछ पत्ते चूहे नहीं हैं।

(II) कुछ पत्ते आम हैं।

(III) कुछ पपीते आम हैं।

A. केवल निष्कर्ष I अनुसरण करता है
B. केवल निष्कर्ष II अनुसरण करता है
C. I, II और III सभी निष्कर्ष अनुसरण करते हैं

D. या तो निष्कर्ष I या निष्कर्ष III अनुसरण करता है

Q.45 उस अक्षर-समूह की पहचान कीजिए जो निम्न श्रृंखला से संबंधित नहीं है।

DW, FU, IR, JQ, LO, NM

A. DW   B. IR   C. JQ   D. NM

Q.46 यदि 12 मई 2011 को बृहस्पतिवार था, तो 10 मई 2004 को सप्ताह का कौन सा दिन था?

A. सोमवार   B. मंगलवार   C. शनिवार   D. रविवार

Q.47 प्रकाश और कादिर की वर्तमान आयु का अनुपात 3 : 4 है, 6 वर्ष पूर्व उनके आयु का अनुपात 5 : 7 था, कादिर की वर्तमान आयु ज्ञात कीजिये।

A. 48 वर्ष   B. 32 वर्ष   C. 36 वर्ष   D. 44 वर्ष

Q.48 गणितीय संकेतों के सही संयोजन का चयन करें जो क्रमिक रूप से * चिह्नों को प्रतिस्थापित कर सकता है और समीकरण को संतुलित कर सकता है।

23 * 12 * 6 * 2 * 12 * 3 * 125 * 5 * 34

A. $÷, -, +, =, ×, +, +, ÷$
B. $÷, +, -, =, ×, +, -$
C. $÷, +, ÷, -, +, ×, =, +$
D. $+, -, ×, +, ×, -, ÷, =$

Q.49 निम्नलिखित समीकरणों को संतुलित करने के लिए सही गणितीय संकेतों का संयोजन कीजिए जो क्रमिक रूप से बाएं से दाएं * संकेतों को प्रतिस्थापित कर सकता है।

24 * 12 * 35 * 24 * 6 * 319

A. $+, -, ÷, ×, =$
B. $×, +, -, ÷, =$
C. $×, ÷, +, -, =$
D. $÷, +, -, ×, =$

Q.50 दिए गए शब्दों को शब्दकोश क्रम के अनुसार व्यवस्थित कीजिये।

1. Wrest
2. Wraith
3. Wrath
4. Wriggle
5. Wreck

A. 2, 3, 5, 1, 4   B. 2, 3, 5, 4, 1
C. 2, 3, 1, 5, 4   D. 2, 3, 4, 1, 5

Quantitative Aptitude

Q.51 एक बैंक साधारण ब्याज पर व्यवसाय ऋण देता है, पहले 2 वर्षों के लिए ब्याज की दर 8% है, अगले 3 वर्षों के लिए यह 10% है और 5 वर्ष से अधिक की अवधि के लिए यह 12.5% प्रति वर्ष है। यदि किसी व्यक्ति ने 20 लाख रुपये ऋण लेकर कुछ वर्षों में 36.7 लाख रुपये का भुगतान किया। उन वर्षों की संख्या ज्ञात कीजिए जिसके बाद उसने ऋण चुकाया।

A. 7 वर्ष   B. 9 वर्ष   C. 8 वर्ष   D. 10 वर्ष

Q.52 $25 \csc^2 x + 36 \sec^2 x$ का न्यूनतम मान क्या है?

[UPSC NDA, 2019]

A. 1   B. 11   C. 120   D. 121

Q.53 $\dfrac{\sin34°\cos236° - \sin56°\sin124°}{\cos28°\cos88° + \cos178°\sin208°}$ का मान क्या है?

[UPSC NDA, 2019]

A. -2   B. -1   C. 2   D. 1

Q.54 यदि $x + \dfrac{1}{x} = 4$, है, तो $x^4 + \dfrac{1}{x^4}$ का मान ज्ञात कीजिए।

A. 194   B. 128   C. 136   D. 162

Q.55 यदि a तथा b समीकरण $ax^2 + bx + c = 0$ के मूल हैं, तो किस समीकरण के मूल $(ab + a + b)$ तथा $(ab - a - b)$ होंगे?

A. $a^2x^2 + 2acx + c^2 + b^2 = 0$

B. $a^2x^2 - 2acx + c^2 - b^2 = 0$

C. $a^2x^2 - 2acx + c^2 + b^2 = 0$

D. $a^2x^2 + 2acx + c^2 - b^2 = 0$

Q.56 एक मिश्रण में दूध और पानी $9 : 8$ के अनुपात में है। यदि इसमें 10 लीटर पानी मिलाया जाता है, तो दूध और पानी का अनुपात $51 : 47$ हो जाता है। मिश्रण में दूध की वास्तविक मात्रा ज्ञात कीजिये।

A. 306 लीटर

B. 272 लीटर

C. 282 लीटर

D. 305 लीटर

Q.57 यदि कोई फल विक्रेता 20% छूट के बजाय अपने फल को 10% छूट पर बेचता है, तब वह 45 रूपये बचाता है फलों का अंकित मूल्य का ज्ञात कीजिये।

A. 450 रूपये

B. 350 रूपये

C. 250 रूपये

D. 520 रूपये

Q.58 A, B, C, D और E की औसत आयु 40 साल है। A और B की औसत आयु 35 वर्ष है और C और D की औसत आयु 42 वर्ष है। E की उम्र है:

A. 46

B. 48

C. 32

D. इनमे से कोई नही

Q.59 यदि $\sqrt{10 - 2\sqrt{21}} + \sqrt{8 + 2\sqrt{15}} = \sqrt{a} + \sqrt{b}$, जहां a और b धनात्मक पूर्णांक हैं, तो $\sqrt{ab}$ का मान इसके निकटतम है:

A. 5.9

B. 6.8

C. 4.6

D. 7.2

Q.60 एक वृत्तीय भूखंड जिसका क्षेत्रफल 144π मी ^{2} है, के चारों ओर 5 मी चौड़ाई का एक वृत्तीय पथ है। चारो ओर के पथ को सम्मिलित करके वृत्तीय भूखंड का कुल क्षेत्रफल कितना है?

[Indian Military Academy (IMA), 2018]

A. 349π मी ^{2}

B. 289π मी ^{2}

C. 209π मी ^{2}

D. 149π मी ^{2}

Q.61 एक शंकु का पार्श्व पृष्ठीय क्षेत्रफल 462 सेमी ^{2} है। उसकी तिरछी ऊँचाई 35 सेमी है। शंकु के आधार की त्रिज्या क्या है?

[Indian Military Academy (IMA), 2018]

A. 8.4 सेमी

B. 6.5 सेमी

C. 4.2 सेमी

D. 3.2 सेमी

Q.62 यदि 10 पुस्तकों का क्रय मूल्य 8 पुस्तकों के विक्रय मूल्य के बराबर है, तो लाभ या हानि प्रतिशत ज्ञात कीजिये।

[Super TET Paper - I, 2018]

A. 20% हानि

B. 25% लाभ

C. 25% हानि

D. 20% लाभ

Q.63 एक व्यक्ति 10 किमी/घंटा, 12 किमी/घंटा और 15 किमी/घंटा की तीन अलग-अलग गति से P से Q तक समान दूरी तय करता है। इस दूरी को तय करने में आदमी द्वारा लिया गया कुल समय 45 मिनट है। P से Q तक की कुल दूरी ज्ञात कीजिए।

A. 8 किमी

B. 15 किमी

C. 12 किमी

D. 9 किमी

Q.64 निर्देश: दिए गए बार ग्राफ में, 2020 के अप्रैल महीने में तीन जिला चंबा, शिमला, कुल्लू और कांगड़ा से लॉकडाउन के कारण गरीबों की मदद के लिए पुरुषों और महिलाओं की संख्या ने स्वैच्छिक कार्य में भाग लिया।

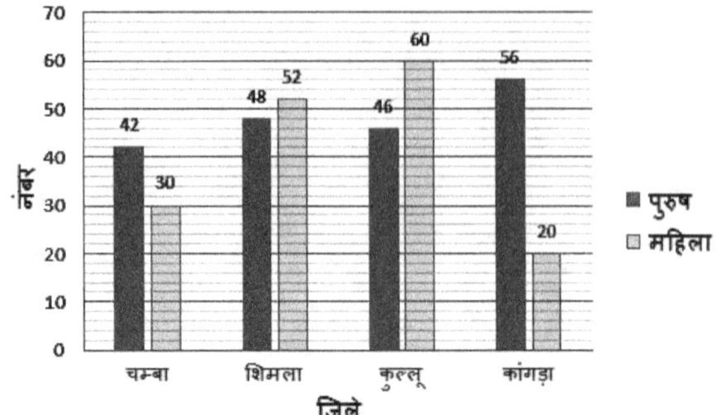

शिमला और कांगड़ा के कुल पुरुष प्रतिभागियों की संख्या से चंबा और कुल्लू को मिलाकर कुल महिला प्रतिभागियों की संख्या के बीच का अनुपात क्या है?

A. 52 : 45

B. 45 : 52

C. 45 : 49

D. 49 : 45

Q.65 दिल्ली के लिए नौ टिकट और अमृतसर के लिए दो टिकटों की कीमत दिल्ली के लिए दो टिकट और अमृतसर के लिए सात टिकटों की कीमत के बराबर है। दिल्ली और अमृतसर के लिए टिकट की कीमत का अनुपात क्या है?

A. 7 : 5

B. 4 : 7

C. 5 : 7

D. 3 : 1

Q.66 A किसी कार्य को 5 दिनों में कर सकता है जबकि B उसी कार्य को 8 दिनों में कर सकता है। उन्होंने कार्य पूरा करने के लिए साथ मिलकर काम किया और 6760 रुपए की आय प्राप्त की। A का हिस्सा ज्ञात कीजिए?

A. 5070 रुपए

B. 3600 रुपए

C. 4160 रुपए

D. 4056 रुपए

Q.67 त्रिभुज ABC में, ∠BAC = 40° है, BP और CQ क्रमशः AC और AB पर शीर्ष-लम्ब हैं। ∠CBP और ∠BCQ के कोण द्विभाजक बिंदु I पर मिलते है तो, ∠BIC ज्ञात कीजिए?

A. 150°

B. 160°

C. 170°

D. 145°

Q.68 यदि 23846x, 6 से विभाज्य है तब x का सबसे छोटा मान ज्ञात कीजिए।

A. 1

B. 2

C. 3

D. 4

Q.69 निम्नलिखित प्रश्न में प्रश्न चिन्ह (?) के स्थान पर क्या आएगा?

$$3\frac{1}{2} + 2\frac{3}{4} + 1\frac{1}{4} + 5\frac{1}{2} = ?$$

A. $11\frac{1}{4}$

B. 13

C. $12\frac{1}{2}$

D. 12

Q.70 एक व्यक्ति शांत जल में $4\frac{1}{2}$ किमी/घण्टा की गति से नाव चला सकता हे। यदि वह धारा के प्रतिकूल सामान दूरी को तय करने में धारा के अनुकूल तय करने से 2 गुना अधिक समय लगता है, तो धारा की गति किमी/घण्टा में है:

A. 1

B. 1.5

C. 2

D. 2.5

Q.71 एक लंब वृत्तीय शंकु की ऊंचाई 8 सेमी है। यदि इसके आधार की त्रिज्या 6 सेमी है, तो इसका कुल पृष्ठीय क्षेत्रफल क्या है?

A. 96π सेमी ^{2}

B. 69π सेमी ^{2}

C. 54π सेमी ^{2}

D. 48π सेमी ^{2}

Q.72 निर्देश: निम्न पाई चार्ट में पांच विभिन्न सोडा और पानी के मिश्रणों A, B, C, D और E की प्रतिशत मात्रा को दर्शाया गया है जिनमें सोडा की मात्राएँ भिन्न हैं। सभी मिश्रणों की कुल मात्रा 500 लीटर है। निम्न पाई आलेख का अध्ययन कीजिये और प्रश्नों के उत्तर दीजिये।

मिश्रण की मात्रा प्रतिशत

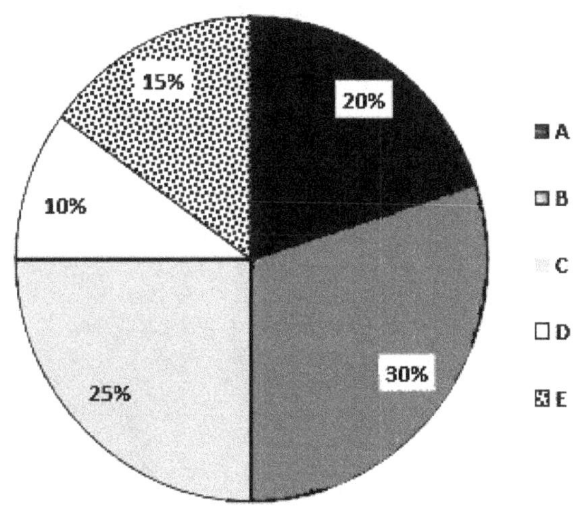

यदि मिश्रण A और C में सोडा की मात्रा क्रमशः 37.5% और 60% है और उन्हें एक साथ मिलाया जाता है तब अंतिम मिश्रण में सोडा की मात्रा को ज्ञात कीजिये।

A. 40%   **B.** 52%   **C.** 48%   **D.** 50%

Q.73 2004 में एक शहर की जनसंख्या $10,00,000$ थी। यदि 2005 में 15% की वृद्धि हुई है, 2006 में 35% की कमी हुई है और 2007 में 45% की वृद्धि हुई है। तो वर्ष 2007 के अंत में शहर की जनसंख्या ज्ञात कीजिए।

[Territorial Army Officer, 2019]

A. 10,80,000   **B.** 10,83,875
C. 10,84,874   **D.** 10,84,874

Q.74 कागज का एक 11 सेमी $\times$ 4 सेमी आयताकार टुकड़ा बिना ओवरलैपिंग के 4 सेमी ऊँचाई के एक सिलेंडर बनाने के लिए मोड़ा गया है। सिलेंडर का आयतन ज्ञात कीजिए।

A. 38.5 सेमी³   **B.** 40.5 सेमी³
C. 45.5 सेमी³   **D.** 50.5 सेमी³

Q.75 निर्देश: दी गई तालिका का ध्यानपूर्वक अध्ययन कीजिए तथा नीचे दिए प्रश्न के उत्तर दीजिए:

विभिन्न महीनों में चार शेयर ब्रोकर में खुले खातों की संख्या (सैकड़ो में)

शेयर ब्रोकर	मई	जून	जुलाई	अगस्त	सितम्बर
एंजल	25	28	35	65	55
शेरखान	22	18	32	30	45
ज़ेरोधा	30	45	50	35	40
ट्रेडबुल	35	42	45	50	60

ट्रेडबुल में खुले खातों की संख्या का औसत, शेरखान में खुले खातों की संख्या के औसत से लगभग कितना प्रतिशत कम या अधिक है?

[UPSSSC Preliminary Eligibility Test, 2021]

A. 57.82   **B.** 60   **C.** 45.90   **D.** 50.69

General Awareness

Q.76 चैंपियंस लीग 2022 के लिए सेंट पीटर्सबर्ग के प्रतिस्थापन के रूप में यूनियन ऑफ यूरोपियन फुटबॉल एसोसिएशन (यूईएफए) द्वारा किस शहर को चुना गया है?

[Delhi Forest Guard, 2021]

A. पेरिस   **B.** ब्रसेल्स   **C.** लंदन   **D.** म्यूनिख

Q.77 अप्रैल 2022 में, संघ लोक सेवा आयोग (UPSC) के अध्यक्ष के रूप में किसे नियुक्त किया गया है?

A. विक्रम सिंह मेहता   **B.** डॉ. मनोज सोनी
C. गोपाल शर्मा   **D.** संजय शर्मा

Q.78 प्रसिद्ध बौद्ध विद्वान अश्वघोष किसके समकालीन थे?

[Uttarakhand Public Service Commission (UKPSC), 2011]

A. अशोक   **B.** नागार्जुन   **C.** कनिष्क   **D.** हर्ष

Q.79 निम्नलिखित में से किसने 1922 में भील सेवा मंडल की स्थापना की थी?

[Officers Training Academy (OTA), 2021], [Indian Military Academy (IMA), 2021]

A. दयाराम गिडुमल
B. गुरुसदय दत्त
C. धोंडो केशव कर्वे
D. अमृतलाल विट्ठलदास ठक्कर

Q.80 भारत में थारू जनजाति कहाँ रहती है?

[UPTET Paper - I, 2019]

A. थार रेगिस्तान
B. उत्तराखंड
C. उत्तर प्रदेश का तराई क्षेत्र
D. झारखंड

Q.81 निम्न में से कौन सा देश कैस्पियन सागर को नहीं स्पर्श करता है?

A. अज़रबेजान   **B.** ईरान
C. इराक   **D.** कजाखस्तान

Q.82 भारत में महिलाओं के लिये आरक्षण की व्यवस्था कहाँ है?

[UPTET Paper - I, 2019]

A. लोक सभा में
B. मंत्रिमंडल में
C. विधान सभा में
D. पंचायती राज संस्थाओं में

Q.83 चारकुला कहाँ का प्रसिद्ध लोक नृत्य है?

A. बुंदेलखंड
B. ब्रजभूमि
C. अवध
D. उपरोक्त में से कोई भी नहीं

Q.84 निम्नलिखित में से किसे अकबर ने 'खान-ए-खाना' की उपाधि दी थी?

A. अबुल फजल   **B.** फैजी
C. तानसेन   **D.** मिर्जा अब्दुल रहीम खान

Q.85 निम्नलिखित में से कौन सा मापक यंत्र आर्थिक विकास में वृद्धि दर्शाता है?

A. सकल घरेलू उत्पाद में वृद्धि
B. राष्ट्रीय आय में वृद्धि
C. गरीबी में वृद्धि
D. जीवन प्रत्याशा में वृद्धि

Q.86 मार्च 2022 में, 2021 के लिए BBC इंडियन स्पोर्ट्सवुमन ऑफ द ईयर का पुरस्कार किसने जीता है?

A. लवलीना बोरगोहेन   **B.** पी.वी. सिंधु
C. मैरी कॉम   **D.** मीराबाई चानू

Q.87 प्रसिद्ध व्यक्तित्व 'वी बलसारा' इनमें से किस संगीत वाद्य यंत्र से संबद्ध थे?

A. मैन्डोलिन   **B.** पियानो   **C.** जल तरंग   **D.** सारंगी

Q.88 मुक्केबाजी में, किसने नवंबर 2022 में अपना छठा एशियाई चैंपियनशिप पदक जीता?

A. शिव थापा

B. सात्विकसाईराज रैंकीरेड्डी

C. सागर डांगी

D. डी.पी. मनु

Q.89 नवंबर 2022 में, "मोदी@20: ड्रीम्स मीट डिलीवरी" और "हार्टफेल्ट: द लैगेसी ऑफ फेथ" शीर्षक वाली 2 पुस्तकों का विमोचन किसने किया?

A. राजीव चंद्रशेखर   **B.** अश्विनी वैष्णव

C. मनसुख मंडाविया   **D.** पीयूष गोयल

Q.90 निम्नलिखित में से किस स्थान को 'केप कोमोरिन' के नाम से भी जाना जाता है?

A. कोंकण तट   **B.** खजुराहो

C. खंभात की खाड़ी   **D.** कन्याकुमारी

Q.91 एक सतह पर एक वस्तु द्वारा लगाया गया प्रणोद (थ्रस्ट) किसके बराबर होता है?

[RRB/RRC Group D, 2018]

A. वस्तु के द्रव्यमान   **B.** वस्तु के भार

C. वस्तु के आयतन   **D.** वस्तु के घनत्व

Q.92 निम्नलिखित में से क्या सोडा वाटर में होता है?

A. कार्बोनिक अम्ल   **B.** सल्फर अम्ल

C. कार्बन डाइऑक्साइड   **D.** नाइट्रस अम्ल

Q.93 निम्नलिखित में से कौन अजैविक नहीं है?

A. पौधा   **B.** मृदा   **C.** वायु   **D.** वर्षा

Q.94 कोशिका चक्र के किस चरण में स्पिंडल फाइबर के गठन के लिए आवश्यक प्रोटीन होती हैं?

A. मेटाफ़ेज़   **B.** प्रोफेज़   **C.** G_2 चरण   **D.** S चरण

Q.95 USB पेन ड्राइव किस प्रकार का स्टोरेज डिवाइस है?

A. प्राथमिक

B. द्वितीयक

C. तृतीयक

D. उपरोक्त में से कोई भी नहीं

Q.96 मई 2022 में जारी विश्व आर्थिक मंच (WEF) के ट्रैवल एंड टूरिज्म डेवलपमेंट इंडेक्स में भारत का क्या स्थान है?

A. 53वां   **B.** 54वां   **C.** 55वां   **D.** 56वां

Q.97 निम्नलिखित में से कौन सा वायरस का एक प्रकार नहीं है?

A. पॉलीमॉर्फिक   **B.** मैकेफी

C. मल्टीपार्टाइट   **D.** बूट सेक्टर

Q.98 19 दिसंबर 2022 को पाकिस्तान के खिलाफ चल रहे तीसरे मैच के दौरान डेब्यू मैच में पांच विकेट लेने वाले सबसे कम उम्र के पुरुष टेस्ट क्रिकेटर कौन बन गए हैं?

A. टॉम पेर्स्ट   **B.** रेहान अहमद

C. सन्नी बेकर   **D.** तबरेज शम्सी

Q.99 जून 2022 के महीने में हाई स्कूल में छात्रों के लिए आवासीय शिक्षा के लिए "श्रेष्ठ" नामक योजना किसने शुरू की है?

A. वीरेन्द्र कुमार   **B.** अमित शाह

C. नरेंद्र मोदी   **D.** राजनाथ सिंह

Q.100 किस अनुच्छेद को भारतीय संविधान का हृदय और आत्मा कहा जाता है?

A. अनुच्छेद 17   **B.** अनुच्छेद 23

C. अनुच्छेद 24   **D.** अनुच्छेद 32

// स्मार्ट उत्तर पुस्तिका //

सही उत्तर	उन छात्रों का प्रतिशत जिन्होंने प्रश्नों का सही उत्तर दिया था।
छोड़ दिया	उन छात्रों का प्रतिशत जिन्होंने प्रश्नों को छोड़ दिया था।

प्रश्न संख्या	उत्तर	सही उत्तर % / छोड़ दिया %	प्रश्न संख्या	उत्तर	सही उत्तर % / छोड़ दिया %	प्रश्न संख्या	उत्तर	सही उत्तर % / छोड़ दिया %	प्रश्न संख्या	उत्तर	सही उत्तर % / छोड़ दिया %	प्रश्न संख्या	उत्तर	सही उत्तर % / छोड़ दिया %	प्रश्न संख्या	उत्तर	सही उत्तर % / छोड़ दिया %
1	A	80.99 % / 18.18 %	18	B	61.06 % / 37.47 %	35	C	66.01 % / 33.4 %	52	D	56.29 % / 41.19 %	69	B	19.66 % / 75.8 %	86	D	45.5 % / 53.63 %
2	A	89.15 % / 10.31 %	19	D	51.98 % / 33.23 %	36	D	46.93 % / 31.98 %	53	A	66.69 % / 30.57 %	70	B	53.38 % / 34.84 %	87	B	53.23 % / 42.54 %
3	C	23.02 % / 73.04 %	20	A	67.34 % / 30.15 %	37	D	52.42 % / 37.4 %	54	A	80.47 % / 18.53 %	71	A	65.02 % / 33.08 %	88	A	59.41 % / 32.2 %
4	C	19.44 % / 67.74 %	21	C	47.52 % / 40.47 %	38	A	51.87 % / 42.83 %	55	B	17.0 % / 77.18 %	72	D	43.32 % / 47.7 %	89	A	40.2 % / 40.46 %
5	D	85.98 % / 10.71 %	22	B	55.61 % / 37.92 %	39	C	67.22 % / 32.41 %	56	A	48.55 % / 39.67 %	73	B	50.54 % / 43.55 %	90	D	77.0 % / 22.31 %
6	B	58.48 % / 37.33 %	23	A	61.84 % / 34.93 %	40	C	82.12 % / 14.39 %	57	A	52.75 % / 34.83 %	74	A	68.69 % / 30.58 %	91	A	88.37 % / 10.4 %
7	A	50.97 % / 32.91 %	24	A	51.75 % / 38.53 %	41	B	60.99 % / 33.36 %	58	A	82.56 % / 14.57 %	75	A	63.23 % / 35.39 %	92	C	86.25 % / 11.62 %
8	B	54.05 % / 42.85 %	25	A	69.68 % / 30.21 %	42	C	49.73 % / 49.02 %	59	A	15.3 % / 72.1 %	76	A	49.55 % / 44.06 %	93	A	66.87 % / 30.67 %
9	A	65.71 % / 32.34 %	26	D	42.76 % / 42.18 %	43	B	59.46 % / 34.82 %	60	B	81.34 % / 10.59 %	77	B	49.57 % / 49.95 %	94	C	68.52 % / 31.41 %
10	B	63.38 % / 36.2 %	27	B	85.17 % / 12.58 %	44	C	26.65 % / 68.64 %	61	C	79.54 % / 19.11 %	78	C	59.02 % / 37.87 %	95	B	60.51 % / 32.12 %
11	D	69.36 % / 30.09 %	28	A	53.15 % / 45.67 %	45	B	64.15 % / 32.14 %	62	B	59.52 % / 31.05 %	79	D	57.66 % / 39.89 %	96	B	43.5 % / 38.65 %
12	B	67.33 % / 31.97 %	29	D	88.27 % / 11.53 %	46	A	60.51 % / 35.87 %	63	D	45.36 % / 42.09 %	80	C	80.57 % / 13.19 %	97	B	49.73 % / 41.51 %
13	D	65.65 % / 30.12 %	30	C	89.52 % / 10.32 %	47	A	61.76 % / 31.73 %	64	A	63.37 % / 35.27 %	81	C	10.26 % / 80.1 %	98	B	65.57 % / 33.52 %
14	A	56.41 % / 31.99 %	31	D	69.72 % / 30.19 %	48	D	58.8 % / 38.31 %	65	C	49.6 % / 46.46 %	82	D	63.56 % / 36.06 %	99	A	68.93 % / 30.48 %
15	B	69.98 % / 30.01 %	32	B	19.72 % / 78.34 %	49	B	65.88 % / 32.31 %	66	C	54.93 % / 41.75 %	83	B	88.83 % / 10.9 %	100	D	53.74 % / 38.13 %
16	D	55.48 % / 33.64 %	33	C	66.02 % / 33.95 %	50	A	78.39 % / 13.92 %	67	B	58.35 % / 32.83 %	84	D	23.21 % / 72.23 %			
17	C	84.34 % / 14.33 %	34	A	57.8 % / 39.41 %	51	C	50.66 % / 45.07 %	68	D	52.82 % / 42.39 %	85	D	42.89 % / 32.66 %			

//संकेत और समाधान//

1. whether you like it or not is the correct answer.

'Likes' is used with the third person singular noun like he or she.

With the second person pronoun, we use the base form of the verb i.e., like.

Hence, the correct option is (A).

2. To face the music means to accept the consequences.

For eg- He would later have to face the music for his improper decisions.

Hence, the correct option is (A).

3. The correct answer is:

'Abhishek was seen starting the car by Shyam.'

In the passive form, the subject and the object get interchanged.

'Abhishek' will become the subject in the passive form.

The sentence is in the past continuous tense.

So, the passive form will be- subject+ was + past participle form of verb + continuous form of verb + object.

Hence, the correct option is (C).

4. Chronology is an arrangement of events or dates in the order of their occurrence.

Let's look at the meaning of the other options:

Chronometry - the science of accurate time measurement. For Example - An analogue to mineral chronometry is O isotope geothermometry.

Charter- a written grant by the sovereign or legislative power of a country, by which a body such as a city, company, or university is founded or its rights and privileges defined. For Example - This new law amounts to a tax evader's charter.

Calendar- a chart or series of pages showing the days, weeks, and months of a particular year, or giving particular seasonal information. For Example - Do you have next year's calendar?

Hence, the correct option is (C).

5. The meaning of the given words:

- Contagious: (of an emotion, feeling, or attitude) likely to spread to and affect others.
- Catching: (of a person's emotion or mood) likely to spread to other people, contagious.
- Arrogant: having or revealing an exaggerated sense of one's own importance or abilities.
- Disrespectful: showing a lack of respect or courtesy, impolite.
- Sarcastic: marked by or given to using irony in order to mock or convey contempt.

From the meanings of the given words, we can say that the word 'catching' is nearest in meaning to the underlined word 'contagious'.

Hence, the correct option is (D).

6. She **goes** for a walk every morning to the park.

As per the rule of subject-verb agreement, singular verb is used with singular subject.

The use of the singular verb 'goes' is appropriate in the space of the sentence.

Hence, the correct option is (B).

7. The correct spelling is 'Inaugurate'.

The spellings 'enaugarate', 'innagarate' and 'inagurate' are incorrect.

Inaugurate: begin or introduce (a system, policy, or period); mark the beginning or first public use of (an organization or project) with a special event or ceremony.

Hence, the correct option is (A).

8. The word necessary is an adjective that means needed in order to achieve something.

Example: He lacks the necessary skills for the job.

Thus we can say that the word 'useless' is the most appropriate antonym for the word 'necessary'.

Hence, the correct option is (B).

9. The misspelt word is Enummerate.

'Enummerate': There is no such word in English or we can say that there is some spelling mistake in this word.

The correct spelling is 'Enumerate', which means to name a list of things separately, one by one.

Hence, the correct option is (A).

10. Deadlock means 'a situation, typically one involving opposing parties, in which no progress can be made.

Advantage means 'a condition or circumstance that puts one in a favorable or superior position'.

It is clear that Deadlock and 'Advantage' are opposite in meaning.

Hence, the correct option is (B).

11. The correct order is ADCB.

The first sentence tells us that Kristina wanted to go to her Aunt.

Sentence D will be the next sentence because it shows the booking of the flight:

She booked a flight and she didn't tell her Aunt that she was going to her house.

Sentence C will be the next sentence because it tells us the reason why she didn't tell her Aunt about her journey:

Because she wanted to give her a surprise.

Sentence B will be the final sentence because she had reached her destination:

When she reached Paris, she found out that her Aunt was already dead.

So the correct passage is- A. Kristina was excited to go to her Aunt, who lived in Paris. D. She booked a flight and she didn't tell her

Aunt that she was going to her house. C. Because she wanted to give her a surprise. B. When she reached Paris, she found out that her Aunt was already dead.

Hence, the correct option is (D).

12. The gatekeeper said that he was not feeling well since Monday.

The given sentence is in 'Direct Speech'. As per the question we have to change it to 'Indirect speech'.

The process of conversion is as follows:

- Here, "said" will not change because reporting verb does not have any 'object'.
- The conjunction 'that' will be added.
- 'I' will be changed into 'he' because the first person pronoun is changed according to the subject of the reporting verb.
- 'Am' will be changed into 'was'.

Hence, the correct option is (B).

13. The most appropriate word for the given group of words is 'Incorrigible'.

It means '(used about a person or his/her behaviour) very bad; too bad to be corrected or improved'.

Hence, the correct option is (D).

14. Bleed someone dry is an idiom that means to drain someone of all their money or resource.

Many businesses complain that the new taxes are **bleeding them dry**.

Here, this sentence implies that the taxes imposed are too much and are draining the wealth of many businesses.

Hence, the correct option is (A).

15. The Correct sentence is: All my office colleagues were very supportive and encouraging during my office tenure.

The error lies in part 1 of the sentence.

A pronoun is a word that replaces a noun to avoid its repetition.

A possessive pronoun is used to indicate that something belongs to someone.

Examples: mine, ours, yours, his, hers, their.

On the other hand, a possessive adjective comes before a noun or a pronoun to show who owns it.

Examples: my, our, your, his, her, their.

We don't use possessive pronouns with another noun or pronoun.

Hence, in the given sentence, 'mine' should be replaced with 'my' to make the sentence grammatically correct.

Hence, the correct option is (B).

16. The correct sentence rearrangement is DBECA.

Statement D is the opening of the sentence as it introduces the subject and theme of the passage which is 'Religion is not a matter of mere dogmatic conformity'.

Statement B is the second statement of the sentence as it adds more complication by telling us that religion is neither a question of ceremonial piety nor of merely going through the ritual prescribed to us.

Statement E is the third statement of the sentence as it continues further information that religion is not a question of ceremonial piety, but it is the remarking of your own self, the transformation of our nature.

Statement C is the fourth statement of the sentence as it tells us that unless that kind of transformation of our nature occurs, we are not authentically religious man.

Statement A is the fifth statement of the sentence as it concludes the passage by saying that with this kind of transformation a man can become fearless and hatred free.

Correct sequence:

D. Religion is not a matter of mere dogmatic conformity.

B. And it is neither a question of ceremonial piety nor of merely going through the ritual prescribed to us.

E. It is the remarking of your own self, the transformation of your nature.

C. Unless that kind of transformation occurs, you are not an authentically religious man.

A. A man of that character is free from fear, free from hatred.

Hence, the correct option is (D).

17. A variety of beverages have flooded the market.

The given verb needs a linking verb.

To select the correct linking verb from the given options we first need to understand the noun in the given sentence.

'beverages' is a plural noun.

To maintain subject-verb agreement we need to use a plural linking verb in the given blank.

Hence, the most appropriate option for the given blank is the plural linking verb 'have'.

Hence, the correct option is (C).

18. I have quite a few books on art and culture.

The given blank needs an article with the quantifier 'few'.

Few is a quantifier used with plural countable nouns.

'Quite a few' is a phrase that means a fairly large number.

Hence, the correct option is (B).

19. 'Paucity' means the presence of something in only small or insufficient quantities or amounts.

'Dearth' means scarcity or lack of something.

Hence the option that is nearest in meaning to the underlined word is 'Dearth '.

Hence, the correct option is (D).

20. The given passage is about 'weddings'.

The passage mentions that the main idea of weddings should be coming together of families and having fun.

The above sentence contradicts the main idea of the weddings and tells what is being done in place of what should be done.

'Instead' is an adverb that means "in the place of somebody/something".

Hence, the correct option is (A).

21. The given passage is about weddings.

The passage mentions that people generally avoid the main idea of weddings which is the coming together of families and having fun.

The above sentence implies that people generally do not focus on the new relationship and the idea that family is meant to support it.

'Seldom' is an adverb that means 'not often or rarely'.

Hence, the correct option is (C).

22. The given passage is about weddings.

The above sentence implies that the relationship is new and can be harmed easily.

The word 'fragile' means "weak and uncertain; easy to destroy or harm".

Hence, the correct option is (B).

23. The given passage is about weddings.

In the given sentence, we need to use an infinitive because it is an idea that has yet not been completed or executed hence, we need to use the infinitive with it.

There are some verbs that are followed by a bare infinitive. E.g. help, watch, let, make, hear, see, notice, etc.

Bare infinitives are used with these verbs when these verbs are main verbs in the given sentence help is itself an infinitive verb, not the main verb. The main verb is 'meant'.

Hence, the correct option is (A).

24. The passage is about weddings.

From the above sentence, we get to know that people might bring the new relationship down by taking opposite positions and it will lay the foundation of an unharmonious relationship.

The word 'discordant' is the synonym of 'unharmonious' and it means "harsh and jarring because of a lack of harmony."

Hence, the correct option is (A).

25. Correct sentence: Always check under the seat thoroughly before you place your luggage.

There are some uncountable nouns (followed by a singular verb) which don't take the articles 'a/an', many, few, and plural form:

As per the rule given above, 'luggage' will be used instead of 'luggages' in the underlined part of the given question.

The 1st form of the verb 'place' will be used as the sentence is in the present simple tense.

Hence, the correct option is (A).

26. दी गयी आकृति है:

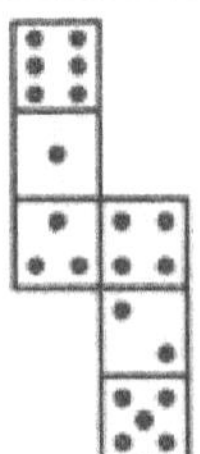

एक खुले पासे में एकान्तर फलक हमेशा एक दूसरे के विपरीत होते हैं।

4 और 5 एक दूसरे के विपरीत हैं।

6 और 3 एक दूसरे के विपरीत हैं।

1 और 2 एक दूसरे के विपरीत हैं।

3 बिंदुओं वाले फलक के विपरीत 6 बिंदु होते हैं।

अतः विकल्प (D) सही है।

27. यहाँ, $21:3$ को $7x:x$ के रूप में है।

इसलिए, $574 = 7 \times ?$

$$\Rightarrow ? = \frac{574}{7} = 82$$

अतः विकल्प (B) सही है।

28. दी गयी समीकरण है

$13!102@6\%2^{\wedge}41$

प्रश्न के अनुसार सभी चिह्नों को बदलने पर,

$$\Rightarrow 13 + 102 \div 6 \times 2 - 41$$

$$\Rightarrow 13 + \left(\frac{102}{6}\right) \times 2 - 41$$

$$\Rightarrow 13 + 17 \times 2 - 41$$

$$\Rightarrow 13 + 34 - 41$$

$$\Rightarrow 47 - 41 = 6$$

अतः विकल्प (A) सही है।

29. चील, पक्षी हैं और मगरमच्छ, सरीसृप है।

इसलिए, संभावित वेन आरेख इस प्रकार है:

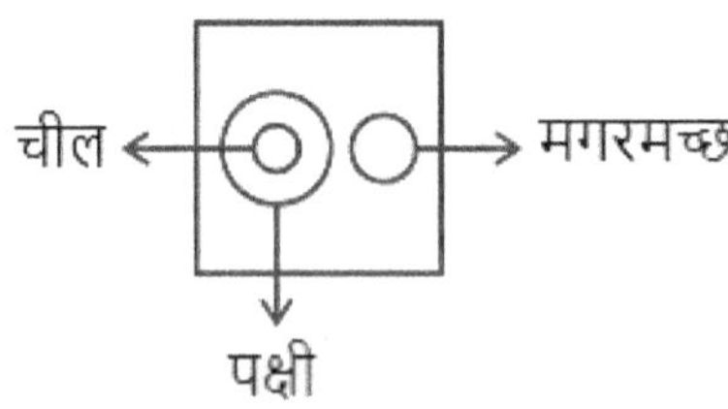

अतः विकल्प (D) सही है।

30. विकल्प (C) में दी गई आकृति प्रश्न आकृति में सन्निहित है।

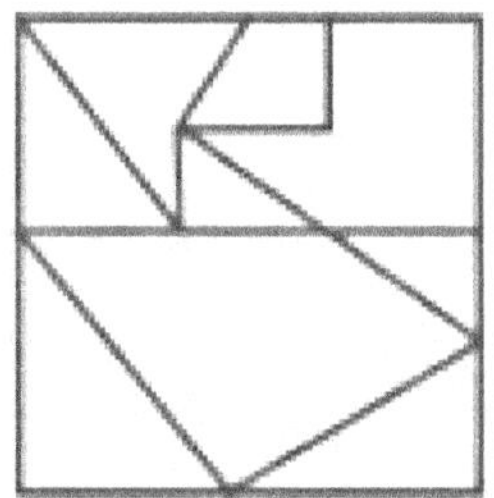

अतः विकल्प (C) सही है।

31.

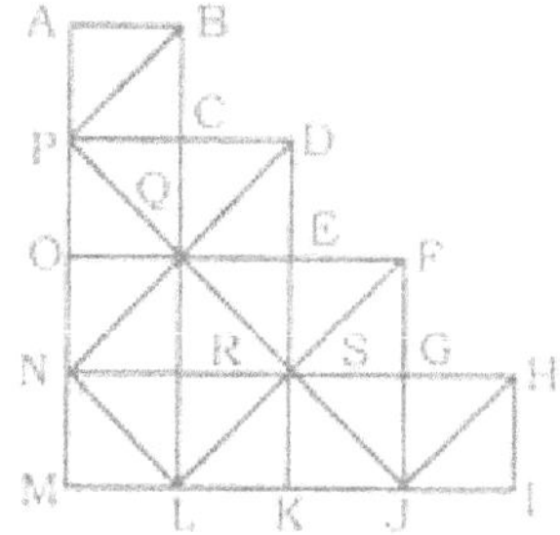

वर्ग हैं:

ABCP; PCQO; CDEQ; OQRN;

QESR; EFGS; NRLM; RSKL;

SGJK; GHIJ; PDSN; OEKM;

QFJL; NQSL

दिए हुए रेखाचित्र में कुल 14 वर्ग है।

अतः विकल्प (D) सही है।

32. नीचे दी गई तालिका में प्रतीकों का उपयोग करके, हम निम्नलिखित पारिवारिक वृक्ष बना सकते हैं:

चित्र में प्रतीक	अर्थ
◯	महिला
▢	पुरुष
═══	शादीशुदा जोड़ा
───	भाई-बहन
│	एक पीढ़ी का प्रसार

दी गई जानकारी के अनुसार,

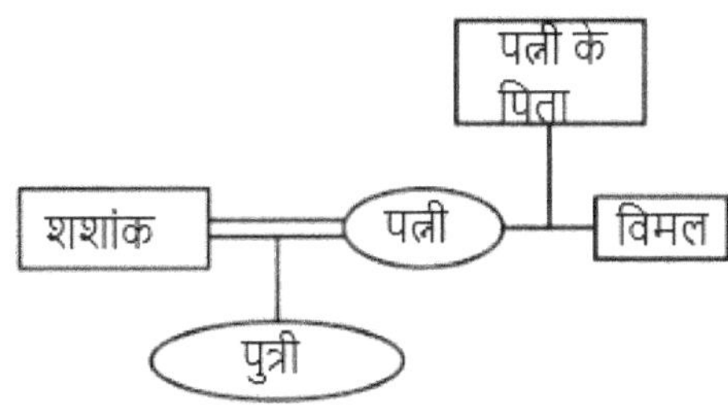

यहाँ,

शशांक की पुत्री की माता → शशांक की पत्नी;

शशांक की पत्नी के पिता → शशांक के फादर-इन-लॉ;

फादर-इन-लॉ का पुत्र → शशांक का ब्रदर-इन-लॉ

इसलिए, विमल, शशांक का ब्रदर-इन-लॉ है।

अतः विकल्प (B) सही है।

33. दी गई श्रृंखला निम्न पैटर्न का अनुसरण करती है,

$$257 \Rightarrow 5^2 - 3^2 = 25 - 9 \to 259 \text{ नहीं } 257$$

$$416 \Rightarrow 2^2 - 4^2 = 4 - 16 \to 416$$

$$925 \Rightarrow 3^2 - 5^2 = 9 - 25 \to 925$$

$$164 \Rightarrow 4^2 - 2^2 = 16 - 4 \to 164$$

इस प्रकार 257 विषम संख्या है।

अतः विकल्प (C) सही है।

34. सभी उत्तर आकृतियों का ध्यानपूर्वक अवलोकन करने पर हम देखते है कि उत्तर आकृति (A) ही प्रश्न आकृति का प्रतिबिम्ब होगा।

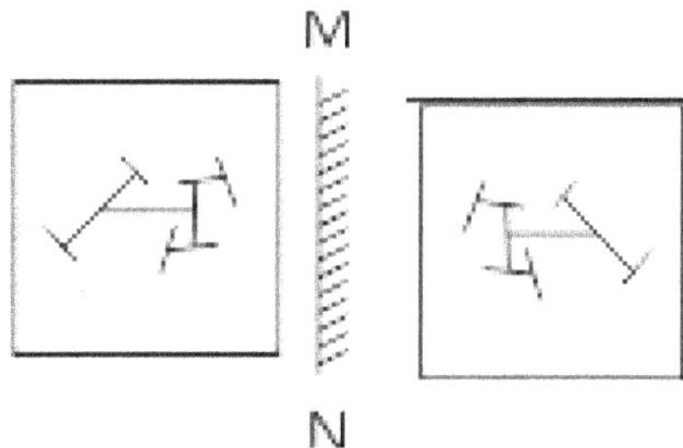

अतः विकल्प (A) सही है।

35. कागज के टुकड़े को खोलने पर:

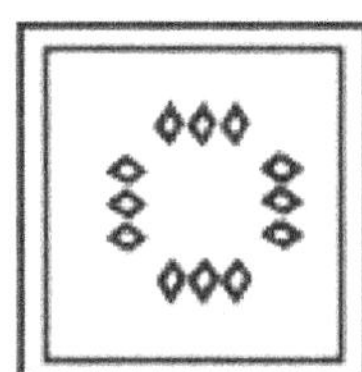

अतः विकल्प (C) सही है।

36. दिया गया है : 25, 52, 106, 214, 430, ?

यहाँ अनुसरण किया गया तर्क है :

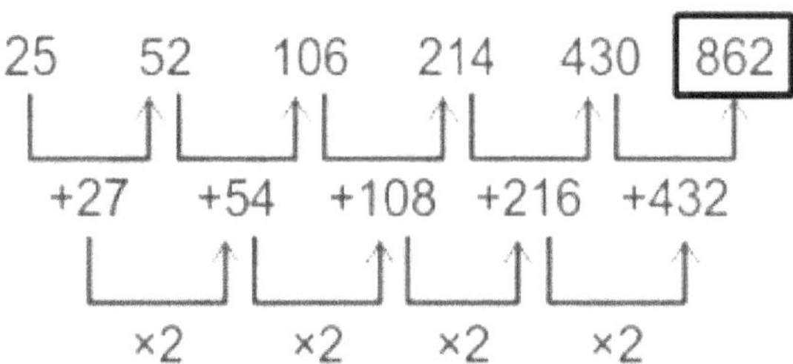

अतः विकल्प (D) सही है।

37. यहाँ अनुसरित तर्क इस प्रकार है:-

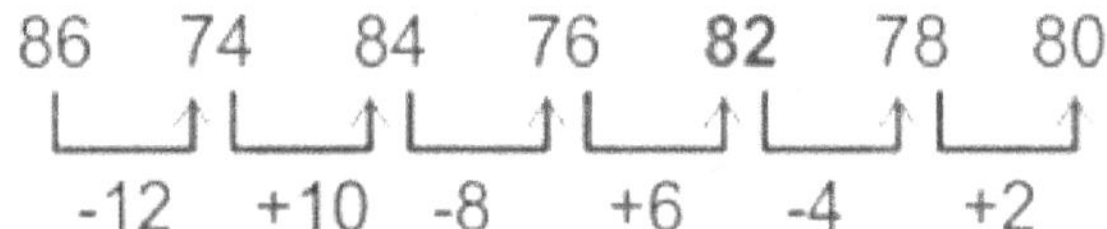

अतः विकल्प (D) सही है।

38. दिया गया है,

विकल्प (A) $6 \times 16 + 2 \div 4 - 3 = 14 + 7 \div 4 - 2$

बाएं से दाएं चिह्नों को बदलने और BODMAS नियम का उपयोग करने पर,

$\Rightarrow 6 - 16 \div 2 + 4 \times 3 = 14 \div 7 + 4 \times 2$

$\Rightarrow 6 - 8 + 4 \times 3 = 2 + 4 \times 2$

$\Rightarrow 6 - 8 + 12 = 2 + 8$

$\Rightarrow 18 - 8 = 10$

$\Rightarrow 10 = 10$

विकल्प (A) BODMAS नियम को संतुष्ट करता है।

विकल्प (B) $7 \times 42 + 7 \div 3 - 4 = 42 + 6 \div 2 - 7$

बाएं से दाएं चिह्नों को बदलने और BODMAS नियम का उपयोग करने पर,

$\Rightarrow 7 - 42 \div 7 + 3 \times 4 = 42 \div 6 + 2 \times 7$

$\Rightarrow 7 - 6 + 3 \times 4 = 7 + 2 \times 7$

$\Rightarrow 7 - 6 + 12 = 7 + 14$

$\Rightarrow 19 - 6 = 21$

$\Rightarrow 13 \neq 21$

विकल्प (b) BODMAS नियम को संतुष्ट नहीं करता है।

विकल्प (C) $50 \times 49 + 7 \div 1 - 2 = 30 + 6 \div 9 - 5$

बाएं से दाएं चिह्नों को बदलने और BODMAS नियम का उपयोग करने पर,

$\Rightarrow 50 - 49 \div 7 + 1 \times 2 = 30 \div 6 + 9 \times 5$

$\Rightarrow 50 - 7 + 1 \times 2 = 5 + 9 \times 5$

$\Rightarrow 50 - 7 + 2 = 5 + 45$

$\Rightarrow 45 \neq 50$

विकल्प (C) BODMAS नियम को संतुष्ट नहीं करता है।

विकल्प (D) $9 \times 16 + 8 \div 6 - 3 = 32 + 32 \div 4 - 8$

बाएं से दाएं चिह्नों को बदलने और BODMAS नियम का उपयोग करने पर,

$\Rightarrow 9 - 16 \div 8 + 6 \times 3 = 32 \div 32 + 4 \times 8$

$\Rightarrow 9 - 2 + 6 \times 3 = 1 + 4 \times 8$

$\Rightarrow 9 - 2 + 18 = 1 + 32$

$\Rightarrow 25 \neq 33$

विकल्प (D) BODMAS नियम को संतुष्ट नहीं करता है।

अतः विकल्प (A) सही है।

39. यहाँ अनुसरण किया गया स्वरूप है:

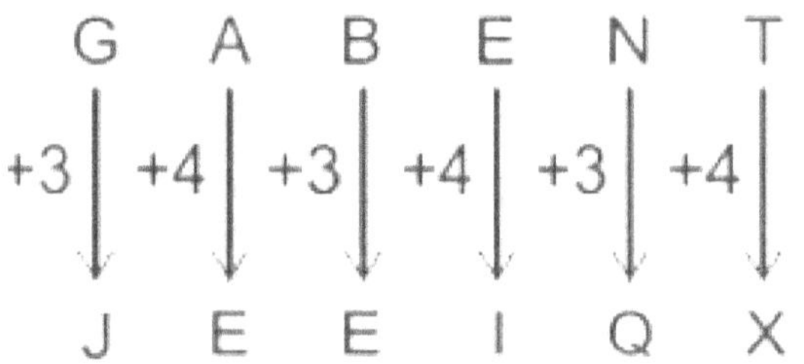

इसी प्रकार;

अतः विकल्प (C) सही है।

40. यहाँ अनुसरित तर्क है:

$$B \xrightarrow{+3} E \xrightarrow{+3} H \xrightarrow{+3} K \xrightarrow{+3} N$$

$$E \xrightarrow{+3} H \xrightarrow{+3} K \xrightarrow{+3} N \xrightarrow{+3} Q$$

$$I \xrightarrow{+3} L \xrightarrow{+3} O \xrightarrow{+3} R \xrightarrow{+3} U$$

अतः विकल्प (C) सही है।

41. यहाँ तर्क इस प्रकार है:

C	A	T
3	1	20

CAT = 3 + 1 + 20 = 24

R	A	T
18	1	20

RAT = 18 + 1 + 20 = 39

इसी प्रकार,

M	A	P
13	1	16

MAP = 13 + 1 + 16 = 30

अतः विकल्प (B) सही है।

42. यहाँ अनुसरित तर्क इस प्रकार है:

$8^2 + 8^3 = 64 + 512 = 576;$

उसी प्रकार,

$13^2 + 13^3 = 169 + 2197 = 2366$

अतः विकल्प (C) सही है।

43. यहाँ अनुसरण किया गया तर्क है:

जब दर्पण को लंबवत रखा जाता है, तो बाई ओर और दाई ओर इसके विपरीत बदल जाता है जबकि ऊपर और नीचे समान रहता है।

इस प्रकार, जब दर्पण को PQ पर लंबवत रखा जाता है तब दी गई आकृति की सही दर्पण छवि है:

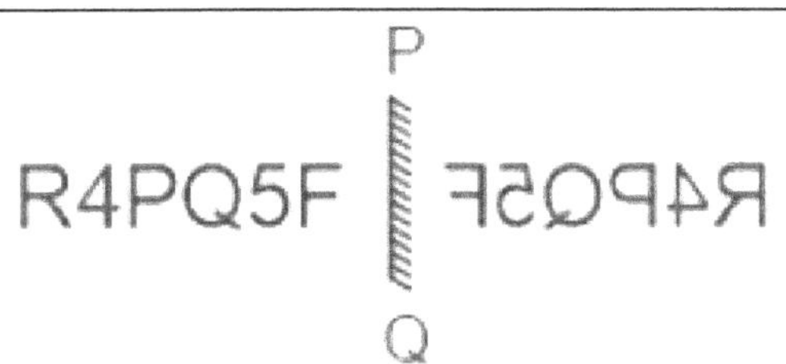

अतः विकल्प (B) सही है।

44. कथन:

कोई चूहा आम नहीं है।

कुछ आम पत्ते हैं।

सभी पत्ते पपीते हैं।

दिए गए कथनों के लिए न्यूनतम संभव आरेख इस प्रकार है:

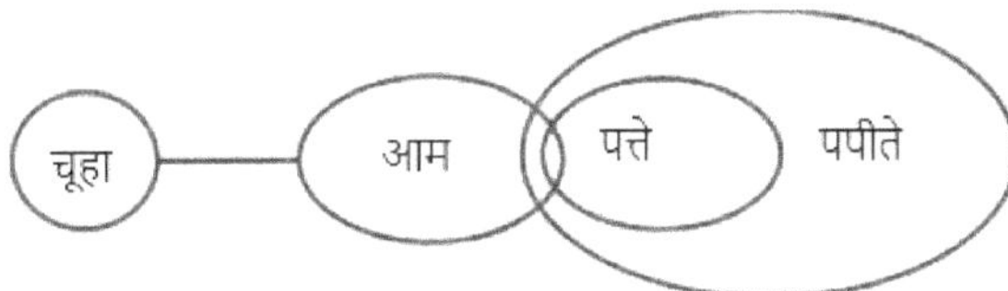

निष्कर्ष:

(I) कुछ पत्ते चूहे नहीं हैं → सत्य (क्योंकि 'कुछ आम पत्ते हैं' और 'कोई चूहा आम नहीं है', जिसका अर्थ है कि वे 'पत्ते' जो 'आम' हैं, 'चूहा' नहीं हैं, इसलिए, यह निश्चित रूप से सत्य है)

(II) कुछ पत्ते आम हैं → सत्य (क्योंकि 'कुछ आम पत्ते हैं', इसलिए कुछ पत्ते आम हैं, यह निश्चित रूप से सत्य है)

(III) कुछ पपीते आम हैं → सत्य (क्योंकि 'कुछ आम पत्ते हैं' और 'सभी पत्ते पपीते हैं', जिसका अर्थ है कि सभी 'पत्ते', 'पपीते' हैं और कुछ 'पत्ते' आम हैं, इसलिए कुछ पपीते भी आम हैं, यह निश्चित रूप से सत्य है)

अतः विकल्प (C) सही है।

45. वर्णों के वर्णानुक्रम के अनुसार,

प्रत्येक पहले अक्षर को +2 से बढ़ाया जाता है।

प्रत्येक दूसरे अक्षर को -2 से घटाया जाता है।

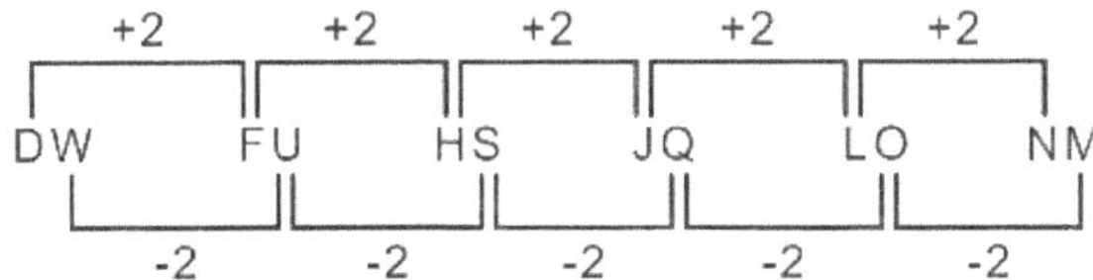

अतः विकल्प (B) सही है।

46. 12 मई 2011 = बृहस्पतिवार

2004 और 2011 के बीच वर्षों की संख्या = 7

2004 और 2011 के बीच अधिवर्षों की संख्या = 1

इसलिए, विषम दिनों की कुल संख्या = (7 + 1)/7 = 8/7 = 1 (शेष)

चूंकि, 12 मई 2011 = बृहस्पतिवार

इसलिए, 12 मई 2004 = बुधवार (1 दिन घटाते हैं क्योंकि 1 विषम दिन है)

इसलिए, 10 मई 2004 = सोमवार

अतः विकल्प (A) सही है।

47. दिया गया है:

प्रकाश और कादिर की वर्तमान आयु = 3 : 4

गणना:

माना कि प्रकाश और कादिर की वर्तमान आयु 3x और 4x हैं

प्रश्नानुसार,

$$\Rightarrow \frac{(3x-6)}{(4x-6)} = \frac{5}{7}$$

⇒ 21x - 42 = 20x - 30

⇒ 21x - 20x = 42 - 30

⇒ x = 12

कादिर की वर्तमान आयु = 4x = 4 × 12 = 48 वर्ष

∴ कादिर की वर्तमान आयु 48 वर्ष है।

अतः विकल्प (A) सही है।

48. दिया गया समीकरण 23 * 12 * 6 * 2 * 12 * 3 * 125 * 5 * 34

विकल्प (A): संयोजन ÷, -, +, =, ×, +, +, ÷ का प्रयोग करते हैं,

23 ÷ 12 - 6 + 2 = 12 × 3 + 125 + 5 ÷ 34

1.917 - 6 + 2 = 12 × 3 + 125 + 0.147

1.917 - 6 + 2 = 36 + 125 + 0.147

3.917 - 6 = 161.147

- 2.083 = 161.147 (LHS ≠ RHS)

विकल्प (B): संयोजन ÷, +, -, +, =, ×, +, - का प्रयोग करते हैं,

23 ÷ 12 + 6 - 2 + 12 = 3 × 125 + 5 - 34

1.917 + 6 - 2 + 12 = 3 × 125 + 5 - 34

1.917 + 6 - 2 + 12 = 375 + 5 - 34

1.917 + 6 - 2 + 12 = 375 + 5 - 34

19.917 − 2 = 380 − 34

17.917 = 346 (LHS ≠ RHS)

विकल्प (C): संयोजन ÷, +, ÷, -, +, ×, =, + का प्रयोग करते हैं,

23 ÷ 12 + 6 ÷ 2 - 12 + 3 × 125 = 5 + 34

1.917 + 3 - 12 + 3 × 125 = 5 + 34

1.917 + 3 - 12 + 375 = 5 + 34

379.917 = 39 (LHS ≠ RHS)

विकल्प (D): संयोजन +, -, ×, +, ×, -, ÷, = का प्रयोग करते हैं,

23 + 12 - 6 × 2 + 12 × 3 - 125 ÷ 5 = 34

23 + 12 - 6 × 2 + 12 × 3 - 25 = 34

23 + 12 - 12 + 36 - 25 = 34

71 − 12 − 25 = 34

71 - 37 = 34

34 = 34 (बायाँ पक्ष = दायाँ पक्ष)

अतः विकल्प (D) सही है।

49. दिया गया है,

24 * 12 * 35 * 24 * 6 * 319

उपरोक्त समीकरणों को संतुलित करने के लिए गणितीय संकेतों के विकल्प संयोजन को रखकर इसे क्रमिक रूप से बाएं से दाएं * संकेतों से प्रतिस्थापित करते हैं।

(A) +, -, ÷, ×, =

24 + 12 - 35 ÷ 24 × 6 = 319

24 + 12 - 1.45 × 6 = 319

24 + 12 - 8.75 = 319

27.25 ≠ 319

(B) ×, +, -, ÷, =

24 × 12 + 35 - 24 ÷ 6 = 319

24 × 12 + 35 - 4 = 319

288 + 35 - 4 = 319

323 - 4 = 319

319 = 319

(C) ×, ÷, +, -, =

24 × 12 ÷ 35 + 24 - 6 = 319

24 × 0.34 + 24 - 6 = 319

8.22 + 24 - 6 = 319

32.22 - 6 = 319

26.22 ≠ 319

(D) ÷, +, -, ×, =

24 ÷ 12 + 35 - 24 × 6 = 319

2 + 35 - 24 × 6 = 319

2 + 35 - 144 = 319

37 - 144 = 319

- 107 ≠ 319

इस प्रकार सही संयोजन ×, +, -, ÷, = है।

अतः विकल्प (B) सही है।

50. सही शब्दकोश क्रम है,

2. **Wrai**th

3. **Wrat**h

5. **Wrec**k

1. **Wres**t

4. **Wri**ggle

अतः विकल्प (A) सही है।

51. दिया गया:

पहले 2 वर्षों के लिए ब्याज की दर 8% है

अगले 3 वर्षों के लिए यह 10% है

5 वर्ष से अधिक की अवधि के लिए यह 12.5% है

मूलधन = 20 लाख

भुगतान की गई राशि = 36.7 लाख रुपये

राशि $= P + SI$

साधारण ब्याज, $SI = \frac{P \times R \times T}{100}$

जहां $P \rightarrow$ मूलधन, $R \rightarrow$ ब्याज की दर, $T \rightarrow$ समय

कुल $SI = A - P = 36.7\,L - 20L$

कुल $SI = 16.7$ लाख

पहले 2 वर्षों के लिए साधारण ब्याज $= 20\,L \times 2 \times \frac{8}{100} = 3.2\,L$

अगले 3 वर्षों के लिए साधारण ब्याज $= 20\,L \times 3 \times \frac{10}{100} = 6\,L$

तो, पहले 5 वर्षों के लिए कुल साधारण ब्याज $= 9.2\,L$

फिर, शेष ब्याज 12.5% की दर से प्राप्त होता है।

शेष ब्याज $= 16.7\,L - 9.2\,L = 7.5\,L$

अगले N वर्षों के लिए साधारण ब्याज $= 20\,L \times N \times 12.5\% = 7.5\,L$

$N = 7.5\,L \times \frac{8}{20}\,L \quad \left(12.5\% \rightarrow \frac{1}{8}\right)$ (अंश में)

$N = 3$

अर्थात्, कुल वर्ष $= 2 + 3 + 3 = 8$ वर्ष

अतः विकल्प (C) सही है।

52. दिया है:

25 cosec² x + 36 sec² x

जैसा कि हम जानते हैं कि $m\sec^2\theta + n\csc^2\theta = \left(\sqrt{m} + \sqrt{n}\right)^2$ न्यूनतम मान

यहाँ, m = 36 और n = 25

∴ 25 cosec² x + 36 sec² x का न्यूनतम मान: $\left(\sqrt{36} + \sqrt{25}\right)^2 = 121$

अतः विकल्प (D) सही है।

53. दिया है:

$$\frac{\sin 34° \cos 236° - \sin 56° \sin 124°}{\cos 28° \cos 88° + \cos 178° \sin 208°}$$

cos 236° = cos (180° + 56°) = - cos 56°

sin 124° = sin (90° + 34°) = cos 34°

cos 178° = cos (90° + 88°) = - sin 88°

sin 208° = sin (180° + 28°) = - sin 28°

इन मानों को $\frac{\sin 34° \cos 236° - \sin 56° \sin 124°}{\cos 28° \cos 88° + \cos 178° \sin 208°}$ में प्रतिस्थापित करके हमें मिलता है

$$\Rightarrow \frac{\frac{\sin34°\cos236° - \sin56°\sin124°}{\cos28°\cos88° + \cos178°\sin208°}}{\frac{-\sin34°\cos56° - \sin56°\cos34°}{\cos28°\cos88° + \sin88°\sin28°}} =$$

जैसा कि हम जानते हैं कि, sin (A + B) = sin A × cos B + sin B × cos A and cos (A - B) = cos A × cos B + sin A × sin B

$$\Rightarrow \frac{\sin34°\cos236° - \sin56°\sin124°}{\cos28°\cos88° + \cos178°\sin208°} = -\frac{\sin(34°+56°)}{\cos(88°-28°)} = -2$$

अतः विकल्प (A) सही है।

54. दिया गया है,

$$x + \frac{1}{x} = 4$$

वर्ग करने पर,

$$x^2 + \frac{1}{x^2} + 2 = 16$$

$$\Rightarrow x^2 + \frac{1}{x^2} = 14$$

पुनः वर्ग करने पर,

$$x^4 + \frac{1}{x^4} + 2 = 196$$

$$\Rightarrow x^4 + \frac{1}{x^4} = 196 - 2 = 194$$

अत: विकल्प (A) सही है।

55. मूलों का योग,, $S = a + b = -\frac{b}{a}$

मूलों का गुणनफल, $M = ab = \frac{c}{a}$

$$S = (ab + a + b + ab - a - b) = 2ab$$

$$S = \frac{2c}{a}$$

$$M = (ab + a + b)(ab - (a + b))$$

$$M = (ab)^2 - (a+b)^2$$

$$M = \left(\frac{c}{a}\right)^2 - \left(-\frac{b}{a}\right)^2$$

$$M = \frac{c^2 - b^2}{a^2}$$

मानक समीकरण से, हम प्राप्त करते है

$$x^2 - (\text{ मूलों का योग })x + \text{मूलों का गुणनफल} = 0$$

मान प्रतिस्थापित करने पर, हम प्राप्त करते है

$$a^2x^2 - 2acx + c^2 - b^2 = 0$$

अत: विकल्प (B) सही है।

56. माना कि दूध और पानी की मात्रा क्रमशः $9x$ लीटर और $8x$ लीटर है। दी गयी जानकारी के अनुसार,

$$\frac{9x}{8x+10} = \frac{51}{47}$$

$$\Rightarrow 423x = 408x + 510$$

$$\Rightarrow 423x - 408x = 510$$

$$\Rightarrow 15x = 510$$

$$\Rightarrow x = \frac{510}{15}$$

$$\Rightarrow x = 34$$

$\therefore$ मिश्रण में दूध की वास्तविक मात्रा $= 9x = 9 \times 34$

$= 306$ लीटर

अतः विकल्प (A) सही है।

57. दिया है,

यदि फल विक्रेता 20% के बजाय 10% छूट देता है, तो विक्रेता 45 रुपये बचाता है।

विक्रय मूल्य = अंकित मूल्य × (100 – छूट%)/100

माना की फलों का अंकित मूल्य 100x है

प्रश्न के अनुसार

$$100x \times \frac{90}{100} - 100x \times \frac{80}{100} = 45$$

$$\Rightarrow 90x - 80x = 45$$

$$\Rightarrow 10x = 45$$

$$\Rightarrow x = \frac{45}{10}$$

$$\Rightarrow x = 4.5$$

$\therefore$ फलों का अंकित मूल्य = 100 × 4.5 = 450 रूपये

अतः विकल्प (A) सही है।

58. A, B, C, D और E का औसत 40 साल है।

इसलिए, $\frac{A+B+C+D+E}{5} = 40$

$$A + B + C + D + E = 200$$

$$A + B = 70$$

$$C + D = 84$$

$$E = 200 - 70 - 84$$

$$= 200 - 154$$

$$= 46$$

अत: विकल्प (A) सही है।

59. दिया है:

$$\sqrt{10 - 2\sqrt{21}} + \sqrt{8 + 2\sqrt{15}} = \sqrt{a} + \sqrt{b}$$

$$\Rightarrow \sqrt{(\sqrt{7})^2 + (\sqrt{3})^2 - 2 \cdot \sqrt{7} \cdot \sqrt{3}} + \sqrt{(\sqrt{5})^2 + (\sqrt{3})^2 + 2 \cdot \sqrt{5} \cdot \sqrt{3}} = \sqrt{a} + \sqrt{b}$$

$$\Rightarrow \sqrt{(\sqrt{7} - \sqrt{3})^2} + \sqrt{(\sqrt{5} + \sqrt{3})^2} = \sqrt{a} + \sqrt{b}$$

$\Rightarrow \sqrt{7} - \sqrt{3} + \sqrt{5} + \sqrt{3} = \sqrt{a} + \sqrt{b}$

$\Rightarrow \sqrt{7} + \sqrt{5} = \sqrt{a} + \sqrt{b}$

तो, $a = 7, b = 5$

$\Rightarrow \sqrt{ab} = \sqrt{7 \times 5} = \sqrt{35} \approx 5.9$

अत: विकल्प (A) सही हैं।

60. दिया है:

वृत्ताकार भूखंड का क्षेत्रफल $= 144\pi$ मी^{2}

जैसा कि हम जानते हैं, वृत्त का क्षेत्रफल $= \pi \times$ त्रिज्या^{2}

$\Rightarrow 144\,\pi m^2 = \pi \times$ त्रिज्या^{2}

त्रिज्या $= \sqrt{144} = 12$ मी

अभी,

पथ की चौड़ाई $= 5$ मी

वृत्ताकार भूखंड की त्रिज्या इसके आसपास के पथ सहित $= 12 + 5 = 17$ मी

$\therefore$ आवश्यक क्षेत्र $= \pi \times (17)^2 = 289\pi$ मी^{2}

अतः विकल्प (B) सही है।

61. दिया है:

शंकु का पार्श्व पृष्ठीय क्षेत्रफल $= 462$ सेमी^{2}

शंकु की तिर्यक ऊँचाई $= 35$ सेमी

$\because$ शंकु का पार्श्व पृष्ठीय क्षेत्रफल $= \pi \times$ त्रिज्या $\times$ तिर्यक ऊँचाई

$\Rightarrow 462 = \left(\dfrac{22}{7}\right) \times$ त्रिज्या $\times 35$

$\therefore$ शंकु के आधार की त्रिज्या $= \dfrac{21}{5} = 4.2$ सेमी

अत: विकल्प (C) सही है।

62. दिया है:

10 पुस्तकों की लागत मूल्य $=$ 8 पुस्तकों की बिक्री मूल्य

सूत्र:

लाभ $=$ विक्रय मूल्य - लागत मूल्य

लाभ प्रतिशत $=$ (लाभ/लागत मूल्य) $\times 100$

माना कि एक किताब का विक्रय मूल्य 10x है

तो, 8 पुस्तकों की विक्रय मूल्य $= 80x$

10 पुस्तकों की लागत मूल्य $= 80x$

$\Rightarrow$ 1 पुस्तक का मूल्य मूल्य $= \dfrac{80x}{10} = 8x$

लाभ $= 10x - 8x = 2x$

लाभ $\% = \dfrac{2x}{8x} \times 100 = \dfrac{100}{4} = 25\%$

$\therefore$ प्रतिशत का लाभ 25% है।

अत: विकल्प (B) सही है।

63. दिया है:

तीन अलग-अलग गति 10 किमी/घंटा, 12 किमी/घंटा और 15 किमी/घंटा हैं।

समय $= 45$ मिनट

सूत्र:

समय $=$ दूरी/गति

माना P से Q की कुल दूरी 3D है।

कुल समय,

$T_1 + T_2 + T_3 = T$

$\Rightarrow \dfrac{D}{10} + \dfrac{D}{12} + \dfrac{D}{15} = \dfrac{45}{60}$

$\Rightarrow \dfrac{6D + 5D + 4D}{60} = \dfrac{45}{60}$

$\Rightarrow 15D = 45$

$\Rightarrow D = 3$ किमी

कुल दूरी $= 3D$

$\Rightarrow$ कुल दूरी $= 9$ किमी

$\therefore$ P से Q की कुल दूरी 9 किमी है।

अतः विकल्प (D) सही है।

Q.64 दिया है:

जिला	पुरुष	महिला
चंबा	42	30
शिमला	48	52
कुल्लू	46	60
कांगरा	56	20

शिमला और कांगड़ा से कुल पुरुष प्रतिभागियों की संख्या $= 48 + 56 = 104$

चंबा और कुल्लू से कुल महिला प्रतिभागियों की संख्या $= 30 + 60 = 90$

$\Rightarrow$ अभीष्ट अनुपात $= 104 : 90 = 52 : 45$

$\therefore$ शिमला और कांगड़ा के कुल पुरुष प्रतिभागियों को मिलाकर उनकी कुल संख्या से चंबा और कुल्लू को मिलाकर कुल महिला प्रतिभागियों की कुल संख्या का अनुपात 52 : 45 है।

अत: विकल्प (A) सही है।

65. दिया है:

दिल्ली के लिए नौ टिकट और अमृतसर के लिए दो टिकटों की कीमत $=$ दिल्ली के लिए दो टिकट और अमृतसर के लिए सात टिकटों की कीमत

माना कि दिल्ली के लिए टिकट की कीमत x रुपए है तथा अमृतसर के लिए टिकट की कीमत y रुपए है।

दिल्ली के लिए नौ टिकट और अमृतसर के लिए दो टिकटों की कीमत है $= 9x + 2y$

दिल्ली के लिए दो टिकट और अमृतसर के लिए सात टिकटों की कीमत है $= 2x + 7y$

$\Rightarrow 9x + 2y = 2x + 7y$

$\Rightarrow 7x = 5y$

$\Rightarrow \dfrac{x}{y} = \dfrac{5}{7}$

इसलिए, दिल्ली और अमृतसर के लिए टिकट की कीमत का अनुपात 5 : 7 है।

अतः विकल्प (C) सही है।

66. दिया गया है:

A को कार्य पूरा करने में लगने वाला समय = 5 दिन

B को कार्य पूरा करने में लगने वाला समय = 8 दिन

संकल्पना:

यहाँ हमें ज्ञात करना है कि गणना के एकिक नियम का उपयोग करके A को धन का कितना हिस्सा दिया जाएगा।

A को कार्य पूरा करने में लगने वाला समय = 5 दिन

A द्वारा 1 दिन में किया गया कार्य $= \frac{1}{5}$ इकाई

B को कार्य पूरा करने में लगने वाला समय = 8 दिन

B द्वारा 1 दिन में किया गया कार्य $= \frac{1}{8}$ इकाई

कार्य का अनुपात = A : B $= \frac{1}{5} : \frac{1}{8} = 8 : 5$

A का हिस्सा $= \frac{8}{13} \times 6760$

A का हिस्सा = 4160 रुपए

∴ A का हिस्सा 4160 रुपए है।

अतः विकल्प (C) सही है।

67.

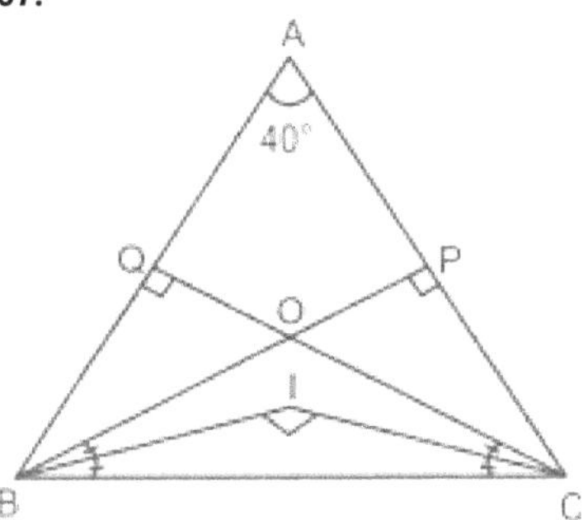

हम जानते है, O, ∆ABC का लम्बकेंद्र है

तो, $\angle POQ = 180° - \angle A = (180° - 40°) = 140°$

∴ $\angle BOC = \angle POQ = 140°$

$\angle BIC = 90° + \angle \frac{BOC}{2}$

$\Rightarrow \angle BIC = 90° + \frac{140°}{2}$

$\Rightarrow \angle BIC = 90° + 70°$

$\Rightarrow \angle BIC = 160°$

अतः विकल्प (B) सही है।

68. दिया गया है:

23846x, 6 से विभाज्य है

यदि एक संख्या 6 से विभाज्य है, तो यह 2 और 3 से भी विभाज्य होगी।

2 से विभाज्य: एक संख्या 2 से विभाज्य होती है यदि इसके इकाई अंक के स्थान पर एक सम संख्या होती है

3 से विभाज्य: एक संख्या 3 से विभाज्य है यदि सभी अंकों का योग 3 से विभाज्य है

अंकों का योग = (2 + 3 + 8 + 4 + 6 + x) = 23 + x

विषम संख्याएं x को प्रतिस्थापित नहीं कर सकती हैं

23 + 2 = 25 यह 3 से विभाज्य नहीं है

23 + 4 = 27 यह 3 से विभाज्य है

∴ x का सबसे छोटा मान 4 है।

अतः विकल्प (D) सही है।

69. दिया गया है:

$3\frac{1}{2} + 2\frac{3}{4} + 1\frac{1}{4} + 5\frac{1}{2} = ?$

$\frac{7}{2} + \frac{11}{4} + \frac{5}{4} + \frac{11}{2} = ?$

$\frac{7}{2} + \frac{11}{2} + \frac{11}{4} + \frac{5}{4} = ?$

समान हर को जोड़ने के बाद

$\frac{18}{2} + \frac{16}{4} = ?$

$9 + 4 = ?$

$? = 13$

अतः विकल्प (B) सही है।

70. दिया गया है,

जिस गति से व्यक्ति नाव चला सकता है $= 4\frac{1}{2}$ किमी/घंटा

माना धारा की गति $= y$ किमी/घंटा

धारा के अनुकूल गति $= \frac{9}{2} + y$

धारा के प्रतिकूल गति $= \frac{9}{2} - y$

प्रश्नानुसार,

$2 \times \left(\frac{9}{2} - y\right) = \left(\frac{9}{2} + y\right)$

$\Rightarrow 9 - 2y = \frac{9}{2} + y$

$\Rightarrow 3y = \frac{9}{2}$

$\Rightarrow y = 1.5$ किमी/घंटा

अतः विकल्प (B) सही है।

71. दिया गया है:

ऊंचाई $= 8$ सेमी

आधार की त्रिज्या $= 6$ सेमी

जैसा कि हम जानते हैं,

तिर्यक ऊंचाई $l = \sqrt{r^2 + h^2}$

शंकु का कुल पृष्ठीय क्षेत्रफल $= \pi r^2 + \pi r l$

ऊंचाई $= 8$ सेमी और त्रिज्या $= 6$ सेमी

तिर्यक ऊंचाई $l = \sqrt{8^2 + 6^2} = 10$ सेमी

शंकु का कुल पृष्ठीय क्षेत्रफल $= \pi r^2 + \pi r l$

$= \pi(36 + 60)$

$\therefore 96\pi$ सेमी ^{2}

अतः विकल्प (A) सही है।

72. मिश्रण A की कुल मात्रा $= 500 \times 0.2 = 100$ L

मिश्रण C की कुल मात्रा $= 500 \times 0.25 = 125$ L

मिश्रण A और C में सोडा की मात्रा क्रमशः 37.5% और 60% है

$\therefore$ मिश्रण A में सोडा की मात्रा $= 100 \times 0.375 = 37.5$ L

और मिश्रण C में सोडा की मात्रा $= 125 \times 0.6 = 75$ L

$\therefore$ अंतिम मिश्रण में सोडा की मात्रा $= 37.5 + 75 = 112.5$ L

$\therefore$ अंतिम मिश्रण में सोडा की मात्रा $= \frac{112.5}{[100+125]} \times 100 = 50\%$

अतः विकल्प (D) सही है।

73. दिया गया है,

2004 में एक शहर की जनसंख्या $= 10,00,000$

2005 में वृद्धि $= 15\%$

2006 में कमी $= 35\%$

2007 में वृद्धि $= 45\%$

जैसा कि हम जानते हैं,

अंतिम जनसंख्या $=$ आरंभिक जनसंख्या $\times$ [(100 + वृद्धि\%)/100] $\times$ [(100 − कमी\%)/100] $\times$ [(100 + वृद्धि\%)]

$= 10,00,000 \times \left[\frac{(100+15)}{100}\right] \times \left[\frac{(100-35)}{100}\right] \times \left[\frac{(100+45)}{100}\right]$

$= 10,00,000 \times \left(\frac{115}{100}\right) \times \left(\frac{65}{100}\right) \times \left(\frac{145}{100}\right)$

$= 115 \times 65 \times 145$

$= 10,83,875$

$\therefore$ वर्ष 2007 के अंत में शहर की जनसंख्या $10,83,875$ है।

अतः विकल्प (B) सही है।

74. दिया गया है,

सिलेंडर के आधार की परिधि $= 11$ सेमी

कागज की लंबाई सिलेंडर के आधार की परिधि होगी और चौड़ाई इसकी ऊंचाई होगी।

जैसा कि हम जानते हैं,

सिलेंडर के आधार की परिधि $= 2\pi r$

$\Rightarrow 2 \times \frac{22}{7} \times r = 11$ सेमी

$\Rightarrow r = \frac{7}{4}$ सेमी

सिलेंडर का आयतन $= \pi r^2 h$

$= \left(\frac{22}{7}\right) \times \left(\frac{7}{4}\right)^2 \times 4$

38.5 सेमी ^{3}

अतः विकल्प (A) सही है।

75. औसत लेने की आवश्यकता नहीं है क्योंकि हम कुल योग से ही उत्तर प्राप्त कर सकते हैं।

ट्रेडबुल के खोले गए खातों की कुल संख्या $= (35 + 42 + 45 + 50 + 60)$

$= 232$

शेरखान के खोले गए खातों की कुल संख्या $= (22 + 18 + 32 + 30 + 45)$

$= 147$

आवश्यक प्रतिशत $= \frac{232-147}{147} \times 100$

$= \frac{85}{147} \times 100$

$= 57.82$

$\therefore$ अभीष्ट प्रतिशत 57.82 है।

अतः विकल्प (A) सही है।

76. रूस को यूईएफए द्वारा चैंपियंस लीग फाइनल की मेजबानी से 25 फरवरी 2022 को हटा दिया गया था और यूक्रेन पर रूस के आक्रमण के बाद सेंट पीटर्सबर्ग की जगह पेरिस ने ले ली थी। फ्रांस ने आखिरी बार 16 साल पहले चैंपियंस लीग फाइनल की मेजबानी की थी, जब बार्सिलोना ने 2006 के फाइनल में आर्सेनल को हराया था।

अतः विकल्प (A) सही है।

77. संघ लोक सेवा आयोग (UPSC) के अध्यक्ष के रूप में डॉ. मनोज सोनी को नियुक्त किया गया है। वह वर्तमान में यूपीएससी के सदस्य हैं। उन्होंने 2005 में MS विश्वविद्यालय के देश के सबसे कम उम्र के कुलपति के रूप में कार्य किया। उन्होंने अगस्त 2009 से जुलाई 2015 के बीच अहमदाबाद में डॉ. बाबासाहेब अम्बेडकर मुक्त विश्वविद्यालय के कुलपति के रूप में भी कार्य किया।

अतः विकल्प (B) सही है।

78. प्रसिद्ध बौद्ध विद्वान अश्वघोष कनिष्क के समकालीन थे।

कनिष्क प्रथम या कनिष्क महान, दूसरी शताब्दी (127-150 सीई) में कुषाण वंश का एक सम्राट, अपनी सैन्य, राजनीतिक और आध्यात्मिक उपलब्धियों के लिए प्रसिद्ध है। अश्वघोष भारत के एक बौद्ध दार्शनिक, नाटककार, कवि और वक्ता थे। उनका जन्म उत्तर भारत के साकेता में हुआ था। माना जाता है कि वह पहले संस्कृत नाटककार थे।

अश्वघोष एक दार्शनिक और कवि थे, जिन्हें कालिदास (5वीं शताब्दी) से पहले भारत का सबसे बड़ा कवि और संस्कृत नाटक का जनक माना जाता है। उन्होंने काव्य के रूप में जानी जाने वाली संस्कृत कविता की शैली को लोकप्रिय बनाया और अंततः पेशावर में कनिष्क के दरबार में एक आध्यात्मिक सलाहकार के पद पर पदोन्नत किया गया।

अतः विकल्प (C) सही है।

79. अमृतलाल विठ्ठलदास ठक्कर, ठक्कर बापा के नाम से लोकप्रिय हैं।

- वह एक भारतीय सामाजिक कार्यकर्ता थे जिन्होंने भारत में गुजरात राज्य में आदिवासी लोगों के उत्थान के लिए काम किया।
- 1922 में, उन्होंने भील सेवा मंडल की स्थापना की।

अतः विकल्प (D) सही है।

80. थारू जनजाति उत्तर प्रदेश के तराई क्षेत्र में रहती है। थारू जनजाति की अधिकांश आबादी वनवासी हैं और कुछ कृषि करते हैं। वे थारू की बोलियाँ बोलते हैं जो इंडो-आर्यन उपसमूह की एक भाषा है। तराई क्षेत्र एक स्थालाकृति और जलोढ़ गंगा नदी द्वारा किए गए मैदानों है अन्य मैदान भाबर, तराई, भांगर, और खद्दर उत्तर से दक्षिण तक फैले हुए हैं। तराई क्षेत्र का पूर्वी भाग बांग्लादेश में डुआर्स के रूप में जाना जाता है।

अतः विकल्प (C) सही है।

81. इराक की सीमा कैस्पियन सागर को स्पर्श नहीं करती है।

कैस्पियन सागर विश्व की सबसे बड़ी झील है। कैस्पियन सागर रूस, ईरान, कजाकिस्तान, तुर्कमेनिस्तान और अजरबैजान देशों को स्पर्श करता है।

अतः विकल्प (C) सही है।

82. भारत में महिलाओं के लिये आरक्षण की व्यवस्था पंचायती राज संस्थाओं में है।

पंचायती राज ग्रामीण स्थानीय स्वशासन की एक प्रणाली है। 73वें और 74वें संशोधन अधिनियमों ने भारत के संविधान में दो नए भागों को जोड़ा। भाग IX को "द पंचायत" (73वें संशोधन द्वारा जोड़ा गया) शीर्षक दिया गया था और भाग IX-A को "नगरपालिका" (74वें संशोधन द्वारा जोड़ा गया) शीर्षक दिया गया था। अधिनियम में महिलाओं के लिए सीटों की कुल संख्या के एक तिहाई से कम नहीं (एससी और एसटी के लिए आरक्षित सीटों की संख्या सहित) का प्रावधान है।

अतः विकल्प (D) सही है।

83. चारकुला, उत्तर प्रदेश के ब्रज क्षेत्र में किया जाने वाला नृत्य है। इस नृत्य में, कृष्ण के गीतों पर नृत्य करती बड़ी-बड़ी बहुस्तरीय वृत्ताकार लकड़ी के पिरामिडों को अपने सिर पर बाँधती महिलाएँ है।

अतः विकल्प (B) सही है।

84. अकबर ने मिर्जा अब्दुल रहीम खान को 'खान-ए-खाना' की उपाधि दी।

- रहीम का असली नाम खानजादा मिर्जा खान अब्दुल रहीम था।
- वह उसके दरबार के नौ महत्वपूर्ण मंत्रियों में से एक था, जिसे नवरत्नों के नाम से भी जाना जाता है।
- अकबर के नवरत्न इस प्रकार थे: राजा बीरबल, तानसेन, अबुल फजल, फैजी, राजा मान सिंह, राजा टोडरमल, मुल्ला दो प्याजा, फकीर अजियाओ-दीन, अब्दुल रहीम खान-ए-खाना।

अतः विकल्प (D) सही है।

85. जीवन प्रत्याशा में वृद्धि आर्थिक विकास में वृद्धि का संकेत देती है। जीवन प्रत्याशा का अर्थ है कि एक व्यक्ति जितने वर्षों तक जीने की उम्मीद कर सकता है।

आर्थिक वृद्धि: यह देश में वस्तुओं और सेवाओं के वास्तविक उत्पादन में वृद्धि को दर्शाता है। यह जीडीपी, उपभोग, सरकारी खर्च, निवेश और शुद्ध निर्यात के घटकों में से एक में क्रमिक वृद्धि से संबंधित है।

आर्थिक विकास: इसका तात्पर्य आय, बचत और निवेश के साथ-साथ देश के सामाजिक-आर्थिक ढांचे में प्रगतिशील परिवर्तन (संस्थागत और तकनीकी परिवर्तन) से है। यह मानव पूंजी की वृद्धि, असमानता के आंकड़ों में कमी और संरचनात्मक परिवर्तनों से संबंधित है जो जनसंख्या के जीवन की गुणवत्ता में सुधार करते हैं, जिससे जीवन प्रत्याशा में वृद्धि होती है।

अतः विकल्प (D) सही है।

86. भारोत्तोलक मीराबाई चानू ने 29 मार्च 2022 को 2021 के लिए BBC इंडियन स्पोर्ट्सवुमेन ऑफ द ईयर का पुरस्कार जीता।

- चानू टोक्यो में 49 किग्रा वर्ग में दूसरे स्थान पर आकर, ओलंपिक खेलों में रजत पदक जीतने वाली पहली भारतीय भारोत्तोलक बनीं।
- चानू ने अनाहेम में 2017 के विश्व चैंपियनशिप में 48 किग्रा वर्ग में स्वर्ण पदक जीता, और फिर 2018 में राष्ट्रमंडल खेलों में स्वर्ण पदक जीता।

- BBC इमर्जिंग प्लेयर का पुरस्कार 18 वर्षीय क्रिकेटर शैफाली वर्मा को प्रदान किया गया, जो हाल ही में न्यूजीलैंड में महिला विश्व कप टूर्नामेंट में हिस्सा लिया।

अतः विकल्प (D) सही है।

87. वी. बलसारा पियानो से संबद्ध थे।

- वी. बलसारा, जो वाद्य यंत्रों के साथ एक जादूगर थे, ने अपने करियर के दौरान 32 बंगाली फिल्मों और 12 हिंदी फिल्मों के लिए संगीत तैयार किया था और 200 से अधिक एल्बमों का श्रेय उन्हें जाता हैं।
- वह पियानो, यूनिवॉक्स और मेलोडिका सहित संगीत वाद्ययंत्रों की एक श्रृंखला के साथ अपनी बहुमुखी प्रतिभा के लिए जाने जाते थे।
- संगीत की दुनिया में वी. बलसारा के नाम से मशहूर विस्तास अर्देशिर बलसारा का जन्म 22 जून, 1922 को बम्बई में एक गुजराती भाषी ज़रथुस्ट्र पंथी पारसी परिवार में हुआ था।

अतः विकल्प (B) सही है।

88. मुक्केबाजी में, पांच बार के एशियाई चैंपियनशिप पदक विजेता, शिव थापा ने नवंबर 2022 में अपना छठा एशियाई चैंपियनशिप पदक जीता।

थापा ने 63.5 किग्रा में दक्षिण कोरिया के मिंसू चोई के खिलाफ क्वार्टर फाइनल में जीत दर्ज की। थापा 4:1 से मैच जीतकर और 6 प्रतियोगिता पदक के साथ एशियाई चैंपियनशिप में सबसे सफल पुरुष मुक्केबाज बन गए हैं।

अतः विकल्प (A) सही है।

89. नवंबर 2022 में, कौशल विकास और उद्यमिता राज्य मंत्री राजीव चंद्रशेखर ने दुबई में प्रधानमंत्री नरेंद्र मोदी की उपलब्धियों और विरासत पर लिखी गई दो पुस्तकों का विमोचन किया।

ये पुस्तकें "मोदी@20: ड्रीम्स मीट डिलीवरी" और "हार्टफेल्ट: द लैगेसी ऑफ फेथ" हैं। पुस्तकों का विमोचन विश्व सद्भावना, NID फाउंडेशन (दुबई चैप्टर) के एक कार्यक्रम में किया गया।

अतः विकल्प (A) सही है।

90. कन्याकुमारी को 'केप कोमोरिन' के नाम से भी जाना जाता है।

कन्याकुमारी इलायची पहाड़ियों के दक्षिणी सिरे पर स्थित है। केप का अर्थ है समुद्र में घुसी हुई भूमि और कोमोरिन कन्याकुमारी का पूर्व नाम है। ब्रिटिश शासन के दौरान, नाविकों और व्यापारियों ने कोमोरिन के समान लैंडमार्क का उल्लेख करने के लिए केप शब्द का इस्तेमाल किया था।

अतः विकल्प (D) सही है।

91. एक सतह पर एक वस्तु द्वारा लगाया गया प्रणोद (थ्रस्ट) वस्तु के द्रव्यमान के बराबर होता है।

प्रणोद: इसे सतह पर लंबवत किसी वस्तु द्वारा लगाए गए बल के रूप में परिभाषित किया गया है। यह न्यूटन के गति के तीसरे नियम को परिभाषित करता है अर्थात प्रत्येक क्रिया के लिए एक समान और विपरीत प्रतिक्रिया होती है। प्रणोद की SI इकाई न्यूटन है।

अतः विकल्प (A) सही है।

92. सोडा वाटर एक प्रकार का कार्बोनेटेड पानी होता है। यह वह पानी है जिसमें दबाव से कार्बन डाइऑक्साइड गैस मिलाई जाती है। कार्बोनेटेड पानी को शीतल पेय और पेय पदार्थों के रूप में बड़े पैमाने पर पीने की बोतलों में विपणन किया जाता है।

अतः विकल्प (C) सही है।

93. पौधा अजैविक नहीं है।

जैविक कारकों के अलावा अन्य कारक जो वातावरण के लिए महत्वपूर्ण हैं, अजैविक कारक कहलाते हैं।

अन्य भौतिक कारकों में जलवायु, तापमान, वर्षा, वर्तमान मिट्टी के प्रकार (रेतीली या मिट्टी, सूखी या गीली, उपजाऊ या अनुपजाऊ), और हवा शामिल

हैं। पारिस्थितिक तंत्र में, अजैविक (निर्जीव) घटक जीवों के लिए पानी और ऑक्सीजन प्रदान करने का महत्वपूर्ण कार्य करते हैं।

अतः विकल्प (A) सही है।

94. G_2 चरण तीव्र कोशिका वृद्धि और प्रोटीन संश्लेषण की अवधि है, जिसके दौरान कोशिका अपने आप को समसूत्रण के लिए तैयार करती है। कौतूहलपूर्वक से, G2 चरण कोशिका चक्र का एक आवश्यक हिस्सा नहीं है, क्योंकि कुछ कोशिका प्रकार सीधे DNA प्रतिकृति से समसूत्रण के लिए आगे बढ़ते हैं।

अतः विकल्प (C) सही है।

95. USB पेन ड्राइव एक द्वितीयक प्रकार का स्टोरेज डिवाइस है।

- USB का पूरा नाम यूनिवर्सल सीरियल बस है।
- USB एक प्लग एंड प्ले इंटरफ़ेस है जो कंप्यूटर को बाहरी और अन्य उपकरणों के साथ संवाद करने की अनुमति देता है।
- यूनिवर्सल सीरियल बस (संस्करण 1.0) की पहली व्यावसायिक रिलीज़ जनवरी 1996 में हुई थी।
- USB कनेक्टर विभिन्न आकार और आकार में आते हैं। वे विभिन्न प्रकार के होते हैं जिनमें मानक USB, मिनी USB और माइक्रो USB शामिल होते हैं, जिनमें दो या अधिक प्रकार के कनेक्टर होते हैं।

अत: विकल्प (B) सही है।

96. भारत 4.2 के अंकों के साथ 54वें स्थान पर है, जो 2019 की तुलना में आठ स्थान नीचे है।

- विश्व आर्थिक मंच (WEF) का ट्रैवल एंड टूरिज्म डेवलपमेंट इंडेक्स जारी किया गया जिसमें 117 देश शामिल हैं।
- जापान, संयुक्त राज्य अमेरिका, स्पेन, फ्रांस और जर्मनी सूची में सबसे ऊपर हैं।
- आंकड़ों से पता चलता है कि भारत दक्षिण एशिया में शीर्ष स्थान पर है।

अत: विकल्प (B) सही है।

97. मैकेफी एक प्रकार का वायरस नहीं है।

मैकेफी एक वायरस रिमूवल सर्विस सॉफ्टवेयर है जो कंप्यूटर से ट्रोजन, स्पायवेयर और अन्य मालवेयर जैसे वायरस का पता लगाता है और उसे खत्म करता है।

अतः विकल्प (B) सही है।

98. इंग्लैंड के लेग स्पिनर रेहान अहमद 19 दिसंबर 2022 को पाकिस्तान के खिलाफ चल रहे तीसरे मैच के दौरान डेब्यू पर पांच विकेट लेने वाले सबसे कम उम्र के पुरुष टेस्ट क्रिकेटर बन गए हैं।

उन्होंने पाकिस्तान और इंग्लैंड मैच के दौरान 18 साल और 126 दिन की उम्र में टेस्ट क्रिकेट में डेब्यू किया था। उन्होंने पाकिस्तान के खिलाफ दूसरी पारी में 5-48 के स्कोर पर छह ओवरों में तीन विकेट लिए थे।

अतः विकल्प (B) सही है।

99. केंद्रीय सामाजिक न्याय और अधिकारिता मंत्री डॉ. वीरेंद्र कुमार ने 3 जून, 2022 को लक्षित क्षेत्रों में हाई स्कूल में छात्रों के लिए आवासीय शिक्षा के लिए "श्रेष्ठ" योजना शुरू की है। लक्षित क्षेत्रों में छात्रों के लिए आवासीय शिक्षा योजना (श्रेष्ठ) सबसे गरीब लोगों के लिए भी गुणवत्तापूर्ण शिक्षा और अवसर प्रदान करने के उद्देश्य से तैयार की गई है।

अत: विकल्प (A) सही है।

100. अनुच्छेद 32 को भारतीय संविधान का हृदय और आत्मा कहा जाता है।

- यह भीमराव अंबेडकर द्वारा दिया गया था।
- अनुच्छेद 32 संवैधानिक उपचार के अधिकार के अंतर्गत आता है।
- मौलिक अधिकारों को लागू करने के लिए, सर्वोच्च न्यायालय को अनुच्छेद 32 के तहत विभिन्न रूपों को लिखने का अधिकार है।

- याचिकायें (रिट) पांच प्रकार की होती हैं – बन्दी प्रत्यक्षीकरण, परमादेश, उत्प्रेषण, निषेधाज्ञा, अधिकार पृच्छा।

अत: विकल्प (D) सही है।

English Language

Q.1 Identify the segment in the sentence, which contains the grammatical error.

The box of paper clips are kept in the drawer.

[SSC Sub Inspector (CPO), 2019]

A. are kept   **B.** The box

C. of paper clips   **D.** in the drawer

Q.2 Identify the segment in the sentence, which contains the grammatical error.

Had you not reached in time, we will have lost our lives.

A. Had you   **B.** lost our lives

C. not reached in time   **D.** we will have

Q.3 Direction: Choose the option that is the passive form of the sentence.

Give the command.

A. Let the command be given

B. You can give the command

C. The command can be given

D. The command should be give by you

Q.4 Direction: In the given question, the sentence is split into five parts and named (A), (B), (C), (D) and (E). These five parts are not given in their proper order. Read the sentences and find out which of the five combinations is correct and mark the respective option.

(A) payment security and safety to the next

(B) level by devaluing data

(C) and replacing payment

(D) credentials with tokens

(E) tokenization is the foundational aspect of taking

A. ABDCE   **B.** EABCD   **C.** DBECA   **D.** ABEDC

Q.5 Direction: Select the alternative that will improve the underlined part of the sentence in case there is no improvement select "No improvement".

The milk has boiled over and <u>falling onto the stove</u>.

A. falls into the stove

B. fallen onto the stove

C. fall over in the stove

D. No improvement

Q.6 Direction: Choose the option that is the indirect form of the sentence.

"We are going to Tirupati next week," Deepa told her friends.

A. Deepa told her friends that they will go to Tirupati next week.

B. Deepa told to her friends that she is going to Tirupati following week.

C. Deepa told her friends that we were going to Tirupati the following week.

D. Deepa told her friends that they were going to Tirupati the following week.

Q.7 Directions: In the following questions, some part of the sentence is underlined. Which of the options given below the sentence should replace the part underlined to make the sentence grammatically correct? If the sentence is correct as it is given then choose option D 'No Correction required' as the answer.

I woke up early in the morning and <u>had a steamer</u> cup of coffee.

A. has a steamer

B. has a steaming

C. had a steaming

D. No correction required

Q.8 Direction: In this question, each item consists of six sentences of passage. The first and sixth sentences are given in the beginning as SI and S6. The middle four-sentence in each have been jumbled up and labelled as P, Q, R and S. You are required to find the proper sequence of the four sentences.

S1: The machines that drive modern civilisation derive their power from coal and oil.

S6: Nuclear energy may also be effectively used in this respect.

P: But they are not inexhaustible.

Q: These sources may not be exhausted very soon.

R: A time may come when some other sources have to be tapped and utilised.

S: Power may, of course, be obtained in future from forests, water, wind and withered vegetables.

The proper sequence should be

A. P Q R S   **B.** Q P R S   **C.** S R Q P   **D.** S P Q R

Q.9 Direction: Choose from the four options, the word that best defines/substitutes the given phrase.

Hard and difficult to bend

A. Pliable   **B.** Rigid   **C.** Strong   **D.** Flexible

Q.10 Direction: Choose from the four options, the word that best defines/substitutes the given phrase.

A speech or piece of writing praising somebody

[SSC Sub Inspector (CPO), 2018], [SSC Sub Inspector (CPO), 2017]

A. Angiology   **B.** Etymology

C. Eulogy   **D.** Arcology

Q.11 Directions: In each of the following questions, four words are given, three of which are miss-spelt while one is correctly-spelt.

Choose the correctly-spelt word.

A. Exacerbate   **B.** Exacerebate

C. Exacerbete   **D.** Exacerbatee

Ques (12-13):Direction: A sentence with an underlined word is given below. Select the most appropriate synonym for the underlined word.

Q.12 He is always <u>anxious</u>.
A. worried
B. dispassionate
C. sluggish
D. torpid

Q.13 The poems of Kabir are <u>ecstatic</u> in nature.

[UPSC NDA, 2019]

A. efficacious
B. eerie
C. rapturous
D. reverential

Ques (14-15):Direction: A sentence with an underlined word is given below. Select the most appropriate antonyms for the underlined word.

Q.14 Ravi loves <u>seclusion</u>. Therefore, he lives in the mountains.
A. nature
B. scripture
C. seafaring
D. attachment

Q.15 Hitler was a <u>despot</u>.
A. Conservative
B. Dictator
C. Passionate
D. Democratic

Q.16 Direction: Choose the appropriate word to fill in the blank.
The problem is, I've got more _______ friends than available friends.
A. lunatic
B. grounded
C. ferocious
D. rounded

Q.17 Direction: Choose the appropriate word to fill in the blank.
They did not want to leave _______ to chance while deciding on the trip.

[Allahabad High Court Review Officer (RO), 2017]

A. something
B. nothing
C. anything
D. someone

Q.18 Direction: Choose the appropriate word to fill in the blank.
Keep your friends close and your enemies _______.

[Allahabad High Court Review Officer (RO), 2017]

A. closer
B. farther
C. far away
D. closest

Ques (19-23):Direction: In the following passage, some of the words have been left out. Read the passage carefully and select the correct answer out of the four alternatives for the given numbers.

Can (1) _____ work? Many individuals, having learned to exercise and avoid excessive caloric (2) _______ are controlling their weight. The (3) _______ of the (4) _______ burden from the rich to the poor in many Western countries demonstrates that knowledge and the (5) _______ to cure upon it are important.

Q.19 Find the appropriate word to fill in the blank number (1).
A. Exercise
B. Prevention
C. Caution
D. Anything

Q.20 Find the appropriate word to fill in the blank number (2).
A. Count
B. Index
C. Food
D. Intake

Q.21 Find the appropriate word to fill in the blank number (3).
A. Mark
B. Distinction

C. Removal
D. Shift

Q.22 Find the appropriate word to fill in the blank number (4).
A. Obesity
B. Corpulence
C. Physical
D. Fat

Q.23 Find the appropriate word to fill in the blank number (5).
A. Vulnerability
B. Ability
C. Expertise
D. Insight

Q.24 Select the most appropriate meaning of the given idiom.
A blue book
A. A book of secrets
B. A book of medicines
C. A government report
D. A report of diagnosis by doctor

Q.25 Select the most appropriate idiom of the given meaning.
Get fired from the job
A. Get your walking papers
B. Ivory tower
C. Idle hands are the devil's tools
D. Hit below the belt

General Intelligence

Q.26 निर्देश: एक खुला पासा नीचे दिखाया गया है। विकल्पों में से उपयुक्त बंद पासे का चयन करें जो बनेगा जब खुले पासे को मोड़ा जाएगा।

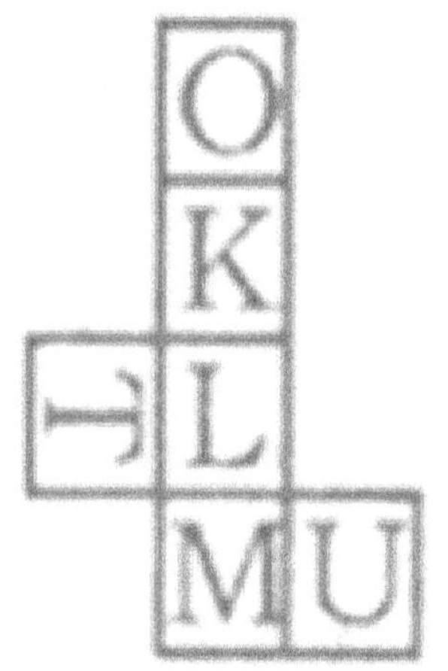

A.
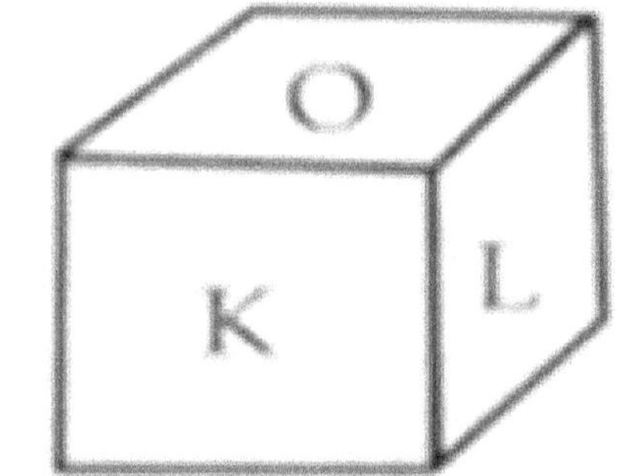

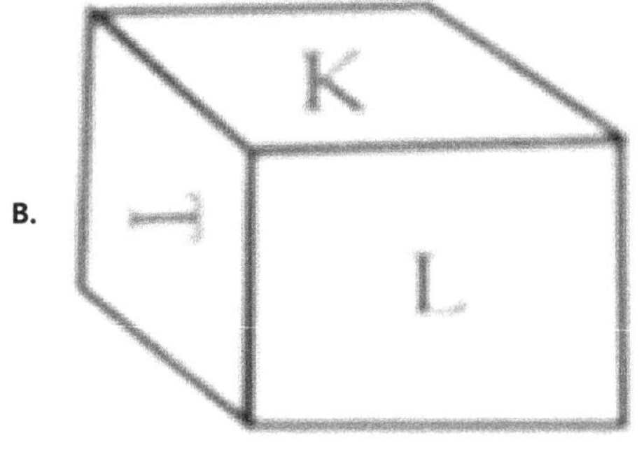

B.

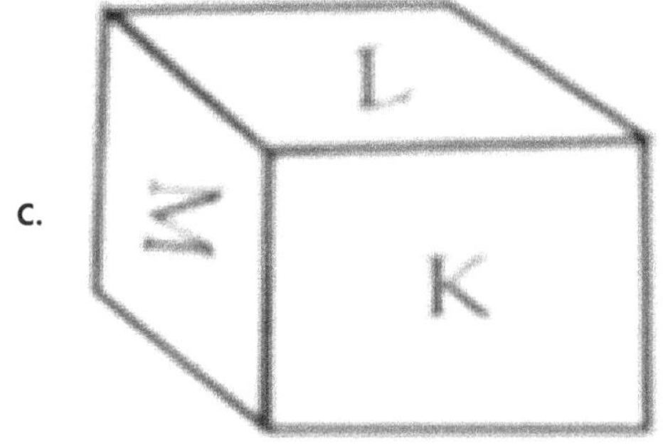

C.

D. इनमें से कोई नहीं

Q.27 निर्देश: उस विकल्प का चयन करें जो तीसरी संख्या से उसी प्रकार संबंधित है जैसे दूसरी संख्या पहली संख्या से संबंधित है।

5 : 150 :: 8 : ?

A. 864   **B.** 576   **C.** 262   **D.** 186

Q.28 गोलू भोला का पुत्र है। शीतल गोलू की बेटी है। चित्रा दिलीप की बेटी हैं और दिलीप भोला के भाई हैं। चित्रा शीतल से कैसे संबंधित है?

A. बहन   **B.** माँ   **C.** सास   **D.** आंटी

Q.29 यदि, ' + ' को ' $ ' के रूप में कोडित किया जाता है, ' × ' को ' # ' के रूप में कोडित किया जाता है, ' ÷ ' को ' @ ' के रूप में कोडित किया जाता है और ' − ' को ' ! ' के रूप में कोडित किया जाता है तो इसका मान होगा

95 @ 5 $ 46 ! 3 # 27

A. −18   **B.** −21   **C.** −16   **D.** −14

Q.30 अगर 74 $ 12 @ 21 = 65, 47 $ 23 @ 13 = 57 तो, इसका मान होगा:

48 $ 13 @ 28

A. 32   **B.** 34   **C.** 23   **D.** 33

Q.31 निर्देश: दी गई उत्तर आकृतियों में से, उस उत्तर आकृति का चयन कीजिये जिसमें प्रश्न आकृति छिपी/निहित है।

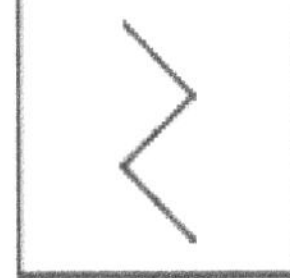

A.

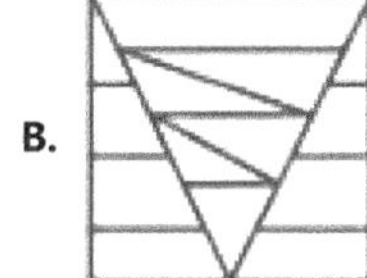

B.

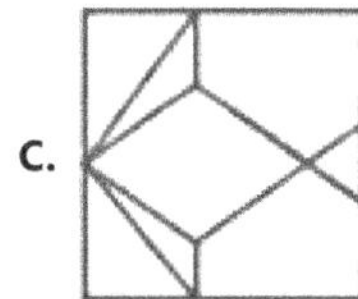

C.

D.

Q.32 निर्देश: कागज के एक टुकड़े को नीचे प्रश्न आकृति में दिखाए गए अनुसार मोड़ा और छेदा गया है। दी गई उत्तर आकृतियों से संकेत कीजिए कि खोलने पर यह कैसी दिखाई देगी।

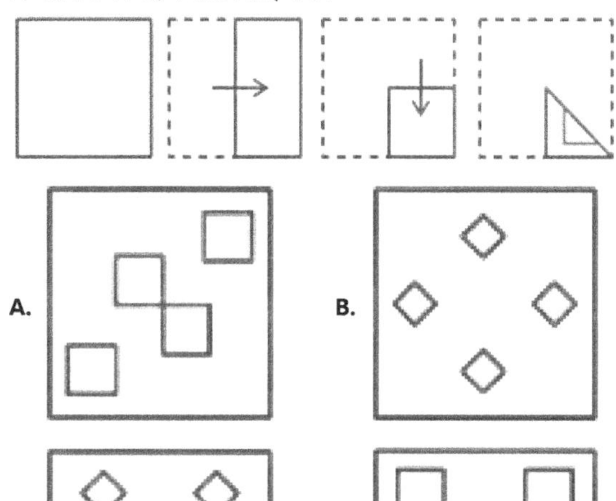

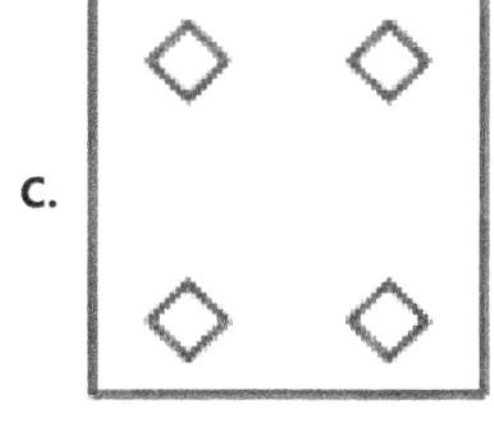

A.   **B.**

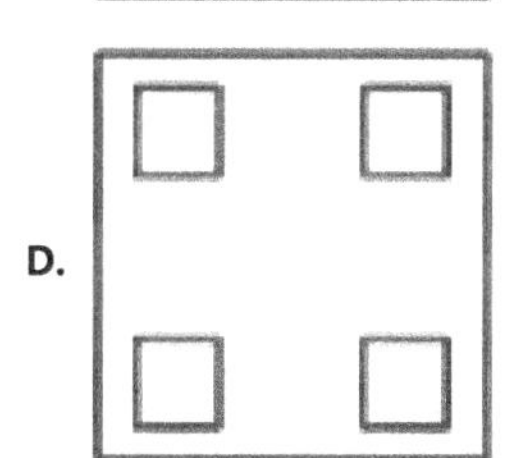

C.   **D.**

Q.33 एक कूट भाषा में, MATERIAL को NDYLTMGT के रूप में लिखा जाता है। उस भाषा में PURCHASE को किस प्रकार लिखा जाएगा?

[SSC Selection Post Phase IX, 2020]

A. QWUGJDWJ   **B.** QXWJJEYM

C. QWUGICVI   **D.** QXWJIDXL

Q.34 एक कूट भाषा में, यदि SAILOR को 21414192631 के रूप में लिखा जाता है, तो उसी भाषा में MARBLE को किस प्रकार लिखा जाएगा?

[SSC Selection Post Phase IX, 2020]

A. 1542392322   **B.** 1542392318

C. 1542382522   **D.** 1542392116

Q.35 नीचे दिये गये चित्र में कुल कितने त्रिभुज हैं?

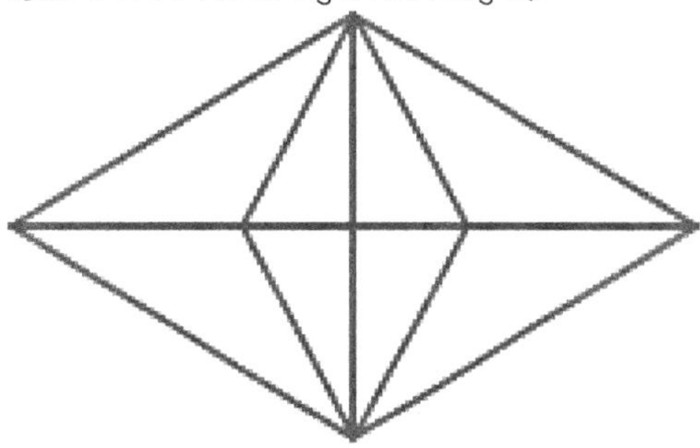

[Uttarakhand Public Service Commission (UKPSC), 2016]

A. 16   **B.** 18

C. 24   **D.** इनमें से कोई नहीं

Q.36 कौन सी आकृति दूसरों से अलग है?

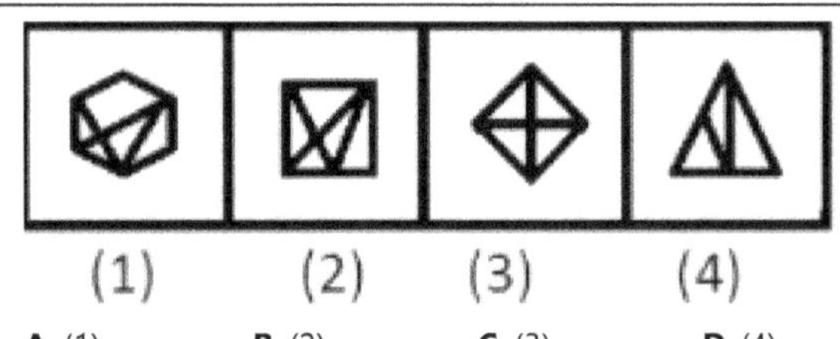

(1)   (2)   (3)   (4)

A. (1)   **B.** (2)   **C.** (3)   **D.** (4)

Q.37 उस आरेख की पहचान कीजिये जो नीचे दिए गए वर्गों के बीच संबंध को सबसे बेहतर ढंग से दर्शाता है:

सेब, फल, केला

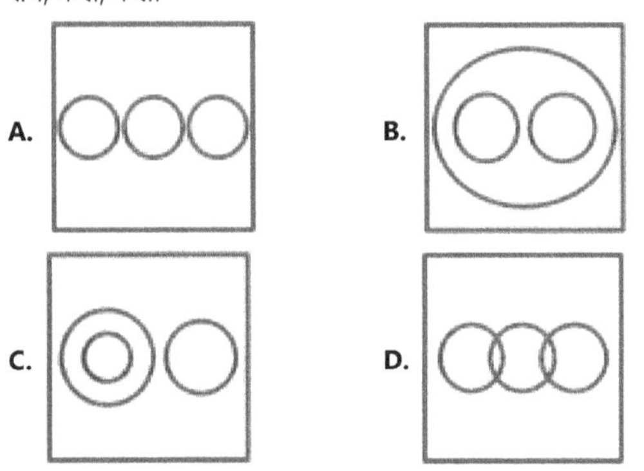

Q.38 निर्देश: यदि एक दर्पण को रेखा AB पर रखा जाए, तो दी गई उत्तर आकृतियों में से कौन सी आकृति प्रश्न आकृति की सही छवि होगी?

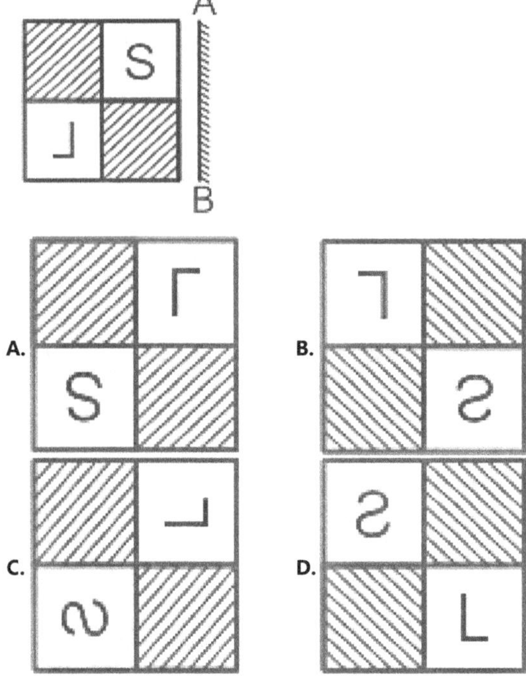

Q.39 निर्देश: उस विकल्प का चयन करें जो तीसरी संख्या से उसी प्रकार संबंधित है जैसे दूसरी संख्या पहली संख्या से संबंधित है।

49 : 343 :: 121 : ?

A. 1331   **B.** 1495   **C.** 1728   **D.** 1234

Q.40 एक निश्चित कोड भाषा में, '+' का अर्थ है '/', '/' का अर्थ है ',',',' का अर्थ है '-', '-' का अर्थ है '+'।

(13 - 5 × 8 + 4) × (5 - 6 + 12 × 3) / (4 + 2)

A. 7.5   **B.** 29   **C.** 27   **D.** 11

Q.41 एक निश्चित कोड भाषा में, '+' का अर्थ है '×','×' का अर्थ है '-', '-' का अर्थ है '/' और '/' का अर्थ है '+'।

9 + 4 - 6 × 6 / 8

A. 8.5   **B.** 8   **C.** 5.25   **D.** 0

Q.42 एक श्रृंखला दी गई है, जिसमें से एक पद लुप्त है। दिए गये विकल्पों में से वह सही विकल्प चुनिए, जो श्रृंखला को पूरा करेगा।

V, R, M, G, ?

A. P   **B.** Q   **C.** Z   **D.** Y

Q.43 निर्देश: दी गई श्रृंखला को पूरा करने के लिए कौन सा अक्षर समूह प्रश्न चिह्न (?) की जगह लेगा?

TRKM, XVIK, BZGI, ?, JHCE

[SSC Selection Post Phase IX, 2019]

A. FEGG   **B.** FDFG   **C.** FDEG   **D.** EDFH

Q.44 श्रृंखला में अगला पद क्या होगा?

25, 32, 37, 47, 58, __

A. 66   **B.** 71   **C.** 79   **D.** 84

Q.45 श्रृंखला में अगला पद क्या होगा?

240, 122, 64, 36, 23, __

A. 11   **B.** 19.5   **C.** 17.5   **D.** 8

Q.46 राहुल सागर से उतना ही छोटा है जितना कि वह पूर्वा से बड़ा है। यदि पूर्वा और सागर की आयु का योग 66 वर्ष है, और सागर की आयु 48 वर्ष है, तो पूर्वा की आयु क्या है? (वर्षों में)

A. 18   **B.** 15   **C.** 16   **D.** 20

Q.47 वर्ष 2015 का कैलेंडर किस वर्ष के लिए समान होगा:

A. 2042   **B.** 2045   **C.** 2040   **D.** 2041

Q.48 निर्देश: नीचे दिए गए प्रश्न में दो कथन और उसके बाद I और II से अंकित दो निष्कर्ष दिए गए हैं। आपको दिए गए कथनों को सत्य मानना है भले ही वे ज्ञात तथ्यों से अलग प्रतीत होते हों। सभी निष्कर्षों को पढ़िए और फिर तय कीजिये कि दिए गए निष्कर्षों में से कौन सा/कौन से निष्कर्ष दिए गए कथनों का तार्किक रूप से अनुसरण करते हैं।

कथन:

सभी राजा रानी हैं।

सभी राजकुमार रानी हैं।

निष्कर्ष:

I. कोई राजा राजकुमार नहीं है।

II. कुछ रानियाँ राजकुमार हैं।

A. केवल I अनुसरण करता है।

B. केवल II अनुसरण करता है।

C. I और II दोनों अनुसरण करते हैं।

D. ना तो I और ना ही II अनुसरण करता है।

Q.49 निम्नलिखित समीकरण को सही बनाने के लिए आपस में बदलने वाले दो चिह्नों का पता लगाएं:

5 + 3 × 8 - 12 / 4 = 3

A. + और -   **B.** - और /   **C.** + और ×   **D.** + और /

Q.50 यदि एक दर्पण को AB रेखा पर रखा जाए, तो दी गई उत्तर आकृतियों में से कौन सी आकृति प्रश्न आकृति की सही छवि होगी?

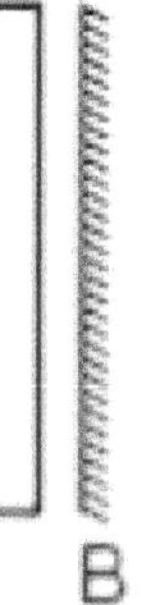

Quantitative Aptitude

Q.51 3 वर्ष के लिए प्रति वर्ष 8% साधारण ब्याज पर बैंक में एक राशि निवेश की गयी। यदि इसे 4 वर्ष के लिए म्यूचुअल फंड में 8.5% प्रति वर्ष साधारण ब्याज पर निवेश किया जाता, तो लाभ 500 रुपये अधिक होता। निवेश की गयी राशि क्या है?

A. 5000   **B.** 5500   **C.** 5550   **D.** 4500

Q.52 एक समानांतर चतुर्भुज $ABCD$ के विकर्ण की लम्बाई 18 सेमी है। यदि P और Q क्रमशः $\triangle ADC$ और $\triangle ABC$ के केन्द्रक हैं। तब PQ की लम्बाई है?

A. 9 सेमी   **B.** 5 सेमी   **C.** 8 सेमी   **D.** 6 सेमी

Q.53 $\triangle ABC$ में, $AB = AC$ है और D, भुजा AC पर इस प्रकार एक बिंदु है कि $BD = BC$ है। यदि $AB = 17.5$ सेमी है और $BC = 7$ सेमी है, तो DC का माप कितना है?

A. 2.4 सेमी   **B.** 2.3 सेमी   **C.** 2.8 सेमी   **D.** 2.5 सेमी

Q.54 tan 54° को किस प्रकार अभिव्यक्त किया जा सकता है?

A. $\frac{\sin9°+\cos9°}{\sin9°-\cos9°}$ **B.** $\frac{\sin9°-\cos9°}{\sin9°+\cos9°}$

C. $\frac{\cos9°+\sin9°}{\cos9°-\sin9°}$ **D.** $\frac{\sin36°}{\cos36°}$

Q.55 sin 20° sin 40° sin 60° sin 80° का मान क्या है?

A. $\frac{-3}{16}$ **B.** $\frac{5}{16}$ **C.** $\frac{3}{16}$ **D.** $\frac{-5}{16}$

Q.56 यदि $a^3 + 3a^2 + 9a = 1$, हो, तो $a^3 + \left(\frac{3}{a}\right)$ का मान क्या है?

A. 31   **B.** 26   **C.** 28   **D.** 24

Q.57 माना कि α, β समीकरण $ax^2 + bx + c = 0$ के मूल हैं; γ, δ समीकरण $px^2 + qx + r = 0$ के मूल हैं; और D_1, D_2 इस समीकरण के विविक्तकर हैं। यदि $\alpha, \beta, \gamma, \delta$ समान्तर श्रेणी में हैं, तो $D_1 : D_2$ का मान ज्ञात कीजिए।

A. $\frac{a^2}{p^2}$ **B.** $\frac{a^2}{b^2}$ **C.** $\frac{b^2}{q^2}$ **D.** $\frac{c^2}{r^2}$

Q.58 एक बर्तन में 2.5 लीटर पानी और 10 लीटर दूध होता है। बर्तन की 20% मात्रा को हटा दिया जाता है। शेष मात्रा में, पानी और दूध के अनुपात को उलटने के लिए x लीटर पानी मिलाया जाता है। फिर पानी और दूध के अनुपात को उलटने के लिए फिर से y लीटर दूध मिलाया जाता है। y मान ज्ञात कीजिये।

A. 120   **B.** 200   **C.** 150   **D.** 100

Q.59 एक पेटी में 300 मूल्यवर्ग के सिक्के एक रुपये और पचास पैसे के हैं। उनके संबंधित मूल्यों का अनुपात $13 : 11$ है। एक रुपये के सिक्के की संख्या है-

A. 150   **B.** 152   **C.** 154   **D.** 111

Q.60 10% छूट और फिर लगातार 20% छूट कुल कितनी छूट के बराबर है?

A. 15%   **B.** 30%   **C.** 24%   **D.** 28%

Q.61 यदि एक गोले की त्रिज्या परिमेय है, तो निम्नलिखित में से कौन-सा/से सही है/हैं?

1. इसका पृष्ठीय क्षेत्रफल परिमेय है।
2. इसका आयतन परिमेय है।

नीचे दिए गए कूट का प्रयोग करके सही उत्तर चुनिए:

[Indian Military Academy (IMA), 2020]

A. केवल 1   **B.** केवल 2

C. 1 और 2 दोनों   **D.** न तो 1 और ना ही 2

Q.62 किसी कुँएं के चारों ओर पत्थर से बने मुँडेर का बाह्य एवं आंतरिक व्यास क्रमशः 112 सेमी तथा 70 सेमी हो, तो मुँडेर का क्षेत्रफल क्या है?

A. 264 वर्ग सेमी   **B.** 3003 वर्ग सेमी

C. 6006 वर्ग सेमी   **D.** 24024 वर्ग सेमी

Q.63 जनवरी से जून तक संजय का औसत वेतन 12000 रूपए है और जुलाई से सितम्बर तक का औसत वेतन 13000 रूपए है और अंतिम तीन महीनों का औसत वेतन जुलाई से सितम्बर के औसत वेतन से 1500 रूपए अधिक है। तो संजय की वार्षिक औसत वेतन ज्ञात कीजिये।

A. 12785 रूपये   **B.** 12585 रूपये

C. 12675 रूपये   **D.** 12875 रूपये

Q.64 निर्देश: ग्राफ को देखें और दिए गए प्रश्नों का उत्तर दें।

5 वर्षों में दो कंपनियों A और B द्वारा संचालित परियोजनाओं की संख्या से संबंधित डेटा।

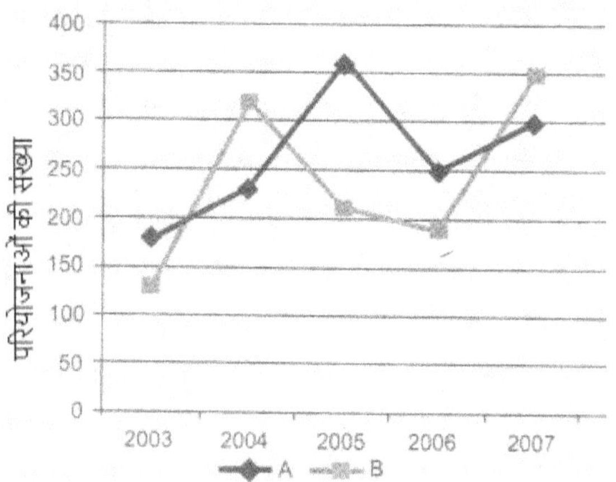

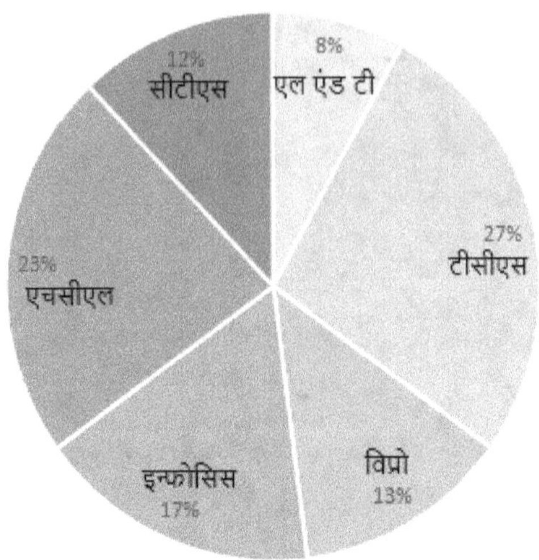

वर्ष 2005 और वर्ष 2006 में कंपनी A द्वारा संभाली गई कुल परियोजनाओं में से 20% सरकारी परियोजनाएं थीं। वर्ष 2005 और वर्ष 2006 में कंपनी A द्वारा संभाली गई सरकारी परियोजनाओं की कुल संख्या कितनी थी?

A. 108   **B.** 132   **C.** 128   **D.** 122

Q.65 निर्देश: दिए गये प्रश्नों का उत्तर देने के लिए निम्नलिखित ग्राफ का ध्यानपूर्वक अध्ययन कीजिये।

निम्नलिखित बार ग्राफ 2017 में पांच कंपनियों A, B, C, D, E की आय और खर्च को (करोड़ में) दर्शाति हैं।

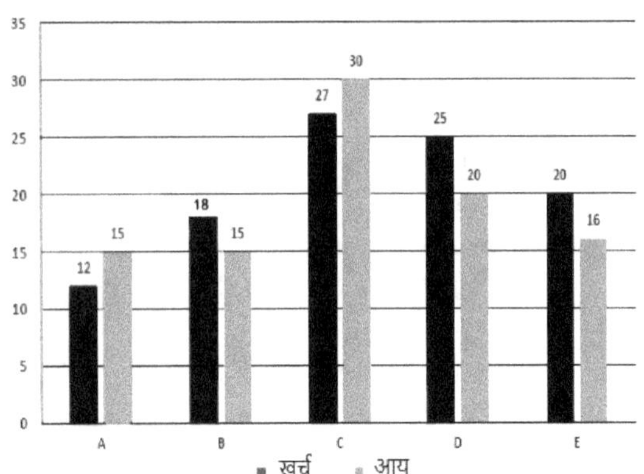

यदि 2017 में कंपनी A की आय 2016 में उसकी आय से 10% कम थी और 2016 में कंपनी ने 10% लाभ अर्जित किया, तो 2016 में उसका खर्च (करोड़ में) लगभग क्या था?

A. 13   **B.** 15   **C.** 16   **D.** 18

Q.66 निर्देश: निम्नलिखित पाई-आरेख का ध्यानपूर्वक अध्ययन कीजिये और निम्नलिखित प्रश्नों के उत्तर दीजिये।

निम्नलिखित पाई-आरेख विभिन्न कंपनियों में आईटी तकनीशियनों के प्रतिशत वितरण को दर्शाता है

कुल आईटी तकनीशियन = 2000

विप्रो में कार्य करने वाले आईटी तकनीशियनों की संख्या और एल एंड टी में कार्य करने वाले आईटी तकनीशियनों की संख्या का संबंधित अनुपात क्या है?

A. 5 : 4   **B.** 4 : 5   **C.** 13 : 8   **D.** 8 : 13

Q.67 यदि एक समकोण त्रिभुज का आधार और कर्ण क्रमशः $(u^2 - v^2)$ और $(u^2 + v^2)$ है और त्रिभुज का क्षेत्रफल 2016 वर्ग इकाई है, तो त्रिभुज का परिमाप क्या है?

A. 224 इकाई   **B.** 288 इकाई
C. 448 इकाई   **D.** 576 इकाई

Q.68 32 सेमी व्यास और 9 सेमी ऊंचाई वाले एक धातु के शंकु को पिघलाया जाता है और 2 सेमी त्रिज्या के समान गोले बनाये जाते हैं। ऐसे कितने गोले बनाए जा सकते हैं?

A. 72   **B.** 42   **C.** 48   **D.** 24

Q.69 $\frac{3}{8} \div \left(\frac{5}{3} - \frac{1}{6} \right) + \frac{5}{8}$ बराबर:

[Jawahar Navodaya Entrance Class VI, 2020]

A. $\frac{3}{8}$ **B.** $2\frac{5}{8}$ **C.** $\frac{7}{8}$ **D.** $1\frac{1}{8}$

Q.70 निम्नलिखित में से किस संख्या को 1056 में जोड़ने पर 23 से विभाजित किया जा सकता है?

A. 2   **B.** 0   **C.** 6   **D.** 1

Q.71 अरुण, बरुन और किरणमाला एक ही स्थान से यात्रा शुरू करते हैं और क्रमशः 30, 40 और 60 किमी प्रति घंटे की गति से एक ही दिशा में यात्रा करते हैं। बरुन अरुण से दो घंटे बाद यात्रा शुरू करता है। यदि बरुण और किरणमाला उसी समय अरुण से आगे निकल गए, तो अरुण के कितने घंटे बाद किरणमाला ने यात्रा शुरू की?

A. 3   **B.** 3.5   **C.** 4   **D.** 4.5

Q.72 12 पुरुष 10 दिनों में एक काम पूरा कर सकते हैं। 25 महिलाएं 6 दिनों में उसी काम को पूरा कर सकती हैं। एक साथ काम करने से 8 पुरुष और 4 महिलाएं कितने दिनों में उसी काम पूरा कर सकती हैं?

A. $10\frac{5}{7}$ दिन   **B.** $2\frac{3}{7}$ दिन   **C.** $4\frac{3}{7}$ दिन   **D.** $8\frac{5}{7}$ दिन

Q.73 दो नाव A और B 108 किमी की दूरी पर स्थित दो स्थानों से एक दूसरे की ओर चलना शुरू करते हैं। शांत जल में नावों A और B की गति 12 किमी/घंटा और 15 किमी/घंटा है। यदि A नीचे की ओर बढ़ता है और B धारा के ऊपर जाता है, तो वे मिलेंगे:

A. 4.5 घंटे   **B.** 4 घंटे   **C.** 5.4 घंटे   **D.** 6 घंटे

Q.74 अनुजा संपत्ति के $66\frac{2}{3}$% की मालिक है। यदि उसके पास की संपत्ति का 30% हिस्सा 125000 रुपए हैं, तो संपत्ति के 45% का मूल्य (रुपये में) क्या है?

[SSC CGL, 2020]

A. 262500   **B.** 281250   **C.** 225000   **D.** 270000

Q.75 यदि $\sqrt{143} = 11.96$ है, तो $\dfrac{\sqrt{13}+\sqrt{11}}{\sqrt{13}-\sqrt{11}}$ का मान है:

A. 13.96   **B.** 23.96   **C.** 22.96   **D.** 25.96

General Awareness

Q.76 वर्ष 2022 में, रेलवे सुरक्षा बल (RPF) ने किस अभियान के तहत कथित टिकट कालाबाज़ारी करने वालों के खिलाफ एक अखिल भारतीय अभियान चलाया है?

A. ऑपरेशन उपलब्ध   **B.** ऑपरेशन ताकत
C. ऑपरेशन नजर   **D.** ऑपरेशन हमसफर

Q.77 प्रियंवदा मोहंती का सम्बन्ध किस शास्त्रीय नृत्य कला शैली से है?

A. कथकली   **B.** भरतनाट्यम
C. ओडिसी   **D.** कूडियाट्रम

Q.78 उत्तर वैदिक काल के धर्म के विषय में निम्नलिखित विकल्पों में से कौन-सा सही है?

A. भगवान इंद्र ने इस काल में सर्वोच्च स्थान प्राप्त कर लिया था
B. इस काल में मूर्ति पूजा का प्रचलन था
C. पूषन, जिन्हें शस्त्रों की देखभाल करने वाला माना जाता था, उन्हें क्षत्रियों का भगवान माना जाता था
D. निजी बलिदानों को प्रतिबंधित करने के बावजूद बलिदान प्रमुख हो गए थे

Q.79 'राजतरंगिणी' की रचना निम्न ने की थी:

[DSSSB TGT Social Science, 2014]

A. कल्हन   **B.** महेंद्रवर्मन ।
C. परमेश्वरवर्मन   **D.** बिलहन

Q.80 1930 के दशक का महामंदी का कारण था:

A. कृषि के अधिक उत्पादन के साथ कीमतों में गिरावट
B. गेहूं उत्पादन में गिरावट
C. शेयर बाजार का ध्वस्त होना
D. चावल का अतिउत्पादन

Q.81 DC एमीटर द्वारा प्रत्यावर्ती धारा को नहीं मापा जा सकता है क्योंकि:

A. प्रत्यावर्ती धारा DC एमीटर के माध्यम से नहीं गुजर सकती
B. पूर्ण चक्र का औसत मान शून्य है
C. प्रत्यावर्ती धारा इसकी दिशा बदल देती है
D. इनमें से कोई नहीं

Q.82 पहला मासिक धर्म यौवन से शुरू होता है और इसे _______ कहा जाता है।

A. रजोदर्शन   **B.** मासिक धर्म
C. मासिक धर्म स्वच्छता   **D.** रजोनिवृत्ति

Q.83 निम्नलिखित में से कौन सा संघनन बहुलक नहीं है?

A. पॉलीक्रिलोनिट्राइल   **B.** नायलॉन 6
C. डैक्रॉन   **D.** बैकेलाइट

Q.84 सितंबर 2022 में जारी 2022 ग्लोबल इनोवेशन इंडेक्स में भारत _____ स्थान पर था।

A. 30वीं   **B.** 10वीं   **C.** 40वें   **D.** 20वीं

Q.85 एनएसडीसी इंटरनेशनल (एनएसडीसीआई) और पेरदामन ने __________ देश में भारतीय कुशल युवाओं और बाजार के अवसरों के बीच एक इंटरफेस बनाने के लिए भागीदारी की है।

A. ऑस्ट्रेलिया   **B.** जापान
C. दक्षिण कोरिया   **D.** न्यूजीलैंड

Q.86 मास्को में आयोजित मास्को वुशु स्टार्स चैम्पियनशिप में किसने स्वर्ण पदक जीता?

A. सादिया तारिक
B. दीपिका पल्लिकल कार्तिक
C. मैरी डिसूजा सिकेरा
D. शैफाली वर्मा

Q.87 भाला फेंकने वाले नीरज चोपड़ा ने _____ के बाद भारत के दूसरे व्यक्तिगत ओलंपिक स्वर्ण पदक विजेता बनने के लिए एक ऐतिहासिक एथलेटिक्स स्वर्ण पदक जीता।

A. सुशील कुमार   **B.** नॉर्मन प्रिचर्ड
C. अभिनव बिंद्रा   **D.** केडी जाधव

Q.88 निम्नलिखित में से राजस्थान के किस दुर्ग को 'चिडियाटूंक' के नाम से भी जाना जाता है?

[Rajasthan Teachers Eligibility Test - Level 1 Primary Level (RTET), 2021]

A. रणथंभौर किला   **B.** मेहरानगढ़ किला
C. कुंभलगढ़ किला   **D.** सोनार किला

Q.89 वर्ष 2022 में कुल कितने व्यक्तियों को पद्म विभूषण पुरस्कारों से सम्मानित किया गया है?

A. 128 व्यक्ति   **B.** 18 व्यक्ति   **C.** 4 व्यक्ति   **D.** 34 व्यक्ति

Q.90 लोकसभा के उपाध्यक्ष के बारे में निम्नलिखित में से कौन सा कथन सही नहीं है?

A. उपाध्यक्ष का चुनाव दोनों सदनों द्वारा अपने सदस्यों में से किया जाता है
B. उपाध्यक्ष आमतौर पर लोकसभा के जीवन के दौरान कार्यालय में रहता है
C. वह किसी भी समय अध्यक्ष को अपना त्यागपत्र लिखकर त्यागपत्र दे सकता है
D. यदि अध्यक्ष ऐसी बैठक से अनुपस्थित रहता है तो वह संसद के दोनों सदनों की संयुक्त बैठक की अध्यक्षता भी करता है

Q.91 भारत के संविधान का कौन-सा भाग कल्याणकारी राज्य के आदर्श की घोषणा करता है?

[UPSC Prelims, 2020]

A. राज्य नीति के निर्देशक सिद्धांत
B. मौलिक अधिकार
C. प्रस्तावना
D. सातवीं अनुसूची

Q.92 निम्नलिखित में से किस राज्य/संघ राज्य-क्षेत्र में सोंगो झील स्थित है?

[Indian Military Academy (IMA), 2022]

A. लद्दाख   **B.** हिमाचल प्रदेश
C. सिक्किम   **D.** उत्तराखंड

Q.93 किलिमंजारो पर्वत कहाँ स्थित है?

A. अफ़ग़ानिस्तान   **B.** रूस
C. तंजानिया   **D.** लीबिया

Q.94 सरकारी योजना 'ऑपरेशन ग्रीन्स' किसके लिए है?

[RRB (NTPC), 2020]

A. बांस की फसलों का विकास
B. TOP (टमाटर प्याज आलू) फसलों की आपूर्ति स्थिरीकरण

C. फसल शिक्षा में अनुसंधान और निवेश
D. फसलों के सामान्य मूल्य स्तर

Q.95 भारत में कर निर्दिष्टीकरण के संवैधानिक प्रावधानों के तहत निम्न में से कौन सा कर है जो पूरी तरह से राज्यों द्वारा लगाया और वसूला जाता है?

[Jharkhand PSC (JPSC), 2021]

A. भू-राजस्व　　　B. निगम कर　　　C. जीएसटी　　　D. आय कर

Q.96 निम्नलिखित में से किसका उपयोग प्राकृतिक मच्छर प्रतिकर्षी तैयार करने में किया जाता है?

[UPSC Prelims, 2021]

A. कांग्रेस घास　　　　　　　　B. एलिफैंट घास
C. लेमन घास　　　　　　　　　D. नट घास

Q.97 "द बॉय हू रोट ए कॉन्स्टिट्यूशन" पुस्तक के लेखक है?
A. उमा दास गुप्ता　　　　　　　B. जिमी सोनिक
C. अनिरुद्ध सूरी　　　　　　　　D. राजेश तलवार

Q.98 निम्नलिखित में से कौन एड्रेस बस से स्वतंत्र है?
A. सेकण्डरी मेमोरी　　　　　　B. मेन मेमोरी
C. ऑन बोर्ड मेमोरी　　　　　　D. कैश मेमोरी

Q.99 गंगूबाई हंगल _______ की प्रसिद्ध गायिका थीं।
A. हिंदुस्तानी संगीत　　　　　　B. कर्नाटक संगीत
C. पॉप संगीत　　　　　　　　　D. भारी धातु

Q.100 16 बिट्स का एक संयोजन को क्या कहा जाता है?
A. शब्द　　　　　　　　　　　　B. निबल
C. मेमोरी ब्लॉक　　　　　　　　D. बाइट

// स्मार्ट उत्तर पुस्तिका //

सही उत्तर — उन छात्रों का प्रतिशत जिन्होंने प्रश्नों का सही उत्तर दिया था।   **छोड़ दिया** — उन छात्रों का प्रतिशत जिन्होंने प्रश्नों को छोड़ दिया था।

प्रश्न संख्या	उत्तर	सही उत्तर / छोड़ दिया	प्रश्न संख्या	उत्तर	सही उत्तर / छोड़ दिया	प्रश्न संख्या	उत्तर	सही उत्तर / छोड़ दिया	प्रश्न संख्या	उत्तर	सही उत्तर / छोड़ दिया	प्रश्न संख्या	उत्तर	सही उत्तर / छोड़ दिया	प्रश्न संख्या	उत्तर	सही उत्तर / छोड़ दिया
1	A	83.66 % / 15.41 %	18	A	20.28 % / 67.98 %	35	C	53.41 % / 43.39 %	52	D	55.49 % / 32.22 %	69	C	53.02 % / 41.58 %	86	A	49.86 % / 44.25 %
2	D	59.17 % / 31.52 %	19	B	51.23 % / 44.66 %	36	D	80.58 % / 16.39 %	53	C	41.86 % / 48.79 %	70	A	43.51 % / 33.56 %	87	C	57.58 % / 35.55 %
3	A	79.64 % / 10.41 %	20	D	13.04 % / 71.03 %	37	B	89.37 % / 10.11 %	54	C	51.95 % / 36.89 %	71	C	64.03 % / 33.52 %	88	B	57.59 % / 30.65 %
4	B	43.85 % / 45.52 %	21	D	30.46 % / 67.8 %	38	D	40.59 % / 49.22 %	55	C	60.11 % / 37.5 %	72	A	53.08 % / 34.56 %	89	C	85.91 % / 11.32 %
5	B	47.64 % / 39.44 %	22	A	49.62 % / 33.57 %	39	A	85.18 % / 13.69 %	56	C	50.59 % / 44.57 %	73	B	55.02 % / 43.88 %	90	A	53.74 % / 43.92 %
6	D	59.65 % / 33.55 %	23	B	64.13 % / 35.63 %	40	D	46.29 % / 37.65 %	57	A	31.56 % / 67.52 %	74	B	88.08 % / 11.56 %	91	A	82.47 % / 11.6 %
7	C	13.79 % / 78.25 %	24	C	45.75 % / 43.65 %	41	B	41.95 % / 51.87 %	58	A	26.22 % / 70.42 %	75	B	61.41 % / 32.84 %	92	C	61.09 % / 38.38 %
8	B	58.36 % / 34.28 %	25	A	67.61 % / 30.08 %	42	C	61.58 % / 37.54 %	59	D	52.75 % / 42.07 %	76	A	28.48 % / 67.59 %	93	C	61.87 % / 32.95 %
9	B	51.4 % / 34.02 %	26	B	76.81 % / 17.35 %	43	C	21.27 % / 67.22 %	60	D	86.38 % / 10.48 %	77	C	67.85 % / 30.11 %	94	B	40.4 % / 39.66 %
10	C	62.58 % / 35.53 %	27	B	51.84 % / 38.23 %	44	B	47.91 % / 40.46 %	61	D	51.65 % / 47.19 %	78	B	11.67 % / 69.39 %	95	A	46.85 % / 42.02 %
11	A	68.78 % / 30.82 %	28	D	43.06 % / 54.09 %	45	C	25.85 % / 72.41 %	62	C	54.1 % / 44.63 %	79	A	50.46 % / 33.91 %	96	C	53.22 % / 38.07 %
12	A	79.05 % / 13.62 %	29	C	57.86 % / 40.63 %	46	B	58.03 % / 32.27 %	63	D	66.18 % / 33.01 %	80	A	42.96 % / 35.62 %	97	D	44.23 % / 44.5 %
13	C	55.48 % / 39.19 %	30	D	49.71 % / 49.66 %	47	A	59.42 % / 38.79 %	64	D	54.54 % / 43.74 %	81	B	53.75 % / 42.72 %	98	A	52.35 % / 42.95 %
14	D	64.64 % / 34.52 %	31	D	50.64 % / 40.78 %	48	B	67.64 % / 32.16 %	65	B	28.92 % / 68.94 %	82	A	18.41 % / 77.75 %	99	A	12.34 % / 83.29 %
15	D	69.79 % / 30.18 %	32	D	62.41 % / 37.56 %	49	B	59.31 % / 39.72 %	66	C	81.03 % / 17.55 %	83	A	61.81 % / 30.56 %	100	A	62.0 % / 32.6 %
16	B	57.84 % / 40.49 %	33	B	23.03 % / 71.85 %	50	C	48.71 % / 51.25 %	67	B	13.5 % / 69.41 %	84	C	56.62 % / 42.72 %			
17	C	69.81 % / 30.08 %	34	B	40.06 % / 35.69 %	51	A	40.79 % / 56.64 %	68	A	54.03 % / 44.49 %	85	A	56.85 % / 30.37 %			

//संकेत और समाधान//

1. The correct sentence is: "The box of paper clips "is" kept in the drawer."

Here, the box of clips is referred to as a single thing so we will use 'is' instead of 'are'.

We are referring to a specific box, so the use of 'the' before box is correct.

'Of' is used to define a relation.

'In' is used to define the location.

Hence, the correct option is (A).

2. In the given sentence, the use of the simple future tense "will have" is incorrect.

The given sentence is the third conditional sentence explaining that present circumstances would be different if something different had happened in the past.

The third conditional sentence format: past perfect, modal auxiliary (would, could, should, etc.) + have + past participle.

When using the third conditional, we use the past perfect (i.e., had + past participle) in the if-clause and the modal auxiliary (would, could, should, etc.) + have + past participle in the main clause.

Therefore, the past form of the verb 'would' should be used in place of the simple future form of the verb 'will'.

Correct sentence: Had you not reached in time, we would have lost our lives.

Hence, the correct option is (D).

3. The given sentence is an imperative sentence.

The instructions given below should be followed while changing an imperative sentence to passive voice.

Find the subject and object of the sentence and exchange their places; make changes in their cases as well if subject and object are pronouns.

The passive form will be:

Let + object(the command) + be + past participle form (given). For Example:

Active Voice: Open the door.

Passive Voice: Let the door (object) be opened (be + past participle or V_3).

Active Voice: Please calculate the bill.

Passive Voice: Let the bill (object) be calculated (be + past participle or V_3).

Hence, the correct option is (A).

4. The correct sequence is EABCD.

(E) should be the introductory part of the sentence as it mentions the subject i.e., 'tokenization'. A noun answering the question 'what is taken' is required after (E). It is mentioned in the part (A).

The part (B) should follow (A) because it has a noun that qualifies the adjective 'next'. (CD) is an essential pair because it has the structure 'something has to be replaced with something'.

Correct sentence: Tokenization is the foundational aspect of taking payment security and safety to the next level by devaluing data and replacing payment credentials with tokens.

Hence, the correct option is (B).

5. The milk has boiled over and fallen onto the stove.

The sentence is in the present perfect tense as indicated by the words 'has boiled'. So, we will use the past participle form of verb i.e., fallen.

Onto means moving to a location on the surface.

'Into' means expressing movement or action with the result that someone or something becomes enclosed or surrounded by something else.

Over means extending directly upwards from.

Hence, the correct option is (B).

6. The correct answer is:

Deepa told her friends that they were going to Tirupati the following week.

In the indirect form, the first person changes to the third person.

So, 'we' will change to 'they'.

Also, 'next week' changes to 'the following week'.

The given sentence is in present continuous form (are going).

Thus, it will change to past continuous form (were going).

The rest of the sentence remains the same.

Hence, the correct option is (D).

7. Use of 'steamer' which means 'a ship that has an engine powered by' is erroneous in the context and must be replaced with the adjective 'steaming' which means 'very hot' to make it a grammatically correct sentence.

Correct Sentence: I woke up early in the morning and had a steaming cup of coffee.

Hence, the correct option is (C).

8. The correct order will be: Q-P-R-S.

Since the introductory part is already there, Q will be the 1st statement as it tells us more about the idea of exhaustion of sources of power.

The next statement will be P as it further states that the sources are exhaustible.

Now the statement P must be followed by R as it makes us explore other sources of power as well.

And the concluding statement will be S.

Hence, the correct option is (B).

9. Let's look at the meaning of the given words.

Rigid: unable to bend or be forced out of shape; not flexible.

Pliable: easily bent; flexible.

Strong: having the power to move heavy weights or perform other physically demanding tasks.

Flexible: capable of bending easily without breaking.

As per the meaning of the given words, "rigid" is the word that means the same as the given group of words.

Example: Rakesh had a rigid mindset when it came to homosexuality.

Hence, the correct option is (B).

10. One word for the given phrase is '**Eulogy**'.

Eulogy: a speech or piece of writing that praises someone or something highly, especially a tribute to someone who has just died.

Angiology: the branch of anatomy dealing with blood vessels and lymphatics.

Etymology: the study of the origin of words and the way in which their meanings have changed throughout history.

Arcology: a type of architecture concerned with the design of enormous vertical cities.

Hence, the correct option is (C).

11. Exacerbate is correctly spelt.

The meaning of the word 'Exacerbate' is a problem or bad situation, it makes it worse.'

Let's see an example-

Longstanding poverty has been exacerbated by racial divisions.

Hence, the correct option is (A).

12. Anxious means feeling or showing worry, nervousness, or unease about something.

Worried means anxious or troubled about actual or potential problems.

The option that is synonym for the underlined word 'anxious' is 'worried'.

Hence, the correct option is (A).

13. Ecstatic means feeling or expressing overwhelming happiness or joyful excitement.

Rapturous means characterized by, feeling, or expressing great pleasure or enthusiasm.

The option that is synonym for the underlined word ' ecstatic' is 'rapturous'.

Hence, the correct option is (C).

14. Seclusion means the state of being private and away from other people.

Attachment means the feeling of liking somebody/something very much

The option that is antonyms for the underlined word 'seclusion' is attachment.

Hence, the correct option is (D).

15. Despot means a ruler or other person who holds absolute power, typically one who exercises it in a cruel or oppressive way.

Democratic means having or supporting equal rights for all people

The option that is antonyms for the underlined word 'despot' is 'Democratic'.

Hence, the correct option is (D).

16. Correct sentence: The problem is, I've got more grounded friends than available friends.

Let's understand the meaning of the marked word:

Grounded: well-balanced and sensible

Example: For someone so young, Chris is extremely grounded.

The sentence conveys the meaning: I have more sensible friends than those who are available.

Thus, grounded is the appropriate word for the blank.

Hence, the correct option is (B).

17. They did not want to leave **anything** to chance while deciding on the trip.

The meaning of the given words:

- Anything: used to refer to a thing, no matter what.
- Something: a thing that is unspecified or unknown.
- Nothing: not anything. no single thing.
- Someone: an unknown or unspecified person, some person.

The use of Pronoun 'anything' is appropriate in the blank space of the sentence.

Hence, the correct option is (C).

18. Keep your friends close and your enemies **closer**.

It is appropriate to use the Comparative Degree 'closer' of Noun 'close' in the blank space of the sentence.

Hence, the correct option is (A).

19. The correct answer is Prevention.

Prevention means the action of stopping something from happening or arising.

Exercise means activity requiring physical effort, carried out to sustain or improve health and fitness.

Caution means care taken to avoid danger or mistakes.

Anything means used to refer to a thing, no matter what.

Hence, the correct option is (B).

20. The correct answer is Intake.

Intake means an amount of food, air, or another substance taken into the body.

Count means to determine the total number of (a collection of items).

Index means a set of items each of which specifies one of the records of a file and contains information about its address.

Food means any nutritious substance that people or animals eat or drink or that plants absorb in order to maintain life and growth.

'Calorie' is a unit of energy. 'caloric' is an adjective that would fit with any of the given options. But the only one that would affect 'weight control' is the calorie that we consume. Food with high calories wouldn't affect us until we consume it.

Hence, the correct option is (D).

21. The correct answer is Shift.

Shift means to change the emphasis, direction, or focus.

Mark means a line, figure, or symbol made as an indication or record of something.

Distinction means a difference or contrast between similar things or people.

Removal means the action of taking away or abolishing something unwanted.

Hence, the correct option is (D).

22. The correct answer is Obesity.

Obesity means the state of being grossly fat or overweight.

Corpulence means the state of being fat; or obesity.

Physical means relating to the body as opposed to the mind.

Fat means (a person or animal) having a large amount of excess flesh.

The blank requires a word that would provide additional information about what kind of burden we are talking about. Since the topic of the paragraph is obesity, both obesity and corpulence would ft. but, but we have to select the most appropriate word which obesity is because corpulence is rarely used in day-to-day vernacular these days.

Hence, the correct option is (A).

23. The correct answer is Ability.

Ability means possession of the means or skill to do something.

Vulnerability means the quality or state of being exposed to the possibility of being attacked or harmed, either physically or emotionally.

Expertise means expert skill or knowledge in a particular field.

Insight means the capacity to gain an accurate and deep understanding of someone or something.

The 'to' following the blank is indicating something. The only option for which such directional or indication is necessary is ability. Whenever 'ability' is mentioned, we also have to mention, the ability to do what.

Hence, the correct option is (B).

24. The idiom phrase 'A blue book' means a government report or an official report.

Example: Recently government published a blue book on climate change.

Hence, the correct option is (C).

25. Get your walking papers refers to you've been told you can leave somewhere or you've been told that you are fired from your job.

Example:- "You'd better clean up your act or you're going to get your walking papers."

Hence, the correct option is (A).

26. दिया है-

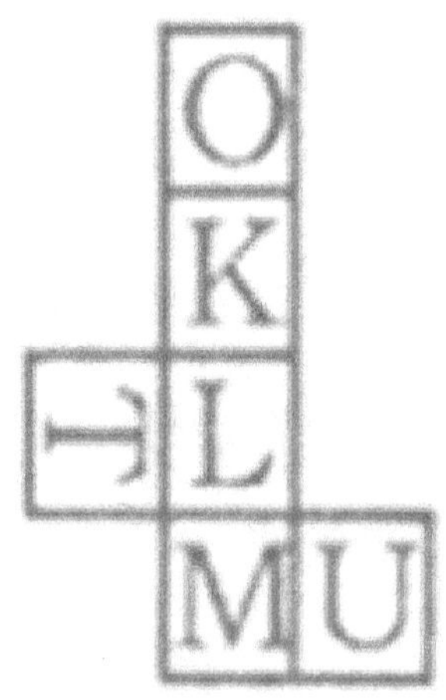

O और L एकान्तर हैं और एक दूसरे के विपरीत हैं।

K और M एकान्तर हैं और एक दूसरे के विपरीत हैं।

T और U एक दूसरे के विपरीत हैं।

खुले पासे को मोड़ने पर बंद पासा ऐसा दिखेगा-

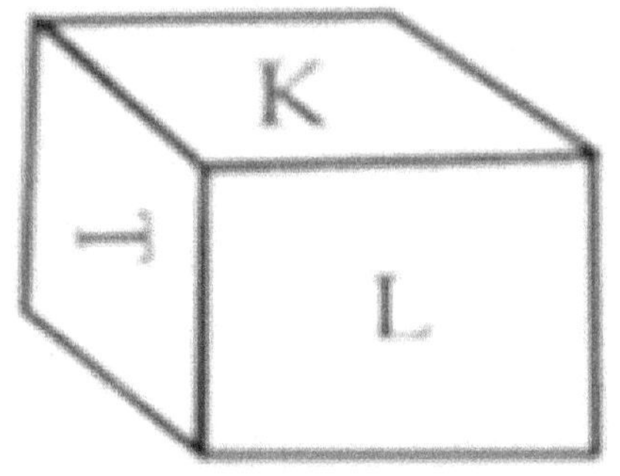

अतः विकल्प (B) सही है।

27. यहाँ अनुसरण किया गया तर्क है:

पहली संख्या^{3} + पहली संख्या^{2} = दूसरी संख्या

$5 : 150 \rightarrow 5^3 + 5^2 = 125 + 25 = 150$

इसी प्रकार से,

$8 : ? \rightarrow 8^3 + 8^2 = 512 + 64 = 576$

अतः विकल्प (B) सही है।

28. शीतल गोलू की बेटी है।

गोलू भोला का बेटा है।

दिलीप भोला का भाई है।

चित्रा दिलीप की बेटी हैं।

शीतल भोला और दिलीप की पोती हैं।

इसलिए, चित्रा शीतल की आंटी हैं।

अतः विकल्प (D) सही है।

29. दिए गए प्रतीकों के साथ समीकरण को सरल बनाने के बाद:

$$95 @ 5 \$ 46 ! 3 \# 27 = 95 \div 5 + 46 - 3 \times 27$$

$$\Rightarrow \left(\frac{95}{5}\right) + 46 - (3 \times 27)$$

BODMAS द्वारा इस समीकरण को सरल किया जाएगा। इसलिए,

$$\Rightarrow 19 + 46 - 81 = -16$$

अतः विकल्प (C) सही है।

30. प्रश्न में दिए गए समीकरणों में प्रतीकों के स्थानों में अलग-अलग चिन्ह रखने के बाद, हम प्राप्त करते हैं,

74 $ 12 @ 21 = 65 ⇒ 74 + 12 - 21 = 65

47 $ 23 @ 13 = 57 ⇒ 47 + 23 - 13 = 57

इसका अर्थ है '$' का अर्थ '+' और '@' का अर्थ '-' है। दिया गया समीकरण होगा:

48 $ 13 @ 28 ⇒ 48 + 13 - 28 = 33

अतः विकल्प (D) सही है।

31. ध्यान से अवलोकन करने पर, हम देखते हैं कि प्रश्न आकृति, आकृति (D) में निहित है जैसा कि नीचे दर्शाया गया है।

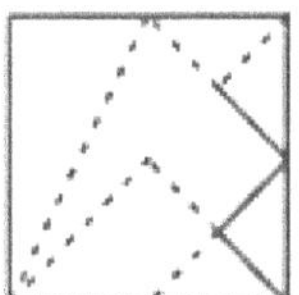

अतः विकल्प (D) सही है।

32. खोलने पर कागज इस प्रकार होगा,

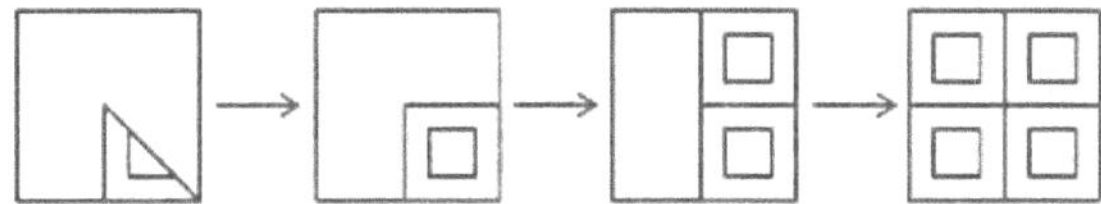

इसलिए, खोलने पर कागज इस छवि के समान होगा।

अतः विकल्प (D) सही है।

33. हम जानते हैं कि:

अक्षर	A	B	C	D	E	F	G	H	I	J	K	L	M
स्थितीय मान	1	2	3	4	5	6	7	8	9	10	11	12	13
स्थितीय मान	26	25	24	23	22	21	20	19	18	17	16	15	14
अक्षर	Z	Y	X	W	V	U	T	S	R	Q	P	O	N

दिया गया है,

MATERIAL को NDYLTMGT के रूप में लिखा जाता है।

यहाँ अनुसरित स्वरूप निम्न प्रकार है,

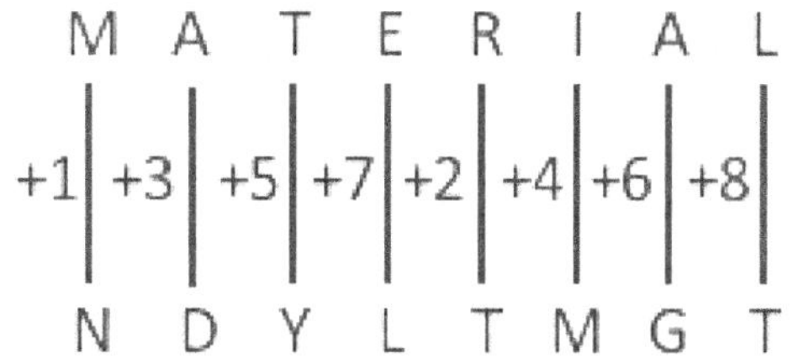

इसी प्रकार,

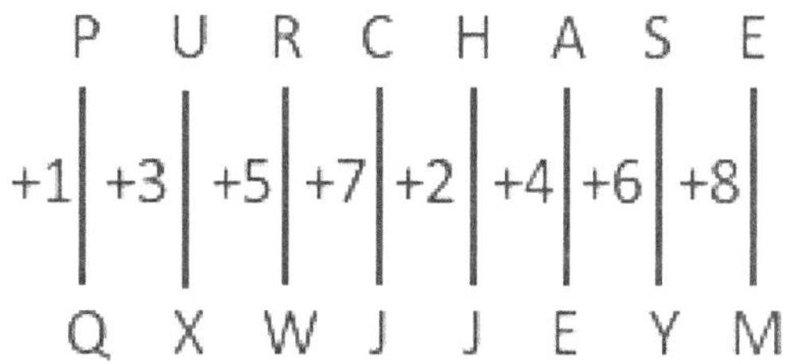

इसलिए, सही उत्तर QXWJJEYM है।

अतः विकल्प (B) सही है।

34. हम जानते हैं,

अक्षर	A	B	C	D	E	F	G	H	I	J	K	L	M
स्थितीय मान	1	2	3	4	5	6	7	8	9	10	11	12	13
स्थितीय मान	26	25	24	23	22	21	20	19	18	17	16	15	14
अक्षर	Z	Y	X	W	V	U	T	S	R	Q	P	O	N

दिया गया है,

SAILOR को 21414192631 के रूप में लिखा जाता है।

यहाँ अनुसरित स्वरूप निम्न प्रकार है,

$$
\begin{array}{cccccc}
S & A & I & L & O & R \\
19 & 1 & 09 & 12 & 15 & 18 \\
+ & + & + & + & + & + \\
2 & 3 & 5 & 7 & 11 & 13 \\
= & = & = & = & = & = \\
21 & 4 & 14 & 19 & 26 & 31
\end{array}
$$

इसी प्रकार,

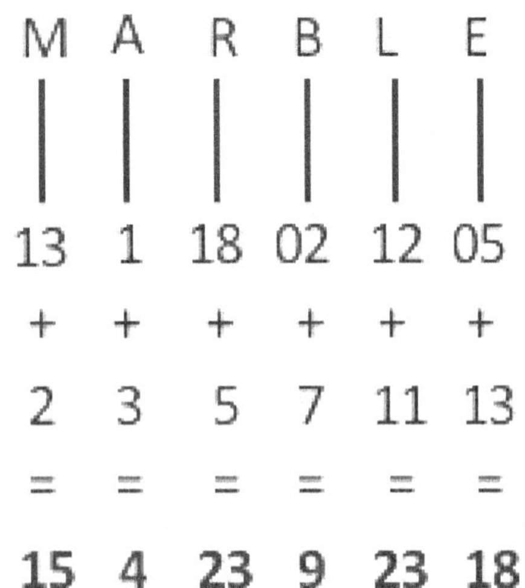

इसलिए, सही उत्तर 1542392318 है।

अतः विकल्प (B) सही है।

35. दी गई आकृति में त्रिभुजों की संख्या इस प्रकार है:

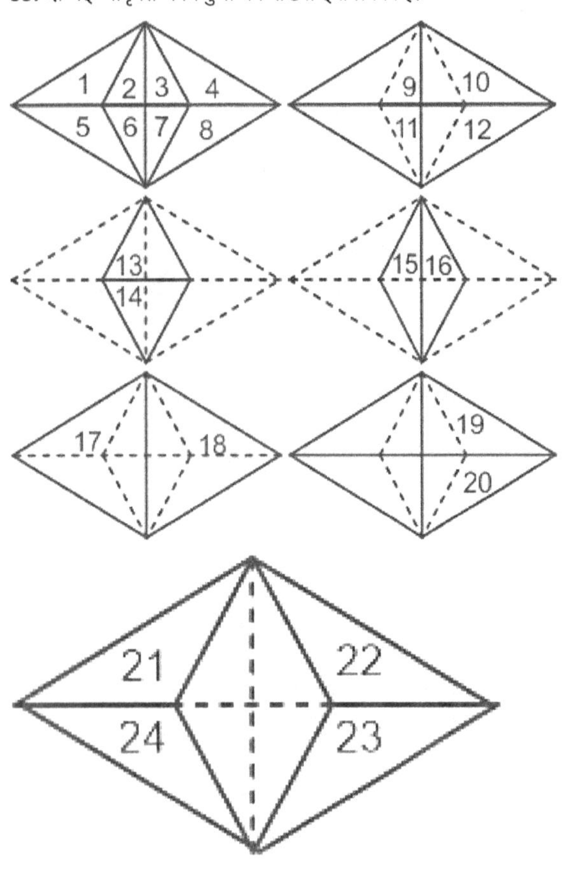

इसलिए, दी गई आकृति में 24 त्रिभुज हैं।

अतः विकल्प (C) सही है।

36. आकृति (4) को छोड़कर, सभी में भुजाओं की संख्या सम है।

इसलिए, आकृति (4) दूसरों से अलग है।

अतः विकल्प (D) सही है।

37. यहाँ अनुसरित तर्क इस प्रकार है:

सेब और केला फलों के प्रकार के अंतर्गत आते हैं।

तो आरेख जो दिए गए चरों के बीच संबंधों को सबसे बेहतर ढंग से दर्शाता है वह है:

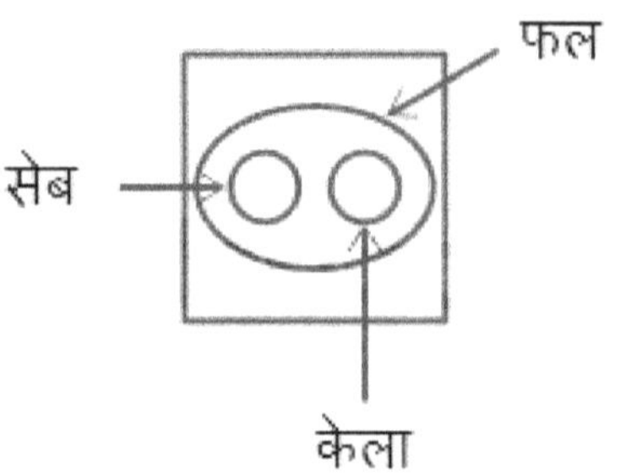

अतः विकल्प (B) सही है।

38. प्रश्न आकृति की सही दर्पण छवि, जब दर्पण को आकृति के दाईं ओर रखा जाता है, इस प्रकार है:

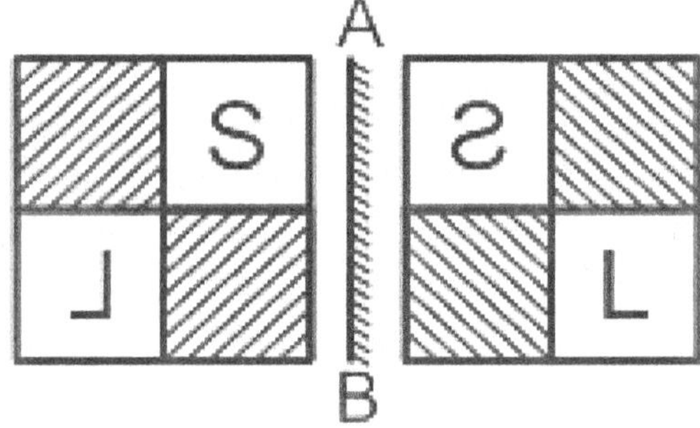

अतः विकल्प (D) सही है।

39. अनुसरित तर्क निम्नलिखित है:

(संख्या)² : (संख्या)³ :: (संख्या)² : (?)³

49 : 343

$(7)^2 : (7)^3$

इसी तरह,

121 : ?

$(11)^2 : (11)^3$

121 : 1331

? = 1331

अतः विकल्प (A) सही है।

40. दी गई अभिव्यक्ति

(13 - 5 × 8 + 4) × (5 - 6 + 12 × 3) / (4 + 2)

प्राप्त होता है

(13 + 5 - 8 / 4) - (5 + 6 / 12 - 3) × (4 / 2)

BODMAS नियम का प्रयोग करते हुए,

(13 + 5 - 8 / 4) - (5 + 6 / 12 - 3) × (4 / 2)

= (18 - 2) - [5 + (1/2) - 3] × 2

= 16 - (5/2) × 2

= 11

अतः विकल्प (D) सही है।

41. '+' का अर्थ है '×','×' का अर्थ है '-', '-' का अर्थ है '/' और '/' का अर्थ है '+'।

दिया गया व्यंजक है

9 + 4 - 6 × 6 / 8

इस व्यंजक को दिशाओं के अनुसार बदलने पर हमें व्यंजक प्राप्त होता है

9 × 4/6 - 6 + 8

हम BODMAS नियम का उपयोग करके इस व्यंजक को सरल बनाते हैं,

9 × 4/6 - 6 + 8 = 36/6 - 6 + 8 = 8.

अत: विकल्प (B) सही है।

42. यहां अनुसरित स्वरुप है:

V – 4 = R

R – 5 = M

M – 6 = G

G – 7 = Z

अत: विकल्प (C) सही है।

43. अनुसरण किया गया पैटर्न,

TRKM, XVIK, BZGI और JHCE में, बाएं छोर से प्रत्येक समूह के बीच (1, 2) और (3, 4) वर्णमाला के बीच एक वर्णमाला का अंतर है।

इसलिए,

विकल्प (A): FEGG में, दो अक्षर दोहराए जाते हैं।

विकल्प (B): FDFG में, F और G के बीच कोई अंतर नहीं है।

विकल्प (C): FDEG में, एक वर्णाक्षर का अंतर है।

विकल्प (D): EDFH, E और D के बीच कोई अंतर नहीं है।

अत: विकल्प (C) सही है।

44. पैटर्न इस प्रकार है,

32=25+(2+5)

37=32+(3+2)

47=37+(3+7)

58=47+(4+7)

71=58+(5+8)

इसलिए, 71 श्रृंखला का अगला पद होगा।

अत: विकल्प (B) सही है।

45. पैटर्न इस प्रकार है,

122=240÷2+2

64=122÷2+3

36=64÷2+4

23=36÷2+5

17.5=23÷2+6

इसलिए, 17.5 श्रृंखला का अगला पद होगा।

अत: विकल्प (C) सही है।

46. माना राहुल, सागर और पूर्वा की आयु क्रमशः x, y और z है।

दी गई जानकारी के अनुसार

सागर की आयु - राहुल की आयु = राहुल की आयु - पूर्वा की आयु

$\Rightarrow y - x = x - z$

$\Rightarrow 2x = y + z$ ……(i)

साथ ही $y + z = 66$ वर्ष

समीकरण (i) से,

$x = 33$ वर्ष

साथ ही समीकरण (i) के अनुसार हमारे पास पूर्वा की आयु + सागर की आयु $= 66$ वर्ष है।

विकल्प (A) के माध्यम से जाने से पूर्वा $= 18$, और राहुल $= 33$ वर्ष, सागर $= 48$ वर्ष।

राहुल और पूर्वा की उम्र के बीच का अंतर $= 33 - 18 = 15$ वर्ष।

अत: विकल्प (B) सही है।

47. 0 विषम दिन के बराबर राशि पाने के लिए वर्ष 2015 के बाद से विषम दिनों की संख्या की गणना करें।

2015 से 2018 तक विषम दिनों की संख्या → 1 + 2 + 1 +1 = 5 विषम दिन

2019 से 2022 तक विषम दिनों की संख्या → 5 + 1 + 2 + 1 + 1 = 10 विषम दिन (सप्ताह के 7 दिन विभाजित करें) = 3 विषम दिन

2023 से 2026 तक विषम दिनों की संख्या → 3 + 1 + 2 + 1 + = 8 विषम दिन (सप्ताह के 7 दिन विभाजित करें)= 1 विषम दिन

2027 से 2030 तक विषम दिनों की संख्या → 1 + 1 + 2 + 1 = 6 विषम दिन

2031 से 2034 तक विषम दिनों की संख्या → 6 + 1+ 2 + 1 + = 11 विषम दिन (सप्ताह के 7 दिन विभाजित करें) = 4 विषम दिन

2035 से 2038 तक विषम दिनों की संख्या → 4 + 1 + 2 + 1 = 9 विषम दिन = 2 विषम दिन

2039 से 2042 तक विषम दिनों की संख्या → 2 + 1+ 2 + 1 = 0 विषम दिन

इसलिए, 2015 का कैलेंडर 2042 के समान है।

अत: विकल्प (A) सही है।

48.

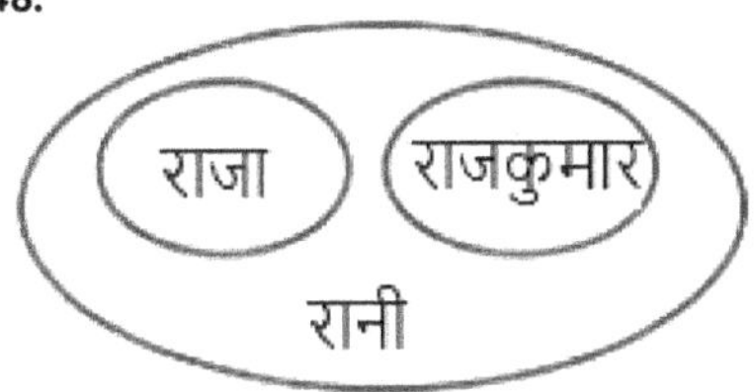

निष्कर्ष:

I. कोई राजा राजकुमार नहीं है। → असत्य (यह संभव है लेकिन निश्चित नहीं है।)

II. कुछ रानियां राजकुमार हैं। → सत्य (सभी राजकुमार रानियाँ हैं।)

इसलिए, केवल निष्कर्ष II अनुसरण करता है।

अत: विकल्प (B) सही है।

49. - और /, इंटरचेंज करने पर

हमें समीकरण 5+3 × 8 / 12-4=3 के रूप में मिलता है

या 5+3 × (2/3)-4=3

या 3=3, जो सत्य है।

अत: विकल्प (B) सही है।

50. यदि एक दर्पण को AB रेखा पर रखा जाए, तो हमें निम्नलिखित आकृति प्राप्त होगी,

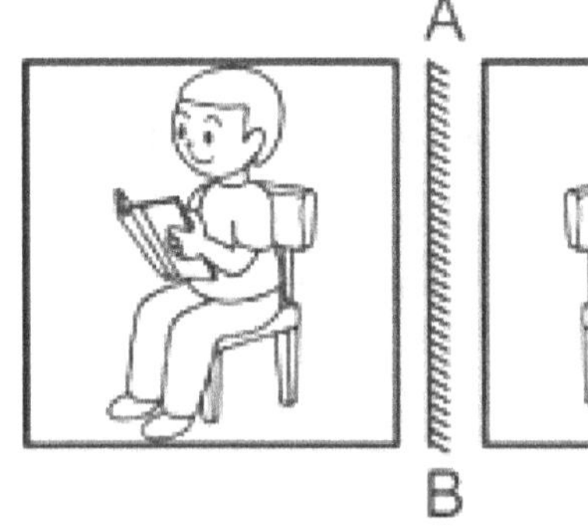

विकल्प (A): कुर्सी का अगला पैर गायब है।

विकल्प (B): कुर्सी का पिछला पैर गायब है।

विकल्प (C): सही दर्पण छवि।

विकल्प (D): जूते पर पट्टी हैं, एक विशेषता जो प्रश्न आकृति में मौजूद नहीं है।

अत: विकल्प (C) सही है।

51. दिया गया:

प्रारंभिक दर $= 8\%$

समय $= 3$ वर्ष

म्यूचुअल फंड में दर $= 8.5\%$ और समय $= 4$ वर्ष

साधारण ब्याज $= \dfrac{P \times R \times T}{100}$

माना कि राशि x रुपये है

बैंक से साधारण ब्याज $= \dfrac{x \times 8 \times 3}{100}$

$\Rightarrow \dfrac{24x}{100}$

म्यूचुअल फंड से ब्याज के रूप में लाभ $= \dfrac{(x \times 8.5 \times 4)}{100}$

$\Rightarrow \dfrac{34x}{100}$

प्रश्न के अनुसार:

$\dfrac{34x}{100} - \dfrac{24x}{100} = 500$ रुपये

$\Rightarrow 10x = 50000$ या $x = 5000$

$\therefore$ निवेश की गयी राशि $= 5000$ रुपये

अत: विकल्प (A) सही है।

52.

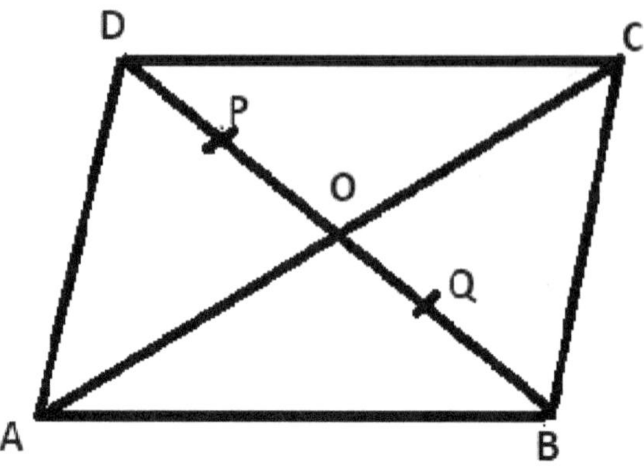

एक समानांतर चतुर्भुज के विकर्ण एक दुसरे को बराबर काटते है,

$\therefore BO = OD = \dfrac{18}{2} = 9$ सेमी

$P = \triangle ADC$ का केंद्र

$OP = \dfrac{1}{3}OD = \dfrac{1}{3} \times 9 = 3$ सेमी

$Q = \triangle ABC$ का केंद्र

$OQ = \dfrac{1}{3}OB = \dfrac{1}{3} \times 9 = 3$ सेमी

$\therefore PQ = OP + OQ = 3 + 3 = 6$ सेमी

अत: विकल्प (D) सही है।

53.

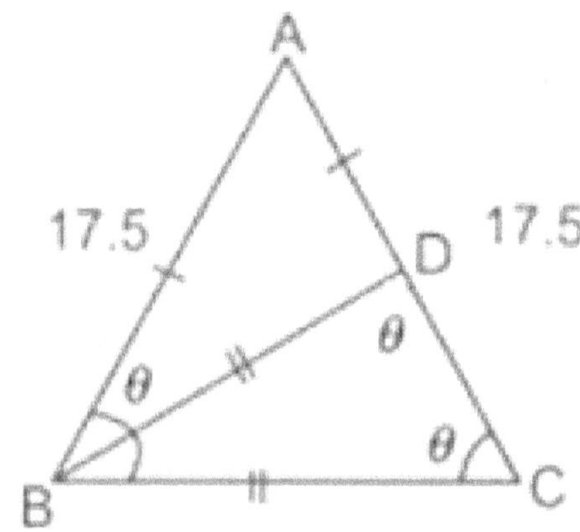

हम उपरोक्त आकृति में देख सकते हैं।

$\triangle ABC \approx \triangle BDC$

$\dfrac{17.5}{7} = \dfrac{7}{DC}$

$DC = \dfrac{7 \times 7}{17.5} = \dfrac{14}{5} = 2.8$ सेमी

अत: विकल्प (C) सही है।

54. tan 54° = tan (45° + 9°)

जैसा कि हम जानते हैं कि, $\tan(A + B) = \dfrac{\tan A + \tan B}{1 - \tan A \tan B}$

$\Rightarrow \tan 54° = \tan(45° + 9°) = \dfrac{\tan 45° + \tan 9°}{1 - \tan 45° \tan 9°} = \dfrac{1 + \tan 9°}{1 - \tan 9°}$

$\Rightarrow \tan 54° = \dfrac{\cos 9° + \sin 9°}{\cos 9° - \sin 9°}$

अतः विकल्प (C) सही है।

55. संकल्पना:

$\sin A \sin(60 - A)\sin(60 + A) = \dfrac{\sin 3A}{4}$

हमारे पास है

$\sin 20° \sin 40° \sin 60° \sin 80°$

$\Rightarrow \sin 60°[\sin 20° \sin 40° \sin 80°]$

$\Rightarrow \sin 60°[\sin 20° \sin(60° - 20°)\sin(60° + 20°)]$

उपरोक्त सूत्र का प्रयोग करने पर

$\Rightarrow \dfrac{\sqrt{3}}{2}\left[\dfrac{\sin 3(20°)}{4}\right]$

$\Rightarrow \dfrac{\sqrt{3}}{2}\left[\dfrac{\sin 60°}{4}\right]$

$\Rightarrow \dfrac{\sqrt{3}}{2}\left[\dfrac{1}{4} \times \dfrac{\sqrt{3}}{2}\right] \quad \left(\because \sin 60° = \dfrac{\sqrt{3}}{2}\right)$

$\therefore \sin 20° \sin 40° \sin 60° \sin 80° = \dfrac{3}{16}$

अतः विकल्प (C) सही है।

56. दिया गया है,

$a^3 + 3a^2 + 9a = 1 \quad \dots \dots \dots \text{(i)}$

समीकरण (i) में a से गुणा करने पर, हमें प्राप्त होता है

$a^4 + 3a^3 + 9a^2 = a \quad \dots \dots \text{(ii)}$

समीकरण (i) में 3 से गुणा करने पर, हमें प्राप्त होता है

$3a^3 + 9a^2 + 27a = 3 \quad \dots \dots \dots \text{(iii)}$

समीकरण (ii) से समीकरण (iii) को घटाने पर, हमें प्राप्त होता है

$a^4 - 27a = a - 3$

$\Rightarrow a^4 = 28a - 3 \quad \dots \dots \text{(iv)}$

समीकरण (iv) को a से भाग देने पर, हमें प्राप्त होता है

$\Rightarrow a^3 = 28 - \dfrac{3}{a}$

$\Rightarrow a^3 + \dfrac{3}{a} = 28$

अतः विकल्प (C) सही है।

57. α, β समीकरण $ax^2 + bx + c = 0$ के मूल हैं:

$\therefore \alpha + \beta = \dfrac{-b}{a}$ और $\alpha\beta = \dfrac{c}{a}$

$D_1 = b^2 - 4ac = a^2\left(\dfrac{b^2}{a^2} - \dfrac{4c}{a}\right)$; a^2 से गुणा करने पर,

$= a^2\{(\alpha + \beta)^2 - 4\alpha\beta\}$; संबंधित मान रखने पर,

$= a^2(\alpha - \beta)^2 \dots \dots \text{(i)}$

γ, δ भी $px^2 + qx + r = 0$ के मूल हैं,

$\therefore \gamma + \delta = \dfrac{-q}{p}$ और $\gamma\delta = \dfrac{r}{p}$

$D_2 = q^2 - 4pr = p^2\left(\dfrac{q^2}{p^2} - \dfrac{4r}{p}\right)$; p^2 से गुणा करने पर,

$= p^2\{(\gamma + \delta)^2 - 4\gamma\delta\}$; संबंधित मान रखने पर,

$= p^2(\gamma - \delta)^2 \dots \dots \text{(ii)}$

जैसा कि $\alpha, \beta, \gamma, \delta$ समान्तर श्रेणी में हैं,

$\therefore \beta - \alpha = \delta - \gamma$

इसलिए, $D_1 : D_2 = \dfrac{a^2(\alpha - \beta)^2}{p^2(\gamma - \delta)^2} = \dfrac{a^2}{p^2}$

अतः विकल्प (A) सही है।

58. दिया है:

बर्तन में पानी की प्रारंभिक मात्रा $= 2.5$ लीटर

बर्तन में दूध की प्रारंभिक मात्रा $= 10$ लीटर

दूध और पानी का अनुपात $= 10 : 2.5$

$= 4 : 1$

हटाये गए मिश्रण की मात्रा $= \left(\dfrac{20}{100}\right) \times (10 + 2.5)$

$= \left(\dfrac{1}{5}\right) \times 12.5$

$= 2.5$ लीटर

हटाये गए दूध की मात्रा $= 2.5 \times \left(\dfrac{4}{5}\right) = 2$ लीटर

हटाये गए पानी की मात्रा $= 2.5 \times \left(\dfrac{1}{5}\right) = 0.5$ लीटर

अब, x लीटर पानी मिलाने के बाद दूध और पानी का अनुपात उलट जाता है,

$\dfrac{(10 - 2)}{(2.5 - 0.5 + x)} = \dfrac{1}{4}$

$\Rightarrow \dfrac{8}{(2 + x)} = \dfrac{1}{4}$

$\Rightarrow 8 \times 4 = 2 + x$

$\Rightarrow x = 32 - 2$

$\Rightarrow x = 30$

अब, पानी की मात्रा $= (2.5 - 0.5 + 30)$ लीटर

$= 32$ लीटर और, दूध की मात्रा $= (10 - 2)$ लीटर

$= 8$ लीटर फिर, y लीटर दूध मिलाने के बाद दूध और पानी का अनुपात उलट जाता है,

$\dfrac{(8 + y)}{32} = \dfrac{4}{1}$

$\Rightarrow 8 + y = 32 \times 4$

$\Rightarrow 8 + y = 128$

$\Rightarrow y = 120$

$\therefore y$ का मान 120 है।

अतः विकल्प (A) सही है।

59. माना 1 रुपये के मूल्यवर्ग के सिक्कों की संख्या $= x$

इसलिए 50 पैसे के सिक्के की संख्या $= 2x$ ($\because$ 1 रुपये = दो पचास पैसे)

सिक्कों की संख्या का संबंधित अनुपात;

$= 13 \times x : 11 \times 2x$

$= 13x : 22x$

अत: 1 रुपये के सिक्कों की संख्या;

$= \dfrac{13x}{22x + 13x} \times 300$

$= \dfrac{3900x}{35x}$

$= 111$

एक रुपये के सिक्के की संख्या 111 है।

अतः विकल्प (D) सही है।

60. $x + y + \dfrac{xy}{100}$ द्वारा क्रमिक छूट दी जा सकती है

$= 10 + 20 + \dfrac{(10 \times 20)}{100}$

$= 30 + 2 = 28\%$

इसलिए, क्रमिक छूट 28% के बराबर है।

अतः विकल्प (D) सही है।

61. दिया गया है:

गोले की त्रिज्या, परिमेय है।

जैसा की हम जानते हैं,

यदि r गोले की त्रिज्या है तब,

गोले का पृष्ठीय क्षेत्रफल $= 4\pi r^2$

गोले का आयतन $= \left(\dfrac{4}{3}\right) \pi r^3$

आ एक अपरिमेय संख्या है

एक परिमेय और अपरिमेय संख्या का गुणनफल, हमेशा अपरिमेय होता है।

अब,

माना कि गोले की त्रिज्या x सेमी है।

गोले का पृष्ठीय क्षेत्रफल $= 4\pi x^2 = 4x^2 \pi$

गोले का आयतन $= \left(\dfrac{4}{3}\right) \pi x^3 = \left(\dfrac{4}{3}\right) x^3 \pi$

हम यह निष्कर्ष निकाल सकते हैं कि पृष्ठीय क्षेत्रफल और आयतन, दोनों ही अपरिमेय हैं।

अतः विकल्प (D) सही हैं।

62. प्रयुक्त सूत्र:

संकेंद्रित वृत्तों का क्षेत्रफल $= \pi(R^2 - r^2)$

त्रिज्या = व्यास $/2$

मान लीजिये,

बाहरी व्यास $= 112$ सेमी

बाहरी त्रिज्या, $R = \dfrac{112}{2} = 56$ सेमी

भीतरी व्यास $= 70$ सेमी

आंतरिक त्रिज्या, $r = \dfrac{70}{2} = 35$ सेमी

उपरोक्त सूत्र का उपयोग करके,

$\Rightarrow$ मुंडेर का क्षेत्रफल $(A) = \dfrac{22}{7}(56^2 - 35^2)$

$\Rightarrow A = \dfrac{22}{7}(3136 - 1225)$

$\Rightarrow A = \dfrac{22}{7}(1911)$

$\Rightarrow A = 6006$ सेमी ^{2}

$\therefore$ मुंडेर का क्षेत्रफल 6006 सेमी ^{2}.

अतः विकल्प (C) सही हैं।

63. $\Rightarrow$ जनवरी से जून तक कुल वेतन $= 12000 \times 6 = 72000$

$\Rightarrow$ जुलाई से सितंबर तक कुल वेतन $= 13000 \times 3 = 39000$

$\Rightarrow$ अक्टूबर से दिसंबर तक औसत वेतन = औसत जुलाई से सितंबर तक वेतन $+ 1500$

$\Rightarrow$ अक्टूबर से दिसंबर तक कुल वेतन $= (13000 + 1500) \times 3 = 43500$

$\Rightarrow$ संजय का वार्षिक औसत वेतन $= \dfrac{(72000 + 39000 + 43500)}{12}$

$\therefore$ संजय का वार्षिक औसत वेतन = रु. 12875

$\rightarrow$ संजय का वार्षिक औसत वेतन

$= (72000 + 39000 + 43500)$

$\Rightarrow \dfrac{154500}{12}$

= संजय का वार्षिक औसत वेतन = रु 12875

अतः विकल्प (D) सही है।

64. वर्ष 2005 और वर्ष 2006 में एक साथ कंपनी A द्वारा संचालित सरकारी परियोजनाओं की संख्या = 360 + 250 = 610

कंपनी A द्वारा 2005 और 2006 में एक साथ संचालित सरकारी परियोजनाओं की संख्या

= 610 का 20%

$= \dfrac{20 \times 610}{100}$

$= 122$

अतः विकल्प (D) सही है।

65. माना वर्ष 2016 में कंपनी A की आय x करोड़ है।

तो, वर्ष 2016 में कंपनी की आय $= \dfrac{90x}{100}$

$\Rightarrow \dfrac{90x}{100} = 15$

$\Rightarrow x = \dfrac{50}{3}$

वर्ष 2016 में कंपनी A की आय $= \dfrac{50}{3}$ करोड़

हम जानते है की,

आय = लाभ + खर्च

लाभ = 2016 में आय का 10%

2016 में खर्च, आय का 90% होगा।

खर्च $= \left(\dfrac{90}{100}\right) \times \left(\dfrac{50}{3}\right) = 15$ करोड़

$\therefore$ वर्ष 2016 में कंपनी A का खर्च 15 करोड़ है।

अत: विकल्प (B) सही है।

66. दिया गया है:

एल एंड टी में आईटी तकनीशियनों का प्रतिशत वितरण = 8%

विप्रो में आईटी तकनीशियनों का प्रतिशत वितरण = 13%

विप्रो में आईटी तकनीशियनों की संख्या = 2000 का 13%

$= 2000 \times \dfrac{13}{100}$

= 260

एल एंड टी में आईटी तकनीशियनों की संख्या = 2000 का 8%

$= 2000 \times \dfrac{8}{100}$

= 160

$\therefore$ अभीष्ट अनुपात = 260 : 160

= 13 : 8

अतः विकल्प (C) सही है।

67. माना दिया गया त्रिभुज $\triangle ABC$ है, जैसा कि नीचे दर्शाया गया है,

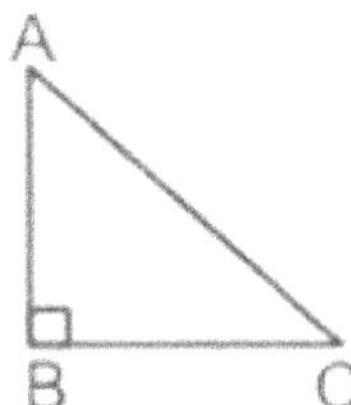

$\Rightarrow BC =$ आधार $= (u^2 - v^2)$

$\Rightarrow AC =$ कर्ण $= (u^2 + v^2)$

पाइथागोरस प्रमेय के अनुसार,

$(AC)^2 = (AB)^2 + (BC)^2$

$\Rightarrow (u^2 + v^2)^2 = (AB)^2 + (u^2 - v^2)^2$

$\Rightarrow u^4 + v^4 + 2u^2v^2 = (AB)^2 + u^4 + v^4 - 2u^2v^2$

$\Rightarrow (AB)^2 = 4u^2v^2$

$\Rightarrow AB = 2uv$

अब,

त्रिभुज का क्षेत्रफल $= \dfrac{1}{2} \times$ आधार $\times$ ऊँचाई

$\dfrac{1}{2} \times BC \times AB = 2016$

$\Rightarrow (u^2 - v^2) \times uv = 2016$

$\Rightarrow uv(u + v)(u - v) = 32 \times 7 \times 9$

हम लिख सकते हैं,

$uv(u + v)(u - v) = 16 \times 9\sqrt{2} \times 7\sqrt{2}$

इस प्रकार, हमें प्राप्त होता है, $u = 8\sqrt{2}$ और $v = \sqrt{2}$

$\therefore$ त्रिभुज का परिमाप:

$= AB + BC + AC = 2uv + u^2 - v^2 + u^2 + v^2$

$= 2uv + 2u^2 = 32 + 256 = 288$ इकाई

अतः विकल्प (B) सही है।

68. दिया गया है:

शंकु का व्यास $= 32cm$

शंकु की ऊँचाई $= 9cm$

गोले की त्रिज्या $= 2cm$

प्रयुक्त सूत्र:

व्यास $=$ त्रिज्या $\times 2$

शंकु का आयतन $= \left(\dfrac{1}{3}\right)\pi r^2 h$

गोले का आयतन $= \left(\dfrac{4}{3}\right)\pi r^3$

व्यास $= 32cm$

$\Rightarrow$ त्रिज्या $= \dfrac{32}{2} = 16cm$

शंकु का आयतन = गोले की संख्या × 1 गोले का आयतन

$\Rightarrow \left(\dfrac{1}{3}\right)\pi(16)^2(9) =$ गोले की संख्या $\times \left(\dfrac{4}{3}\right)\pi(2)^3$

$\Rightarrow$ गोले की संख्या $= 72$

$\therefore$ 72 गोले बनाए जा सकते हैं।

अत: विकल्प (A) सही है।

69. दिया गया है:

$\dfrac{3}{8} \div \left(\dfrac{5}{3} - \dfrac{1}{6}\right) + \dfrac{5}{8}$

$= \dfrac{3}{8} \div \left(\dfrac{10-1}{6}\right) + \dfrac{5}{8}$

$$= \frac{3}{8} \div \frac{9}{6} + \frac{5}{8}$$

$$= \frac{3}{8} \times \frac{6}{9} + \frac{5}{8}$$

$$= \frac{3}{2 \times 4} \times \frac{2 \times 3}{9} + \frac{5}{8}$$

$$= \frac{1}{4} + \frac{5}{8}$$

$$= \frac{7}{8}$$

अत: विकल्प (C) सही है।

70. भागफल जब 1056 को 23 से विभाजित किया जाता है $= \frac{1056}{23} \approx 45$

यहाँ, हमें 23 के अगले गुणज पर विचार करना है।

अब, आवश्यक संख्या जिसे 1056 में जोड़ा जाना चाहिए

$\Rightarrow (45 + 1) \times 23 - 1056$

$\Rightarrow 46 \times 23 - 1056$

$\Rightarrow 1058 - 1056 = 2$

∴ 2 को 1056 में जोड़ने पर 23 से विभाजित किया जा सकता है।

अत: विकल्प (A) सही है।

71. दिया है:

अरुण, बरुन और किरणमाला की गति क्रमशः 30, 40 और 60 किमी प्रति घंटा है।

बरुन ने अरुण से दो घंटे बाद शुरू किया   बरुण और किरनमाला उसी पल में अरुण से आगे निकल गए।

सूत्र:

जब दो वस्तुएं समान दिशा में यात्रा करती है तो उनकी सापेक्ष गति = (a - b) किमी/घंटा

जब दो वस्तुएं विपरीत दिशा में यात्रा करती है तो उनकी सापेक्ष गति = (a + b) किमी/घंटा

a और b दो वस्तुओं की गति किमी/घंटा में है और a > b है।

जब बरुण यात्रा शुरू करता है तब अरुण द्वारा तय की गई दूरी = 2 × 30 = 60 किमी

अब,

अरुण और बरुण की सापेक्ष गति = (40 - 30) = 10 किमी/घंटा

बरुण अरुण से $\frac{60}{10}$ में आगे निकल गया = 6 घंटा

अरुण द्वारा लिया गया कुल समय = 6 + 2 = 8 घंटा

अरुण द्वारा तय की गई कुल दूरी = 8 × 30 = 240 किमी

अब,

किरनमाला 240 किमी $\frac{240}{60}$ में तय करेगी = 4 घंटे

∴ अरुण के चलने से 4 घंटे बाद किरणमाला ने चलना शुरू किया।

अत: विकल्प (C) सही है।

72. दिया है:

12 पुरुष 10 दिन में एक काम पूरा कर सकते हैं। 25 महिलाएं 6 दिनों में उसी काम को पूरा कर सकती हैं।

माना एक पुरुष और एक महिला की कार्य कुशलता क्रमशः M और W है।

हम जानते हैं कि,

कुल कार्य = दक्षता × दिन

प्रश्न के अनुसार,

कुल कार्य = 12 M × 10 = 25 W × 6

$\Rightarrow \frac{M}{W} = \frac{5}{4}$

कुल कार्य = 12 × 5 × 10 = 600 इकाई

तो, 8 पुरुष और 4 महिलाएं एक साथ काम करते हुए उसी काम को पूरा कर सकते हैं।

$$\frac{600}{(8 \times 5 + 4 \times 4)} = \frac{600}{56}$$

$$\Rightarrow \frac{75}{7} = 10\frac{5}{7} \text{ दिन}$$

अतः विकल्प (A) सही है।

73. दिया गया है,

दो स्थानों के बीच की दूरी = 108 किमी

नाव A की गति = 12 किमी/घंटा

नाव B की गति = 15 किमी/घंटा

माना धारा की गति k किमी/घंटा है।

फिर धारा के अनुकूल A की गति $= (12 + k)$ किमी/घंटा

और धारा के प्रतिकूल में B की गति $= (15 - k)$ किमी/घंटा

उनकी सापेक्ष गति (क्योंकि वे विपरीत दिशा में यात्रा कर रहे है) $= 12 + k + 15 - k$

$= 27$ किमी/घंटा

चूँकि वे 108 किमी यात्रा करते हैं, उनके द्वारा लिया गया समय $= \frac{108}{27}$

$= 4$ घंटे

∴ वे 4 घंटे बाद मिलेंगे।

अत: विकल्प (B) सही है।

74. दिया गया है:

अनुजा $66\frac{2}{3}\%$ या संपत्ति के $\left(\frac{2}{3}\right)$ की मालिक है $\left(66\frac{2}{3}\% = \frac{2}{3}\right)$

अनुजा की स्वयं की संपत्ति के 30% का मूल्य 125000 रुपए है

माना संपत्ति का मूल्य ' x ' है

प्रश्न के अनुसार,

x के $\left(\frac{2}{3}\right)$ का $30\% = 125000$

$\Rightarrow x = 625000$ रुपए

625000 का $45\% = 625000$ का $\left(\frac{45}{100}\right)$

= 281250 रुपए

∴ कुल संपत्ति का 45% का मूल्य 281250 रुपए है।

अत: विकल्प (B) सही है।

75. दिया है:

$$\frac{\sqrt{13}+\sqrt{11}}{\sqrt{13}-\sqrt{11}}$$

$$\Rightarrow \frac{\sqrt{13}+\sqrt{11}}{\sqrt{13}-\sqrt{11}} \times \frac{\sqrt{13}+\sqrt{11}}{\sqrt{13}+\sqrt{11}} = \frac{(\sqrt{13}+\sqrt{11})^2}{13-11}$$

$$= \frac{13+11+2\sqrt{143}}{2}$$

$$= 12 + \sqrt{143}$$

$$= 12 + 11.96$$

$$= 23.96$$

अत: विकल्प (B) सही हैं।

76. वर्ष 2022 में, रेलवे सुरक्षा बल (RPF) ने ऑपरेशन उपलब्ध के तहत कथित टिकट कालाबाज़ारी करने वालों के खिलाफ एक अखिल भारतीय अभियान चलाया है। इससे पहले फरवरी 2022 में आरपीएफ द्वारा ऑपरेशन आहट नाम से मानव तस्करी पर अंकुश लगाने हेतु एक राष्ट्रव्यापी अभियान शुरू किया गया था। ऑपरेशन उपलब्ध के तहत महीने भर के अभियान ने दलालों या कालाबाज़ारी करने वालों की गतिविधियों पर काफी हद तक अंकुश लगाने और आम आदमी को रेलवे टिकट उपलब्ध कराने में सक्षम बनाया है।

अत: विकल्प (A) सही है।

77. प्रियंवदा मोहंती ओडिसी शास्त्रीय नृत्य शैली से जुड़ी हैं।

प्रियंबदा मोहंती हेजमादी ओडिसी की एक भारतीय शास्त्रीय नृत्यांगना, कला लेखक, जीवविज्ञानी और संबलपुर विश्वविद्यालय के पूर्व कुलपति हैं। ओडिसी को पुरातात्विक साक्ष्यों के आधार पर सबसे पुराने जीवित शास्त्रीय नृत्य रूपों में से एक माना जाता है। ओडिशा के पारंपरिक नृत्य, ओडिसी का जन्म मंदिर में नृत्य करने वाली देवदासियों के नृत्य से हुआ था।

अत: विकल्प (C) सही है।

78. 'इस काल में मूर्ति पूजा का प्रचलन था' उत्तर वैदिक काल के धर्म के विषय में सही है।

उत्तर वैदिक काल में, दो उत्कृष्ट ऋग वैदिक देवताओं, इंद्र और अग्नि ने अपना पूर्व महत्व खो दिया था। दूसरी ओर, प्रजापति, निर्माता ने, उत्तर वैदिक देवालयों में सर्वोच्च स्थान प्राप्त कर लिया था। ऋग वैदिक काल के कुछ अन्य देवता भी जानवरों के देवता रुद्र के सामने आ गए, और वे उत्तर वैदिक काल में महत्वपूर्ण हो गए और विष्णु को व्यक्तियों के संरक्षक और रक्षक के रूप में माना जाने लगा, जो एक अर्ध-घुमंतू जीवन के बजाए अब एक व्यवस्थित जीवन जी रहे थे। इसलिए, विकल्प (A) सही नहीं है।

इसके अलावा, कुछ प्रतीकात्मक वस्तुओं की पूजा की जाने लगी, और अब पश्चात् वैदिक काल में मूर्तिपूजा के संकेत मिलते हैं। इसलिए, विकल्प (B) सही है।

जैसे-जैसे समाज सामाजिक वर्गों जैसे ब्राह्मण, क्षत्रिय, वैश्य और शूद्रों में विभाजित होता गया, कुछ सामाजिक आदेशों के अनुसार उनके अपने देवता आ गए। मवेशियों की देखभाल करने वाले पूषन शूद्रों के देवता माने जाते थे। इसलिए, विकल्प (C) सही नहीं है।

व्यक्तियों ने इस अवधि में उसी भौतिक कारणों के लिए देवताओं की पूजा की, जैसा उन्होंने पहले के समय में किया था। हालांकि, पूजा का तरीका बहुत बदल गया था। प्रार्थनाएँ सुनाई जाती रहीं, लेकिन वे देवताओं को प्रसन्न करने का प्रमुख साधन नहीं रहीं थी। बलिदान कहीं अधिक महत्वपूर्ण हो गए, और उन्होंने

सार्वजनिक और घरेलू दोनों तरह के चरित्र ग्रहण किए। इसलिए, विकल्प (D) सही नहीं है।

अत: विकल्प (B) सही है।

79. राजतरंगिणी', 'राजाओं की नदी' की रचना कल्हन ने 12वीं शताब्दी में कश्मीरी से संस्कृत में की थी। राजतरंगिणी कश्मीर पर सबसे पहला स्रोत प्रदान करती है जिसे इस क्षेत्र पर "ऐतिहासिक" पाठ के रूप में लेबल किया जा सकता है। यह पुस्तक भारतीय उपमहाद्वीप के उत्तर पश्चिमी भागों में प्रारंभिक कश्मीर और उसके पड़ोसियों के बारे में जानकारी का एक अमूल्य स्रोत प्रदान करती है, और बाद के इतिहासकारों और नृवंशविज्ञानियों द्वारा व्यापक रूप से संदर्भित किया गया है।

अत: विकल्प (A) सही है।

80. महामंदी एक गंभीर विश्वव्यापी आर्थिक अवसाद था जो संयुक्त राज्य अमेरिका में में 1930 के दशक के शुरुआत के दौरान हुआ। महामंदी का समय दुनिया भर में भिन्न है, अधिकांश देशों में, यह 1929 में शुरू हुआ और 1930 के दशक के अंत तक चला। यह 20वीं सदी का सबसे लंबा, सबसे गहरा और सबसे व्यापक अवसाद था। महामंदी का उपयोग आमतौर पर इस बात के उदाहरण के रूप में किया जाता है कि वैश्विक अर्थव्यवस्था में कितनी गिरावट आ सकती है।

अत: विकल्प (A) सही है।

81. प्रत्यावर्ती धारा को DC एमीटर द्वारा नहीं मापा जा सकता क्योंकि पूर्ण चक्र का औसत मान शून्य होता है।

एक पूरे चक्र में प्रत्यावर्ती धाराओं के सभी तात्कालिक मानों के औसत को माध्य मान कहा जाता है। प्रत्यावर्ती धारा का माध्य मान शून्य होता है। प्रत्यावर्ती धारा समय-समय पर अपनी ध्रुवता बदलती रहती है। धनात्मक आधे चक्र में, प्रत्यावर्ती धारा धनात्मक ध्रुवता होती है जबकि ऋणात्मक आधे चक्र में प्रत्यावर्ती धारा में समान मात्रा के साथ ऋणात्मक ध्रुवता होती है। इसलिए, एक पूर्ण चक्र के लिए प्रत्यावर्ती धारा का औसत मान शून्य है।

अत: विकल्प (B) सही है।

82. पहला मासिक धर्म यौवन से शुरू होता है और इसे रजोदर्शन कहा जाता है।

मादा प्राइमेट्स (जैसे बंदर, वानर और मनुष्य) में प्रजनन चक्र को मासिक धर्म चक्र कहा जाता है।मानव महिलाओं में, मासिक धर्म लगभग 28/29 दिनों के औसत अंतराल पर दोहराया जाता है, और एक मासिक धर्म से शुरू होने वाली घटनाओं के चक्र को मासिक धर्म चक्र कहा जाता है।
मासिक धर्म के दौरान स्वच्छता और स्वच्छता बनाए रखना मासिक धर्म स्वच्छता कहलाता है।
मनुष्यों में, मासिक धर्म चक्र लगभग 50 वर्ष की आयु में समाप्त हो जाता है; जिसे रजोनिवृत्ति कहते हैं।
अत: विकल्प (A) सही है।

83. पॉलीक्रिलोनिट्राइल रैखिक सूत्र $(C_3H_3N)_n$ के साथ एक सिंथेटिक बहुलक है। यद्यपि यह थर्मोप्लास्टिक है, यह सामान्य परिस्थितियों में पिघलता नहीं है, क्योंकि यह 300 डिग्री सेल्सियस से ऊपर पिघलने से पहले अवनत हो जाता है। लगभग सभी पॉलीक्रिलोनिट्राइल रेजिन मुख्य घटक के रूप में एक्रिलोनिट्राइल के साथ मोनोमर्स के मिश्रण से निर्मित कॉपोलिमर हैं। जैसा कि यह एक गैर संघनन बहुलक है।

अत: विकल्प (A) सही है।

84. सितंबर 2022 में जारी 2022 ग्लोबल इनोवेशन इंडेक्स में भारत 40वें स्थान पर था।

जिनेवा स्थित विश्व बौद्धिक संपदा संगठन की एक रिपोर्ट के अनुसार, भारत ग्लोबल इनोवेशन इंडेक्स 2022 में छह पायदान चढ़कर 40वें स्थान पर पहुंच गया है। तुर्की भारत ने पहली बार शीर्ष 40 में प्रवेश किया, क्रमशः 37वें और 40वें स्थान पर रहा। स्विट्जरलैंड लगातार 12वें साल रैंकिंग में शीर्ष पर है।

अत: विकल्प (C) सही है।

85. एनएसडीसी इंटरनेशनल (एनएसडीसीआई) और पेरदामन ने भारतीय कुशल युवाओं और ऑस्ट्रेलिया में बाजार के अवसरों के बीच एक इंटरफेस बनाने के लिए भागीदारी की है। एनएसडीसीआई विदेशों में रोजगार के लिए राष्ट्रीय और अंतर्राष्ट्रीय भागीदारी को संचालित करने में भूमिका निभाता है। पेरदामन पश्चिमी ऑस्ट्रेलिया में स्थित एक बहुराष्ट्रीय समूह है, जिसका विभिन्न प्रकार के बाजारों में भागीदारी में लंबे समय से ट्रैक रिकॉर्ड है।

अतः विकल्प (A) सही है।

86. सादिया तारिक ने मास्को में आयोजित मास्को वुशु स्टार्स चैंपियनशिप में स्वर्ण पदक जीता।

भारत की सादिया तारिक ने 22 से 28 फरवरी, 2022 तक मास्को में आयोजित मास्को वुशु स्टार्स चैंपियनशिप में स्वर्ण पदक जीता। श्रीनगर की रहने वाली सादिया तारिक जूनियर नेशनल वुशु चैंपियनशिप में दो बार की स्वर्ण पदक विजेता हैं। उन्होंने हाल ही में लवली प्रोफेशनल में 20वीं जूनियर नेशनल वुशु चैंपियनशिप में स्वर्ण पदक हासिल किया।

अतः विकल्प (A) सही है।

87. भाला फेंकने वाले नीरज चोपड़ा ने टोक्यो ओलंपिक में पुरुषों की भाला फेंक में स्वर्ण पदक जीतकर इतिहास रच दिया।

- उन्होंने अपना सर्वश्रेष्ठ 87.58 मीटर थ्रो देकर स्वर्ण पदक जीता।
- इसके साथ, वह स्वर्ण जीतने वाले पहले भारतीय एथलीट और निशानेबाज अभिनव बिंद्रा के बाद भारत के दूसरे व्यक्तिगत ओलंपिक स्वर्ण पदक विजेता बन गए हैं, जिन्होंने बीजिंग 2008 में स्वर्ण पदक जीता था।
- नीरज ने 2012 में लंदन खेलों में जीते गए छह पदकों की संख्या को पछाड़ते हुए, देश के अब तक के सर्वोच्च- टोक्यो ओलंपिक में भारत का पदक सातवां स्थान हासिल किया।

अतः विकल्प (C) सही है।

88. राजस्थान के मेहरानगढ़ किला को 'चिड़ियाटूंक' के नाम से भी जाना जाता है।

- मेहरानगढ़ किला चिड़ियाटंक हिल पर बनाया गया था।
- इसे 1459 ई. में राव जोधा ने बनवाया था।
- इसे गढ़ चिंतामडी / सूर्यगढ़ / कागमुखी के नाम से भी जाना जाता है।
- इसका आकार मोर जैसा दिखता है।
- मेहरानगढ़ किला, एक लंब पहाड़ी पर 5 किमी में फैला है और 125 मीटर नीचे देख रहा है, शहर क्षितिज पर एक राजसी दृश्य प्रस्तुत करता है।
- यह एक संत की सलाह पर 1459 में एक अभेद्य सिर-तिमाही स्थापित करने के लिए बनाया गया था।
- यह किला अपनी उत्कृष्ट रूप से जाली वाली खिड़कियों, नक्काशीदार पैनलों, मोती महल, फूल महल, शीश महल की खिड़कियों और दीवारों से सुसज्जित है।

अतः विकल्प (B) सही है।

89. वर्ष 2022 में कुल 4 व्यक्तियों को पद्म विभूषण पुरस्कारों से सम्मानित किया गया है।

2022 के लिए 128 लोगों को तीन श्रेणियों - पद्म विभूषण (4), पद्म भूषण (17) और पद्म श्री में दिए जाने वाले पुरस्कारों से सम्मानित किया गया है। गृह मंत्रालय ने 25 जनवरी 2022 को देश के सर्वोच्च नागरिक पद्म पुरस्कार प्राप्त करने वालों की सूची की घोषणा की।

अतः विकल्प (C) सही है।

90. लोकसभा के उपाध्यक्ष के बारे में 'उपाध्यक्ष का चुनाव दोनों सदनों द्वारा अपने सदस्यों में से किया जाता है' कथन सही नहीं है।

संविधान में लोकसभा के अध्यक्ष और उपाध्यक्ष दोनों के चुनाव का प्रावधान है। उपाध्यक्ष के चुनाव की तिथि अध्यक्ष द्वारा निर्धारित की जाती है। लोकसभा में, उपाध्यक्ष का चुनाव लोकसभा में प्रक्रिया और कार्य संचालन के नियमों के नियम 8 द्वारा शासित होता है।

अतः विकल्प (A) सही है।

91. कल्याणकारी राज्य सरकार की एक अवधारणा है जिसमें राज्य अपने नागरिकों की आर्थिक और सामाजिक भलाई के संरक्षण और संवर्धन में महत्वपूर्ण भूमिका निभाता है। सरकार एक सामाजिक सुरक्षा जाल की उपलब्धता सुनिश्चित करती है जिसमें शिक्षा, आवास, जीविका, स्वास्थ्य सेवा आदि शामिल हो सकते हैं। भारतीय संविधान कल्याणकारी राज्य की अवधारणा को राज्य के नीति निर्देशक सिद्धांतों (DPSP) में घोषित करता है।

अतः विकल्प (A) सही है।

92. सोंगो झील जिसे अक्सर सोंगो झील या चांगगु झील कहा जाता है, सिक्किम के पूर्वी सिक्किम क्षेत्र के भारतीय राज्य में राजधानी गंगटोक से लगभग 40 किलोमीटर दूर एक ग्लेशियर झील है। झील 3,753 मीटर (12,313 फीट) की ऊंचाई पर स्थित है, और सर्दियों के मौसम में जमी रहती है।

झील की सतह मौसम के साथ रंग बदलती है, और स्वदेशी सिक्किमी लोग इसे पसंद करते हैं। झील गुरु पूर्णिमा उत्सव और रक्षा बंधन उत्सव का स्थान भी है, जब सिक्किम के झाकरी के रूप में जाने जाने वाले आस्था हीलर्स झील के पानी के उपचार गुणों से लाभ प्राप्त करने के लिए झील क्षेत्र में इकट्ठा होते हैं।

अतः विकल्प (C) सही है।

93. तंजानिया में स्थित, माउंट किलिमंजारो 5,895 मीटर (19,340 फीट) पर अफ्रीकी महाद्वीप की सबसे ऊंची चोटी है। राजसी पर्वत एक बर्फ से ढका ज्वालामुखी है। तंजानिया में स्थित, माउंट किलिमंजारो लगभग 5,895 मीटर (19,340 फीट) पर अफ्रीका का सबसे ऊंचा पर्वत है।

अतः विकल्प (C) सही है।

94. 'ऑपरेशन ग्रीन्स' TOP फसलों (टमाटर प्याज आलू) की आपूर्ति स्थिरीकरण के लिए एक सरकारी योजना है।

- "ऑपरेशन ग्रीन्स" "ऑपरेशन फ्लड" की तर्ज पर शुरू किया गया था।
- यह टमाटर, प्याज और आलू (TOP) मूल्य श्रृंखला के एकीकृत विकास के लिए तैयार की गई एक योजना थी।
- ऑपरेशन ग्रीन्स एक मूल्य निर्धारण योजना है जिसका उद्देश्य यह सुनिश्चित करना है कि किसानों को उनकी उपज का सही मूल्य मिले।
- केंद्रीय बजट 2018-19 के दौरान "ऑपरेशन ग्रीन्स" शुरू किया गया था।
- केंद्र सरकार ने 500 करोड़ रुपये के 'ऑपरेशन ग्रीन्स' कार्यक्रम के लिए दिशानिर्देशों को मंजूरी दी।
- इसे सबसे पहले भारत के पूर्व वित्त मंत्री अरुण जेटली ने पेश किया था।
- आत्मनिर्भर भारत अभियान के हिस्से के रूप में पायलट आधार पर छह महीने की अवधि के लिए सभी फलों और सब्जियों को कवर करने के लिए इस योजना को जून 2020 के दौरान बढ़ाया गया था।
- TOP (टमाटर, प्याज और आलू) फसलों को पूरे भारत में एक नियमित खाद्य वस्तु माना जाता है।

अतः विकल्प (B) सही है।

95. भारत में कर निर्दिष्टीकरण के संवैधानिक प्रावधानों के तहत भू-राजस्व कर है जो पूरी तरह से राज्यों द्वारा लगाया और वसूला जाता है।

राज्य विधान किसके लिए कराधान कानून अधिनियमित करता है- भू-राजस्व, जिसमें राजस्व का आकलन और संग्रह, भूमि अभिलेखों का रखरखाव, राजस्व उद्देश्यों के लिए सर्वेक्षण और अधिकारों के रिकॉर्ड, और राजस्व का हस्तांतरण शामिल है। इसके अतिरिक्त, भूमि के खाली भूखंडों या उन पर भवनों के साथ भूमि के भूखंडों के स्वामित्व पर भूमि पर कर लगाया जाता है। यह विशेष रूप से राज्यों द्वारा लगाया और एकत्र किया जाता है। कर की गणना संपत्ति के मूल्य के आधार पर की जाती है और इसमें जल और जल निकासी कर, प्रकाश कर और

मैला ढोने कर जैसे कर शामिल हो सकते हैं। सभी भूमि और भवनों के लिए कर का भुगतान करने की आवश्यकता है जब तक कि सरकार द्वारा घोषित विशिष्ट छूट के साथ नहीं आता है।

अतः विकल्प (A) सही है।

96. लेमन घास का उपयोग प्राकृतिक मच्छर प्रतिकर्षी तैयार करने में किया जाता है।

सिंबोपोगोन साइट्रेटस या लेमन घास एक बारहमासी तेजी से बढ़ने वाली घास है जिसमें नींबू-सुगंधित पत्तियों का एक गुच्छा होता है जो एनालेट और कम शाखाओं वाले राइज़ोम से होता है। यह 1 मीटर की ऊंचाई और 5-10 मिमी की चौड़ाई तक बढ़ता है और इसमें अलग-अलग नीले-हरे पत्ते होते हैं जो बीज पैदा नहीं करते हैं। लेमन घास का तेल (सिंबोपोगोन साइट्रेटस) मच्छरों और घरेलू मक्खियों के खिलाफ एक प्रभावी विकर्षक है।

अतः विकल्प (C) सही है।

97. डॉ. बी.आर. अंबेडकर की 131 वीं जयंती के अवसर पर जारी एक नई पुस्तक "द बॉय हू रोट ए कॉन्स्टिट्यूशन", प्रसिद्ध नाटककार और लेखक राजेश तलवार द्वारा लिखी गई है। इस पुस्तक में भारत के पहले कानून मंत्री के चुनौतीपूर्ण लड़कपन और बड़े होने के वर्षों के बारे में बताया गया है। तथ्य-आधारित नाटक काफी हद तक अंबेडकर के बचपन की यादों पर आधारित है। यह पोनीटेल बुक्स द्वारा प्रकाशित किया गया है।

अतः विकल्प (D) सही है।

98. सेकेंडरी मेमोरी एड्रेस बस से स्वतंत्र होती है। यह स्टोरेज स्पेस को बढ़ाता है। इसे मैग्नेटिक स्टोरेज डिवाइस के रूप में कार्यान्वित किया जाता है। इसके उदाहरण है - हार्ड डिस्क और सॉलिड-स्टेट ड्राइव आदि।

अतः विकल्प (A) सही है।

99. गंगूबाई हंगल एक हिंदुस्तानी शास्त्रीय संगीत गायिका थीं, जो ख्याल शैली में विशिष्ट थीं। उनका जन्म कर्नाटक में हुआ था। वह किराना घराने से थीं। 1945 तक, उन्होंने पूरे भारत में और ऑल इंडिया रेडियो स्टेशनों के लिए प्रदर्शन किया। खयाल पर ध्यान केंद्रित करने से पहले हंगल ने भजन और ठुमरी जैसी हल्की शास्त्रीय विधाओं का प्रदर्शन किया। 21 जुलाई 2009 को गंगूबाई का निधन हो गया।

अतः विकल्प (A) सही है।

100. 16 बिट्स के संयोजन को शब्द कहा जाता है।

शब्द "आकार" एक सीपीयू के आंतरिक डेटा रजिस्टरों को एक समय में धारण और संसाधित कर सकने वाले डेटा की मात्रा को संदर्भित करता है। उपकरणों और उपभोक्ता उत्पादों में सन्निहित कंप्यूटरों का शब्द आकार 8, 16 या 32 बिट होता है।

अतः विकल्प (A) सही है।

English Language

Q.1 Direction: Select the alternative that will improve the underlined part of the sentence in case there is no improvement select "No improvement".

It <u>has been raining very hardly</u> since morning.

A. is been raining very hardly

B. No improvement

C. has been raining very hard

D. have been raining very hardly

Q.2 Direction: In the following question, the given sentence has four parts marked P, Q, R, and S. Choose the part of the sentence with the error and mark it as your answer. If there is no error, mark 'No error (S)' as your answer.

We have issued (P) / a order seeking immediate (Q) / printing of revised price tag. (R) / No error (S)

[SSC Sub Inspector (CPO), 2018], [SSC Sub Inspector (CPO), 2017]

A. P   **B.** Q   **C.** R   **D.** S

Ques (3-4):Direction: Given below idioms/phrases followed by four alternative meanings to each. Choose whichever is the most appropriate meaning and mark your answer.

Q.3 Open a Pandora's box

[UPSC NDA, 2021]

A. To do something that causes a lot of new problems that you did not expect

B. To do something out of compulsion

C. To do something beyond expectation

D. To do something out of the box, that causes awards and ceremonies for you

Q.4 Pull your socks up

[UPSC NDA, 2021]

A. To get well - dressed for the occasion

B. Improve your work or behaviour

C. To speak in an honest way without hesitation

D. To be in control of an organization, often secretly

Q.5 Direction: Choose the option that is the passive form of the sentence.

The class teacher was taking the children to the zoo.

A. The children will go to the zoo by their class teacher.

B. The children can be taking to the zoo by their class teacher.

C. The children being taken to the zoo by their class teacher.

D. The children were being taken to the zoo by their class teacher.

Q.6 Direction: Choose the option that is the indirect form of the sentence.

I told them to be quiet.

A. I said to them "Be you quiet!"

B. I told to them, "You must be quiet."

C. I said to them, "Be quiet!"

D. I said them, "You be quiet."

Q.7 Find out that word, the spelling of which is wrong.

A. Sargeant   **B.** Shallot   **C.** Shackle   **D.** Shellac

Q.8 Direction: Choose the appropriate word to fill in the blank.

The_____ of strange and unfamiliar dialects at the market held my interest.

A. racket   **B.** rumble   **C.** clanging   **D.** babble

Ques (9-13):Direction: In the following passage, there are blanks, each of which has been numbered. Choose the correct word from the given options which fits the blank appropriately.

Agriculture has often been conceptualized narrowly, ___(1)___ specific combinations of activities and organisms: wet-rice ___(2)___ in Asia, wheat farming in Europe, ___(3)___ ranching in the Americas, and the like, but a more holistic perspective holds that ___(4)___ are environmental engineers _(5)_ disrupt the terrestrial habitats in specific ways.

Q.9 Which of the following words most appropriately fits the blank numbered _(1)_?

[SSC Sub Inspector (CPO), 2018]

A. in spite of   **B.** instead of

C. in terms of   **D.** in front of

Q.10 Which of the following words most appropriately fits the blank numbered _(2)_?

[SSC Sub Inspector (CPO), 2018]

A. making   **B.** production

C. inventing   **D.** preparing

Q.11 Which of the following words most appropriately fits the blank numbered _(3)_?

[SSC Sub Inspector (CPO), 2018]

A. dairy   **B.** agriculture

C. tree   **D.** cattle

Q.12 Which of the following words most appropriately fits the blank numbered _(4)_?

[SSC Sub Inspector (CPO), 2018]

A. humans   **B.** animals   **C.** cattle   **D.** crops

Q.13 Which of the following words most appropriately fits the blank numbered _(5)_?

A. whom   **B.** whose   **C.** who   **D.** which

Ques (14-15):Direction: Select the word which means the same as the group of words given.

Q.14 A room or building with equipment for doing physical exercise.

A. Dormitory   **B.** Convent

C. Infirmary   **D.** Gymnasium

Q.15 Extreme fear of confined places.
A. Cellophobia
B. Claustrophobia
C. Chronophobia
D. Centrophobia

Q.16 Direction: In the following sentence, a part of the sentence is underlined. There are some alternatives to the underlined part which may improve the sentence. Choose the correct alternative. In case no improvement is needed to choose 'No improvement' as your answer.

Experts _had say_ that people (adults) need at least 6 hours of sleep every night.
A. have been saying
B. say
C. saying
D. No improvement

Q.17 Select the wrongly spelt word.

[SSC Sub Inspector (CPO), 2020]

A. Occurring
B. Exprimant
C. Sediment
D. Umbrella

Q.18 Directions: The question below comprises four scattered segments of a paragraph. Identify from among the four choices the sequences that correctly assemble the segments and complete the paragraph.
A. Mr D Gautam's personality sets him apart the rest.
B. Nothing is too small for his attention
C. He has a fanatical devotion to detail.
D. This is what makes him a different guy.
A. ACBD
B. ABCD
C. BDCA
D. DCBA

Ques (19-20):Direction: Select the most appropriate antonym of the given word.

Q.19 IRRELEVANT
A. immaterial
B. trivial
C. pointless
D. consequential

Q.20 ADMONISH
A. applaud
B. scold
C. chide
D. warn

Ques (21-22):Direction: Fill in the blanks with the most appropriate word out of the four alternatives suggested below each question.

Q.21 Where there is a _____, there is a way.
A. way
B. road
C. wing
D. will

Q.22 My grandfather walks very _____
A. quick
B. fastly
C. fast
D. nice

Ques (23-25):Direction: In the following question, out of the four alternatives, select the word similar in meaning to the given word.

Q.23 Engross
A. Dismiss
B. Oppress
C. Absorb
D. Endanger

Q.24 Bravery
A. Onslaught
B. Arrogant
C. Fortitude
D. Nepotism

Q.25 Serene
A. Calm
B. Delicate
C. Meek
D. Solemn

General Intelligence

Q.26 एक ही पासे के तीन अलग-अलग स्थान दिखाए गए हैं, जिनमें से छह फलक संख्या 1 से 6 में दिखाए गए हैं। '5' के विपरीत फलक पर क्या होगा?

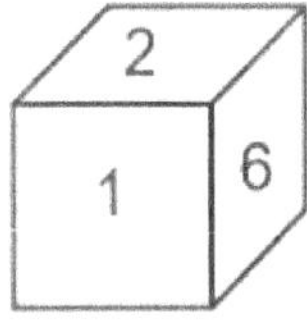 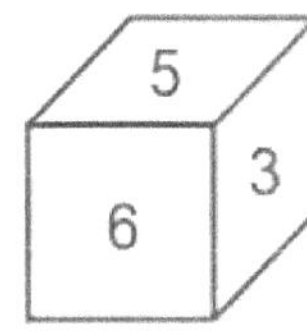 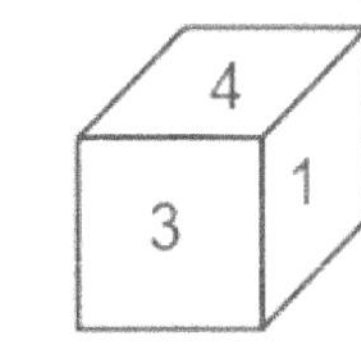

A. 3
B. 1
C. 4
D. 2

Q.27 यदि, ' ÷' को ' %' के रूप में कोडित किया गया है, तो ' ×' को ' #' के रूप में कोडित किया गया है, ' +' को ' &' ' −' को ' @' के रूप में कोडित किया गया है। तब $63\% 9 \# 11 @ 21 \& 17$ का मान ज्ञात कीजिए।
A. 73
B. 66
C. 82
D. 67

Q.28 यदि " A" का अर्थ " $\times$", " B" का अर्थ " $−$", " C" का अर्थ " $+$", और " D" का अर्थ " $÷$" दर्शाया जाता है
तब $4 A 7 C 2 B 27 D 3 ?$ का मान ज्ञात कीजिए।
A. 19
B. 21
C. 26
D. 17

Q.29 निर्देश: दिए गए विकल्पों में से विषम शब्द/ अक्षर संख्या /संख्या युग्म चुनिए।
A. 85431
B. 23870
C. 99300
D. 11559

Q.30 निर्देश: वह आरेख चुनिए जो नीचे दिए गए वर्गों के बीच के संबंध का सही निरूपण करता है।
वाद्य यंत्र, पियानो, गिटार

A. 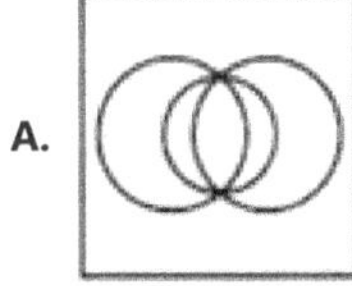
B. 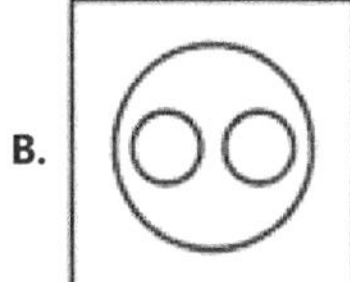
C. 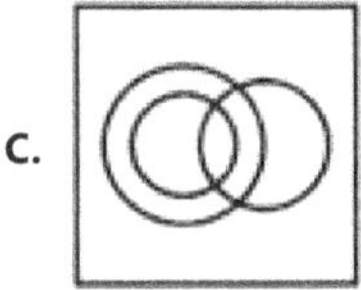
D. 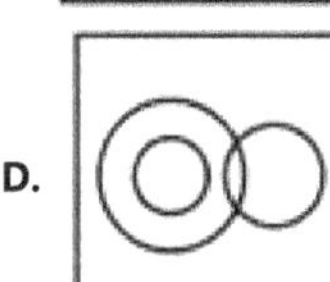

Q.31 निर्देश: उस विकल्प आकृति का चयन कीजिए जिसमें प्रश्न आकृति छिपी हुई/निहित है।

प्रश्न चित्र:

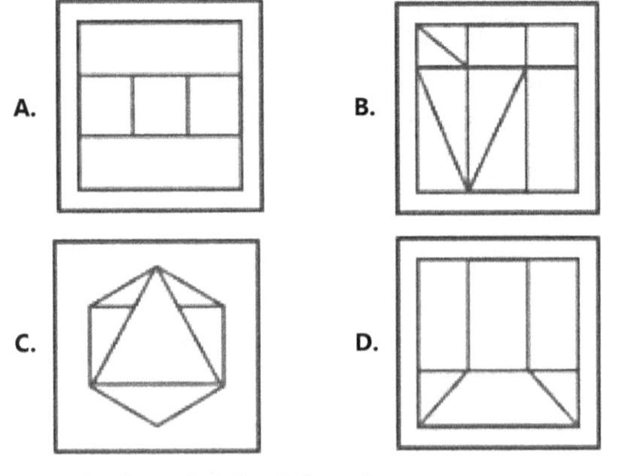

A.

B.

C.

D.

Q.32 दी गई आकृति में कितने त्रिभुज हैं?

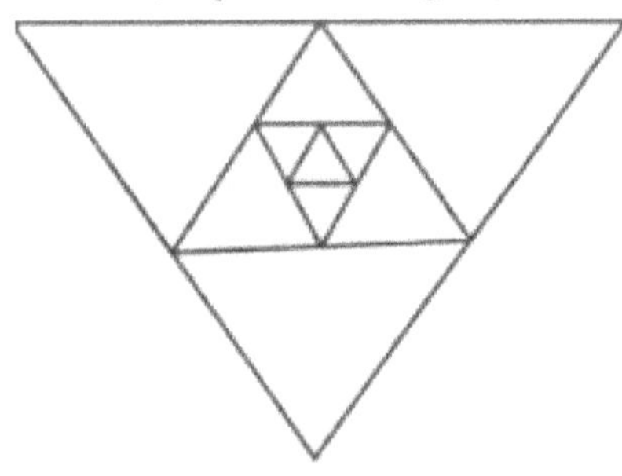

[UP Police ASI, 2018]

A. 12   **B.** 14   **C.** 13   **D.** 11

Q.33 एक कूट भाषा में, 'ROLLER' का कूट 'TQNJCP' लिखा जाता है, तो उस भाषा में 'DOCILE' को किस प्रकार लिखा जायेगा?

[SSC Selection Post Phase IX, 2019]

A. FPEHID   **B.** FPFGJC

C. FQEGJC   **D.** EPFGKD

Q.34 P, Q का पिता है, लेकिन Q उसका पुत्र नहीं है। S, P की पत्नी है। R, S का पुत्र है। Q, S से कैसे संबंधित है?

A. भाई

B. बेटी

C. पिता

D. निर्धारित नहीं किया जा सकता है

Q.35 निर्देश: एक कागज़ के टुकड़े को प्रश्न आकृति में दर्शाए गए अनुसार मोड़ा और काटा जाता है। खोलने के बाद वह किस उत्तर आकृति के समान दिखाई देगा?

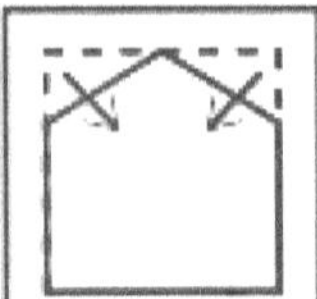 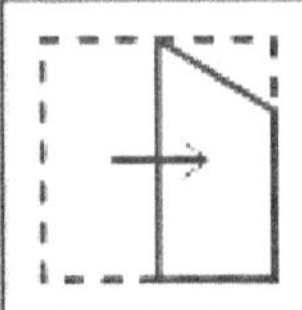 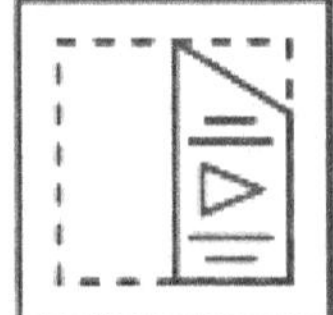

A. 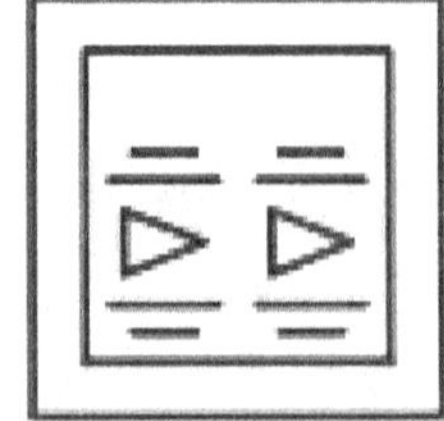

B. 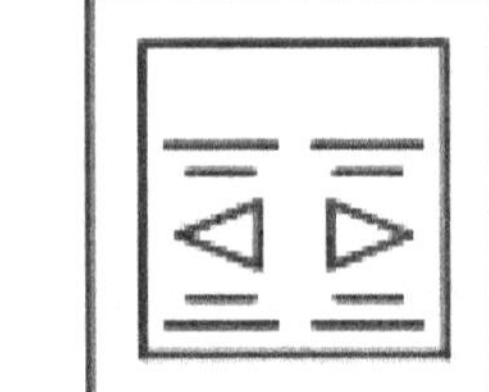

C. 

D. 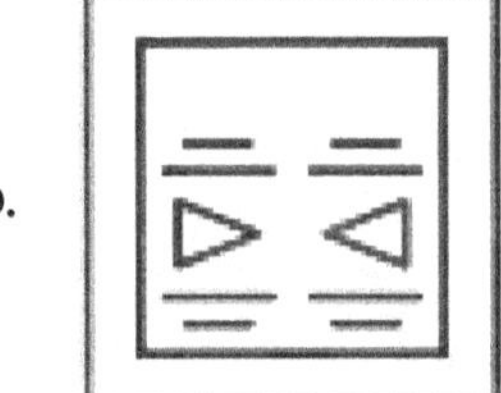

Q.36 निर्देश: उस विकल्प का चयन करें जो तीसरी आकृति से उसी प्रकार संबंधित है जैसे दूसरी आकृति पहली आकृति से संबंधित है।

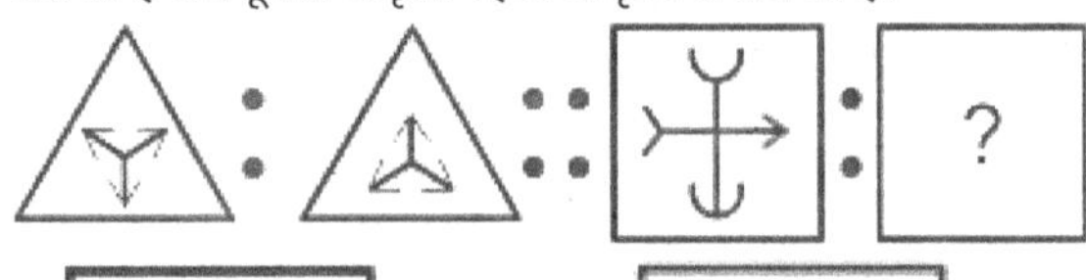

A.   B. 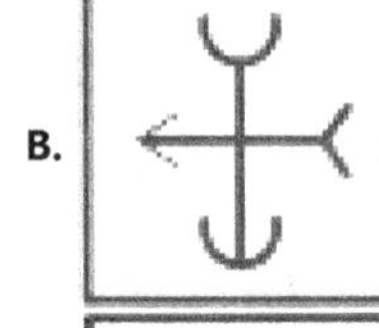

C.   D. 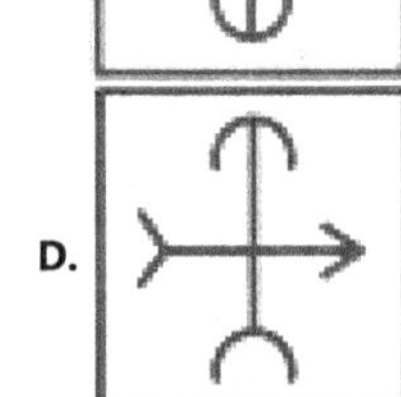

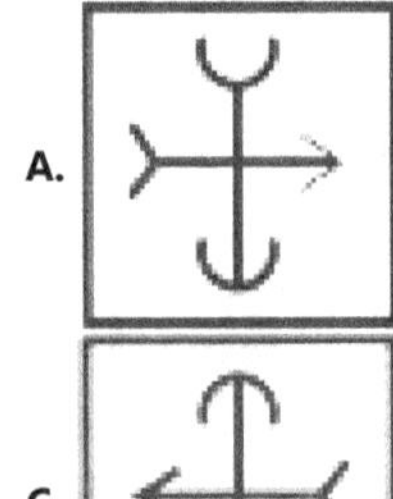

Ques (37-38):निर्देश: निम्नलिखित श्रृंखला में प्रश्नवाचक चिह्न '?' के स्थान पर क्या आएगा?

Q.37 23,25,30,40,57,?

A. 73   **B.** 79   **C.** 77   **D.** 83

Q.38 8, 28, 73, 153, ?

A. 278 **B.** 216 **C.** 218 **D.** 212

Ques (39-40):निर्देश: उस अक्षर-समह का चयन करें, जो दी गई अक्षर-समूह की श्रेणी में प्रश्नवाचक चिह्न (?) के स्थान पर आएगा।

Q.39 HBS, GDP, FFM, ?, DJG

A. EHJ **B.** EGI **C.** EHG **D.** DHJ

Q.40 TRKM, XVIK, BZGI, ?, JHCE

A. FEGG **B.** FDFG **C.** FDEG **D.** EDFH

Q.41 यदि रणधीर की वर्तमान आयु से 6 वर्ष घटाया जाता है और शेष को 18 से विभाजित किया जाता है, तो उसके पोते अनूप की वर्तमान आयु प्राप्त होती है, यदि अनूप महेश से 2 वर्ष छोटा है जिसकी आयु 5 वर्ष है, तो रणधीर की आयु क्या है?

A. 96 वर्ष **B.** 84 वर्ष **C.** 48 वर्ष **D.** 60 वर्ष

Q.42 1 फरवरी 2009 को रविवार है। तो कौन-से वर्ष में 1 फरवरी फिर से रविवार को होगा?

A. 2014 **B.** 2015 **C.** 2016 **D.** 2017

Ques (43-44):निर्देश: छवि का ध्यानपूर्वक अध्ययन करें और सही दर्पण छवि चुनें।

Q.43

[Jawahar Navodaya Entrance Class VI, 2022], [SSC MTS, 2021], [AFCAT, 2021]

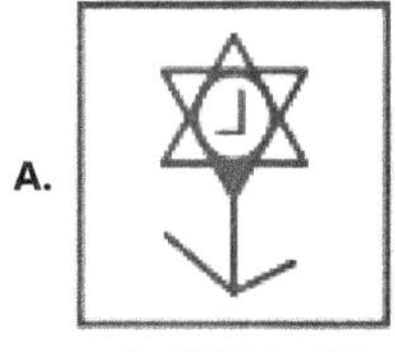
A.

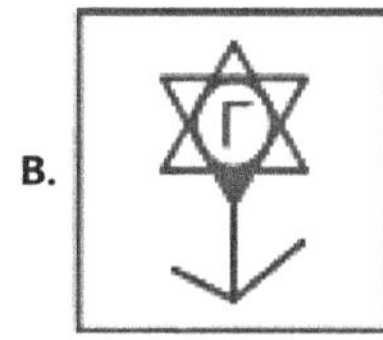
B.

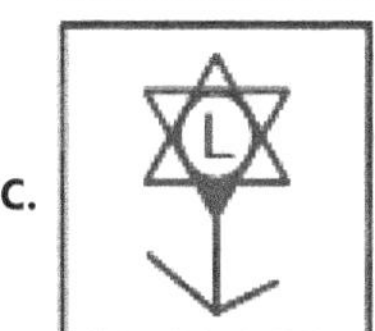
C.

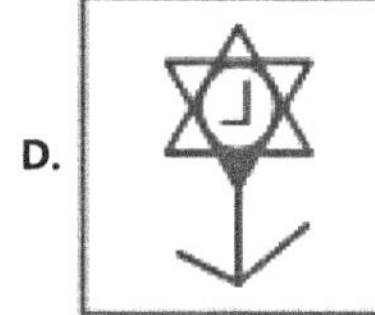
D.

Q.44

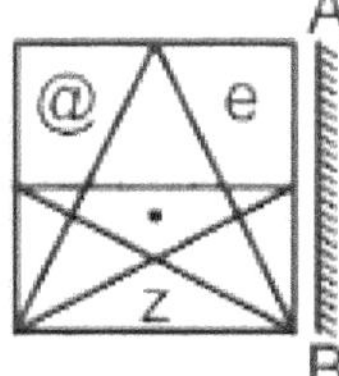

[Jawahar Navodaya Entrance Class VI, 2022], [SSC MTS, 2021], [AFCAT, 2021]

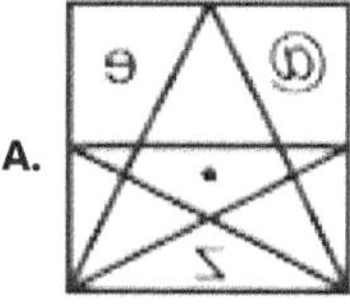
A.

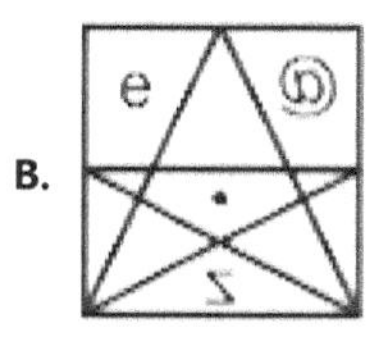
B.

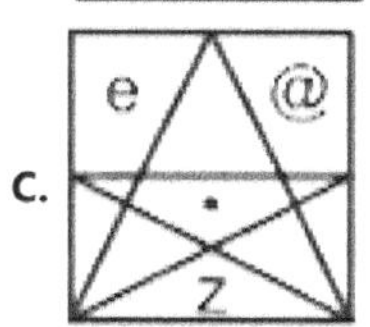
C.

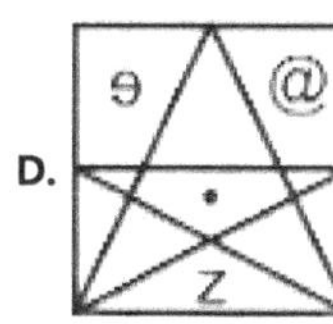
D.

Q.45 एक कूट भाषा में, PREVENT को OSDWDOS के रूप में लिखा जाता है। उस भाषा में WITHOUT कैसे लिखा जा सकता है?

[SSC Selection Post Phase IX, 2020]

A. XJSINVS **B.** VJRINPT
C. VJSINVS **D.** VJQINZS

Q.46 निर्देश: दिए गए कथन (कथनों) और निष्कर्षों को ध्यानपूर्वक पढ़िये और चयन कीजिए कि कौन से निष्कर्ष दिए गये कथनों का तार्किक रूप से अनुसरण करता है।

कथन:

कुछ विद्यालय, घर हैं।

कुछ महाविद्यालय, विद्यालय हैं।

निष्कर्ष:

I. कुछ महाविद्यालय, घर हैं।

II. कुछ महाविद्यालय, घर नहीं हैं।

A. केवल I अनुसरण करता है

B. केवल II अनुसरण करता है

C. या तो I या II अनुसरण करता है

D. न तो I और न ही II अनुसरण करता है

Q.47 निम्नलिखित शब्दों को शब्दकोष के क्रम के अनुसार व्यवस्थित कीजिये।

1. Direction 2. Directed 3. Director 4. Directing

A. 1, 4, 3, 2 **B.** 2, 4, 1, 3 **C.** 4, 2, 3, 1 **D.** 4, 1, 2, 3

Q.48 निम्नलिखित चिन्हों के अनुक्रम में से कौन सा दी गई समीकरण को सही तरीके से हल करने के लिए '*' को प्रतिस्थापित करेगा?

14 * 24 * 3 * 5 * 3 * 7

A. +, ÷, -, ×, = **B.** +, ÷, ×, -, =
C. ÷, +, ×, -, = **D.** +, ×, ÷, -, =

Q.49 दिए गए समीकरण को संतुलित करने के लिए * चिह्न को प्रतिस्थापित करने के गणितीय संकेतों के सही अनुक्रम का चयन कीजिये।

40 * 5 * 6 * 2 * 10 = 10

A. - ÷ × + **B.** × + ÷ - **C.** ÷ + × - **D.** ÷ × + -

Q.50 निर्देश: उस विकल्प का चयन करें जो तीसरी आकृति से उसी प्रकार संबंधित है जैसे दूसरी आकृति पहली आकृति से संबंधित है।

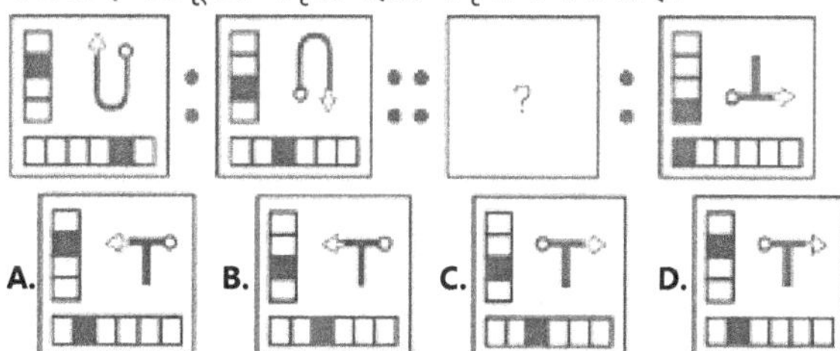

Quantitative Aptitude

Q.51 निर्देश: निम्नलिखित प्रश्न के उत्तर देने के लिए पाई चार्ट का ध्यानपूर्वक अध्ययन करें:

पाई चार्ट महाराष्ट्र के 4 शहरों में COVID-19 से संक्रमित व्यक्तियों की संख्या को दर्शाता है।

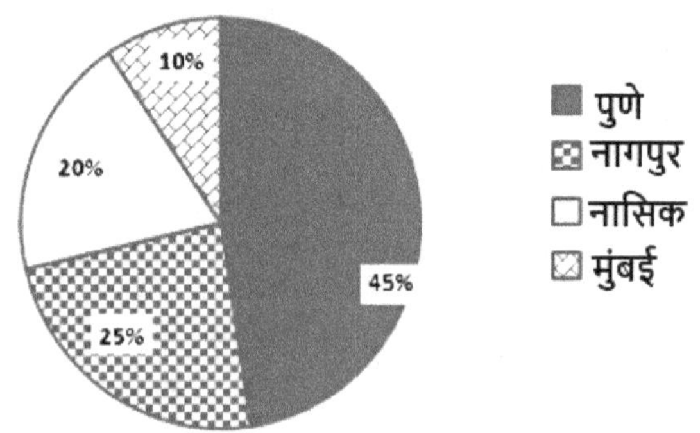

महाराष्ट्र में संक्रमित व्यक्तियों की कुल संख्या = 30,00,000

नागपुर और नासिक में COVID-19 से संक्रमित लोगों की औसत संख्या कितनी है?

A. 4,50,000 **B.** 6,75,000 **C.** 7,50,000 **D.** 6,60,000

Q.52 x का मान ज्ञात कीजिए यदि $\tan 3x = \sin 45° \cos 45° + \sin 30°$ है।

A. 15° **B.** 30° **C.** 10° **D.** 20°

Q.53 एक कमीज का क्रय मूल्य 262.40 रुपये है। बाजार मूल्य पर 18% छूट देने के बाद 14% लाभ प्राप्त करने के लिए इसे किस मूल्य पर अंकित किया जाना चाहिए?

[SSC Selection Post Phase IX, 2020]

A. 364.80 रुपये **B.** 356 रुपये
C. 358.40 रुपये **D.** 352 रुपये

Q.54 A 10 दिनों में एक काम कर सकता है और B इसे 15 दिनों में कर सकता है। यदि वे एक साथ काम करते हैं तो काम पूरा करने के लिए दिनों की संख्या है:

A. 6 दिन **B.** 9 दिन **C.** 7 दिन **D.** 5 दिन

Q.55 48 छात्रों वाली एक कक्षा का औसत वजन 36 किलो है। यदि शिक्षक और प्रधानाध्यापक का वजन शामिल किया जाता है। तो औसत 36.76 किलो हो जाता है। तो शिक्षक और प्रधानाध्यापक के वजन का योग ज्ञात कीजिये।

A. 108 किलो **B.** 112 किलो **C.** 110 किलो **D.** 114 किलो

Q.56 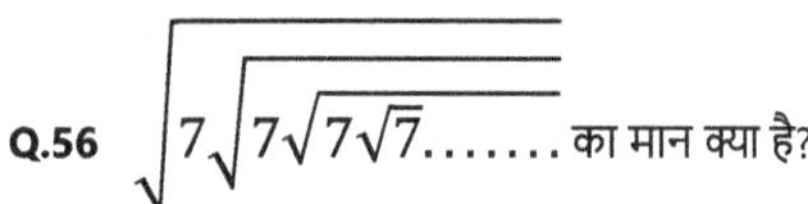 का मान क्या है?

A. 49 **B.** $\sqrt{7}$
C. 7 **D.** इनमे से कोई भी नहीं

Q.57 एक ठोस लंब-वृत्तीय बेलन की ऊँचाई π सेमी है। यदि इसका पार्श्विय पृष्ठीय क्षेत्रफल इसके कुल पृष्ठीय क्षेत्रफल का आधा है, तो इसके आधार की त्रिज्या कितनी है?

[Indian Military Academy (IMA), 2018]

A. $\frac{\pi}{2}$ सेमी **B.** π सेमी **C.** $\frac{1}{\pi}$ सेमी **D.** $\frac{2}{\pi}$ सेमी

Q.58 एक संख्या में पहले 20% की कमी हुई और फिर 10% की वृद्धि हुई। प्राप्त संख्या मूल संख्या से 12 कम है। मूल संख्या क्या है?

A. 200 **B.** 100 **C.** 400 **D.** 80

Q.59 द्विघात समीकरण ज्ञात कीजिए जिसका एक मूल $5 - 2\sqrt{5}$ है?

A. $x^2 + 10x + 5 = 0$ **B.** $x^2 - 5x + 10 = 0$
C. $x^2 - 10x + 5 = 0$ **D.** $x^2 + 5x - 10 = 0$

Q.60 एक नाविक 17.25 मिनट के लिए 1.5 किमी धारा के प्रतिकूल और 8.5 मिनट के लिए धारा के अनुकूल दिशा में चलता है। स्थिर जल में व्यक्ति की गति क्या है?

A. 8 किमी/घंटे **B.** 2.2 किमी/घंटे
C. 16 किमी/घंटे **D.** 4 किमी/घंटे

Q.61 निर्देश: निम्नलिखित लाइन ग्राफ वर्ष $1995 - 2000$ की अवधि के दौरान कंपनी द्वारा अर्जित वार्षिक प्रतिशत लाभ देता है।

एक कंपनी द्वारा विभिन्न वर्षों में अर्जित प्रतिशत लाभ

$$\% \text{ लाभ} = \frac{\text{आय-व्यय}}{\text{व्यय}} \times 100$$

दिए गए वर्षों में अर्जित औसत प्रतिशत लाभ क्या है?

A. $50\frac{2}{3}\%$ **B.** $55\frac{5}{6}\%$ **C.** $55\frac{5}{6}\%$ **D.** $52\frac{5}{6}\%$

Q.62 निर्देश: दी गई तालिका का ध्यानपूर्वक अध्ययन कीजिए तथा नीचे दिए प्रश्नों के उत्तर दीजिए।

विभिन्न महीनों में चार शेयर ब्रोकर में खुले खातों की संख्या (सैकड़ो में)

शेयर ब्रोकर	मई	जून	जुलाई	अगस्त	सितम्बर
एंजल	25	28	35	65	55
शेरखान	22	18	32	30	45
ज़ेरोधा	30	45	50	35	40
ट्रेडबुल	35	42	45	50	60

निम्नलिखित में से किस महीने में खुले खातों की संख्या का औसत अधिकतम है?

[UPSSSC Preliminary Eligibility Test, 2021]

A. जून **B.** सितम्बर **C.** अगस्त **D.** मई

Q.63 सरलीकृत करें: $\sqrt{676} \times 12 - 864 \div 36 = ? + 61$

A. 234 **B.** 227 **C.** 244 **D.** 256

Q.64 एक त्रिभुज के तीनों कोणों कि कोज्याओं का योग ज्ञात कीजिए जिसकी भुजाएं 11 सेमी, 60 सेमी और 61 सेमी हैं।

A. $\frac{59}{60}$ **B.** $\frac{60}{61}$ **C.** $\frac{71}{60}$ **D.** $\frac{71}{61}$

Q.65 एक वस्तु का अंकित मूल्य 400 रुपये है। अंकित मूल्य पर 20% की छूट देने के बाद, एक दुकानदार 48 रुपये का लाभ अर्जित करता है। उसका लाभ प्रतिशत कितना है?

A. $15\frac{11}{17}\%$ **B.** $19\frac{11}{17}\%$ **C.** $17\frac{11}{17}\%$ **D.** $14\frac{11}{17}\%$

Q.66 एक हवाई जहाज 4 घंटे में 250 किमी/घंटे की गति से एक निश्चित दूरी तय करता है। 1 घंटे और 40 मिनट में समान दूरी को तय करने के लिए, इसकी गति क्या होनी चाहिए?

[UP Police Constable, 2019]

A. 500 किमी/घंटे
B. 550 किमी/घंटे
C. 600 किमी/घंटे
D. 675 किमी/घंटे

Q.67 यदि TP और TQ, O केंद्र वाले वृत्त की दो स्पर्श रेखाएँ हैं ताकि $\angle POQ = 110°$, फिर $\angle PTQ$ के बराबर है:

A. 60° **B.** 70° **C.** 80° **D.** 90°

Q.68 $\dfrac{\cos 30° - \sin 30°}{\sin 60° + \cos 60°}$ का मान ज्ञात कीजिए।

A. $2 - \sqrt{3}$ **B.** $2 + \sqrt{3}$ **C.** $1 - \sqrt{3}$ **D.** $1 + \sqrt{3}$

Q.69 रेत और लौह के 1 किलोग्राम मिश्रण में, 20% लौह है। कितनी रेत मिलायी जानी चाहिए ताकि लौह का अनुपात 10% हो जाए?

A. 2 किलोग्राम
B. 1.5 किलोग्राम
C. 1 किलोग्राम
D. 0.5 किलोग्राम

Q.70 दो धनात्मक संख्याओं का गुणनफल 1344 है और उनका अनुपात 7 : 12 है। इनमें से छोटी संख्या कौन सी है?

A. 16 **B.** 28 **C.** 112 **D.** 48

Q.71 यदि $x = 2$ तो $x^3 + 27x^2 + 243x + 631$ का मान है:

A. 1211 **B.** 1231 **C.** 1233 **D.** 1321

Q.72 2, 3, 4, 5 और 6 से विभाज्य 4 अंकों की सबसे बड़ी संख्या क्या है?

A. 9,810 **B.** 9,870 **C.** 9,960 **D.** 9,999

Q.73 14 सेमी व्यास वाले एक अर्धगोले का कुल पृष्ठीय क्षेत्रफल कितना है?

A. 462 सेमी^{2}
B. 1232 सेमी^{2}
C. 1848 सेमी^{2}
D. 308 सेमी^{2}

Q.74 यदि एक बेलन की आधार की त्रिज्या 6 सेमी और ऊँचाई 7 सेमी है, तो उसका आयतन ज्ञात कीजिए?

A. 821 सेमी^{3}
B. 521 सेमी^{3}
C. 792 सेमी^{3}
D. 729 सेमी^{3}

Q.75 साधारण ब्याज पर एक धनराशि 4 वर्ष में 850 रुपये और 3 वर्ष में 800 रुपये है। धनराशि है:

A. 650 रुपये **B.** 750 रुपये **C.** 720 रुपये **D.** 800 रुपये

General Awareness

Q.76 1 जून 2022 को किस केंद्रीय मंत्रालय ने 2 महीने लंबे 'हर घर दस्तक अभियान 2.0' की शुरुआत की है?

A. श्रम और रोजगार मंत्रालय
B. अल्पसंख्यक मामलों के मंत्रालय
C. पंचायती राज मंत्रालय
D. स्वास्थ्य मंत्रालय

Q.77 2022 लॉरियस स्पोर्ट्समैन ऑफ द ईयर किसे चुना गया है?

[Delhi Forest Guard, 2021]

A. मार्सेल ह्यूगो
B. मैक्स वर्स्टपिन
C. राफेल नडाल
D. रॉबर्ट लेवनडॉस्की

Q.78 किस फॉर्मूला वन रेसिंग ड्राइवर ने 3 जुलाई 2022 को ब्रिटिश F1 ग्रांड प्रिक्स जीता है?

A. लुईस हैमिल्टन
B. सर्जीओ पेरेज़
C. कार्लोस सैन्ज़
D. मैक्स वेरस्टैपेन

Q.79 भारत एक धर्मनिरपेक्ष राज्य है, किस वाक्यांश में निहित है?

A. सामाजिक न्याय
B. व्यक्तियों की गरिमा
C. स्थिति की समानता
D. आस्था और पूजा की स्वतंत्रता

Q.80 निम्नलिखित में से किसे अशोक चंद्र द्वारा भारत का आर्थिक मंत्रिमंडल कहा जाता था?

A. योजना आयोग
B. वित्त आयोग
C. केंद्रीय मंत्रिमंडल
D. प्रशासनिक सुधार आयोग

Q.81 समुद्रगुप्त के दरबारी कवि कौन थे?

A. बाणभट्ट **B.** हरीसेन **C.** चंदबरदाई **D.** भवभूति

Q.82 वर्ष 2022 में कितने पद्म पुरस्कारों की घोषणा की गई है?

A. 202 **B.** 165 **C.** 128 **D.** 107

Q.83 मूल भारतीय संविधान में कितने भाग, अनुच्छेद और अनुसूचियां थीं?

[Jharkhand PSC (JPSC), 2016]

A. 22 भाग, 395 अनुच्छेद और 8 अनुसूचियां
B. 24 भाग, 450 अनुच्छेद और 12 अनुसूचियां
C. 22 भाग, 390 लेख और 8 अनुसूचियां
D. 24 भाग, 425 अनुच्छेद और 12 अनुसूचियां

Q.84 निम्न में से कौन सी एक कंप्यूटर की विशेषता नहीं है?

[Allahabad High Court Review Officer (RO), 2019]

A. गति
B. स्टोरेज
C. अर्थव्यवस्था
D. विश्वसनीयता

Q.85 निम्न में से किस पर रोम, सीपीयू रैम और एक्सपेंशन कार्डस लगे होते हैं?

A. हार्ड डिस्क
B. फ्लॉपी डिस्क
C. मदर बोर्ड
D. उपरोक्त में से कोई नहीं

Q.86 निम्न में से किसे कोशिकीय प्रक्रम में ऊर्जा मुद्रा के रूप में जाना जाता है?

[Haryana Primary Teacher (PRT), 2019]

A. माइटोकॉन्ड्रिया
B. डी.ए.पी.
C. कुपिकाएँ
D. ए.टी.पी.

Q.87 रबर के वल्कीनकरण के लिए उपयोग किया जाने वाला प्राथमिक पदार्थ क्या है?

A. अमोनियम हाइड्रोऑक्साइड
B. आइसोप्रीन
C. जिंक ऑक्साइड
D. सल्फर

Q.88 निम्नलिखित में से कौनसा युग्म ऊर्जा की इकाइयों को दर्शाता है?

A. जूल और पास्कल
B. कैलोरी और जूल
C. वेबर और एम्पीयर
D. इलेक्ट्रॉन वोल्ट और प्रकाश वर्ष

Q.89 कोयना और मूसी किस नदी की सहायक नदियां है?

A. महानदी   **B.** गोदावरी   **C.** कृष्णा   **D.** कावेरी

Q.90 सत्रीया नृत्य का संबंध किस राज्य से है?
A. मणिपुर   **B.** असम
C. ओडिशा   **D.** उत्तर प्रदेश

Q.91 'वॉर एंड पीस' किसने लिखी है?
A. चार्ल्स डिकेन्स   **B.** महात्मा गांधी
C. अल्गर्नन सिडनी   **D.** लियो टॉल्स्टॉय

Q.92 किस शहर को 'भारत का इलेक्ट्रॉनिक शहर' कहा जाता है?
A. मुंबई   **B.** हैदराबाद   **C.** गुड़गांव   **D.** बैंगलोर

Q.93 भारत में 'श्वेत क्रांति का जनक' किसे जाना जाता है?
A. तात्यासाहेब कोरे   **B.** कुरियन चाको
C. वर्गिज कुरियन   **D.** विश्वास नारायण पाटिल

Q.94 पृथ्वी का सबसे बड़ा पारिस्थितिकी तंत्र है:
A. जीवमंडल   **B.** जलमण्डल
C. स्थलमंडल   **D.** बायोम

Q.95 UNFCCC के 27वें कांफ्रेंस ऑफ द पार्टीज (COP) का मेजबान कौन सा देश था?
A. यूएई   **B.** मिस्र
C. ऑस्ट्रेलिया   **D.** ब्राज़ील

Q.96 विश्व हैप्पीनेस रिपोर्ट 2022 में भारत का रैंक क्या है?
A. 136   **B.** 137   **C.** 134   **D.** 132

Q.97 निम्नलिखित में से कौन सा देश फारस की खाड़ी के साथ सीमा साझा नही करता है?
A. ईरान   **B.** इराक
C. सऊदी अरब   **D.** जॉर्डन

Q.98 भारत के किस शहर को 'पूर्व का एथेंस' कहा जाता है?
A. मदुरै   **B.** इलाहाबाद   **C.** कोच्चि   **D.** पटना

Q.99 'मैंगलोर की संधि' पर ब्रिटिश ईस्ट इंडिया कंपनी और _______ के बीच हस्ताक्षर किए गए थे।
A. हैदराबाद का निज़ाम   **B.** टीपू सुल्तान
C. बाजी राव ॥   **D.** अर्कोट का नवाब

Q.100 'भारतीय मैकियावेली' किसे कहा जाता था?
A. कौटिल्य   **B.** विशाखदत्त
C. मेगस्थनीज़   **D.** चंद्रगुप्त मौर्य

// स्मार्ट उत्तर पुस्तिका //

सही उत्तर	उन छात्रों का प्रतिशत जिन्होंने प्रश्नों का सही उत्तर दिया था।	छोड़ दिया	उन छात्रों का प्रतिशत जिन्होंने प्रश्नों को छोड़ दिया था।

प्रश्न संख्या	उत्तर	सही उत्तर / छोड़ दिया	प्रश्न संख्या	उत्तर	सही उत्तर / छोड़ दिया	प्रश्न संख्या	उत्तर	सही उत्तर / छोड़ दिया	प्रश्न संख्या	उत्तर	सही उत्तर / छोड़ दिया	प्रश्न संख्या	उत्तर	सही उत्तर / छोड़ दिया	प्रश्न संख्या	उत्तर	सही उत्तर / छोड़ दिया
1	C	67.38 % / 30.46 %	18	A	48.62 % / 47.37 %	35	C	66.5 % / 33.36 %	52	A	40.4 % / 55.36 %	69	C	43.95 % / 41.18 %	86	D	68.38 % / 31.06 %
2	B	47.51 % / 41.04 %	19	D	60.92 % / 30.66 %	36	D	45.66 % / 34.92 %	53	A	50.62 % / 33.28 %	70	B	62.94 % / 34.44 %	87	D	66.35 % / 30.66 %
3	A	78.34 % / 19.46 %	20	A	46.95 % / 33.74 %	37	D	50.61 % / 32.53 %	54	A	82.03 % / 14.92 %	71	C	67.84 % / 30.56 %	88	B	58.22 % / 40.17 %
4	B	52.01 % / 42.41 %	21	D	45.76 % / 32.78 %	38	A	60.19 % / 36.3 %	55	C	42.22 % / 51.48 %	72	C	52.88 % / 32.03 %	89	C	64.86 % / 32.27 %
5	D	67.43 % / 31.71 %	22	C	62.19 % / 33.65 %	39	A	56.66 % / 36.14 %	56	C	25.24 % / 67.69 %	73	A	58.61 % / 30.02 %	90	B	57.99 % / 33.12 %
6	C	76.54 % / 22.65 %	23	C	65.9 % / 31.14 %	40	C	50.91 % / 33.04 %	57	B	89.71 % / 10.07 %	74	C	42.56 % / 35.98 %	91	D	86.92 % / 12.85 %
7	A	53.07 % / 37.75 %	24	C	47.78 % / 42.32 %	41	D	51.08 % / 48.85 %	58	B	87.84 % / 12.06 %	75	A	41.65 % / 42.21 %	92	D	44.19 % / 44.66 %
8	D	44.51 % / 50.69 %	25	A	41.54 % / 56.14 %	42	B	40.84 % / 48.16 %	59	C	65.79 % / 32.91 %	76	D	14.04 % / 81.55 %	93	C	69.98 % / 30.0 %
9	C	60.74 % / 33.99 %	26	B	69.67 % / 30.29 %	43	A	69.28 % / 30.6 %	60	B	45.38 % / 52.79 %	77	B	46.26 % / 50.92 %	94	A	60.31 % / 32.15 %
10	B	49.17 % / 40.03 %	27	A	66.98 % / 32.83 %	44	A	44.52 % / 35.95 %	61	B	60.8 % / 33.28 %	78	C	45.08 % / 36.11 %	95	B	49.46 % / 47.47 %
11	D	63.22 % / 30.34 %	28	B	69.59 % / 30.04 %	45	C	44.38 % / 33.68 %	62	B	66.5 % / 31.23 %	79	D	65.7 % / 30.75 %	96	A	67.49 % / 30.34 %
12	A	49.0 % / 31.24 %	29	B	65.38 % / 34.57 %	46	D	55.63 % / 41.18 %	63	B	47.94 % / 42.61 %	80	A	61.92 % / 35.34 %	97	D	42.44 % / 53.78 %
13	C	62.6 % / 30.08 %	30	B	43.64 % / 47.39 %	47	B	58.2 % / 31.88 %	64	D	55.65 % / 34.74 %	81	B	51.1 % / 43.47 %	98	A	54.45 % / 40.58 %
14	D	65.9 % / 32.65 %	31	B	61.03 % / 38.7 %	48	A	66.69 % / 30.32 %	65	C	69.7 % / 30.07 %	82	C	80.4 % / 14.48 %	99	B	52.33 % / 45.64 %
15	B	67.2 % / 32.75 %	32	C	45.25 % / 38.62 %	49	C	51.95 % / 42.13 %	66	C	41.14 % / 36.93 %	83	A	41.26 % / 55.69 %	100	A	55.24 % / 36.47 %
16	B	51.81 % / 34.58 %	33	C	51.05 % / 48.23 %	50	B	56.38 % / 33.44 %	67	B	68.27 % / 30.78 %	84	C	63.09 % / 36.21 %			
17	B	63.64 % / 32.15 %	34	B	45.5 % / 51.93 %	51	B	64.91 % / 32.55 %	68	A	62.28 % / 31.72 %	85	C	68.01 % / 30.23 %			

//संकेत और समाधान//

1. It has been raining very hardly since morning.

The word 'since' is used which means that the sentence is highlighting an event that has begun from a time in the past. So, the use of 'has' is correct.

'hardly' means scarcely which is incorrectly used. Instead of 'hardly', 'hard' must be used which means that it was raining heavily.

Hence, the correct option is (C).

2. The given sentence (Q) is grammatically incorrect.

- Here, 'an order seeking immediate' should be used instead of 'a order seeking immediate'.

- The article 'an' should be used before singular, countable nouns which begin with vowel sounds.

- In the given sentence, 'order' is preceded by 'a' which is erroneous.

- Here, 'an' should be used instead.

Hence, the correct option is (B).

3. The meaning of 'Open a Pandora's box' is to do something that creates a lot of new problems that you did not expect.

Example: Sadly, his reforms opened up a Pandora's box of domestic problems.

Hence, the correct option is (A).

4. The meaning of 'Pull your socks up' is to make an effort to improve your work or behaviour because it is not good enough.

Example: He's going to have to pull his socks up if he wants to stay in the team.

Hence, the correct option is (B).

5. The correct answer is:

The children were being taken to the zoo by their class teacher.

The above-given sentence is in the active voice.

We need to change it into passive voice.

We need to follow the given steps for converting the sentence into passive voice:-

- The subject 'the class teacher' of the active voice becomes the object of the passive voice.

- The object 'the children' of the active voice becomes the subject of the passive voice.

- The tense(past continuous tense) will be changed according to the following structure:-
    - Active Voice - Subject + was/were + V_{ing} + Object.
    - Passive Voice - Object + was/were + being + V_3 + Subject.

- Thus, 'was taking' will be replaced by 'were being taken'.

- The rest of the sentence remains the same.

Hence, the correct option is (D).

6. The correct answer is:

I said to them, "Be quiet!".

The given sentence is an order given by the speaker. In the direct form, it will be simple transformed to ''Be quiet!''.

All the other options are incorrect as they use 'you' which is incorrect as the speaker is not referring to a particular person.

Hence, the correct option is (C).

7. Sargeant will be wrong spelt. The correct spelling is Sergeant.

Sergeant means an officer with a low position in the army or air force.

Hence, the correct option is (A).

8. The **babble** of strange and unfamiliar dialects at the market held my interest.

The meaning of the given words:

- Babble: talk rapidly and continuously in a foolish, excited, or incomprehensible way.

- Racket: a loud unpleasant noise; a din.

- Rumble: make a continuous deep, resonant sound.

- Clanging: a pattern of speech observed in some types of mental illness.

The use of the word 'babble (sound word)' in the blank space of the sentence is appropriate.

Hence, the correct option is (D).

9. The correct sentence is - Agriculture has often been conceptualized narrowly, in terms of specific combinations of activities and organisms.

In terms of means with regard to.

In spite of means regardless of; notwithstanding.

Instead of means in the replacement; in the place of.

In front of means in the presence of.

Hence, the correct option is (C).

10. The correct sentence is--Agriculture has often been conceptualized narrowly, in terms of specific combinations of activities and organisms like wet-rice production in Asia, wheat farming in Europe.

Production is the process of making or growing goods to be sold.

Inventing means creating or designing something.

Preparing means making something ready for use.

Hence, the correct option is (B).

11. The correct sentence is - Agriculture has often been conceptualized narrowly, in terms of specific combinations of activities and organisms like wet-rice production in Asia, wheat farming in Europe, cattle ranching in the Americas.

Cattle are large ruminant animals with horns and cloven hoofs, domesticated for meat or milk, or as beasts of burden; cows and oxen.

Dairy is a business enterprise established for the harvesting or processing of animal milk.

Agriculture is the science and art of cultivating plants and livestock.

A tree is a perennial plant with an elongated stem, or trunk, supporting branches and leaves.

Hence, the correct option is (D).

12. The correct sentence is - Agriculture has often been conceptualized narrowly, in terms of specific combinations of activities and organisms like wet-rice production in Asia, wheat farming in Europe, cattle ranching in the Americas and the like, but a more holistic perspective holds that humans are environmental engineers.

The passage is talking about agriculture, and also about a more holistic perspective that of the human-environmental engineers.

Animals, Cattle and Crops do not fit the context of the sentence.

Animals are all living beings except humans.

Cattle are ruminant animals with horns domesticated for meat or milk, or as beasts of burden; cows and oxen.

Crops are plants such as wheat and potatoes that are grown in large quantities for food.

Hence, the correct option is (A).

13. Thus the correct sentence is- A more holistic perspective holds that humans are environmental engineers who disrupt.

Who is the subject form and used for people.

Whom is the object form of the relative pronoun and mainly used for persons or animals with names and treated as people.

Whose is used for a person, animal and things and shows a sense of belonging.

Which is used for animals and things in general, it precedes a non-essential clause.

Hence, the correct option is (C).

14. The correct answer is gymnasium.

A gymnasium is a room or building with equipment for doing exercise.

A dormitory is a large bedroom for a number of people in a school or institution.

A convent is either a community of priests, religious brothers, religious sisters, monks or nuns; or the building used by the community.

An infirmary is a place in a large institution to take care of those who are ill.

Hence, the correct option is (D).

15. Let's look at the meaning of the correct answer:

Claustrophobia (noun): fear of being in closed spaces. For Example: He suffers from claustrophobia so he never travels on underground trains.

Hence, the correct option is (B).

16. 'say' is the correct solution because the sentence is in simple present tense and also 'had say' is grammatically wrong. 'have been saying' is wrong because it is in present perfect continuous tense. 'saying' is wrong because it is in present continuous tense. 'have say' is grammatically wrong.

So the correct solution is, Experts say that people (adults) need at least 6 hours of sleep every night.

Hence, the correct option is (B).

17. 'Exprimant': There is no such word in English or we can say that there is some spelling mistake in this word, correct spelling is 'Experiment'.

'Occurring' means happening; taking place.

'Sediment' means matter that settles to the bottom of a liquid.

'Umbrella' is a device consisting of a circular canopy of cloth on a folding metal frame supported by a central rod, used as protection against rain.

Hence, the correct option is (B).

18. The introduction is obviously the first sentence, and then the detail has been talked about making sentence C the second one followed by the sentence continuing the usage of the attention and the detail. And finally, what makes him different from the rest. So, the correct sequence is ACBD.

Hence, the correct option is (A).

19. The correct answer is 'consequential'.

The word 'Irrelevant' means not connected with or relevant to something.

Example: He deletes what strikes him as irrelevant or tedious or uninteresting to his readers.

The antonyms of the word 'Irrelevant' are "consequential, meaningful, significant".

From the antonym of the given word, we can say that the word 'consequential' is opposite in meaning.

The word 'consequential' means of or at a fairly low temperature.

Example: The report discusses a number of consequential matters that are yet to be decided.

Hence, the correct option is (D).

20. The correct answer is 'applaud'.

The word 'Admonish' means to take a position of power or importance illegally or by force.

Example: Admonish your friends privately, but praise them openly.

The antonyms of the word 'Admonish' are "applaud, praise, hail".

From the antonym of the given word, we can say that the word 'applaud' is the opposite in meaning.

The word 'applaud' means to show approval or praise by clapping.

Example: The audience stood and applauded her performance.

Hence, the correct option is (A).

21. Where there is a will, there is a way.

- The blank is used after the article 'a', which means that it must contain a noun that begins with a consonant.

- Although grammatically, all of the given nouns could fit the blank; contextually, only one noun makes the sentence meaningful.

- Here, the word 'will' is used as a noun, which means a deliberate or fixed desire or intention.

- Using the noun 'will' also fits the common proverb which says 'Where there's a will, there's a way. It means if one really wants to do something, one can achieve it.

- None of the other nouns can make the sentence meaningful.

Hence, the correct option is (B).

22. A part of speech is a word type that shares syntactic behavior. It explains how a word is used in a sentence. The parts of speech are: noun, pronoun, adjective, adverb, verb, conjunction, preposition, determiner, interjection.

An adverb is that part of speech that qualifies almost every part of speech, but its main function is to qualify adjective, adverb, and verb. Generally, it is used after adjectives or verbs. For example, My grandfather walks very fast. It should be noted that:

- Fast is a word that can act as an adjective as well as an adverb. In the sentence 'She is a fast runner', fast is an adjective as it qualifies noun (runner).

- While in the sentence, 'My grandfather walks very fast', fast is qualifying the verb 'walk'.

- It should be noted that 'quick' and 'nice' are adjectives, so, they can't be used.

- Note: Word 'fastly' is not an appropriate word though it is used by people.

So, we conclude that 'fast' is an appropriate word.

Hence, the correct option is (C).

23. Engross = absorb all the attention or interest of; to occupy completely, as the mind or attention

Dismiss = order or allow to leave; send away; treat as unworthy of serious consideration

Oppress = to govern people in an unfair and cruel way and prevent them from having opportunities and freedom

Absorb = take up the attention of (someone); interest greatly

Endanger = put (someone or something) at risk or in danger

So, the word 'Absorb' has a similar meaning as 'Engross'.

Hence, the correct option is (C).

24. Bravery = courageous behavior or character

Onslaught = a fierce or destructive attack

Arrogant = unpleasantly proud and behaving as if you are more important than, or know more than, other people

Fortitude = courage in pain or adversity

Nepotism = the act of using your power or influence to get good jobs or unfair advantages for members of your own family

So, the word 'Fortitude' has a similar meaning as 'Bravery'.

Hence, the correct option is (C).

25. Serene = calm, peaceful, and untroubled; tranquil.

Delicate = very fine in texture or structure; of intricate workmanship or quality; easily broken or damaged; fragile.

Meek = quiet, gentle, and easily imposed on; submissive.

Solemn = formal and dignified.

So, the word 'Calm' has a similar meaning as 'Serene'.

Hence, the correct option is (A).

26. पाँसे से

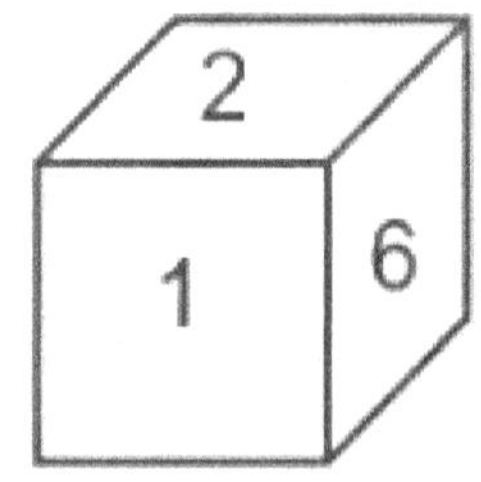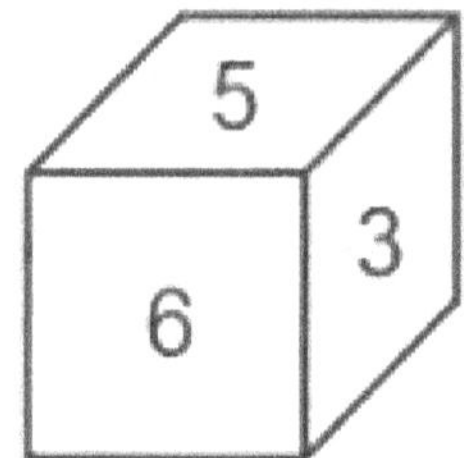

1, 5, 3 और 2, 6 के विपरीत नहीं हो सकते। इसलिए 4 को 6 के विपरीत होना चाहिए।

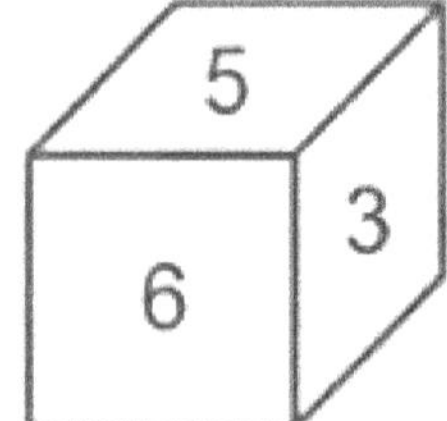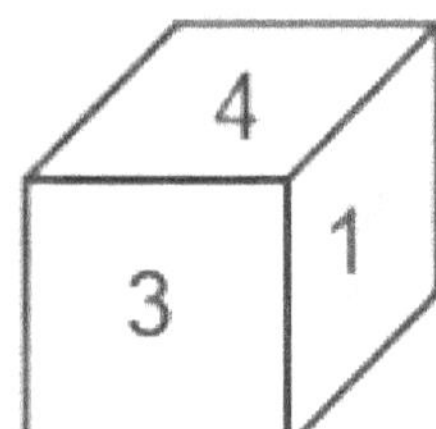

1, 5, 3 और 2, 6 के विपरीत नहीं हो सकते। इसलिए 4 को 6 के विपरीत होना चाहिए।

इसलिए 1, 5 दर्शाने वाले फलक के विपरीत होगा।

अतः विकल्प (B) सही है।

27. दिए गए समीकरण है- $63\% \ 9 \ \# \ 11 \ @ \ 21 \ \& \ 17$

इसका मतलब होगा $= \left(\frac{63}{9}\right) \times 11 - 21 + 17$

$= 77 - 21 + 17$

$= 73$

अतः विकल्प (A) सही है।

28. दिए गए समीकरण में-

$4 \ A \ 7 \ C \ 2 \ B \ 27 \ D \ 3$

इसका अर्थ $= (4 \times 7) + 2 - \left(\frac{27}{3}\right)$ होगा

$= 28 + 2 - 9$

$= 21$

अतः विकल्प (B) सही है।

29. दिए गए प्रश्न में, विकल्प (B) को छोड़कर सभी विकल्पों का योग 21 है।

$2 + 3 + 8 + 7 + 0 = 20$

अन्य विकल्प:

$8 + 5 + 4 + 3 + 1 = 21$

$9 + 9 + 3 + 0 + 0 = 21$

$1 + 1 + 5 + 5 + 9 = 21$

अतः विकल्प (B) सही है।

30. पियानो और गिटार, दोनों 'संगीत वाद्ययंत्र' के एक स्वतंत्र उप-समूह हैं:

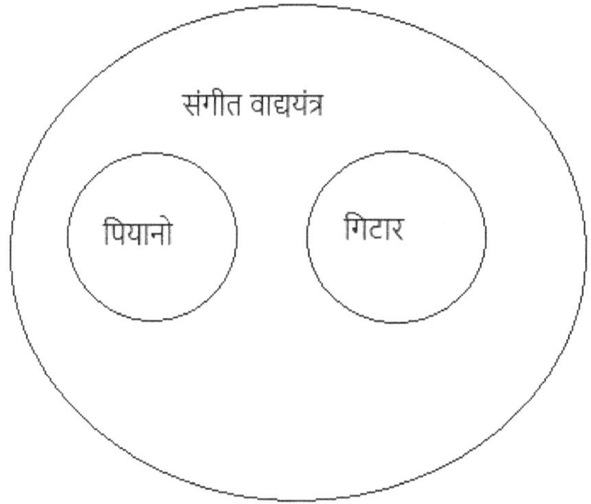

अतः विकल्प (B) सही है।

31. दिया गया है,

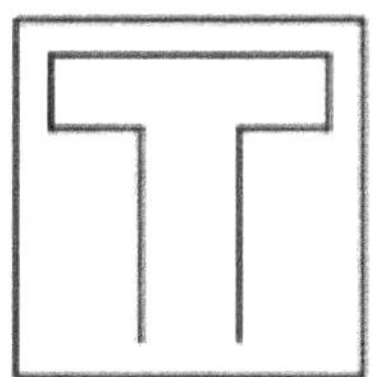

दी गई आकृति निम्न आकृति में निहित है

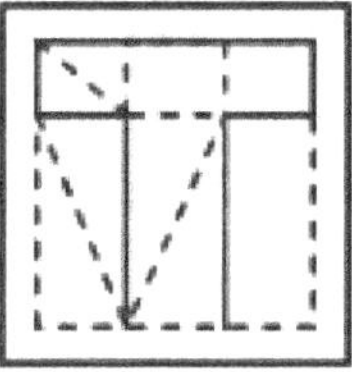

तो, सही उत्तर है

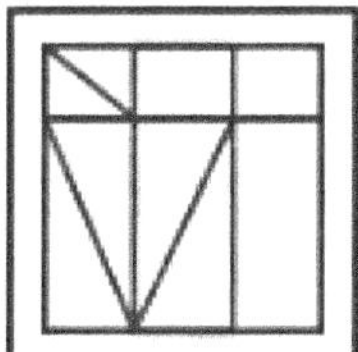

अतः विकल्प (B) सही है।

32. दिए गए आकृति में त्रिभुजों की कुल संख्या नीचे दर्शायी गई है:

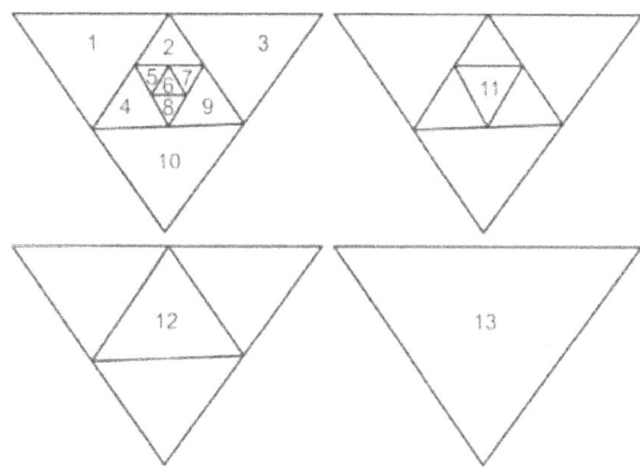

इसलिए, सही उत्तर '13' है।

अतः विकल्प (C) सही है।

33. यहाँ तर्क निम्न प्रकार है:

अक्षर	A	B	C	D	E	F	G	H	I	J	K	L	M
स्थितीय मान	1	2	3	4	5	6	7	8	9	10	11	12	13
स्थितीय मान	26	25	24	23	22	21	20	19	18	17	16	15	14
अक्षर	Z	Y	X	W	V	U	T	S	R	Q	P	O	N

<pre>
R   O   L   L   E   R
|+2 |+2 |+2 |-2 |-2 |-2
T   Q   N   J   C   P
</pre>

उसी प्रकार,

<pre>
D   O   C   I   L   E
|+2 |+2 |+2 |-2 |-2 |-2
F   Q   E   G   J   C
</pre>

अतः विकल्प (C) सही है।

34. P, Q का पिता है, लेकिन Q उसका पुत्र नहीं है,

Q, P (पुरुष) की बेटी है।

इसके अलावा, S, P की पत्नी है। R, S का पुत्र है।

Q (महिला) और R (पुरुष) भाई-बहन हैं।

इस प्रकार, Q, S की बेटी है।

अतः विकल्प (B) सही है।

35. जब कागज खोला जाता है तो यह नीचे दर्शाए गए अनुसार दिखाई देगा:

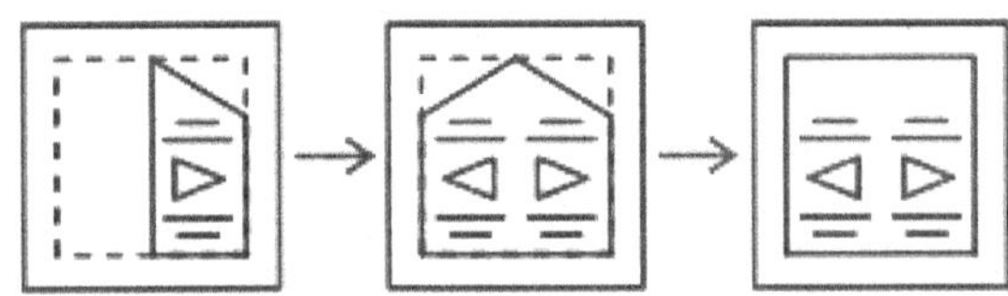

इसलिए, उत्तर ऊपर दी गई आकृति है।

अतः विकल्प (C) सही है।

36. तर्क यहाँ इस प्रकार है:

अंदर की आकृति उलटी हो रही है (पानी की छवि)।

उसी प्रकार,

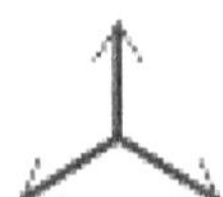

इस प्रकार,

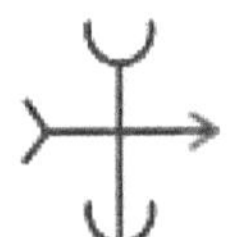

अतः विकल्प (D) सही है।

37. पैटर्न इस प्रकार है:

$$23 + (1^2 + 1) = 25$$
$$25 + (2^2 + 1) = 30$$
$$30 + (3^2 + 1) = 40$$
$$40 + (4^2 + 1) = 57$$
$$57 + (5^2 + 1) = 83$$

अतः विकल्प (D) सही है।

38. श्रृंखला निम्नलिखित स्वरूप का अनुसरण करती है:

$$3 + (5 \times 1^2) = 8$$
$$8 + (5 \times 2^2) = 28$$
$$28 + (5 \times 3^2) = 73$$

$$73 + (5 \times 4^2) = 153$$
$$153 + (5 \times 5^2) = 278$$

$\therefore$ श्रृंखला में लुप्त पद 278 है।

अतः विकल्प (A) सही है।

39. दी गई श्रृंखला,

$$HBS, GDP, FFM, ?, DJG$$

प्रत्येक तत्व के पहले अक्षर के लिए:

$$H - 1 = G, G - 1 = F, F - 1 = E, E - 1 = D$$

प्रत्येक तत्व के दूसरे अक्षर के लिए:

$$B + 2 = D, D + 2 = F, F + 2 = H, H + 2 = J$$

प्रत्येक तत्व के तीसरे अक्षर के लिए:

$$S - 3 = P, P - 3 = M, M - 3 = J, J - 3 = G$$

इसलिए, EHJ प्रश्नवाचक चिह्न (?) के स्थान पर आएगा।

अतः विकल्प (A) सही है।

40. अनुसरण किया गया पैटर्न,

TRKM, XVIK, BZGI और JHCE में, बाएं छोर से प्रत्येक समूह के बीच (1, 2) और (3, 4) वर्णमाला के बीच एक वर्णमाला का अंतर है।

इसलिए,

विकल्प (A): FEGG में, दो अक्षर दोहराए जाते हैं।

विकल्प (B): FDFG में, F और G के बीच कोई अंतर नहीं है।

विकल्प (C): FDEG में, एक वर्णाक्षर का अंतर है।

विकल्प (D): EDFH, E और D के बीच कोई अंतर नहीं है।

अतः विकल्प (C) सही है।

41. दिया गया है,

महेश की वर्तमान आयु $= 5$ वर्ष

अनूप की वर्तमान आयु $= 5 - 2$

$= 3$ वर्ष

माना कि, रणधीर की वर्तमान आयु x है।

फिर, अनूप की वर्तमान आयु $= \dfrac{x-6}{18}$

अब, प्रश्नानुसार

$$\dfrac{x-6}{18} = 3$$

$$\Rightarrow x - 6 = 54$$

$$\Rightarrow x = 54 + 6$$

$$= 60 \text{ वर्ष}$$

अतः विकल्प (D) सही है।

42. दिया है:

1 फरवरी 2009 को रविवार है।

विषम दिन (शेष) = एक वर्ष में दिनों की संख्या/ 7

2009 में विषम दिनों की संख्या = 1

2009 से 2010 तक विषम दिनों की संख्या = 1 + 1 = 2 विषम दिन

2009 से 2011 तक विषम दिनों की संख्या = 2 + 1 = 3 विषम दिन

2009 से 2012 तक विषम दिनों की संख्या = 3 + 2 = 5 विषम दिन

2009 से 2013 तक विषम दिनों की संख्या = 5 + 1 = 6 विषम दिन

2009 से 2014 तक विषम दिनों की संख्या = 6 + 1 = 7 विषम दिन = 0 विषम दिन

इसलिए, 1 फरवरी 2015 को रविवार होगा।

अतः विकल्प (B) सही है।

43. सही दर्पण प्रतिबिम्ब है:

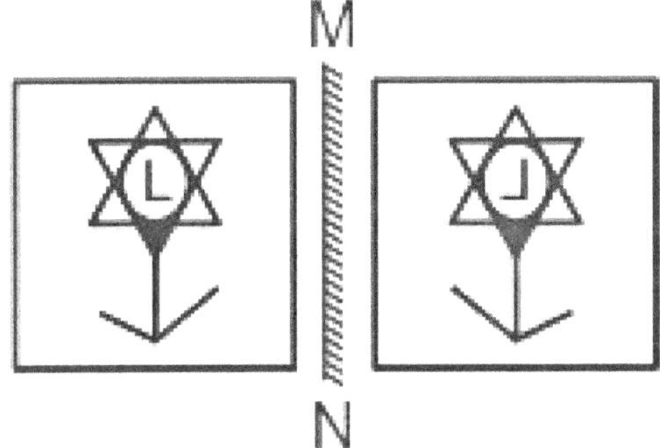

अतः विकल्प (A) सही है।

44. सही दर्पण प्रतिबिम्ब है:

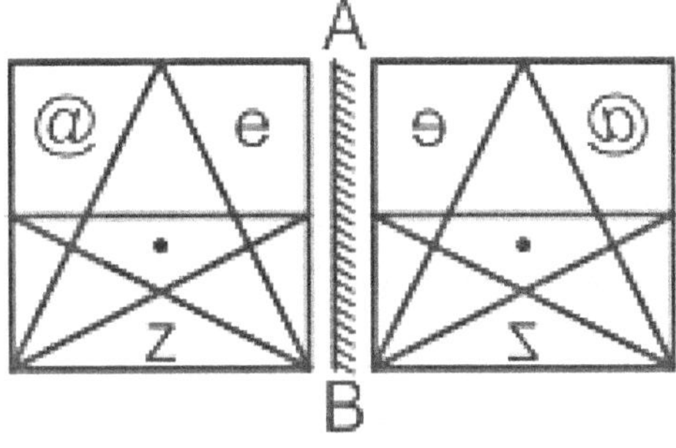

अतः विकल्प (A) सही है।

45. एक कूट भाषा में, PREVENT को OSDWDOS के रूप में लिखा जाता है।

इस प्रश्न में शब्द का पहला अक्षर शब्द के पिछले अक्षर को ले जाता है, शब्द का दूसरा अक्षर शब्द के अगले अक्षर को ले जाता है, शब्द का तीसरा अक्षर शब्द के पिछले अक्षर को और इसी तरह आगे ले जाता है।

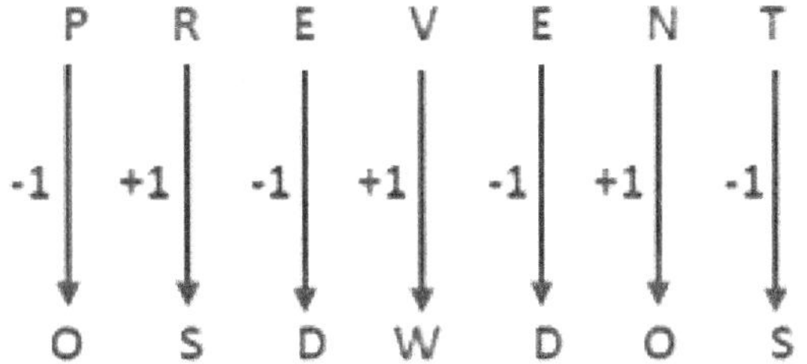

इसी तरह, WITHOUT के रूप में लिखा जा सकता है,

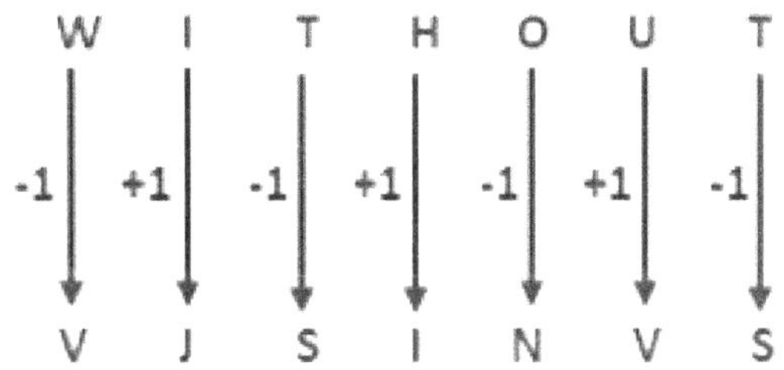

WITHOUT को VJSINVS के रूप में लिखा जाता है।

अतः विकल्प (C) सही हैं।

46. दिए गए कथनों के लिए न्यूनतम संभावित वेन आरेख इस प्रकार होगा:

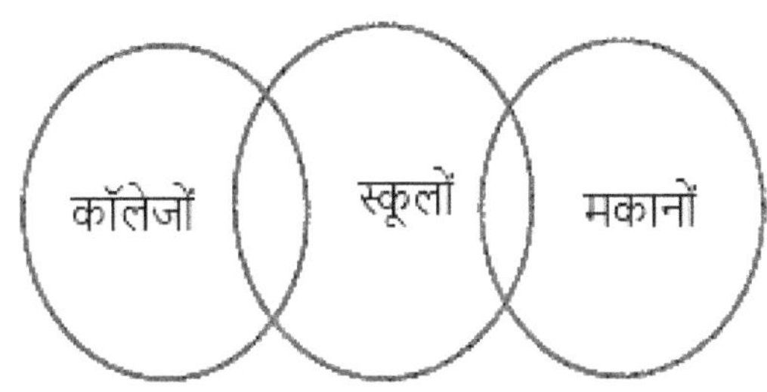

I. कुछ महाविद्यालय, घर हैं → असत्य (कॉलेजों और घरों के बीच कोई सीधा संबंध नहीं है इसलिए यह संभव हो सकता है लेकिन निश्चित नहीं है, इसलिए, गलत।)

II. कुछ महाविद्यालय, घर नहीं होते हैं → असत्य (कॉलेजों और घरों के बीच कोई सीधा संबंध नहीं है इसलिए यह संभव हो सकता है लेकिन निश्चित नहीं है, इसलिए, गलत।)

इसलिए, न तो I और न ही II अनुसरण करता है।

अतः विकल्प (D) सही है।

47. सही शब्दकोष क्रम है:

2. Directed

4. Directing

1. Direction

3. Director

इसलिए, क्रम "2, 4, 1, 3" है।

अतः विकल्प (B) सही है।

48. दिया गया व्यंजक है: 14 * 24 * 3 * 5 * 3 * 7

*'s को दिए गए उपरोक्त विकल्पों के चिन्हों से प्रतिस्थापित करने के बाद, हमें प्राप्त होता है:

14 + 24 ÷ 3 - 5 × 3 = 7

$\Rightarrow 14 + 8 - 15 = 7$

$\Rightarrow 22 - 15 = 7$

$\Rightarrow 7 = 7$

B) +, ÷, ×, -, =

दिया गया व्यंजक है: 14 * 24 * 3 * 5 * 3 * 7

*'s को दिए गए उपरोक्त विकल्पों के चिन्हों से प्रतिस्थापित करने के बाद, हमें प्राप्त होता है:

$14 + 24 ÷ 3 × 5 - 3 = 7$

$\Rightarrow 14 + 8 × 5 - 3 = 7$

$\Rightarrow 14 + 40 - 3 = 7$

$\Rightarrow 54 - 3 = 7$

$\Rightarrow 51 ≠ 7$

C) ÷, +, ×, -, =

दिया गया व्यंजक है: 14 * 24 * 3 * 5 * 3 * 7

*'s को दिए गए उपरोक्त विकल्पों के चिन्हों से प्रतिस्थापित करने के बाद, हमें प्राप्त होता है:

$14 ÷ 24 + 3 × 5 - 3 = 7$

$\Rightarrow 0.58 + 15 - 3 = 7$

$\Rightarrow 15.58 - 3 = 7$

$\Rightarrow 12.58 ≠ 7$

D) +, ×, ÷, -, =

दिया गया व्यंजक है: 14 * 24 * 3 * 5 * 3 * 7

*'s को दिए गए उपरोक्त विकल्पों के चिन्हों से प्रतिस्थापित करने के बाद, हमें प्राप्त होता है:

$14 + 24 × 3 ÷ 5 - 3 = 7$

$\Rightarrow 14 + 14.4 - 3 = 7$

$\Rightarrow 28.4 - 3 = 7$

$\Rightarrow 25.5 ≠ 7$

इसलिए, '+, ÷, -, ×, =' सही उत्तर है।

अतः विकल्प (A) सही है।

49. विकल्पों की जाँच करनें पर:

दिया गया व्यंजक: 40 * 5 * 6 * 2 * 10 = 10

(A) - ÷ × +

$40 - 5 ÷ 6 × 2 + 10$

$\Rightarrow 40 - 0.83 + 10$

$\Rightarrow 51.17 ≠ 10$

(B) × + ÷ -

$40 × 5 + 6 ÷ 2 - 10$

$\Rightarrow 200 + 3 - 10$

$\Rightarrow 193 ≠ 10$

(C) ÷ + × -

$40 ÷ 5 + 6 × 2 - 10$

$\Rightarrow 8 + 12 - 10$

$\Rightarrow 10 = 10$

(D) ÷ × + -

$40 ÷ 5 × 6 + 2 - 10$

$\Rightarrow 8 × 6 + 2 - 10$

$\Rightarrow 48 + 2 - 10$

$\Rightarrow 40 ≠ 10$

इस प्रकार, सही उत्तर "÷ + × -" है।

अतः विकल्प (C) सही है।

50. यहाँ तर्क इस प्रकार है:

आकृति 2 में:

आकृति 1 प्राप्त करने के लिए मुड़े हुए तीर के प्रतीक को 180° दक्षिणावर्त दिशा में घुमाया जाता है।

बाएँ छायांकित वर्ग +1 से ऊपर की ओर बढ़ता है।

नीचे छायांकित वर्ग +2 से आगे स्थानांतरण होता है।

इसी तरह,

आकृति 4:

आकृति 3 प्राप्त करने के लिए मुड़े हुए तीर के प्रतीक को 180° दक्षिणावर्त दिशा में घुमाया जाता है।

बाएँ छायांकित वर्ग +1 से ऊपर की ओर बढ़ता है।

नीचे छायांकित वर्ग +2 से आगे स्थानांतरण होता है।

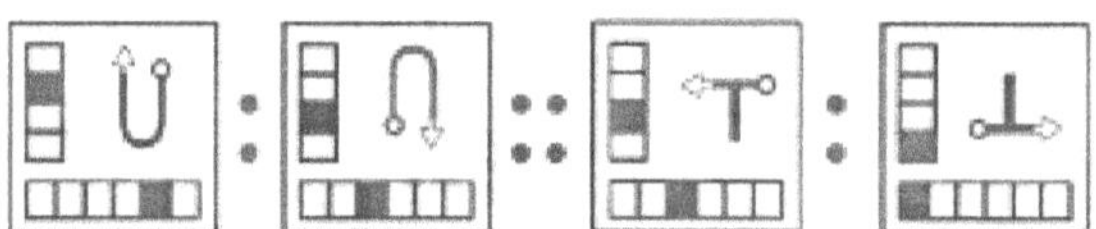

अतः विकल्प (B) सही है।

51. दिया है:

महाराष्ट्र में संक्रमित व्यक्तियों की कुल संख्या = 30,00,000

दिए गए डेटा से, हमारे पास है:

शहरों	संक्रमित व्यक्तियों की संख्या
पुणे	45% of 30,00,000 = 135,00,00
नागपुर	25% of 30,00,000 = 7,50,000
नासिक	20% of 30,00,000 = 6,00,000
मुंबई	10% of 30,00,000 = 3,00,000
कुल	30,00,000

$$\text{आवश्यक औसत} = \frac{(7,50,000 + 6,00,000)}{2}$$

$$= \frac{13,50,000}{2}$$

$$= 6,75,000$$

∴ नागपुर और नासिक में COVID-19 से संक्रमित लोगों की औसत संख्या $6,75,000$ है।

अतः विकल्प (B) सही है।

52. हमारे पास है, $\tan 3x = \sin 45° \cos 45° + \sin 30°$

$$\Rightarrow \tan 3x = \frac{1}{\sqrt{2}} \times \frac{1}{\sqrt{2}} + \frac{1}{2}$$

$$\Rightarrow \tan 3x = \frac{1}{2} + \frac{1}{2}$$

$$\Rightarrow \tan 3x = 1$$

$$\Rightarrow \tan 3x = \tan 45°$$

$$\Rightarrow 3x = 45°$$

$$\Rightarrow x = 15°$$

अतः विकल्प (A) सही है।

53. दिया है:

क्रय मूल्य = 262.40 रुपये

सूत्र:

विक्रय मूल्य = क्रय मूल्य × (लाभ% + 100)/100

माना एक कमीज का अंकित मूल्य a रुपये है।

छूट के बाद विक्रय मूल्य $= a \times \frac{(100-18)}{100} = \frac{82a}{100}$ रुपये

तदनुसार,

$$\frac{82a}{100} = 262.40 \times \frac{(100+14)}{100}$$

$$\Rightarrow \frac{82a}{100} = \frac{262.40 \times 114}{100}$$

$$\Rightarrow a = 364.80$$

∴ एक कमीज का अंकित मूल्य 364.80 रुपये है।

अत: विकल्प (A) सही है।

54. दिया हुआ,

A 10 दिनों में काम कर सकता है।

A का 1 दिन का काम $= \dfrac{1}{10}$

B 15 दिनों में काम कर सकता है।

B का 1 दिन का काम $= \dfrac{1}{15}$

(A + B) का 1 दिन का काम $= \dfrac{1}{10} + \dfrac{1}{15}$

$$= \frac{(3+2)}{30}$$

$$= \frac{1}{6}$$

∴ साथ में वे 6 दिनों में काम पूरा कर सकते हैं।

अत: विकल्प (A) सही है।

55. शिक्षक और प्रधानाध्यापक के वजन का योग

= नया औसत × छात्रों की संख्या – मौजूदा औसत × छात्रों की संख्या

= 36.76 × 50 – 36 × 48 = 1838 – 1728

= 110 किलो

∴ शिक्षक और प्रधानाध्यापक के वजन का योग 110 किलो है।

अत: विकल्प (C) सही है।

56. माना कि $x = \sqrt{7\sqrt{7\sqrt{7\sqrt{7}\ldots\ldots}}}$

दोनों तरफ से निष्कर्ष निकलने पर हमें मिलता है।

$$x^2 = \sqrt{7\sqrt{7\sqrt{7\sqrt{7}}\ldots\ldots}}$$

$$\Rightarrow 7x = x^2$$

$$\Rightarrow x^2 - 7x = 0$$

$$\Rightarrow x(x - 7) = 0$$

$$\Rightarrow x = 0, 7$$

यह संभव नहीं है कि $x = 0$

इसलिए, $x = 7$

अत: विकल्प (C) सही है।

57. दिया है:

माना बेलन के आधार की त्रिज्या 'r' सेमी और उसकी ऊंचाई 'h' सेमी है।

बेलन का पार्श्व-पृष्ठीय क्षेत्रफल = (बेलन का सम्पूर्ण-पृष्ठीय क्षेत्रफल)/2

$$\Rightarrow 2\pi rh = \frac{(2\pi rh + 2\pi r^2)}{2}$$

$$\Rightarrow 2\pi rh - \pi rh = \pi r^2$$

$$\Rightarrow \pi rh = \pi r^2$$

$$\Rightarrow h = r$$

∵ ऊंचाई = h = π सेमी

∴ बेलन के आधार की त्रिज्या = π सेमी

अत: विकल्प (B) सही है।

58. दिया है:

एक संख्या में पहले 20% की कमी हुई और फिर 10% की वृद्धि हुई। प्राप्त संख्या मूल संख्या से 12 कम है।

प्रयुक्त सूत्र:

X% का Y = Y × $\dfrac{X}{100}$

मान लीजिए संख्या = X

इसलिए,

X × 0.8 × 1.1 = X − 12

$$\Rightarrow 0.12 \times X = 12$$

$$\Rightarrow X = 100$$

अत: विकल्प (B) सही है।

59. माना $\alpha = 5 - 2\sqrt{5}$ और $\beta = 5 + 2\sqrt{5}$

मूलों का योगफल $= \alpha + \beta = 5 - 2\sqrt{5} + 5 + 2\sqrt{5} = 10$

मूलों का गुणनफल $= \alpha\beta = \left(5 - 2\sqrt{5}\right)\left(5 + 2\sqrt{5}\right) = 25 - 20 = 5$

अब, द्विघात समीकरण $= x^2 - 10x + 5 = 0$

इसलिए अभीष्ट द्विघात समीकरण $x^2 - 10x + 5 = 0$ है।

अतः विकल्प (C) सही है।

60. दिया गया है:

एक नाविक 17.25 मिनट के लिए धारा के प्रतिकूल 1.5 किलोमीटर जाता है।

एक नाविक 8.5 मिनट के लिए धारा के अनुकूल 1.5 किलोमीटर जाता है।

हम जानते हैं कि:

नाव की गति = (धारा के प्रतिकूल गति + धारा के अनुकूल गति)/ 2

व्यक्ति की धारा के प्रतिकूल गति $= \dfrac{1500}{17.25 \times 60} = 1.45$ मीटर/सेकंड

व्यक्ति की धारा के अनुकूल गति $= \dfrac{1500}{8.5 \times 60} = 2.94$ मीटर/सेकंड

स्थिर जल में नाव की गति $= \dfrac{1.45 + 2.94}{2} = 2.2$ मीटर/सेकंड

$\therefore$ स्थिर जल में नाव की गति 2.2 मीटर/सेकंड है।

अतः विकल्प (B) सही है।

61. विभिन्न वर्षों में अर्जित प्रतिशत लाभ:

वर्ष 1995 में $= 40\%$

वर्ष 1996 में $= 55\%$

वर्ष 1997 में $= 45\%$

वर्ष 1998 में $= 65\%$

वर्ष 1999 में $= 70\%$

वर्ष 2000 में $= 60\%$

औसत प्रतिशत लाभ $= \dfrac{1}{6} \times [40 + 55 + 45 + 65 + 70 + 60]\%$

$= \dfrac{335}{6}\%$

$= 55\dfrac{5}{6}\%$

अतः विकल्प (B) सही है।

62. जिस महीने में अधिकतम खाते खोले जाएंगे उसका औसत भी अधिकतम होगा।

मई में खोले गए खातों की कुल संख्या

$= (25 + 22 + 30 + 35)$

$= 112$

जून में खोले गए खातों की कुल संख्या

$= (28 + 18 + 45 + 42)$

$= 133$

जुलाई में खोले गए खातों की कुल संख्या

$= (35 + 32 + 50 + 45)$

$= 162$

अगस्त में खोले गए खातों की कुल संख्या

$= (65 + 30 + 35 + 50)$

$= 180$

सितंबर में खोले गए खातों की कुल संख्या

$= (55 + 45 + 40 + 60)$

$= 200$

चूंकि, हम देख सकते हैं कि सितंबर में खोले गए कुल खाते अधिकतम हैं, इसलिए औसत भी अधिकतम होगा। (चूंकि प्रत्येक माह में खातों की कुल संख्या 4 है, इसलिए प्रत्येक संख्या को 4 से विभाजित किया जाएगा)

$\therefore$ खोले गए खातों का औसत सितंबर में अधिकतम है।

अतः विकल्प (B) सही है।

63. दिया है:

$\sqrt{676} \times 12 - 864 \div 36 = ? + 61$

$\Rightarrow 26 \times 12 - 24 = ? + 61$

$\Rightarrow 312 - 24 = ? + 61$

$\Rightarrow 312 - 85 = ?$

$\Rightarrow ? = 227$

अतः विकल्प (B) सही है।

64. दिया है:

$a = 11$ सेमी, $b = 60$ सेमी और $c = 61$ सेमी

त्रिभुज के कोज्या नियम के अनुसार, नीचे दिखाए गए अनुसार $a, b,$ और c भुजाओं के साथ त्रिभुज ABC के लिए,

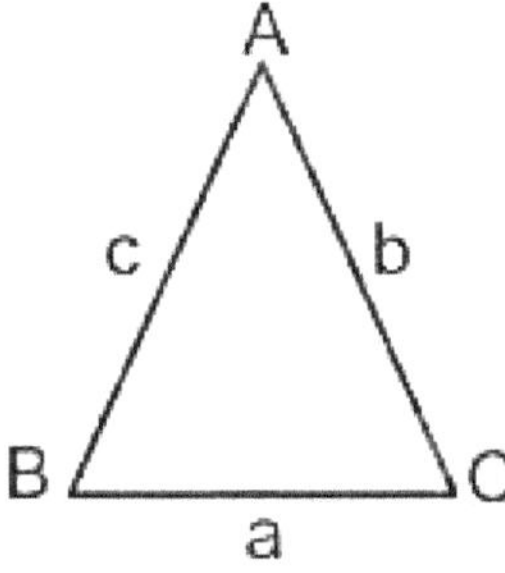

$\cos A = \dfrac{(b^2 + c^2 - a^2)}{2bc}$

$\cos B = \dfrac{(a^2 + c^2 - b^2)}{2ac}$

$\cos C = \dfrac{(a^2 + b^2 - c^2)}{2ab}$

अब,

$$\cos A = \frac{(3600+3721-121)}{(2\times60\times61)} = \frac{60}{61}$$

$$\cos B = \frac{(121+3721-3600)}{(2\times11\times61)} = \frac{11}{61}$$

$$\cos C = \frac{(121+3600-3721)}{(2\times11\times60)} = 0$$

$\therefore$ कोज्याओं का आवश्यक योग $= \frac{60}{61} + \frac{11}{61} = \frac{71}{61}$

अतः विकल्प (D) सही है।

65. दिया है:

अंकित मूल्य $= 400$ रुपये और छूट $= 20\%$

सूत्र:

लाभ $\% = \left[\frac{(S.P.-C.P)}{C.P}\right] \times 100$

$S.P = \left[\frac{(100-D\%)}{M.P}\right] \times 100$

लाभ $= S.P - C.P$

जहाँ $C.P =$ क्रय मूल्य, $S.P =$ विक्रय मूल्य, $M.P =$ अंकित मूल्य, $D\% =$ छूट $\%$

प्रश्नानुसार,

$S.P = \left[\frac{(100-D\%)}{M.P}\right] \times 100$

$S.P = M.P. \times \frac{80}{100}$

$= 400 \times \frac{80}{100}$

$= 320$ रुपये

$C.P. = S.P. -$ लाभ

$= 320 - 48$

$= 272$ रुपये

लाभ प्रतिशत $= \frac{48}{272} \times 100 = 17\frac{11}{17}\%$

$\therefore$ अभीष्ट लाभ प्रतिशत $17\frac{11}{17}\%$ है।

अतः विकल्प (C) सही है।

66. दिया है:

गति $= 250$ किमी/घंटे

समय $_1 = 4$ घंटे

समय $_2 = 1$ घंटे 40 मिनट

$= (60 + 40)$ मिनट

$\Rightarrow 100$ मिनट $= \frac{100}{60}$ घंटे

$= \frac{5}{3}$ घंटे

सूत्र:

दूरी $=$ गति $\times$ लिया गया समय

तय की गई दूरी $= (250 \times 4)$ किमी

$= 1000$ किमी

अभीष्ट गति $= 1000 \div \left(\frac{5}{3}\right)$ किमी/घंटे

$= 1000 \times \left(\frac{3}{5}\right)$ किमी/घंटे

$= 600$ किमी/घंटे

$\therefore$ अभीष्ट गति 600 किमी/घंटे है।

अतः विकल्प (C) सही है।

67. दिए गए प्रश्न के अनुसार:

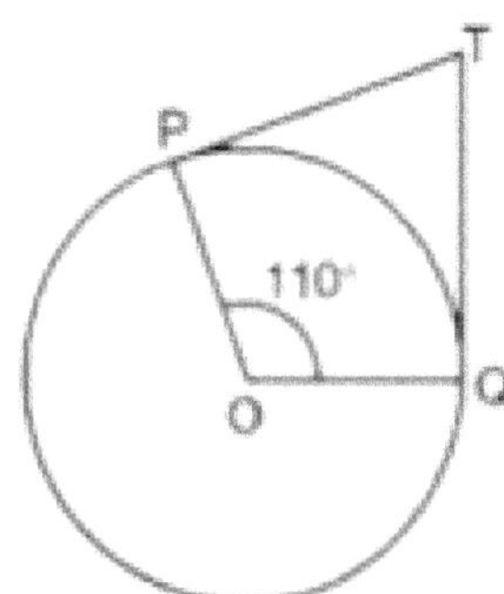

हम देख सकते हैं, OP स्पर्शरेखा PT के लिए वृत्त की त्रिज्या है और OQ स्पर्शरेखा TQ की त्रिज्या है।

इसलिए, $OP \perp PT$ और $TQ \perp OQ$

$\therefore \angle OPT = \angle OQT = 90°$

अब, चतुर्भुज $POQT$ में, हम जानते हैं कि आंतरिक कोणों का योग $360°$ है

इसलिए, $\angle PTQ + \angle POQ + \angle OPT + \angle OQT = 360°$

संबंधित मान रखने पर, हम प्राप्त करते हैं,

$\Rightarrow \angle PTQ + 90° + 110° + 90° = 360°$

$\Rightarrow \angle PTQ = 70°$

अतः विकल्प (B) सही है।

68. दिया गया है:

$\frac{\cos30° - \sin30°}{\sin60° + \cos60°}$

हम जानते है कि,

$\cos30° = \sin60° = \frac{\sqrt{3}}{2}$

$\cos60° = \sin30° = \frac{1}{2}$

सभी मानों को समीकरण में रखने पर,

$\left[\left(\frac{\sqrt{3}}{2}\right) - \left(\frac{1}{2}\right)\right]\left[\left(\frac{\sqrt{3}}{2}\right) + \left(\frac{1}{2}\right)\right]$

$\Rightarrow \frac{(\sqrt{3}-1)}{(\sqrt{3}+1)}$

अब परिमेयकरण करने पर,

$\Rightarrow \left[\frac{(\sqrt{3}-1)}{(\sqrt{3}+1)}\right] \times \left[\frac{(\sqrt{3}-1)}{(\sqrt{3}-1)}\right]$

$\Rightarrow \frac{(\sqrt{3}-1)^2}{2}$

$\Rightarrow \frac{(3+1-2\sqrt{3})}{2}$

$\Rightarrow \frac{(4-2\sqrt{3})}{2}$

$\Rightarrow 2 - \sqrt{3}$

अत: विकल्प (A) सही है।

69. दिया गया है:

1 किलोग्राम मिश्रण में लौह का प्रतिशत 20% है।

लौह की मात्रा $= \frac{20}{100} \times 1000 = 200$ ग्राम (1 किलोग्राम $=$ 1000 ग्राम)

रेत की मात्रा $= 1000 - 200 = 800$ ग्राम

माना रेत की x मात्रा मिलायी जाती है।

प्रश्नानुसार;

$\Rightarrow \frac{200}{(1000+x)} = \frac{10}{100}$

$\Rightarrow 2000 = 1000 + x$

$\Rightarrow x = 1000$ ग्राम $= 1$ किलोग्राम

$\therefore$ रेत की मिलायी जाने वाली मात्रा 1 किलोग्राम है।

अत: विकल्प (C) सही है।

70. दिया गया है:

दो धनात्मक संख्याओं का गुणनफल $= 1344$

दो संख्याओं का अनुपात $= 7:12$

माना संख्याओं का अनुपात क्रमशः $7x$ और $12x$ है

प्रश्नानुसार,

$\Rightarrow (12x \times 7x) = 1344$

$\Rightarrow 84x^2 = 1344$

$\Rightarrow x^2 = \left(\frac{1344}{84}\right)$

$\Rightarrow x^2 = 16$

$\Rightarrow x = 4$

अब,

छोटी संख्या $= 7x = (7 \times 4)$

$\Rightarrow 28$

$\therefore$ अभीष्ट संख्या 28 है।

अत: विकल्प (B) सही है।

71. दिए गए समीकरण से,

$f(x) = x^3 + 27x^2 + 243x + 631$

$\Rightarrow x(x^2 + 27x + 243) + 631$

अब $x = 2$ का मान रखने पर

$\Rightarrow 2(2^2 + 27 \times 2 + 243) + 631$

$\Rightarrow 2(4 + 54 + 243) + 631$

$\Rightarrow 2(301) + 631 = 602 + 631$

$= 1233$

अत: विकल्प (C) सही है।

72. दिया गया है:

दिए गए भाजक 2, 3, 4, 5 और 6 हैं।

प्रश्नानुसार,

$\Rightarrow 2 = 2 \times 1$

$\Rightarrow 3 = 3 \times 1$

$\Rightarrow 4 = 2 \times 2$

$\Rightarrow 5 = 5 \times 1$

$\Rightarrow 6 = 2 \times 3$

$\therefore$ 2, 3, 4, 5 और 6 का लघुत्तम समापवर्त्य $= (2 \times 2 \times 3 \times 5) = 60$

हम जानते है, $10000 = 60 \times 166 + 40$

$\therefore$ 2, 3, 4, 5 और 6 से विभाज्य 4 अंकों की सबसे बड़ी संख्या $= (10000 - 40) = 9960$

अत: विकल्प (C) सही है।

73. दिया गया है:

अर्धगोले का व्यास $= 14$ सेमी

प्रयुक्त सूत्र

अर्धगोले का कुल पृष्ठीय क्षेत्रफल $= 3\pi r^2$

त्रिज्या $=$ व्यास / 2

त्रिज्या $= \frac{14}{2}$

त्रिज्या $= 7$ सेमी

अर्धगोले का कुल पृष्ठीय क्षेत्रफल

$\Rightarrow 3 \times \frac{22}{7} \times 7 \times 7 \quad \left(\pi = \frac{22}{7}\right)$

$\Rightarrow 462$ सेमी ^{2}

अत: विकल्प (A) सही है।

74. दिया गया है:

बेलन की त्रिज्या = 6 सेमी

ऊँचाई = 7 सेमी

प्रयुक्त सूत्र

बेलन का आयतन = $\pi r^2 h$

$$\Rightarrow \frac{22}{7} \times 36 \times 7 \quad \left(\pi = \frac{22}{7}\right)$$

आयतन = 792 सेमी^{3}

अतः विकल्प (C) सही है।

75. दिया गया है:

3 वर्ष में ब्याज = 800 रुपये

4 वर्ष में ब्याज = 850 रुपये

प्रयुक्त अवधारणा:

साधारण ब्याज की स्थिति में, राशि एक निश्चित अनुपात के साथ बढ़ती है।

गणना:

1 वर्ष का ब्याज = 850 - 800

$\Rightarrow$ 1 वर्ष का ब्याज = 50 रुपये

$\Rightarrow$ 3 वर्ष का ब्याज = 150 रुपये

प्रश्न के अनुसार,

मूलधन = 800 - 150

$\Rightarrow$ मूलधन = 650 रुपये

$\therefore$ मूलधन 650 रुपये है।

अतः विकल्प (A) सही है।

76. केंद्रीय स्वास्थ्य मंत्रालय ने 1 जून 2022 को 2 महीने लंबे 'हर घर दस्तक अभियान 2.0' की शुरुआत की।

इस अभियान का उद्देश्य सभी पात्र लाभार्थियों के बीच कोविड टीकाकरण का इष्टतम कवरेज प्राप्त करना और टीकाकरण की गति में तेजी लाना है।

अतः विकल्प (D) सही है।

77. एफ 1 चैंपियन मैक्स वेरस्टैपेन को 2022 लॉरियस स्पोर्ट्समैन ऑफ द ईयर चुना गया है।

जमैका ओलंपिक स्प्रिंटर एलेन थॉम्पसन-हेरा को स्पोर्ट्सवुमेन ऑफ द ईयर चुना गया है।

अतः विकल्प (B) सही है।

78. फेरारी के कार्लोस सैन्ज़ ने अपने करियर की पहली फॉर्मूला वन रेस 3 जुलाई 2022 को ब्रिटिश ग्रैंड प्रिक्स में जीत के साथ जीती।

रेड बुल के सर्जियो पेरेज़ और मर्सिडीज के लुईस हैमिल्टन क्रमशः दूसरे और तीसरे स्थान पर रहे। चैंपियनशिप लीडर मैक्स वेरस्टापेन सातवें स्थान पर रहे। सैन्ज़ 2022 ड्राइवर स्टैंडिंग में चौथे स्थान पर पहुंच गया है।

अतः विकल्प (C) सही है।

79. भारत में आस्था और पूजा की स्वतंत्रता है, जिसका तात्पर्य भारत के धर्मनिरपेक्ष राज्य से है। भारतीय संविधान भारत को एक धर्मनिरपेक्ष राज्य घोषित करता है, इसका अर्थ है कि राज्य धर्म को नागरिक का निजी मामला मानता है और इस आधार पर भेदभाव नहीं करता है।

- धर्मनिरपेक्ष का अर्थ है कि भारत किसी विशिष्ट धर्म/एक धर्म को आधिकारिक रूप से स्थापित नहीं करता है।

- धर्मनिरपेक्षता के तहत, किसी देश के पास लोगों को धर्म, जिसका वे पालन करना चाहते हैं, के आधार पर दंडित करने या भेदभाव करने की शक्ति नहीं है।

- भारतीय संविधान के अनुसार, प्रत्येक व्यक्ति को धर्म को मानने, अभ्यास करने और प्रचार करने, जैसा वह मानता है, का अधिकार है।

अतः विकल्प (D) सही है।

80. अशोक चंद्र द्वारा योजना आयोग को भारत का आर्थिक मंत्रिमंडल कहा जाता था।

योजना आयोग एक गैर-संवैधानिक और गैर-सांविधिक निकाय है तथा भारत में सामाजिक और आर्थिक विकास के लिए पंचवर्षीय योजना तैयार करने के लिए जिम्मेदार है।

सरकार ने 1 जनवरी 2015 को योजना आयोग को एक नए संस्थान नीति आयोग (नेशनल इंस्टीट्यूशन फॉर ट्रांसफॉर्मिंग इंडिया) से प्रतिस्थापित कर दिया।

अतः विकल्प (A) सही है।

81. समुद्रगुप्त के दरबारी कवि हरीसेन थे।

इलाहाबाद स्तंभ शिलालेख को प्रयाग प्रशस्ति के नाम से भी जाना जाता है, जिसमें हरीसेन द्वारा रचित 33 पंक्तियाँ हैं। प्रयाग प्रशस्ति गुप्त वंश के राजनीतिक इतिहास के बारे में जानने के लिए महत्वपूर्ण अभिलेखीय स्रोतों में से एक है।

समुद्रगुप्त कई कवियों और विद्वानों के संरक्षक था, जिनमें से एक हरीसेन थे। समुद्रगुप्त चंद्रगुप्त प्रथम के पुत्र और उत्तराधिकारी थे और गुप्त वंश के सबसे बड़े शासक थे।

अतः विकल्प (B) सही है।

82. इस वर्ष राष्ट्रपति ने नीचे दी गई सूची के अनुसार 2 दुओ केस (एक युगल मामले में, पुरस्कार को एक के रूप में गिना जाता है) सहित 128 पद्म पुरस्कार प्रदान करने की मंजूरी दी है। इस सूची में 4 पद्म विभूषण, 17 पद्म भूषण और 107 पद्म श्री पुरस्कार शामिल हैं। पद्म पुरस्कार गणतंत्र दिवस की पूर्व संध्या पर प्रतिवर्ष घोषित भारत के सर्वोच्च नागरिक सम्मानों में से एक है।

अतः विकल्प (C) सही है।

83. भारतीय संविधान के निर्माण के समय मूल संविधान में 395 अनुच्छेद जो 22 भागों में विभाजित थे तथा इसमें केवल 8 अनुसूचियाँ थीं। परन्तु वर्तमान समय में 395 अनुच्छेद, तथा 12 अनुसूचियाँ हैं और अब ये 25 भागों में विभाजित है।

भारतीय संविधान लिखने वाली सभा में 299 सदस्य थे जिसके अध्यक्ष डॉ. राजेन्द्र प्रसाद थे। संविधान सभा ने 26 नवम्बर 1949 में अपना काम पूरा कर लिया और 26 जनवरी 1950 को यह संविधान लागू हुआ। इसी दिन कि याद में हम हर वर्ष 26 जनवरी को गणतंत्र दिवस के रूप में मनाते हैं। भारतीय संविधान को पूर्ण रूप से तैयार करने में 2 वर्ष, 11 माह, 18 दिन का समय लगा था।

अतः विकल्प (A) सही है।

84. अर्थव्यवस्था कंप्यूटर की विशेषता नहीं है।

कंप्यूटर सिस्टम की कुछ विशेषताएं हैं-

- गति- कंप्यूटर द्वारा अपने संचालन के लिए लिया गया समय माइक्रोसेकंड और नैनोसेकंड है।

- यथार्थता- कंप्यूटर 100% सटीकता के साथ गणना करते हैं।

- तत्परता- एक कंप्यूटर एक ही स्थिरता और सटीकता के साथ लाखों कार्य या गणना कर सकता है।

- बहुमुखी प्रतिभा- यह एक ही सटीकता और दक्षता के साथ विभिन्न प्रकार के कार्यों को करने के लिए कंप्यूटर की क्षमता को संदर्भित करता है।

- विश्वसनीयता- यह विश्वसनीय है क्योंकि यह डेटा के एक समान सेट के लिए लगातार परिणाम देता है यानी, यदि हम इनपुट के एक ही सेट को कितनी बार देते हैं, तो हमें वही परिणाम मिलेगा।

- मेमोरी / स्टोरेज- इसमें बिल्ट-इन मेमोरी होती है जिसे प्राइमरी मेमोरी कहा जाता है जहां यह डेटा स्टोर करती है।

अत: विकल्प (C) सही है।

85. मदर बोर्ड पर रोम, सीपीयू रैम और एक्सपेंशन कार्ड्स लगे होते हैं।

- मदरबोर्ड एक प्रिंटेड सर्किट बोर्ड और एक कंप्यूटर की नींव है यह एक कंप्यूटर चेसिस में सबसे बड़ा बोर्ड है।

- यह पावर आवंटित करता है और सीपीयू रैम और अन्य सभी कंप्यूटर हार्डवेयर घटकों के बीच संचार की अनुमति देता है।

- एक मदरबोर्ड एक प्रोसेसर (सीपीयू), मेमोरी (रैम), हार्ड ड्राइव और वीडियो कार्ड की तरह, कंप्यूटर के हार्डवेयर घटकों के बीच कनेक्टिविटी प्रदान करता है।

- एक कंप्यूटर मदरबोर्ड कंप्यूटर केस के अंदर स्थित होता है और यह वह जगह है जहां अधिकांश भाग और कंप्यूटर बाह्य उपकरणों को जोड़ते हैं।

अत: विकल्प (C) सही है।

86. ए.टी.पी. को कोशिकीय प्रक्रम में ऊर्जा मुद्रा के रूप में जाना जाता है।

ए.टी.पी. (एडेनोसिन ट्राइफॉस्फेट) जीवित पौधों और जानवरों के लिए ऊर्जा अणु है। बैक्टीरिया, कवक, पालक और कीड़े से लेकर मगरमच्छ और मनुष्यों तक सभी जीवित जीव ऊर्जा रूपांतरण के लिए ए.टी.पी. का उपयोग करते हैं। मूल रूप से, ऊर्जा सूर्य से आती है। पौधे प्रकाश संश्लेषण के दौरान इसे पकड़ लेते हैं और इसे रासायनिक ऊर्जा में एटीपी के रूप में परिवर्तित कर देते हैं। इस ऊर्जा का उपयोग करके, पौधे कार्बोहाइड्रेट, वसा और प्रोटीन का उत्पादन करते हैं जो जानवरों और मनुष्यों द्वारा खाया जाता है। चयापचय में, भोजन टूट जाता है और जारी ऊर्जा का उपयोग ए.टी.पी. बनाने के लिए किया जाता है। ऊर्जा विभिन्न रूपों के बीच परस्पर जुड़ी हुई है। विभिन्न मुद्राओं के विचार से इसकी तुलना करें, जिनमें से केवल एक समय में स्वीकार किया जाता है।

अत: विकल्प (D) सही है।

87. रबर के वल्कीनकरण के लिए उपयोग प्राथमिक पदार्थ सल्फर है।

- वल्कीनकरण उन उत्पादों के लिए सामान्यतौर पर उपयोग की जाने वाली एक प्रक्रिया है जो रबरयुक्त या इलैस्टोमर होते हैं।

- रबर के वल्कीनकरण के लिए उपयोग किया जाने वाला प्राथमिक पदार्थ सल्फर है।

- एक बहुत बड़े यांत्रिक रूप से अधिरोपित विरूपण के बाद ये संरचनाएं प्रबलता के साथ उनके अनिवार्य प्रारंभिक आकार को वापस ले लेती हैं।

- वल्कीनकरण को उस प्रक्रिया के रूप में वर्णित किया जा सकता है जो आकुंचनशील बल को बढ़ाती है और स्थायी विरूपण की मात्रा को कम करती है जो विरूपक बल को निकाले जाने के बाद भी बनी रहती है।

अत: विकल्प (D) सही है।

88. ऊर्जा मापने के लिए कैलोरी और जूल दोनों ही इकाइयाँ हैं।

- वैज्ञानिकों ने ऊर्जा को कार्य करने की क्षमता के रूप में परिभाषित किया है।

- आधुनिक सभ्यता इसलिए संभव है क्योंकि लोगों ने ऊर्जा को एक रूप से दूसरे रूप में बदलना और फिर उसका कार्य करने के लिए उपयोग करना सीख लिया है।

- लोग ऊर्जा का उपयोग पैदल चलने और साइकिल चलाने के लिए करते हैं, कारों को सड़कों के साथ और नावों को पानी के माध्यम से चलाते हैं, चूल्हे पर खाना बनाते हैं, फ्रीजर में बर्फ बनाते हैं, हमारे घरों और कार्यालयों में रोशनी करते हैं, उत्पादों का निर्माण करते हैं, और अंतरिक्ष यात्रियों को अंतरिक्ष में भेजते हैं।

- ऊर्जा के कई अलग-अलग रूप हैं, जिनमें ऊष्मा, प्रकाश, गतिज, वैद्युतिकी, रासायनिक, ग्रेविटेशनल (गुरुत्वीय) आदि शामिल हैं।

अतः विकल्प (B) सही है।

89. कोयना और मूसी कृष्णा नदी की सहायक नदियां है।

- ये वे नदियाँ हैं जो पूर्व की ओर बहती हैं और बंगाल की खाड़ी में गिरती हैं।

- वे अपने मार्ग के बीच में डेल्टा बनाती हैं।

अतः विकल्प (C) सही है।

90. सत्रीया नृत्य का संबंध असम राज्य से है।

- यह असम का शास्त्रीय नृत्य है।

- 15वीं शताब्दी ईस्वी में वैष्णव संत और असम के सुधारक, महापुरुष शंकरदेव द्वारा प्रस्तुत किया गया था।

- असमिया नृत्य और नाटक के इस नव-वैष्णव खजाने को सदियों से सत्तों यानी वैष्णव मठों द्वारा पोषित और संरक्षित किया गया है।

अतः विकल्प (B) सही है।

91. 'वॉर एंड पीस' रूसी लेखक लियो टॉल्स्टॉय का एक उपन्यास है, जिसे 1869 में पहली बार प्रकाशित किया गया था। यह काम बड़े स्तर पर महाकाव्य है और इसे विश्व साहित्य के सबसे महत्वपूर्ण कृतियों में से एक माना जाता है। इसे टॉल्स्टॉय को उनके अन्य प्रमुख गद्य रचना अन्ना करिनाना (1873 - 1877) के साथ श्रेष्ठतम साहित्यिक उपलब्धि माना जाता है।

अतः विकल्प (D) सही है।

92. बैंगलोर को 'भारत का इलेक्ट्रॉनिक शहर' कहा जाता है। सूचना प्रौद्योगिकी के उदय के साथ बैंगलोर भारत में सॉफ्टवेयर उत्पादन का महानगर बन गया है, इस शहर को "सिलिकॉन वैली" के नाम से भी जाना जाता है। बैंगलोर में विप्रो, इंफोसिस जैसी कंपनियां और इसरो का भी मुख्यालय है।

अतः विकल्प (D) सही है।

93. वर्गीज कुरियन एक सामाजिक उद्यमी थे जिन्हें उनके "बिलियन-लीटर आईडिया", ऑपरेशन फ्लड के लिए जाना जाता था।

- उन्हें श्वेत क्रांति के जनक के रूप में जाना जाता है।

- ऑपरेशन फ्लड 13 जनवरी 1970 को शुरू किया गया था, यह दुनिया का सबसे बड़ा डेयरी विकास कार्यक्रम और भारत के राष्ट्रीय डेयरी विकास बोर्ड (NDDB) का एक ऐतिहासिक प्रोजेक्ट था।

- उन्हें सामुदायिक नेतृत्व के लिए रेमन मैगसेसे पुरस्कार (1963), पद्म श्री (1965), पद्म भूषण (1966), कृषि रत्न पुरस्कार (1986), विश्व खाद्य पुरस्कार (1989), पद्म विभूषण (1999), कॉर्पोरेट उत्कृष्टता के लिए इकोनोमिक टाइम्स अवार्ड (2001) से सम्मानित किया गया।

अतः विकल्प (C) सही है।

94. पृथ्वी का सबसे बड़ा पारिस्थितिकी तंत्र जीवमंडल है।

- एक पारिस्थितिक तंत्र एक दूसरे और उनके भौतिक पर्यावरण के बीच जैविक समुदाय के जीवों की एक अंतःक्रिया है।

- स्थलमंडल पृथ्वी का बाहरी हिस्सा है जो क्रस्ट और ऊपरी मैंटल के ऊपरी हिस्से से बना है।

- एक बायोम वनस्पति और वन्य जीवन का एक बड़ा समुदाय है जो एक विशिष्ट जलवायु के लिए अनुकूल है।

अतः विकल्प (A) सही है।

95. जलवायु परिवर्तन पर संयुक्त राष्ट्र फ्रेमवर्क कन्वेंशन के पक्षकारों का 27वां सम्मेलन नवंबर 2022 में शर्म अल-शेख, मिस्र में आयोजित किया गया था।

कई वर्षों की चर्चा के बाद, पहली बार जलवायु सम्मेलन के औपचारिक मुख्य एजेंडा में 'नुकसान और क्षति का मुद्दा' शामिल किया गया था। यह जलवायु आपदाओं के कारण पीड़ित गरीब देशों की क्षतिपूर्ति के लिए एक अंतर्राष्ट्रीय तंत्र के निर्माण पर चर्चा करने का मार्ग प्रशस्त करेगा।

अतः विकल्प (B) सही है।

96. भारत ने वर्ष 2022 के लिए संयुक्त राष्ट्र की विश्व प्रसन्नता रिपोर्ट में 136वां स्थान प्राप्त करने के लिए अपनी रैंक में तीन स्थानों का सुधार किया है।

फ़िनलैंड ने लगातार पाँचवें वर्ष 2022 विश्व हैप्पीनेस रिपोर्ट में शीर्ष स्थान हासिल किया है। अफगानिस्तान को 146वें स्थान पर दुनिया के सबसे दुखी देश के रूप में स्थान दिया गया है।

अत: विकल्प (A) सही है।

97. जॉर्डन फारस की खाड़ी के साथ सीमा साझा नहीं करता है।

फारस की खाड़ी क्षेत्र दुनिया के लगभग एक तिहाई तेल का उत्पादन करता है और दुनिया के आधे से अधिक कच्चे तेल के भंडार के साथ-साथ दुनिया के प्राकृतिक गैस भंडार का एक महत्वपूर्ण हिस्सा रखता है।

फारस की खाड़ी से सीमा साझा करने वाले देश बहरीन, ईरान, इराक, कुवैत, कतर, सऊदी अरब और संयुक्त अरब अमीरात हैं।

अतः विकल्प (D) सही है।

98. भारत के मदुरै शहर को 'पूर्व का एथेंस' कहा जाता है।

- मदुरै शहर वैगई नदी के तट पर तमिलनाडु में स्थित है।
- तीसरी शताब्दी ईसा पूर्व के कौटिल्य और मेगस्थनीज के ग्रंथों में इसका उल्लेख मिलता है।
- प्राचीन शहर ने पांड्य साम्राज्य की राजधानी के रूप में कार्य किया है।
- शहर को शुरू में कमल के आकार में विकसित किया गया था।
- शानदार हिंदू मंदिर मदुरै के प्रमुख आकर्षण हैं जैसे मीनाक्षी अम्मन मंदिर, कूडल अज़गर मंदिर, और भी बहुत कुछ।

अतः विकल्प (A) सही है।

99. 'मैंगलोर की संधि' पर ब्रिटिश ईस्ट इंडिया कंपनी और टीपू सुल्तान के बीच हस्ताक्षर किए गए थे।

- वारेन हेस्टिंग्स (1772-1785) द्वितीय आंग्ल- मैसूर युद्ध के दौरान भारत के गवर्नर जनरल थे।
- द्वितीय आंग्ल-मैसूर युद्ध 1780-1784 के वर्षों में लड़ा गया था।
- मैंगलोर की संधि ने दोनों पक्षों के साथ द्वितीय आंग्ल-मैसूर युद्ध को समाप्त कर दिया और कैदियों की स्थिति और विनिमय के लिए सहमति व्यक्त की।
- युद्ध की प्रमुख घटना 1782 में हैदर अली की मृत्यु और टीपू सुल्तान की ताजपोशी थी।

अतः विकल्प (B) सही है।

100. कौटिल्य को 'भारतीय मैकियावेली' भी कहा जाता था।

- अर्थशास्त्र और संस्कृत में राजनीति पर एक पुस्तक चंद्रगुप्त मौर्य के समकालीन कौटिल्य द्वारा लिखी गई थी।
- अर्थशास्त्र की पांडुलिपि की खोज सबसे पहले 1905 में आर. शमा शास्त्री ने की थी।
- निकोलो डि बर्नार्डो दे मैकियावेली एक इतालवी राजनयिक, दार्शनिक, राजनीतिज्ञ, इतिहासकार और लेखक थे।
- उन्हें आधुनिक राजनीतिक दर्शन और राजनीति विज्ञान का जनक कहा जाता है।
- 1513 ईस्वी में लिखी गई मैकियावेली की प्रसिद्ध पुस्तक द प्रिंस (II प्रिंसिपे) थी।

अतः विकल्प (A) सही है।

English Language

Ques (1-5):Direction: Read the given sentence and find out whether there are any grammatical errors in it or not and accordingly choose the correct option from the given alternatives.

The difficult thing about (1)________the science of habits is that most people when they hear about this field of research (2)______ to know the secret formula for quickly changing any habit. If scientists have discovered how (3)______ patterns work, then it stands to reason that they (4)_______ have also found a recipe for rapid change, right? if only it (5)________ that easy.

Q.1 What would come in place of blank (1)?

[Officers Training Academy (OTA), 2020], [Indian Military Academy (IMA), 2020]

A. studying **B.** study

C. studies **D.** are studying

Q.2 What would come in place of blank (2)?

[Officers Training Academy (OTA), 2020], [Indian Military Academy (IMA), 2020]

A. wanting **B.** wanted **C.** wants **D.** want

Q.3 What would come in place of blank (3)?

[Officers Training Academy (OTA), 2020], [Indian Military Academy (IMA), 2020]

A. those **B.** this **C.** these **D.** that

Q.4 What would come in place of blank (4)?

[Officers Training Academy (OTA), 2020], [Indian Military Academy (IMA), 2020]

A. must **B.** will **C.** would **D.** might

Q.5 What would come in place of blank (5)?

A. are **B.** were **C.** was **D.** will be

Q.6 Direction: Identify the segment in the sentence, which contains the grammatical error.

Each student will have to carry his own lunch on the picnic.

[SSC Sub Inspector (CPO), 2019]

A. Each student **B.** his own lunch

C. on the picnic **D.** will have to carry

Ques (7-8):Direction: Choose the option which best expresses the meaning of the idiom/phrase given below.

Q.7 "High on the hog"

[SSC Sub Inspector (CPO), 2018], [SSC Sub Inspector (CPO), 2017]

A. To go to bed or go to sleep

B. To study for a test

C. To live in a luxurious or costly way

D. To have something secured

Q.8 "Be in the same boat"

[SSC Sub Inspector (CPO), 2018], [SSC Sub Inspector (CPO), 2017]

A. To ask someone to travel on the same boat

B. To be in the same difficult situation

C. Willing to do something immediately

D. To force an issue that has already ended

Q.9 Choose the option that is the active form of the sentence. An award was given to the film 'Andhaa Dhund.'

[SSC Sub Inspector (CPO), 2019]

A. The jury had given the film 'Andhaa Dhund' an award.

B. The jury gave the film 'Andhaa Dhund' an award.

C. The jury was gave the film 'Andhaa Dhund' an award.

D. The jury will give the award to the film 'Andhaa Dhund'.

Q.10 Direction: Fill in the blank with the CORRECT conjunction in the given sentence:

They like the food in that restaurant, ______ they go there very often.

A. because **B.** therefore **C.** since **D.** if

Q.11 My neighbour enquired how my father was.

A. My neighbour asked, "What about your father's welfare?"

B. My neighbour enquired, "How is your father?"

C. My neighbour asked, "How my father was?"

D. My neighbour enquired, "How is my father?"

Q.12 Direction: Choose the appropriate word to fill in the blank.

The teacher complained ______ him when she met his mother in the market.

A. in **B.** against **C.** on **D.** by

Ques (13-14):Direction: Rearrange the following sentences (P), (Q), and (R) to make a meaningful paragraph and answer the questions that follow.

Q.13 He spent a third

P. was of any consequence

Q. made sure that none of them

R. of the time describing his tax proposals, but

A. QRP **B.** QPR **C.** PRQ **D.** RQP

Q.14 It is a good sign

P. that the ratio remains the same despite

Q. the revenue base coming down because

R. of increased devolution to States

A. QRP **B.** RPQ **C.** PRQ **D.** PQR

Q.15 The closest meaning of the word "Claustrophobia" is:

A. Fear of clouds

B. Fear of closed spaces

C. Fear of clowns

D. Fear of nothing

Q.16 Identify the word that is spelt correctly.

[Allahabad High Court Review Officer (RO), 2019]

A. Conscientiuous   **B.** Consientious
C. Conscientious   **D.** Consceintious

Ques (17-18):Direction: In the given sentence a word is given in bold and is followed by four words. Select the word that is most similar in meaning to the underlined word.

Q.17 Elegant
A. Disappointed   **B.** Graceful
C. Disgusting   **D.** Repugnant

Q.18 Savage
A. Calculative   **B.** Barbarian
C. Civilized   **D.** Generous

Ques (19-20):Direction: Choose the correct alternative which will improve the part of the sentence given in quotes.

Q.19 Sumithra 'would have missed' the cab if she had not hurried.
[SSC Sub Inspector (CPO), 2018], [SSC Sub Inspector (CPO), 2017]

A. Would have missing   **B.** Would has missing
C. Missed   **D.** No improvement

Q.20 The gas 'is being seeping' out of the rocks.
[SSC Sub Inspector (CPO), 2018], [SSC Sub Inspector (CPO), 2017]

A. Is seeping   **B.** Is seep
C. Was being seeping   **D.** No improvement

Q.21 Direction: In the following questions out of the four alternatives, choose the one which is best express the opposite of the given word.

VORACIOUS
A. very bad   **B.** satiable
C. stingy   **D.** malicious

Q.22 Direction: Complete the given sentence using the appropriate pronoun from the following options:
This is the boy _____ scored the highest marks.
[Allahabad High Court Review Officer (RO), 2019]

A. it   **B.** whose   **C.** which   **D.** who

Q.23 Direction: Fill in the blank with the most appropriate option as given:
Giving money to the poor is a/an _____ act of service to the poor.
[Allahabad High Court Review Officer (RO), 2019]

A. benevolent   **B.** bemused
C. atrocious   **D.** bad

Ques (24-25):Direction: Choose the antonym of the given word.

Q.24 Gloomy
A. Downcast   **B.** Nervous
C. Pale   **D.** Cheerful

Q.25 Blame
A. Praise   **B.** Guilt   **C.** Victim   **D.** Onus

General Intelligence

Q.26 एक ही पासे की चार अलग-अलग स्थितियों को दिखाया गया है। 6 वाले के विपरीत फलक पर संख्या ज्ञात कीजिए।

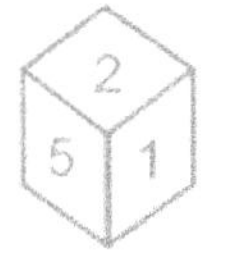 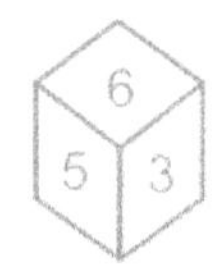 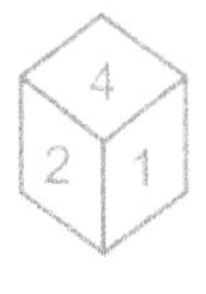 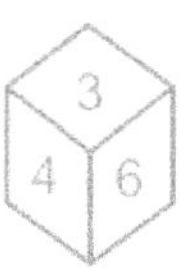

A. 5   **B.** 2   **C.** 1   **D.** 3

Ques (27-28):निर्देश: निम्नलिखित प्रश्न में दिए गए विकल्पों में से संबंधित संख्या को चुनिए।

Q.27 95 : 106 :: 87 ?
A. 136   **B.** 113   **C.** 101   **D.** 183

Q.28 शेर : कब :: कंगारू : ?
A. फौन   **B.** जोयी   **C.** किटेन   **D.** बछड़ा

Q.29 निर्देश: नीचे दिए गए प्रश्न में दो कथन और उसके बाद दो निष्कर्ष। और ॥ दिए गए हैं। आपको दिए गए कथनों को सत्य मानना है भले ही वे सर्वज्ञात तथ्यों से भिन्न प्रतीत होते हों। सभी निष्कर्षों को पढ़ें और फिर तय करें कि दिए गए निष्कर्षों में से कौन सा कथन दिए गए कथनों का तार्किक रूप से अनुसरण करता है, भले ही सर्वज्ञात तथ्य न हों।

कथन:
कुछ बैड हैप्पी हैं।
कोई भी सुख स्थिर नहीं होता।

निष्कर्ष:
I. कुछ बैड स्टेबल है।
II. कोई बैड स्टेबल नहीं हैं।

A. केवल I अनुसरण करता हूं
B. केवल II अनुसरण करता है
C. या तो I या II अनुसरण करता है
D. कोई अनुसरण नहीं करता

Q.30 SAG, KSY, CKQ, ?
A. SAG   **B.** UCI   **C.** UZF   **D.** RZF

Q.31 (*) चिह्नों को प्रतिस्थापित करने और दिए गए प्रश्न को संतुलित करने के लिए गणितीय संकेतों का सही संयोजन चुनिए।
18 * 2 * 864 * 24
A. × + =   **B.** = ÷ +   **C.** × = ÷   **D.** + = −

Q.32 निम्नलिखित समीकरण को सही बनाने के लिए परस्पर बदले जाने वाले दो चिह्नों को ज्ञात कीजिये ?
25 + 5 × 7 − 12 ÷ 3 = 26
A. + और ÷   **B.** + और ×   **C.** − और ÷   **D.** + और -

Q.33 निम्नलिखित चार अक्षर-समूहों में से तीन किसी तरीके से समान हैं और एक भिन्न है। विषम अक्षर समूह का चयन कीजिए।
A. TGL   **B.** DWB   **C.** UFK   **D.** KQU

Q.34 निर्देश: यदि पारदर्शी पेपर पर बनी 'X' आकृति को बिन्दुरेखा के आधार पर मोड़ा जाये तो वह दिए गए किस विकल्प आकृति A, B, C तथा D के समान होगी ?

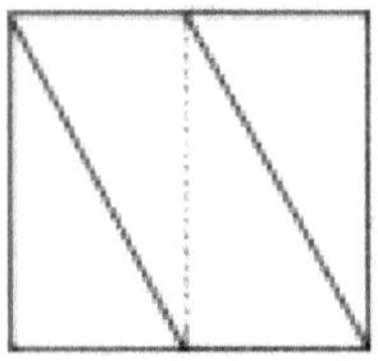

[Sainik School Entrance Class VI, 2020]

A.

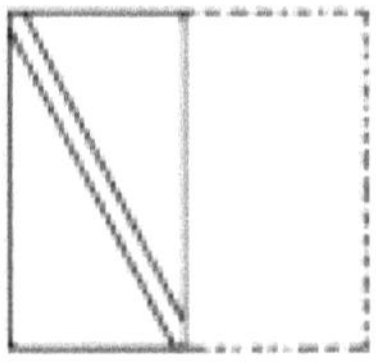

B.

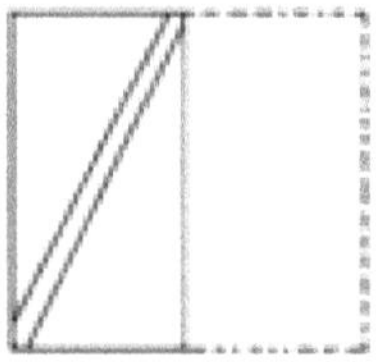

C.

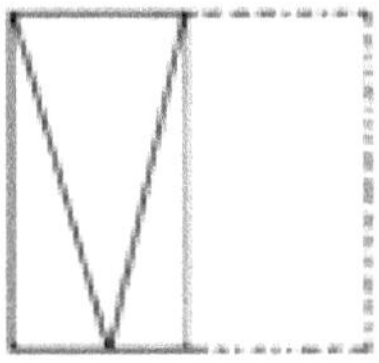

D.

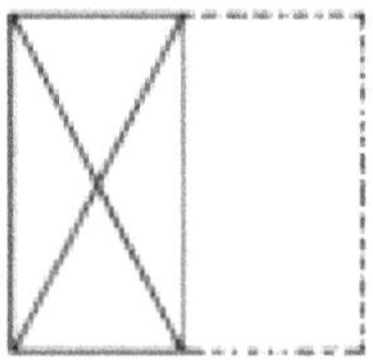

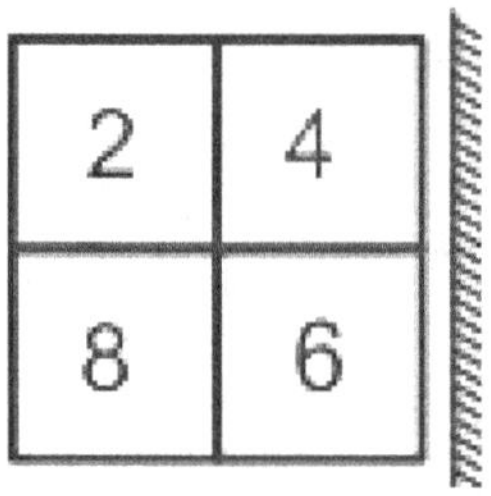

[Jawahar Navodaya Entrance Class VI, 2022], [SSC MTS, 2021],
[AFCAT, 2021]

A.

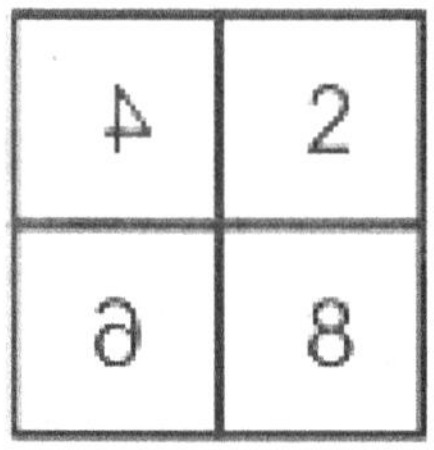

B.

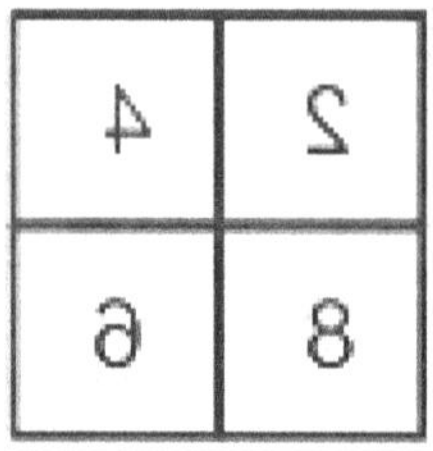

C.

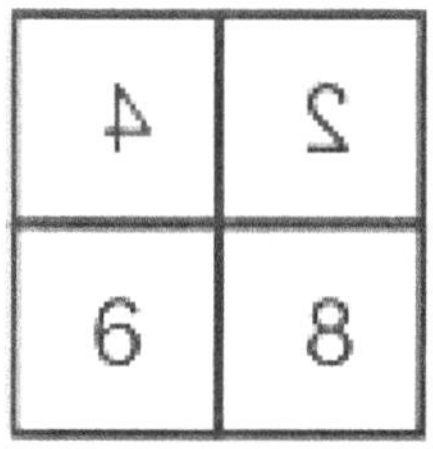

D.

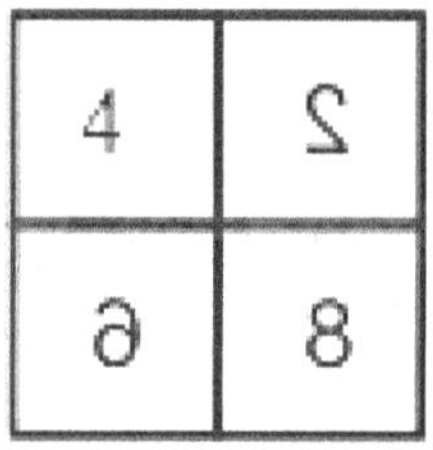

Q.35 निर्देश: जब दर्पण को आकृति के दायीं ओर रखा जाता है तो दी गई समस्या आकृति की सही दर्पण छवि चुनें।

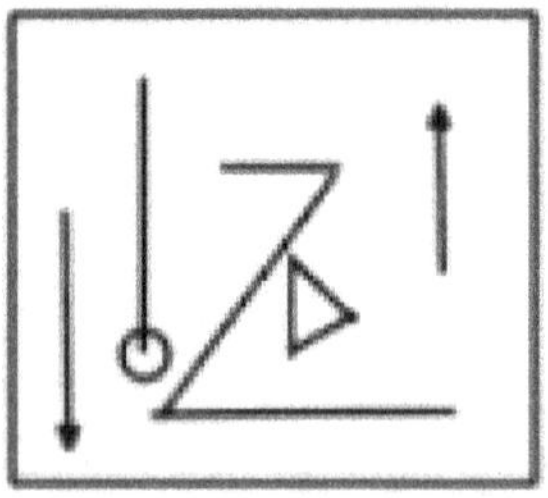

A.

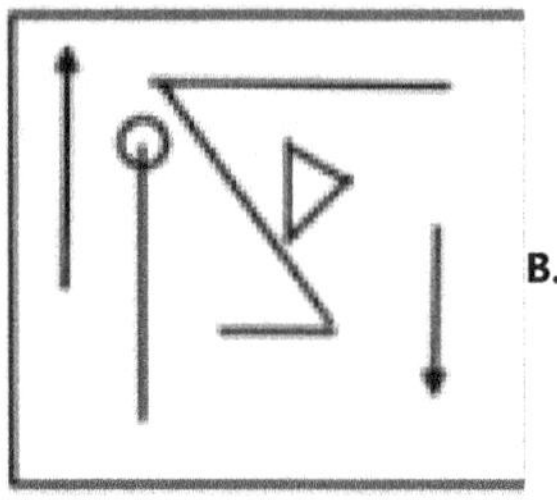

B.

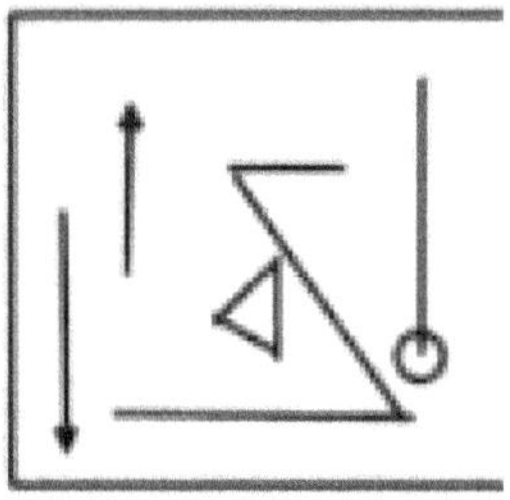

C.

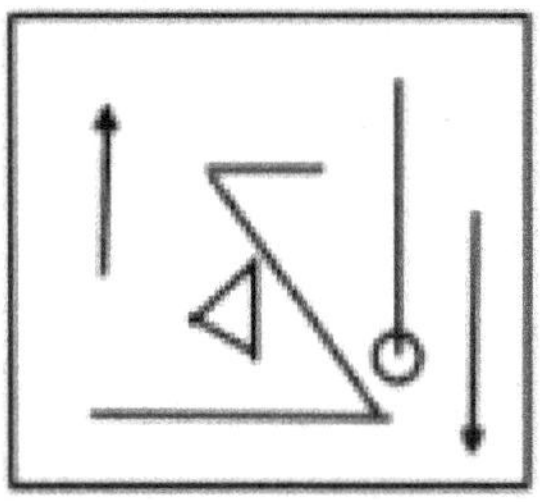

D.

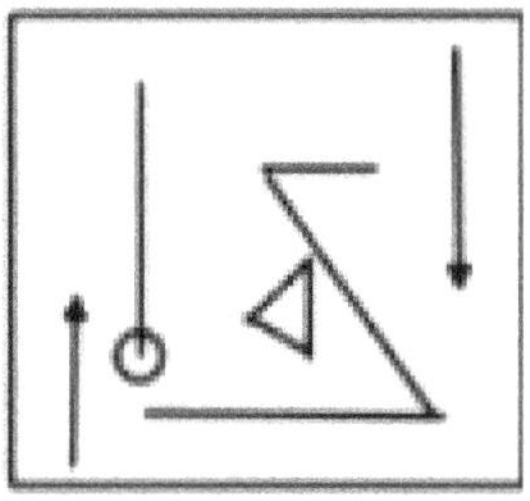

Q.37 निम्नलिखित आरेख में, वर्ग पुलिस अधिकारियों का प्रतिनिधित्व करता है, त्रिकोण विवाहित लोगों का प्रतिनिधित्व करता है और वृत्त लंबे लोगों का प्रतिनिधित्व करता है। फिर अविवाहित पुलिस अधिकारी जो लंबे नहीं हैं प्रतिनिधित्व करते हैं:

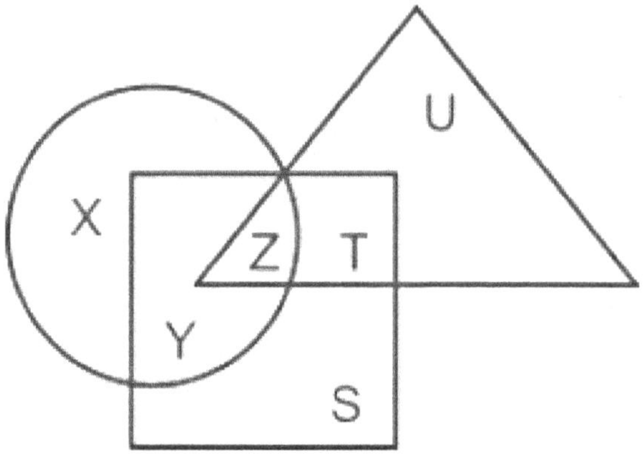

A. Z   **B.** U   **C.** T   **D.** S

Q.38 आकृति में त्रिभुजों की संख्या गिनिए।

Q.36 निर्देश: छवि का ध्यानपूर्वक अध्ययन करें और सही दर्पण छवि चुनें।

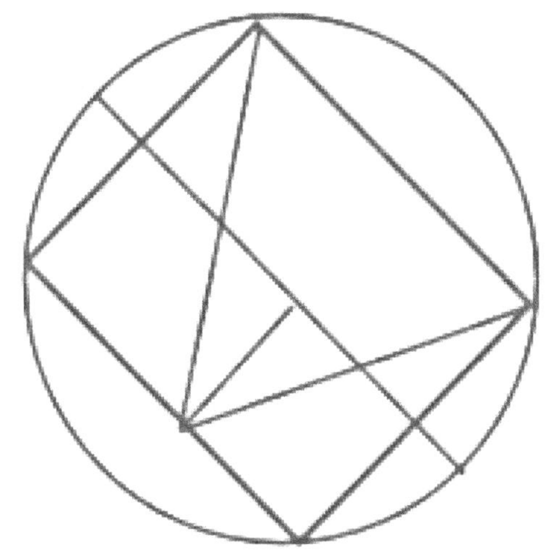

A. 10   **B.** 8   **C.** 12   **D.** 11

Q.39 निर्देश: दिए गए शब्दों को शब्दकोश में आने वाले क्रम में व्यवस्थित करें

i. Terrace

ii. Tenant

iii. Tea

iv. Tomorrow

A. iii, ii, i, iv   **B.** i, ii, iii, iv

C. i, ii, iii, iv   **D.** i, iii, ii, iv

Q.40 एक महिला की ओर इशारा करते हुए, गीतेश ने कहा, "वह मेरी बहू की इकलौती पुत्री है"। गीतेश से महिला किस प्रकार से संबंधित है?

A. पुत्री   **B.** भतीजी   **C.** बहन   **D.** पौत्री

Q.41 यदि P का अर्थ '÷' है, Q का अर्थ '×' है, R का अर्थ '+' है और S का अर्थ '-' है, तो 18 Q 12 P 4 R 5 S 6 = ?

A. 53

B. 54

C. 57

D. 95

Q.42 एक कोड भाषा में, 'SERVICE' को 'RESVECI' के रूप में लिखा जाता है। 'NAUGHTY' को उस भाषा में कैसे लिखा जाएगा?

[SSC Selection Post Phase IX, 2019]

A. UANGTYH   **B.** GUANYTH

C. UANGYTH   **D.** UNAGYHT

Q.43 एक कूट भाषा में, 'SURGE' को 'GITWU' लिखा जाता है। 'LIGHT' को उस भाषा में कैसे लिखा जाएगा?

[SSC Selection Post Phase IX, 2019]

A. NKIJV   **B.** UJMN   **C.** VKIJM   **D.** VJILM

Q.44 CHIVALRY के दर्पण प्रतिबिंब का चयन कीजिये।

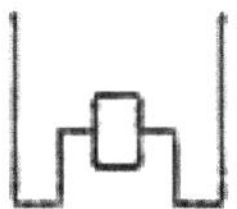

A. 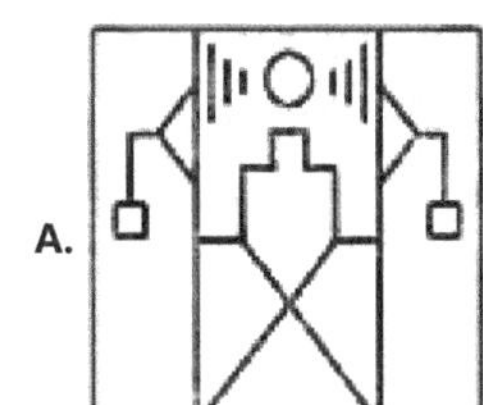

B. 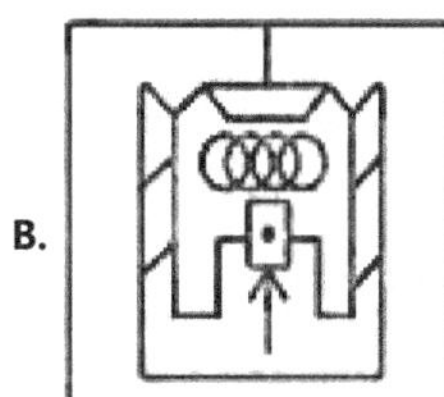

C. YRLAVIHC

D. YRALVIHC

Ques (45-46):निर्देश: एक श्रृंखला लुप्त पद के साथ दी गई है। दिए गए विकल्पों में से सही विकल्प का चयन कीजिये जो श्रृंखला को पूरा करेगा।

Q.45 2,3,4,6,?,12,16,24,32

A. 7   **B.** 8   **C.** 11   **D.** 10

Q.46 1574,1213,924,755,634,?,560

A. 612   **B.** 598   **C.** 598   **D.** 585

Q.47 P + इंगित करता है, R ÷ इंगित करता है, T - इंगित करता है और W × इंगित करता है, तो निम्न अभिव्यक्ति का मान क्या होगा?

40 R 8 W 10 T 12 P 16=?

A. 50   **B.** 43

C. 30   **D.** इनमें से कोई नहीं

Ques (48-49):निर्देश: दी गई जानकारी के आधार पर प्रश्न का उत्तर दें।

Q.48 राहुल का जन्म 13 दिसंबर 2009 को हुआ था, जिस दिन रविवार था। उसका अगला जन्मदिन शनिवार को कब होगा?

A. 2011   **B.** 2012   **C.** 2014   **D.** 2013

Q.49 पंद्रह वर्ष बाद एक व्यक्ति की आयु पंद्रह वर्ष पहले की आयु की चार गुनी होगी। उसकी वर्तमान आयु है?

A. 25 साल   **B.** 20 साल   **C.** 30 साल   **D.** 45 साल

Q.50 उस विकल्प का चयन कीजिए जिसमें दी गई आकृति निहित है (घूर्णन की अनुमति नहीं है)।

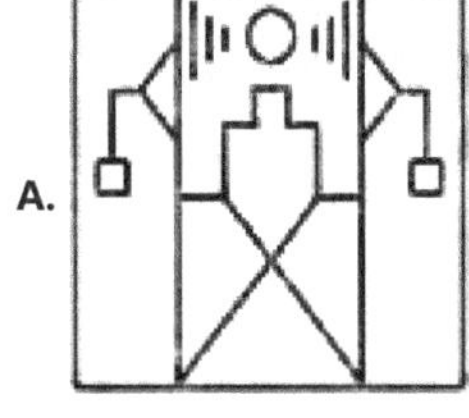

A. 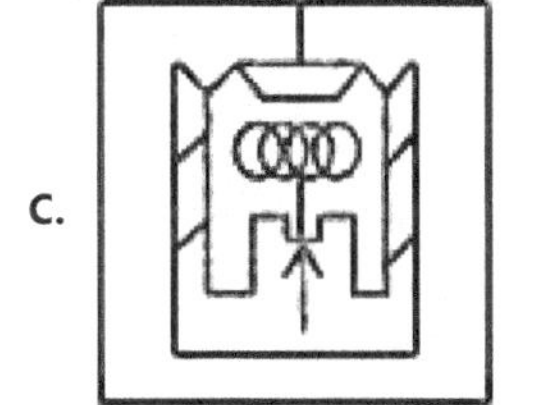

B. 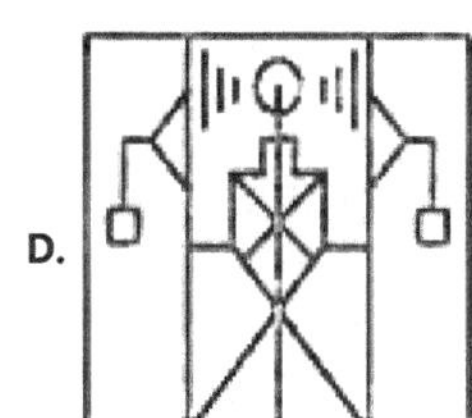

C.

D.

Quantitative Aptitude

Q.51 800 रुपये की राशि, साधारण ब्याज पर 3 वर्षों में 920 रुपये हो जाती है। यदि ब्याज दर में 3% की वृद्धि की जाती है, तो मिश्रधन कितनी होगी?

A. 652 रुपये   B. 752 रुपये   C. 992 रुपये   D. 562 रुपये

Q.52 निम्नलिखित त्रिकोणमिति व्यंजक में (MN) का मान ज्ञात कीजिए।

$$\frac{(1+\cos x)}{(1-\sin x)}(\sin x + \cos x - 1)^2 = M\sin^N x$$

A. 3   B. 6   C. 4   D. 2

Q.53 यदि $cosec\theta = 3x$ और $\cot\theta = \frac{3}{x}, (x \neq 0)$ तो $6\left(x^2 - \frac{1}{x^2}\right)$ का मान है:

A. $\frac{2}{3}$ B. 1   C. $\frac{1}{4}$ D. $\frac{1}{2}$

Q.54 एक बहुपद $f(x) = x^4 - 11x^3 + 31x^2 - 46x + 20$ है। जब इसे $x^2 - 3x + n$ से विभाजित किया जाता है, तब शेषफल q मिलता है। n और q का गुणनफल ज्ञात कीजिये।

A. 20   B. 30   C. 40   D. 50

Q.55 सबसे बड़ा घनात्मक पूर्णांक n ज्ञात कीजिये जिसमे $n^3 + 1000, (n + 10) \cdot n^3 + 1000$ से तथा, $(n + 10)$ से भी विभाज्य है।

A. 890   B. 920   C. 990   D. 940

Q.56 3 पुरुष या 5 महिलाएं एक काम को 12 दिनों में पूरा कर सकते हैं तो 3 पुरुष और 7 महिलाएं उसी काम को कितने दिनों में पूरा करेंगे?

A. 5 दिन   B. 8 दिन   C. 10 दिन   D. 15 दिन

Q.57 एक बच्चा अपनी जेब खर्च का 25% चॉकलेट पर और शेष 20% खिलौनों पर खर्च करता है। अब उसके पास 1080 रुपये बचे हैं। उसका जेब खर्च ज्ञात कीजिये।

A. 1800 रुपये   B. 1600 रुपये
C. 1880   D. 1860 रुपये

Q.58 एक नाव की गति शांत जल में 10 किमी/घंटा है और धारा की गति 5 किमी/घंटा है, यदि नाव को एक स्थान पर जाने और वापस आने में 4 घंटे लगते हैं। तो उस स्थान की दूरी ज्ञात कीजिए।

A. 10 किमी   B. 12 किमी   C. 20 किमी   D. 15 किमी

Q.59 P और Q ने एक व्यवसाय में निवेश किया। अर्जित लाभ को 2 : 3 के अनुपात में विभाजित किया गया था। यदि P ने 40000 रुपये का निवेश किया, तो Q द्वारा निवेश की गई राशि है:

A. रु. 40000   B. रु. 50000   C. रु. 60000   D. रु. 70000

Q.60 145 रू./किग्रा. और 116 रू./किग्रा. मूल्य वाले काजू को तीसरी किस्म के काजू के साथ 1:1:2 के अनुपात में मिलाया जाता है। यदि मिश्रण का मूल्य 153 रू./किग्रा. है तो तीसरी किस्म के काजू का मूल्य कितना है?

A. 175.5 रू.   B. 165.5 रू.   C. 172.5 रू.   D. 192.5 रू.

Q.61 एक वस्तु को इसके अंकित मूल्य पर 18% और 22% की क्रमागत छूट देकर 799.50 रुपए में बेचा जाता है। वस्तु का क्रय मूल्य 1,000 रुपए है। यदि इसे अंकित मूल्य पर बेचा जाता है, तो लाभ है:

[SSC Selection Post Phase IX, 2020]

A. 250 रुपए   B. 240 रुपए   C. 300 रुपए   D. 220 रुपए

Q.62 18 लीटर के एक मिश्रण में दूध और पानी का अनुपात 5:4 है। मिश्रण में कितना दूध मिलाया जाये तो परिणामी मिश्रण में दूध और पानी का अनुपात 7:4 हो जाये?

A. 4 लीटर   B. 5 लीटर   C. 3 लीटर   D. 2 लीटर

Q.63 एक स्पीकर और एक हेडफ़ोन के अंकित मूल्य 4 : 5 के अनुपात में है। दुकानदार स्पीकर पर 30% की छूट देता है। यदि स्पीकर और हेडफोन पर कुल छूट 30% है। तो हेडफोन पर दी गई छूट ज्ञात कीजिए।

A. 40%   B. 25%
C. 20%   D. इनमें से कोई नहीं

Q.64 सात क्रमागत विषम संख्याओं (बढ़ते क्रम में) का औसत k है। यदि अगली चार क्रमागत विषम संख्याओं को सम्मिलित किया जाता है, तो सभी संख्याओं का औसत है:

[SSC Selection Post Phase IX, 2020]

A. k + 7   B. k + 3   C. k + 4   D. k + 2

Q.65 एक शंकु और एक अर्धगोला एकसमान आधार और एकसमान आयतन के हैं। शंकु की ऊँचाई का, अर्धगोले की त्रिज्या से अनुपात क्या है?

[Indian Military Academy (IMA), 2021]

A. 1:1   B. 2:1   C. 3:2   D. 4:3

Q.66 60 मिमी व्यास वाले एक ठोस गोले को पिघलाकर 144 सेमी लंबाई की एक तार बनाई जाती है। तार का व्यास क्या है?

[Indian Military Academy (IMA), 2021]

A. 0.5 सेमी   B. 1 सेमी   C. 1.5 सेमी   D. 2 सेमी

Q.67 आकृति में, केंद्र P और Q वाले दो वृत्त बाहरी रूप से R पर स्पर्श करते हैं।स्पर्शरेखा AT और BT उभय-निष्ठ स्पर्शरेखा TR पर T से मिलते हैं। यदि AP = 6 सेमी और PT = 10 सेमी है, तो BT =?

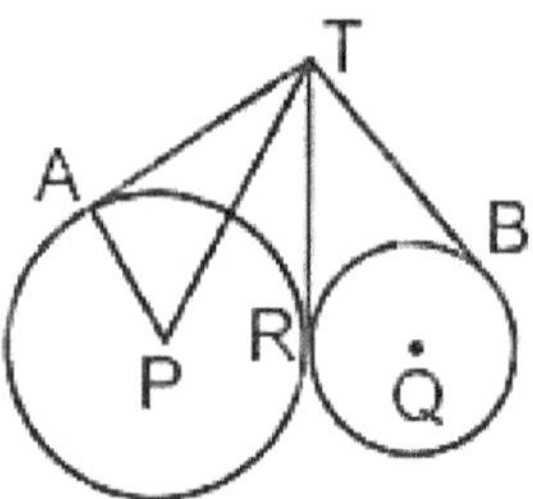

A. 6 सेमी   B. 10 सेमी   C. 8 सेमी   D. 12 सेमी

Q.68 दी गयी आकृति में AP और BP केंद्र O वाले एक वृत्त की स्पर्श रेखाएं हैं। यदि $\angle APB = 62°$ है, तो $\angle AQB$ का माप क्या है?

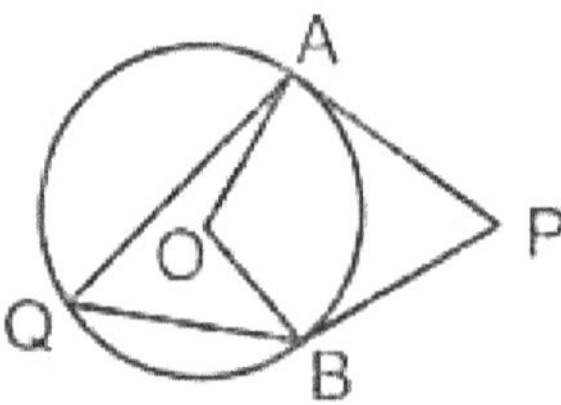

A. 59°   B. 28°   C. 118°   D. 31°

Q.69 रमेश 40 किमी/घंटा की चाल से "A" से "B" की यात्रा करता है और 60 किमी/घंटा की चाल से उसी मार्ग से "B" से "A" पर वापस जाता है। उसके द्वारा लिया गया कुल समय 10 घंटे है। "B" से "A" कितनी दूर है?

[UP Police ASI, 2018]

A. 120 किमी   B. 240 किमी   C. 480 किमी   D. 180 किमी

Q.70 निर्देश: निम्नलिखित सारणी को ध्यानपूर्वक पढ़िए और निम्नलिखित प्रश्नों के उत्तर दीजिए।

एक बेकरी में वर्ष के छः क्रमागत महीनों में उपयोग होने वाली विभिन्न सामग्री की मात्रा (किग्रा में):

खाद्य पदार्थ	फरवरी	मार्च	अप्रैल	मई	जून	जुलाई
पनीर	250	230	210	260	240	220
गेंहू	320	340	280	290	300	360
शक्कर	240	210	200	210	160	150
दालें	360	300	320	245	235	250
सब्जियां	380	390	385	375	355	370
अन्य	400	475	440	460	475	480

जून महीने में उपयोग की गई शक्कर की मात्रा उसी महीने में उपयोग की गई सभी समाग्रियों की कुल मात्रा का कितना प्रतिशत है?

A. 9% **B.** 10.1% **C.** 15% **D.** 8%

Q.71 निर्देश: निम्नलिखित पाई-आरेख का ध्यानपूर्वक अध्ययन कीजिये और निम्नलिखित प्रश्नों के उत्तर दीजिये।

निम्नलिखित पाई-आरेख विभिन्न कंपनियों में आईटी तकनीशियनों के प्रतिशत वितरण को दर्शाता है

कुल आईटी तकनीशियन = 2000

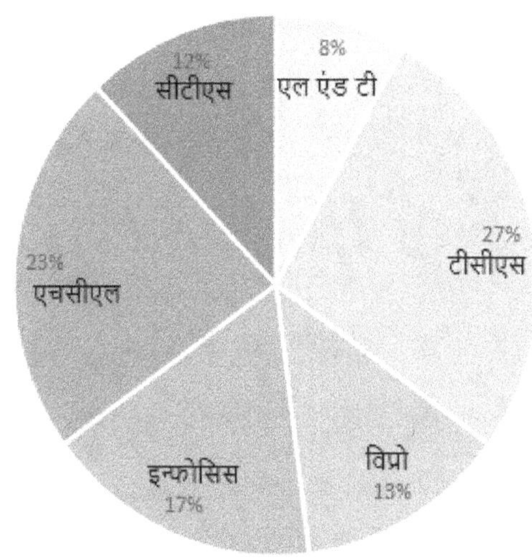

यदि विप्रो में आईटी तकनीशियनों के प्रतिशत में 10% की वृद्धि हुई है और एल एंड टी आईटी तकनीशियनों के प्रतिशत में 25% की कमी आई है, तो विप्रो और एल एंड टी आईटी तकनीशियनों की कुल मिलाकर संख्या क्या होगी?

A. 206 **B.** 306 **C.** 406 **D.** 506

Q.72 सरल करें: $0.05 + 1.5 \times 5 \div 10 \times 0.5 =$

[Sainik School Entrance Class VI, 2021]

A. 4.25 **B.** 42.5 **C.** 0.425 **D.** 0.42

Q.73 निर्देश: निम्नलिखित बार ग्राफ का अध्ययन करें और दिए गए प्रश्न का उत्तर दें।

बार ग्राफ पांच अलग-अलग संस्थानों से एक परीक्षा में उपस्थित उम्मीदवारों और अनुत्तीर्ण उम्मीदवारों की संख्या (सैकड़ों में) दिखाता है

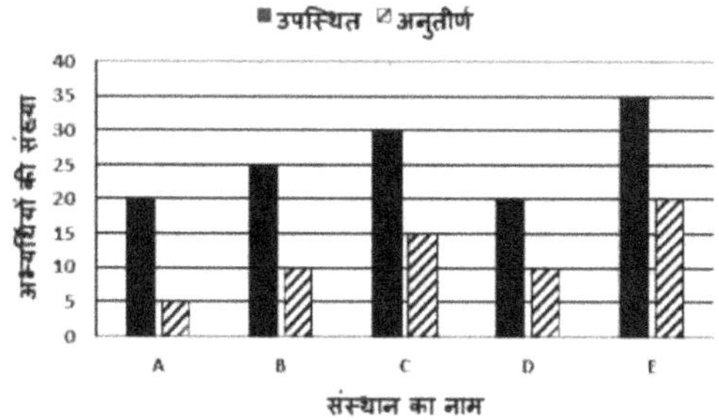

किस संस्थान से उपस्थित होने वाले अभ्यर्थियों और अनुत्तीर्ण होने वाले अभ्यर्थियों के बीच का अंतर न्यूनतम है?

A. A **B.** B **C.** C **D.** D

Q.74 $[(288)^2 \div 24 \times 36] \div 18 = \sqrt{?}$

A. 6912 **B.** 3456 **C.** 216 **D.** 6912^2

Q.75 $21 - 2\sqrt{54}$ का वर्गमूल ज्ञात कीजिए।

A. $3\sqrt{2} - \sqrt{3}$ **B.** $\sqrt{2} - \sqrt{3}$
C. $18 - 3\sqrt{3}$ **D.** $9 - 3\sqrt{3}$

General Awareness

Q.76 मौलाना अबुल कलाम आज़ाद को ___ के नाम से जाना जाता था।

A. कांग्रेस शोबॉय
B. फ्रंटियर गांधी
C. देशबंधु
D. आधुनिक कानूनी शिक्षा के जनक

Q.77 किस राज्य सरकार ने हाल ही में छात्रों के लिए 'रीडिंग मिशन' पहल शुरू की है?

A. ओडिशा **B.** केरल
C. हरियाणा **D.** पश्चिम बंगाल

Q.78 बच्चों के लिए ऑनलाइन अनुभव को सुरक्षित बनाने के लिए किस देश ने 'चाइल्ड ऑनलाइन सेफ्टी टूलकिट' लॉन्च किया?

A. चीन **B.** अमेरीका **C.** यूके **D.** न्यूज़ीलैंड

Q.79 निम्न में से एशिया की सबसे बड़ी खारे पानी की लैगून कौन सी है?

A. चिल्का झील **B.** लोकतक झील
C. वुलर झील **D.** नल सरोवर

Q.80 कौन सा शहर 'खादी उत्सव - 2022 प्रदर्शनी' का मेजबान है?

A. चेन्नई **B.** वाराणसी
C. मुंबई **D.** अहमदाबाद

Q.81 वेल्थ ऑफ नेशंस नामक पुस्तक किसने लिखी है?

A. रघुराम राजन **B.** जॉन मेनार्ड कीन्स
C. एडम स्मिथ **D.** एडम स्मिथ

Q.82 निम्नलिखित में से कौन भारत में राजनीतिक शक्ति का प्रमुख स्रोत है?

A. संविधान **B.** सर्वोच्च न्यायलय
C. जनता **D.** संसद

Q.83 भारत के संविधान की निम्नलिखित में से कौन-सी अनुसूची स्वायत्तशासी जिला परिषदों की स्थापना का उपबंध करती है?

[Officers Training Academy (OTA), 2018], [Indian Military Academy (IMA), 2018]

A. तीसरी अनुसूची **B.** चौथी अनुसूची
C. पांचवीं अनुसूची **D.** छठी अनुसूची

Q.84 एक वेब साइट के मेन पेज को इसका ___________ कहा जाता है।
A. होम पेज
B. ब्राउज़र पेज
C. सर्च पेज
D. बुकमार्क

Q.85 मानव विकास सूचकांक का कौन सा संकेतक नहीं है?
A. जीवन प्रत्याशा
B. शिक्षा घटक
C. राष्ट्रीय प्रति व्यक्ति आय
D. शहरीकरण का स्तर

Q.86 शास्त्रीय संगीत का प्रारम्भिक स्रोत कौन-सा वेद है?
A. ऋग्वेद
B. यजुर्वेद
C. सामवेद
D. अथर्ववेद

Q.87 ग्लोबल हंगर इंडेक्स 2022 में भारत का रैंक क्या है?
A. 107
B. 112
C. 102
D. 114

Q.88 हड़प्पा स्थल कोट दिजी, उस सभ्यता के निम्नलिखित में से किस प्रमुख स्थल के समीप है?

[Officers Training Academy (OTA), 2018], [Indian Military Academy (IMA), 2018]

A. मोहनजोदड़ो
B. बालाकोट
C. लोथल
D. कालीबंगा

Q.89 'लाख बख्श' किसकी उपाधि थी:

[DSSSB TGT Social Science, 2014]

A. कुतुबुद्दीन ऐबक
B. इल्तुतमिश
C. अलाउद्दीन खिलजी
D. फिरोज शाह

Q.90 वर्ष 1911 में, निम्नलिखित में से किसने भारत में अनिवार्य और निःशुल्क प्राथमिक शिक्षा आरंभ करने के लिए इंपीरियल लेजिस्लेटिव काउंसिल में विधेयक प्रस्तुत किया था?

[Officers Training Academy (OTA), 2021], [Indian Military Academy (IMA), 2021]

A. दादाभाई नौरोजी
B. बाल गंगाधर तिलक
C. सर हारकोर्ट बटलर
D. गोपाल कृष्ण गोखले

Q.91 रेगुर मिट्टी किसका दूसरा नाम है?
A. काली मिट्टी
B. जलोढ़ मिट्टी
C. लैटेराइट मिट्टी
D. लाल और पीली मिट्टी

Q.92 मिलनकोविच चक्र निम्नलिखित में से किससे संबंधित हैं?
A. सनस्पॉट चक्र
B. महाद्वीपीय बहाव की अवधि
C. पृथ्वी की विकेन्द्रता, अक्षीय झुकाव और पूर्वता में भिन्नताएं
D. पृथ्वी का भू-चुंबकीय उत्क्रमण चक्र

Q.93 निम्नलिखित में से किस तत्व के समस्थानिक का उपयोग कैंसर के उपचार में किया जाता है?

[UPSC NDA, 2020]

A. यूरेनियम
B. कोबाल्ट
C. सोडियम
D. आयोडीन

Q.94 निम्नलिखित में से किसमें पोषण का एक मृतोपजीवी तरीका है?
A. गोलकृमि
B. जोंक
C. मशरूम
D. जूँ

Q.95 एक काटा हुआ हीरा शानदार ढंग से चमकता है:
A. कुछ निहित गुण
B. पूर्ण आंतरिक परावर्तन
C. इसकी आणविक संरचना
D. प्रकाश का अवशोषण

Q.96 वर्ष 2022 का मेजर ध्यानचंद खेल रत्न पुरस्कार किसने जीता है?
A. अचंता शरथ कमल
B. सरकार तलवार
C. प्रणय शर्मा
D. पीवी सिंधु

Q.97 निम्नलिखित में से किसे आपदा प्रबंधन में उनके कार्य के लिए सुभाष चंद्र बोस आपदा प्रबंधन पुरस्कार 2022 के लिए चुना गया है?
A. कविश सौरभ
B. विनोद शर्मा
C. सतीश चंद्र
D. कमला रॉय

Q.98 निम्नलिखित में से किसने फरवरी 2022 में मेक्सिको के अकापुल्को में आयोजित मैक्सिकन ओपन जीता है?
A. राफेल नडाल
B. नोवाक जोकोविच
C. रोजर फ़ेडरर
D. अलेक्जेंडर ज्वेरेव

Q.99 चार्ल्स बैबेज द्वारा डिजाइन किए गए पहले कंप्यूटर का नाम क्या था?
A. कैस्टल क्लॉक
B. डिफ्रेंस इंजन
C. कोलोसस
D. साउंड कार्ड

Q.100 किस शहर को 'भारत का मक्का' भी कहा जाता है?
A. हैदराबाद
B. दिल्ली
C. अजमेर
D. मुंबई

// स्मार्ट उत्तर पुस्तिका //

सही उत्तर	उन छात्रों का प्रतिशत जिन्होंने प्रश्नों का सही उत्तर दिया था।	छोड़ दिया	उन छात्रों का प्रतिशत जिन्होंने प्रश्नों को छोड़ दिया था।

प्रश्न संख्या	उत्तर	सही उत्तर / छोड़ दिया	प्रश्न संख्या	उत्तर	सही उत्तर / छोड़ दिया	प्रश्न संख्या	उत्तर	सही उत्तर / छोड़ दिया	प्रश्न संख्या	उत्तर	सही उत्तर / छोड़ दिया	प्रश्न संख्या	उत्तर	सही उत्तर / छोड़ दिया	प्रश्न संख्या	उत्तर	सही उत्तर / छोड़ दिया
1	A	76.15 % / 11.21 %	18	B	59.48 % / 36.92 %	35	C	61.38 % / 34.09 %	52	C	59.64 % / 33.31 %	69	B	50.16 % / 36.3 %	86	A	54.88 % / 36.61 %
2	D	49.57 % / 44.38 %	19	D	52.16 % / 32.97 %	36	B	40.76 % / 43.04 %	53	A	14.86 % / 75.04 %	70	A	41.36 % / 49.21 %	87	A	62.2 % / 30.82 %
3	C	82.82 % / 12.78 %	20	A	61.6 % / 35.0 %	37	D	50.91 % / 30.61 %	54	D	16.01 % / 78.38 %	71	C	11.07 % / 86.19 %	88	A	69.64 % / 30.04 %
4	A	76.71 % / 23.29 %	21	B	50.87 % / 42.18 %	38	B	67.31 % / 32.35 %	55	A	59.36 % / 33.83 %	72	C	86.64 % / 10.3 %	89	A	65.78 % / 32.86 %
5	C	43.37 % / 38.58 %	22	D	79.82 % / 19.47 %	39	A	77.91 % / 12.38 %	56	A	69.95 % / 30.05 %	73	D	27.86 % / 67.09 %	90	D	17.0 % / 80.29 %
6	C	56.62 % / 41.66 %	23	A	57.27 % / 38.23 %	40	D	69.94 % / 30.04 %	57	A	44.97 % / 44.12 %	74	D	52.19 % / 34.45 %	91	A	44.27 % / 49.25 %
7	C	23.01 % / 73.44 %	24	D	47.14 % / 41.3 %	41	A	81.13 % / 14.97 %	58	D	78.39 % / 13.49 %	75	A	45.9 % / 46.67 %	92	C	59.57 % / 40.4 %
8	B	51.11 % / 47.12 %	25	A	53.61 % / 42.38 %	42	C	86.93 % / 12.89 %	59	C	52.94 % / 36.06 %	76	A	44.45 % / 30.28 %	93	B	62.72 % / 36.08 %
9	B	30.57 % / 67.91 %	26	B	51.14 % / 45.51 %	43	A	76.97 % / 18.06 %	60	A	64.85 % / 34.15 %	77	C	65.42 % / 31.89 %	94	C	20.08 % / 69.48 %
10	B	58.68 % / 40.83 %	27	B	57.25 % / 37.03 %	44	C	48.73 % / 30.51 %	61	A	68.25 % / 30.6 %	78	C	47.84 % / 48.72 %	95	B	85.48 % / 11.74 %
11	B	24.57 % / 67.94 %	28	B	77.91 % / 13.94 %	45	B	63.41 % / 36.59 %	62	A	60.15 % / 36.66 %	79	A	44.55 % / 44.93 %	96	A	62.67 % / 37.15 %
12	B	63.75 % / 34.25 %	29	C	61.86 % / 37.96 %	46	D	53.2 % / 32.1 %	63	D	64.85 % / 33.12 %	80	C	12.26 % / 82.04 %	97	B	40.75 % / 53.96 %
13	D	50.07 % / 31.15 %	30	B	51.4 % / 33.04 %	47	D	62.36 % / 35.34 %	64	C	86.99 % / 11.55 %	81	C	69.67 % / 30.2 %	98	A	46.98 % / 39.94 %
14	D	45.03 % / 47.32 %	31	C	47.31 % / 47.67 %	48	C	66.24 % / 31.07 %	65	B	77.57 % / 20.9 %	82	C	62.97 % / 35.17 %	99	B	82.12 % / 10.89 %
15	B	67.8 % / 31.38 %	32	A	47.78 % / 49.71 %	49	A	12.87 % / 81.75 %	66	B	87.22 % / 12.29 %	83	D	81.89 % / 14.81 %	100	C	54.12 % / 34.81 %
16	C	19.94 % / 72.67 %	33	D	65.19 % / 32.65 %	50	B	53.2 % / 31.2 %	67	C	66.08 % / 31.2 %	84	A	81.61 % / 15.22 %			
17	B	47.36 % / 40.33 %	34	D	60.88 % / 33.98 %	51	C	45.8 % / 30.35 %	68	A	62.39 % / 32.39 %	85	D	16.34 % / 74.65 %			

//संकेत और समाधान//

1. The correct answer is 'studying'.

A preposition is a word that shows direction (a letter to you), location (at the door), or time (by noon), or that introduces an object (a basket of apples).

Prepositions are typically followed by an object, which can be a noun (noon) or a gerund acting as a noun (falling), a noun phrase (the door), or a pronoun (you).

Let's look at the examples given below:

- I have been waiting for you since 2014. (preposition followed by a pronoun)
- He was excited about going to a hill station. (preposition followed by a gerund)

In the given sentence, the preposition 'about' must be followed by a noun, pronoun, or gerund.

Of the given options, we find that the gerund 'studying' is the most suited for the first blank.

The rest of the options are various verb forms.

Hence, the correct option is (A).

2. The correct answer is 'want'.

The simple present tense is used when an action is happening right now, to state or ask about things in general, or when it happens regularly or unceasingly.

The structure is given below:

Subject + V1 + object.

The verb will take 's/es' if the given noun/pronoun (3rd person) is singular.

Example: He plays badminton daily.

Since the given sentence is in the present tense (as indicated by the earlier verbs), the plural verb 'want' will be used in the second blank as per the plural noun 'people'.

Hence, the correct option is (D).

3. The correct answer is 'these'.

The pronouns that connect a clause or phrase to a noun or a pronoun, is called a relative pronoun.

A demonstrative pronoun represents a thing or things. The most common demonstrative pronouns are:

this, that, these, those.

'This/that' are used with singular countable nouns and 'these/those' are used with plural countable nouns.

Example:

This is my bag.

Those were the days!

Since the patterns of habits (which is a plural countable noun) have already been discussed in the cloze test before, the demonstrative pronoun 'these' will be the correct choice in the third blank.

Hence, the correct option is (C).

4. The correct answer is 'must'.

An auxiliary verb is a verb that adds functional or grammatical meaning to the clause in which it occurs, so as to express tense, aspect, modality, voice, emphasis, etc.

A modal or a modal auxiliary is a word such as 'can' or 'would' which is used with the main verb (the 1st form of the verb) to express ideas such as possibility, intention, or necessity.

Example:

- I have taken my breakfast. (have- auxiliary verb)
- One should obey one's elders. (should- modal)

The former part of the given sentence talks about the scientists discovering the mechanism of patterns and the latter part talks about them certainly finding a recipe for rapid change.

In the given condition, the modal verb 'must' will be used in the fourth blank of the cloze test as it provides the required conclusive tone.

Hence, the correct option is (A).

5. The correct answer is 'were'.

Conditional sentences are statements discussing known factors or hypothetical situations and their consequences.

One of the structures is mentioned below:

This particular type is followed when we talk about something in the past which is purely imaginary.

If + Simple Past, Subject + Would + V1 + Object.

In the case of imaginary sentences, 'were' is used with all subjects irrespective of their number.

Example:

- If I had wings, I would fly like a bird.
- He shouted at me as if he were my coach.

Thus, in the fifth blank of the given cloze test, 'were' will be used as the given clause of the sentence is conditional/imaginary in nature.

Hence, the correct option is (B).

6. The correct sentence will be: "Each student will have to carry his own lunch to the picnic."

In option (C), the preposition 'on' is incorrect and should be replaced with 'to' as 'to' is used to refer to a destination which is the picnic.

In option (A), 'each' is correct as it refers to each and every student.

In option (B), the pronoun 'his' is appropriately placed.

In option (D), 'will' is correct as it refers to an action in the future.

Hence, the correct option is (C).

7. The meaning of the idiom "High on the hog" is 'To live in a luxurious or costly way'.

Example: Since the time she won the State lottery she has been on a spending spree as she now lives **high on the hog**.

Hence, the correct option is (C).

8. The meaning of the idiom "Be in the same boat" is 'To be in the same difficult situation'.

Example: When he lost his job he did not feel too bad as, after the company downsized, **many others were in the same boat.**

Hence, the correct option is (B).

9. The correct answer is:

'The jury gave the film 'Andhaa Dhund' an award.'

In the active form, the subject and the object will get interchanged.

In the active form 'award' will become the object.

The passive form contains 'was' + past participle form of verb so the active form will contain the past participle form of the verb.

Option (A) is in past perfect tense.

Option (C) is grammatically incorrect. 'Was gave' is totally incorrect.

Option (D) is in future tense because the word 'will' is used.

Hence, the correct option is (B).

10. The correct sentence is: They like the food in that restaurant, therefore they go there very often.

'Therefore' means for that reason; consequently.

- Example: He was injured and therefore unable to play.

In the given sentence they like the food of a restaurant as a result of which they go there very often.

Therefore, the most appropriate conjunction in the given blank is 'therefore'.

Hence, the correct option is (B).

11. The correct answer is:

My neighbour enquired, "How is your father?"

Since the neighbor is enquiring, the direct form will be a question. The indirect form is in simple past tense as indicated by 'was'. So, the direct form will be in the simple present tense. 'Was' will be changed to 'is'. Also, the first person pronoun (my) will be changed to second person (your) in the direct form.

Hence, the correct option is (B).

12. Correct Sentence: The teacher complained against him when she met his mother in the market.

We use in to talk about where something is in relation to a larger area around it.

Example: She's in the garden.

We use against to refer to negative, hostile or opposing reactions to situations, beliefs, people, events, etc.

The noun 'complaint' is followed by the preposition against.

Example: He filed a complaint against his school.

"On" is used to indicate position, usually indicating that something is on top of something else.

Example: My journal is on the desk.

When we use the passive voice, we can use a phrase with by to say who did the action.

Example: The new street was opened by the Mayor.

Hence, the correct option is (B).

13. Part R tells us what the 'third' is of so, it will come first. Part Q will come next as part P is the ending part and does not suits to join with 'but' with which part R is ending. Thus, the correct sequence is given by RQP.

Hence, the correct option is (D).

14. The first part of the sentence ends with a complete sentence, which means that the next part must begin a new sentence. The new part must begin with or contain conjunction. 'That' is conjunction given by part P, which means P is the first part of the answer. P ends with the preposition 'despite', which means it must be followed by a noun or adjective (and its corresponding article). Only Q begins with an article. So, PQ is the correct sequence, as shown by option (D).

Hence, the correct option is (D).

15. Fear of closed spaces

Claustrophobia (noun): Fear of being in closed spaces.

For eample: He suffers from claustrophobia so he never travels on underground trains.

Hence, the correct option is (B).

16. Conscientious is the correctly spelt word.

Conscientious (adjective): Putting a lot of effort into your work. For example: She was a conscientious worker, and I'll miss her.

Hence, the correct option is (C).

17. The sentence says that even though the invitation to a party said 'Black Tie optional', the people at the party looked very stylish and refined.

Elegant: Stylish and tasteful in appearance

Graceful: Being stylish and refined in appearance

E.g. Despite having injured herself badly during practice, Serena played in a graceful manner.

Thus, it is clear that elegant and graceful are similar terms.

Hence, the correct option is (B).

18. The sentence talks about how the hunters, while on their journey, were scared of coming face to face with brutal and dangerous tribespeople.

Savage: Ferocious and dangerous

Barbarian: Uncultured and brutish

E.g. For the longest time, people in America considered the Native Americans to be barbarian people.

Thus, it is clear that savage and barbarian are similar terms.

Hence, the correct option is (B).

19. The given sentence is a type 3 conditional sentence which talks about an unreal past condition and its probable past result.

The formula is --if+ past perfect/main clause (would have)--- perfect conditional.

The formula has been used correctly, so it does not need any improvement.

Hence, the correct option is (D).

20. The sentence should be- The gas 'is seeping' out of the rocks.

The sentence is in Present continuous tense.

A present continuous tense verb form is -- (Subject+ is+v1+ing+object)

Hence, the correct option is (A).

21. Voracious - wanting or devouring great quantities of food or engaging in an activity with great eagerness or enthusiasm.

satiable - satisfied

very bad - Significant or extreme in degree or intensity. Unbearably or excruciatingly painful or torturous.

Stingy - mean; ungenerous.

Malicious - characterized by malice; intending or intended to do harm.

So, the correct antoynm for 'voracious' is 'satiable'.

Hence, the correct option is (B).

22. This is the boy who scored the highest marks.

The most suitable pronoun for the given blank is 'who'. A pronoun is a word that replaces a noun to avoid its repetition.

A relative pronoun is one which is used to refer to nouns mentioned previously, whether they are people, places, things, animals, or ideas" (i.e. Who, whom, that, which, etc.). Who should be used to refer to the subject of a sentence.

For example: Jack is the one who wants to go.

Hence, the correct option is (D).

23. Correct sentence: Giving money to the poor is a/an **benevolent** act of service to the poor.

Benevolent: kind and helpful, giving money or help to people or organizations that need it.

According to the given sentence, giving money to the poor is an act of charity. Therefore, we need a word whose meaning is close to kind/helpful.

So, according to the context of the sentence, 'benevolent' fits appropriately in the given blank.

Hence, the correct option is (A).

24. Let us see the meaning:

Gloomy: dark or poorly lit, especially so as to appear depressing or frightening

Cheerful: noticeably happy and optimistic

From the given options, we can say that the word 'Cheerful' is the opposite in meaning.

Hence, the correct option is (D).

25. Let us see the meaning:

Blame: responsibility for a fault or wrong

Praise: the expression of approval or admiration for someone or something

From the given options, we can say that the word 'Praise' is the opposite in meaning.

Hence, the correct option is (A).

26. दूसरे और चौथे स्थान से हम देखते हैं कि 5 और 4 एक दूसरे के विपरीत हैं।

इसलिए, या तो 3 या 6, 1 के विपरीत है।

यदि 1 सबसे नीचे है, तो हम निम्नलिखित स्थिति में समाप्त होंगे:

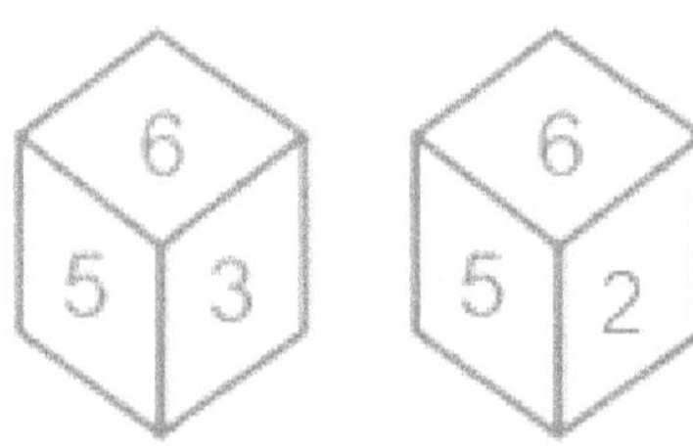

अतः विकल्प (B) सही है।

27. निम्न स्वरूप का पालन किया गया है;

$95 = 9^2 + 5^2 = 106;$

इसी प्रकार से,

$87 = 8^2 + 7^2 = 113$

अतः विकल्प (B) सही है।

28. शेर के बच्चे को कब कहा जाता है। इसी तरह, कंगारू के बच्चे को जोयी कहा जाता है।

अतः विकल्प (B) सही है।

29. दिए गए बयानों के लिए कम से कम संभव आरेख इस प्रकार है,

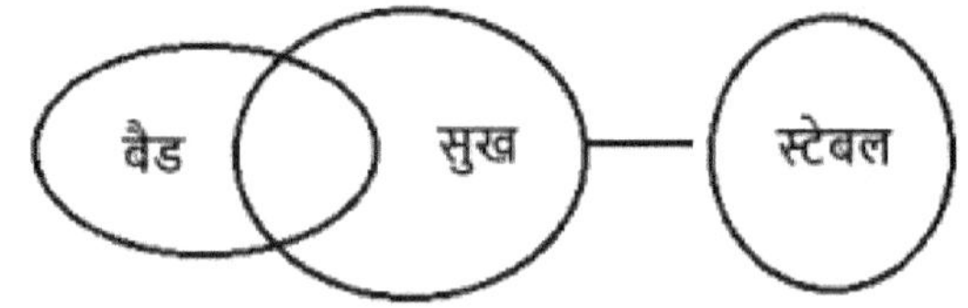

निष्कर्ष:

I. कुछ बैड स्टेबल हैं। → असत्य (यह संभव है लेकिन निश्चित नहीं है)

II. कोई बैड स्टेबल नहीं हैं। → असत्य (यह संभव है लेकिन निश्चित नहीं है)

निष्कर्ष I. और II. पूरक युग्म हैं।

इस प्रकार, या तो I. या II. अनुसरण करता है।

30. यहाँ अनुसरण किया गया पैटर्न है:

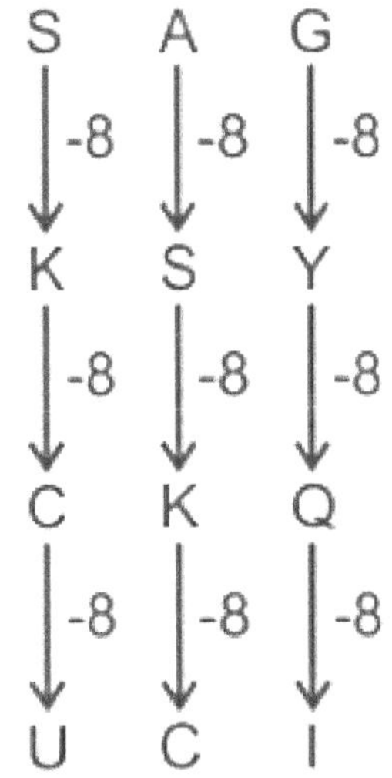

अतः विकल्प (B) सही है।

31. प्रत्येक विकल्प की जांच करने पर:

विकल्प (C) →

$18 \times 2 = 864 \div 24$

$36 = 36$

विकल्प (A) →

$18 \times 2 + 864 = 24$

$36 + 864 \neq 24$

विकल्प (B) →

$18 = 2 \div 864 + 24$

$18 \neq 24.002$

विकल्प (D) →

$18 + 2 = 864 - 24$

$20 \neq 840$

अतः विकल्प (C) सही है।

32. चिह्नों को परस्पर बदलने और BODMAS नियम का उपयोग करने पर,

विकल्प (A) → + और ÷

वास्तविक समीकरण है,

$25 + 5 \times 7 - 12 \div 3 = 26$

चिह्नों को परस्पर बदलने पर,

$25 \div 5 \times 7 - 12 + 3 = 26$

BODMAS नियम का उपयोग करने पर,

$5 \times 7 - 12 + 3 = 26$

$35 - 12 + 3 = 26$

$38 - 12 = 26$

$26 = 26$

विकल्प (B) → + और ×

वास्तविक समीकरण है,

$25 + 5 \times 7 - 12 \div 3 = 26$

चिह्नों को परस्पर में बदलने पर,

$25 \times 5 + 7 - 12 \div 3 = 26$

BODMAS नियम का उपयोग करने पर,

$25 \times 5 + 7 - 4 = 26$

$125 + 7 - 4 = 26$

$132 - 4 = 26$

$128 \neq 26$

128, 26 के बराबर नहीं है

विकल्प (C) → – और ÷

वास्तविक समीकरण है,

$25 + 5 \times 7 - 12 \div 3 = 26$

चिह्नों को परस्पर बदलने पर,

$25 + 5 \times 7 \div 12 - 3 = 26$

BODMAS नियम का उपयोग करने पर,

$25 + 5 \times \dfrac{7}{12} - 3 = 26$

$25 + \dfrac{35}{12} - 3 \neq 26$

$25 + \dfrac{35}{12} - 3$, 26 के समान नहीं है

विकल्प (D) → + और –

वास्तविक समीकरण है,

$25 + 5 \times 7 - 12 \div 3 = 26$

चिह्नों को परस्पर बदलने पर,

$25 - 5 \times 7 + 12 \div 3 = 26$

BODMAS नियम का उपयोग करने पर,

$25 - 5 \times 7 + 4 = 26$

$25 - 35 + 4 = 26$

$29 - 35 = 26$

$-6 \neq 26$

-6, 26 के बराबर नहीं है

अतः विकल्प (A) सही है।

33. यहाँ अनुसरण किया गया तर्क निम्न प्रकार है:

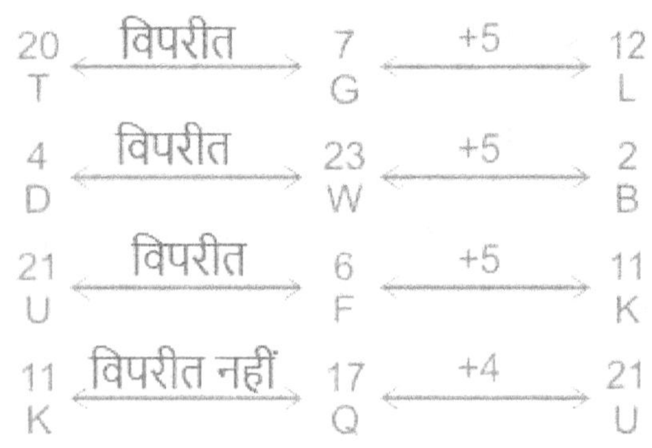

पहले दो अक्षर एक-दूसरे के विपरीत स्थिति वाले हैं।

दूसरे अक्षर को पांचवें स्थान पर स्थानांतरित करके तीसरा अक्षर प्राप्त किया जाता है।

विकल्प (D) स्वरूप का अनुसरण नहीं करता है।

अतः विकल्प (D) सही है।

34. मोड़ने के बाद, पेपर इस प्रकार दिखाई देगा:

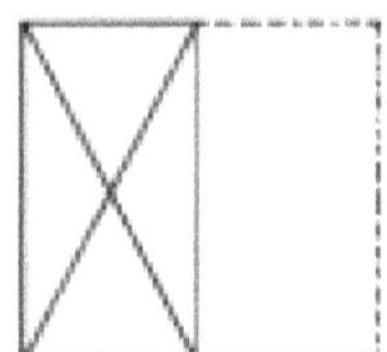

अतः विकल्प (D) सही है।

35. दर्पण छवि इस प्रकार होगी:

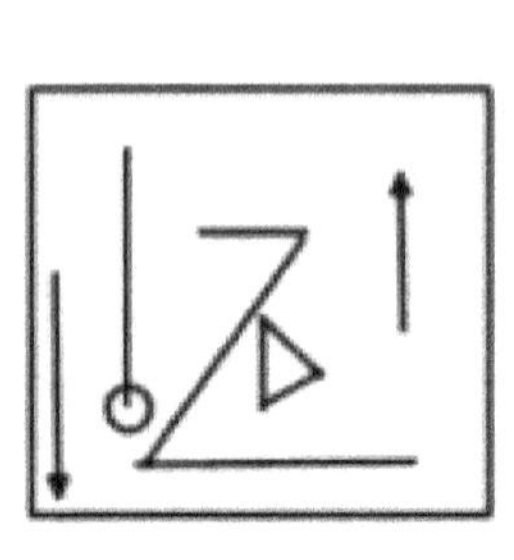

अतः विकल्प (C) सही है।

36. दर्पण प्रतिबिम्ब होगा:

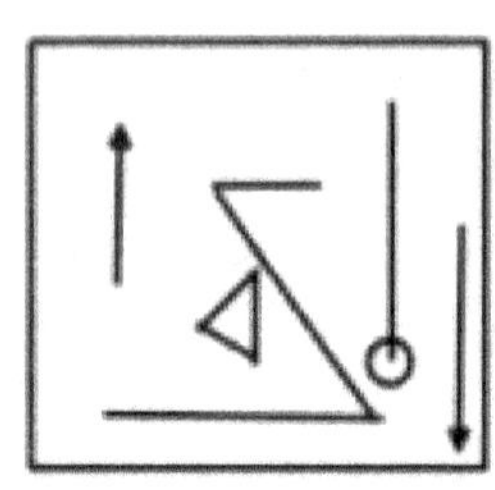

अतः विकल्प (D) सही है।

37. अविवाहित पुलिस अधिकारी जो लंबे नहीं हैं उन्हें "S" द्वारा दर्शाया गया है।

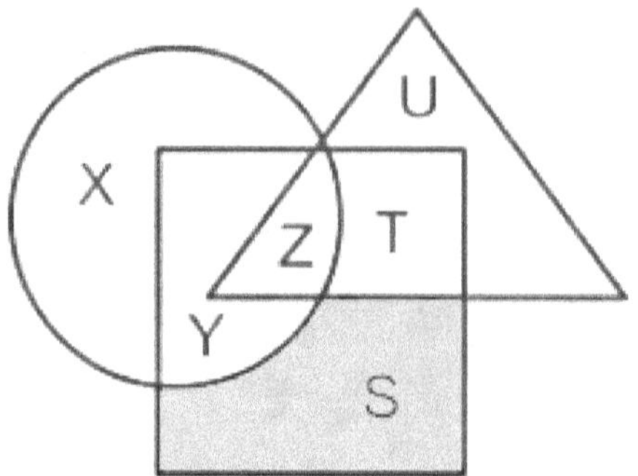

अतः विकल्प (D) सही है।

38. निम्नलिखित आकृतियों में त्रिभुजों की संख्या नीचे दर्शाई गई है:

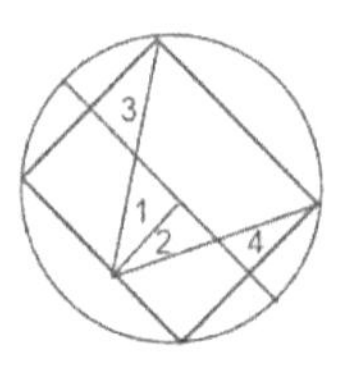 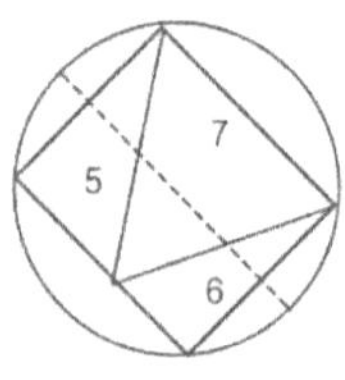 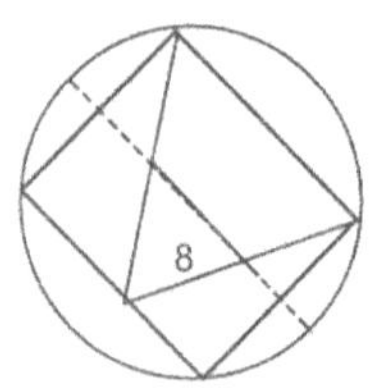

इसलिए, सही उत्तर '8' है।

अतः विकल्प (B) सही है।

39. उत्तर:

iii. Tea

ii. Tenant

i. Terrace

iv. Tomorrow

अतः विकल्प (A) सही है।

40. निम्नलिखित प्रतीकों का उपयोग करके वंश वृक्ष को तैयार करने पर:

चित्र में प्रतीक	अर्थ
◯	महिला
☐	पुरुष
═══	शादीशुदा जोड़ा
———	भाई-बहन
│	एक पीढ़ी का प्रसार

एक संभावित वंश वृक्ष आरेख होगा:

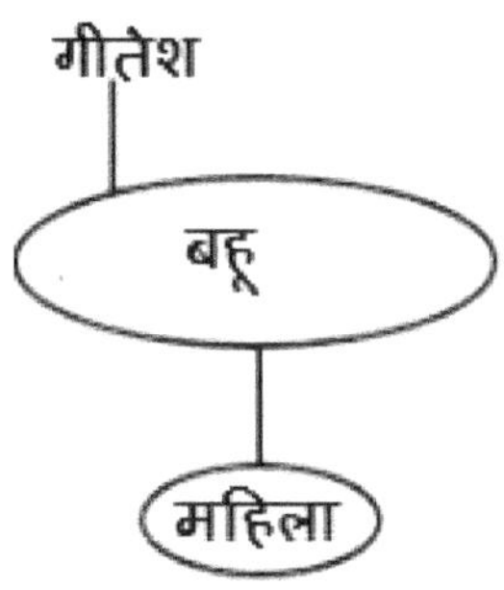

इसलिए, महिला गीतेश की पुत्री है।

अत: विकल्प (D) सही है।

41. 18 Q 12 P 4 R 5 S 6 = ?(दिया गया)

संकेत बदलने के बाद:

$$18 \times 12 \div 4 + 5 - 6 = ?$$
$$18 \times 3 + 5 - 6 = ?$$
$$59 - 6 = ?$$
$$? = 53$$

अत: विकल्प (A) सही है।

42. यहाँ अनुसरण किया गया तर्क इस प्रकार है:

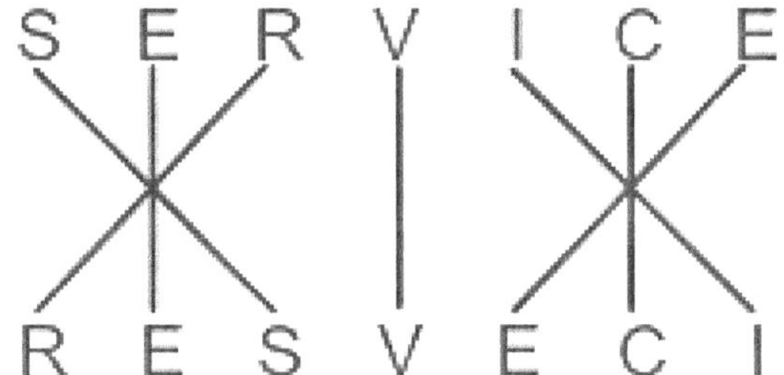

इसी तरह,

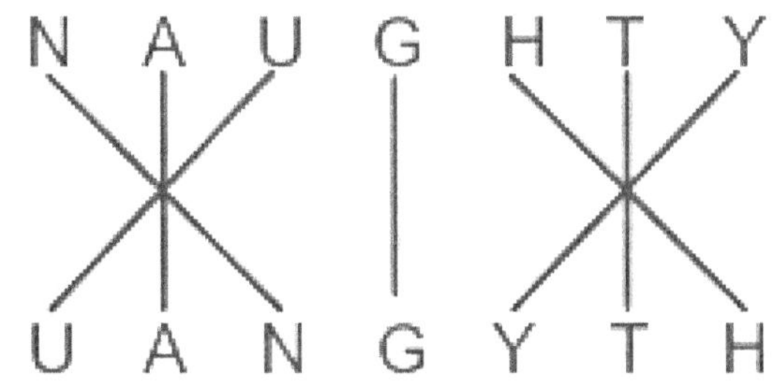

इसलिए, 'NAUGHTY' को उस भाषा में UANGYTH लिखा जाएगा।

अत: विकल्प (C) सही है।

43. यहाँ अनुसरण किया गया तर्क इस प्रकार है:

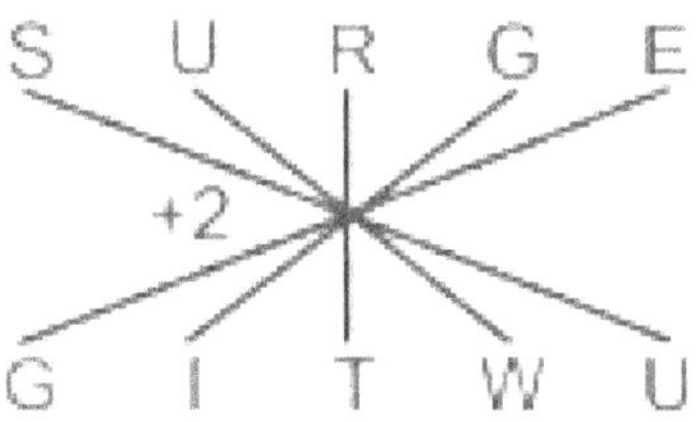

इसी तरह,

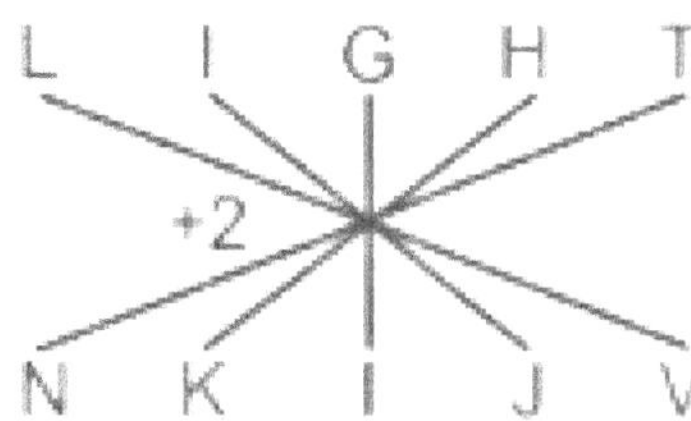

इसलिए 'LIGHT' को उस भाषा में NKIJV लिखा जाएगा।

अत: विकल्प (A) सही है।

44. CHIVALRY का दर्पण प्रतिबिंब नीचे दर्शाया गया है:

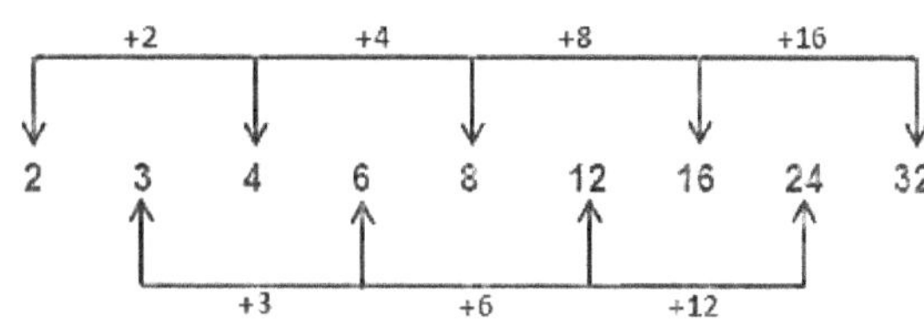

अतः विकल्प (C) सही है।

45. यहाँ अनुसरित किया गया स्वरूप है -

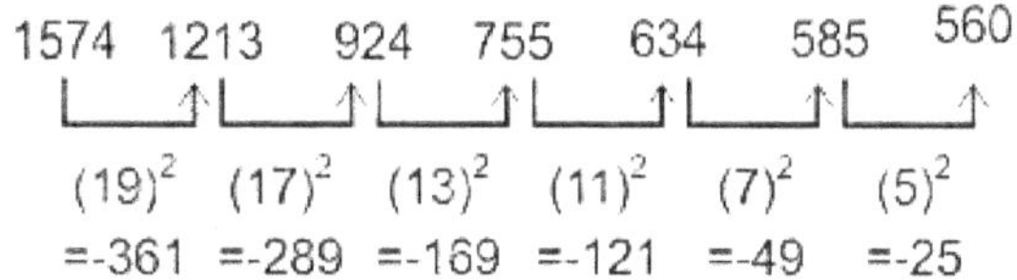

अत:, "8" लुप्त पद है

अतः विकल्प (A) सही है।

46. यहाँ अनुसरित तर्क निम्नानुसार है: -

यहाँ संख्याओं का अंतर, अभाज्य संख्याओं 19, 17, 13, 11, 7, 5 का वर्ग है, जो इस प्रकार है :

1574	1213	924	755	634	585	560
$(19)^2$	$(17)^2$	$(13)^2$	$(11)^2$	$(7)^2$	$(5)^2$	
=-361	=-289	=-169	=-121	=-49	=-25	

इस प्रकार, सही उत्तर "585" है।

अतः विकल्प (D) सही है।

47. 40 R 8 W 10 T 12 P 16=?

या ?=40÷ 8×10-12+1

या ?=5×10-12+16

या ?=66-12=54

अत: विकल्प (D) सही है।

48. जब हम एक वर्ष आगे बढ़ते हैं, तो हमें 1 दिन मिलता है और जब हम एक लीप वर्ष आगे बढ़ते हैं, तो हमें 2 दिन मिलते हैं।

जैसा कि राहुल का जन्म 2009 में रविवार को हुआ था,

13 दिसंबर 2010 - सोमवार

13 दिसंबर 2011 - मंगलवार

13 दिसंबर 2012 - गुरुवार (लीप वर्ष)

13 दिसंबर 2013 - शुक्रवार

अत: 13 दिसंबर 2014 - शनिवार

अतः विकल्प (C) सही है।

49. माना उसकी वर्तमान आयु x है

$$x + 15 = 4(x - 15)$$

$$3x = 75$$

x = 25 साल

अतः विकल्प (A) सही है।

50. स्पष्ट रूप से, यदि हम इस आकृति के मध्य भाग में देखते हैं तो हम इसके अंदर निहित आकृति देख सकते हैं।

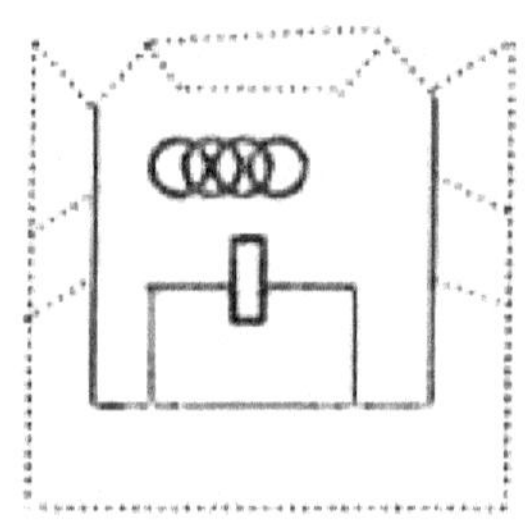

अतः विकल्प (B) सही है।

51. दिया है-

मूलधन $P = 800$ रुपये

मिश्रधन $A = 920$ रुपये

साधारण ब्याज $SI = A - P$

$SI = (920 - 800)$ रुपये

$SI = 120$ रुपये

ब्याज दर $R = \frac{100 \times SI}{P \times T}$

$R = \frac{100 \times 120}{800 \times 3}$

$R = 5\%$

नया ब्याज दर $r = (5 + 3)\%$

$r = 8\%$

नया साधारण ब्याज $I = \frac{800 \times 8 \times 3}{100}$

$I = 192$ रुपये

नया मिश्रधन $A' = (800 + 192)$ रुपये

$A' = 992$ रुपये

अतः विकल्प (C) सही है।

52. दिया है:

$$\frac{(1+\cos x)}{(1-\sin x)}(\sin x + \cos x - 1)^2 = M\sin^N x$$

$$\Rightarrow \frac{(1+\cos x)}{(1-\sin x)}(\sin x + \cos x - 1)^2 = M\sin^N x$$

$$\Rightarrow \frac{(1+\cos x)}{(1-\sin x)} \times 2(1 - \sin x)(1 - \cos x) = M\sin^N x$$

$$\Rightarrow 2(1 + \cos x)(1 - \cos x) = M\sin^N x$$

$$\Rightarrow 2(1 - \cos^2 x) = M\sin^N x$$

$$\Rightarrow 2\sin^2 x = M\sin^N x$$

दोनों पक्षों की तुलना करने पर, हमें प्राप्त होता है –

$$\Rightarrow MN = (2 \times 2) = 4$$

अतः विकल्प (C) सही है।

53. दिया है, $\csc\theta = 3x$ और $\cot\theta = \frac{3}{x}$

दोनों पक्षों का वर्ग

$$\csc^2\theta = 9x^2 \quad ...(1)$$

और $\cot^2\theta = \frac{9}{x^2} \quad ...(2)$

(1) में से (2) घटाने के बाद

$$\Rightarrow \csc^2\theta - \cot^2\theta = 9x^2 - \frac{9}{x^2}$$

$$\Rightarrow 1 = 9\left(x^2 - \frac{1}{x^2}\right)$$

दोनों पक्षों को गुणा करने पर $\frac{2}{3}$

$$\Rightarrow \frac{2}{3} = 9 \times \frac{2}{3}\left(x^2 - \frac{1}{x^2}\right)$$

$$\Rightarrow \frac{2}{3} = 6\left(x^2 - \frac{1}{x^2}\right)$$

अतः विकल्प (A) सही है।

54. माना विभाजन के बाद भागफल $x^2 + ax + b$ है।

$$\Rightarrow \left(x^2 - 3x + n\right)\left(x^2 + ax + b\right) + q = x^4 - 11x^3 + 31x^2 - 46x + 20$$

$$\Rightarrow x^4 + (a - 3)x^3 + (n - 3a + b)x^2 + (an - 3b)x + bn + q = x^4 - 11x^3 + 31x^2 - 46x + 20$$

तुलना करने पर, हम प्राप्त करते हैं

$a = -8, n - 3a + b = 31, an - 3b = -46, bn + q = 20$

a का मान रखने पर, हम प्राप्त करते हैं

$$n + b = 7, 8n + 3b = 46$$

समाधान करने पर, हम प्राप्त करते है

$n = 5, b = 2$

अब, $bn + q = 20$

$\Rightarrow q = 20 - 5 \times 2 = 10$

$\therefore n$ और q का गुणनफल 50 है।

अत: विकल्प (D) सही है।

55. हम जानते है,

$a^3 + b^3 = (a + b)(a^2 - ab + b^2) \therefore n^3 + 10^3 = n^3 + 1000 = (n + 10)(n^2 - 10n + 100)$

इसलिए, $(n + 10)$ से $(n^3 + 1000)$ विभाज्य है।

दिया समीकरण,

$n^3 + 100 = (n^3 + 1000) - 900$

चूँकि, $(n^3 + 100)$ और $(n^3 + 1000)$ दोनों $(n + 10)$ से विभाज्य है,

इसलिए 900 भी $(n + 10)$ से विभाज्य होगा।

इसलिए, $(n + 10)$ का बड़े से बड़ा पूर्णांक $= 900$

$\therefore n = 890$

अत: विकल्प (A) सही है।

56. दिया हुआ,

3 पुरुष या 5 महिलाएं एक काम को 12 दिनों में पूरा कर सकते हैं।

3 पुरुषों द्वारा किया गया कार्य = 5 महिलाओं द्वारा किया गया कार्य

1 पुरुष $= \dfrac{5}{3} \times$ महिला

अब, 3 पुरुष + 7 महिलाएं $= 3 \times \left(\dfrac{5}{3}\right) + 7$ महिलाएं = 12 महिलाएं

जैसा कि हम जानते हैं,

$W1 \times D1 = W2 \times D2$

$\therefore 5 \times 12 = 12 \times D2$

$\Rightarrow D2 = 5$ दिन

अत: विकल्प (A) सही है।

57. दिया है:

बच्चा अपनी जेब खर्च का 25% चॉकलेट पर खर्च करता है।

बच्चा शेष का 20% खिलौनों पर खर्च करता है।

माना कि बच्चे की जेब खर्च 100x है।

$\Rightarrow$ चॉकलेट पर खर्च की गई राशि = 100x का 25% $= \dfrac{25}{100} \times 100x = 25x$

$\Rightarrow$ बच्चे के पास शेष राशि = 100x – 25x = 75x

साथ ही, खिलौनों पर खर्च की गई राशि = शेष का 20% = 75x का 20% $= \dfrac{20}{100} \times 75x = 15x$

$\Rightarrow$ बच्चे के पास शेष राशि = 75x – 15x = 60x

दिया गया है, बच्चे के पास शेष राशि = 1080 रुपये = 60x

$\Rightarrow$ x = 18 रुपये

बच्चे का जेब खर्च = 100x = 100 × 18 = 1800 रुपये

$\therefore$ बच्चे का जेब खर्च 1800 रुपये है।

अत: विकल्प (A) सही है।

58. दिया है:

नाव की गति = 10 किमी/घंटा

धारा की गति = 5 किमी/घंटा

नाव द्वारा किसी स्थान पर जाने और वापस आने में लिया गया समय = 4 घंटे

सूत्र:

धारा के प्रतिकूल गति = (नाव की गति) - (धारा की गति)

धारा के अनुकूल गति = (नाव की गति) + (धारा की गति)

दूरी = गति × समय

धारा के प्रतिकूल गति = (10 - 5) किमी/घंटा

= 5 किमी/घंटा

धारा के अनुकूल गति = (10 + 5) किमी/घंटा

= 15 किमी/घंटा

माना कि स्थान की दूरी x किमी है।

प्रश्नानुसार,

$\dfrac{x}{5} + \dfrac{x}{15} = 4$

$\Rightarrow \dfrac{3x + 1x}{15} = 4$

$\Rightarrow \dfrac{4x}{15} = 4$

$\Rightarrow$ x = 15

$\therefore$ स्थान की दूरी 15 किमी होगी।

अत: विकल्प (D) सही है।

59. मान लीजिए, Q द्वारा निवेश की गई राशि $= q$

$40000 : q = 2 : 3$

$\Rightarrow \dfrac{40000}{q} = \dfrac{2}{3}$

$\Rightarrow q = 40000 \times \dfrac{3}{2}$

$=$ रु. 60000

अत: विकल्प (C) सही है।

60. पहली और दूसरी किस्म के काजू को बराबर अनुपात में मिलाया जाता है, इसलिए औसत मूल्य $= \dfrac{(116 + 145)}{2} =$ Rs. 130.50 रू.

अत:, अब दो किस्मों को मिलाकर मिश्रण बनाया जाता है, जिसमें एक का मूल्य 130.50 रू./किग्रा. और अन्य 'x' रू./किग्रा. को $2 : 2$ में मिलाया जाता है,

अर्थात, $1 : 1$

हमें ' x ' ज्ञात करना है

$\Rightarrow \frac{130.5+x}{2} = 153$

$\Rightarrow 130.5 + x = 306$

$\Rightarrow x = 306 - 130.5 = 175.5$ रू.

अतः विकल्प (A) सही है।

61. दिया गया है:

वस्तु का विक्रय मूल्य = 799.50 रुपए

क्रमागत छूट दर = 18% और 22%

वस्तु का क्रय मूल्य = 1,000 रुपए

हम जानते हैं कि:

क्रमागत छूट $= x + y - \left(\frac{xy}{100}\right)$

मान लीजिये कि वस्तु का अंकित मूल्य $= a$

कुल प्रभावी छूट दर $= 18 + 22 - \left[\frac{(18 \times 22)}{100}\right]$

$= 36.04\%$

$\therefore$ छूट के बाद वस्तु का विक्रय मूल्य $= a - \left(\frac{a \times 36.04}{100}\right)$

$= \frac{(100a - 36.04a)}{100}$

$= \frac{63.96a}{100}$

$\therefore$ वस्तु का विक्रय मूल्य = 799.50 रुपए

$\therefore \frac{63.96a}{100} = 799.50$

$\Rightarrow a = \frac{(799.5 \times 100)}{63.96}$

$\Rightarrow a = 1250$

$\therefore$ वस्तु का अंकित मूल्य = 1,250 रुपए

$\therefore$ यदि वस्तु को अंकित मूल्य पर बेचा जाता है तो लाभ = अंकित मूल्य - क्रय मूल्य

$= 1250 - 1000$

$= 250$ रुपए

अतः विकल्प (A) सही है।

62. माना दूध और पानी की प्रारंभिक मात्रा क्रमशः $5x$ लीटर और $4x$ लीटर है।

दी गयी जानकारी के अनुसार,

$5x + 4x = 18$

$\Rightarrow 9x = 18$

$\Rightarrow x = 2$

दूध की वास्तविक मात्रा $= 5x = 5 \times 2 = 10$ लीटर

पानी की वास्तविक मात्रा $= 4x = 4 \times 2 = 8$ लीटर

इसके अलावा, माना दूध की y मात्रा मिलायी गयी।

$\Rightarrow \frac{10+y}{8} = \frac{7}{4}$

$\Rightarrow 10 + y = 14$

$\Rightarrow y = 4$ लीटर

अतः विकल्प (A) सही है।

63. दिया हुआ,

एक स्पीकर और एक हेडफ़ोन के अंकित मूल्य का अनुपात = 4 : 5

स्पीकर पर छूट = 30%

स्पीकर और हेडफोन पर कुल छूट = 30%

जैसा कि हम जानते हैं,

छूट = अंकित मूल्य – विक्रय मूल्य

छूट% = (छूट/अंकित मूल्य) × 100

माना स्पीकर का अंकित मूल्य 4x रुपए है।

तब, हेडफ़ोन का अंकित मूल्य 5x रुपए होगा।

स्पीकर पर छूट= $4x \times \left(\frac{70}{100}\right) = \frac{14x}{5}$ रुपए

माना हेडफोन पर छूट y रुपए है।

प्रश्नानुसार,

$\left(\frac{14x}{5}\right) + y = (4x + 5x) \times \left(\frac{70}{100}\right)$

$\Rightarrow y = \left(\frac{63x}{10}\right) - \left(\frac{14x}{5}\right)$

$\Rightarrow y = 3.5x$

हेडफोन पर दी गई छूट $= \left[\frac{(5x - 3.5x)}{5x}\right] \times 100 = 1.5 \times 20 = 30\%$

अतः विकल्प (D) सही है।

64. दिया है:

सात क्रमागत विषम संख्याओं (बढ़ते क्रम में) का औसत k है।

औसत = कुल योग/तत्वों की संख्या

माना सात क्रमागत विषम संख्या $a, a + 2, a + 4, a + 6, a + 8, a + 10$ और $a + 12$ है।

तदनुसार,

$\frac{a + a + 2 + a + 4 + a + 6 + a + 8 + a + 10 + a + 12}{} = k \times 7$

$\Rightarrow 7a + 42 = 7k$

$\Rightarrow a + 6 = k$

$\Rightarrow a = k - 6$

नया औसत $= \frac{(a + 14 + a + 16 + a + 18 + a + 20) + (7a + 42)}{(7 + 4)}$

$= \frac{(11a + 110)}{11}$

$$= a + 10$$

$\therefore$ नया औसत $= k - 6 + 10 = k + 4$

अत: विकल्प (C) सही है।

65. दिया गया है:

शंकु का आयतन $=$ अर्धगोले का आयतन

शंकु की त्रिज्या $=$ अर्धगोले की त्रिज्या

माना शंकु की ऊंचाई h है।

चूँकि शंकु और अर्धगोले का आधार समान होता है, अर्थात् शंकु और अर्धगोले की त्रिज्या समान होती है।

माना कि r शंकु और अर्धगोले की त्रिज्या है।

जैसा कि हम जानते हैं कि,

अर्धगोले का आयतन $= \dfrac{2}{3}\pi r^3$

चूँकि, शंकु का आयतन $=$ अर्धगोले का आयतन

$\Rightarrow \dfrac{1}{3}\pi r^2 h = \dfrac{2}{3}\pi r^3$

$\Rightarrow \dfrac{h}{r} = \dfrac{2}{1}$

$\therefore$ अनुपात $2:1$ है।

अत: विकल्प (B) सही है।

66. दिया गया है:

व्यास 60 मिमी के एक ठोस गोले को लंबाई 144 सेमी के तार में फैलाने के लिए पिघलाया जाता है।

गोले की त्रिज्या $= R = 3$ सेमी

तार की लंबाई $= h = 144$ सेमी

ठोस गोले को तार में बदल दिया जाता है, इसलिए,

गोले का आयतन $=$ तार का आयतन (सिलेंडर)

$\dfrac{4}{3}\pi R^3 = \pi r^2 h$

$= \dfrac{4}{3} \times \dfrac{22}{7} \times 3 \times 3 \times 3 = \dfrac{22}{7} \times r^2 \times 144$

$\Rightarrow \dfrac{4 \times 3 \times 3}{144} = r^2$

$\Rightarrow \dfrac{1}{4} = r^2$

$\therefore r = \dfrac{1}{2}$ सेमी, व्यास $= 2r = 1$ सेमी

अत: विकल्प (B) सही है।

67. समकोण त्रिभुज $\triangle PAT$ में $A, 90$ है।

$PT^2 = AP^2 + AT^2$

$\Rightarrow 10^2 = 6^2 + AT^2$

$\Rightarrow AT^2 = 100 - 36 = 64$

$\Rightarrow AT = \sqrt{64}$

$\Rightarrow AT = 8$ सेमी

जैसा की हम जानते हैं,

$AT = TR = 8$ सेमी [उभय-निष्ठ स्पर्शरेखा]

$\Rightarrow TR = TB = 8$ सेमी [उभय-निष्ठ स्पर्शरेखा]

अतः विकल्प (C) सही है।

68. यदि AP और BP केंद्र O वाले एक वृत्त की स्पर्श रेखाएं हैं, तो

$\angle OAP = \angle OBP = 90°$

चतुर्भुज APBO में

$\angle OAP + \angle OBP + \angle APB + \angle BOA = 360°$

$\Rightarrow 90° + 90° + 62° + \angle BOA = 360°$

$\Rightarrow \angle BOA = 360° - 242° = 118°$

चूँकि हम जानते हैं,

$\angle AQB = \dfrac{\angle BOA}{2}$

$\Rightarrow \angle AQB = \dfrac{118°}{2} = 59°$

अत: विकल्प (A) सही है।

69. दिया गया है:

रमेश शहर A से शहर B तक 40 किमी/घंटा की चाल से यात्रा करता है और 60 किमी/घंटा की चाल से वापस आता है।

उसके द्वारा लिया गया कुल समय 10 घंटे है।

प्रयुक्त सूत्र:

औसत चाल $=$ कुल दूरी/कुल समय

माना दूरी x किमी है।

शहर A से शहर B तक लिया गया समय $= \dfrac{x}{40}$ घंटे

शहर B से शहर A तक लिया गया समय $= \dfrac{x}{60}$ घंटे

कुल समय $= 10$ घंटे

$\Rightarrow \dfrac{x}{40} + \dfrac{x}{60} = 10$

$\Rightarrow x \times \dfrac{10}{240} = 10$

$\Rightarrow x = 240$ किमी

$\therefore$ A और B के बीच की दूरी 240 किमी है।

अतः विकल्प (B) सही है।

70. जून महीने में उपयोग की गई शक्कर की मात्रा $= 160$ किग्रा

जून में उपयोग की गई सभी सामग्रियों की कुल मात्रा $= (160 + 240 + 300 + 235 + 355 + 475)$ किग्रा $= 1765$ किग्रा

$\therefore$ शक्कर का प्रतिशत $= 160 \times \dfrac{100}{1765} = 9.065\% \approx 9\%$

अत: विकल्प (A) सही है।

71. देया है:

विप्रो में आईटी तकनीशियनों का प्रतिशत वितरण $= 13\%$

एल एंड टी में आईटी तकनीशियनों का प्रतिशत वितरण $= 8\%$

विप्रो में आईटी तकनीशियनों की संख्या $= 2000$ का 13%

$$= 2000 \times \frac{13}{100}$$

$$= 260$$

10% वृद्धि के बाद विप्रो में आईटी तकनीशियनों की संख्या $= 260 + 260$ का 10%

$$= 260 + 260 \times \frac{10}{100}$$

$$= 260 + 26$$

$$= 286$$

एल एंड टी में आईटी तकनीशियनों की संख्या $= 2000$ का 8%

$$= 2000 \times \frac{8}{100}$$

$$= 160$$

25% कमी के बाद एल एंड टी में आईटी तकनीशियनों की संख्या $= 160 - 160$ का 25%

$$= 160 - 160 \times \frac{25}{100}$$

$$= 160 - 40$$

$$= 120$$

विप्रो और एल एंड टी आईटी तकनीशियनों की कुल संख्या $= 286 + 120$

$$= 406$$

∴ अभीष्ट उत्तर 406 है।

अत: विकल्प (C) सही है।

72. $\Rightarrow 0.05 + 1.5 \times \frac{5}{10} \times 0.5 = ?$

$\Rightarrow 0.05 + 1.5 \times \frac{1}{2} \times 0.5 = ?$

$\Rightarrow 0.05 + \frac{.75}{2} = ?$

$\Rightarrow 0.05 + 0.375 = ?$

$\Rightarrow ? = 0.425$

अत: विकल्प (C) सही है।

73. संस्थान A से उपस्थित होने वाले अभ्यर्थियों और अनुत्तीर्ण होने वाले अभ्यर्थियों के बीच का अंतर $= (20 - 5) = 15$

संस्थान B से उपस्थित होने वाले अभ्यर्थियों और अनुत्तीर्ण होने वाले अभ्यर्थियों के बीच का अंतर $= (25 - 10) = 15$

संस्थान C से उपस्थित होने वाले अभ्यर्थियों और अनुत्तीर्ण होने वाले अभ्यर्थियों के बीच का अंतर $= (30 - 15) = 15$

संस्थान D से उपस्थित होने वाले अभ्यर्थियों और अनुत्तीर्ण होने वाले अभ्यर्थियों के बीच का अंतर $= (20 - 10) = 10$

संस्थान E से उपस्थित होने वाले अभ्यर्थियों और अनुत्तीर्ण होने वाले अभ्यर्थियों के बीच का अंतर $= (35 - 20) = 15$

उपस्थित होने वाले अभ्यर्थियों और अनुत्तीर्ण होने वाले अभ्यर्थियों के बीच का न्यूनतम अंतर संस्थान D का है।

अत: विकल्प (D) सही है।

74. $[(288)^2 \div 24 \times 36] \div 18 = \sqrt{?}$

$\Rightarrow \sqrt{?} = [(288)^2 \div 24 \times 36] \div 18$

$\Rightarrow \sqrt{?} = [82944 \div 24 \times 36] \div 18$

$\Rightarrow \sqrt{?} = [3456 \times 36] \div 18$

$\Rightarrow \sqrt{?} = 124416 \div 18$

$\Rightarrow \sqrt{?} = 6912$

$\Rightarrow ? = 6912^2$

अत: विकल्प (D) सही है।

75. दिया है:

संख्या $21 - 2\sqrt{54}$ है

प्रयुक्त सूत्र:

$$(a + b)^2 = a^2 + b^2 + 2 \times a \times b$$

$21 - 2\sqrt{54}$ का वर्गमूल

$\Rightarrow \sqrt{(21 - 2\sqrt{54})}$

$\Rightarrow \sqrt{(21 - 2 \times \sqrt{18} \times \sqrt{3})}$

$\Rightarrow \sqrt{(18 + 3 - 2 \times \sqrt{18} \times \sqrt{3})}$

$\Rightarrow \left[(\sqrt{18})^2 + (\sqrt{3})^2 - 2 \times \sqrt{18} \times \sqrt{3}\right]$

$\Rightarrow \sqrt{(\sqrt{18} - \sqrt{3})^2}$

$\Rightarrow \sqrt{18} - \sqrt{3}$

$\Rightarrow 3\sqrt{2} - \sqrt{3}$

∴ $21 - 2\sqrt{54}$ का वर्गमूल $3\sqrt{2} - \sqrt{3}$ है।

अत: विकल्प (A) सही है।

76. मौलाना अबुल कलाम आज़ाद को कांग्रेस शोबॉय के नाम से जाना जाता था।

11 नवंबर 1888 को मक्का, सऊदी अरब में पैदा हुए। साप्ताहिक पत्रिकाएँ अल-हिलाल और अल-बलाघ लिखीं। असहयोग आंदोलन, भारत छोड़ो आंदोलन आदि में भाग लिया।

अत: विकल्प (A) सही है।

77. हरियाणा की राज्य सरकार ने 'रीडिंग मिशन- हरियाणा' नामक एक पहल शुरू की है। राज्य के युवा छात्रों के बीच पढ़ने की आदत को प्रोत्साहित करने के लिए पहल शुरू की गई थी।

यह योजना केंद्र सरकार द्वारा शुरू किए गए 'रीडिंग मिशन 2022' की तर्ज पर है। राज्य की पहल के तहत शिक्षण संस्थानों में छात्रों द्वारा मासिक पुस्तक समीक्षा सत्र और सामूहिक पुस्तक वाचन का आयोजन किया जाना है।

अतः विकल्प (C) सही है।

78. ब्रिटेन स्थित एनजीओ 5राइट्स ने बच्चों के लिए ऑनलाइन अनुभव को सुरक्षित बनाने के लिए 'चाइल्ड ऑनलाइन सेफ्टी टूलकिट' विकसित और जारी किया।

टूल किट इस बात पर प्रकाश डालता है कि डिजिटल दुनिया में बच्चों के अधिकारों और जरूरतों को प्राथमिकता दी जाती है। कोई भी सरकार टूलकिट को अपनी संस्कृति के अनुसार निजीकृत करने के लिए बिल्डिंग ब्लॉक के रूप में उपयोग कर सकती है, ऑनलाइन सुरक्षा के लिए अपने स्वयं के दिशानिर्देशों के लिए उपयोग किया जा सकता है ।

अतः विकल्प (C) सही है।

79. चिल्का झील एक खारे पानी की लैगून है, जो भारत के ओडिशा राज्य के पुरी, खुर्दा और गंजाम जिलों में फैली हुई है। यह एशिया का सबसे बड़ा खारे पानी का लैगून है और फैला हुआ है।

अतः विकल्प (A) सही है।

80. केंद्रीय सूक्ष्म, लघु और मध्यम उद्यम मंत्री नारायण राणे ने मुंबई में खादी उत्सव-2022 प्रदर्शनी का उद्घाटन किया।

खादी और ग्रामोद्योग आयोग द्वारा गांधी जयंती के अवसर पर खादी उत्सव-2022 का आयोजन किया गया है। इस बार दो साल के अंतराल के बाद प्रदर्शनी का आयोजन किया गया है। 2021-22 में, KVIC ने 257 करोड़ रुपये से अधिक का रिकॉर्ड निर्यात दर्ज किया।

अतः विकल्प (C) सही है।

81. वेल्थ ऑफ नेशंस नामक पुस्तक एडम स्मिथ ने लिखी थी। वह एक स्कॉटिश अर्थशास्त्री और नैतिक दार्शनिक थे।

अतः विकल्प (C) सही है ।

82. लोकतंत्र को जनता की, जनता द्वारा और जनता के लिए सरकार के रूप में परिभाषित किया गया है, इसलिए जनता लोकतंत्र के भीतर शक्ति का मूल स्रोत हैं।

प्रस्तावना इसे बहुत स्पष्ट करती है जब यह कहती है कि "हम, भारत के लोग, भारत को एक संप्रभु समाजवादी धर्मनिरपेक्ष लोकतांत्रिक गणराज्य बनाने और उसके सभी नागरिकों को सुरक्षित करने का संकल्प लेते हैं।"अधिनियमित शब्द "हम, भारत के लोग हमारी संविधान सभा में ... इस संविधान को अपनाते हैं, अधिनियमित करते हैं और खुद को यह संविधान देते हैं", लोकतांत्रिक सिद्धांत को दर्शाता है कि सत्ता अंततः जनता के हाथों में है। यह इस बात पर भी जोर देता है कि संविधान भारतीय जनता द्वारा और उनके लिए बनाया गया है और उन्हें किसी बाहरी शक्ति (जैसे ब्रिटिश संसद) द्वारा नहीं दिया गया है।

अत: सही विकल्प (C) है।

83. भारतीय संविधान के तहत छठी अनुसूची 4 राज्यों में 10 स्वायत्त जिला परिषदों के लिए प्रदान करती है।

असम, त्रिपुरा, मेघालय और मिजोरम राज्य हैं। अनुच्छेद 244 छठी अनुसूची के तहत राज्यों में जनजातीय क्षेत्रों के प्रशासन से संबंधित है। संविधान सभा द्वारा पारित यह स्वायत्त जिला परिषदों (एडीसी) के गठन के माध्यम से आदिवासी आबादी के अधिकारों की रक्षा करता है ।

अतः विकल्प (D) सही है।

84. एक होम पेज या एक स्टार्ट पेज एक वेबसाइट या एक ब्राउज़र का प्रारंभिक या मुख्य वेब पेज है। किसी वेबसाइट के प्रारंभिक पृष्ठ को कभी-कभी मुख्य पृष्ठ भी कहा जाता है।

अत: विकल्प (A) सही है।

85. मानव विकास सूचकांक (एचडीआई) जीवन प्रत्याशा, शिक्षा (साक्षरता दर, विभिन्न स्तरों पर सकल नामांकन अनुपात) और प्रति व्यक्ति आय संकेतकों का एक समग्र समग्र सूचकांक है, जो देशों को मानव विकास के चार स्तरों में रैंक करने के लिए उपयोग किया जाता है। एक देश एक उच्च एचडीआई स्कोर करता है जब जीवनकाल अधिक होता है, शिक्षा का स्तर अधिक होता है, और प्रति व्यक्ति सकल राष्ट्रीय आय जीएनआई (पीपीपी) अधिक होती है।

शहरीकरण से तात्पर्य शहरी क्षेत्रों में रहने वाले लोगों की बढ़ती संख्या से है। इसलिए शहरीकरण शब्द समग्र आबादी के सापेक्ष शहरी विकास के स्तर का प्रतिनिधित्व कर सकता है, या यह उस दर का प्रतिनिधित्व कर सकता है जिस पर शहरी अनुपात बढ़ रहा है।

अत: सही विकल्प (D) है।

86. ऋग्वेद सनातन धर्म अथवा हिन्दू धर्म का स्रोत है। इसमें 1028 सूक्त हैं, जिनमें देवताओं की स्तुति की गयी है। इस ग्रंथ में देवताओं का यज्ञ में आह्वान करने के लिये मन्त्र हैं। यही सर्वप्रथम वेद है। ऋग्वेद को दुनिया के सभी इतिहासकार हिन्द-यूरोपीय भाषा-परिवार की सबसे पहली रचना मानते हैं।

अत: विकल्प (A) सही है।

87. ग्लोबल हंगर इंडेक्स 2022 में भारत की रैंकिंग 121 देशों में से 107 (2021 के 101 इंडेक्स से फिसल गया) है।

अत: विकल्प (A) सही है।

88. कोट दिजी हड़प्पा सभ्यता का एक हिस्सा है। यह मोहन जोदड़ो के सबसे नजदीक है।

दिनांक 3500 ई.पू. - प्रारंभिक हड़प्पा काल- यह एक प्राचीन बाढ़ चैनल है जो सिंधु नदी के तट पर स्थित है। पत्थर की मलबे की दीवार से मिलकर बना है। एक दुर्ग से घिरा हुआ है।

मोहनजोदड़ो पाकिस्तान के सिंध प्रांत के लरकाना जिले में सिंधु नदी के तट पर स्थित है। मोहनजोदड़ो की खोज श्री आर डी बनर्जी ने 1922 में की थी और इसे 1980 में यूनेस्को की विश्व विरासत स्थल के रूप में नामित किया गया था।

मोहनजोदड़ो का अर्थ है 'मृतकों का टीला'। स्थल के आधुनिक नाम की व्याख्या सिंध में "मृत पुरुषों का टीला" के रूप में की गई है, सिंधी में "मृत पुरुषों का टीला" के रूप में व्याख्या की गई है।

अत: विकल्प (A) सही है।

89. 'लाख बख्श' कुतुब-उद-दीन ऐबक को दी गई उपाधि थी। ऐबक मुहम्मद गौरी का गुलाम था, जिसने उसे अपनी भारतीय संपत्ति का राज्यपाल बनाया। उसने दिल्ली के पास अपना सैन्य मुख्यालय स्थापित किया और उत्तर भारत पर कब्जा कर लिया। उनके उदार दान के कारण, मुस्लिम लेखकों ने उन्हें लाख बख्श कहा।

अत: विकल्प (A) सही है।

90. गोपाल कृष्ण गोखले शाही विधान परिषद के सदस्य थे।

- वे भारत में पहली बार अनिवार्य प्राथमिक शिक्षा के एक महान चैंपियन के रूप में लोकप्रिय थे।
- इसलिए, जी.के. गोखले ने फिर से अनौपचारिक सदस्य के बिल के रूप में 16 मार्च 1911 को परिषद में एक निजी विधेयक पेश किया।

अत: विकल्प (D) सही है।

91. रेगुर मिट्टी को काली मिट्टी भी कहा जाता है।

- काली मिट्टी को कपास की मिट्टी के रूप में भी जाना जाता है।
- यह भारत में तीसरी सबसे बड़ी मिट्टी है।

- मिट्टी लोहा, चूना, कैल्शियम, पोटाश, मैग्नीशियम और एल्यूमीनियम में समृद्ध है।
- इसमें उच्च जल धारण क्षमता होती है और यह कपास की खेती, तंबाकू, खट्टे फल, अरंडी और अलसी की खेती के लिए अच्छा है।

अतः विकल्प (A) सही है।

92. वर्तमान हिमयुग (मिलियन वर्षों का अंतिम युगल) के भीतर पृथ्वी के हिमाच्छादित और अंतःसंक्रमण काल के एपिसोडिक प्रकृति मुख्य रूप से सूर्य के पृथ्वी के परिवेष में चक्रीय परिवर्तन के कारण हुए हैं। पृथ्वी की विलक्षणता, अक्षीय झुकाव और पूर्वता में भिन्नता में तीन प्रमुख चक्र शामिल होते हैं, जिन्हें सामूहिक रूप से मिलनकोविच चक्र के रूप में जाना जाता है। जलवायु परिवर्तन और उसके बाद के हिमनदों के बाद की अवधि की व्याख्या करना प्राथमिक महत्व है, जिसके परिणामस्वरूप निम्नलिखित तीन चर पृथ्वी पर पहुंचने वाली सौर ऊर्जा की कुल मात्रा के कारण नहीं हैं। तीन मिलनकोविच चक्र पृथ्वी के चारों ओर सौर ऊर्जा की मौसमी और स्थान को प्रभावित करते हैं, इस प्रकार मौसम के बीच विपरीत प्रभाव डालते हैं।

अतः विकल्प (C) सही है।

93. कोबाल्ट -60, कोबाल्ट के समस्थानिक का उपयोग कैंसर के उपचार में किया जाता है।

कोबाल्ट थेरेपी कैंसर जैसी बीमारियों के इलाज के लिए रेडियोसमस्थानिक कोबाल्ट-60 के द्वारा गामा किरणों का उपयोग करके चिकित्सा में उपयोग किया जाने वाला एक समस्थानिक है। 1950 के दशक की शुरुआत में, कोबाल्ट -60 का व्यापक रूप सेउपयोग एक्सटर्नल बीम रेडियोथेरेपी (टेलीथेरेपी) मशीनों में उपयोग किया जाता था, जिससे गामा किरणों का एक पुंज उत्पन्न होता था जिसे ऊतकों को मारने के लिए रोगी के शरीर में निर्देशित किया जाता था।

अतः विकल्प (B) सही है।

94. मशरूम में पोषण का एक मृतोपजीवी प्रकार होता है।

मशरूम का पोषण मृतोपजीवी है, जो कि परपोषी पोषण की तरह है। यही कारण है कि एक मृत और विघटित पौधे या पशु पदार्थ पर मशरूम का पोषण होता है। मशरूम छायादार, शांत, नम और गीले बढ़ते वातावरण में 55- 60 डिग्री फ़ारेनहाइट के बीच तापमान में उगते है। गोलकृमि, जोंक और जूँ परजीवी हैं क्योंकि वे अन्य जीवो पे आश्रित रहते हैं और उनसे अपना पोषण प्राप्त करते हैं।

अतः विकल्प (C) सही है।

95. पूर्ण आंतरिक परावर्तन एक माध्यम के भीतर प्रकाश की किरण का एक पूर्ण परावर्तन है जैसे कि पानी या कांच आसपास की सतहों से वापस माध्यम में जाना है।

- यह घटना तब होती है जब आपतन कोण एक नियत कोण से अधिक होता है, जिसे क्रांतिक कोण कहा जाता है।
- सामान्य तौर पर, पूर्ण आंतरिक परावर्तन दो पारदर्शी माध्यमों के बीच सीमा पर तब होता है जब अपवर्तन के उच्च इंडेक्स के माध्यम से प्रकाश की एक किरण क्रांतिक कोण से अधिक आपतन कोण पर दूसरे माध्यम में प्रवेश करती है।
- पूर्ण आंतरिक परावर्तन में देखा जा सकता है
  - हीरा
  - ऑप्टिक फाइबर
  - पेरिस्कोप
  - दूरबीन

अतः विकल्प (B) सही है।

96. अचंता शरथ कमल एक भारतीय पेशेवर टेबल टेनिस खिलाड़ी हैं। 2019 में उन्हें भारत के चौथे सर्वोच्च नागरिक पुरस्कार पद्म श्री से सम्मानित किया गया और 2022 में उन्हें भारत के सर्वोच्च खेल सम्मान खेल रत्न पुरस्कार से सम्मानित किया गया।

अतः विकल्प (A) सही है।

97. गुजरात आपदा प्रबंधन संस्थान और प्रोफेसर विनोद शर्मा को सुभाष चंद्र बोस आपदा प्रबंधन पुरस्कार 2022 के लिए चुना गया है। उन्हें आपदा प्रबंधन में उनके काम के लिए सम्मानित किया गया है।

यह पुरस्कार भारत में आपदा प्रबंधन के क्षेत्र में व्यक्तियों और संगठनों द्वारा दिए गए योगदान और निस्वार्थ सेवा को मान्यता देने और सम्मानित करने के लिए दिया जाता है।

अतः विकल्प (B) सही है।

98. राफेल नडाल ने फरवरी 2022 में मेक्सिको के अकापुल्को में आयोजित मैक्सिकन ओपन जीता है।

ऑस्ट्रेलियन ओपन चैंपियन राफेल नडाल ने 26 फरवरी 2022 को अकापुल्को में अपना चौथा खिताब जीता। उन्होंने ATP 500 इवेंट के फाइनल में कैमरन नोरी को हराकर 6-4 6-4 से जीत हासिल की।

अतः विकल्प (A) सही है।

99. चार्ल्स बैबेज ने एक छोटा कैलकुलेटर बनाया जो कुछ गणितीय गणनाओं को आठ दशमलव तक कर सकता था। फिर 1823 में, उन्होंने 20-दशमलव क्षमता वाली एक अनुमानित मशीन, डिफरेंस इंजन के डिजाइन के लिए सरकारी समर्थन प्राप्त किया। अंतर इंजन एक डिजिटल उपकरण था: यह चिकनी मात्रा के बजाय असतत अंकों पर संचालित होता था, और अंक दशमलव (0–9) थे, जो बाइनरी अंकों ("बिट्स") के बजाय दांतेदार पहियों पर स्थिति द्वारा दर्शाए गए थे। जब दांतेदार पहियों में से एक नौ से शून्य में बदल गया, तो इससे अगला पहिया अंक लेकर एक स्थान पर आगे बढ़ गया।

अतः विकल्प (B) सही है।

100. अजमेर शहर को 'भारत का मक्का' भी कहा जाता है।

- अजमेर, को अजमेरे या अजमीर भी कहा जाता है।
- अजमेर राजस्थान के मध्य क्षेत्र में, उत्तर पश्चिमी भारत में स्थित है।
- अरावली पर्वतमाला से घिरा अजमेर शहर सूफी संत मुइन-उद-दीन चिश्ती की अजमेर शरीफ दरगाह के लिए सबसे प्रसिद्ध है।

अतः विकल्प (C) सही है।

English Language

Ques (1-2):Direction: Select the alternative that will improve the underlined part of the sentence in case there is no improvement select "No improvement".

Q.1 In the major cities <u>cost of life is</u> very high.

A. cost of life are

B. the cost of living are

C. the cost of living is

D. No improvement

Q.2 The floods this year <u>cause a lot of</u> damage to the crops.

A. causing a lot of **B.** cause lots of

C. have caused a lot of **D.** No improvement

Q.3 Identify the segment in the sentence, which contains the grammatical error.

My father did never have an opportunity to go to a University.

[SSC Sub Inspector (CPO), 2019]

A. an opportunity **B.** a university

C. to go to **D.** did never have

Q.4 Direction: Choose the correct meaning of the given idiom.

"Once in a blue moon"

[Allahabad High Court Review Officer (RO), 2019]

A. Night time

B. An incident that happens extremely rarely

C. An incident that happens very frequently

D. Moonless night

Q.5 Direction: Choose the correct meaning of the given idiom.

Be in eclipse

A. Less successful **B.** Feeling happy

C. Very successful **D.** Being defeated

Ques (6-7):Direction: Choose the option that is the direct form of the sentence.

Q.6 The judge said to Jia, "Stand in the witness box."

A. The judge told Jia you are standing in the witness box.

B. The judge told Jia to stand in the witness box.

C. The judge told to Jia stand in the witness box.

D. The judge told Jia you will stand in the witness box.

Q.7 The teacher asked the students if they had understood her question.

A. The teacher asked the students, "Have you understood her question?"

B. The teacher asking the students, "If you have understood my question?"

C. The teacher asked the students, "Have you understood my question?"

D. The teacher asks the students, "whether you understand my question?"

Q.8 Direction: In the question below, there is a sentence of which some parts have been jumbled up. Rearrange these parts which are labelled P, Q, R and S to produce the correct sentence. Choose the proper sequence.

When the carpenter

P) finished his work

Q) and appreciated him for his work

R) to inspect the house

S) his employer came

The proper sequence should be:

A. RPQS **B.** PSRQ **C.** QRPS **D.** SPQR

Q.9 Direction: Choose from the four options, the word that best defines/substitutes the given phrase.

"Being afraid of water or being near water"

[SSC Sub Inspector (CPO), 2018], [SSC Sub Inspector (CPO), 2017]

A. Xenophobia **B.** Autophobia

C. Monophobia **D.** Aquaphobia

Ques (10-14):Direction: In the following passage, there are blanks, each of which has been numbered. Choose the correct word from the given options which fits the blank appropriately.

___(1)___ October 12, 1492, the Italian ___(2)___ Christopher Columbus landed on a small island in the Caribbean, which he named San Salvador and claimed for Spain, the country that had ___(3)___ his voyage. ___(4)___ Columbus was not actually the first European to reach the Americas, and millions of indigenous people already lived there, he has traditionally been ___(5)___ in the United States as the "discoverer" of the Americas.

Q.10 Which of the following words most appropriately fits the blank numbered _(1)_?

[SSC Sub Inspector (CPO), 2018]

A. on **B.** in **C.** at **D.** to

Q.11 Which of the following words most appropriately fits the blank numbered _(2)_?

[SSC Sub Inspector (CPO), 2018]

A. inventor **B.** scientist

C. explorer **D.** shipwright

Q.12 Which of the following words most appropriately fits the blank numbered _(3)_?

[SSC Sub Inspector (CPO), 2018]

A. enemy **B.** sponsored

C. boycotted **D.** competitor

Q.13 Which of the following words most appropriately fits the blank numbered _(4)_?

[SSC Sub Inspector (CPO), 2018]

A. through **B.** because **C.** for **D.** although

Q.14 Which of the following words most appropriately fits the blank numbered _(5)_?

[SSC Sub Inspector (CPO), 2018]

A. celebrated
B. hated
C. ignored
D. unexalted

Q.15 Direction: Select the option that is similar in meaning to the word given.

Ambrosial

A. Formal
B. Grand
C. Sweet
D. Customary

Ques (16-17):Direction: Choose the appropriate word to fill in the blank.

Q.16 Complete the notice with the right word. Use ofcell phones is _____ within the premises.

A. avoided
B. disallowed
C. prevented
D. suspended

Q.17 Suicide is not a solution to life'sproblems, _____?

A. are they
B. isn't it
C. is it
D. aren't it

Q.18 Give the antonym of Protects.

A. Defends
B. Deprives
C. Deserts
D. Devises

Q.19 Give the antonym of Terrible.

A. Soothing
B. Frightening
C. Horrible
D. Delectable

Ques (20-21):Direction: Select the most appropriate synonym of the given word.

Q.20 Condescending

A. Stimulating
B. Accusing
C. Creating
D. Patronising

Q.21 Ambiguous

A. Unclear
B. Clear
C. Bright
D. Faded

Q.22 Select the wrongly spelt word.

A. Fixation
B. Providance
C. Musician
D. Consequence

Q.23 Direction: Select the word which means the same as the group of words given.

A solution for all difficulties or diseases.

A. Medication
B. Treatment
C. Remedy
D. Panacea

Q.24 Direction: In this section, a word is spelt in four different ways. Identify the one which is correct and mark your answer accordingly.

[Officers Training Academy (OTA), 2020], [Indian Military Academy (IMA), 2020]

A. Neurasis
B. Nuroesis
C. Neurosis
D. Neuresis

Q.25 Direction: Select the most appropriate option to fill in the blank.

Indian followed a policy of non-violence to make their _____ successful.

A. encounter
B. struggle
C. politics
D. speeches

General Intelligence

Q.26 एक पासे की चार स्थितियाँ नीचे दी गई हैं। उन्हें ध्यान से देखें और ज्ञात करें कि कौन सी संख्या 5 के विपरीत है?

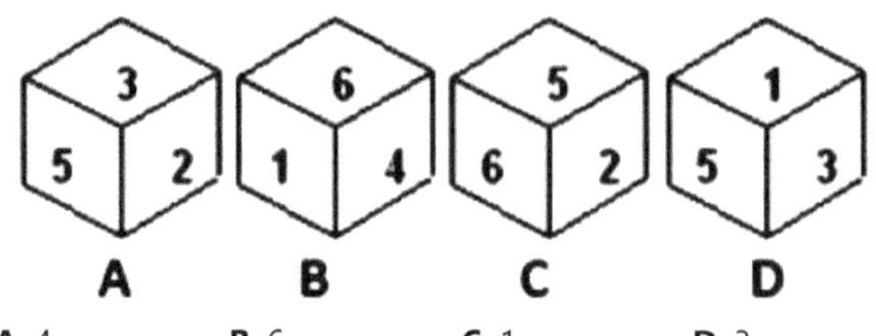

A. 4
B. 6
C. 1
D. 3

Q.27 निर्देश: उस विकल्प का चयन करें जो तीसरी आकृति से उसी प्रकार संबंधित है जैसे दूसरी आकृति पहली आकृति से संबंधित है।

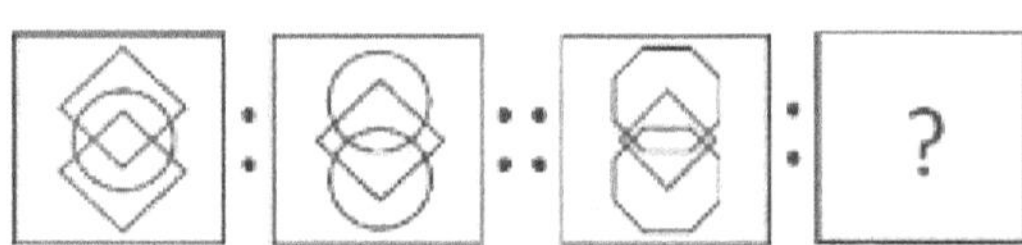

[Jawahar Navodaya Entrance Class VI, 2022], [SSC MTS, 2021], [AFCAT, 2021]

 A.
 B.
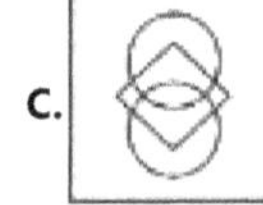 C.
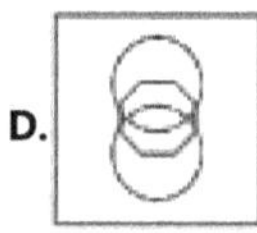 D.

Q.28 निर्देश: उस विकल्प का चयन करें जो तीसरी आकृति से उसी प्रकार संबंधित है जैसे दूसरी आकृति पहली आकृति से संबंधित है।

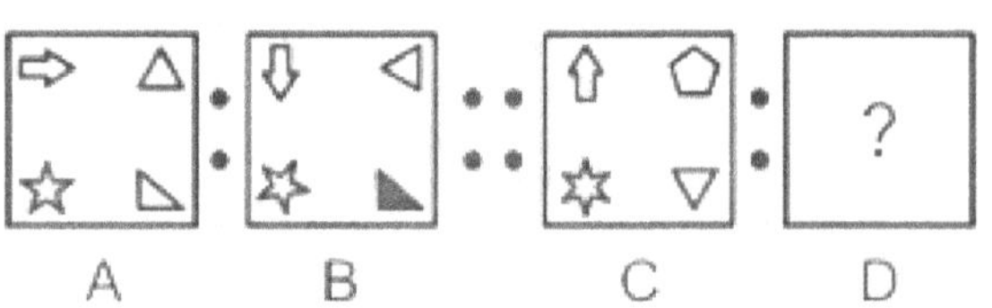

A B C D

[Jawahar Navodaya Entrance Class VI, 2022], [SSC MTS, 2021], [AFCAT, 2021]

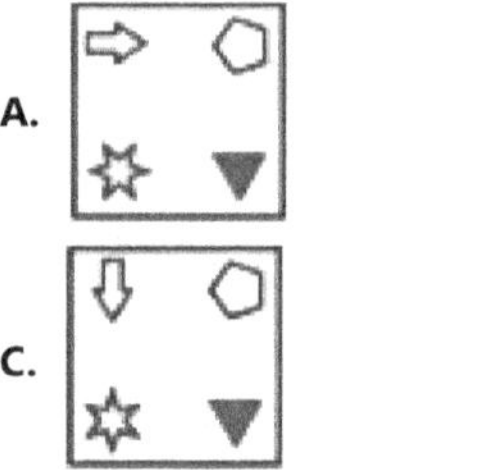

A. B.

C. D.

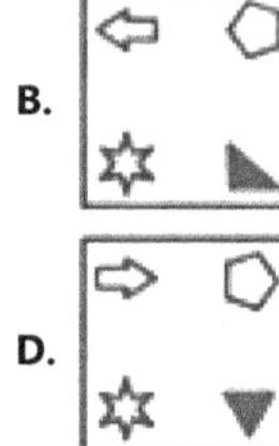

Q.29 यदि दी गयी रेखा पर एक दर्पण रखा गया है, तो निम्नलिखित में से कौन सा विकल्प दिए गए चित्र का सही प्रतिबिम्ब होगा?

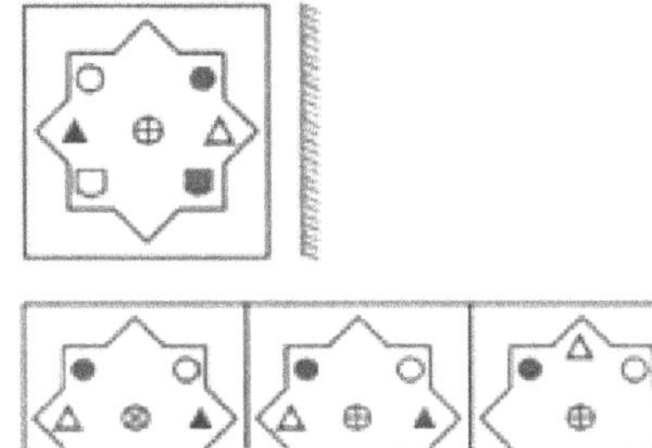

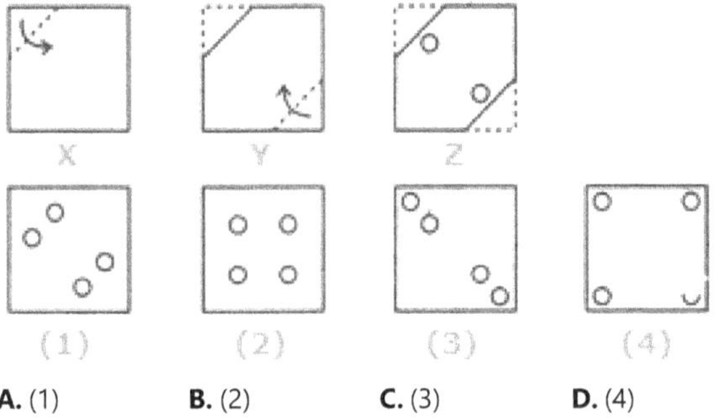

A. (a)   **B.** (b)   **C.** (c)   **D.** (d)

Q.30 निर्देश: प्रणाली का वर्णन करते हुए आंकड़े दिए गए हैं जिसमें एक हिस्से को मोड़ना है और फिर एक उपयुक्त खंड से काटा जाना है। नीचे दिए गए विकल्प में से अंतिम आकृति को चुने।

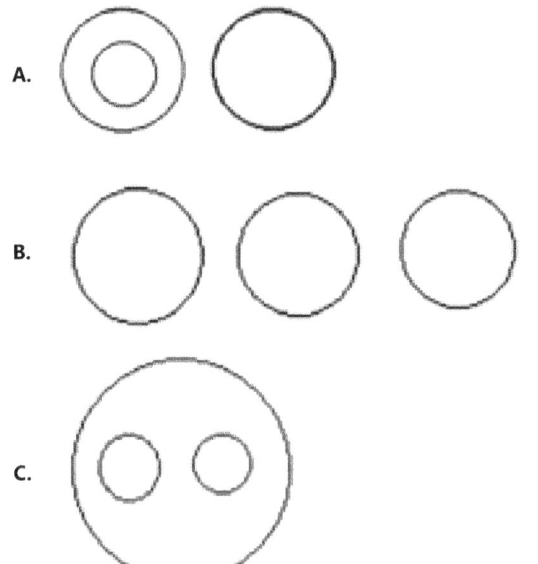

A. (1)   **B.** (2)   **C.** (3)   **D.** (4)

Q.31 निर्देश: निम्नलिखित वर्गों के बीच के संबंध का सर्वोत्तम निरूपण करने वाले वेन आरेख का चयन करें:

आम, फल, चाकू

[Rajasthan Police Constable, 2020]

A.

B.

C.

D.

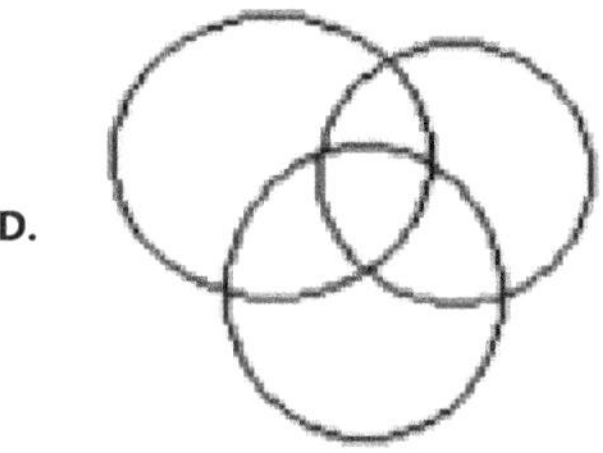

Q.32 एक श्रृंखला दी गई है, जिसमें से एक पद लुप्त है। दिए गये विकल्पों में से वह सही विकल्प चुनिए, जो श्रृंखला को पूरा करेगा।

KN, MP, OR, QT, SV, ?

A. TW   **B.** UX   **C.** UT   **D.** UV

Q.33 निर्देश: उस शब्द का चयन करें जो निम्नलिखित श्रृंखला में आगे आएगा।

ABB, BCF, CDL ?,

A. DEU   **B.** DET   **C.** DES   **D.** DER

Q.34 W, U को यह कहकर अपना परिचय देती है कि आप मेरे पति के पिता की पत्नी की बहू हैं। U और W एक दूसरे से कैसे संबंधित हैं?

A. U, W के पति के भाई की पत्नी है।

B. U, W के पति की बहन है।

C. W, U के पति की बहन है।

D. W, U के भाई की पत्नी है।

Q.35 एक विशिष्ट कूट में, "LIFE" को "3965" लिखा जाता है, तब "FUN" को किस प्रकार लिखा जाना चाहिए?

A. 635   **B.** 634   **C.** 633   **D.** 629

Q.36 यदि & का अर्थ +, # का अर्थ -, @ का अर्थ x और * का अर्थ ÷ है, तो 16 & 4 @ 5 # 72 * 8 का मान क्या है?

A. 25   **B.** 27   **C.** 29   **D.** 36

Q.37 यदि $ का अर्थ '÷', & का अर्थ '+', # का अर्थ '-' और @ का अर्थ '×' है, तो व्यंजक 12 # 12 @ 28 $ 7 & 15 का मान क्या होगा?

A. 30   **B.** -15   **C.** -21   **D.** 45

Q.38 निम्नलिखित चार शब्दों में से तीन एक विशिष्ट संदर्भ में एक दूसरे के समान हैं और एक विषम है। विषम का चयन करें।

A. प्राकृतिक वास   **B.** अस्तबल

C. मांद   **D.** खलिहान

Q.39 एक निश्चित कूट भाषा में, FRAGRANCE को ESZHQBMDD के रूप में लिखा जाता है। उस भाषा में EXCELLENCE को किस प्रकार लिखा जायेगा?

A. DYBFKMDPBF   **B.** DYBFKMDOBF

C. DYBYMKDOBF   **D.** DYBFKMDQBF

Q.40 दी गई आकृति में त्रिभुजों की संख्या ज्ञात कीजिए।

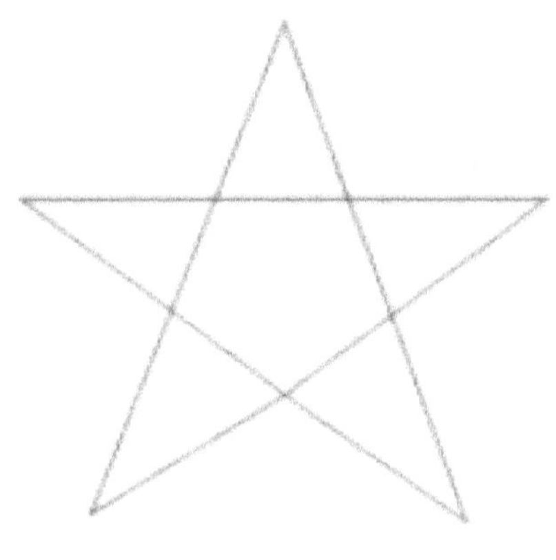

A. 5   **B.** 6   **C.** 8   **D.** 10

Q.41 उस विकल्प आकृति का चयन कीजिये जिसमें प्रश्न आकृति छिपी/निहित है।

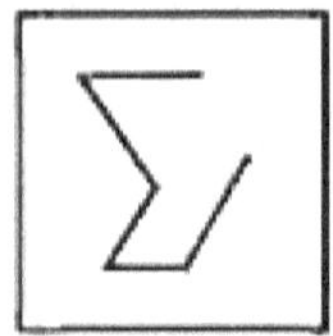

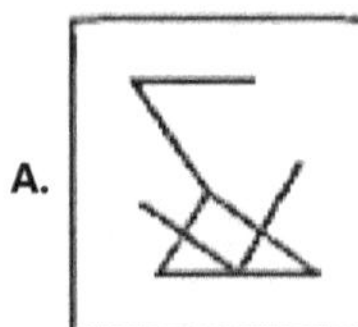 **A.**   **B.** 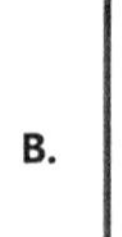

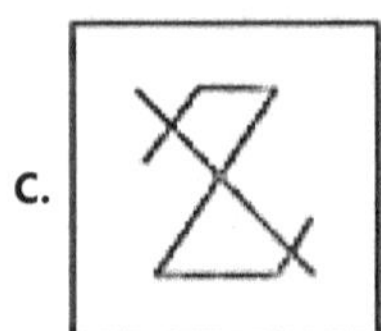 **C.**   **D.** 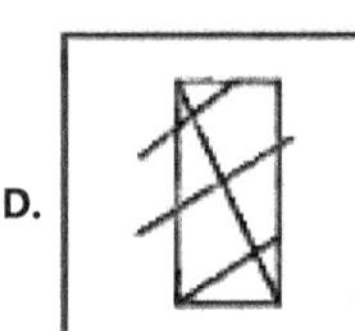

Q.42 राम के पिता राम से दो गुना बड़े हैं। आठ साल पहले, राम के पिता की आयु उसकी आयु की 2.5 गुना थी। राम की वर्तमान आयु कितनी है?

A. 25 वर्ष   **B.** 23 वर्ष   **C.** 24 वर्ष   **D.** 22 वर्ष

Q.43 बीते कल से एक दिन पहले बुधवार था। आने वाले कल के बाद कौन सा दिन होगा?

A. रविवार   **B.** सोमवार   **C.** मंगलवार   **D.** बुधवार

Q.44 निर्देश : छवि का ध्यानपूर्वक अध्ययन करें और सही दर्पण छवि चुनें।

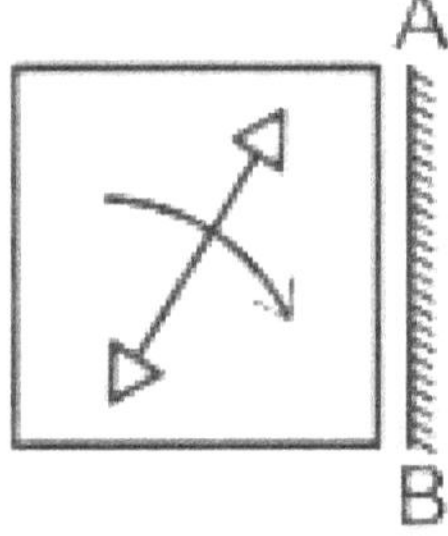

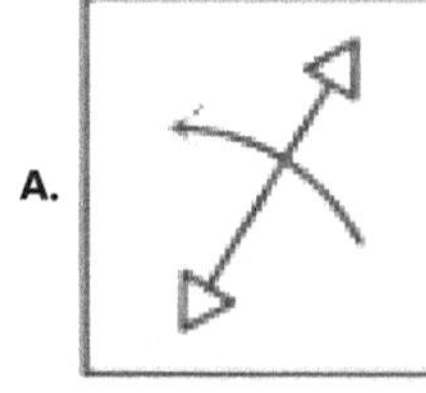 **A.**   **B.** 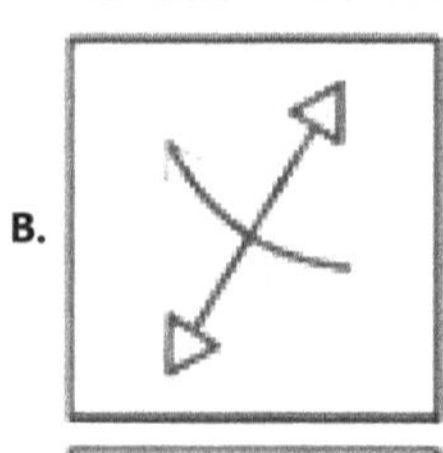

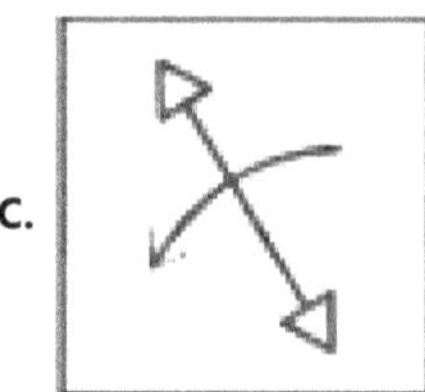 **C.**   **D.** 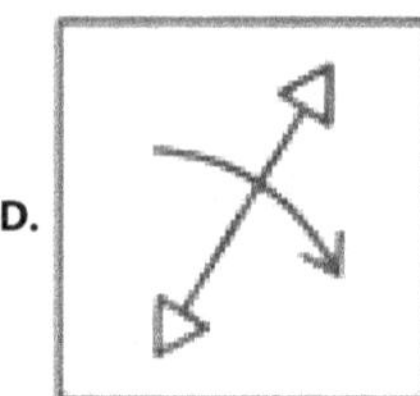

Q.45 निर्देश: निम्नलिखित प्रश्न में कुछ कथन और उसके बाद कुछ निष्कर्ष दिए गए हैं। आपको दिए गए कथनों को सत्य मानना है भले ही वे ज्ञात तथ्यों से अलग प्रतीत होते हों, सभी निष्कर्षों को पढ़िए और फिर तय कीजिये कि दिया गया कौन सा निष्कर्ष दिए गए कथन का तार्किक रूप से अनुसरण करता है।

कथन:

कुछ आकाश नीले हैं।

कुछ नीले सफेद नहीं है।

निष्कर्ष:

I. कोई भी सफेद नीला नहीं है।

II. कुछ सफेद नीले हैं।

A. केवल I अनुसरण करता है

B. केवल II अनुसरण करता है

C. या तो I या II अनुसरण करता है

D. कोई भी अनुसरण नहीं करता है

Ques (46-47):निर्देश: निम्नलिखित श्रृंखला में प्रश्नवाचक चिह्न '?' के स्थान पर क्या आएगा?

Q.46 8, 28, 116, 584, ?

A. 1752   **B.** 3504   **C.** 3508   **D.** 3502

Q.47 24, 61, 122, 213, ?

A. 343   **B.** 334   **C.** 337   **D.** 340

Q.48 If the following words are arranged in alphabetical order which word will come last?

1. Abandon

2. Actuate

3. Accumulate

4. Acquit

5. Achieve

A. Acquit   **B.** Actuate

C. Achieve   **D.** Accumulate

Q.49 निम्नलिखित प्रश्न में, दो संख्याओं को परस्पर बदलकर दिए गये समीकरण को सही कीजिये।

$28 + 6 × 9 ÷ 3 × 8 ÷ 2 - 5 = 31$

A. 6 और 9   **B.** 3 और 6   **C.** 6 और 2   **D.** 6 और 5

Q.50 निम्नलिखित समीकरण को सही बनाने के लिए किन दो संख्याओं को आपस में प्रतिस्थापित करना चाहिए?

$12 × 2 + 8 - 48 ÷ 6 = 20$

A. 12 और 48   **B.** 6 और 8

C. 8 और 12   **D.** 2 और 6

Quantitative Aptitude

Q.51 साधारण ब्याज पर निवेश की गई राशि 5% प्रति वर्ष की दर से स्वयं का 6 गुना हो जाती है। समय अवधि ज्ञात कीजिए।

A. 50 वर्ष **B.** 100 वर्ष **C.** 125 वर्ष **D.** 150 वर्ष

Q.52 यदि 480 सेमी ^{3} आयतन के घनाभ की लंबाई और ऊंचाई क्रमशः 12 सेमी और 5 सेमी है, तो घनाभ की लंबाई और चौड़ाई के बीच क्या संबंध है?

A. 1 (लंबाई) =2 (चौड़ाई) **B.** 2 (लंबाई) =3 (चौड़ाई)
C. 3 (लंबाई) =4 (चौड़ाई) **D.** 4 (लंबाई) =5 (चौड़ाई)

Q.53 दी गयी आकृति में $ADEC$ एक चक्रीय चतुभुज है, CE और AD, B पर मिलने के लिए बढ़ाए जाते हैं। $\angle CAD = 60°$ और $\angle CBA = 30°, BD = 6$ सेमी और $CE = 5\sqrt{3}$ सेमी, $AC:AD$ का अनुपात क्या है?

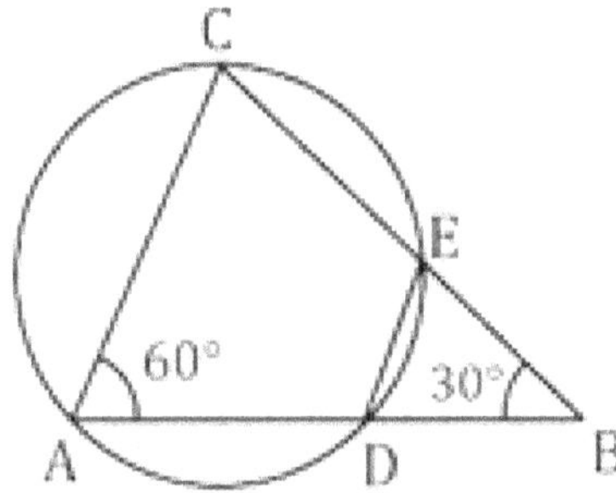

A. $\frac{3}{4}$
B. $\frac{4}{5}$
C. $\frac{2\sqrt{3}}{5}$
D. निर्धारित नहीं किया जा सकता

Q.54 15sin θ + 20cos θ का अधिकतम मान ज्ञात कीजिए।

A. 25 **B.** 35 **C.** 30 **D.** 5

Q.55 $\sin^2 45° - \cos^2 15°$ का मान क्या है?

A. $-\frac{\sqrt{3}}{4}$ **B.** $\frac{1}{4}$ **C.** $\frac{-1}{2}$ **D.** $\frac{2}{3}$

Q.56 एक कांच का विक्रय मूल्य 1965 रुपये है और हानि 25% है। यदि विक्रय मूल्य 3013 रुपये है तो लाभ प्रतिशत कितना है?

A. 13% **B.** 10.4% **C.** 15% **D.** 20%

Q.57 योगफल $1^5 + 2^5 + 3^5 + 4^5 + 5^5$ को 4 से विभाजित करने पर क्या शेषफल प्राप्त होगा?

[Indian Military Academy (IMA), 2020]

A. 0 **B.** 1 **C.** 2 **D.** 3

Q.58 एक 65 लीटर मिश्रण में शहद और शक्कर का अनुपात $4:1$ है। 15 लीटर मिश्रण नौकरानी द्वारा गिरा दिया जाता है और डांट से बचने के लिए, वह गिरे हुए मिश्रण की मात्रा की पूर्ति शुद्ध शहद से कर देती है। अब मिश्रण में शहद और शक्कर का अनुपात क्या है?

A. 6:1 **B.** 5:1 **C.** 11:2 **D.** 14:3

Q.59 यदि A: B=2: 5, B: C=4: 3 और C: D=2: 1 है, तब A: C: D का मान क्या है?

A. 6: 5: 2 **B.** 7: 20: 10
C. 8: 30: 15 **D.** 16: 30: 15

Q.60 कौन सी एकल छूट, 10%, 20% और 40% की तीन क्रमिक छूटों के बराबर है?

A. 44.8% **B.** 46.8% **C.** 52.8% **D.** 56.8%

Q.61 5 मात्राओं का औसत 6 है। उनमें से 3 का औसत 8 है। शेष दो मात्राओं का औसत क्या है?

A. 3 **B.** 4 **C.** 5 **D.** 6

Q.62 समीकरण $\frac{x}{\sqrt{128}} = \frac{\sqrt{162}}{x}$ में दोनों x के स्थान पर क्या आना चाहिए।

A. 12 **B.** 14 **C.** 144 **D.** 196

Q.63 8 सेमी त्रिज्या वाली सीसे की एक ठोस गेंद से, 2 मिमी व्यास वाली सीसे की कितनी ठोस गेंदें बनाई जा सकती हैं?

[Indian Military Academy (IMA), 2020]

A. 512 **B.** 1024 **C.** 256000 **D.** 512000

Q.64 एक आयत की लंबाई में 10% की वृद्धि और चौड़ाई में 10% की कमी की जाती है। तो नए आयत के क्षेत्रफल में क्या होगा?

[Indian Military Academy (IMA), 2020]

A. ना वृद्धि ना कमी **B.** 1% की वृद्धि
C. 1% की कमी **D.** 10% की कमी

Q.65 निर्देश: निम्नलिखित ग्राफ का ध्यानपूर्वक अध्ययन करें और नीचे दी गई जानकारी के आधार पर प्रश्न का उत्तर दें।

छह अलग-अलग व्यवसायों में कर्मचारियों का प्रतिशत-वार वितरण

कर्मचारियों की कुल संख्या $= 26800$

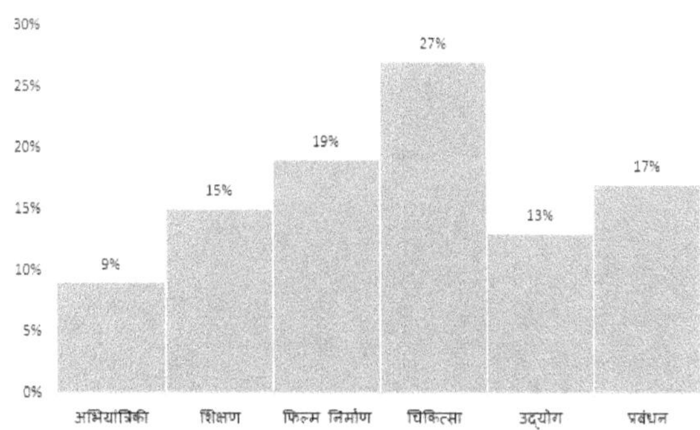

शिक्षण और चिकित्सा पेशे में कर्मचारियों की कुल संख्या और प्रबंधन पेशे में कर्मचारियों की संख्या के बीच का अंतर कितना है?

A. 6770 **B.** 7700 **C.** 6700 **D.** 7770

Q.66 निर्देश: ग्राफ को देखें और दिए गए प्रश्नों का उत्तर दें।

5 वर्षों में दो कंपनियों A और B द्वारा संचालित परियोजनाओं की संख्या से संबंधित डेटा।

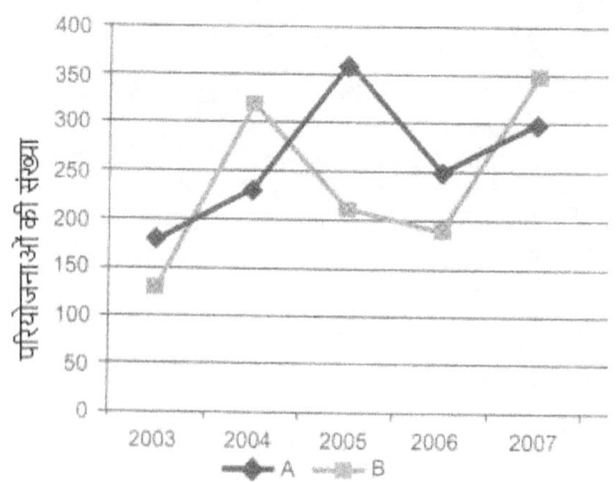

यदि 2007 से 2008 तक कंपनी A द्वारा संचालित परियोजनाओं की संख्या में 20% की वृद्धि हुई और 2008 से 2009 तक 5% की वृद्धि हुई, तो 2009 में कंपनी A द्वारा संचालित परियोजनाओं की संख्या कितनी थी?

A. 378   **B.** 372   **C.** 384   **D.** 396

Q.67 निर्देश: नीचे दर्शाया गया वृत्तीय आरेख विभिन्न क्षेत्रों में 4000 स्कूली छात्रों की प्राथमिकताएँ दर्शाता है। 75% महिलाओं ने इस सर्वेक्षण का उत्तर दिया अतः सभी क्षेत्र की प्राथमिकता में महिला और पुरुष का अनुपात 3 : 1 होगा।

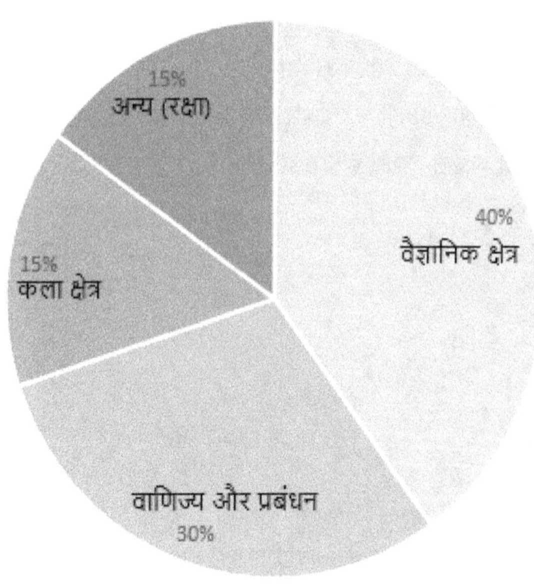

कितने पुरुष उम्मीदवारों ने विज्ञान और कला को पसंदीदा क्षेत्र के रूप में चुना है?

A. 900   **B.** 550   **C.** 500   **D.** 400

Q.68 एक नाव की गति धारा के अनुकूल $15 \ km/hr$ है और धारा की गति 3 km/hr है। नाव द्वारा $15 \ km$ धारा के प्रतिकूल और $15 \ km$ धारा के अनुकूल दूरी को तय करने में लिया गया कुल समय गणना कीजिए।

A. 2 घंटे 40 मिनट   **B.** 2 घंटे 42 मिनट
C. 2 घंटे 10 मिनट   **D.** 2 घंटे 30 मिनट

Q.69 माना A का वेतन, B के वेतन से 60% अधिक है, तो B का वेतन A के वेतन से कितने प्रतिशत कम है?

A. 47.7%   **B.** 33.3%   **C.** 37.5%   **D.** 45%

Q.70 यदि $x = 32$ है, तो $x^5 - 33x^4 + 33x^3 - 33x^2 + 33x - 1$ का मान ज्ञात कीजिये।

A. 31   **B.** 35   **C.** 32   **D.** 36

Q.71 व्यंजक $(5y)^3 + (4x)^2 - (3y)^3 + 2^3 - x^2$ को सरल कीजिये।

A. $98y^3 + 16x^2 + 8$ **B.** $88y^3 + 15x^2 + 8$
C. $98y^3 + 15x^2 + 8$ **D.** $108y^3 + 16x^2 + 8$

Q.72 A, B से 60% अधिक दक्ष है, जबकि C, B से 20% कम दक्ष है। यदि वे एकसाथ एक काम को 40 दिनों में पूरा कर सकते हैं, तो ज्ञात कीजिये A अकेले कितने दिनों में काम को पूरा करेगा।

A. 55 दिन   **B.** 65 दिन   **C.** 75 दिन   **D.** 85 दिन

Q.73 निर्देश: दिए गए व्यंजक को सरल कीजिए।

$240 \div 6 + \sqrt{529} \times 17 = ? + 80$ का 150%

A. 311   **B.** 310   **C.** 309   **D.** 312

Q.74 एक कार 6 किमी/घंटा से आगे बढ़ते हुए सड़क पर एक व्यक्ति को पार करती है। व्यक्ति 2 मिनट तक कार को देख पाया। यदि कार के ओझल होने के समय व्यक्ति की कार से दूरी 1.2 किमी थी, तो कार की गति ज्ञात कीजिए।

A. 42 किमी/घंटा   **B.** 36 किमी/घंटा
C. 32 किमी/घंटा   **D.** 45 किमी/घंटा

Q.75 एक समद्विबाहु त्रिभुज में, ∠Q और ∠R के समद्विभाजक PQR बिंदु E पर मिलते हैं। यदि P = 50° है, तो ∠QER का मान ज्ञात कीजिए।

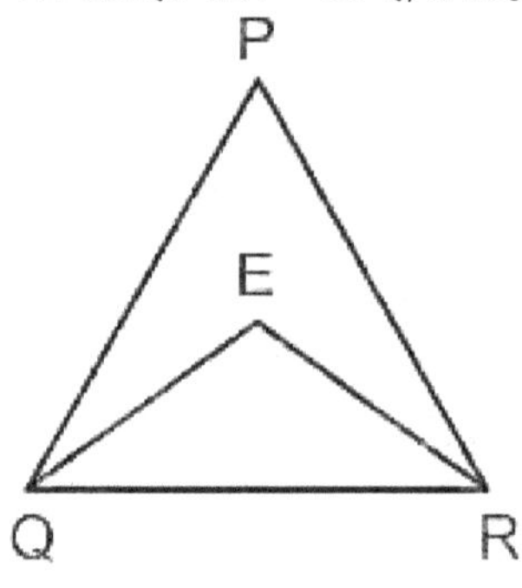

A. 115°   **B.** 65°   **C.** 55°   **D.** 105°

General Awareness

Q.76 जुलाई 2022 में संयुक्त अरब अमीरात (यूएई) सरकार द्वारा किस अभिनेता को "गोल्डन वीज़ा" से सम्मानित किया गया है?

A. अमिताभ बच्चन   **B.** रजनीकांत
C. राणा दग्गुबती   **D.** कमल हासन

Q.77 निम्नलिखित मिलान करें:

	अधिकार		अनुच्छेद
1.	समानता का अधिकार	**(A).**	21
2.	स्वतंत्रता का अधिकार	**(B).**	14
3.	संपत्ति का अधिकार	**(C).**	19
4.	जीवन का अधिकार	**(D).**	300A

A. 1(C), 2(B), 3(A), 4(D)

B. 1(B), 2(C), 3(D), 4(A)
C. 1(B), 2(C), 3(A), 4(D)
D. 1(C), 2(B), 3(D), 4(A)

Q.78 जनसंख्या का प्राकृतिक विकास निम्न को दर्शाता है:
A. मौतों पर जन्मों की अधिकता
B. प्रवासन पर आव्रजन की अधिकता
C. ओवर-माइग्रेशन में ओवर-माइग्रेशन की अधिकता
D. इनमे से कोई भी नहीं

Q.79 महिला अंपायर भारत में पहली बार किस पुरुष क्रिकेट टूर्नामेंट में अंपायरिंग करेंगी?
A. रणजी ट्रॉफी
B. दिलीप ट्रॉफी
C. विजय हजारे ट्रॉफी
D. देवधर ट्रॉफी

Q.80 निम्नलिखित में से कौन सा भारतीय राज्यों का सही अवरोही क्रम है (जनसंख्या के घनत्व के संदर्भ में (2011 की जनगणना के अनुसार)?

[UPSC Central Armed Police Forces AC, 2018]

A. बिहार- केरल- उत्तर प्रदेश- पश्चिम बंगाल
B. पश्चिम बंगाल- बिहार- केरल- उत्तर प्रदेश
C. बिहार- पश्चिम बंगाल- केरल- उत्तर प्रदेश
D. केरल- पश्चिम बंगाल- बिहार- उत्तर प्रदेश

Q.81 भारत के शासन में एक प्रतिनिधि और लोकप्रिय तत्व को शामिल करने का पहला प्रयास किसके द्वारा किया गया था-
A. भारतीय परिषद अधिनियम, 1861
B. भारतीय परिषद अधिनियम, 1892
C. भारतीय परिषद अधिनियम, 1909
D. भारतीय परिषद अधिनियम, 1919

Q.82 कौन सा राज्य म्यांमार के साथ अपनी सीमा साझा नहीं करता है?
A. अरुणाचल प्रदेश
B. मिजोरम
C. मणिपुर
D. सिक्किम

Q.83 'मोहिनीअट्टम', एक पारंपरिक नृत्य , भारत के किस राज्य में उत्पन्न हुआ?
A. असम
B. पश्चिम बंगाल
C. केरल
D. आंध्र प्रदेश

Q.84 सातवाहन वंश का संस्थापक कौन था?
A. सीमुक
B. गौतमी पुत्र शातकर्णी
C. वासुदेव
D. हाला

Q.85 निम्नलिखित में से किसने दिल्ली सल्तनत के दौरान "दीवान-ए-अमीरकोही" की स्थापना की?
A. अलाउद्दीन खिलजी
B. फिरोज तुगलक
C. मो. बिन तुगलक
D. इल्तुतमिश

Q.86 25 फरवरी 2022 को चल रहे सिंगापुर इंटरनेशनल में भारोत्तोलन में स्वर्ण पदक किसने जीता?
A. मीराबाई चानू
B. स्वाति सिंह
C. कुंजारानी देवी
D. कर्णम मल्लेश्वरी

Q.87 DPIFF अवार्ड्स 2022 में सर्वश्रेष्ठ अभिनेता का पुरस्कार किसने जीता है?
A. रणवीर सिंह
B. सिद्धार्थ मल्होत्रा
C. अहान शेट्टी
D. आयुष शर्मा

Q.88 किस देश में तीन भारतीय मूल की महिलाओं को 'STEM की सुपरस्टार' के रूप में चुना गया?
A. यूएसए
B. जर्मनी

C. ऑस्ट्रेलिया
D. कनाडा

Q.89 निम्नलिखित में से कौन सा विभज्योतक ऊत्तक पौधे की पत्तियों और इंटरनोड्स में स्थित है?
A. अन्तर्विष्ट विभज्योतक
B. शीर्षस्थ विभज्योतक
C. पार्श्वीय विभज्योतक
D. इनमे से कोई भी नहीं

Q.90 एक सोल्डर मुख्य रूप से ______ और ______ से बना होता है।
A. टिन, एल्यूमीनियम
B. टिन, सीसा
C. तांबा, सीसा
D. एल्यूमीनियम, तांबा

Q.91 'डायनमो' एक उपकरण है, जो __________ परिवर्तित करता है।
A. रासायनिक ऊर्जा को विद्युत ऊर्जा में
B. विद्युत ऊर्जा को यांत्रिक ऊर्जा में
C. यांत्रिक ऊर्जा को विद्युत ऊर्जा में
D. विद्युत ऊर्जा को रासायनिक ऊर्जा में

Q.92 निम्नलिखित में से कौन सूर्य मंदिर के लिए प्रसिद्ध है?
A. मोढेरा
B. ग्वालियर
C. दोनों (A) और (B)
D. इनमे से कोई नहीं

Q.93 सन स्क्रीन पर प्रतिबंध लगाने वाला पहला देश कौन सा है, जो कोरल रीफ और समुद्री जीवन के लिए विषाक्त है?
A. पलाउ
B. फिलीपींस
C. ताइवान
D. पापुआ न्यूगिनी

Q.94 14 अक्टूबर 2022 को नागालैंड के मुख्यमंत्री नेफियू रियो ने निम्नलिखित में से किस योजना का शुभारंभ किया?
A. शिक्षा अभियान योजना
B. जल कल्याण योजना
C. आयुष्मान भारत राज्य योजना
D. सार्वभौमिक स्वास्थ्य बीमा

Q.95 संसद राज्य सूची के किसी विषय पर कानून बना सकती है-
A. राष्ट्रपति की इच्छा से
B. यदि राज्य सभा ऐसा प्रस्ताव पारित करती है
C. किन्हीं भी परिस्थितियों में
D. संबंधित राज्य की विधायिका से पूछकर

Q.96 ग्राफिकल यूजर एनवायरनमेंट में किस डिवाइस को मानक पॉइंटिंग डिवाइस के रूप में उपयोग किया जाता है?
A. कीबोर्ड
B. माउस
C. जॉयस्टिक
D. ट्रैकबॉल

Q.97 भारतीय राष्ट्रीय कांग्रेस की अध्यक्ष बनने वाली प्रथम भारतीय महिला कौन थी?
A. अरुणा आसफ अली
B. कस्तूरबा गांधी
C. सरोजिनी नायडू
D. इनमें से कोई नहीं

Q.98 "द बॉय हू रोट ए कॉन्स्टिट्यूशन" नामक पुस्तक के लेखक कौन हैं?
A. दीपम चटर्जी
B. रिचा मिश्रा
C. राजेश तलवार
D. नवदीप सिंह गिल

Q.99 "विश्व वायु शक्ति सूचकांक 2022" में भारत का रैंक क्या है?
A. पहली
B. दूसरी
C. तीसरी
D. चौथी

Q.100 निम्नलिखित में से कौन सा कंप्यूटर का लाभ है?
A. कंप्यूटर एक बहुत तेज डिवाइस है।
B. यह बहुत बड़ी मात्रा में डेटा की गणना कर सकता है।
C. कंप्यूटर में माइक्रोसेकंड, नैनोसेकंड और यहां तक कि पिकोसेकंड में गति की इकाइयां होती हैं।
D. उपरोक्त सभी

// स्मार्ट उत्तर पुस्तिका //

सही उत्तर: उन छात्रों का प्रतिशत जिन्होंने प्रश्नों का सही उत्तर दिया था। **छोड़ दिया**: उन छात्रों का प्रतिशत जिन्होंने प्रश्नों को छोड़ दिया था।

प्रश्न संख्या	उत्तर	सही उत्तर	छोड़ दिया
1	C	43.22 %	50.18 %
2	C	66.48 %	31.27 %
3	D	30.93 %	68.68 %
4	B	10.96 %	85.61 %
5	A	44.27 %	30.65 %
6	B	81.13 %	12.27 %
7	C	58.18 %	34.56 %
8	B	62.24 %	32.42 %
9	D	87.32 %	12.15 %
10	A	63.37 %	34.69 %
11	C	29.0 %	69.38 %
12	B	22.1 %	71.13 %
13	D	58.09 %	32.76 %
14	A	53.46 %	42.62 %
15	C	63.96 %	34.47 %
16	B	64.95 %	34.08 %
17	C	69.88 %	30.1 %
18	C	50.18 %	47.44 %
19	A	51.97 %	33.02 %
20	D	86.5 %	11.03 %
21	B	57.44 %	42.13 %
22	B	46.67 %	50.46 %
23	D	66.85 %	30.75 %
24	C	61.41 %	35.37 %
25	B	42.86 %	55.09 %
26	A	63.93 %	33.56 %
27	A	64.28 %	31.37 %
28	A	53.67 %	40.65 %
29	B	49.09 %	42.0 %
30	C	55.45 %	40.82 %
31	A	81.93 %	12.81 %
32	B	51.29 %	42.09 %
33	B	43.1 %	46.88 %
34	A	54.79 %	40.83 %
35	A	67.03 %	30.86 %
36	B	64.55 %	34.07 %
37	C	55.38 %	34.09 %
38	A	68.01 %	31.11 %
39	B	27.47 %	70.83 %
40	D	51.12 %	44.3 %
41	A	62.64 %	30.8 %
42	C	60.01 %	30.18 %
43	A	57.0 %	37.65 %
44	C	77.05 %	14.81 %
45	C	49.99 %	39.77 %
46	C	18.54 %	67.72 %
47	D	67.19 %	31.36 %
48	A	65.6 %	31.4 %
49	C	44.51 %	46.99 %
50	C	31.61 %	68.34 %
51	B	42.54 %	55.03 %
52	B	83.21 %	13.98 %
53	A	20.06 %	76.11 %
54	A	88.95 %	11.04 %
55	A	52.33 %	45.85 %
56	C	57.0 %	35.97 %
57	B	81.23 %	14.74 %
58	C	45.85 %	41.94 %
59	D	77.78 %	19.28 %
60	D	64.98 %	34.15 %
61	A	22.1 %	68.68 %
62	A	82.07 %	11.81 %
63	D	67.97 %	31.81 %
64	C	60.56 %	35.32 %
65	C	48.73 %	36.04 %
66	A	63.73 %	36.04 %
67	B	60.68 %	31.3 %
68	A	14.57 %	75.66 %
69	C	60.01 %	35.82 %
70	A	48.64 %	48.09 %
71	C	88.52 %	10.53 %
72	D	60.14 %	39.57 %
73	A	61.68 %	36.19 %
74	A	56.1 %	32.38 %
75	A	50.95 %	41.17 %
76	D	59.75 %	35.29 %
77	B	63.44 %	33.79 %
78	A	89.11 %	10.25 %
79	A	61.06 %	30.92 %
80	C	56.58 %	35.74 %
81	A	29.74 %	68.25 %
82	D	57.3 %	38.53 %
83	C	83.18 %	15.63 %
84	A	53.59 %	37.29 %
85	C	51.96 %	37.35 %
86	A	46.42 %	35.31 %
87	A	53.27 %	31.67 %
88	C	51.66 %	46.52 %
89	A	24.89 %	71.15 %
90	B	65.08 %	32.07 %
91	C	59.48 %	35.19 %
92	C	44.58 %	47.39 %
93	A	43.64 %	44.34 %
94	D	41.04 %	52.01 %
95	B	45.81 %	39.25 %
96	B	77.16 %	12.57 %
97	C	57.87 %	32.88 %
98	C	44.28 %	33.29 %
99	C	68.43 %	30.54 %
100	D	44.43 %	38.91 %

//संकेत और समाधान//

1. 'Cost of life' is wrong usage. The right usage would be 'the cost of living is'.

Since the subject of the be verb here' is 'cost', we have to use the singular form of the verb. Thus neither options (A) nor (B) can be the answer to the question.

Hence, the correct option is (C).

2. The tense of the verb in the given sentence is incorrect.

We are talking about an event that happened in the current year. Thus, we have to use the present perfect form of the verb 'cause'.

So, the correct sentence is:

The floods this year have caused a lot of damage to the crops.

Hence, the correct option is (C).

3. The correct sentence would be:

My father never did have an opportunity to go to a University.

In the above-given sentence, the error is related to adverb placement.

An adverb must come before the auxiliary verb in a sentence. For Example: I never was a fan of hers.

The structure of the sentence is incorrect.

Thus, 'did never' will be replaced by 'never did'.

Hence, the correct option is (D).

4. 'An incident that happens extremely rarely'.

Once in a blue moon: Not very often/An incident that happens extremely rarely. For example: My sister lives in Alaska, so I only see her once in a blue moon.

Hence, the correct option is (B).

5. The correct answer is "Less successful".

Be in eclipse: less successful and important than before

For example: Even when her career was temporarily in eclipse she had no financial worries.

Hence, the correct option is (A).

6. The correct answer is:

"The judge told Jia to stand in the witness box."

The sentence is in the simple present tense. So the indirect form will be in the present tense.

Option (A) is in the present continuous tense.

Option (C) is incorrect as the preposition 'to' is incorrectly used.

Option (D) is incorrect as the second person pronoun 'you' cannot be used in the indirect form.

Hence, the correct option is (B).

7. The correct answer is:

The teacher asked the students, "Have you understood my question?"

The given statement is in the past perfect tense as observed by the words 'had understood'. So, the direct form will be in present perfect tense i.e., it will contain 'have'. We can reject options (B) and (D).

In the sentence, 'her' refers to the speaker which is the teacher so in the direct form it will be changed to 'my'. Thus, option (A) can be eliminated as well.

Hence, the correct option is (C).

8. The correct answer is 'PSRQ'.

Part P will be the first sentence because after 'the carpenter' a verb should be used. And only Part P starts with a verb. After Part P we know that Part S will be used because both are connected.

Part R will be the next sentence because the employer came and inspected his house. Lastly, Part Q will be used because the employer appreciated the carpenters work,

Hence, the correct option is (B).

9. Let's explore the marked option:

- The word 'Aquaphobia' means 'an abnormal fear of water.'
    - Example: She has aquaphobia so she didn't go near the swimming pool.
- The root word 'phobia' means 'an irrational fear of something that's unlikely to cause harm' and the root word 'aqua' means 'water'.

Hence, the correct option is (D).

10. The correct sentence is - On October 12, 1492, the Italian explorer Christopher Columbus landed on a small island in the Caribbean.

On is used with specific days of the week or year. –on 1st of Jan / on Monday.

At is used with specific times of the day/ with specific places in a city. – at school / at 12 o'clock.

To is used with verbs to show movement such as go and come.to school.

In is used with months of the year/seasons/countries in April / in Summer.

A date begins the passage-- so the obvious word fit for the blank is 'on'.

Hence, the correct option is (A).

11. The correct sentence is- On October 12, 1492, the Italian **explorer** Christopher Columbus landed on a small island in the Caribbean.

Explorer means a person who explores a new or unfamiliar area.

Inventor means one who devises something new.

Scientist means an expert in science.

Shipwright means a shipbuilder.

The sentence is about Christopher Columbus, so the correct word is ' **explorer**'.

Hence, the correct option is (C).

12. The correct sentence is- Christopher Columbus landed on a small island in the Caribbean, which he named San Salvador and claimed for Spain, the country that had **sponsored** his voyage.

Sponsored means to support a person, organization, or activity by giving money.

Enemy means a person who hates or opposes another person.

Boycotted means to refuse to buy or handle (goods) as a punishment or protest.

Competitor means a person who takes part in a sporting contest.

The sentence is about an explorer who had been sponsored by his country to explore the world. So the right word is '**sponsored**'.

Hence, the correct option is (B).

13. The correct sentence is -- Although Columbus was not actually the first European to reach the Americas he was known as the discoverer of the Americas.

Although means in spite of the fact that.

Through is used to show from one end or side of something to the other.

Because means for the reason that.

For refers to because of or as a result of something.

The given sentence is about Christopher Columbus, and this is giving more information about the same.

Hence, the correct option is (D).

14. The correct sentence is - Although Columbus was not actually the first European to reach the Americas and millions of indigenous people already lived there, he has traditionally been **celebrated** in the United States as the discoverer of the Americas.

Celebrated means greatly admired; renowned.

Hated means disliked by many people.

Ignored means to give no attention to something.

Unexalted means uninspired.

Hence, the correct option is (A).

15. 'Ambrosial' is a term used to refer to something sweet. In Greek mythology, ambrosia is the name of the food that the Greek Gods had. So, the word 'Sweet' has a similar meaning as the word 'Ambrosial'.

Hence, the correct option is (C).

16. Complete the notice with the right word. Use of cell phones is **disallowed** within the premises.

The use of Verb 'disallowed' (to prohibit, retaliate) is appropriate in the blank space of the sentence.

Hence, the correct option is (B).

17. The above question is based on Question Tag format. The first part of this type of English sentence is Assertive or Imperative and

the second part is Interrogative. This second part is called Question Tag. It is a rule that the question tag of Affirmative (Affirmative) Sentences is Negative. That is, the question tag of Auxiliary Verb $+n't +$ subject $+?$ and Negative Sentences is Affirmative (Affirmative) i.e. Auxiliary Verb + Subject + ? Is used. Therefore, the use of 'is it' in the blank space is appropriate.

Ex. This novel is not interesting, is it?

Hence, the correct option is (C).

18. The antonym of Protects is Deserts.

Protects: Keep safe from harm

Deserts: To abandon that is to stop supporting or looking after

Defends: Protect from harm or danger

Deprives: Prevent (a person or place) from having or using something

Devises: Plan or invent (a complex procedure, system, or mechanism) by careful thought

Hence, the correct option is (C).

19. The meanings of the given words are,

Terrible: Very unpleasant, causing great shock or injury

Soothing: Having a gently calming effect

Horrible: Bad or unpleasant

Frightening: Making you feel afraid or shocked

Delectable: Delicious or humorous extremely attractive

Therefore, 'Soothing' is the antonym of 'Terrible'.

Hence, the correct option is (A).

20. Condescending: showing or characterized by a patronizing or superior attitude toward others

Patronizing: speaking or behaving towards someone as if they are stupid or not important

Stimulating: encouraging or arousing interest or enthusiasm

Accusing: indicating a belief in someone's guilt or culpability

Creating: bringing something into existence

Hence, the correct option is (D).

21. Ambiguous means open to more than one interpretation; not having one obvious meaning.

The meanings of the given words-

Clear means easy to perceive, understand, or interpret.

Unclear means not easy to see, hear, or understand.

Bright means giving out or reflecting much light, shining.

Faded means gradually grow faint and disappear.

Hence, the correct option is (B).

22. Providance has the wrongly spelt word. The correct spelling of the word is 'providence' which means an influence that is not human in origin and is thought to control people's lives.

Other words and their meanings are:

Fixation means the state of being unable to stop thinking about something or someone, or an unnaturally strong interest in something or someone.

A musician means someone who is skilled in playing music, usually as a job.

Consequence means a result of a particular action or situation, often one that is bad or not convenient.

Circumstance means a condition or fact that affects a situation.

Hence, the correct option is (B).

23. Panacea - a solution or remedy for all difficulties or diseases. For Example - There is no panacea for the country's economic problems.

Medication - a drug or other form of medicine that is used to treat or prevent disease. For Example - The medication should ease the suffering.

Treatment - medical care given to a patient for an illness or injury. For Example - She is responding well to treatment.

Remedy - medicine or treatment for a disease or injury. For Example - The remedy is worse than the disease.

Hence, the correct option is (D).

24. The correct answer is 'Neurosis.'

'Neurosis': The correctly spelt word is 'Neurosis' and it means excessive and irrational anxiety or obsession.

Example: Behavior therapists believe that neurosis is learned and can be unlearned.

Hence, the correct option is (C).

25. Struggle means a very difficult task. Example: My son is really struggling in math.

Encounter means a confrontation or unpleasant struggle. Example: The pilot told us that we might encounter turbulence during the flight.

Politics mean the activities associated with the governance of a country or area, especially the debate between parties having power. Example: Everything we understood about the world and politics changed.

Speeches (plural of 'speech') a formal talk that you give to a group of people. Example: Though not a great orator, his speeches were weighty and impressive.

The sentence talks about the task or the movement which is made successful by the policy of non-violence.

The sentence is,

Indian followed a policy of non-violence to make their struggle successful.

Hence, the correct option is (B).

26. दिया है-

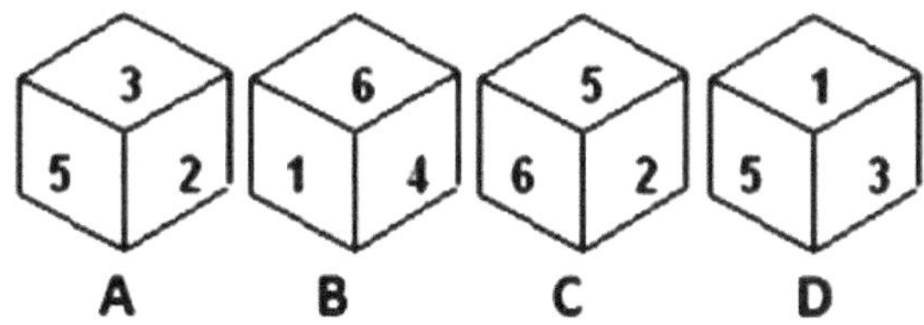

स्थिति (A) और स्थिति (D) में, 5 और 3 सामान्य हैं जिसका अर्थ है कि 2 और 1 एक दूसरे के विपरीत हैं।

स्थिति (A) और स्थिति (C) में, 5 और 2 सामान्य हैं जिसका अर्थ है कि 3 और 6 एक दूसरे के विपरीत हैं।

4 और 5 एक दूसरे के विपरीत हैं।

अतः विकल्प (A) सही है।

27. यहाँ अनुसरण किया गया पैटर्न है:

पहली आकृति में मध्य का तत्व दूसरी आकृति में समान शीर्ष और निचले तत्वों में परिवर्तित हो जाता है।

पहली आकृति में ऊपर और नीचे समान तत्व दूसरी आकृति में मध्य तत्व में परिवर्तित हो जाते हैं।

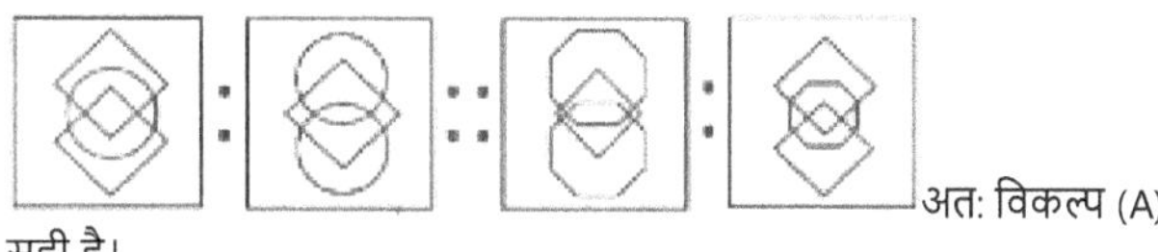

अतः विकल्प (A) सही है।

28. आकृति A और आकृति B के बीच संबंध इस प्रकार है:

आकृति A में शीर्ष बाएँ की आकृति को, आकृति B में 90° दाएं घुमाया गया है।

आकृति A में निचली बाएँ की आकृति को, आकृति B में 90° बाएं घुमाया गया है।

आकृति A में शीर्ष दाएँ की आकृति को, आकृति B में 90° घुमाया गया है।

आकृति A में निचली दाएँ की आकृति समान रहती है लेकिन आकृति B में यह छायांकित है।

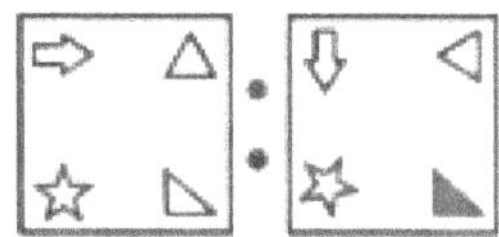

उसी संबंध से,

आकृति C अगली आकृति से इस प्रकार संबंधित होगी:

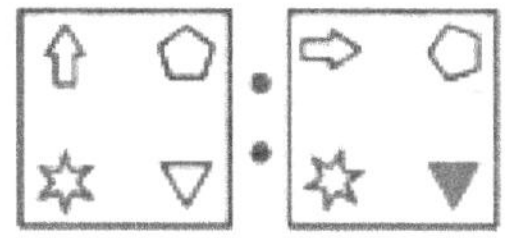

इस प्रकार:, दिए गए विकल्पों में से आकृति 1, आकृति C से उसी प्रकार संबंधित है जैसे आकृति B, आकृति A से संबंधित है।

अतः विकल्प (A) सही है।

29. यदि दी गयी रेखा पर दर्पण रखा जाता है, तो विकल्प जो दी गई आकृति का सही प्रतिबिम्ब है, नीचे दर्शायी गई है:

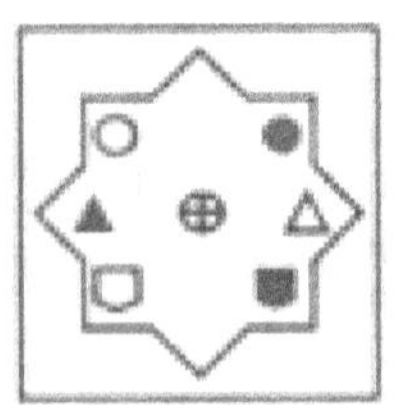 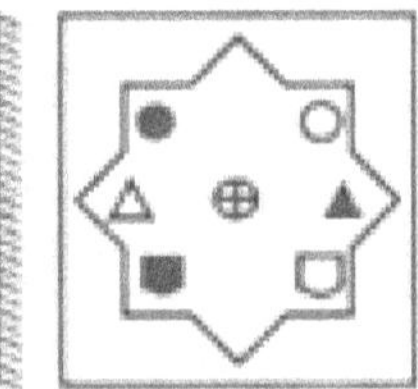

अतः विकल्प (B) सही है।

30. हमें चित्र (3) के अनुसार आकृति मिलेगी।

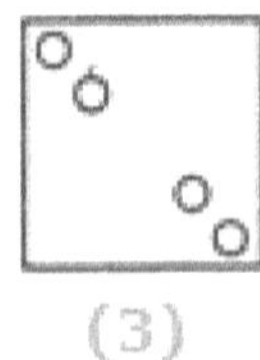

(3)

अतः विकल्प (C) सही है।

31. आम एक फल है। एक चाकू एक उपकरण या हथियार होता है जिसमें एक धार या ब्लेड होता है, जिसे अक्सर एक हैंडल या मूठ से जोड़ा जाता है।

संभावित वेन आरेख इस प्रकार है:

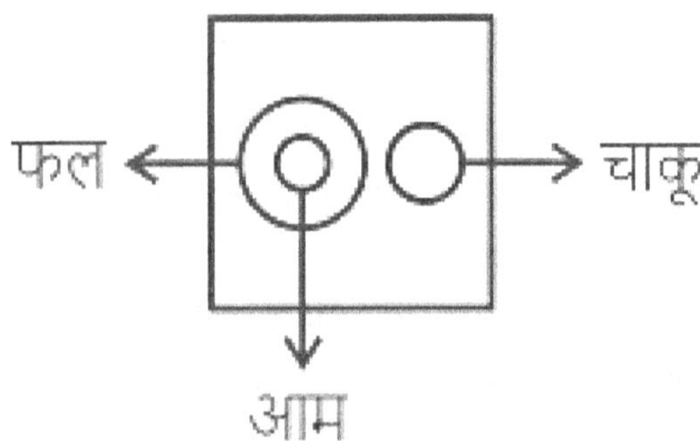

अतः विकल्प (A) सही है।

32. यहाँ स्वरूप है:

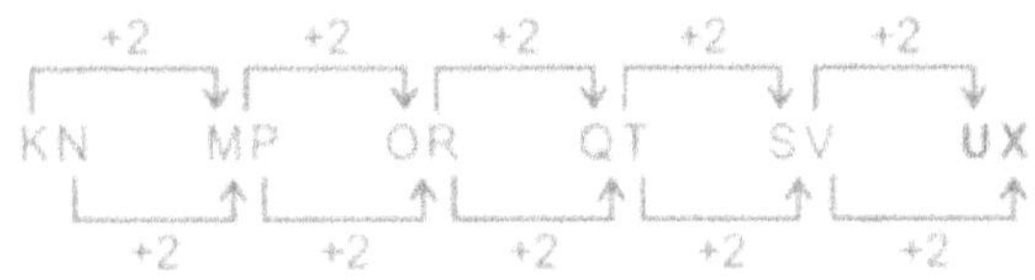

"UX" श्रृंखला में अगला पद है।

अतः विकल्प (B) सही है।

33. अक्षरों के वर्णमाला के पदों के अनुसार,

'DET' सही उत्तर है।

अतः विकल्प (B) सही है।

34. दी गई जानकारी से बेहतरीन संभावित आरख है,

आरेख में प्रतीक	अर्थ
○	महिला
▢	पुरुष
	शादीशुदा जोड़ा
	सहोदर
	एक पीढ़ी का अंतर

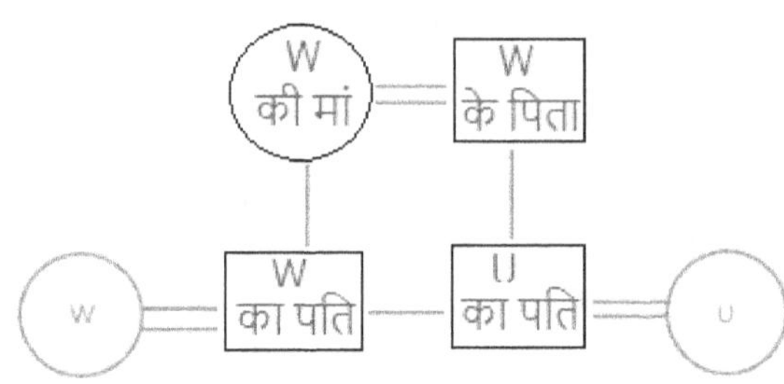

'U, W के पति के भाई की पत्नी है, सही उत्तर है।

अतः विकल्प (A) सही है।

35. दी गयी कूट भाषा के अनुसार,

वर्ण माला	A	B	C	D	E	F	G	H	I	J	K	L	M
स्थानीय मान	1	2	3	4	5	6	7	8	9	10	11	12	13
वर्ण माला	Z	Y	X	W	V	U	T	S	R	Q	P	O	N
स्थानीय मान	26	25	24	23	22	21	20	19	18	17	16	15	14

L = 12 (1 + 2) = 3

I = 9

F = 6

E = 5

इसी प्रकार,

F = 6

U = 21 (2 + 1) = 3

N = 14 (1 + 4) = 5

इसलिए, FUN, 635 से संबंधित है।

अतः विकल्प (A) सही है।

36. दिया गया है,

16 & 4 @ 5 # 72 * 8

प्रश्न के अनुसार,

= 16 + 4 × 5 - 72 ÷ 8

= 16+ 20 - 9

= 36 −9 = 27

अतः विकल्प (B) सही है।

37. दिया गया है:

12 # 12 @ 28 $ 7 & 15

प्रश्न के अनुसार,

= 12 - 12 × 28 ÷ 7 + 15

= 12 - 12 × 4 + 15

= 12 - 48 + 15

= 27 - 48 = -21

अतः विकल्प (C) सही है।

38. पर्यावास किसी जीव का प्राकृतिक वास या वातावरण होता है।

अस्तबल वह स्थान है जहाँ घोड़े रखे जाते हैं।

मांद वह जगह है जहां शेर रहते हैं।

खलिहान वह स्थान है जहाँ अनाज जमा किया जाता है।

इसलिए, प्राकृतिक वास दिए गए में विषम है।

अतः विकल्प (A) सही है।

39. दिया गया है: FRAGRANCE को ESZHQBMDD के रूप में लिखा जाता है

तर्क: अक्षरों के स्थितीय मान में एकांतर रूप से 1 का घटाव और जोड़ किया गया है जैसा कि नीचे दिखाया गया है:

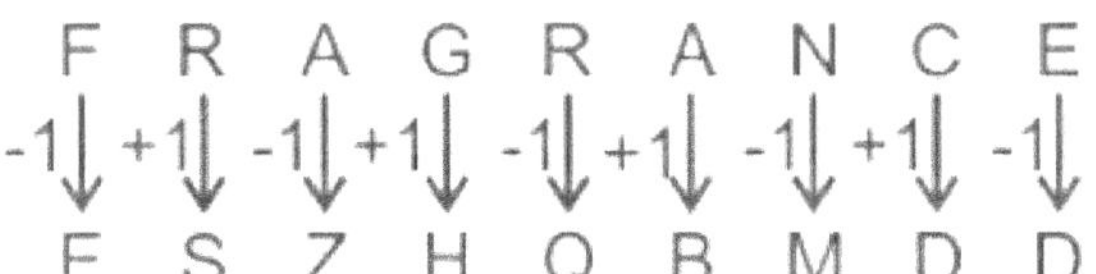

इसी तरह,

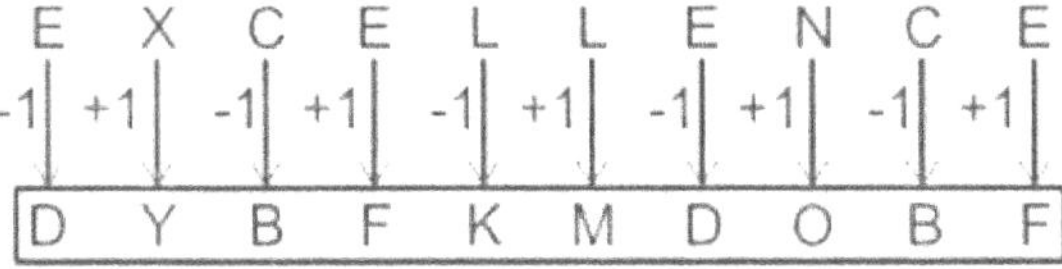

अतः विकल्प (B) सही है।

40. दी गई आकृति को निम्न प्रकार से चिन्हित किया जा सकता है:

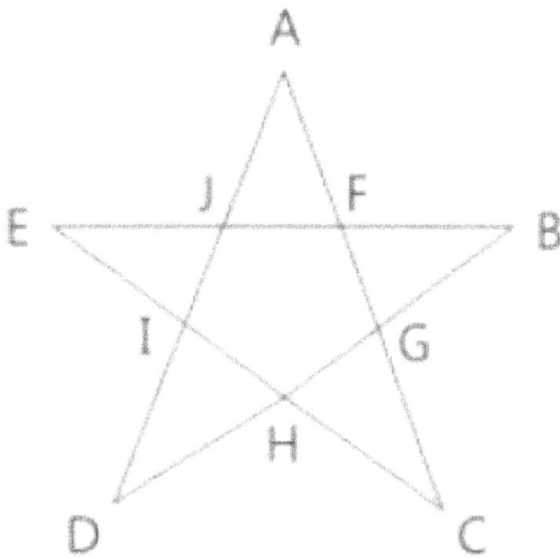

सबसे सरल त्रिभुज AJF, FBG, GCH, HDI और IEJ हैं यानी संख्या में 5 हैं।

त्रिभुज तीन घटकों EBH, AIC, EFC, ADG, और BJD से मिलकर बने होते हैं, यानी संख्या में 5 हैं।

इस प्रकार, आकृति में 5 + 5 = 10 त्रिभुज हैं।

अतः विकल्प (D) सही है।

41. विकल्प (A), (B), (C) और (D) की जांच करने के बाद, हमें मिलता है:

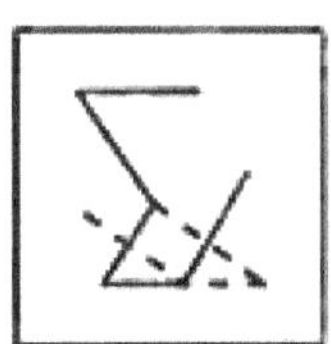

अतः विकल्प (A) सही है।

42. राम के पिता राम से दो गुना बड़े हैं,

⇒ F = 2R

आठ साल पहले, राम के पिता की आयु उसकी आयु की 2.5 गुना थी,

⇒ (F − 8) = 2.5 (R − 8)

⇒ F − 8 = 2.5 R − 20

⇒ 2R − 8 = 2.5 R − 20

⇒ R = 24

∴ राम की आयु 24 वर्ष है।

अतः विकल्प (C) सही है।

43. दी गई जानकारी के अनुसार:

बीते कल से पहले का दिन	बुधवार
बिता कल	गुरुवार
आज	**शुक्रवार**
आने वाला कल	शनिवार
आने वाले कल से एक दिन बाद	**रविवार**

इसलिए, सही उत्तर "रविवार" है।

अतः विकल्प (A) सही है।

44. दर्पण की प्रतिबिम्ब इस प्रकार होगी:

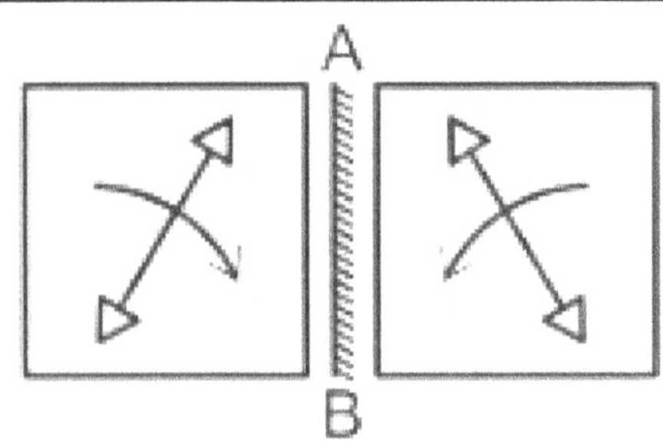

अत: विकल्प (C) सही है।

45. दिए गए कथनों के लिए सबसे कम संभव आरेख इस प्रकार है,

निष्कर्ष:

I. कोई सफेद नीला नहीं है → असत्य (यह संभव है लेकिन निश्चित नहीं)

II. कुछ सफेद नीला है → असत्य (यह संभव है लेकिन निश्चित नहीं)

निष्कर्ष I. और II. पूरक जोड़ी हैं।

इसलिए, निष्कर्ष I. या II. अनुसरण करता है।

अतः विकल्प (C) सही है।

46. तर्क है:

$(8 \times 3) + 4 = 28$

$(28 \times 4) + 4 = 116$

$(116 \times 5) + 4 = 584$

$(584 \times 6) + 4 = 3508$

अतः विकल्प (C) सही है।

47. श्रृंखला निम्नलिखित पैटर्न का अनुसरण करती है:

$$3^3 - 3 = 27 - 3 = 24$$

$$4^3 - 3 = 64 - 3 = 61$$

$$5^3 - 3 = 125 - 3 = 122$$

$$6^3 - 3 = 216 - 3 = 213$$

इसी प्रकार,

$$7^3 - 3 = 343 - 3 = 340$$

अतः विकल्प (D) सही है।

48. The arrangement of the given words in the alphabetical order in which they appear in an English dictionary is as shown below :

1. A**b**andon

3. Ac**c**umulate

5. Ac**h**ieve

2. Ac**t**uate

4. Ac**q**uit

∴ Here, the word which is last is **'Acquit'.**

Hence, the correct option is (A).

49. दिया गया समीकरण है: $28 + 6 \times 9 \div 3 \times 6 \div 2 - 5 = 31$

प्रत्येक विकल्प का अवलोकन करने पर,

(A). 6 और 9 को बदलने पर

समीकरण बनेगा, $28 + 9 \times 6 \div 3 \times 8 \div 2 - 5 = 95 \neq 31$

(B). 3 और 6 को बदलने पर

समीकरण बनेगा, $28 + 3 \times 9 \div 6 \times 8 \div 2 - 5 = 41 \neq 31$

(C). 6 और 2 को बदलने पर

समीकरण बनेगा, $28 + 2 \times 9 \div 3 \times 8 \div 6 - 5 = 31$

(D). 6 और 5 को बदलने पर

समीकरण बनेगा, $28 + 5 \times 9 \div 3 \times 8 \div 2 - 6 = 82 \neq 31$

इसलिए, 6 और 2, को बदलने पर, हमें सही उत्तर प्राप्त होता है।

अतः विकल्प (C) सही है।

50. (A) 12 और 48

दिया गया व्यंजक : $12 \times 2 + 8 - 48 \div 6 = 20$

संख्याओं को प्रतिस्थापित करने के बाद हमें प्राप्त होता है:

बायाँ पक्ष $= 48 \times 2 + 8 - 12 \div 6$

$= 96 + 8 - 2$

$= 104 - 2$

$= 102 \neq$ दायाँ पक्ष

(B) 6 और 8

दिया गया व्यंजक : $12 \times 2 + 8 - 48 \div 6 = 20$

संख्याओं को प्रतिस्थापित करने के बाद हमें प्राप्त होता है:

बायाँ पक्ष $= 12 \times 2 + 6 - 48 \div 8$

$= 24 + 6 - 6$

$= 30 - 6$

$= 24 \neq$ दायाँ पक्ष

(C) 8 और 12

दिया गया व्यंजक : $12 \times 2 + 8 - 48 \div 6 = 20$

संख्याओं को प्रतिस्थापित करने के बाद हमें प्राप्त होता है:

बायाँ पक्ष $= 12 \times 6 + 8 - 48 \div 2$

$= 16 + 12 - 8$

$= 28 - 8$

$= 20 =$ दायाँ पक्ष

(D) 2 और 6

दिया गया व्यंजक : $12 \times 2 + 8 - 48 \div 6 = 20$

संख्याओं को प्रतिस्थापित करने के बाद हमें प्राप्त होता है:

बायाँ पक्ष $= 12 \times 6 + 8 - 48 \div 2$

$= 72 + 8 - 24$

= 80 - 24

= 56 ≠ दायाँ पक्ष

इसलिए, '8' और '12' सही उत्तर है।

अतः विकल्प (C) सही है।

51. दिया है-

साधारण ब्याज पर निवेश की गई राशि 5% प्रति वर्ष की दर से स्वयं का 6 गुना हो जाती है।

माना कि राशि $P = X$ रुपये है।

मिश्रधन $A = 6X$ रुपये

साधारण ब्याज $SI = A - P$

$\Rightarrow SI = (6X - X)$ रुपये

$\Rightarrow SI = 5X$ रुपये

दर $R = 5\%$ प्रति वर्ष

सूत्र के अनुसार-

$$T = \frac{100 \times SI}{P \times R} \quad \text{[जहां } T \text{ समय अवधि है]}$$

$$\Rightarrow T = \frac{100 \times 5X}{X \times 5}$$

$$\Rightarrow T = 100 \text{ वर्ष}$$

अतः विकल्प (B) सही है।

52. घनाभ का आयतन $=$ लंबाई $\times$ चौड़ाई $\times$ ऊँचाई

$480 = 12 \times$ चौड़ाई $\times 5$

चौड़ाई $= \frac{480}{60} = 8$ सेमी

अब,

लंबाई /चौड़ाई $= \frac{12}{8} = \frac{3}{2}$

$\therefore 2$ (लंबाई) $= 3$ (चौड़ाई)

अतः विकल्प (B) सही है।

53. जैसा कि हम जानते हैं कि चक्रीय चतुर्भुज के विपरीत कोणों का योग $180°$ है।

$\angle CED = 120°$ द्वारा, एक सीधी रेखा पर कोण,

$\angle BED = 60°$ द्वारा, एक सीधी रेखा में कोण,

$\therefore \angle EDB = 90°$

$\therefore \dfrac{BD}{BE} = \cos 30°$

$\dfrac{6}{BE} = \dfrac{\sqrt{3}}{2}$

$\Rightarrow BE = 4\sqrt{3}$ सेमी

$\therefore BC = BE + CE$

$= 4\sqrt{3} + 5\sqrt{3} = 9\sqrt{3}$ सेमी

अब, चूंकि AB और CB वृत्त की छेदक रेखा है।

$\therefore BD \times BA = BE \times BC$

$6 \times BA = 4\sqrt{3} \times 9\sqrt{3}$

$\Rightarrow BA = 18$ सेमी

फिर, $\triangle ABC$ एक समकोण त्रिभुज है - $(\because \angle C = 90°)$

$AC = AB\sin 30° \quad \left(\sin 30° = \dfrac{1}{2}\right)$

$AC = 9$ सेमी (वैकल्पिक रूप से पाइथागोरस प्रमेय लगाने पर)

तथा $AD = AB - BD = 12$ सेमी

$\dfrac{AC}{AD} = \dfrac{9}{12} = \dfrac{3}{4}$

अतः विकल्प (A) सही है।

54. दिया है: 15sin θ + 20cos θ

यहाँ a = 15 और b = 20

तो अधिकतम मान $= \sqrt{15^2 + 20^2}$

$= \sqrt{225 + 400}$

$= \sqrt{(625)}$

$= 25$

$\therefore$ 15sin θ + 20cos θ का अधिकतम मान 25 है।

अतः विकल्प (A) सही है।

55. हम जानते हैं कि, $\sin 45° = \dfrac{1}{\sqrt{2}}$

$\therefore \sin^2 45° = \dfrac{1}{2}$

$\cos^2 \theta = \dfrac{(1 + \cos 2\theta)}{2}$

$\Rightarrow \cos^2 15° = \dfrac{(1 + \cos 2 \times 15)}{2} = \dfrac{(1 + \cos 30)}{2} = \dfrac{2 + \sqrt{3}}{4}$

$\Rightarrow \sin^2 15° = \dfrac{2 + \sqrt{3}}{4}$

अब,

$\cos^2 45° - \sin^2 15° = \dfrac{1}{2} - \left(\dfrac{2 + \sqrt{3}}{4}\right)$

$\Rightarrow \cos^2 45° - \sin^2 15° = -\dfrac{\sqrt{3}}{4}$

अतः विकल्प (A) सही है।

56. प्रश्नानुसार,

कांच का विक्रय मूल्य = 1965 रुपये

और हानि = 25%

$\therefore CP = \dfrac{1965}{75} \times 100 = 2620$ रुपये

यदि विक्रय मूल्य = 3013 रुपये

$$\therefore \text{लाभ } \% = \frac{(3013-2620)}{2620} \times 100$$

$$= \frac{3930}{262} = 15\%$$

अतः विकल्प (C) सही है।

57. जब 1^5 को 4 से विभाजित किया जाता है तब शेष $= 1$

जब 2^5 या 32 को 4 से विभाजित किया जाता है तब शेष $= 0$

जब 3^5 या 243 को 4 से विभाजित किया जाता है तब शेष $= 3$

जब 4^5 या 1024 को 4 से विभाजित किया जाता है तब शेष $= 0$

जब 5^5 या 3125 को 4 से विभाजित किया जाता है तब शेष $= 1$

शेष $= 1 + 3 + 1 = 5$

जब 5 को 4 से विभाजित किया जाता है तब शेष $= 1$

अत: विकल्प (B) सही हैं।

58. मिश्रण की कुल मात्रा $= 65$ लीटर

प्रारम्भ में शहद की कुल मात्रा $= 65 \times \left(\frac{4}{5}\right) = 52$ लीटर

मिश्रण में शक्कर की कुल मात्रा $= 13$ लीटर

मिश्रण का 15 लीटर निकालने के पश्चात, शहद और शक्कर भी अनुपातिक रूप से निकल जाते हैं। जिसका अर्थ है 12 लीटर शहद और 3 लीटर शक्कर मिश्रण में से निकली है।

मिश्रण की पूर्ती करने के पश्चात, मिश्रण में शहद की मात्रा = 52 - 12 + $15 =$ 55 लीटर

मिश्रण में शक्कर की मात्रा = 13 - 3 = 10 लीटर

$\therefore$ नया अनुपात $55 : 10 = 11 : 2$ है।

अतः विकल्प (C) सही है।

59. A : B = 2 : 5

B : C = 4 : 3

B सामान्य पद है इसलिए सबसे पहले B के सभी मान को बराबर बनाया जाना चाहिए।

4 और 5 का ल.स.प. 20 है।

$A : B = 2 : 5$ (4 से गुणा करें)

$B : C = 4 : 3$ (5 से गुणा करें)

इसलिए, A : B : C = 8 : 20 : 15

अब, A : B : C = 8 : 20 : 15

और C : D = 2 : 1

C सामान्य है इसलिए इसका मान बराबर किया जाना चाहिए।

15 और 2 का ल.स.प. 30 है।

A : B : C = 8 : 20 : 15 (2 से गुणा करें)

C : D = 2 : 1 (15 से गुणा करें)

अब, $A : B : C : D = 16 : 40 : 30 : 15$

इसलिए, $A : C : D = 16 : 30 : 15$

अतः विकल्प (D) सही है।

60. दिया है-

पहली छूट $D_1 = 10\%$

दूसरी छूट $D_2 = 20\%$

तीसरी छूट $D_3 = 40\%$

सूत्र के अनुसार-

$$SP = MP \times (1 - D_1\%)(1 - D_2\%)(1 - D_3\%)$$

[जहां MP वस्तु का अंकित मूल्य है और SP वस्तु का विक्रय मूल्य है]

$$\Rightarrow SP = MP \times (1 - 10\%)(1 - 20\%)(1 - 40\%)$$

$$\Rightarrow SP = MP \times \left(1 - \frac{10}{100}\right)\left(1 - \frac{20}{100}\right)\left(1 - \frac{40}{100}\right)$$

$$\Rightarrow SP = MP \times \left(\frac{90}{100}\right)\left(\frac{80}{100}\right)\left(\frac{60}{100}\right)$$

$$\Rightarrow SP = \frac{432MP}{1000}$$

$$\Rightarrow SP = 43.2\% \times MP$$

एकल छूट $D = (100 - 43.2)\%$

$$\Rightarrow D = 56.8\%$$

अतः विकल्प (D) सही है।

61. दिया गया है,

5 मात्राओं का औसत $= 6$

इसलिए, 5 मात्राओं का योग $= 5 \times 6 = 30$

इनमें 5 में से तीन मात्राओं का औसत $= 8$

इसलिए, इन तीन मात्राओं का योग $= 3 \times 8 = 24$

शेष दो मात्राओं का योग $= 30 - 24 = 6$

इन दो मात्राओं का औसत $= \frac{6}{2} = 3$

अत: विकल्प (A) सही है।

62. दिया है: $\dfrac{x}{\sqrt{128}} = \dfrac{\sqrt{162}}{x}$

फिर $x^2 = \sqrt{128 \times 162}$

$= \sqrt{64 \times 2 \times 18 \times 9}$

$= \sqrt{8^2 \times 6^2 \times 3^2}$

$= 8 \times 6 \times 3$

$= 144$

$\therefore x = \sqrt{144} = 12$

अतः विकल्प (A) सही है।

63. दिया गया है:

सीसे की छोटी गेंद का व्यास $= 2$ मिमी

सीसे की बड़ी गेंद की त्रिज्या $= 8$ सेमी

हम जानते हैं की,

गोले का आयतन $= \dfrac{(4\pi r^3)}{3}$

गेंदों की अपेक्षित संख्या = सीसे की बड़ी गेंद का आयतन / सीसे की छोटी गेंद का आयतन

सीसे की छोटी गेंद की त्रिज्या $= 1$ मिमी

हम जानते हैं, 1 सेमी $= 10$ मिमी

सीसे की छोटी गेंद की त्रिज्या $= 0.1$ सेमी

सीसे की छोटी गेंद का आयतन $= \dfrac{(4\pi \times 0.1^3)}{3}$

सीसे की बड़ी गेंद का आयतन $= \dfrac{(4\pi \times 8^3)}{3}$

गेंदों की अपेक्षित संख्या $= \dfrac{\frac{(4\pi \times 8^3)}{3}}{\frac{(4\pi \times 0.1^3)}{3}}$

$\dfrac{8^3}{0.1^3} = 512000$

∴ सीसे की बड़ी गेंद से बनी सीसे की छोटी गेंदों की संख्या 512000 है।

अत: विकल्प (D) सही है।

64. दिया गया है:

लंबाई में वृद्धि $= 10\%$

चौड़ाई में कमी $= 10\%$

हम जानते हैं की,

प्रतिशत $=$ (अंतिम मान $-$ प्रारंभिक मान $)/$प्रारंभिक मान

माना कि लंबाई और चौड़ाई क्रमशः a और b है।

आयत का क्षेत्रफल $= ab$

परिवर्तन से पहले का क्षेत्रफल $= ab$

परिवर्तन के बाद का क्षेत्रफल $= \left(a + \dfrac{10a}{100}\right)\left(b - \dfrac{10b}{100}\right)$

परिवर्तन के बाद का क्षेत्रफल $= \left(\dfrac{11a}{10}\right)\left(\dfrac{9b}{10}\right)$

परिवर्तन के बाद का क्षेत्रफल $= \dfrac{99ab}{100}$

प्रतिशत परिवर्तन $= \left[\dfrac{\left\{\left(\frac{99ab}{100}\right) - ab\right\}}{ab}\right] \times 100\%$

प्रतिशत परिवर्तन $= -1\%$

यहाँ $(-)$ क्षेत्रफल में कमी दर्शाता है।

∴ नए आयत के क्षेत्रफल में 1% की कमी आई है।

अत: विकल्प (C) सही है।

65. दिया गया,

कर्मचारियों की कुल संख्या $= 26800$

शिक्षण $= 15\%$

चिकित्सा $= 27\%$

प्रबंधन $= 17\%$

अब,

शिक्षण और चिकित्सा में कर्मचारियों का कुल प्रतिशत,

$= 15\% + 27\%$

$= 42\%$

अब,

शिक्षण और चिकित्सा में कुल कर्मचारियों और प्रबंधन में कुल कर्मचारियों के बीच का अंतर

$= 26800$ का $(42\% - 17\%)$

$= 26800$ का 25%

$= \dfrac{25}{100} \times 26800$

$= 6700$

अतः विकल्प (C) सही है।

66. 2008 में कंपनी A द्वारा संचालित परियोजनाओं की संख्या

$= 300$ का 120%

$= \dfrac{120 \times 300}{100}$

$= 360$

2009 में कंपनी A द्वारा संचालित परियोजनाओं की संख्या

$= 360$ का 105%

$= \dfrac{105 \times 360}{100}$

$= 378$

अतः विकल्प (A) सही है।

67. दिया गया है:

महिला : पुरुष $= 3:1$

विज्ञान को पसंदीदा क्षेत्र के रूप में चुनने वाले उम्मीदवारों की संख्या $= 4000$ का 40%

$= 4000 \times \dfrac{40}{100}$

$= 0.4 \times 4000$

$= 1600$

विज्ञान को पसंदीदा क्षेत्र के रूप में चुनने वाले पुरुष उम्मीदवारों की संख्या = पुरुषों का अनुपात/कुल अनुपात $\times$ विज्ञान को चुनने वाले उम्मीदवारों की संख्या

$= \dfrac{1}{4} \times 1600$

$= 400$

कला को पसंदीदा क्षेत्र के रूप में चुनने वाले उम्मीदवारों की संख्या = 4000 का 15%

$$= 4000 \times \frac{15}{100}$$

$= 0.15 \times 4000$

$= 600$

कला को पसंदीदा क्षेत्र के रूप में चुनने वाले पुरुष उम्मीदवारों की संख्या = पुरुष का अनुपात/कुल अनुपात × कला को चुनने वाले उम्मीदवारों की संख्या

$$= \frac{1}{4} \times 600$$

$= 150$

अभीष्ट उत्तर = 400 + 150

$= 550$

अतः विकल्प (B) सही है।

68. दिया गया है,

धारा के अनुकूल नाव की गति $= 15$ किमी/घंटा

धारा की गति $= 3$ किमी/घंटा

शांत जल में नाव की गति $= 12$ किमी/घंटा

धारा के प्रतिकूल में लिया गया समय $= \frac{15}{12-3}$

$= \frac{15}{9}$ घंटा

$= 1$ घंटा 40 मिनट

धारा के अनुकूल में लिया गया समय $= \frac{15}{12+3}$

$= \frac{15}{15}$ घंटा

$= 1$ घंटा

$\therefore$ कुल समय $= 2$ घंटे 40 मिनट

अतः विकल्प (A) सही है।

69. दिया गया है,

A का वेतन $= B$ के वेतन से 60% अधिक

माना B का वेतन 100 है।

A का वेतन $= 100 + 100$ का $60\% = 160$

B का वेतन $= A$ के वेतन से $(160 - 100) = 60$ कम

$= A$ के वेतन से $[60/(A$ का वेतन$)] \times 100$ प्रतिशत कम

$= A$ के वेतन से $\left[\frac{60}{160}\right] \times 100$ प्रतिशत कम

$= 37.5\%$

$\therefore B$ का वेतन, A के वेतन से 37.5% कम है।

अतः विकल्प (C) सही है।

70. दिया है:

$$x^5 - 33x^4 + 33x^3 - 33x^2 + 33x - 1$$

$$\Rightarrow x^5 - (32+1)x^4 + (32+1)x^3 - (32+1)x^2 + (32+1)x - 1$$

$$\Rightarrow x^5 - 32x^4 - x^4 + 32x^3 + x^3 - 32x^2 - x^2 + 32x + x - 1$$

जैसा कि हम जानते हैं कि $x = 32$

तो, $\frac{x^5 - x \times x^4 - x^4 + x \times x^3 + x^3 - x \times x^2 - x^2 + x \times x + x - 1}{}$

$$= x^5 - x^5 - x^4 + x^4 + x^3 - x^3 - x^2 + x^2 + x - 1$$

$$= x - 1$$

$$= 32 - 1 = 31$$

अतः विकल्प (A) सही है।

71. दिया गया है:

$$(5y)^3 + (4x)^2 - (3y)^3 + 2^3 - x^2$$

$$= 125y^3 + 16x^2 - 27y^3 + 8 - x^2$$

$$= 98y^3 + 15x^2 + 8$$

$\therefore$ दिए गए व्यंजक का मान $98y^3 + 15x^2 + 8$ है।

अतः विकल्प (C) सही है।

72. दिया गया है:

A की दक्षता B से 60% अधिक है।

C की दक्षता B से 20% कम है।

एकसाथ काम करते हुए, तीनों एक काम को 40 दिनों में पूरा कर सकते हैं।

प्रयुक्त सूत्र:

एक व्यक्ति की दक्षता उसके द्वारा लिए गए समय के व्युक्रमानुपाती होती है।

कुल काम = दक्षता × समय

माना B की प्रतिदिन दक्षता x है।

तो, A की दक्षता $= 1.6x$ प्रतिदिन;

C की दक्षता $= 0.8x$ प्रतिदिन

प्रश्नानुसार:

कुल काम (W) $= 40(1.6x + x + 0.8x)$

$$\Rightarrow W = 136x$$

तो A अकेले काम को $\left(\frac{136x}{1.6x}\right)$ दिनों में पूरा कर सकता है।

$\therefore$ अभीष्ट उत्तर $= 85$ दिन

अतः विकल्प (D) सही है।

73. दिया है:

$240 \div 6 + \sqrt{529} \times 17 = ? + 80$ का 150%

$= 40 + 23 \times 17 = ? + 120$

$= 40 + 391 = ? + 120$

= 431 - 120 = ?

= ? = 311

∴ ? का मान 311 है।

अतः विकल्प (A) सही है।

74. हम जानते हैं कि,

दूरी = गति × समय

$$2 \text{ मिनट में व्यक्ति द्वारा तय की गई दूरी } = 6 \times \frac{2}{60}$$

$$= 0.2 \text{ किमी}$$

$$= 200 \text{ मीटर } \quad ; [1 \text{ किमी } = 1000 \text{ मीटर }]$$

चूंकि कार के ओझल होने के समय व्यक्ति की कार से दूरी 1.2 किमी थी।

$$\therefore 2 \text{ मिनट में कार द्वारा तय की गई दूरी } = 200 + 1200$$

$$= 1400 \text{ मीटर}$$

$$= 1.4 \text{ किमी}$$

$$\therefore \text{ कार की गति } = \frac{1.4}{\left(\frac{2}{60}\right)}$$

$$= 42 \text{ किमी/घंटा}$$

अतः विकल्प (A) सही है।

75. दिया है:

∠P = 50°

ΔPQR में,

∠P + ∠Q + ∠R = 180°

(एक त्रिभुज के सभी अभ्यंतर कोणों का योगफल 180° होता है।)

⇒ 50° + ∠Q + ∠R = 180°

⇒ ∠Q + ∠R = 180° - 50°

⇒ ∠Q + ∠R = 130°

$\angle EQR = \angle PQE = \frac{1}{2} \angle Q$ (EQ ∠Q का एक द्विभाजक है)

$\angle ERQ + \angle PRE = \frac{1}{2} \angle R$ ((ER ∠R का एक द्विभाजक है)

ΔQER में

⇒ ∠EQR + ∠ERQ + ∠QER = 180°

(एक त्रिभुज के सभी अभ्यंतर कोणों का योगफल 180° होता है।)

$$\Rightarrow \frac{1}{2} \angle Q + \frac{1}{2} \angle R + \angle E = 180°$$

$$\Rightarrow \frac{1}{2} (\angle Q + \angle R) + \angle E = 180°$$

$$\Rightarrow \frac{1}{2} (130°) + \angle E = 180°$$

⇒ ∠E = 180° - 65°

⇒ ∠E = 115°

∴ ∠QER 115° है।

अतः विकल्प (A) सही है।

76. संयुक्त अरब अमीरात (यूएई) ने 21 जुलाई 2022 को तमिल फिल्म उद्योग के शीर्ष सितारों में से एक कमल हासन को अपना प्रतिष्ठित 'गोल्डन वीजा' प्रदान किया।

यूएई गोल्डन वीज़ा एक दीर्घकालिक निवास वीज़ा प्रणाली है, जो 5 से 10 वर्षों तक विस्तारित होती है। यह विभिन्न क्षेत्रों के प्राप्तकर्ताओं, पेशेवरों और होनहार क्षमताओं वाले लोगों को दिया जाता है।

अत: विकल्प (D) सही है।

77. मौलिक अधिकार वे अधिकार हैं जो मानव अस्तित्व के लिए आवश्यक हैं।

भारतीय संविधान मौलिक अधिकारों को समायोजित करता है जो उचित प्रतिबंधों के अधीन उचित हैं।

छह मौलिक अधिकार हैं:

1. समानता का अधिकार (अनुच्छेद 14-18)
2. स्वतंत्रता का अधिकार (अनुच्छेद 19-22)
3. शोषण के विरूद्ध अधिकार (अनुच्छेद 23 और 24)
4. धार्मिक स्वतंत्रता का अधिकार (अनुच्छेद 25-28)
5. सांस्कृतिक और शैक्षिक अधिकार (अनुच्छेद 29 और 30)
6. संवैधानिक उपचार के अधिकार (अनुच्छेद 32)

अत: विकल्प (B) सही है।

78. प्राकृतिक जनसंख्या परिवर्तन एक निश्चित समय अवधि (आमतौर पर एक वर्ष) के दौरान जीवित जन्म और मृत्यु की संख्या के बीच का अंतर है। प्राकृतिक जनसंख्या वृद्धि एक सकारात्मक प्राकृतिक परिवर्तन है जब जीवित जन्मों की संख्या मानी गई समय अवधि के दौरान होने वाली मौतों की संख्या से ज्यादा होती है।

अत: विकल्प (A) सही है।

79. भारतीय क्रिकेट इतिहास में पहली बार इस सीजन में तीन महिला अंपायर रणजी ट्रॉफी में अंपायरिंग करेंगी।

वृंदा राठी, जननी नारायण और गायत्री वेणुगोपालन रणजी ट्रॉफी में अंपायरिंग करेंगे। यह भारतीय क्रिकेट में पहली बार होगा जब महिला अंपायरों को पुरुषों के क्रिकेट मैचों में अंपायरिंग करने का काम गया है।

अत: विकल्प (A) सही है।

80. 2011 की जनगणना के अनुसार इन 4 राज्यों की जनसंख्या घनत्व इस प्रकार है-

- बिहार 1102
- पश्चिम बंगाल 1029
- केरल 859
- यूपी 828

2001 की जनगणना में पश्चिम बंगाल में सबसे अधिक जनसंख्या घनत्व था।

अत: विकल्प (C) सही है।

81. भारत के शासन में एक प्रतिनिधि और लोकप्रिय तत्व को शामिल करने का पहला प्रयास भारतीय परिषद अधिनियम, 1909 द्वारा किया गया था।

भारतीय परिषद अधिनियम, 1861 ने भारतीयों को कानून बनाने की प्रक्रिया से जोड़कर प्रतिनिधि संस्थाओं की शुरुआत की। यह प्रावधान करता है कि वायसराय को कुछ भारतीयों को अपनी विस्तारित परिषद के गैर-आधिकारिक सदस्यों के रूप में नामित करना चाहिए। 1862 में, तत्कालीन वायसराय लॉर्ड कैनिंग ने तीन भारतीयों को अपनी विधान परिषद में नामित किया- बनारस के राजा, पटियाला के महाराजा और सर दिनकर राव।

अत: विकल्प (A) सही है।

82. सिक्किम राज्य म्यांमार के साथ अपनी सीमा साझा नहीं करता है।

सिक्किम भूटान, चीन और नेपाल के साथ अंतरराष्ट्रीय सीमा साझा करता है। अरुणाचल प्रदेश, नागालैंड, मणिपुर और मिजोरम म्यांमार के साथ अंतरराष्ट्रीय सीमा साझा करते हैं।

अतः विकल्प (D) सही है।

83. 'मोहिनीअट्टम', एक पारंपरिक नृत्य , भारत के केरल राज्य में उत्पन्न हुआ।

मोहिनीअट्टम का शाब्दिक अर्थ 'मोहिनी' के नृत्य के रूप में माना जाता है, जो हिंदू पौराणिक कथाओं की खगोलीय प्रतिमा है, और यह केरल का शास्त्रीय एकल नृत्य रूप है।

अतः विकल्प (C) सही है।

84. सातवाहन वंश का संस्थापक सीमुक था।

सातवाहनों ने मौर्यों के पतन के बाद अपना स्वतंत्र शासन स्थापित किया। सातवाहनों ने पश्चिमी और मध्य भारत के कुछ हिस्सों पर शासन किया। उन्हें आंध्र के नाम से भी जाना जाता था।

अतः विकल्प (A) सही है।

85. "दीवान-ए-अमिरकोही" मुहम्मद बिन तुगलक द्वारा शुरू किया गया कृषि विभाग था।

मुहम्मद बिन तुगलक को "विचारों का आदमी" के रूप में जाना जाता है और इसे मध्यकालीन भारत के सबसे हड़ताली सुल्तानों में से एक कहा जा सकता है। मुहम्मद-बिन-तुगलक अपने पिता, गयासुद्दीन तुगलक के उत्तराधिकारी बने और भारत से परे मध्य एशिया में राज्य का विस्तार किया। उन्हें केंद्रीय राजधानी के विचार और नाममात्र की टोकन मुद्रा के साथ प्रयोग करने के लिए जाना जाता है।

अतः विकल्प (C) सही है।

86. भारोत्तोलन मीराबाई चानू में 2020 टोक्यो ओलंपिक रजत पदक विजेता ने 25 फरवरी 2022 को चल रहे सिंगापुर इंटरनेशनल में स्वर्ण पदक जीता।

इस जीत ने उन्हें बर्मिंघम में आगामी 2022 राष्ट्रमंडल खेलों में एक स्थान सुरक्षित करने में भी मदद की।

एक नए भार वर्ग में प्रतिस्पर्धा करते हुए - 55 किग्रा चानू ने कुल 191 किग्रा - स्नैच में 86 किग्रा और क्लीन एंड जर्क में 105 किग्रा भार उठाकर स्वर्ण पदक जीता।

अतः विकल्प (A) सही है।

87. DPIFF अवार्ड्स 2022 में रणवीर सिंह ने सर्वश्रेष्ठ अभिनेता का पुरस्कार जीता।

दादासाहेब फाल्के पुरस्कार 2022 में रणवीर सिंह को "83" फिल्म के लिए सर्वश्रेष्ठ अभिनेता का पुरस्कार दिया गया है, और इस आयोजन में सर्वश्रेष्ठ अभिनेत्री का खिताब "मिमी" फिल्म के लिए कृति सेनन के पास है।

अतः विकल्प (A) सही है।

88. 60 लोगों में से तीन भारतीय मूल की महिलाएं हैं जिन्हें ऑस्ट्रेलिया के STEM के सुपरस्टार के रूप में चुना गया है।

STEM विज्ञान, प्रौद्योगिकी, इंजीनियरिंग और गणित को दर्शाता है। इस पहल का उद्देश्य वैज्ञानिकों के बारे में समाज की लैंगिक धारणाओं को तोड़ना और महिलाओं और गैर-बाइनरी लोगों की सार्वजनिक दृश्यता में वृद्धि करना है। भारतीय मूल की महिलाएं नीलिमा कादियाला, डॉ एना बाबूरामनी और डॉ इंद्राणी मुखर्जी हैं।

अतः विकल्प (C) सही है।

89. अन्तर्विष्ट विभज्योतक पत्तियों और इंटरनोड्स में अन्तर्विष्ट स्थिति में स्थित है।

अन्तर्विष्ट विभज्योतक:

- यह इंटरक्लेरी पोजिशन पर स्थित है।
- इंटरनोड की लंबाई बढ़ाएं।

- यह घास, मोनोकोट और पाइंस में पाया जाता है।
- यह एपिकल मेरिस्टेम का एक हिस्सा है।

अतः विकल्प (A) सही है।

90. सोल्डर एक मिश्र धातु है जिसे आवश्यक गुणों के आधार पर विभिन्न संयोजनों के साथ तैयार किया जा सकता है। संयोजन में मुख्य रूप से टिन और सीसा होता है।

- एक मिश्रित धातुओं या अन्य तत्वों के साथ धातु का एक संयोजन है।
- एक सामान्य संयोजन 11% टिन, 37% सीसा, 42% बिस्मथ, और 10% कैडमियम है।
- एक सोल्डर मुख्य रूप से धातु की सतहों को जोड़ने के लिए नलसाजी और इलेक्ट्रॉनिक्स में उपयोग किया जाता है।
- सोल्डर मूल रूप से एक "कम" गलनांक के साथ धातु का तार है।

अतः विकल्प (B) सही है।

91. डायनमो एक विद्युत जनरेटर है जो एक दिक्परिवर्तक का उपयोग करके प्रत्यक्ष विद्युत धारा उत्पन्न करता है। डायनमो यांत्रिक ऊर्जा को विद्युत ऊर्जा में परिवर्तित करता है। डायनमो पहले विद्युत जनरेटर थे जो उद्योग के लिए विद्युत शक्ति के उत्पादन में सक्षम थे। डायनमो के सिद्धांत के आधार पर ही बाद में कई अन्य विद्युत उत्पादन करने वाले रूपांतरक उपकरणों का विकास हुआ, जिसमें विद्युत मोटर, प्रत्यावर्ती धारा जनित्र और रोटरी कन्वर्टर शामिल हैं।

अतः विकल्प (C) सही है।

92. भारत में सूर्य मंदिर वैदिक युग से ही पूजनीय रहे हैं और आकाशीय पिंड के लिए कई भजन लिखे गए हैं। भगवान सूर्य भारत के नौ नवग्रहों में से एक है और मंदिरों का निर्माण विभिन्न संस्कृतियों और राजाओं द्वारा किया गया था। भारत में दो सबसे प्रमुख सूर्य मंदिर कोणार्क सूर्य मंदिर (ओडिशा) और मोढेरा (गुजरात) में सूर्य मंदिर हैं।

अन्य स्थान जहां प्रसिद्ध सूर्य मंदिर बनाए गए हैं:

- मार्तंड (जम्मू और कश्मीर)
- ग्वालियर (मध्य प्रदेश)
- ऊना (उत्तर प्रदेश)
- रांची (झारखंड)
- कटारमल (उत्तराखंड)
- सूर्य पहाड़ (असम)
- डोमलू (कर्नाटक)
- गया (बिहार)
- कुंभकोणम (तमिलनाडु)
- अरसावल्ली (आंध्र प्रदेश)

अतः विकल्प (C) सही है।

93. पश्चिम प्रशांत महासागर के एक छोटे से द्वीप पलाउ ने सनस्क्रीन पर प्रतिबंध लगा दिया है जिसमें कोरल रीफ और अन्य जलीय प्रजातियों को प्रभावित करने वाले रसायन होते हैं। ऑक्सीबेनज़ोन सहित जहरीले रसायनों वाली सन क्रीम को देश में इस्तेमाल या बेचने की अनुमति नहीं होगी। पलाउ अंतर्राष्ट्रीय पर्यटकों के बीच एक प्रसिद्ध गंतव्य है और मुख्य रूप से कोरल रीफयों के लिए प्रशंसित है।

अतः विकल्प (A) सही है।

94. नागालैंड के मुख्यमंत्री नेफियू रियो ने 14 अक्टूबर 2022 को एक सार्वभौमिक स्वास्थ्य बीमा योजना की शुरुआत की।

राज्य के सभी सरकारी अस्पतालों को भी योजना के तहत इन-पेशेंट उपचार प्रदान करने के लिए सूचीबद्ध किया जाएगा, और इस योजना से अर्जित राजस्व का उपयोग अस्पतालों द्वारा अपनी-अपनी सुविधाओं में स्वास्थ्य सेवाओं के वितरण में सुधार के लिए किया जा सकता है।

अतः विकल्प (D) सही है।

95. संसद राज्य सूची के किसी विषय पर कानून बना सकती है यदि राज्य सभा ऐसा प्रस्ताव पारित करती है।

अनुच्छेद 249 के अनुसार, संसद राज्य सूची की विषयों पर कानून बना सकती है यदि राज्य सभा अपने उपस्थित और मतदान करने वाले सदस्यों के 2/3 बहुमत से प्रस्ताव पारित करती है, कि संसद के लिए यह आवश्यक है कि वह राष्ट्रहित में राज्य सूची में उल्लिखित किसी भी विषय पर कानून बनाए।

संसद निम्नलिखित परिस्थितियों में राज्य सूची की विषयों पर कानून भी पारित कर सकती है:

- यदि आपातकाल लागू है, या किसी राज्य को राष्ट्रपति शासन (अनुच्छेद 356) के तहत रखा गया है, तो संसद राज्य सूची के विषयों पर भी कानून बना सकती है।

- अनुच्छेद 253 के अनुसार, यह राज्य सूची के विषयों पर कानून पारित कर सकता है यदि यह अंतर्राष्ट्रीय समझौतों या विदेशी शक्तियों के साथ संधियों के कार्यान्वयन के लिए आवश्यक है।

- अनुच्छेद 252 के अनुसार, यदि दो या दो से अधिक राज्यों के विधानमंडल इस आशय का प्रस्ताव पारित करते हैं कि राज्य सूची में सूचीबद्ध किसी भी विषय पर संसदीय कानून होना वांछनीय है, तो संसद उन राज्यों के लिए कानून बना सकती है।

अतः सही विकल्प (B) है।

96. माउस का उपयोग ग्राफिकल यूजर एनवायरनमेंट में मानक पॉइंटिंग डिवाइस के रूप में किया जाता है। एक पॉइंटिंग डिवाइस मूल रूप से माउस कर्सर को स्थानांतरित करने के लिए उपयोग किया जाता है और कैमरा माउस, कंप्यूटर माउस इत्यादि जैसे पॉइंटिंग डिवाइस के विभिन्न उदाहरण हैं।

अतः विकल्प (B) सही है।

97. सरोजिनी नायडू भारतीय राष्ट्रीय कांग्रेस की अध्यक्ष बनने वाली प्रथम भारतीय महिला थीं। उनका जन्म हैदराबाद में एक बंगाली परिवार में हुआ था। उन्हें 1925 में भारतीय राष्ट्रीय कांग्रेस का अध्यक्ष नियुक्त किया गया था। सरोजिनी नायडू 1947 में संयुक्त प्रांत की गवर्नर बनीं थीं। वह भारतीय उपनिवेश में गवर्नर का पद संभालने वाली प्रथम महिला बनीं थीं।

अतः विकल्प (C) सही है।

98. 14 अप्रैल 2022 को डॉ बी.आर. अम्बेडकर की 131वीं जयंती के अवसर पर एक नई पुस्तक "द बॉय हू रोट ए कॉन्स्टिट्यूशन" का विमोचन किया गया। यह भारत के पहले कानून मंत्री डॉ बीआर अंबेडकर के चुनौतीपूर्ण बचपन और बड़े होने के वर्षों के बच्चों को सूचित करना चाहता है। तथ्य-आधारित नाटक प्रसिद्ध नाटककार और लेखक राजेश तलवार द्वारा लिखा गया है। यह पोनीटेल बुक्स द्वारा प्रकाशित किया गया है।

अतः विकल्प (C) सही है।

99. "विश्व वायु शक्ति सूचकांक 2022" में भारत की रैंक तीसरी है। भारतीय वायु सेना (IAF) को दुनिया के विभिन्न देशों की विभिन्न हवाई सेवाओं की कुल युद्ध क्षमता के मामले में तीसरा स्थान मिला है। भारतीय वायु सेना (IAF) को चीनी विमानन-आधारित सशस्त्र बलों (PLAAF), जापान वायु आत्मरक्षा बल (JASDF), इजरायली विमानन-आधारित सशस्त्र बलों और फ्रांसीसी वायु और अंतरिक्ष बल से ऊपर रखा गया है। भारतीय वायु सेना (IAF) वर्तमान में अपनी सक्रिय विमान सूची में कुल 1,645 इकाइयों की गणना करती है।

अतः विकल्प (C) सही है।

100. कंप्यूटर के लाभ:

- कंप्यूटर एक बहुत तेज डिवाइस है।
- यह बहुत बड़ी मात्रा में डेटा की गणना कर सकता है।
- कंप्यूटर में माइक्रोसेकंड, नैनोसेकंड और यहां तक कि पिकोसेकंड में गति की इकाइयां होती हैं।

- यह सेकंड के एक अंश में लाखों कम्प्यूटेशनल गणनाओं को संसाधित कर सकता है, उस आदमी के विपरीत जो एक ही कार्य करने में कई महीने लगा सकता है।

अतः विकल्प (D) सही है।

English Language

Q.1 Direction: Improve the bracketed part of the sentence.

400 million people speak English as (there first language).

A. There native language
B. Their first language
C. His first language
D. No improvement

Ques (2-3):Direction: Choose the option which best expresses the meaning of the idiom/phrase given below.

Q.2 "Let sleeping dogs lie"
[SSC Sub Inspector (CPO), 2018], [SSC Sub Inspector (CPO), 2017]

A. To get someone drunk
B. A fair competition where no side has an advantage
C. To make a dog to sleep
D. To avoid restarting a conflict

Q.3 "Cut to the chase"
[SSC Sub Inspector (CPO), 2018], [SSC Sub Inspector (CPO), 2017]

A. To start talking about the important aspects of something
B. To conclude from obvious fact
C. To clean solid lines
D. To be evil tempered

Q.4 Direction: Choose the option that is the passive form of the sentence.
They considered it an impressive building.

A. It was considered to be an impressive building.
B. It can be consider to be an impressive building.
C. It was considering to being an impressive building.
D. It is considered to be an impressive building.

Q.5 Direction: Choose the option that is the indirect form of the sentence.
"I have joined computer classes" Rudra said.

A. Rudra said that he had joined computer classes.
B. Rudra said that I am joining computer classes.
C. Rudra said that I joined computer classes
D. Rudra said that I join computer classes.

Q.6 Find out that word, the spelling of which is wrong.
A. Beetle
B. Beautician
C. Bearable
D. Beautifull

Q.7 Direction: Among the following options, select the word that can best complete the given sentence:
When I met Ram yesterday, it was the first time I _____ him since my graduation.
[Allahabad High Court Review Officer (RO), 2019]

A. met
B. had been meet
C. have meet
D. have been seeing

Q.8 Direction: In the following questions, one part of the sentence may have an error. Find out which part of the sentence has an error and click the option corresponding to it. If the sentence is free from error, click the 'No Error' option.
Encouraging healthy competition(P)/ between the students of the school(Q)/ was one of the objectives of the annual sports day(R)/ No error (S).

A. (P)
B. (Q)
C. (R)
D. (S)

Q.9 Direction: Select the option that is SAME in meaning to the given word.

FOSTERING
A. Argument
B. Neglecting
C. Ignoring
D. Nurturing

Q.10 Direction: Given below are sentences which have been presented in a random order. Arrange the following sentences in a proper sequence to form a meaningful paragraph and identify the correct sequence.

A. Merchants soon grew rich as the demand for products increased.
B. Trade started from person to person but grew to involve different towns in different lands.
C. Eventually, people got a greater variety of things to choose from.
D. People found work in transporting the goods or selling them.

A. BDAC
B. BADC
C. DABC
D. DBAC

Q.11 Direction: In the given question, the sentence is split into five parts and named (A), (B), (C), (D) and (E). These five parts are not given in their proper order. Read the sentences and find out which of the five combinations is correct and mark the respective option.

(A) payment security and safety to the next
(B) level by devaluing data
(C) and replacing payment
(D) credentials with tokens
(E) tokenization is the foundational aspect of taking

A. ABDCE
B. EABCD
C. DBECA
D. ABEDC

Ques (12-16):Direction: In the following passage, there are blanks each of which has been numbered. Choose the correct word from the given options which fits the blank appropriately.

In addition to Lucetta's house being a home, that raking view of the marketplace which it afforded had as much attraction for her as for Lucetta. The Carrefour was like the regulation Open Place in spectacular dramas, where the incidents that occur always happen to bear on the lives of the **(1)__________** residents. Farmers, merchants, dairymen, quacks, hawkers, appeared there from week to week, and **(2)__________** as the afternoon wasted away. It was the **(3)_________** of all orbits.

From Saturday to Saturday was as from day to day with the two young women now. In an emotional sense, they did not live at all during the intervals. Wherever they might go wandering on other days, on market-day they were **(4)______________** to be at home. Both stole sly glances out of the window at Farfrae's shoulders and poll. His face they seldom saw, for, either through shyness, or not to disturb his **(5)______________** mood, he avoided looking towards their quarters. Thus things went on, till a certain market-morning brought a new sensation.

Q.12 Choose the appropriate word for (1):

A. Imposed

B. Pretended

C. Adjoining

D. Driving

Q.13 Choose the appropriate word for (2):

A. Disappear

B. Disappeared

C. Disappearing

D. Having disappear

Q.14 Choose the appropriate word for (3):

A. Fashion

B. Means

C. Mode

D. Node

Q.15 Choose the appropriate word for (4):

A. Sure

B. Was

C. Surely

D. Is

Q.16 Choose the appropriate word for (5):

A. Dream

B. Janitor

C. Mercantile

D. Percentile

Q.17 Direction: Choose the correct synonym of the given word from the options given below.

ABHORRENT

A. Accentuate

B. Abusive

C. Attraction

D. Appalling

Q.18 Direction: Choose the correct antonym of the given word from the options given below.

BANAL

A. Humdrum

B. Monotonous

C. Tedious

D. Exciting

Q.19 Direction: Choose the word that is opposite in meaning to the given word.

Persist

A. Cease

B. Demur

C. Falter

D. Dismantle

Ques (20-21):Direction: Fill in the blank with the most appropriate word which will suit the context of the sentence.

Q.20 I _______ at the candle but could not stop my gaze from sliding back to him.

A. Gnawed

B. Glowed

C. Gleamed

D. Glanced

Q.21 They say that beauty lies in the eyes of the _______.

A. catcher

B. onlooker

C. demeanour

D. beholder

Q.22 Direction: In the given question, a part of the sentence is made bold. Below are given alternatives to the bold part at (A), (B), and (C) which may improve the sentence. Choose the correct alternative. In case no replacement is needed, mark (D) as your answer.

Those who willingly join terrorist organizations **subscribe in the distorted** views of ill-intentioned religious leaders.

A. subscription to the distorted

B. subscription for the distorted

C. subscribe to the distorted

D. no replacement required

Q.23 Direction: Substitute the underlined phrase with the appropriate option.

Usually, no one gives a job to <u>someone who runs away from the law</u>.

A. a fugitive

B. a persistent

C. a juvenile

D. None of the above

Q.24 Direction: In the following question, out of the given alternatives, choose the one which can be substituted for the given words/sentence.

A group of stars that make a pattern.

A. Horizon

B. Planet

C. Constellation

D. Comet

Q.25 Direction: In the following sentence, four words are given in bold out of which one word is misspelled. Find the misspelled word.

Packing for a vacation is a **necessary (A)** evil before the fun begins, but **knowing (B)** what cruise wear to include can **improve (C)** the luggage **quandery (D)** immensely.

A. A

B. B

C. C

D. D

General Intelligence

Q.26 निर्देश: वह वैकल्पिक आकृति ज्ञात कीजिए जिसमें आकृति (X) भाग है।

(X)   (1)   (2)   (3)   (4)

A. (1)

B. (2)

C. (3)

D. (4)

Q.27 निम्नलिखित समीकरण को दो चिह्नों को परस्पर बदलकर सही कीजिये।

8 × 4 + 5 ÷ 2 - 1 = 11

A. × और +

B. × और ÷

C. + और -

D. ÷ और -

Q.28 एक पारदर्शी शीट जैसा कि नीचे दिखाया गया है, एक डिज़ाइन को लेकर बिंदीदार रेखा के साथ दोनों तरफ मुड़ा हुआ है

निम्नलिखित में से कौन-सी आकृति उपरोक्त शीट को मोड़ने के बाद बने पैटर्न से मिलती-जुलती है?

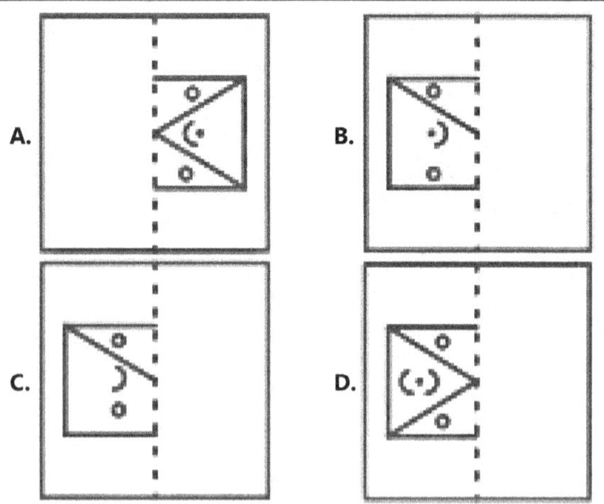

A.　B.　C.　D.

Q.29 दी गयी आकृति में कितने लोग बिलियर्ड और शतरंज दोनों पसंद करते हैं?

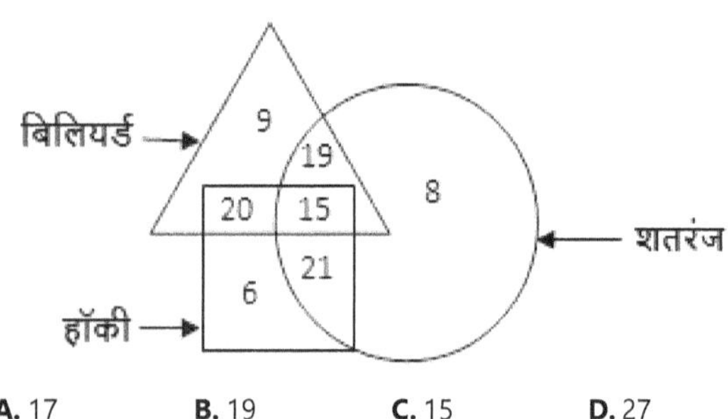

A. 17　　**B.** 19　　**C.** 15　　**D.** 27

Q.30 दी गयी आकृति में वर्गों की संख्या की गणना करें।

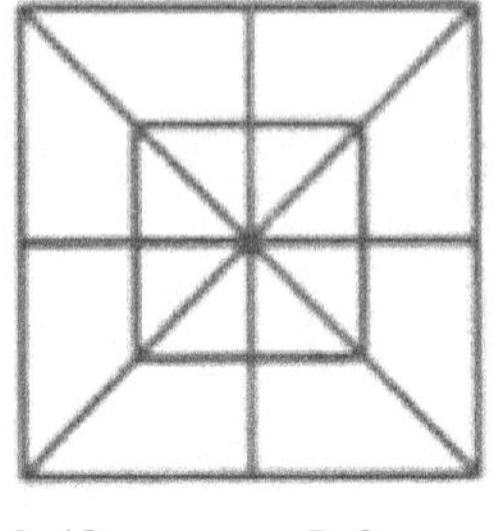

A. 10　　**B.** 8　　**C.** 9　　**D.** 11

Q.31 एक कूट भाषा में, FLOWERS को OLFSREW के रूप में लिखा जाता है, INCLUDE को उस भाषा में कैसे लिखा जाएगा?

[SSC Selection Post Phase IX, 2020]

A. CINEDUL　　　　**B.** CNIFDLD

C. CNIEDUL　　　　**D.** CNHDEUL

Q.32 एक कूट भाषा में, INDICATOR को JOEJBCVQT के रूप में लिखा जाता है। उस भाषा में EMOTIONAL को कैसे लिखा जाएगा?

[SSC Selection Post Phase IX, 2020]

A. FNAUJQPCN　　　　**B.** FNPUHQPCN

C. GNPUHTRCM　　　　**D.** FNPDKQPCN

Q.33 एक तस्वीर की ओर इशारा करते हुए, X ने कहा, "वह मेरी बहन की बेटी का इकलौता बेटा है"। तस्वीर में व्यक्ति का X से क्या सम्बन्ध है?
A. भतीजा
B. पोता
C. पोती
D. निर्धारित नहीं किया जा सकता

Q.34 निर्देश: निम्नलिखित प्रश्न में, अक्षरांकीय सेट का चयन करें को '?' के स्थान पर आएगा।

Q1F, S2E, U6D, W21C, ?

A. Y44B　　**B.** Y66B　　**C.** Y88B　　**D.** Z88B

Q.35 निर्देश: निम्नलिखित प्रश्न में, अक्षरांकीय सेट का चयन करें को '?' के स्थान पर आएगा।

N5V, K7T, ?, E14P, B19N

A. H9R　　**B.** H10Q　　**C.** H10R　　**D.** I10R

Q.36 नीचे दिए गए घन की विभिन्न स्थितियों का अध्ययन कीजिए। 4 के विपरीत फलक पर कौन-सी संख्या आएगी?

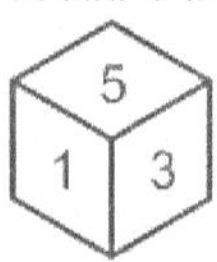
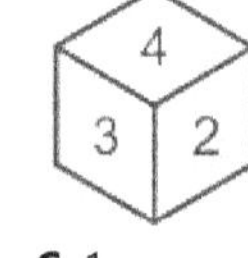
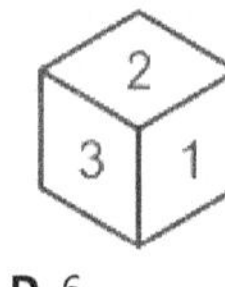

A. 3　　**B.** 5　　**C.** 1　　**D.** 6

Ques (37-38):निर्देश: उस विकल्प का चयन कीजिए जो तीसरे अक्षर-समूह से उसी प्रकार संबंधित है जिस प्रकार दूसरा अक्षर-समूह पहले अक्षर-समूह से संबंधित है।

Q.37 GOAT : DQYW : : TRES: ?

A. QTCV　　**B.** HUMO　　**C.** PSBU　　**D.** RSDW

Q.38 CROCIN : RCTXNI :: SIGNAL : ?

A. ISILAL　　**B.** ISLLIA　　**C.** ISLILA　　**D.** IILLAS

Q.39 निम्नलिखित शब्दों को शब्दकोश के क्रमानुसार व्यवस्थित कीजिए:

1.　Quilt
2.　Quite
3.　Queen
4.　Queue

[Sainik School Entrance Class IX, 2021]

A. 1, 4, 2, 3　　**B.** 4, 3, 1, 2　　**C.** 2, 3, 4, 1　　**D.** 3, 4, 1, 2

Q.40 निम्नलिखित प्रश्न को सही करने के लिए किन दो चिन्हों को आपस में बदलना चाहिए?

7 × 116 ÷ 4 - 17 + 5 = 200 ÷ 4 × 4 - 75 ÷ 5

A. + और -　　**B.** ÷ और ×　　**C.** - और ×　　**D.** × और +

Q.41 एक निश्चित कोड भाषा में, '+' का अर्थ '÷' है, '÷' का अर्थ '×' है, '×' का अर्थ '–' है , '–' का अर्थ '+' है:

44 – 11 ÷ 2 × 6 ÷ 6 + 2 – 12

A. 6.5　　**B.** 60　　**C.** 104　　**D.** 192

Q.42 यदि 'A' का अर्थ 'जोड़' है, 'B' का अर्थ 'गुणा' है, 'C' का अर्थ 'घटाव' है, और 'D' का अर्थ 'भाग' है, तो निम्नलिखित व्यंजक का मान क्या होगा?

483 D 23 A 93 C 16 B 4C (15 B 2)

A. 30　　**B.** 78　　**C.** 20　　**D.** 55

Q.43 निम्नलिखित श्रृंखला में प्रश्नवाचक चिह्न '?' के स्थान पर क्या आएगा?

8, 72, 288, (?), 1800, 3528

A. 850　　**B.** 800　　**C.** 1000　　**D.** 820

Q.44 निम्नलिखित श्रृंखला में प्रश्नवाचक चिह्न '?' के स्थान पर क्या आएगा?

7,26,63,124,215,342,?

A. 391　　**B.** 511　　**C.** 481　　**D.** 421

Q.45 निर्देश: निम्नलिखित प्रश्न में कुछ कथन और उसके बाद कुछ निष्कर्ष दिए गए हैं। आपको दिए गए कथनों को सत्य मानना है भले ही वे ज्ञात तथ्यों से अलग प्रतीत होते हों, सभी निष्कर्षों को पढ़िए और फिर तय कीजिये कि दिया गया कौन सा निष्कर्ष दिए गए कथन का तार्किक रूप से अनुसरण करता है।

कथन:

केवल कुछ शहर बंद है।

कुछ खुला शहर है।

निष्कर्ष:

1) सभी बंद शहर हो सकते हैं।
2) कुछ शहर बंद नहीं हैं।
3) कुछ बंद खुला है।

A. केवल निष्कर्ष 1 अनुसरण करता है।
B. 1 और 2 दोनों अनुसरण करते हैं।
C. केवल 2 अनुसरण करता है।
D. या तो 1 या 3 अनुसरण करता है।

Q.46 निम्नलिखित चार संख्या युग्मों में से तीन एक निश्चित तरीके से एक समान हैं, और एक भिन्न है। दिए गए विकल्पों में से विषम का चयन कीजिए:

A. 9 : 90   B. 7 : 56   C. 5 : 30   D. 8 : 66

Q.47 दी गई आकृति की सही दर्पण छवि चुनें, जब दर्पण को आकृति के दाईं ओर रखा जाए:

MT3BSC5

A. 5CSB3TM   B. MT3BSC5

C. 5CSB3TM   D. MT5C3BS

Q.48 निर्देश: छवि का ध्यानपूर्वक अध्ययन करें और सही दर्पण छवि चुनें।

RGB68P

A. ...
B. ...
C. ...
D. ...

Q.49 25 जनवरी 1975 को कौन-सा दिन था?

A. शुक्रवार   B. शनिवार   C. रविवार   D. सोमवार

Q.50 एक व्यक्ति की आयु 10 वर्ष पूर्व की आयु की 125% है, लेकिन 10 वर्ष बाद की आयु की $83\frac{1}{3}$% है। उसकी वर्तमान आयु है:

A. 49 वर्ष   B. 51 वर्ष   C. 48 वर्ष   D. 50 वर्ष

Quantitative Aptitude

Q.51 यदि $\dfrac{cosec\theta + sin\theta}{cosec\theta - sin\theta} = \dfrac{21}{15}$ तब $tan\theta$ का मान कितना होगा?

A. $\frac{1}{5}$ B. $\frac{1}{\sqrt{6}}$ C. $\frac{1}{\sqrt{5}}$ D. 1

Q.52 एक दुकानदार ने लागत मूल्य पर एक वस्तु बेचा, लेकिन 1 किग्रा वजन के स्थान पर 960 ग्राम वजन का उपयोग करें। उसका लाभ % ज्ञात कीजिये?

A. $2\frac{1}{3}$ B. $3\frac{1}{6}$ C. $4\frac{1}{6}$ D. $3\frac{1}{5}$

Q.53 दो बर्तनों में दूध और पानी क्रमशः 3 : 1 और 5 : 3 के अनुपात में है। वह अनुपात ज्ञात कीजिये जिस पर दोनों मिश्रणों को मिलाने पर प्राप्त मिश्रण में दूध और पानी का अनुपात 2 : 1 हो जाये।

A. 2 : 3   B. 4 : 5   C. 3 : 1   D. 1 : 2

Q.54 एक कुर्सी और एक मेज का कुल मूल्य 600 रुपए है। एक कुर्सी और एक मेज का मूल्य का अनुपात 7 : 5 है। तो कुर्सी का मूल्य बताओ।

A. 400 रुपए   B. 350 रुपए   C. 250 रुपए   D. 450 रुपए

Q.55 20 सेमी लम्बाई, 15 सेमी चौड़ाई और 10 सेमी ऊँचाई वाले एक आयताकार ब्लॉक को बराबर घनों की सटीक संख्या में काटा जाता है। घनों की न्यूनतम संभव संख्या क्या होगी?

[Indian Military Academy (IMA), 2018]

A. 12   B. 16   C. 20   D. 24

Q.56 यदि एक घन के विकर्ण की लम्बाई l है, तो इस घन का कुल पृष्ठीय क्षेत्रफल कितना है?

[Indian Military Academy (IMA), 2018]

A. $3l^2$ B. $\sqrt{3}l^2$ C. $\sqrt{2}l^2$ D. $2l^2$

Q.57 निर्देश: निम्नलिखित वृत्त आलेख विभिन्न राज्यों से MBA के लिए CAT प्रवेश परीक्षा में भाग लेने वाले छात्रों के प्रतिशत को दर्शाता है।

छात्रों की कुल संख्या 8800 है।

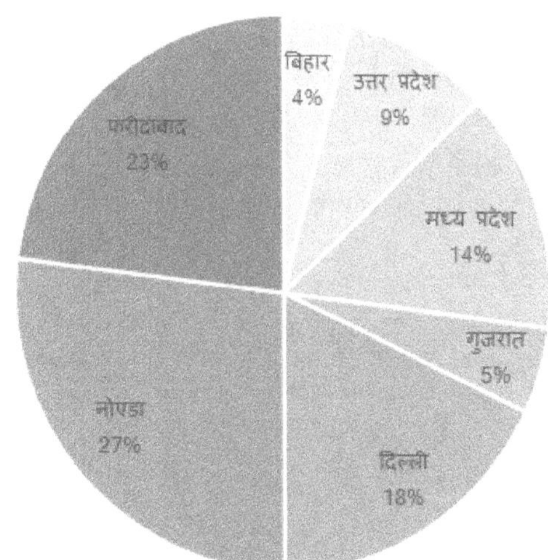

उत्तर प्रदेश के छात्रों से मध्य प्रदेश के छात्रों का अनुपात ज्ञात कीजिए।

A. 1 : 8   B. 9 : 14   C. 10 : 14   D. 2 : 5

Q.58 यदि $a^4 + 4a^3 + 16a^2 + 64a = 1$, तो $a^4 + \left(\dfrac{4}{a}\right)$ का मान क्या है?

A. 217   B. 238   C. 257   D. 300

Q.59 सरल कीजिए: $(8 + 4 - 2) \times (17 - 12) \times 10 - 89 =$ _________.

[Sainik School Entrance Class VI, 2021]

A. 3950   B. 411   C. 412   D. 3949

Q.60 निर्देश: दिए गए व्यंजक को सरल कीजिए।

$$33^2 \times 18 \div 27 + 8^3 + 122 = ?^3 - 368$$

A. 10   B. 11   C. 12   D. 13

Q.61 यदि $(a^2 - b^2) \div (a + b) = 25$ है तो $(a - b)$ का मान ज्ञात करें:

A. 15   B. 18   C. 25   D. 30

Q.62 177, 414 और 837 के गुणनफल को 12 से विभाजित करने पर क्या शेष बचता है?

A. 9   B. 0   C. 6   D. 1

Q.63 72 किमी / घंटा की गति से चलने वाली एक ट्रेन को एक इलेक्ट्रिक पोल को पार करने में 25 सेकंड का समय लगता है। ट्रेन की लंबाई कितनी है?

[UP Police ASI, 2018]

A. 250 मीटर   B. 750 मीटर
C. 500 मीटर   D. 1000 मीटर

Q.64 एक कार्य को रोहित 36 दिनों में और स्मिता 24 दिनों में कर सकती है। यदि दोनों एकसाथ कार्य करते हैं, तो कार्य $14\frac{2}{5}$ दिनों में पूर्ण हो जाता है। तो स्मिता रोहित की तुलना में कितने प्रतिशत अधिक दक्ष है?

A. 50%   B. 40%   C. 20%   D. 30%

Q.65 $(\sin 10° \sin 40° \sin 50°)$ का मान ज्ञात कीजिए:

A. 0   B. $\frac{1}{4}\sin 20°$
C. 1   D. $-\frac{1}{4}\cos 20°$

Q.66 तीन लोहे की गेंदों की त्रिज्या का अनुपात $1:2:3$ है, इन्हें पिघलाकर 6 सेमी त्रिज्या वाले एक बड़े लोहे की गेंद में ढाला जाता है। सबसे छोटी गेंद का व्यास क्या है?

A. $\sqrt[3]{6}$ B. $\sqrt[3]{3}$ C. $2\sqrt[3]{6}$ D. $2\sqrt[3]{4}$

Q.67 यदि सम कोणीय बेलन की त्रिज्या दोगुना हो जाती है और ऊँचाई आधी हो जाती है, तो बेलन के नए आयतन और पुराने आयतन के मध्य अनुपात ज्ञात कीजिए:

A. $3:2$ B. $\sqrt{2}:1$ C. $1:1$ D. $2:1$

Q.68 निर्देश: निम्नलिखित लाइन ग्राफ 1995 से 2001 की अवधि में एक कंपनी द्वारा आयात की मात्रा का उस कंपनी से निर्यात की मात्रा के अनुपात को दर्शाता है।

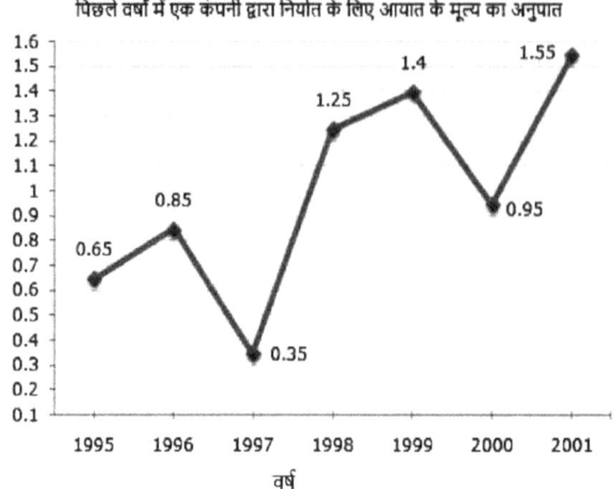

यदि 1996 में कंपनी का आयात 272 करोड़ रुपये था, तो 1996 में कंपनी से निर्यात था:

A. 370 करोड़ रुपये   B. 320 करोड़ रुपये
C. 280 करोड़ रुपये   D. 275 करोड़ रुपये

Q.69 निर्देश: निम्नलिखित तालिका चार्ट का ध्यानपूर्वक अध्ययन करें और दिए गए प्रश्न का उत्तर दें।

चार्ट 5 कंपनियों में विभिन्न विभाग में कर्मचारियों की संख्या को दर्शाता है।

	ABC	JMD	BCGI	TCS	HCL
तकनीकी	200	350	270	70	120
संचालन	75	200	150	340	180
एच.आर.	50	30	25	35	20
वित्त	300	50	120	100	75

HCL में एच.आर. कर्मचारियों का प्रतिशत कितना है?

A. 7%   B. 5.06%   C. 4.98%   D. 5.6%

Q.70 एक व्यक्ति शांत जल में 11 किमी/घंटा की गति से नाव चला सकता है। धारा की गति $\frac{5}{6}$ मीटर/ सेकंड है। धारा के प्रतिकूल 36 किमी की दूरी तय करने में उसे कितना समय लगेगा?

A. 4 घंटे 15 मिनट   B. 4 घंटे 30 मिनट
C. 4 घंटे 20 मिनट   D. 4 घंटे 36 मिनट

Q.71 एक वस्तु को 19% की छूट देकर 1,215 रुपये में बेचा जाता है। यदि 17.5% की छूट दी जाती है, तो वस्तु को कितने (रुपये में) में बेचा जाना चाहिए?

A. 1,527.30   B. 1,327.50
C. 1,237.50   D. 1,723.50

Q.72 एक टीम में 12 खिलाड़ियों के औसत वजन में $\frac{1}{3}$ किग्रा की वृद्धि होती है, जब एक खिलाड़ी जिसका वजन 55 किग्रा है, को दूसरे खिलाड़ी द्वारा प्रतिस्थापित किया जाता है। नए खिलाड़ी का वजन कितना है?

[SBI Clerk, 2021]

A. 57 किग्रा   B. 59 किग्रा   C. 62 किग्रा   D. 65 किग्रा

Q.73 एक समकोण त्रिभुज ABC, B पर समकोण है और $\tan A = \frac{4}{3}$ है। यदि $AC = 25$ सेमी है, तो BC की लम्बाई क्या है?

A. 24 सेमी   B. 20 सेमी
C. 18.75 सेमी   D. 33.3 सेमी

Q.74 यदि राम की आय रौनक की आय से 60% अधिक है तो रौनक की आय राम की आय से कितनी प्रतिशत कम है?

A. 60% **B.** 37.5% **C.** 25% **D.** 40%

Q.75 23409 का वर्गमूल क्या है?

A. 137 **B.** 143 **C.** 147 **D.** 153

General Awareness

Q.76 निम्नलिखित में से किसे जुलाई 2022 में भारत के 15वें राष्ट्रपति के रूप में चुना गया है?

A. निर्मला सीतारमण **B.** स्वाति पीरामली
C. हिमा कोहली **D.** द्रौपदी मुर्मू

Q.77 दक्षिण भारत में वैष्णव भक्ति संतों को क्या कहा जाता है?

A. अलवर **B.** नायनमार **C.** सगुण **D.** निर्गुण

Q.78 निम्नलिखित में से कौन गायन में सुविख्यात था?

A. शोभना नारायण **B.** पण्डित युवराज
C. एम. एस. गोपालकृष्णन **D.** एम. एस. सुब्बुलक्ष्मी

Q.79 भारतीय इतिहास में गुप्त काल को भारतीय इतिहास का स्वर्ण युग कहा जाता है। निम्नलिखित में से कौन सा विकल्प इसके पीछे एक वैध कारण नहीं है?

A. यह काल विज्ञान, प्रौद्योगिकी, इंजीनियरिंग, कला, द्विभाषी, साहित्य, तर्क, गणित, खगोल विज्ञान, धर्म और दर्शन में व्यापक उपलब्धियों के लिए जाना जाता है।

B. इस काल ने हिंदू संस्कृति के आम तत्वों को सघन किया।

C. इस काल में कालिदास, वराहमिहिर, वत्सयान, आर्यभट्ट, विष्णु शर्मा, गौतम, पतंजलि आदि जैसे प्रतिष्ठित लोगों ने जन्म लिया।

D. सभी वैध कारण हैं।

Q.80 स्थायी भूमिव्यवस्था किसके द्वारा शुरू की गई थी?

A. लॉर्ड वेल्लेस्ली **B.** लॉर्ड कार्नवालिस
C. लॉर्ड हेस्टिंग्स **D.** लॉर्ड विलियम बेंटिक

Q.81 निम्नलिखित में से कौन सी संस्था भारत में केंद्र और राज्य सरकारों के सार्वजनिक ऋण का प्रबंधन करती है?

A. नाबार्ड **B.** स्टेट बैंक ऑफ इंडिया
C. भारतीय रिजर्व बैंक **D.** वित्त मंत्रालय

Q.82 उस पदार्थ की संपत्ति क्या है जिसके द्वारा एक शरीर विकृत मूल को हटाने के बाद अपने मूल विन्यास को फिर से प्राप्त करने के लिए जाता है?

A. नमनीयता **B.** लचीलापन
C. प्रत्यास्थता **D.** आघातवर्धनीयता

Q.83 निम्नलिखित में से कौन पेड़ों से प्राप्त प्राकृतिक रबर का मूल रासायनिक निर्माण खंड है?

A. एसिटिलीन **B.** आइसोप्रेन
C. विनाइल क्लोराइड **D.** इनमे से कोई भी नहीं

Q.84 निम्नलिखित में से किसने हैजा बैसिलस की खोज की?

A. रोनाल्ड रॉस **B.** लुई पाश्चर
C. जोसेफ लिस्टर **D.** रॉबर्ट कोच

Q.85 सितंबर 2022 में जारी 2022 ग्लोबल इनोवेशन इंडेक्स में भारत का रैंक क्या है?

A. 30वें **B.** 10वें **C.** 20वें **D.** 40वें

Q.86 बेन्सन हेजेज कप निम्नलिखित में से किस खेल से संबंधित है?

A. हॉकी **B.** क्रिकेट
C. फुटबॉल **D.** बास्केटबाल

Q.87 विश्व शतरंज संघ की स्थापना कब हुई थी?

A. 1935 **B.** 1924 **C.** 1905 **D.** 1896

Q.88 भारत का पहला डिजिटल गांव कौन सा है?

[RRB/RRC Group D, 2018]

A. खोनामा **B.** चिजामी
C. अकोदरा **D.** ओदनथुराई

Q.89 जनवरी 2022 में नेताजी रिसर्च ब्यूरो द्वारा नेताजी पुरस्कार 2022 से किसे सम्मानित किया गया?

A. के. पी. शर्मा ओली **B.** योशीहिको नोडा
C. शिंजो अबे **D.** शेख हसीना

Q.90 केंद्रीय सूचना आयोग (CIC) इनमें से किस मंत्रालय के अंतर्गत आता है?

A. गृह मंत्रालय
B. वित्त मंत्रालय
C. कार्मिक मंत्रालय
D. सामाजिक न्याय एवं अधिकारिता मंत्रालय

Q.91 भारतीय संविधान के निम्नलिखित में से किस अनुच्छेद के तहत राज्यों में विधान परिषदों के निर्माण या उन्मूलन का प्रावधान किया गया है?

A. अनुच्छेद 168 **B.** अनुच्छेद 169
C. अनुच्छेद 170 **D.** अनुच्छेद 171

Q.92 निम्नलिखित में से कौन एक पॉइंटिंग इनपुट डिवाइस नहीं है?

A. ट्रैक बॉल **B.** जॉयस्टिक
C. डिजिटाइज़िंग टैबलेट **D.** स्कैनर

Q.93 मुख्य मेमोरी के दो प्रकार हैं:

A. प्राथमिक और माध्यमिक
B. यादृच्छिक और अनुक्रमिक
C. रोम और रैम
D. उपरोक्त सभी

Q.94 संरचनात्मक रूप से, मेघालय किस क्षेत्र एक हिस्सा है?

A. शिवालिक श्रृंखला **B.** दक्कन पठार
C. विशाल हिमालय **D.** अरावली श्रृंखला

Q.95 स्थलमंडल की अधिकतम गहराई ______ में पायी जाती है।

[UPSC NDA, 2021]

A. प्रशांत महासागर **B.** साइबेरियन मैदान
C. पेटागोनियन रेगिस्तान **D.** हिमालय पर्वत

Q.96 अपनी किस पुस्तक के लिए रबीन्द्र नाथ टैगोर को नोबेल पुरस्कार मिला?

[Super TET Paper - I, 2018]

A. गोरा **B.** गीतांजलि **C.** गीतामाल्य **D.** घरे बाइरे

Q.97 सौभाग्य योजना का उद्देश्य सार्वभौमिक क्या है?

A. एल. पी. जी. कनेक्शन
B. घरेलू विद्युतीकरण
C. प्राथमिक विद्यालय की शिक्षा
D. सार्वजनिक स्वास्थ्य बीमा

Q.98 प्रथम विश्व युद्ध (1914-18) के दौरान प्रथम गढ़वाल राइफल्स के नायक कौन थे?

A. गब्बर सिंह नेगी **B.** दरवान सिंह नेगी
C. मेजर सोमनाथ शर्मा **D.** शूरवीर सिंह पंवार

Q.99 कौन सा प्रदूषक समुद्री प्रदूषण का प्रमुख स्रोत है?

[UGC NET Home Science, 2019]

A. कृषि अपवाह

B. तेल रिसाव

C. औद्योगिक अपशिष्ट जल

D. मलजल

Q.100 अंतरराष्ट्रीय वित्तीय सेवा केंद्र प्राधिकरण (IFSCA) और _________ ने अप्रैल 2022 में एक समझौता ज्ञापन पर हस्ताक्षर किए हैं।

A. बजाज फाइनेंस लिमिटेड

B. आदित्य बिड़ला फाइनेंस लिमिटेड

C. मुथूट फाइनेंस लिमिटेड

D. GVFL लिमिटेड

// स्मार्ट उत्तर पुस्तिका //

सही उत्तर — उन छात्रों का प्रतिशत जिन्होंने प्रश्नों का सही उत्तर दिया था। **छोड़ दिया** — उन छात्रों का प्रतिशत जिन्होंने प्रश्नों को छोड़ दिया था।

प्रश्न संख्या	उत्तर	सही उत्तर / छोड़ दिया	प्रश्न संख्या	उत्तर	सही उत्तर / छोड़ दिया	प्रश्न संख्या	उत्तर	सही उत्तर / छोड़ दिया	प्रश्न संख्या	उत्तर	सही उत्तर / छोड़ दिया	प्रश्न संख्या	उत्तर	सही उत्तर / छोड़ दिया	प्रश्न संख्या	उत्तर	सही उत्तर / छोड़ दिया
1	B	84.39 % / 12.51 %	18	D	41.29 % / 45.48 %	35	C	43.77 % / 39.91 %	52	C	11.35 % / 73.14 %	69	B	57.69 % / 37.77 %	86	B	44.27 % / 46.86 %
2	D	77.85 % / 20.59 %	19	A	60.54 % / 34.24 %	36	C	46.75 % / 41.47 %	53	D	40.64 % / 40.92 %	70	B	45.54 % / 50.86 %	87	B	45.73 % / 40.15 %
3	A	64.66 % / 30.96 %	20	D	55.48 % / 35.9 %	37	A	65.38 % / 30.73 %	54	B	65.06 % / 34.54 %	71	C	19.91 % / 70.61 %	88	C	67.58 % / 31.07 %
4	A	57.05 % / 30.77 %	21	D	58.58 % / 31.93 %	38	C	40.21 % / 50.32 %	55	D	67.57 % / 31.81 %	72	B	41.02 % / 49.42 %	89	C	45.11 % / 32.13 %
5	A	53.97 % / 33.28 %	22	C	18.44 % / 74.08 %	39	D	66.95 % / 32.89 %	56	D	53.3 % / 31.63 %	73	B	46.32 % / 47.34 %	90	C	51.65 % / 39.37 %
6	D	86.74 % / 11.5 %	23	A	50.66 % / 37.79 %	40	A	57.71 % / 30.28 %	57	B	69.88 % / 30.09 %	74	B	87.07 % / 12.74 %	91	B	49.37 % / 30.81 %
7	A	83.3 % / 12.87 %	24	C	19.19 % / 74.5 %	41	B	18.52 % / 71.56 %	58	C	55.34 % / 40.54 %	75	D	44.11 % / 55.79 %	92	C	53.49 % / 37.92 %
8	B	47.17 % / 39.18 %	25	D	58.64 % / 35.83 %	42	C	60.97 % / 30.29 %	59	B	50.22 % / 34.31 %	76	D	77.23 % / 17.87 %	93	A	61.52 % / 30.12 %
9	D	41.62 % / 39.48 %	26	B	55.74 % / 30.9 %	43	B	67.07 % / 31.89 %	60	C	53.56 % / 43.54 %	77	A	23.23 % / 73.14 %	94	B	48.52 % / 43.41 %
10	A	52.85 % / 41.69 %	27	B	77.88 % / 21.88 %	44	B	68.95 % / 30.93 %	61	C	65.59 % / 30.05 %	78	D	61.83 % / 30.93 %	95	A	87.55 % / 12.26 %
11	B	52.91 % / 45.31 %	28	B	54.43 % / 39.58 %	45	B	48.14 % / 42.01 %	62	C	41.2 % / 39.3 %	79	D	42.36 % / 38.64 %	96	B	45.92 % / 52.26 %
12	C	43.34 % / 36.1 %	29	B	69.06 % / 30.16 %	46	D	29.58 % / 69.25 %	63	C	41.54 % / 49.82 %	80	B	63.36 % / 35.13 %	97	B	52.56 % / 32.72 %
13	B	69.67 % / 30.09 %	30	A	54.96 % / 39.5 %	47	A	64.23 % / 34.95 %	64	A	58.19 % / 37.73 %	81	C	49.92 % / 49.35 %	98	B	54.86 % / 39.83 %
14	D	41.9 % / 51.05 %	31	C	51.76 % / 48.06 %	48	B	56.26 % / 40.81 %	65	B	42.93 % / 51.44 %	82	C	68.58 % / 30.83 %	99	C	55.95 % / 34.46 %
15	A	57.79 % / 32.44 %	32	B	86.27 % / 11.54 %	49	B	84.17 % / 13.48 %	66	C	58.78 % / 34.37 %	83	B	52.63 % / 37.22 %	100	D	48.25 % / 44.54 %
16	C	58.69 % / 38.42 %	33	B	79.74 % / 11.65 %	50	D	58.51 % / 31.92 %	67	D	79.93 % / 19.16 %	84	D	80.41 % / 17.39 %			
17	D	44.3 % / 53.19 %	34	C	49.61 % / 46.02 %	51	C	48.43 % / 47.99 %	68	B	13.76 % / 81.42 %	85	D	61.4 % / 35.07 %			

//संकेत और समाधान//

1. The word "there" refers to a place, "their" means belonging to, or associated with, a group of people. Here, "their" should be used in place of there.

The correct sentence- 400 million people speak English as their first language.

Hence, the correct option is (B).

2. The meaning of the given idiom 'Let sleeping dogs lie' is 'to ignore a problem because trying to deal with it could cause an even more difficult situation'.

Examples,

- I thought about bringing up my concerns but decided instead to let sleeping dogs lie.
- If he hasn't said anything about the incident, just let sleeping dogs lie.

'To avoid restarting a conflict' means 'to ignore a problem in order to avoid bringing up the conflict once again'.

Therefore, according to the explanation and examples that are given above, option (D) is the correct answer.

Hence, the correct option is (D).

3. The meaning of the given idiom 'cut to the chase' is 'to reach the most important points quickly.'

Examples,

- I'm a very busy woman, so I need an assistant who can cut to the chase.
- After a few introductory comments, we cut to the chase and began negotiating.

'To reach the most important points quickly' means to avoid talking about unnecessary things and focus on what is important.

Hence, the correct option is (A).

4. The above-given sentence is in the active voice.

We need to change it in the passive voice.

The following steps are required to change the given sentence into passive voice:

In the passive form, the subject and the object will be interchanged. 'It' will become the subject.

The tense(simple past tense) will change according to the following structure:-

- Active Voice - Subject + did + V_1 or V_2 + Object.
- Passive Voice - Object + was/were + V_3 + by + Object.

Option (B) and (D) are in the present tense.

Option (C) is in the past continuous tense.

Hence, the correct option is (A).

5. The correct answer is:

Rudra said that he had joined computer classes.

The given sentence is in present perfect tense as indicated by the words 'have joined'. So, the indirect form will be in past perfect tense. In indirect form, 'I' changes to second person pronoun. In this case it will be 'he'.

Option (B) is present continuous form.

Option (C) is in past tense.

Option (D) is in simple present tense.

Hence, the correct option is (A).

6. Beautifull is the misspelled word for **Beautiful**.

Beautifull will be Beautiful.

Beautiful means pleasing the senses or mind aesthetically.

Example: When the world seems upside down, it's good to work toward something **beautiful**.

Hence, the correct option is (D).

7. Correct sentence: When I met Ram yesterday, it was the first time I met him since my graduation.

The first part of the given sentence is in the Past Tense. Since the principal clause of the sentence is in the past tense, the following clause will also be in the past tense.

For example: When I went for the interview on Monday, I saw Kiya for the first time since my college.

So, 'met' is the appropriate word to be used.

Hence, the correct option is (A).

8. In the above given sentence, **'between'** will be replaced by 'among'.

'**Between**' can be used for any number of elements as long as the elements are separate or distinct.

- For Example - Negotiations **between** the member states collapsed last night.

'**Among**' is used when talking about people or things that are not distinct and are viewed as a group.

- For Example - There wasn't much unity **among** the council members.

Here the students are more than two in number (i.e. they represent a group) so the word '**between**' will not be used not used and since '**the students**' in the given sentence are a part of a class of people so the word '**among**' should be used here.

The distinction between the two words can be illustrated with the help of the following examples:

- She divided her fortune equally **among** her four children.
- The candies were shared equally **between** me and my brother.

Thus the correct sentence is: Encouraging healthy competition **among** the students of the school was one of the objectives of the annual sports day.

Hence, the correct option is (B).

9. Nurturing : care for and protect (someone or something) while they are growing.

Fostering : encourage the development of (something, especially something desirable).

Argument : an exchange of diverging or opposite views, typically a heated or angry one.

Neglecting : fail to care for properly.

Ignoring : refuse to take notice of or acknowledge; disregard intentionally.

The option that is same in meaning to the word 'FOSTERING' is 'Nurturing'.

Hence, the correct option is (D).

10. Before, trade started to grow internationally; it must have started in its basic form as selling of goods from one person to another. Hence B would come before D.

Thus, B is the opening sentence followed by D.

When trade grew to involve different lands then merchants would grow rich, So, A should be the next sentence.

The last sentence left is C.

Therefore, the correct sequence should be "BDAC."

Thus, the correct complete paragraph is, "Trade started from person to person but grew to involve different towns in different lands. People found work in transporting the goods or selling them. Merchants soon grew rich as the demand for products increased. Eventually, people got a greater variety of things to choose from."

Hence, the correct option is (A).

11. (E) should be the introductory part of the sentence as it mentions the subject i.e., 'tokenization'. A noun answering the question 'what is taken' is required after (E). It is mentioned in the part (A).

The part (B) should follow (A) because it has a noun which qualifies the adjective 'next'. (CD) is an essential pair because it has the structure 'something has to be replaced with something'.

Hence, the correct option is (B).

12. Among the given options, the correct word should be 'adjoining'. It means (of a building, room, or piece of land) next to or joined with.

In the context of the sentence, none of the other words can be used.

The other words mean:

Imposed - force (an unwelcome decision or ruling) on someone.

Pretended - not genuine; assumed.

Driving - (of rain or snow) blown by the wind with great force.

Hence, the correct option is (C).

13. Among the different forms of the word 'disappear' given in the options, the correct form of the word in the context of the sentence is 'disappeared'.

This is made certain by the use of the word 'appeared' in the previous part of the sentence.

Hence, the correct option is (B).

14. The word 'node' means a point in a network or diagram at which lines or pathways intersect or branch.

In the context of the sentence, the word can be taken to mean as the central point of a place where different 'strands' met.

Mode - a way or manner in which something occurs or is experienced, expressed, or done.

The words 'fashion' and 'means' are synonyms of 'mode'.

Hence, the correct option is (D).

15. Among the given options, the only one that can correctly be used in the context of the sentence is 'sure'.

The word means certain to receive, get, or do something.

Even 'surely' cannot be used in the sentence because that would make the sentence grammatically wrong.

Hence, the correct option is (A).

16. The word 'mercantile' is the correct word in the context of the sentence.

The word means relating to trade or commerce; commercial. It is very clear from the extended description of the market that the word is the only word which can be used in the context of the sentence.

The other words mean:

Dream - a series of thoughts, images, and sensations occurring in a person's mind during sleep

Janitor - a caretaker or doorkeeper of a building.

Percentile - each of the 100 equal groups into which a population can be divided according to the distribution of values of a particular variable.

Hence, the correct option is (C).

17. If something is abhorrent to you, you dislike it very much, usually because you think it is immoral.

Appalling means very disgusting.

So, 'abhorrent' and 'appalling' are synonyms.

Meaning of other words:

Accentuate means to make more prominent.

Abusive means extremely offensive and insulting.

Attraction means the action or power of evoking interest.

Hence, the correct option is (D).

18. Banal means boring and lacking originality.

Exciting means interesting.

So, 'banal' and 'exciting' are antonyms.

Meaning of other words:

Humdrum means boring

Monotonous means boring.

Tedious means too long, slow, or dull; tiresome or monotonous.

Hence, the correct option is (D).

19. The word 'Persist' means to continue to exist.

Let's see the meaning of other given options:

- 'Cease' means to stop or end.
- 'Demur' means the action of objecting to or hesitating over something.
- 'Falter' means to lose strength or momentum.
- 'Dismantle' means to take something to pieces; to separate something into the parts it is made from.

Hence, the correct option is (A).

20. 'Glance' means to give a quick look.

Meanings of the other words:

- Gnaw means to bite at or nibble something persistently.
- Glow means to shine.
- Gleam means to be very happy and ecstatic.

The correct statement is: "I glanced at the candle but could not stop my gaze from sliding back to him".

Hence, the correct option is (D).

21. It is a common saying that beauty lies in the eyes of the beholder.

Beholder means a person who sees or observes someone or something.

Meaning of other words:

Demeanour means outward appearance.

Onlooker means a passerby who is witnessing a certain event.

Catcher means a person or thing that catches something.

Hence, the correct option is (D).

22. The original sentence is erroneous.

Reason: The word 'subscribe' must be followed the preposition 'to' instead of 'in' in this context. The expression "subscribe to" means 'accept or believe in'.

Hence 'to' should be used in place of 'in' to make the sentence grammatically and contextually correct.

Among the given choices, only option (C) replaces the given bold part most appropriately.

The sentence after replacement becomes:

Those who willingly join terrorist organizations subscribe to the distorted views of ill-intentioned religious leaders.

Hence, the correct option is (C).

23. Someone who runs away from the law is a fugitive.

Fugitive: A person who is running away or hiding from the police or a dangerous situation.

For example:

- Thousands of fugitives are fleeing from the war-torn area.
- Butch Cassidy and the Sundance Kid were fugitives from justice.

Hence, the correct option is (A).

24. A group of stars that make a pattern- Constellation

'Constellation' is a group of stars forming a recognizable pattern that is traditionally named after its apparent form.

Example: People can use the figure shaped by a constellation to recognize specific stars.

Hence, the correct option is (C).

25. The word 'quandery' has been incorrectly spelled in the given sentence.

The correct spelling and its meaning has been listed below:

Quandary: A state of perplexity or uncertainty over what to do in a difficult situation.

Example: I'm in a quandary about whether I should try to repair my stereo or buy a new one, even though I don't have the money to do either.

Hence, the correct option is (D).

26.

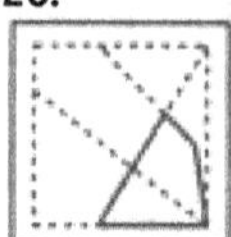

इसलिए, आकृति (2) में आकृति (X) भाग है।

अतः विकल्प (B) सही है।

27. दिया गया समीकरण है: 8 × 4 + 5 ÷ 2 - 1 = 11

प्रत्येक विकल्प का अवलोकन करने पर,

A. × और + को बदलने पर

समीकरण बनेगा, 8 + 4 × 5 ÷ 2 - 1 = 17 ≠ 11

B. × और ÷ को बदलने पर

समीकरण बनेगा, 8 ÷ 4 + 5 × 2 - 1 = 11

C. + और - को बदलने पर

समीकरण बनेगा, 8 × 4 - 5 ÷ 2 + 1 = 30.5 ≠ 11

D. ÷ और - को बदलने पर

समीकरण बनेगा, 8 × 4 + 5 - 2 ÷ 1 = 35 ≠ 11

इसलिए × और ÷, को बदलने पर, हमें सही उत्तर प्राप्त होता है।

अतः विकल्प (B) सही है।

28. शीट को मोड़ने के बाद बनने वाला पैटर्न

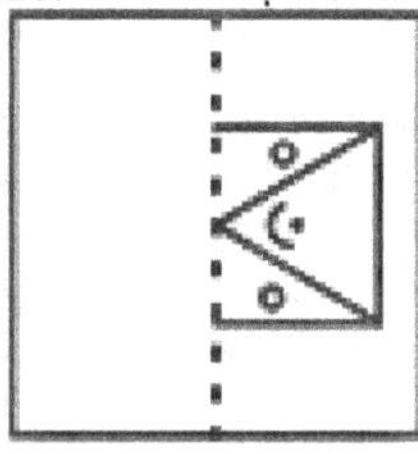

जैसा दिखता है।

डिज़ाइन वाली पारदर्शी शीट के फोल्डिंग में, ऊर्ध्वधर बिंदीदार तह लाइन को दर्पण के रूप में माना जा सकता है। तो, पारदर्शी शीट को मोड़ने के बाद, हमें शीट के दूसरी तरफ डिज़ाइन की दर्पण छवि मिलेगी।

जिस तरफ शीट को मोड़ा गया है उस तरफ का डिज़ाइन जैसा है वैसा ही रहेगा और तह करने के बाद भी पूरी तरह से दिखाई देगा, क्योंकि शीट पारदर्शी है।

अत: सही विकल्प (A) है।

29. बिलियर्ड और शतरंज दोनों पसंद करने वाले लोगों की संख्या को त्रिभुज और वृत्त में उभयनिष्ठ संख्या द्वारा प्रदर्शित किया जा सकता है, जो कि 19 है।

अतः विकल्प (B) सही है।

30. आकृति के प्रत्येक बिंदु को चिह्नित करने के बाद:

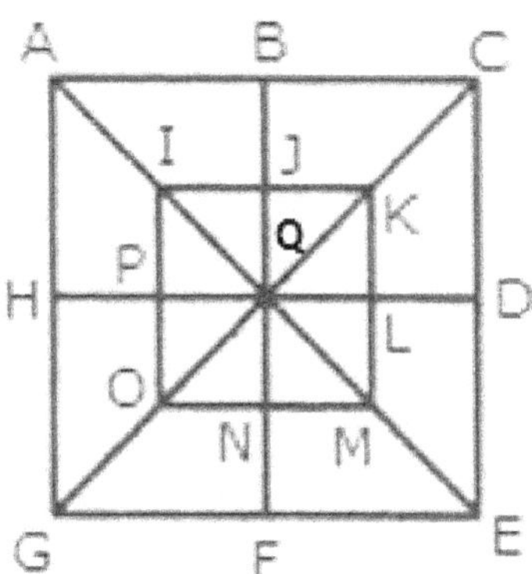

आकृति में वर्ग IJQP, JKLQ, QLMN, PQNO, ABQH, BCDQ, QDEF, HQFG, IKMO, ACEG हैं।

तो, वर्गों की कुल संख्या = 10

अतः विकल्प (A) सही है।

31. एक कूट भाषा में, FLOWERS को OLFSREW के रूप में लिखा जाता है,

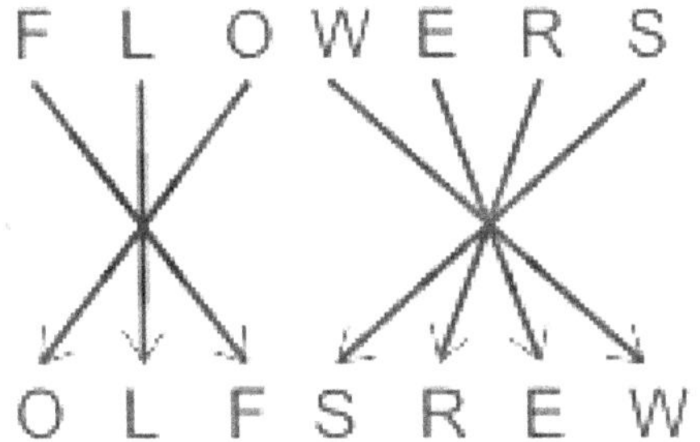

इसी तरह, INCLUDE को CNIEDUL के रूप में लिखा जाता है।

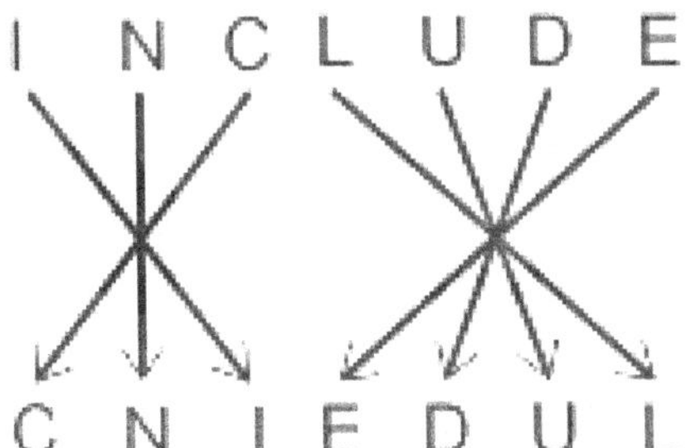

इसलिए, CNIEDUL सही उत्तर है।

अत: विकल्प (C) सही हैं।

32. एक कूट भाषा में, INDICATOR को JOEJBCVQT के रूप में लिखा जाता है।

शब्द के पहले चार अक्षर शब्द के अगले अक्षर को लेते हैं, शब्द के मध्य अक्षर शब्द के पिछले अक्षर को लेते हैं और शब्द के अंतिम चार अक्षर शब्द के प्रत्येक अक्षर में 2 जोड़ते हैं।

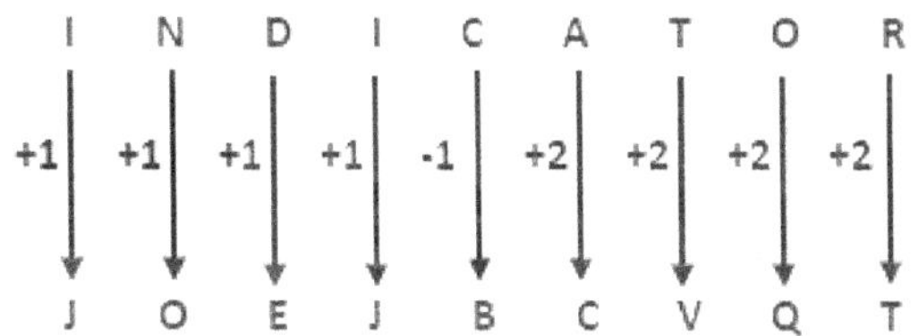

इसी तरह, EMOTIONAL को इस रूप में लिखा जाना चाहिए

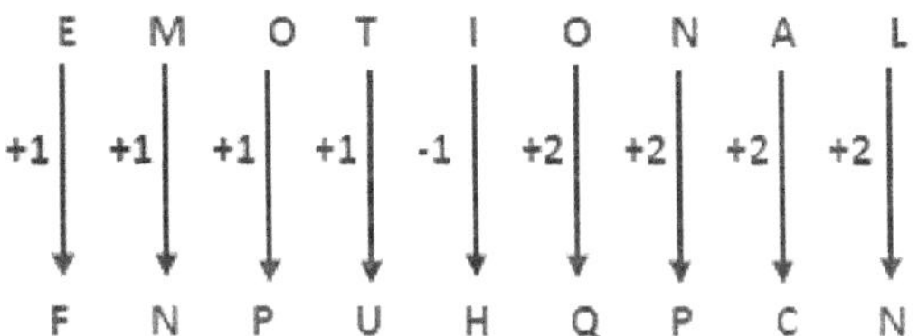

EMOTIONAL को FNPUHQPCN के रूप में लिखा गया है।

अत: विकल्प (B) सही हैं।

33. प्रश्नानुसार आरेख,

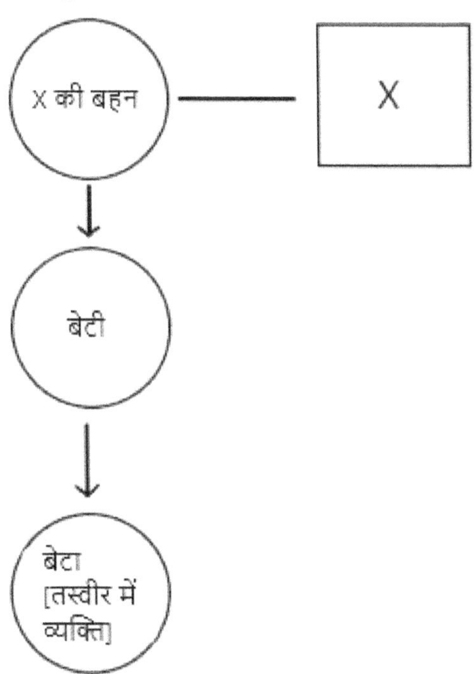

उपर्युक्त आरेख के अनुसार, तस्वीर में व्यक्ति X का पोता है।

अत: विकल्प (B) सही है।

34. दी गई श्रृंखला है-

Q1F, S2E, U6D, W21C, ?

अनुसरण किया गया पैटर्न नीचे दिए गए चित्र में दिखाया गया है-

चित्र से, हम देख सकते हैं कि '?' के स्थान पर Y88B आएगा।

अतः विकल्प (C) सही है।

35. दी गई श्रृंखला है-

N5V, K7T, ?, E14P, B19N

अनुसरण किया गया पैटर्न नीचे दिए गए चित्र में दिखाया गया है-

चित्र से, हम देख सकते हैं कि '?' के स्थान पर H10R आएगा।

अतः विकल्प (C) सही है।

36. पासे की स्थिति (3) और (4) को लेने पर, क्योंकि 2 और 3 उभयनिष्ठ हैं;

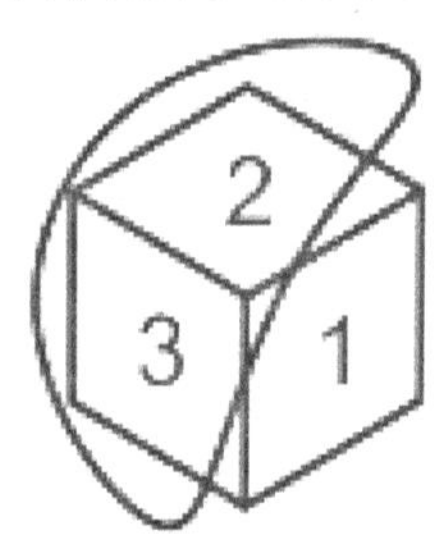

पासे की स्थिति (3) में शेष संख्या 4 है।

पासा स्थिति (4) में शेष संख्या 1 है।

इसलिए, 1 और 4 विपरीत संख्या युग्म हैं।

इसलिए, सही उत्तर "1" है।

अतः विकल्प (C) सही है।

37. अनुसरण किया गया पैटर्न इस प्रकार है:

```
G    O    A    T
-3 | +2 | -2 | +3 |
D    Q    Y    W
```

इसी प्रकार,

```
T    R    E    S
-3 | +2 | -2 | +3 |
Q    T    C    V
```

अतः विकल्प (A) सही है।

38. यहाँ अनुसरित तर्क इस प्रकार है:

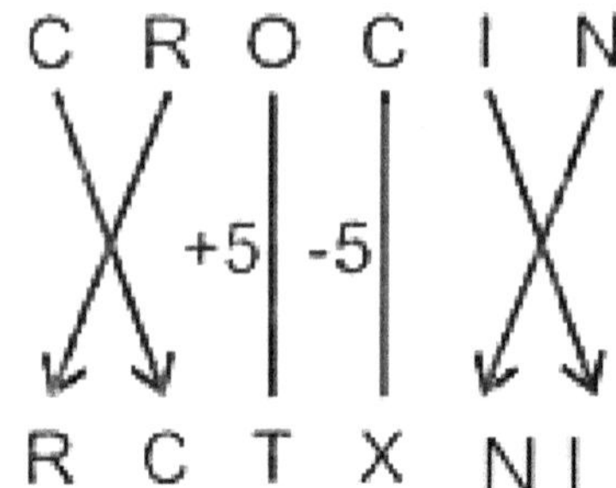

उसी तरह;

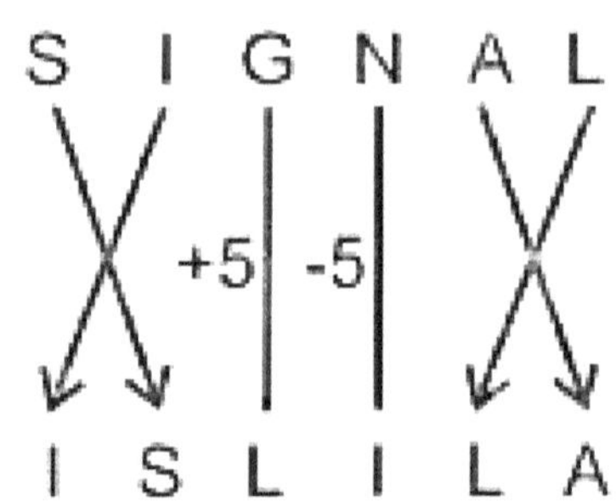

अतः विकल्प (C) सही है।

39. शब्दकोष का सही क्रम है,

3. Queen

4. Queue

1. Quilt

2. Quite

अतः विकल्प (D) सही है।

40. दिया है,

7 × 116 ÷ 4 - 17 + 5 = 200 ÷ 4 × 4 - 75 ÷ 5

हमें मिलने वाले संकेतों को परस्पर बदलने से।

BODMAS के प्रयोग से हमें प्राप्त होता है,

विकल्प (A):

7 × 116 ÷ 4 - 17 + 5 = 200 ÷ 4 × 4 - 75 ÷ 5

LHS:

7 × 116 ÷ 4 + 17 - 5 (चिन्हों को आपस में बदलकर)

= 7 × 29 + 17 - 5

= 203 + 17 - 5

= 220 - 5

= 215

RHS:

$200 ÷ 4 × 4 + 75 ÷ 5$

= 50 × 4 + 15

= 200 + 15

= 215

अतः विकल्प (A) सही है।

41. दिया है,

44 – 11 ÷ 2 × 6 ÷ 6 + 2 – 12

सही प्रतीक का प्रयोग करते हुए, हम प्राप्त करते हैं

44 + 11 × 2 – 6 × 6 ÷ 2 + 12

= 44 + 22 – 36 ÷ 2 + 12

= 66 – 18 + 12

= 60

अत: विकल्प (B) सही है।

42. दिया है: 483 D 23 A 93 C 16 B 4C (15 B 2)

निम्नलिखित चिन्हों को प्रतिस्थापित करके,

अक्षर	A	B	C	D
अर्थ	+	×	-	÷

483 D 23 A 93 C 16 B 4C (15 B 2) → 483 ÷ 23 + 93 - 16 × 4 - (15 × 2)

= 483 ÷ 23 + 93 - 16 × 4 - 30

= 21 + 93 - 16 × 4 - 30

= 21 + 93 - 64 - 30

= 114 - 64 - 30

= 50 - 30

= 20

इसलिए, 20 सही उत्तर है।

अत: विकल्प (C) सही है।

43. दी गयी श्रृंखला का तरीका है:

$⇒ 8 = 2^3$

$⇒ 72 = 2^3 + 4^3$

$⇒ 288 = 2^3 + 4^3 + 6^3$

$⇒? = 2^3 + 4^3 + 6^3 + 8^3$

$⇒? = 800$

$⇒ 1800 = 2^3 + 4^3 + 6^3 + 8^3 + 10^3$

$⇒ 3528 = 2^3 + 4^3 + 6^3 + 8^3 + 10^3 + 12^3$

इसलिए, विलुप्त संख्या 800 है।

अत: विकल्प (B) सही है।

44. पैटर्न है:

$(2^3 − 1) = 7$

$(3^3 − 1) = 26$

$(4^3 − 1) = 63$

$(5^3 − 1) = 124$

$(6^3 − 1) = 215$

$(7^3 − 1) = 342$

इसलिए, लुप्त पद $(8^3 − 1) = 511$ है।

अत: विकल्प (B) सही है।

45. दिए गए कथनों के लिए न्यूनतम संभावित वेन आरेख इस प्रकार है।

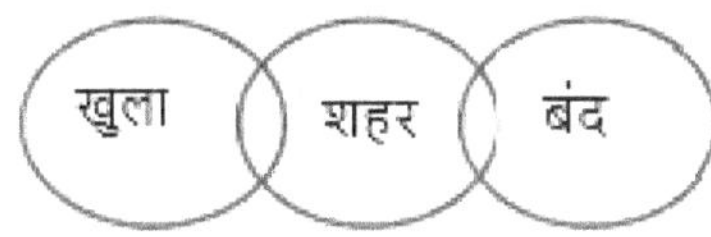

निष्कर्ष:

1) सभी बंद शहर हो सकते हैं → सत्य (चूंकि हम देखते हैं कि यह स्थिति संभव है)

2) कुछ शहर बंद नहीं है → सत्य (चूंकि हमारे पास केवल कुछ शहर बंद नहीं है यह निष्कर्ष सत्य हो जाता है)

3) कुछ बंद खुला है → असत्य (यह संभव है लेकिन निश्चित नहीं है)

इसलिए सही उत्तर 1 और 2 दोनों अनुसरण करते हैं।

अत: विकल्प (B) सही है।

46. यहाँ तर्क है:

पहली संख्या × (पहली संख्या $+1$) = दूसरी संख्या

विकल्प (A): $9:90$

अब, तर्क का अनुसरण करने पर:

$9 × (9 + 1) = 9 × 10 = 90 =$ दूसरी संख्या

यह विकल्प स्वरूप का अनुसरण करता है।

विकल्प (B): $7:56$

$7 × (7 + 1) = 7 × 8 = 56 =$ दूसरी संख्या

यह विकल्प स्वरूप का अनुसरण करता है।

विकल्प (C): $5:30$

$5 × (5 + 1) = 5 × 6 = 30 =$ दूसरी संख्या

यह विकल्प स्वरूप का अनुसरण करता है।

विकल्प (D): $8:66$

$8 × (8 + 1) = 8 × 9 = 72 ≠$ दूसरी संख्या

यह विकल्प स्वरूप का अनुसरण नहीं करता है।

इसलिए, युग्म " $8:66$" विषम है।

अतः विकल्प (D) सही है।

47. दी गई आकृति की सही दर्पण छवि है जब दर्पण को दायीं ओर रखा जाता है:

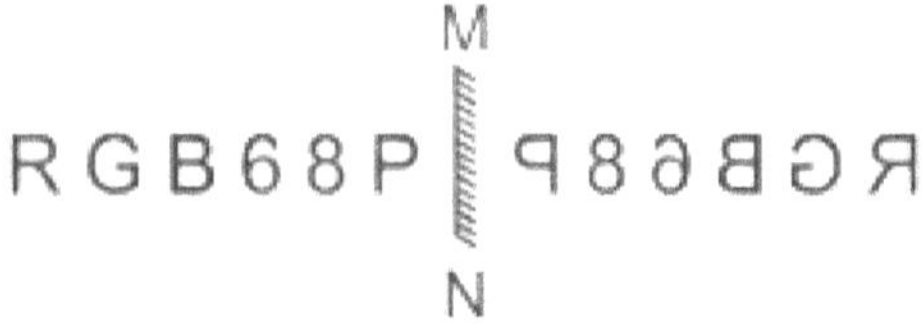

अतः विकल्प (A) सही है।

48. दी गई आकृति का दर्पण छवि नीचे दिया गया है:

$$M$$
$$R\,G\,B\,6\,8\,P \mid \mathsf{P8\theta8\,G\,A}$$
$$N$$

अतः विकल्प (B) सही है।

49. 1600+300+74 वर्षों की गिनती

1600 वर्षों में शून्य विषम दिन होते हैं।

300 वर्षों में, एक विषम दिन होता है।

74 वर्षों में, 18 लीप वर्ष और 56 सामान्य वर्ष होते हैं, इसलिए विषम दिन हैं:

18(2) + 56(1) = 36 + 56 = 92

जो 13 सप्ताह और 1 विषम दिन होते हैं।

जनवरी 1975 के 25 दिनों में 3 सप्ताह और 4 विषम दिन होते हैं।

कुल विषम दिन = 0 + 1 + 1 + 4

छह विषम दिन थे, इसलिए वह शनिवार था।

अतः विकल्प (B) सही है।

50. मान लीजिये कि व्यक्ति की वर्तमान आयु x वर्ष है।

10 वर्ष पूर्व,

व्यक्ति की आयु $(x - 10)$ वर्ष होगी

10 वर्ष बाद,

व्यक्ति की आयु $(x + 10)$ वर्ष होगी

प्रश्न के अनुसार:

$$125\% \text{ का } (x - 10) = 83\tfrac{1}{3}\% \text{ का } (x + 10)$$

$$\Rightarrow \left(\tfrac{125}{100}\right)(x - 10) = \left(\tfrac{250}{300}\right)(x + 10)$$

$$\Rightarrow \left(\tfrac{5}{4}\right)(x - 10) = \left(\tfrac{5}{6}\right)(x + 10)$$

$$\Rightarrow \tfrac{(x-10)}{4} = \tfrac{(x+10)}{6}$$

$$\Rightarrow 6(x - 10) = 4(x + 10)$$

$$\Rightarrow 6x - 60 = 4x + 40$$

$$\Rightarrow 6x - 4x = 40 + 60$$

$$\Rightarrow 2x = 100$$

$$\Rightarrow x = \tfrac{100}{2} = 50 \text{ वर्ष}$$

$\therefore$ व्यक्ति की वर्तमान आयु 50 वर्ष है।

अतः विकल्प (D) सही है।

51. दिया है:

$$\frac{cosec\theta + sin\theta}{cosec\theta - sin\theta} = \frac{21}{15}$$

योगान्तरानुपात का उपयोग करने पर,

$$\frac{cosec\theta + sin\theta + cosec\theta - sin\theta}{cosec\theta + sin\theta - cosec\theta + sin\theta} = \frac{21+15}{21-15}$$

$$\Rightarrow \frac{cosec\theta}{sin\theta} = \frac{36}{6} = 6$$

$$\Rightarrow cosec^2\theta = 6$$

हम जानते हैं,

$$1 + \cot^2\theta = cosec^2\theta$$

$$\cot^2\theta = 6 - 1 = 5$$

$$\tan\theta = \frac{1}{\sqrt{5}}$$

अतः विकल्प (C) सही है।

52. दिया है:

शुद्ध वजन $= 1$ किग्रा $= 1000$ ग्राम

अशुद्ध वजन $= 960$ ग्राम

हम जानते हैं कि,

लाभ $\% =$ ((शुद्ध वजन $-$ अशुद्ध वजन) $/$ अशुद्ध वजन) $\times 100$

$$= \frac{1000 - 960}{960} \times 100$$

$$= \frac{40}{960} \times 10$$

$$= \frac{25}{6} = 4\tfrac{1}{6}\%$$

अतः विकल्प (C) सही है।

53. पहले बर्तन में दूध = मिश्रण का $\frac{3}{4}$

दूसरे बर्तन में दूध = मिश्रण का $\frac{5}{8}$

दिया गया है कि प्राप्त मिश्रण में दूध $2:3$ के अनुपात में है

माना पहला मिश्रण : दूसरा मिश्रण $= 1:x$

कुल नया आयतन $= 1 + x$

पहले बर्तन में दूध + दूसरे बर्तन में दूध = परिणामी मिश्रण में दूध

$$\left\{\left(\tfrac{3}{4} \times 1\right)\right\} + \left\{\left(\tfrac{5}{8}\right) \times x\right\} = \left\{(1 + x) \times \left(\tfrac{2}{3}\right)\right\} \Rightarrow \tfrac{3}{4} +$$

$$\tfrac{5x}{8} = \tfrac{2}{3} + \tfrac{2}{3x}$$

$$\Rightarrow \tfrac{3}{4} - \tfrac{2}{3} = \tfrac{2x}{3} - \tfrac{5x}{8}$$

$\Rightarrow \frac{(9-8)}{12} = \frac{(16x-15x)}{24}$

$\Rightarrow x = 2$

$\therefore$ आवश्यक अनुपात $= 1:2$

अतः विकल्प (D) सही है।

54. दिया है, एक कुर्सी और एक मेज की कीमत 600 रुपए है और एक कुर्सी और एक मेज की कीमत के बीच अनुपात $7:5$ है।

माना एक कुर्सी की कीमत a और एक मेज की कीमत b है।

$\therefore \frac{a}{b} = \frac{7}{5}$

$\Rightarrow a = \frac{7b}{5}$

अब, $a + b = 600$

$\Rightarrow \left(\frac{7b}{5} + b\right) = 600$

$\Rightarrow 12b = 3000$

$\Rightarrow b = 250$ रुपए

$\therefore a = 350$ रुपए

अतः विकल्प (B) सही है।

55. दिया गया है,

20 सेमी लम्बाई, 15 सेमी चौड़ाई और 10 सेमी ऊँचाई वाले एक आयताकार ब्लॉक को बराबर घनों की सटीक संख्या में काटा जाता है।

$\because$ घनाभ का आयतन = लंबाई × चौड़ाई × ऊँचाई

$\Rightarrow$ आयताकार ब्लॉक का आयतन = 20 × 15 × 10 = 3000 सेमी³

अब, घन की न्यूनतम संभव संख्या आयताकार ब्लॉक से कट जाएगी, जब एक घन कटौती अधिकतम संभव आकार का होता है

अधिकतम संभव घन की भुजा = (20, 15, 10) का महत्तम समापवर्तक = 5 सेमी

एक कटे घन का आयतन = (5)³ = 125 सेमी³

$\therefore$ घन की न्यूनतम संभव संख्या = $\frac{3000}{125}$ = 24

अतः विकल्प (D) सही है।

56. माना दिए गये घन की भुजा 'a' इकाई है।

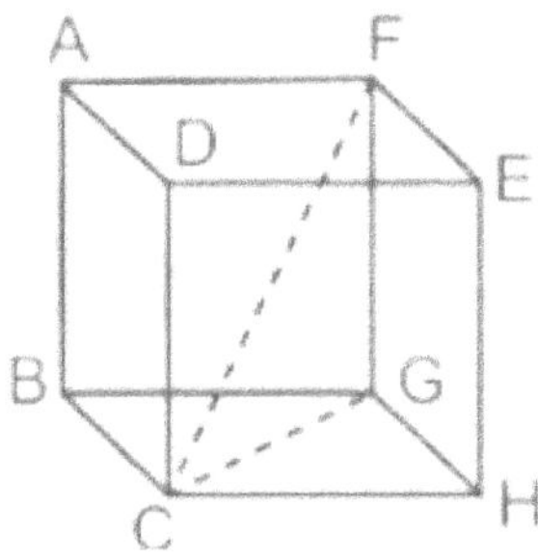

घन की भुजा = CH = HG = FG = a इकाई

$\triangle$CHG में,

$\Rightarrow CG^2 = CH^2 + HG^2 = a^2 + a^2 = 2a^2$

अब, $\triangle$CGF में,

$\Rightarrow CF^2 = CG^2 + FG^2 = 2a^2 + a^2 = 3a^2$

$\Rightarrow$ घन का विकर्ण = $CF = a\sqrt{3}$ इकाई

$\Rightarrow l = a\sqrt{3}$ इकाई

$\Rightarrow a = \frac{l}{\sqrt{3}}$ इकाई

$\because$ एक घन में छह पृष्ठ होते हैं,

$\therefore$ घन का सम्पूर्ण-पृष्ठीय क्षेत्रफल $= = 6a^2 = 6\left(\frac{l^2}{3}\right) = 2l^2$

अतः विकल्प (D) सही है।

57. दिया है:

उत्तर प्रदेश के छात्र = 9%

मध्य प्रदेश के छात्र = 14%

अभीष्ट अनुपात = उत्तर प्रदेश के छात्र : मध्य प्रदेश के छात्र

= 9 : 14

अतः विकल्प (B) सही है।

58. दिया है:

$a^4 + 4a^3 + 16a^2 + 64a = 1$

गणना:

$a^4 + 4a^3 + 16a^2 + 64a = 1$ ... (i)

दोनों पक्षों में समीकरण को $\frac{4}{a}$ से गुणा करने पर,

$\Rightarrow 4a^3 + 16a^2 + 64a + 256 = \frac{4}{a}$ ... (ii)

समीकरण (i) और (ii) को घटाने पर,

$\Rightarrow a^4 - 256 = 1 - \left(\frac{4}{a}\right)$

$\Rightarrow a^4 + \left(\frac{4}{a}\right) = 1 + 256$

$\Rightarrow 257$

अतः विकल्प (C) सही है।

59. दिया है,

$(8 + 4 - 2) \times (17 - 12) \times 10 - 89 = ?$

सरलीकरण करने पर,

$\Rightarrow (10) \times (5) \times 10 - 89 = ?$

$\Rightarrow 50 \times 10 - 89 = ?$

$\Rightarrow 500 - 89 = ?$

$\Rightarrow ? = 411$

अतः विकल्प (B) सही है।

60. दिया है,

$33^2 \times 18 \div 27 + 8^3 + 122 = ?^3 - 368$

BODMAS नियम का पालन करने पर;

$$1089 \times \frac{18}{27} + 512 + 122 + 368 = ?^3$$

$$726 + 512 + 122 + 368 = ?^3$$

$$1728 = ?^3$$

$$\therefore ? = 12$$

अतः विकल्प (C) सही है।

61. दिया है,

$$(a^2 - b^2) \div (a + b) = 25$$

प्रयुक्त सूत्र:

$$(a^2 - b^2) = (a - b)(a + b)$$

$$(a^2 - b^2) \div (a + b) = 25$$

$$\Rightarrow (a - b)(a + b) \div (a + b) = 25$$

$$\Rightarrow a - b = 25$$

अतः विकल्प (C) सही है।

62. दिया है,

177, 414 और 837 के गुणनफल को 12 से विभाजित किया जाता है।

गणना:

ऐसे प्रश्न में हम प्रत्येक संख्या को भाजक से विभाजित करते हैं और उसी भाजक द्वारा प्राप्त सभी शेषफलों के गुणनफल को तब तक विभाजित करते रहते हैं जब तक कि हमें उस भाजक से छोटी संख्या प्राप्त न हो जाए, वह संख्या हमारा उत्तर है।

इसलिए, 177, 414 और 837 के शेषफल को 12 से विभाजित करने पर क्रमशः 9, 6 और 9 प्राप्त होते हैं।

अब उनका गुणनफल = 9 x 6 x 9

12 से भाग देने पर हम इसे इस प्रकार लिख सकते हैं $54 \ \times \ \frac{9}{12}$

पुनः शेषफल 6 x 9 हैं

इसे 12 से विभाजित करने पर यह होगा $\frac{54}{12}$.

हम देखते हैं कि शेषफल 6 है; और यह उत्तर है।

अतः विकल्प (C) सही है।

63. प्रयुक्त सूत्र:

दूरी = गति × समय

1 मीटर / सेकंड $= \frac{18}{5}$ किमी / घंटा

ट्रेन की लंबाई = दूरी

गति को किमी / घंटा से मीटर / सेकंड में परिवर्तित करने पर

$$\Rightarrow 72 \times \left(\frac{5}{18}\right)$$

$\Rightarrow$ गति = 20 मीटर / सेकंड

दूरी = 20 × 25

$\Rightarrow$ 500 मीटर

$\therefore$ ट्रेन की लंबाई 500 मीटर है।

अतः विकल्प (C) सही है।

64. दिया है,

रोहित द्वारा लिया गया समय = 36 दिन

स्मिता द्वारा लिया गया समय = 24 दिन

दोनों को एकसाथ कार्य पूर्ण करने में लगा समय = $\frac{72}{5}$ दिन

गणना:

रोहित और स्मिता द्वारा लिए गए समय का अनुपात = 36: 24 या 3: 2

$\therefore$ रोहित और स्मिता की दक्षता का अनुपात = 2: 3

$\therefore$ स्मिता रोहित से = $\left[\frac{(3 - 2)}{2}\right] \times 100 = 50\%$ अधिक दक्ष है।

अतः विकल्प (A) सही है।

65. माना अभीष्ट मान x है।

$$\Rightarrow x = \sin 10° \sin 40° \sin 50°$$

$$\Rightarrow x = \frac{1}{2} \sin 10° (2 \sin 40° \sin 50°)$$

$$\Rightarrow x = \frac{1}{2} \sin 10° [\cos(40° - 50°) - \cos(40° + 50°)]$$

$$\Rightarrow x = \frac{1}{2} \sin 10° [\cos 10° - \cos 90°]$$

$$\Rightarrow x = \frac{1}{2} \sin 10° \cos 10° \quad [\because \cos 90° = 0]$$

$$\Rightarrow x = \frac{1}{4} (2 \sin 10° \cos 10°)$$

$$\Rightarrow x = \frac{1}{4} \sin 20° \quad (\because 2 \sin\theta \cos\theta = \sin 2\theta)$$

$\therefore$ आवश्यक मान $\frac{1}{4} \sin 20°$ है।

अतः विकल्प (B) सही है।

66. तीन लोहे की गेंदों की त्रिज्या का अनुपात $= x: 2x: 3x$

हम जानते हैं कि,

गोले का आयतन $= \frac{4}{3} \times \pi r^3$

प्रश्नानुसार,

$$\frac{4}{3} \times \pi \times [x^3 + (2x)^3 + (3x)^3] = \frac{4}{3} \times \pi \times 6^3$$

$$\Rightarrow x^3 + 8x^3 + 27x^3 = 216$$

$$\Rightarrow 36x^3 = 216$$

$$\Rightarrow x^3 = 6$$

$$\Rightarrow x = \sqrt[3]{6}$$

$\therefore$ हमने त्रिज्या प्राप्त की है अब व्यास त्रिज्या का दुगुना होगा, जो कि $2\sqrt[3]{6}$ है।

अतः विकल्प (C) सही है।

67. बेलन का आयतन $= \pi r^2 h$

नया आयतन $= \pi(2r)^2\left(\dfrac{h}{2}\right)$

$\therefore$ अभीष्ट अनुपात $= \pi(2r)^2\left(\dfrac{h}{2}\right):\pi r^2 h = 2:1$

अत: विकल्प (D) सही है।

68. दिया है,

वर्ष 1996 में कंपनी का आयात $= 272$ करोड़ रुपये

वर्ष 1996 में आयात का निर्यात से अनुपात $= 0.85$

माना 1996 में निर्यात $= x$ करोड़ रुपये

तब,

$\dfrac{272}{x} = 0.85$

$\Rightarrow x = \dfrac{272}{0.85}$

$\Rightarrow x = 320$

$\therefore$ वर्ष 1996 में निर्यात $= 320$ करोड़ रुपये

अतः विकल्प (B) सही है।

69. दिया है,

HCL में कुल कर्मचारी $= 120 + 180 + 20 + 75$

$= 395$

HCL में कुल एच.आर. कर्मचारी $= 20$

आवश्यक $\% = \dfrac{20}{395} \times 100$

$= 5.06\%$

अतः विकल्प (B) सही है।

70. दिया है,

व्यक्ति की गति $= 11$ किमी/घंटा

धारा की गति $= \dfrac{5}{6}$ मीटर/सेकंड

दूरी $= 36$ किमी

जैसा कि हम जानते हैं,

समय = दूरी/गति

किमी/घंटा $\times \dfrac{5}{18} = $ मीटर/सेकंड

गणना:

धारा की गति किमी/घंटा में $= \dfrac{5}{6} \times \dfrac{18}{5}$

$= 3$ किमी/घंटा

इसलिए, व्यक्ति की धारा के प्रतिकूल गति $= 11 - 3$

$= 8$ किमी/घंटा

समय $= \dfrac{36}{8} = 4.5$ घंटे या 4 घंटे 30 मिनट

$\therefore$ वह धारा के प्रतिकूल 36 किमी की दूरी तय करने में 4 घंटे 30 मिनट का समय लेगा।

अत: विकल्प (B) सही है।

71. दिया है,

$SP_1 = 1215,$ छूट $_1 = 19\%,$ छूट $_2 = 17.5\%$

सूत्र:

अंकित मूल्य $-$ छूट $=$ विक्रय मूल्य (SP)

गणना:

माना अंकित मूल्य x है,

सूत्र के अनुसार:

$\Rightarrow x - \left(x \times \dfrac{19}{100}\right) = SP_1$

$\Rightarrow x \times \dfrac{81}{100} = 1215$

$\Rightarrow x = 1215 \times \dfrac{100}{81}$

$\Rightarrow x = 1500$

अब, यदि छूट $_2 = 17.5\%$

$\Rightarrow 1500 - 1500 \times \dfrac{17.5}{100} = SP_2$

$\Rightarrow SP_2 = 1500 - 262.5$

$\Rightarrow SP_2 = 1237.5$

अत: विकल्प (C) सही है।

72. दिया है,

12 खिलाड़ियों के औसत वजन में वृद्धि $= \dfrac{1}{3}$ किग्रा

जैसा कि हम जानते हैं,

औसत $=$ आकड़ों का योग $/$ आकड़ों की संख्या

कुल बढ़ा हुआ वजन $= \dfrac{1}{3} \times 12 = 4$ किग्रा

पिछले खिलाड़ी का वजन $= 55$ किग्रा

इसलिए, नए खिलाड़ी का वजन $= 55 + 4 = 59$ किग्रा

$\therefore$ नए खिलाड़ी का वजन 59 किग्रा है।

अत: विकल्प (B) सही है।

73.

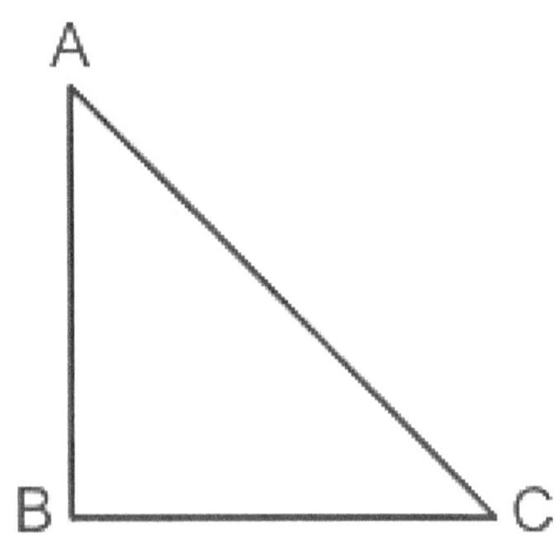

दिया गया है, $\tan A = \dfrac{4}{3} = \dfrac{BC}{AB}$

माना कि $BC = 4x$ और $AB = 3x$

पाइथागोरस प्रमेय से,

$AC^2 = AB^2 + BC^2$

$\Rightarrow 25^2 = (3x)^2 + (4x)^2$

$\Rightarrow 625 = 9x^2 + 16x^2$

$\Rightarrow 625 = 25x^2$

$\Rightarrow x^2 = 25$

$\Rightarrow x = 5$

$\therefore BC$ की लम्बाई $= 4x = 4 \times 5 = 20$ सेमी

अतः विकल्प (B) सही है।

74. दिया है,

राम की आय = रौनक की आय + 60%

गणना:

माना कि रौनक की आय = 100

$\therefore$ राम की आय = 100 + 100 का 60% = 160

रौनक की आय राम की आय से कम है = 160 - 100 = 60

रौनक की आय राम की आय से प्रतिशत कम है = $\dfrac{60}{160} \times 100$

= 37.5%

अतः विकल्प (B) सही है।

75. जैसा कि हम जानते हैं,

वर्गमूल को अभाज्य गुणनखंड विधि द्वारा प्राप्त किया जा सकता है।

$23409 = 3 \times 3 \times 3 \times 3 \times 17 \times 17$

$\Rightarrow (3 \times 3 \times 17)^2$

$\Rightarrow 153^2$

$\therefore 23409$ का वर्गमूल 153 है।

अतः विकल्प (D) सही है।

76. झारखंड के पूर्व राज्यपाल और राष्ट्रीय जनतंत्रिक गठबंधन की उम्मीदवार द्रौपदी मुर्मू को 21 जुलाई 2022 को भारत के 15वें राष्ट्रपति के रूप में चुना गया है।

वह इस पद के लिए चुनी जाने वाली पहली आदिवासी महिला हैं और सबसे कम उम्र की भी हैं।

उन्होंने निर्वाचक मंडल के वोटों का 64.03% जीतकर विपक्षी उम्मीदवार यशवंत सिन्हा को हराया।

अत: विकल्प (D) सही है।

77. दक्षिण भारत में वैष्णव भक्ति संतों को अलवर कहा जाता है।

सगुण भक्ति किसी रूप और गुण वाले भगवान की भक्ति और प्रार्थना को संदर्भित करती है जबकि निर्गुण भक्ति बिना किसी गुण और निराकार भगवान के भक्ति और प्रार्थना को संदर्भित करती है।

नयनार और अलवर तमिल कवि-संत थे जिन्होंने दक्षिणी भारत में भक्ति आंदोलन के प्रचार में महत्वपूर्ण भूमिका निभाई थी।

नयनार भगवान शिव को समर्पित संतों का समूह था जबकि अलवर संतों का वह समूह था जो भगवान विष्णु, वैष्णव भक्ति के लिए समर्पित थे।

अतः विकल्प (A) सही है।

78. एम. एस. सुब्बुलक्ष्मी गायन में सुविख्यात थीं।

'मदुरै षण्मुखवडिवु सुब्बुलक्ष्मी' अथवा एम. एस. सुब्बुलक्ष्मी को कर्नाटक संगीत का पर्याय माना जाता है और भारत की वह ऐसी पहली गायिका थीं जिन्हें सर्वोच्च नागरिक अलंकरण भारत रत्न से सम्मानित किया गया। उनके गाये हुए गाने, ख़ासकर भजन आज भी लोगों के बीच काफ़ी लोकप्रिय हैं।

अत: विकल्प (D) सही है।

79. भारतीय इतिहास में गुप्त काल को भारतीय इतिहास का स्वर्णिम काल कहा जाता है क्योंकि यह युग विज्ञान, प्रौद्योगिकी, इंजीनियरिंग, कला, भाषा, साहित्य, तर्क, गणित, खगोल विज्ञान, धर्म और दर्शन में व्यापक उपलब्धियों के लिए जाना जाता है। इस युग ने हिंदू संस्कृति के सामान्य तत्वों को क्रिस्टलीकृत किया। काल ने कालिदास, वराहमिहिर, वात्स्यायन, आर्यभट्ट, विष्णु शर्मा, गौतम, पतंजलि आदि जैसे प्रतिष्ठित लोगों को जन्म दिया क्योंकि सभी कारण मान्य हैं।

अत: विकल्प (D) सही है।

80. लॉर्ड कार्नवालिस द्वारा स्थायी भूमिव्यवस्था की शुरुआत की गई थी।

स्थायी भूमिव्यवस्था को बंगाल के स्थायी भूमिव्यवस्था के रूप में भी जाना जाता है। यह बंगाली जमींदारों और ईस्ट इंडिया कंपनी के बीच कृषि गतिविधि और देश में अन्य उत्पादकता से होने वाले राजस्व को तय करने के लिए एक समझौता था।

लॉर्ड कार्नवालिस ने तत्कालीन ब्रिटिश पीएम, विलियम पिट के निर्देशों के तहत, 1786 में स्थायी बंदोबस्त प्रणाली का प्रस्ताव रखा। यह 1793 में स्थायी बंदोबस्त अधिनियम, 1793 द्वारा लागू हुआ।

अत: विकल्प (B) सही है।

81. 1934 के भारतीय रिजर्व बैंक अधिनियम के अनुसार, रिजर्व बैंक केंद्र सरकार के लिए बैंकर और सार्वजनिक ऋण प्रबंधक दोनों है।

आरबीआई सरकार की ओर से सभी धन, प्रेषण, विदेशी मुद्रा और बैंकिंग लेनदेन को संभालता है। केंद्र सरकार आरबीआई के पास अपना नकद शेष भी जमा करती है।

अत: विकल्प (C) सही है।

82. पदार्थ की संपत्ति जिसके कारण एक शरीर विकृत बल को हटाने के बाद अपने मूल आकार और आकार को फिर से प्राप्त करता है, इसे प्रत्यास्थता कहा जाता है। नमनीयता गुण के द्वारा पदार्थ की वह संपत्ति है, जिसके विकृत बल को हटाने के बाद यह अपने मूल आकार और आकार को पुनः प्राप्त नहीं करता है।

अत: विकल्प (C) सही है।

83. आइसोप्रीन कई पौधों और जानवरों द्वारा निर्मित होता है और इसके पॉलिमर प्राकृतिक रबड़ का मुख्य घटक हैं। अपने शुद्ध रूप में यह एक बेरंग वाष्पशील तरल है। प्राकृतिक रबर, जिसे भारत रबर, लेटेक्स, अमेजोनियन रबर, काचुओ या कॉउटचौक भी कहा जाता है, जैसा कि शुरू में उत्पादन किया गया था, में कार्बनिक यौगिक आइसोप्रीन के पॉलिमर होते हैं, अन्य कार्बनिक यौगिकों के मामूली अशुद्धियों के साथ, पानी भी।

अत: विकल्प (B) सही है।

84. रॉबर्ट कोच को दुनिया हैजा और टी.बी. जैसी बीमारियों के कीटाणुओं की खोज करने वाले शख्स के तौर पर जानती है।

रॉबर्ट कोच जर्मन चिकित्सक और जीवाणु विज्ञान के संस्थापकों में से एक थे। जीवाणुरोधी विज्ञान के एक संस्थापक के रूप में, रॉबर्ट कोच (1843-1910) ने दुनिया भर में प्रसिद्धि प्राप्त की, जिसमें 1882 में ट्यूबरकल बेसिलस की उनकी खोज की पावती शामिल थी, जो क्षय रोग और 1884 में हैजा बैसिलस, विब्रियो कोलेरे का कारण बनी।

अत: विकल्प (D) सही है।

85. जिनेवा स्थित विश्व बौद्धिक संपदा संगठन की एक रिपोर्ट के अनुसार, ग्लोबल इनोवेशन इंडेक्स 2022 में भारत छह पायदान चढ़कर 40वें स्थान पर पहुंच गया है। तुर्की और भारत ने पहली बार शीर्ष 40 में प्रवेश किया, क्रमशः 37वें और 40वें स्थान पर रहे। स्विट्जरलैंड ने लगातार 12वें साल रैंकिंग में शीर्ष स्थान हासिल किया है। इंडेक्स की शुरुआत 2007 में सौमित्र दत्ता ने की थी।

अतः विकल्प (D) सही है।

86. बेन्सन एंड हेजेस कप इंग्लैंड और वेल्स में प्रथम श्रेणी की काउंटियों के लिए एक दिवसीय क्रिकेट प्रतियोगिता थी जो 1972 से 2002 तक आयोजित की गई थी, जो क्रिकेट के सबसे लंबे प्रायोजन सौदों में से एक था।

अतः विकल्प (B) सही है।

87. फेडरेशन इंटरनेशनल डेस एचेक्स (FIDE), या विश्व शतरंज संघ, का गठन रविवार, 20 जुलाई, 1924 को हुआ था। विश्व शतरंज संघ (फेडरेशन इंटरनेशनल डेस एचेक्स- FIDE) विश्व स्तर पर खेल के संगठन के लिए जिम्मेदार सर्वोच्च निकाय है। 1999 में, FIDE को अंतर्राष्ट्रीय ओलंपिक समिति (IOC) ने मान्यता दी थी। मई 2022 तक, FIDE के 200 सदस्य संघ हैं।

अतः विकल्प (B) सही है।

88. साबरकांठा जिले में स्थित गुजरात का अकोदरा गांव भारत का पहला डिजिटल गांव बना था।

- आईसीआईसीआई बैंक ने 2015 में अपने डिजिटल विलेज प्रोजेक्ट के तहत अकोदरा गांव को गोद लिया और डिजिटल तकनीक अपनाकर कैशलेस बना दिया।
- गांव की अपनी आधिकारिक वेबसाइट है, हिंदी, अंग्रेजी और गुजराती भाषाओं में 100% वित्तीय दर और मोबाइल बैंकिंग सुविधाएं हैं।
- डिजिटल इंडिया की शुरुआत प्रधानमंत्री नरेंद्र मोदी ने 1 जुलाई 2015 को की थी।

अतः विकल्प (C) सही है।

89. जापान के पूर्व प्रधानमंत्री शिंजो अबे को 23 जनवरी 2022 को नेताजी रिसर्च ब्यूरो द्वारा नेताजी पुरस्कार 2022 से सम्मानित किया गया।

- कोलकाता में जापान के महावाणिज्यदूत नाकामुरा युताका ने अबे की ओर से सम्मान प्राप्त किया।
- शिंजो अबे ने 2006 से 2007 तक और फिर 2012- 2020 तक जापान के पीएम के रूप में कार्य किया।
- वह जापान के इतिहास में सबसे लंबे समय तक रहने वाले प्रधान मंत्री हैं।

अतः विकल्प (C) सही है।

90. केंद्रीय सूचना आयोग (CIC) कार्मिक मंत्रालय के अंतर्गत आता है।

- केंद्रीय सूचना आयोग (CIC) एक वैधानिक निकाय है, जिसकी स्थापना सूचना का अधिकार अधिनियम 2005 के तहत की गई थी।
- आयोग में एक मुख्य सूचना आयुक्त और 10 से अधिक सूचना आयुक्त शामिल हैं जिन्हें भारत के राष्ट्रपति द्वारा नियुक्त किया जाता है।
- श्री बिमल जुल्का जून 2020 तक भारत के वर्तमान सीआईसी है।
- प्रधान मंत्री, श्री नरेंद्र मोदी कार्मिक मंत्रालय के वर्तमान प्रमुख हैं।

अत: विकल्प (C) सही है।

91. संविधान का अनुच्छेद 169 संसद को किसी राज्य में एक परिषद बनाने या समाप्त करने की अनुमति देता है "यदि राज्य की विधान सभा उस प्रभाव के लिए एक प्रस्ताव पारित करती है।

- संकल्प विधानसभा की कुल सदस्यता का बहुमत और विधानसभा में उपस्थित और मतदान करने वाले सदस्यों के कम से कम दो-तिहाई बहुमत से होना चाहिए।
- भारत में एक द्विसदनीय प्रणाली है यानी संसद के दो सदन।
- राज्य स्तर पर, लोकसभा के समकक्ष विधान सभा होती है और राज्यसभा के समकक्ष विधान परिषद होती है।
- अनुच्छेद 169 राज्यों में विधान परिषदों के निर्माण और उन्मूलन का प्रावधान करता है।

अत: विकल्प (B) सही है।

92. डिजिटाइज़िंग टैबलेट एक परिधीय उपकरण है, जो उपयोगकर्ताओं को कंप्यूटर स्क्रीन पर चित्रकारी करने की अनुमति देता है।

- टैकबॉल एक पॉइंटिंग डिवाइस है जो सॉकेट में रखे बॉल से बना होता है, जिसमें एक ऊपर की ओर-नीचे माउस के समान दो एक्सिस के बारे में बॉल के रोटेशन का पता लगाने के लिए सेंसर होता है।
- जॉयस्टिक लीवर-प्रकार का एक उपकरण है जिसे कई दिशाओं में घुमाया जा सकता है।
- कंप्यूटर या समान डिस्प्ले स्क्रीन पर एक छवि की गति को नियंत्रित करने के लिए उपयोग किया जाता है।
- स्कैनर एक मशीन होती है जिसके द्वारा किसी छपी हुई सामग्री यथा चित्र आदि को डिजिटल रूप में बदला जाता है।

अतः विकल्प (C) सही है।

93. कंप्यूटर की मेमोरी को दो श्रेणियों में वर्गीकृत किया जाता है प्राथमिक और माध्यमिक मेमोरी। प्राइमरी मेमोरी कंप्यूटर की मुख्य मेमोरी होती है जहाँ वर्तमान में प्रोसेसिंग डाटा रहता है। कंप्यूटर की द्वितीयक मेमोरी सहायक मेमोरी होती है, जहां लंबे समय तक या स्थायी रूप से संग्रहित होने वाला डेटा रखा जाता है।

अतः विकल्प (A) सही है।

94. संरचनात्मक रूप से, मेघालय दक्कन पठार का एक हिस्सा है। मेघालय दक्कन पठार के एक अलग ब्लॉक द्वारा गठित एक उच्चभूमि क्षेत्र है। इसके शिखर की ऊंचाई 4,000 से 6,000 फीट (1,220 से 1,830 मीटर तक) है। प्रायद्वीपीय भारत का दक्कन पठार राजमहल पहाड़ियों से आगे पूर्व में मेघालय या शिलांग पठार तक फैला हुआ है।

अतः विकल्प (B) सही है।

95. स्थलमंडल की अधिकतम गहराई प्रशांत महासागर में पाई जाती है।

मारियाना ट्रेंच समुद्र का सबसे गहरा हिस्सा है और पृथ्वी पर सबसे गहरा स्थान लगभग 11,035 मीटर (36,201 फीट) गहरा है। मारियाना ट्रेंच का सबसे गहरा बिंदु चैलेंजर डीप है। यह दक्षिण प्रशांत महासागर में स्थित है और इसलिए लिथोस्फीयर की अधिकतम गहराई प्रशांत महासागर में पाई जाती है।

अतः विकल्प (A) सही है।

96. गीतांजलि पुस्तक के लिए रबीन्द्र नाथ टैगोर को नोबेल पुरस्कार मिला।

- रबीन्द्र नाथ टैगोर एक बंगाली कवि, लेखक और चित्रकार थे।
- उन्हें 1913 में साहित्य के नोबेल पुरस्कार से सम्मानित किया गया था।
- वह साहित्य के लिए नोबेल पुरस्कार पाने वाले पहले गैर-यूरोपीय हैं।
- रबीन्द्र नाथ टैगोर को उनकी कृति गीतांजलि के लिए नोबेल पुरस्कार मिला।

अतः विकल्प (B) सही है।

97. सौभाग्य योजना का उद्देश्य सार्वभौमिक घरेलू विद्युतीकरण है।

यह योजना सितंबर 2017 में पूरे देश में ग्रामीण क्षेत्रों में सभी घरों और शहरी क्षेत्रों में सभी गरीब परिवारों को अंतिम-मील कनेक्टिविटी और बिजली कनेक्शन प्रदान करके सार्वभौमिक घरेलू विद्युतीकरण प्राप्त करने के उद्देश्य से शुरू की गई थी। यह योजना 16,320 करोड़ रुपये के परिव्यय के साथ शुरू की गई थी।

अतः विकल्प (B) सही है।

98. दरवान सिंह नेगी प्रथम विश्व युद्ध (1914-18) के दौरान पहली गढ़वाल राइफल्स के नायक थे।

दरवान सिंह नेगी वीसी (नवंबर 1881 - 24 जून 1950) एच.एम. के हाथों विक्टोरिया क्रॉस प्राप्त करने वाले दूसरे भारतीय सैनिक थे। युद्ध के मैदान पर राजा सम्राट और विक्टोरिया क्रॉस (वीसी) के शुरुआती भारतीय प्राप्तकर्ताओं में से एक थे, जो दुश्मन के सामने वीरता के लिए सर्वोच्च और सबसे प्रतिष्ठित पुरस्कार है जो ब्रिटिश और राष्ट्रमंडल बलों को दिया जा सकता है।

अतः विकल्प (B) सही है।

99. औद्योगिक अपशिष्ट जल प्रदूषक समुद्री प्रदूषण का प्रमुख स्रोत है।

औद्योगिक अपशिष्ट जल: छोटे और बड़े पैमाने के उद्योग जैसे लोहा और इस्पात उद्योग, विनिर्माण उद्योग जैसे साबुन और डिटर्जेंट, रासायनिक संयंत्र, खाद्य प्रसंस्करण उद्योग, क्लोराइड, सल्फेट, नाइट्रेट, एसिड, भारी धातु और निलंबित ठोस आदि। जैसे अकार्बनिक प्रदूषकों का उत्सर्जन करते हैं।

अतः विकल्प (C) सही है।

100. अंतर्राष्ट्रीय वित्तीय सेवा केंद्र प्राधिकरण (IFSCA) और GVFL लिमिटेड ने गिफ्ट सिटी, गुजरात में IFSCA के कार्यालय में एक समझौता ज्ञापन पर हस्ताक्षर किए।

GIFT IFSC में फिनटेक पारितंत्र को समर्थन और सुविधा प्रदान करने के लिए सहयोग और सहभागिता के लिए इस पर हस्ताक्षर किए गए हैं। IFSCA एक एकीकृत नियामक है जो IFSC में वित्तीय उत्पादों, वित्तीय सेवाओं और संस्थानों के विकास और विनियमन के लिए जिम्मेदार है।

अतः विकल्प (D) सही है।

English Language

Q.1 Direction: Select the most appropriate meaning of the underlined idiom in the given sentence.

This problem is <u>a hard nut to crack</u>, it will take longer than they imagined.

A. involves breaking nuts
B. is not interesting enough
C. is difficult to solve
D. needs a lot of work

Q.2 Direction: Select the most appropriate meaning of the underlined idiom in the given sentence.

My aunt has <u>the gift of the gab</u> and can socialize in any group.

A. ability to cook well
B. ability to criticize anyone
C. ability to spend time anywhere
D. ability to speak eloquently

Q.3 Direction: Choose the option that is the passive form of the sentence.

The tennis ball hit Dhiraj on the head.

A. Dhiraj had been hit on the head by the tennis ball.
B. Dhiraj was hit on the head by the tennis ball.
C. The tennis ball was being hit by Dhiraj.
D. Dhiraj was being hit on the head by the tennis ball.

Q.4 Direction: Choose the option that is the direct form of the sentence.

The counter clerk asked me what my mobile number was.

A. The counter clerk asked to me, "What was your mobile number?"
B. The counter clerk asked me, "What is your mobile number?"
C. The counter clerk enquired me, "What is your mobile number?"
D. The counter clerk asks me, "What is your mobile number?"

Q.5 Direction: Select the word which means the same as the group of words given.

Branch of physics dealing with the properties of sound.

A. Mechanics
B. Radiation
C. Acoustics
D. Audition

Q.6 Choose the correctly spelt word from the option:

[Allahabad High Court ARO, 2020]

A. Persumptions
B. Blatant
C. Cumullative
D. Benovolent

Q.7 Direction: Which of the following words is opposite in meaning to the underlined word?

Molly was very <u>optimistic</u> about the son's new tuition teacher.

A. Sadistic
B. Pessimistic
C. Regressive
D. Punctual

Q.8 Direction: In the following question, out of the four alternatives, select the word similar in meaning to the given word.

Betray

A. Conceal
B. Loyal
C. Deceive
D. Devoted

Ques (9-11):Direction: Fill in the blanks in the following sentences by the most suitable option.

Q.9 The _______ of our civilization from an agricultural society to today's complex industrial world was accompanied by war.

A. Adjustment
B. Migration
C. Route
D. Metamorphosis

Q.10 _______ pollution control measures are expensive, many industries hesitate to adopt them.

A. Although
B. However
C. Because
D. Despite

Q.11 I'm wondering _______ to have the fish or the beef.

A. whether
B. wither
C. weather
D. whither

Q.12 Direction: In these questions, out of the four alternatives choose the one which can be substituted for the given words/sentence.

A person who devotes his/her life for the welfare of others

A. Altruist
B. Hermit
C. Volunteer
D. Martyr

Q.13 Direction: In the following question, out of the given four alternatives, select the one which is opposite in the meaning of the given word.

Opportunist

A. Agnostic
B. Altruist
C. Assertive
D. Abusive

Q.14 Direction: The question is split into parts (a), (b), (c) and (d), Here some parts of the sentences have errors and remainings are correct. Find out which part of a sentence has an error. If a sentence is free from error, your answer is No error.

You don't have a (a)/ monopoly on suffering; (b)/ other people don't have problems too. (c)/ No error (d)

A. (a)
B. (b)
C. (c)
D. (d)

Q.15 Direction: In the following question, out of the four alternatives, select the word similar in meaning to the given word.

Anguish

A. Comfort
B. Consolation
C. Distress
D. Solace

Ques (16-20):Direction: Read the following text and complete it using the words given in the options.

An old couple was asking for water on the pavement outside an office. They ___ (1) ___ to be pitifully poor. When asked where they were ___ (2) ___ to, they told that they had come

from a ___ (3) ___ village to get their cataract-afflicted eyes operated. But they were stranded. The stranger who had ___ (4) ___ them there with a promise of treatment was ___ (5) ___.

Q.16 Which of the following words fits gap (1)?
A. Appeared
B. Liked
C. Wanted
D. Apparently

Q.17 Which of the following words fits gap (2)?
A. Footing
B. Tourist
C. Headed
D. Journey

Q.18 Which of the following words fits gap (3)?
A. Distantly
B. Nearby
C. Nearing
D. Residential

Q.19 Which of the following words fits gap (4)?
A. Brought
B. Walked
C. Took
D. Asked

Q.20 Which of the following words fits gap (5)?
A. Retraceable
B. Missed
C. Forgotten
D. Untractable

Q.21 Direction: Rearrange the following parts (P, Q, R and S) in the proper sequence to obtain a correct sentence.

P. Within but a few years, our notion of the natural world would be forever changed. A scientific and societal revolution quickly ensued.

Q. From the dawn of humankind to a mere 400 years ago, all that we knew about our universe came through observations with the naked eye.

R. Then Galileo turned his telescope toward the heavens in 1610.

S. Saturn, we learned, had rings. Jupiter had moons. That nebulous patch across the center of the sky called the Milky Way was not a cloud but a collection of countless stars.

A. QRSP
B. RSPQ
C. SPQR
D. PQRS

Q.22 A part of the sentence is underlined. Below are given alternatives to the underlined part as (A), (B), (C) which may improve the sentence. Choose the correct alternative. In case no improvement is required, your answer is (D).

Poisonous waste from factories is <u>hazardous</u> to the environment.
A. Toxic
B. Troublesome
C. Effluent
D. No improvement

Q.23 Direction: Each of the following items in this section consists of a sentence, parts of which have been jumbled. These parts have been labelled as P, Q, R and S. You are required to re-arrange the jumbled parts of the sentence and mark your responses.

to art galleries has (P)/ a long history (Q)/ taking young children (R)/ the debate about (S)
A. PQRS
B. QPSR
C. SRPQ
D. RSPQ

Q.24 Direction: A part of the sentence is underlined. Below are given alternatives to the underlined part as (A), (B), (C) which may improve the sentence. Choose the correct alternative. In case no improvement is required, your answer is (D).

My uncle lives in nearby apartments <u>whose name</u> I have forgotten.
A. The name of which
B. Which name
C. Name of which
D. No improvement

Q.25 A word is spelt in four different ways. Identify the one which is correct and mark your answer accordingly.
A. Magnificent
B. Magnificant
C. Magneficent
D. Magenficient

General Intelligence

Q.26 यदि एक दर्पण रेखा AB पर रखा जाता है, तो कौन-सी उत्तर आकृति दी गई आकृति का सही प्रतिबिम्ब है?

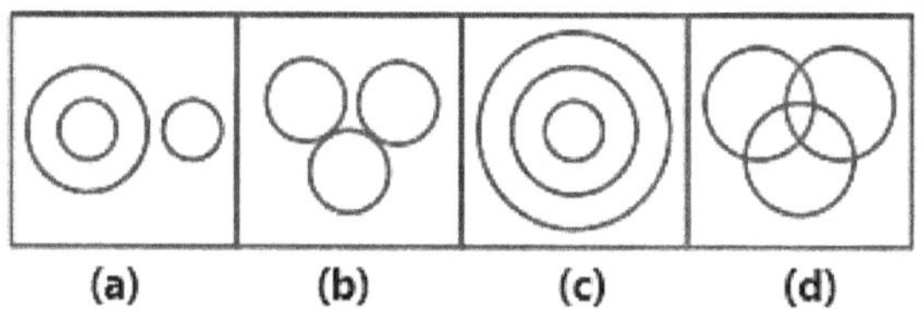

[SSC MTS, 2019], [SSC MTS, 2017]

A. INCUBATOR (mirrored)
B. INCUBATOR (mirrored)
C. INCUBATOR (mirrored)
D. INCUBATOR (mirrored)

Q.27 यदि × को - द्वारा प्रतिस्थापित किया जाता है, - को ÷ द्वारा प्रतिस्थापित किया जाता है, ÷ को + द्वारा प्रतिस्थापित किया जाता है और + को × द्वारा प्रतिस्थापित किया जाता है।
100 × 5 + 272 - 17 ÷ 4 का मान ज्ञात करें।
A. 242
B. 361
C. 24
D. 25

Q.28 निम्नलिखित समीकरण गलत है। समीकरण को सही करने के लिए कौन से दो चिह्नों को आपस में बदलना चाहिए?
18 + 26 - 25 × 10 ÷ 5 = 42
A. - और +
B. ÷ और ×
C. × और -
D. ÷ और -

Q.29 निम्नलिखित में से कौन-सा समूह सही नहीं है?
A. अल्बानिया - अल्जीयर्स
B. ब्राजील - ब्रासीलिया
C. कनाडा - ओटावा
D. अंगोला - लुआंडा

Q.30 निम्नलिखित आरेख में से कौन इन सबके बीच संबंध दर्शाता है।
आयरलैंड, डबलिन, ग्रीस

(a)	(b)	(c)	(d)

[UP Police Sub Inspector, 2017]

A. (a)
B. (b)
C. (c)
D. (d)

Q.31 निर्देश: इस एंबेडेड फिगर टेस्ट में, प्रश्न आकृति और चार उत्तर आकृतियाँ दी गई हैं, जिनसे उम्मीदवारों को छिपी हुई प्रश्न आकृति का पता लगाना है। दिए गए उत्तर आंकड़ों के तहत चिह्नित सही विकल्प A, B, C और D चुनें।

प्रश्न आकृति

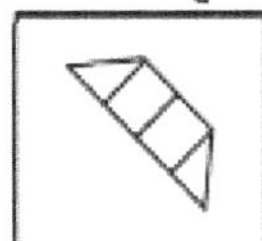

उत्तर आकृति

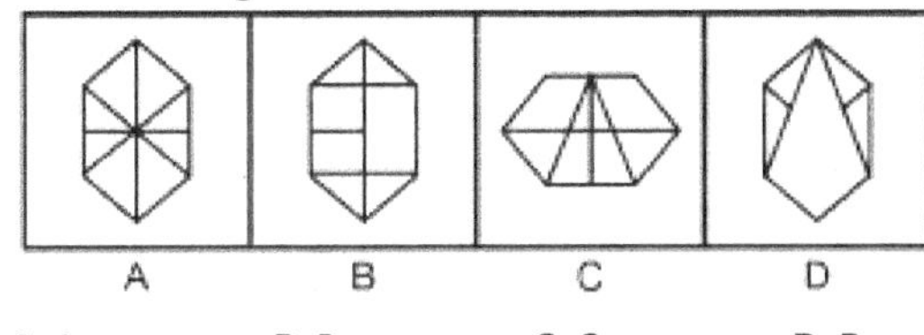

A. A   **B.** B   **C.** C   **D.** D

Q.32 चार विकल्पों में से यह पता करें कि बिंदीदार रेखा पर पारदर्शी शीट को मोड़ने पर पैटर्न कैसे दिखाई देगा।

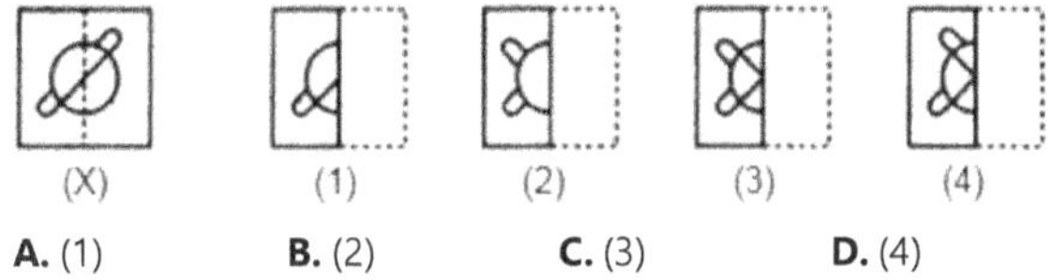

A. (1)   **B.** (2)   **C.** (3)   **D.** (4)

Q.33 यदि MEGASTAR को 76 के रूप में कूटबद्ध किया जाता है और ENTER को 57 के रूप में कूटबद्ध किया जाता है, तो CAPSLOCK को किस प्रकार कूटबद्ध किया जाएगा?

[SSC Selection Post Phase IX, 2020]

A. 80   **B.** 88   **C.** 72   **D.** 64

Q.34 एक निश्चित कूट भाषा में, ABSOLUTE को ETULOSBA लिखा जाता है। उस भाषा में, CHAMPION को किस प्रकार लिखा जाएगा?

[SSC Selection Post Phase IX, 2020]

A. NOIMPAHC   **B.** NOIPMAHC
C. AHCPMNOI   **D.** AHCMONPI

Q.35 दिए गए आकृति में त्रिभुजों की संख्या ज्ञात कीजिए।

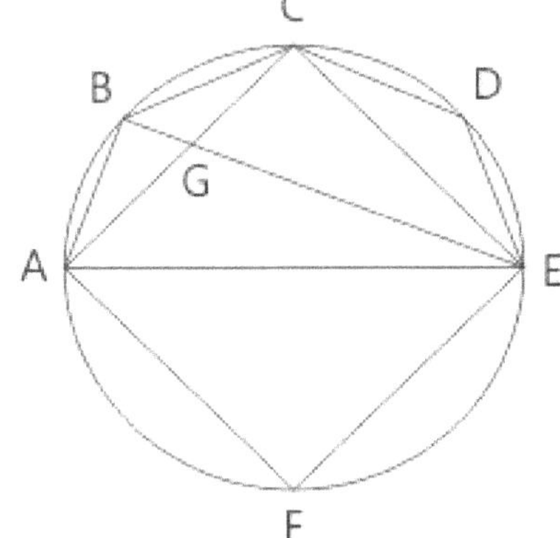

A. 8   **B.** 10
C. 11   **D.** 12

Q.36 निर्देश: निम्नलिखित प्रश्न में, अक्षरांकीय सेट का चयन करें को '?' के स्थान पर आएगा।

C4X, F9U, I16R, ?

A. L25O   **B.** L25P   **C.** L27P   **D.** K25P

Q.37 P, S का पिता है, जो Q की पत्नी है। R, Q का बेटा है। P, R से कैसे संबंधित है?

A. बेटा   **B.** नाना   **C.** दादा   **D.** पोता

Q.38 पासे में 6 के विपरीत फलक पर कौन सी संख्या है जिसके चार दृश्य नीचे दिए गए हैं?

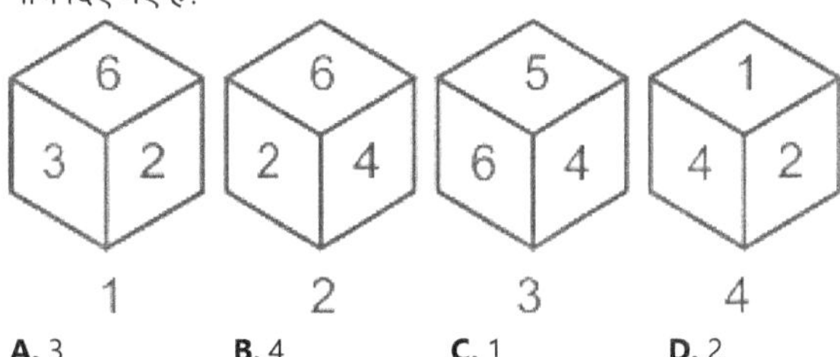

A. 3   **B.** 4   **C.** 1   **D.** 2

Q.39 निर्देश: निम्नलिखित प्रश्नों में दिए गए विकल्पों में से संबंधित शब्द का चयन कीजिए।

अध्ययन : ज्ञान :: कार्य : ?

A. प्रयोग   **B.** सेवा   **C.** अनुभव   **D.** नियुक्ति

Ques (40-41):निर्देश: निम्नलिखित प्रश्न में, एक संख्या श्रृंखला दी गई है जिसमें एक पद लुप्त है। सही विकल्प का चयन कीजिए जो समान स्वरुप को जारी रखेगा।

Q.40 3, 20, 63, 144, 275, _______

[Territorial Army Officer, 2017]

A. 554   **B.** 548   **C.** 468   **D.** 354

Q.41 8, 12, 18, 27, _______

[Territorial Army Officer, 2017]

A. 36   **B.** 44   **C.** $37\frac{1}{2}$ **D.** $40\frac{1}{2}$

Q.42 निर्देश: निम्नलिखित प्रश्नों में, एक वर्णमाला श्रृंखला के विभिन्न पद दिए गए हैं जिनमें एक लुप्त पद है, जैसा कि (?) द्वारा दर्शाया गया है, दिए गए विकल्पों में से लुप्त पद का चयन करें।

N5V, K7T, ? E14P, B19N

A. H9R   **B.** H10Q   **C.** H10R   **D.** I10R

Q.43 यदि $\div$ का अर्थ $+$, $-$ का अर्थ $\div$, $\times$ का अर्थ $-$ और $+$ का अर्थ $\times$ है, तो $\dfrac{(36\times4)-8\times4}{4+8\times2+16\div1}$

[Territorial Army Officer, 2017]

A. 0   **B.** 8   **C.** 12   **D.** 16

Q.44 यदि 1 जनवरी 2020 को रविवार है, तो 31 दिसंबर 2020 को कौन सा दिन होगा?

A. सोमवार   **B.** मंगलवार   **C.** बुधवार   **D.** गुरुवार

Q.45 निर्देश: सही विकल्प का चयन कीजिये जो दिए गए शब्दों की व्यवस्था को उसी क्रम में इंगित करता है जिस क्रम में वे अंग्रेजी शब्दकोश में दिखाई देते हैं।

1. Letter
2. Lexicon
3. Latitude
4. Leverage
5. Lovable
6. Levy
7. Latent

A. 7, 3, 1, 6, 4, 2, 5   **B.** 7, 3, 1, 2, 6, 4, 5
C. 7, 3, 1, 4, 2, 6, 5   **D.** 7, 3, 1, 4, 6, 2, 5

Q.46 निर्देश: उस विकल्प का चयन कीजिए जिसका तीसरे शब्द से वही संबंध है, जो संबंध दूसरे शब्द का पहले शब्द से है।

जुआ खेलना : कसीनो :: अभिनय करना : ?

A. क्लब **B.** जिम **C.** जिम **D.** रंगमंच

Q.47 * चिह्नों को क्रमिक रूप से बदलने और दिए गए समीकरण को संतुलित करने के लिए गणितीय चिह्नों के सही अनुक्रम का चयन कीजिये।

$16 * 280 * 6 * 84 * 4 = 0$

A. $-, ×, +, ÷$ **B.** $×, -, ÷, +$
C. $÷, +, -, ×$ **D.** $-, ×, ÷, +$

Q.48 सचिन राहुल से 4 वर्ष छोटा है। यदि उनकी आयु क्रमशः 7:9 के अनुपात में है, तो सचिन की आयु कितनी है?

A. 16 वर्ष **B.** 18 वर्ष
C. 28 वर्ष **D.** इनमें से कोई नहीं

Q.49 निर्देश: निम्नलिखित प्रश्न में कुछ कथन और उसके बाद कुछ निष्कर्ष दिए गए हैं। आपको दिए गए कथनों को सत्य मानना है भले ही वे ज्ञात तथ्यों से अलग प्रतीत होते हों, सभी निष्कर्षों को पढ़िए और फिर तय कीजिये कि दिया गया कौन सा निष्कर्ष दिए गए कथन का तार्किक रूप से अनुसरण करता है।

कथन:

कुछ जियो एयरटेल हैं।

कोई एयरटेल आइडिया नहीं है।

केवल कुछ आइडिया एयरसेल हैं।

निष्कर्ष:

I. सभी जियो की आइडिया होने की संभावना है।

II. कुछ एयरसेल आइडिया नहीं हैं।

A. केवल I अनुसरण करता है

B. केवल II अनुसरण करता है

C. या तो I या II अनुसरण करता है

D. न तो I न ही II अनुसरण करता है

Q.50 दिए गए समीकरण को सही बनाने के लिए दिए गए विकल्पों में से किन दो संख्याओं (संख्याओं के अंक नहीं) को परस्पर बदला जाना चाहिए?

$52 ÷ 13 + 6 - 25 × 2 = 17$

A. 6 और 25 **B.** 13 और 2
C. 13 और 25 **D.** 6 और 2

Quantitative Aptitude

Q.51 यदि 5% की दर से धन की राशि पर अर्जित साधारण और चक्रवृद्धि ब्याज के बीच का अंतर 2 साल के लिए 16 रु. प्रिंसिपल का पता लगाएं।

A. 6200 रु. **B.** 6400 रु.
C. 6250 रु. **D.** इनमें से कोई नहीं

Q.52 $3\sin x - 4\sin^3 x$ की सबसे लंबी अवधि क्या है?

A. $2π$ **B.** $\frac{π}{3}$
C. $\frac{2π}{3}$ **D.** उपरोक्त में से कोई नहीं

Q.53 विस्तार $\left(x - \frac{1}{x}\right)^{11}$ में मध्य पद क्या है?

A. $462x$ **B.** $66x$ और $-66x^2$
C. $36x$ और $-46x^2$ **D.** $\frac{462}{x}$ और $-462x$

Q.54 यदि $x + \frac{1}{x} = 5$ है, तो $\frac{2x}{3x^2 - 5x + 3}$ किसके बराबर है?

[Territorial Army Officer, 2017]

A. 5 **B.** $\frac{1}{5}$ **C.** 3 **D.** $\frac{1}{3}$

Q.55 निम्नलिखित में से कौन सी संख्या 3,4,5 और 6 से विभाज्य है?

[Jawahar Navodaya Entrance Class VI, 2019]

A. 36 **B.** 60 **C.** 80 **D.** 90

Q.56 45 छात्रों की कक्षा के प्रत्येक छात्र को 2 पेन और 3 पेंसिल दी जानी हैं। यदि एक पेंसिल की कीमत 1 रु. और पेन की कीमत 4 रु. है तो पूरी कक्षा के लिए पेन और पेंसिल की कुल कीमत क्या होगी?

A. 485 रु. **B.** 490 रु. **C.** 495 रु. **D.** 395 रु.

Q.57 निर्देश: निम्नलिखित तालिका चार्ट का ध्यानपूर्वक अध्ययन करें और दिए गए प्रश्नों के उत्तर दें।

निम्न तालिका पाँच विषयों के अधिकतम अंक और पाँच विषयों में पाँच छात्रों द्वारा प्राप्त अंकों का प्रतिनिधित्व करती है।

छात्र	भौतिकी (75 में से)	गणित (100 में से)	रसायन विज्ञान (75 में से)	जीवविज्ञान (75 में से)	अंग्रेजी (120 में से)
रागिनी	56	65	45	38	95
रोहन	60	52	62	55	88
सोहन	50	78	70	58	88
मोहिनी	55	82	65	66	110
मोहन	42	96	64	72	104

रसायन विज्ञान और जीव विज्ञान में रागिनी द्वारा प्राप्त अंक एक साथ भौतिकी और गणित में मोहिनी द्वारा प्राप्त अंकों का प्रतिशत है?

A. 66.23% **B.** 60.58% **C.** 58.34% **D.** 54.32%

Q.58 एक हेलीकाप्टर 6 घंटे में 180 किमी/घंटे की गति से एक निश्चित दूरी तय करता है। वही दूरी $\frac{10}{3}$ घंटे में तय करने के लिए, उसे किस गति से यात्रा करनी होगी?

[UP Police Sub Inspector, 2017]

A. 360 किमी/घंटे **B.** 344 किमी/घंटे
C. 315 किमी/घंटे **D.** 324 किमी/घंटे

Q.59 एक मिश्रण में, अल्कोहल और पानी का अनुपात $6:5$ है। जब 22 लीटर मिश्रण को पानी से बदल दिया जाता है, तो अनुपात $9:13$ हो जाता है। प्रतिस्थापन के बाद अल्कोहल की मात्रा ज्ञात कीजिये।t.

A. 40 लीटर **B.** 42 लीटर **C.** 36 लीटर **D.** 34 लीटर

Q.60 यदि एक निश्चित बिल पर 42% और 15% की दो क्रमागत छूट के बीच का अंतर 42.75 रुपये है। तब बिल की राशि (रुपये में) ज्ञात कीजिए।

A. 300 **B.** 320 **C.** 250 **D.** 350

Q.61 6 के पहले 13 गुणज का माध्य ज्ञात कीजिए।

A. 30 **B.** 33 **C.** 36 **D.** 42

Q.62 $\sqrt{10 + \sqrt{25 + \sqrt{121}}}$ का मान क्या है?

A. 12 **B.** 14 **C.** 15 **D.** 4

Q.63 एक आयताकार मैदान की परिधि 84 मीटर है। यदि मैदान की लम्बाई उसकी चौड़ाई के दोगुना से 3 मीटर अधिक है, तब मैदान की लम्बाई क्या है?

A. 23 मीटर **B.** 25 मीटर
C. 27 मीटर **D.** इनमें से कोई नहीं

Q.64 3 सेमी त्रिज्या वाले एक गोले को आंशिक रूप से पानी से भरे एक बेलनाकार बर्तन में गिराया जाता है। बर्तन की त्रिज्या 6 सेमी है। यदि गोला पूर्णतः डूब जाता है। तो पानी के स्तर में कितनी वृद्धि होती है?

A. 1 सेमी **B.** 2 सेमी **C.** 3 सेमी **D.** 4 सेमी

Q.65 नीचे दी गई आकृति में, एक वृत्त की त्रिज्या 7 सेमी है, और बिंदु A वृत्त के केंद्र से 25 सेमी दूर है। यदि $AB = 36$ सेमी और $BR = 9$ सेमी है, तो जीवा RS की लंबाई क्या है?

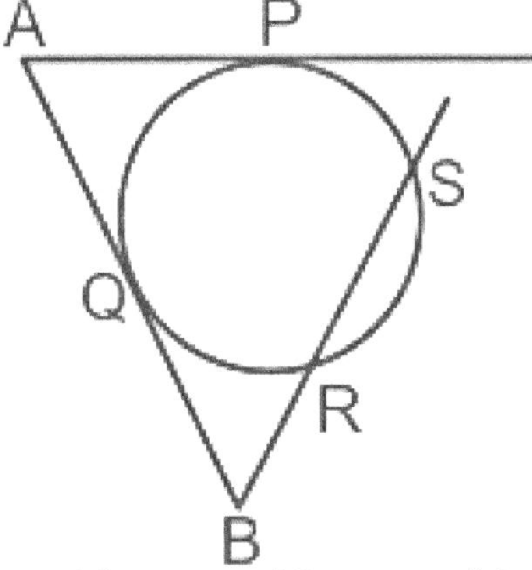

A. 8 सेमी **B.** 7 सेमी **C.** 9 सेमी **D.** 6 सेमी

Q.66 राहुल के पास एक थैले में 1 रुपए, 50 पैसे और 25 पैसे के सिक्के हैं और सिक्कों की संख्या का अनुपात $1:\frac{1}{2}:\frac{1}{3}$ है। यदि राहुल के पास कुल 1120 रुपए हैं, तब 25 पैसे के सिक्कों का कुल मूल्य ज्ञात कीजिए।

A. 60 रुपए **B.** 84 रुपए **C.** 96 रुपए **D.** 70 रुपए

Q.67 $\frac{\sin3\theta - \cos3\theta}{\sin\theta + \cos\theta} + 1 = ?$

A. $2\sin2\theta$ **B.** $2\cos2\theta$ **C.** $\tan2\theta$ **D.** $\cot2\theta$

Q.68 A किसी काम को 40 दिनों में कर सकता है, B उसी काम को 60 दिनों में कर सकता है और C उसी काम को 80 दिनों में कर सकता है। वे सभी एक साथ काम करना शुरू करते हैं और A 11 दिन पहले छोड़ देता है और B पूरे कार्य के पूरा होने से 8 दिन पहले छोड़ देता है, कार्य को पूरा करने में लगने वाले दिनों की संख्या ज्ञात कीजिए।

A. 26 **B.** 30 **C.** 17 **D.** 20

Q.69 आयताकार मैदान की एक भुजा 15 मीटर है और इसका एक विकर्ण 17 मीटर है, मैदान का क्षेत्रफल ज्ञात कीजिए?

A. 75 मी² **B.** 120 मी² **C.** 240 मी² **D.** 350 मी²

Q.70 दिए गए समीकरण में '?' का मान ज्ञात कीजिए।

$$72 \times 25 + 45 \times 20 = 15^3 - ?$$

A. 525 **B.** 675 **C.** 575 **D.** 625

Q.71 किसी परीक्षा में 40% छात्र गणित में असफल हो जाते है, 30% अंग्रेजी में असफल हो जाते है। 10% दोनों विषयों में असफल हो जाते है। तो दोनो विषयों में उत्तीर्ण होने वाले छात्रों का % बतायें।

A. 36% **B.** 20% **C.** 50% **D.** 40%

Q.72 निर्देश: निम्नलिखित आरेख का ध्यानपूर्वक अध्ययन कीजिये और निम्नलिखित प्रश्नों के उत्तर दीजिये:

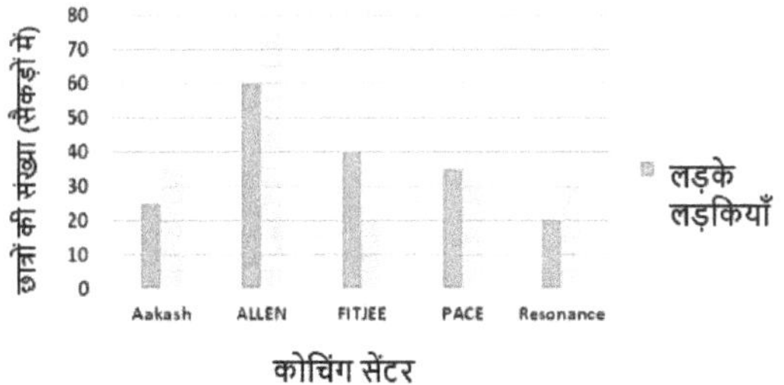

सभी कोचिंग संस्थानों में लड़कियों की संख्या, सभी कोचिंग संस्थानों में लड़कों की संख्या से लगभग कितने प्रतिशत अधिक है?

A. 8% **B.** 5% **C.** 11% **D.** 15%

Q.73 निर्देश: नीचे दिए गए प्रश्न का उत्तर देने के लिए निम्नलिखित पाई चार्ट का ध्यानपूर्वक अध्ययन करें।

खिलाड़ियों के प्रतिशत-वार वितरण जो पांच अलग-अलग खेल खेलते हैं

कुल खिलाड़ी $= 22,000$

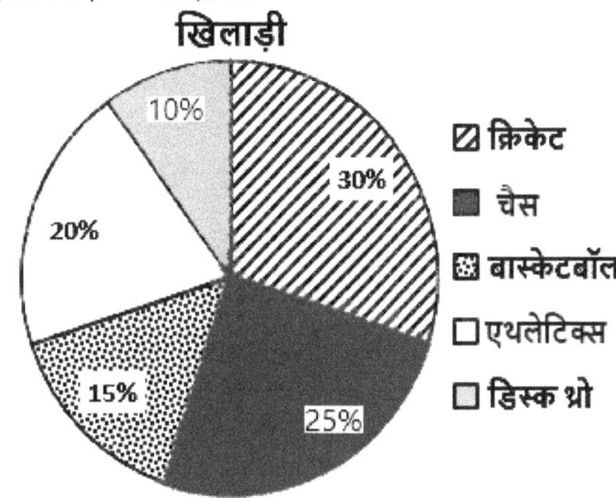

एथलेटिक्स और डिस्क थ्रो करने वाले खिलाड़ियों का अनुपात क्या है?

A. 2 : 1 **B.** 4 : 3 **C.** 5 : 1 **D.** 7 : 2

Q.74 एक व्यक्ति शांत जल में 7.5 किमी/घंटा की गति से चल सकता है। यदि धारा की गति 2.5 किमी/घंटा है, तो वह धारा के प्रतिकूल में समान दूरी के लिए धारा के अनुकूल से 3 घंटे अधिक लेता है। दूरी ज्ञात करे।

A. 37.5 किमी **B.** 27 किमी
C. 35 किमी **D.** 30 किमी

Q.75 ΔLMN में, ∠M = 70° एवं LM = NM है, तो ∠N = ________

A. 60° **B.** 55° **C.** 50° **D.** 70°

General Awareness

Q.76 निम्नलिखित में से किस राष्ट्रीय उद्यान में आठ अफ्रीकी चीतों को स्थानांतरित किया गया है?

[Delhi Forest Guard, 2020]

A. कुनो पालपुर नेशनल पार्क
B. जिम कॉर्बेट नेशनल पार्क
C. रणथंभौर नेशनल पार्क
D. काजीरंगा नेशनल पार्क

Q.77 जुलाई 2022 में, उत्तर अटलांटिक संधि संगठन (नाटो) के सदस्य राज्यों ने ________ के लिए परिग्रहण प्रोटोकॉल पर हस्ताक्षर किए हैं।

A. फिनलैंड और नॉर्वे **B.** नॉर्वे और डेनमार्क
C. फिनलैंड और स्वीडन **D.** डेनमार्क और स्पेन

Q.78 भारत के संविधान में, अंतर्राष्ट्रीय शांति और सुरक्षा को बढ़ावा देना किसमे शामिल है?

[UPSC Prelims, 2014]

A. संविधान की प्रस्तावना
B. राज्य के नीति निर्देशक सिद्धांत
C. मौलिक कर्तव्य
D. नौवीं अनुसूची

Q.79 बहमनी राजवंश की स्थापना किसने की थी?

A. निजाम सिंह
B. आलालुद्दीन हसन बहमन शाह
C. फिरोज शाह
D. शेर शाह

Q.80 सत्याग्रह दर्शन पर आधारित गाँधीजी के निम्नलिखित संघर्षों में से किसमें औद्योगिक श्रमिक वर्ग शामिल था?

[UPSC NDA, 2019]

A. चंपारन
B. खेड़ा
C. अहमदाबाद
D. बारदोली

Q.81 इनमें से कौन सी नदी का उद्गम भारत में नहीं होता है?

A. गंगा
B. यमुना
C. ब्रह्मपुत्र
D. गोदावरी

Q.82 हड़प्पा सभ्यता से सबसे पहले जुताई वाले क्षेत्र का प्रमाण ______ में पाया गया था।

A. कालीबंगा
B. भागात्रव
C. धौलावीरा
D. सुरकोटदा

Q.83 पुरुष क्रिकेट विश्व कप 2023 की मेजबानी कौन सा देश करेगा?

A. इंगलैंड
B. दक्षिण अफ्रीका
C. ऑस्ट्रेलिया
D. भारत

Q.84 36वें राष्ट्रीय खेल अहमदाबाद के शुभंकर का क्या नाम है?

A. शेर
B. सवज
C. विकास
D. लियो

Q.85 जुलाई 2022 में इण्टरनेशनल मॉनिटरी फ़ण्ड (आईएमएफ़की) 'वाल ऑफ़ फ़ॉर्मर चीफ इकोनॉमिक्स' पर प्रदर्शित होने वाली पहली महिला और दूसरी भारतीय कौन बनी हैं?

A. किरण मजूमदार शॉ
B. हेमलता अन्नामलाई
C. फाल्गुनी नायरी
D. गीता गोपीनाथ

Q.86 निम्नलिखित में से कौन सा कारक प्रभावी और कुशल नेटवर्क नहीं बनाता है?

A. प्रदर्शन
B. विश्वसनीयता
C. सर्वर लोड
D. मजबूती

Q.87 निम्नलिखित में से कौन सा एक ओपन सोर्स सॉफ्टवेयर नहीं है?

[UPSSSC Forest Guard, 2018]

A. लिनक्स
B. माइक्रोसॉफ्ट ऑफिस
C. मोज़िला फ़ायरफ़ॉक्स
D. एंड्रॉयड

Q.88 ब्राजील में कंपोज और वेनेजुएला में ललनोस उदाहरण हैं:

[CTET Paper-II (Social Science), 2019]

A. शीतोष्ण घास के मैदान
B. टुंड्रा प्रकार की वनस्पति
C. उष्णकटिबंधीय घास के मैदान
D. भूमध्यसागरीय वनस्पति

Q.89 पाचन के बारे में निम्नलिखित में से कौन सा कथन सही है?

[UPSC Central Armed Police Forces AC, 2018]

A. भोजन में मौजूद वसा ट्रिप्सिन और काइमोट्रिप्सिन द्वारा पच जाता है।
B. भोजन का स्टार्च लिपिस द्वारा पच जाता है।
C. भोजन का वसा लिपिस द्वारा पच जाता है।
D. न्यूक्लिक एसिड अमाइलेजिस द्वारा पच जाता है।

Q.90 निम्नलिखित में से कौन सी प्रक्रिया लंबी-तरंग विकिरण का हिस्सा नहीं है?

[UPSC Central Armed Police Forces AC, 2018]

A. चालन
B. प्रकीर्णन
C. संवहन
D. विकिरण

Q.91 आक्रमणकारी अभिकर्मक की उपस्थिति में कई बंधों में इलेक्ट्रॉनों का विस्थापन कहा जाता है:

A. प्रेरक प्रभाव
B. इलेक्ट्रोमेरिक प्रभाव
C. प्राथमिक स्थैतिक प्रभाव
D. अधिक संयुग्मन

Q.92 निम्नलिखित में से किस देश को 'हवाओं का देश' कहा जाता है?

[UPSC NDA, 2020]

A. भारत
B. चीन
C. डेनमार्क
D. जर्मनी

Q.93 सितंबर 2022 में लॉन्च किए गए भारतीय सांकेतिक भाषा (आईएसएल) डिक्शनरी मोबाइल एप्लिकेशन का नाम क्या है?

A. ईएसएल ऐप
B. साइन लर्न ऐप
C. भारत साइन ऐप
D. इंडिया साइन लैंग्वेज ऐप

Q.94 किस संगठन ने 2022 में 'वैश्विक जलवायु की अस्थायी स्थिति' रिपोर्ट जारी की?

A. संयुक्त राष्ट्र पर्यावरण कार्यक्रम
B. विश्व मौसम विज्ञान संगठन
C. खाद्य और कृषि संगठन
D. जलवायु परिवर्तन पर संयुक्त राष्ट्र फ्रेमवर्क कन्वेंशन

Q.95 'नेशनल फ्लोरेंस नाइटिंगेल अवार्ड्स' किस क्षेत्र में प्रदान की गई सराहनीय सेवाओं के लिए दिए जाते हैं?

A. अर्थशास्त्र
B. कला और संस्कृति
C. नर्सिंग
D. विज्ञान और तकनीक

Q.96 निम्नलिखित में से किस पुस्तक ने साहित्य 2022 के लिए 5वां जेसीबी पुरस्कार जीता है?

A. सॉन्ग ऑफ़ द सॉइल
B. द पैराडाइज़ ऑफ़ फ़ूड
C. टॉम्ब ऑफ़ सैंड
D. द फार फील्ड

Q.97 हरिप्रसाद चौरसिया का संबंध निम्नलिखित में से किस वाद्य यन्त्र से है?

A. शहनाई
B. बांसुरी
C. सरोद
D. तबला

Q.98 भारत में एकल नागरिकता का सिद्धांत कहाँ से लिया गया था?

A. इंग्लैंड
B. फ्रांस
C. कनाडा
D. अमेरिका

Q.99 पारिस्थितिकीय अनुक्रमण की प्रक्रिया के दौरान समुदायों में होने वाले परिवर्तन ______ होते हैं।

A. क्रमबद्ध और अनुक्रमिक
B. यादृच्छिक
C. बहुत तेज
D. भौतिक वातावरण से प्रभावित नहीं

Q.100 कौनसा क्षेत्र भारतीय अर्थव्यवस्था की रीढ़ है?

A. कृषि क्षेत्र
B. सेवा क्षेत्र
C. पर्यटन क्षेत्र
D. वित्तीय क्षेत्र

// स्मार्ट उत्तर पुस्तिका //

सही उत्तर — उन छात्रों का प्रतिशत जिन्होंने प्रश्नों का सही उत्तर दिया था।

छोड़ दिया — उन छात्रों का प्रतिशत जिन्होंने प्रश्नों को छोड़ दिया था।

प्रश्न संख्या	उत्तर	सही उत्तर / छोड़ दिया	प्रश्न संख्या	उत्तर	सही उत्तर / छोड़ दिया	प्रश्न संख्या	उत्तर	सही उत्तर / छोड़ दिया	प्रश्न संख्या	उत्तर	सही उत्तर / छोड़ दिया	प्रश्न संख्या	उत्तर	सही उत्तर / छोड़ दिया	प्रश्न संख्या	उत्तर	सही उत्तर / छोड़ दिया
1	C	88.31 % 11.13 %	18	B	89.94 % 10.03 %	35	B	22.98 % 73.21 %	52	C	48.19 % 45.64 %	69	B	69.24 % 30.48 %	86	C	43.11 % 51.63 %
2	D	61.34 % 37.37 %	19	A	41.7 % 34.88 %	36	A	54.03 % 35.61 %	53	D	43.65 % 37.74 %	70	B	84.48 % 11.49 %	87	B	85.15 % 12.79 %
3	B	31.94 % 67.09 %	20	C	45.47 % 36.24 %	37	B	54.0 % 42.12 %	54	B	56.24 % 34.51 %	71	D	53.87 % 34.02 %	88	C	57.18 % 39.89 %
4	B	11.59 % 85.27 %	21	A	42.63 % 47.5 %	38	C	44.6 % 51.66 %	55	B	76.8 % 16.09 %	72	C	43.11 % 46.64 %	89	C	19.01 % 80.65 %
5	C	67.96 % 30.88 %	22	A	50.33 % 42.89 %	39	C	77.79 % 15.53 %	56	C	44.57 % 40.33 %	73	A	56.76 % 37.31 %	90	B	49.55 % 38.91 %
6	B	89.37 % 10.21 %	23	C	60.48 % 33.72 %	40	C	68.13 % 31.41 %	57	B	46.22 % 49.74 %	74	D	52.12 % 44.53 %	91	B	62.5 % 36.24 %
7	B	88.13 % 11.65 %	24	A	45.53 % 52.43 %	41	D	76.7 % 21.32 %	58	D	42.42 % 39.5 %	75	B	67.32 % 30.41 %	92	C	58.7 % 38.56 %
8	C	69.25 % 30.14 %	25	A	40.87 % 49.16 %	42	C	81.31 % 17.41 %	59	C	79.4 % 11.84 %	76	A	81.23 % 11.11 %	93	B	54.3 % 35.98 %
9	D	16.04 % 71.56 %	26	A	81.75 % 18.19 %	43	A	41.36 % 54.41 %	60	A	52.85 % 41.95 %	77	C	31.61 % 67.61 %	94	B	56.51 % 40.11 %
10	C	85.52 % 11.95 %	27	C	81.46 % 11.53 %	44	A	52.29 % 39.65 %	61	D	89.27 % 10.51 %	78	B	67.91 % 31.17 %	95	C	44.81 % 54.86 %
11	A	65.57 % 31.75 %	28	A	49.92 % 36.32 %	45	D	47.71 % 33.58 %	62	D	89.17 % 10.14 %	79	B	84.12 % 13.45 %	96	B	41.27 % 32.85 %
12	A	64.81 % 31.7 %	29	A	84.53 % 14.47 %	46	D	45.27 % 50.79 %	63	D	59.47 % 31.36 %	80	C	41.88 % 30.57 %	97	B	49.2 % 48.68 %
13	B	47.52 % 50.08 %	30	A	85.73 % 11.26 %	47	D	59.72 % 37.25 %	64	A	52.82 % 36.24 %	81	C	26.52 % 69.86 %	98	A	41.9 % 30.59 %
14	C	81.57 % 10.25 %	31	B	14.6 % 77.15 %	48	D	80.73 % 11.68 %	65	B	66.13 % 31.47 %	82	A	65.63 % 32.73 %	99	A	66.05 % 30.22 %
15	C	64.19 % 32.91 %	32	D	53.25 % 45.69 %	49	D	51.6 % 34.1 %	66	D	55.43 % 35.92 %	83	D	83.23 % 15.32 %	100	A	68.29 % 30.15 %
16	A	43.36 % 35.42 %	33	C	21.11 % 70.92 %	50	A	90.0 % 10.0 %	67	A	42.8 % 39.53 %	84	B	88.58 % 10.52 %			
17	C	59.85 % 38.28 %	34	B	48.02 % 33.25 %	51	B	53.71 % 34.57 %	68	A	41.1 % 40.31 %	85	D	61.72 % 30.68 %			

//संकेत और समाधान//

1. Let's look at the meaning of the given idiom:

A Hard nut to crack - a problem that is very difficult to solve or a person who is very difficult to understand. For Example: The test problem was a hard nut to crack.

Hence, the correct option is (C).

2. 'Gift of the gab' is an idiom which means the ability to speak fluently and eloquently. A person with this gift would be a good orator.

Hence, the correct option is (D).

3. The above-given sentence is in the active voice.

We need to change it in the passive voice.

The following steps are required to change the given sentence into passive voice:

- The subject 'the tennis ball' of the active voice will become the object of the passive voice.
- The object 'Dhiraj' of the active voice will become the subject of the passive voice.
- The tense(simple past tense) will change according to the following structure:-
    - Active Voice - Subject + did + V_1 or V_2 + Object.
    - Passive Voice - Object + was/were + V_3 + by + Object.
- Thus, 'hit' will be converted to 'was hit'.

Hence, the correct option is (B).

4. The correct answer is:

The counter clerk asked me, "What is your mobile number?"

When we convert a sentence from indirect to direct speech, we make the following changes:

Quotation marks are added and the sentence ends with a full stop, comma or interrogation mark depending on the tone of the reported speech.

The tense of the verb, in the reported speech involving any order, request and instruction does not undergo any change during the conversion from indirect to direct mode. This is also true if the statement is a universal truth.

If the reporting verb is in the present tense, it does not undergo any change.

We omit the word 'to' before the verb if the verb is in bare infinitive.

When the reporting or principal verb is in the past tense, all past tenses of the indirect are changed into the corresponding present tenses.

Words expressing distance are generally converted into 'into' words expressing nearness in time or place. For eg. then becomes now, that day becomes today, that becomes this etc.

In reporting commands and requests, the verb expressing command or request is omitted and the infinitive is changed into the imperative.

In reporting questions the verbs like asked, inquired are omitted and replaced by 'said to'.

In reporting exclamations and wishes, the verb expressing exclamation or wish is omitted and simply replaced by 'said'.

Option (B) follows all the proper rules of sentence transformation.

Hence, the correct option is (B).

5. Acoustics is the correct answer.

Acoustics means the branch of physics concerned with the properties of sound.

Mechanics means the branch of applied mathematics dealing with motion and forces producing motion.

Radiation means the emission of energy as electromagnetic waves or as moving subatomic particles, especially high-energy particles which cause ionization.

Audition means an interview for a role or job as a singer, actor, dancer, or musician, consisting of a practical demonstration of the candidate's suitability and skill.

Hence, the correct option is (C).

6. The correctly spelt word is 'Blatant'.

- The word means 'very clear or obvious'.
- Example: He lifted his head in blatant rejection.

Hence, the correct option is (B).

7. Optimistic: To be hopeful and confident about the future.

Pessimistic: To see the worst aspect of something and believes that the worst will happen.

E.g. In general Neha was a very pessimistic person and so people believed bad things happened to her.

Thus, it is clear that optimistic and pessimistic are opposite terms.

Hence, the correct option is (B).

8. Betray means expose (one's country, a group, or a person) to danger by treacherously giving information to an enemy.

The meaning of the given words-

- Conceal means not allow to be seen; hide.
- Loyal means giving or showing firm and constant support or allegiance to a person or institution.
- Deceive means deliberately cause (someone) to believe something that is not true, especially for personal gain.
- Devoted means are very loving or loyal.

Clearly, 'deceive' is the correct answer.

Hence, the correct option is (C).

9. The **metamorphosis** of our civilization from an agricultural society to today's complex industrial world was accompanied by war.

Metamorphosis: a complete change of form (as part of natural development)

The sentence implies here the transformation /changes in civilization (human society) from agriculture to today's industrial world was accompanied by war.

Hence, the correct option is (D).

10. The correct word will be `because`.

The sentence implies here the reason as to why many industries hesitate to adopt pollution control measures.

Complete sentence is "Because pollution control measures are expensive, many industries hesitate to adopt them."

Hence, the correct option is (C).

11. The correct sentence is- I'm wondering **'whether'** to have the fish or the beef.

The word '**whether**' is a **conjunction** and it means '(used especially in reporting questions and expressing doubts) if, or not'. It is the most suitable option according to the context of the given sentence.

Example: I wasn't sure **whether** you'd like it.

Hence, the correct option is (A).

12. A person who devotes his/her life for the welfare of others- Altruist.

Altruist means showing a disinterested and selfless concern for the well-being of others.

Example: He's an altruist, thinking he's doing everything for the best.

Hence, the correct option is (A).

13. Opportunist: is someone who takes advantage of any and all opportunity regardless of planning or principle

Altruist: is someone who is more focused on other's well more than his own.

Agnostic: is someone who does not believe in god.

Assertive: is someone who has a dominating or forceful personality.

Abusive: is someone who is extremely offensive or insulting.

So, the antonym of "Opportunist" is "Altruist".

Hence, the correct option is (B).

14. Correct sentence: You don't have a monopoly on suffering; other people have problems too.

The error lies in Part (c) of the sentence.

The given sentence is not making complete sense.

Therefore, the use of 'Don't' in Part (c) of the sentence should be removed to make it grammatically correct.

Hence, the correct option is (C).

15. The most appropriate synonym of the given word 'Anguish' is 'Distress'.

Anguish: extreme unhappiness caused by physical or mental suffering.

Distress: a feeling of extreme worry, sadness, or pain.

Hence, the correct option is (C).

16. Word **Appeared** fits in the gap (1).

Appeared - To start to be seen or to be present

Liked - To find somebody/something pleasant

Wanted - To be interested in having or doing

Apparently - As far as one knows or can see

Hence, the correct option is (A).

17. Word **Headed** fits in gap (2).

Footing - A secure grip with one's fee

Tourist - Someone who visits a place for pleasure and interest, usually while on holiday

Headed - Having ahead of a specified kind

Journey - An act of travelling from one place to another

Hence, the correct option is (C).

18. Word **Nearby** fits in the gap (3).

Nearby - Not far away

Distantly - Far away

Nearing - Come near to

Residential - Designed for people to live in

Hence, the correct option is (B).

19. Word **Brought** fits in the gap (4).

Brought - Take or go with (someone or something) to a place

Walked - Move at a regular pace by lifting and setting down each foot in turn, never having both feet off the ground at once.

Took - Lay hold of (something) with one's hands.

Asked - Say something in order to obtain an answer or some information

Hence, the correct option is (A).

20. Word **Forgotten** fits in the gap (5).

Retraceable - To go over again with the sight or attention

Missed - Fail to notice

Forgotten - Fail to remember

Intractable - Difficult to influence or direct an intractable disposition

Hence, the correct option is (C).

21. While arranging the parts of the sentence given in the options, we have to find some connections between them.

Sentence Q is telling about how we do observations of our universe.

So, Option (A) is the only option that starts with "Q". The rest of the options are eliminated.

Hence, the correct option is (A).

22. Toxic waste from factories is hazardous to the environment.

In the given context, the underlined word poisonous will be replaced with toxic.

Poisonous means having the qualities of a poison.

Toxic means containing poisonous substances. So, it is the most appropriate option according to the given context.

Hence, the correct option is (A).

23. While arranging the parts of the sentence, we have to find some grammatical or contextual relationships between them. So let's find them out.

- Part S comes first as it is independent of any other sentence and introduces the initial part of the subject. Also, the subject 'The debate' ends with a preposition 'about', which means the next part would contain a subject complement, most likely in form of a noun phrase.

- Part R comes next as it provides us with the necessary complement of the subject (The debate about taking young children).

- Part P follows Part R as it completes the subject complement and gives the verb (The debate about taking young children to art galleries has).

- Part Q comes at the end as it gives the object of the sentence (a long history).

- Therefore, as per the points mentioned above, we find that the correct order is 'SRPQ'.

So, the sentence in the correct order is 'The debate about taking young children to art galleries has a long history.'

Hence, the correct option is (C).

24. The correct answer is 'The name of which'.

Let's consider the following points-

- In the given context, the underlined word whose name will be replaced with the name of which.

- 'Whose' is used for persons or living things therefore, 'the name of which' is appropriate here for 'apartments'.

The correct sentence- My uncle lives in nearby apartments the name of which I have forgotten.

Hence, the correct option is (A).

25. The correct answer is 'Magnificent.'

'Magnificent': The correctly spelt word is 'Magnificent' and it means extremely beautiful, elaborate, or impressive.

Example: She looked magnificent in her wedding dress.

Hence, the correct option is (A).

26. दर्पण प्रतिबिम्ब होगा:

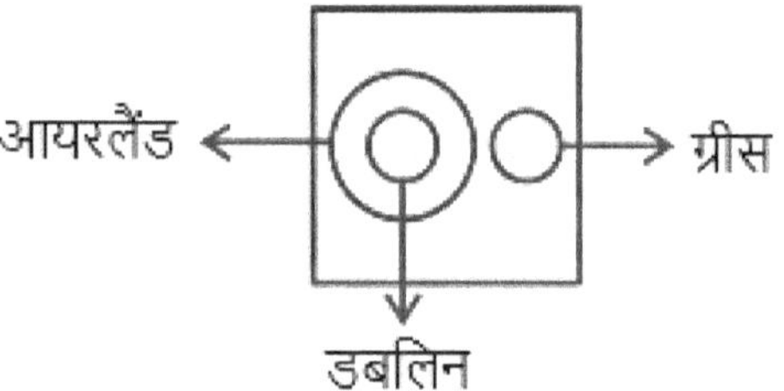

अतः विकल्प (A) सही है।

27. चिन्हों को बदलने पर:

= 100 - 5 × 272 ÷ 17 + 4

= 100 - 5 × 16 + 4

= 100 - 80 + 4

= 20 + 4

= 24

अतः विकल्प (C) सही है।

28. दिया गया समीकरण,

18 + 26 - 25 × 10 ÷ 5 = 42

'- ' और '+' को आपस में बदलकर हमे मिलता है:

18 - 26 + 25 × 10 ÷ 5 = 42

समीकरण का बायाँ पक्ष: 18 - 26 + 25 × 10 ÷ 5

= 18 − 26 + 25 × 2

= 18 − 26 + 50

= 68 - 26

⇒ 42 = दायाँ पक्ष

इसलिए, सही उत्तर '- और +' है।

अतः विकल्प (A) सही है।

29. अल्बानिया - अल्जीयर्स को छोडकर बाकि सभी देशों की सूची और उनकी राजधानी सही क्रम में है।
अतः विकल्प (A) सही है।

30. आयरलैंड एक देश है और डबलिन इसकी राजधानी है, जबकि ग्रीस एक देश है।

इसलिए संभावित संबंध आरेख इस प्रकार होगा:

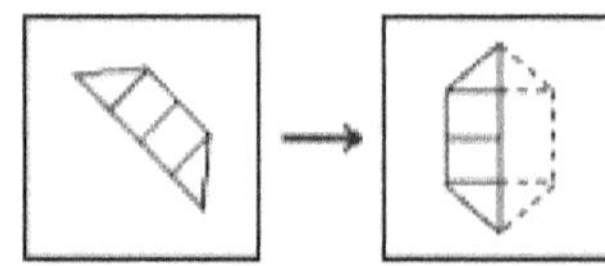

अतः विकल्प (A) सही है।

31. बारीकी से देखने पर, हम पाते हैं कि प्रश्न आकृति विकल्प (B) में अंतर्निहित है जैसा कि नीचे दिखाया गया है:

अतः विकल्प (B) सही है।

32.

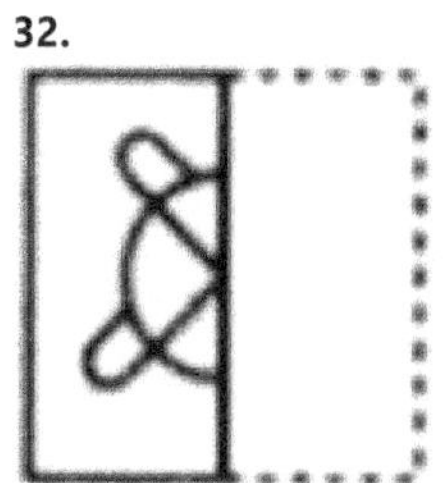

पारदर्शी शीट को बिंदीदार रेखा पर मोड़ा जाता है और हमें आकृति (4) मिलती है।

अतः विकल्प (D) सही है।

33. MEGASTAR को 76 के रूप में कूटबद्ध किया जाता है।

M(13) + E(5) + G(7) + A(1) + S(19) + T(20) + A(1) + R(18) - 8 = 84 - 8 = 76

ENTER को 57 के रूप में कूटबद्ध किया जाता है।

E(5) + N(14) + T(20) + E(5) + R(18) - 5 = 62 - 5 = 57

इसी प्रकार,

CAPSLOCK को कूटबद्ध किया जाएगा:

C(3) + A(1) + P(16) + S(19) + L(12) + O(15) + C(3) + K(11) - 8 = 80 - 8 = 72

इस प्रकार, शब्द CAPSLOCK के लिए कूट 72 है।

अतः विकल्प (C) सही है।

34. दिया गया है कि ABSOLUTE को ETULOSBA लिखा जाता है।

तर्क: शब्द का कूट, शब्द में अक्षरों के क्रम को उल्टा करके बनाया जाता है।

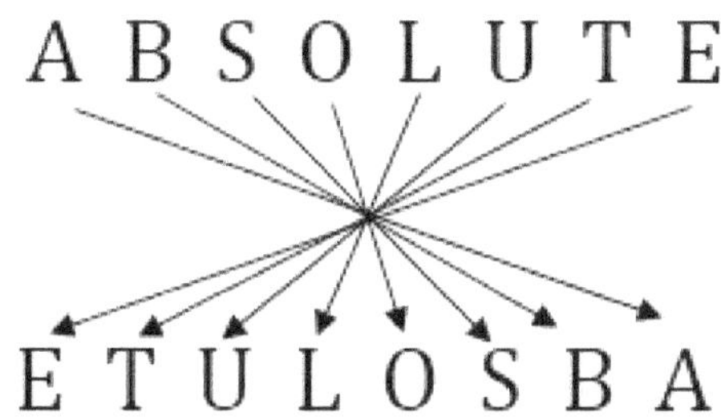

इसी प्रकार, CHAMPION के लिए कूट है;

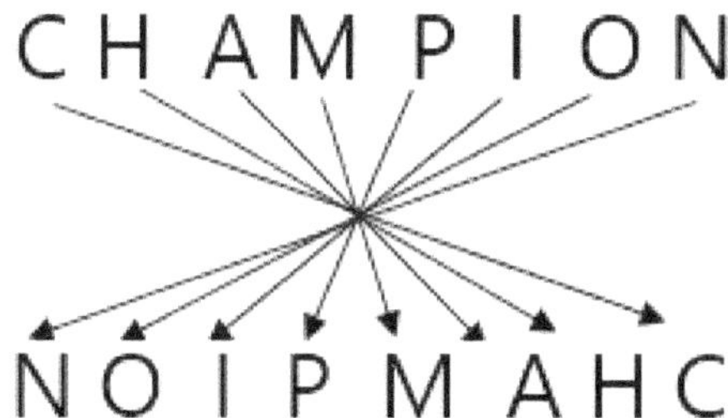

इस प्रकार, शब्द CHAMPION के लिए कूट NOIPMAHC होगा।

अतः विकल्प (B) सही है।

35. आकृति को निम्नानुसार लेबल किया जा सकता है:

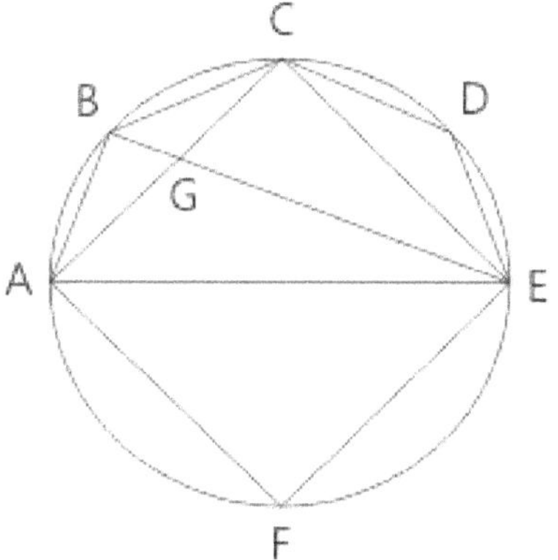

सरल त्रिभुज ABG, BCG, CGE, CDE, AGE, और AEF यानि संख्या 6 हैं।

त्रिभुज तीन घटकों से बने होते हैं, प्रत्येक में ABE, ABC, BCE, और ACE है अर्थात् संख्या में 4

∴आकृति में 6 + 4 = 10 त्रिभुज हैं।

अतः विकल्प (B) सही है।

36. दी गई श्रृंखला है-

C4X, F9U, I16R,?

अनुसरण किया गया तर्क नीचे दिए गए चित्र में दिखाया गया है-

$$C \xrightarrow{+3} F \xrightarrow{+3} I \xrightarrow{+3} \boxed{L}$$
$$4\,(2^2) \longrightarrow 9\,(3^2) \longrightarrow 16\,(4^2) \longrightarrow \boxed{25}\,(5^2)$$
$$X \xrightarrow{-3} U \xrightarrow{-3} R \xrightarrow{-3} \boxed{O}$$

चित्र से, हम देख सकते हैं कि '?' के स्थान पर L25O आएगा।

अतः विकल्प (A) सही है।

37. दिए गए चिह्नों का उपयोग वंश-वृक्ष आरेख को बनाने के लिए किया जाता है।

चित्र में प्रतीक	अर्थ
⭕	महिला
⬜	पुरुष
═══	शादीशुदा जोड़ा
───	भाई-बहन
│	एक पीढ़ी का प्रसार

1. S, Q की पत्नी है

2. P, S का पिता है

3. R, Q का बेटा है

ऊपर दिए गए चिह्नों का उपयोग करके उपरोक्त संबंध को वंश-वृक्ष आरेख में दर्शाया गया है जो निम्न प्रकार है,

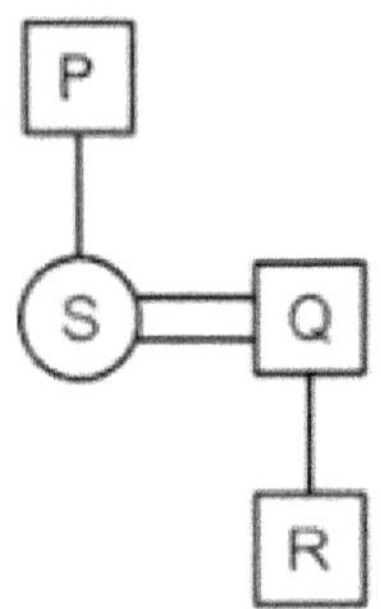

इसलिए P, R का नाना है।

अत: विकल्प (B) सही है।

38. निम्नलिखित तर्क है:

पासे की दोनों स्थितियों को ध्यान में रखते हुए, '6' आकृति 1 और आकृति 2 में उभयनिष्ठ फलक है।

दोनों पासों में '6' से दक्षिणावर्त दिशा में चलते हुए, संबंधित फलक एक दूसरे के विपरीत होंगे।

संख्या	विलोम
3	2
2	4
6	1

इसलिए '6' के विपरीत संख्या '1' है।

इसलिए सही उत्तर "1" है।

अतः विकल्प (C) सही है।

39. तर्क है:

अध्ययन : ज्ञान → अध्ययन हमें ज्ञान प्रदान करता है।

इसी प्रकार,

कार्य : ? → कार्य हमें अनुभव प्रदान करता है।

इसलिए, सही उत्तर '**अनुभव**' है।

अतः विकल्प (C) सही है।

40. यहां अनुसरित स्वरुप निम्न प्रकार है:

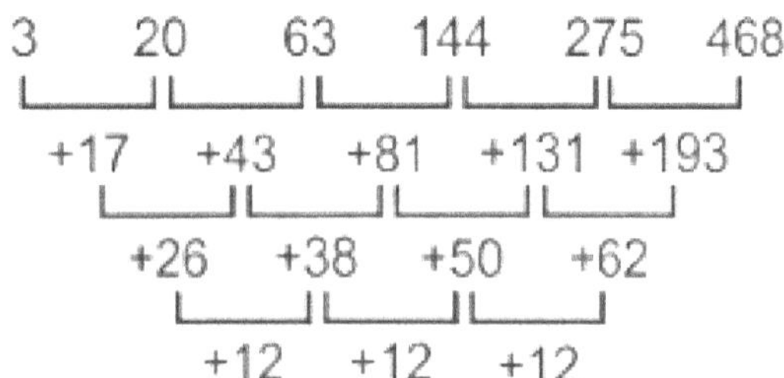

इसलिए, लुप्त पद 468 होगा।

अत: विकल्प (C) सही है।

41. यहां अनुसरित स्वरुप निम्न प्रकार है:

प्रत्येक पद को $\frac{3}{2}$ से गुणा किया जाता है।

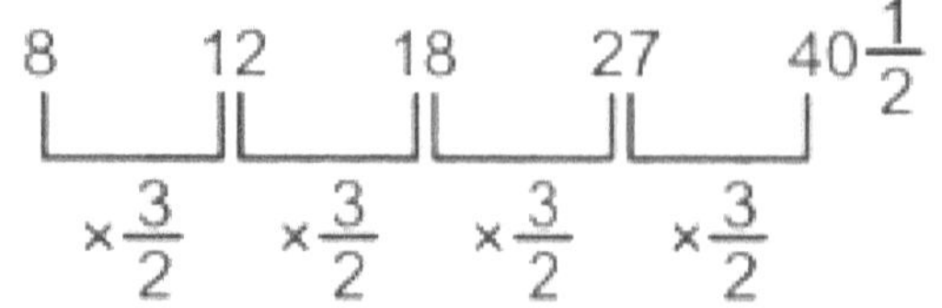

इसलिए, अगली संख्या $40\frac{1}{2}$ होगी।

अत: विकल्प (D) सही है।

42. दी गई श्रृंखला में पहले अक्षर में तीन घटाया गया है और दूसरे अक्षर को भी अगले पद के निर्माण के लिए दो से घटाया गया है।

दी गई संख्या श्रृंखला में, दी गई संख्या में जोड़ी गई संख्या अगली संख्या के निर्माण के लिए एक की वृद्धि की जाती है।

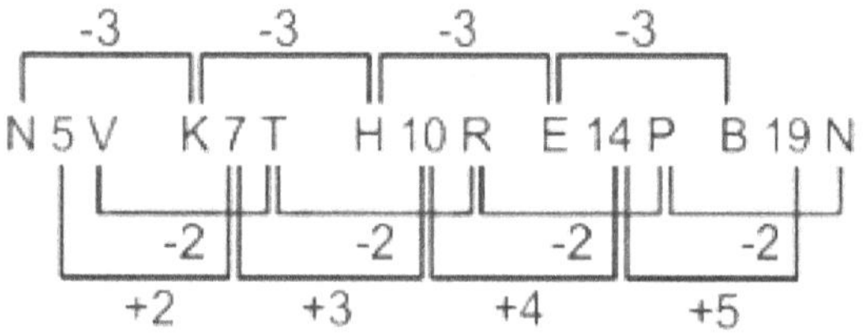

अत: विकल्प (C) सही है।

43. तो सही गणितीय समीकरण होगा;

$$= \frac{(36-4)\div 8-4}{4\times 8-2\times 16+1}$$

$$= \frac{32\div 8-4}{32-32+1}$$

$$= \frac{4-4}{1}$$

$$= 0$$

अत: विकल्प (A) सही है।

44. चूँकि 2020 अधिवर्ष है, 1 जनवरी 2021 को मंगलवार होगा। अतः 31 दिसंबर 2020 को सोमवार होगा।

इसलिए, सही उत्तर सोमवार है।

अत: विकल्प (A) सही है।

45. दिए गए शब्दों की व्यवस्था जिस क्रम में वे एक अंग्रेजी शब्दकोश में दिखाई देते हैं वह नीचे दिखाया गया है:

7. Latent

3. Latitude

1. Letter

4. Leverage

6. Levy

2. Lexicon

5. Lovable

इसलिए, सही उत्तर "7, 3, 1, 4, 6, 2, 5" है।

अत: विकल्प (D) सही है।

46. दिया गया है:

जुआ खेलना : कसीनो → कसीनो, जुआ खेलने का स्थान होता है।

इसी प्रकार:

अभिनय करना : ? → रंगमंच वह स्थान होता है जहाँ अभिनय होता है।

यहाँ, 'अभिनय करना : रंगमंच' तर्क के अनुसार सही युग्म है।

अत: विकल्प (D) सही है।

47. दिया है: 16 * 280 * 6 * 84 * 4 = 0

चिन्हों को प्रयोग करने पर

विकल्प (A): -, ×, +, ÷

⇒ 16 - 280 × 6 + 84 ÷ 4 = 0

⇒ 16 - 280 × 6 + 21 = 0

⇒ 16 - 1680 + 21 = 0

⇒ 37 - 1680 = 0

⇒ -1643 ≠ 0

विकल्प (B): ×, -, ÷, +

⇒ 16 × 280 - 6 ÷ 84 + 4 = 0

⇒ $16 × 280 - \frac{1}{14} + 4 = 0$

⇒ 4480 - 0.07 + 4 = 0

⇒ 4484 - 0.07 = 0

⇒ 4483.93 ≠ 0

विकल्प (C): ÷, +, -, ×

⇒ 16 ÷ 280 + 6 - 84 × 4 = 0

⇒ 0.057 + 6 - 336 = 0

⇒ 6.057 - 336 = 0

⇒ - 329.943 ≠ 0

विकल्प (D): -, ×, ÷, +

⇒ 16 - 280 × 6 ÷ 84 + 4 = 0

⇒ $16 - 280 × \frac{1}{14} + 4 = 0$

⇒ 16 - 20 + 4 = 0

⇒ 20 - 20 = 0

⇒ 0 = 0

अत: विकल्प (D) सही है।

48. दिया गया है:

सचिन = राहुल - 4

सचिन : राहुल = 7 : 9

अब,

राहुल = सचिन + 4

⇒ $(सचिन)/(सचिन + 4) = \frac{7}{9}$

⇒ 9 × सचिन = 7 × सचिन + 28

⇒ 2 × सचिन = 28

सचिन = 14

∴ सही उत्तर इनमें से कोई नहीं है।

अत: विकल्प (D) सही है।

49. न्यूनतम संभावित वेन आरेख नीचे दर्शाया गया है:

निष्कर्ष:

I. सभी जियो की आइडिया होने की संभावना है → असत्य है (जियो का हिस्सा जो एयरटेल का हिस्सा है, कभी आइडिया नहीं हो सकता है)

इसलिए, सभी जियो कभी भी आइडिया नहीं होंगे। इसलिए यह निश्चित रूप से असत्य है। असत्य + संभावना = असत्य

I. कुछ एयरसेल आइडिया नहीं है → असत्य है (केवल कुछ आइडिया एयरसेल हैं, केवल कुछ का अर्थ - कुछ + कुछ नहीं), जिसका अर्थ है कि कुछ आइडिया एयरसेल हैं और कुछ आइडिया एयरसेल नहीं हैं, इससे हम जानते हैं कि कुछ एयरसेल आइडिया हैं, लेकिन हम एयरसेल के शेष भाग के बारे में नहीं जानते हैं कि यह आइडिया का हिस्सा है या नहीं है, इसलिए यह माना जाता है कि इसे निर्धारित नहीं किया जा सकता है।

इसलिए, न तो I और न ही II अनुसरण करता है।

अत: विकल्प (D) सही है।

50. दिया गया समीकरण :- 52 ÷ 13 +6 − 25 × 2 = 17

विकल्पों के अनुसार संख्याओं को परस्पर बदलने पर

विकल्प (A) 6 और 25

⇒52 ÷ 13 + 25 − 6 × 2 = 17

⇒ 4 + 25 - 6 × 2 = 17

⇒ 4 + 25 - 12 = 17

⇒ 29 - 12 = 17

⇒ 17 = 17

⇒ बायाँ पक्ष = दायाँ पक्ष

अत: विकल्प (A) सही है।

51. यदि दो वर्षों के लिए चक्रवृद्धि ब्याज और साधारण ब्याज के बीच अंतर दिया गया है, तो

योग = अंतर $× (100)^2 /$ (दर) ^{2}

$= \frac{16×100×100}{5×5}$

= 6400 रु.

अत: विकल्प (B) सही है।

52. 3sin x - 4sin³ x की अवधि

चूँकि हम जानते हैं 3sin x - 4sin³ x = sin 3x

sin x की अवधि 2π है।

इसलिए sin 3x की अवधि $\frac{2\pi}{3}$ है।

अत: विकल्प (C) सही है।

53. $\left(x - \frac{1}{x}\right)^{11}$ के विस्तार में सामान्य पद निम्न द्वारा दिया गया है,

$$T_{r+1} = (-1)^r \times {}^{11}C_r \times x^{11-r} \times \left(\frac{1}{x}\right)^r$$

$$= (-1)^r \times {}^{11}C_r \times x^{11-r} \times x^{-r}$$

$$= (-1)^r \times {}^{11}C_r \times x^{11-2r}$$

यहाँ, n 11 है (अर्थात, विषम), इसलिए दो मध्य पद होंगे

$$\frac{1}{2}(n+1)\text{वाँ पद} = 6\text{वाँ पद और } \frac{1}{2}(n+3)\text{वाँ पद} = 7\text{वाँ पद}$$

$$\therefore T_6 = T_{5+1} = (-1)^5 \times {}^{11}C_5 \times x^{11-10}$$

$$= -\frac{11 \times 10 \times 9 \times 8 \times 7}{5 \times 4 \times 3 \times 2 \times 1} \times x$$

$$= -462\,x$$

और, $T_7 = T_{6+1} = (-1)^6 \times {}^{11}C_6 \times x^{11-12}$

$$= \frac{11 \times 10 \times 9 \times 8 \times 7}{5 \times 4 \times 3 \times 2 \times 1} \times x^{-1}$$

$$= \frac{462}{x}$$

अतः विकल्प (D) सही है।

54. दिया गया है,

$$x + \frac{1}{x} = 5$$

$$= \frac{2x}{3x^2 - 5x + 3} = ?$$

हर और अंश दोनों को x से विभाजित करने पर,

$$= \frac{\frac{2x}{x}}{\frac{3x^2}{x} - \frac{5x}{x} + \frac{3}{x}}$$

$$= \frac{2}{3x + \frac{3}{x} - 5}$$

$$= \frac{2}{3\left(x + \frac{1}{x}\right) - 5}$$

$$= \frac{2}{(15 - 5)}$$

$$= \frac{1}{5}$$

अतः विकल्प (B) सही है।

55. दिया गया है:

संख्या जो $3, 4, 5$ और 6 से विभाज्य है।

$= 3, 4, 5, 6$ का ल.स.प निकलने पर,

$$= 2 \times 2 \times 3 \times 5 = 60$$

$3, 4, 5$ और 6 से विभाज्य संख्या 60 है।

अतः विकल्प (B) सही है।

56. छात्रों की संख्या $= 45$

प्रत्येक छात्र को 2 पेन और 3 पेंसिल मिलती हैं।

दिए गए पेन की संख्या $45 \times 2 = 90$

90 पेन की लागत $= (90 \times 4)$ रु.

$= 360$ रु.

दी गई पेंसिल की संख्या

$45 \times 3 = 135$

पेंसिल की लागत $= 135$

$= (135 \times 1) = 135$ रु.

$\therefore$ कुल आवश्यक मूल्य

$= (360 + 135)$ रु.

$= 495$ रु.

अतः विकल्प (C) सही है।

57. रागिनी द्वारा रसायन विज्ञान और जीव विज्ञान में एक साथ प्राप्त अंक $= 45 + 38 = 83$

भौतिकी और गणित में मोहिनी द्वारा प्राप्त अंक $= 55 + 82 = 137$

अपेक्षित $\% = \frac{83}{137} \times 100 = 60.58\%$

अतः विकल्प (B) सही है।

58. दिया हुआ:

हेलीकॉप्टर 6 घंटे में 180 किमी / घंटा की गति से एक निश्चित दूरी तय करता है।

हम जानते है कि, तय की गई दूरी = गति × समय

कुल दूरी = 180 × 6 = 1080 किमी

अब, हेलीकॉप्टर को $\frac{10}{3}$ घंटे में समान दूरी तय करनी होगी।

तब गति होगी $= \left(1080 \div \frac{10}{3}\right)$

$\Rightarrow \left(1080 \times \frac{3}{10}\right) = 324$

$\therefore$ इसे 324 किमी / घंटे की गति से यात्रा करनी होगी।

अतः विकल्प (D) सही है।

59. दिया है:

अल्कोहल : पानी $= 6 : 5$

22 लीटर मिश्रण को पानी से बदल दिया जाता है।

माना अल्कोहल $= 6x$ और पानी $= 5x$

21 लीटर मिश्रण में, अल्कोहल $= \left(\frac{6}{11}\right) \times 22 = 12$ लीटर

और पानी $= \left(\frac{5}{11}\right) \times 22 = 10$ लीटर

प्रश्नानुसार,

$$(6x - 12) : (5x - 10 + 22) = 9 : 13$$

$$\Rightarrow 13(6x - 12) = 9(5x + 12)$$

$\Rightarrow 78x - 156 = 45x + 108$

$\Rightarrow 78x - 45x = 108 + 156$

$\Rightarrow 33x = 264$

$\Rightarrow x = 8$

इस प्रकार, प्रतिस्थापन के बाद अल्कोहल $= 6 \times 8 - 12 = 36$ लीटर

$\therefore$ प्रतिस्थापन के बाद अल्कोहल की मात्रा 36 लीटर है।

अतः विकल्प (C) सही है।

60. माना बिल का अंकित मूल्य (MP) x रुपये है।

42% छूट देने के बाद मूल्य $= x - (x$ का $42\%) = 0.58x$ रुपये

15% छूट देने के बाद मूल्य $= x - (x$ का $15\%) = 0.85x$ रुपये

15% की दो क्रमागत छूट देने के बाद मूल्य $= 0.85x - (0.85x$ का $15\%) = 0.7225x$ रुपये

प्रश्नानुसार,

$\Rightarrow 0.7225x - 0.58x = 42.75$

$\Rightarrow 0.1425x = 42.75$

$\therefore x = \dfrac{42.75}{0.1425} = 300$ रुपये

अतः विकल्प (A) सही है।

61. सूत्र:

माध्य = सभी अवलोकन का योग/ अवलोकन की संख्या

6 के पहले 10 गुणज 6, 12, 18, 24, 30, 36, 42, 48, 54, 60, 66, 72, 78 हैं।

अवलोकन का योग = 6 + 12 + 18 + 24 + 30 + 36 + 42 + 48 + 54 + 60 + 66 + 72 + 78

= 546

अवलोकन की संख्या = 13

माध्य $= \dfrac{546}{13}$

= 42

$\therefore$ 6 के पहले 13 गुणज का माध्य 42 है।

अतः विकल्प (D) सही है।

62. दिया है:

$$\sqrt{10 + \sqrt{25 + \sqrt{121}}}$$

$$= \sqrt{10 + \sqrt{25 + 11}}$$

$$= \sqrt{10 + 6} = \sqrt{16} = 4$$

अतः विकल्प (D) सही है।

63. माना मैदान की लम्बाई और चौड़ाई क्रमशः 'l' और 'b' हैं।

प्रश्नानुसार, मैदान की लम्बाई उसकी चौड़ाई के दोगुना से 3 मीटर अधिक है।

$\Rightarrow$ l = (2b + 3) मीटर

हम जानते हैं कि,

आयताकार क्षेत्र की परिधि = 2(l + b)

$\Rightarrow$ 84 = 2(2b + 3 + b)

$\Rightarrow \dfrac{84}{2}$ = 3b + 3

$\Rightarrow$ b = $\dfrac{39}{3}$ = 13 मीटर

$\therefore$ b = 13 मीटर

l = 2b + 3 = 2 × 13 + 3 = 29 मीटर

$\therefore$ l = 29 मीटर

अतः विकल्प (D) सही है।

64. बेलन का आयतन = $\pi r^2 H$

गोले का आयतन = $\left(\dfrac{4}{3}\right)\pi R^3$

जहाँ,

r → बेलन का त्रिज्या

H → बेलन की ऊँचाई

R → गोले का त्रिज्या

जब गोला डूब जाता है,

गोले का आयतन = बेलन का आयतन

$\Rightarrow \left(\dfrac{4}{3}\right) \times \pi \times (3)^3 = \pi \times (6)^2 \times H$

$\Rightarrow$ H = $\left(\dfrac{36}{36}\right)$

$\Rightarrow$ H = 1 सेमी

$\therefore$ पानी के स्तर में 1 सेमी की वृद्धि होती है।

अतः विकल्प (A) सही है।

65.

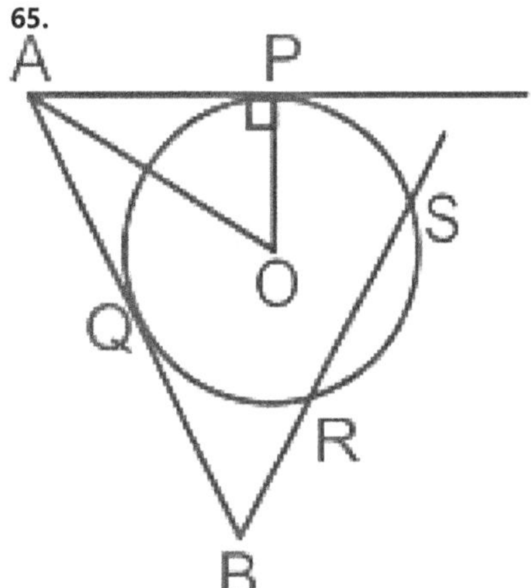

O वृत्त का केंद्र है.

$\triangle APO$ में:

$AO^2 = AP^2 + OP^2$

$25^2 = AP^2 + 7^2$

$AP^2 = 625 - 49 = 576$

$AP = 24$ सेमी

$AQ = AP = 24$ सेमी

$BQ = AB - AQ = 36 - 24 = 12$ सेमी

अब

$BQ^2 = BR \times BS$

$12^2 = 9 \times (9 + RS)$

$144 = 81 + 9RS$

$63 = 9RS$

$RS = 7$ सेमी

अतः विकल्प (B) सही है।

66. दिया है:

कुल धनराशी $= 1120$ रुपए

1 रुपए, 50 पैसे और 25 पैसे के सिक्कों का अनुपात $= 1 : \frac{1}{2} : \frac{1}{3}$

सूत्र:

सिक्कों का मूल्य $=$ सिक्कों की संख्या $\times$ प्रति सिक्के का मूल्य

हम जानते हैं कि,

1 रुपया $= 100$ पैसे

प्रति सिक्के के मूल्य का अनुपात $= 100 : 50 : 25 = 4 : 2 : 1$

सिक्कों की संख्या का अनुपात $1 : \frac{1}{2} : \frac{1}{3} = 6 : 3 : 2$

सिक्कों की कुल मूल्य $= 24 : 6 : 2$

$\Rightarrow 12 : 3 : 1 = 16$ इकाई

$\Rightarrow 16$ इकाई $= 1120$

$\Rightarrow 1$ इकाई $= 70$

25 पैसे के सिक्कों का मूल्य $= 1$ इकाई

$\Rightarrow 1 \times 70$

$\Rightarrow 70$ रुपए

$\therefore$ 25 पैसे के सिक्कों का कुल मूल्य 70 रुपए है।

अतः विकल्प (D) सही है।

67. माना $\frac{\sin 3\theta - \cos 3\theta}{\sin\theta + \cos\theta} = \frac{N}{D}$ (कहते हैं)

अब, $N = 3\sin\theta - 4\sin^3\theta - (4\cos^3\theta - 3\cos\theta)$

$\Rightarrow 3(\sin\theta + \cos\theta) - 4(\sin^3\theta + \cos^3\theta)$

$\Rightarrow 3(\sin\theta + \cos\theta) - 4(\sin\theta + \cos\theta)$
$(\sin^2\theta - \sin\theta\cos\theta + \cos^2\theta)$

$\Rightarrow (\sin\theta + \cos\theta)$
$\{3 - 4(\sin^2\theta - \sin\theta\cos\theta + \cos^2\theta)\}$

$\Rightarrow (\sin\theta + \cos\theta)\{3 - 4(1 - \sin\theta\cos\theta)\}$

अब, $\frac{N}{D} + 1 = \frac{(\sin\theta + \cos\theta)[3 - 4(1 - \sin\theta\cos\theta)]}{\sin\theta + \cos\theta} + 1$

$\Rightarrow 3 - 4(1 - \sin\theta\cos\theta) + 1$

$\Rightarrow 4\sin\theta\cos\theta$

$\Rightarrow 2\sin 2\theta$

अतः विकल्प (A) सही है।

68. A किसी काम को 40 दिनों में, B 60 दिनों में और C 80 दिनों में पूरा कर सकता है और A 11 दिनों में काम छोड़ देता है, और B पूरा काम पूरा होने से 8 दिन पहले काम छोड़ देता है

कुल कार्य = दक्षता × लिया गया समय

$\Rightarrow$ कुल काम L.C.M $(40, 60, 80)$

$\Rightarrow 240$

$\Rightarrow$ A, B, C की दक्षता $\left(\frac{240}{40}, \frac{240}{60}, \frac{240}{80}\right)$ हैं

$\Rightarrow$ की दक्षता A, B, C $(6, 4, 3)$ हैं

$\Rightarrow$ 11 दिनों के लिए A का और 8 दिनों के लिए B का कुल कार्य $=$ $(11 \times 6 + 8 \times 4)$

$\Rightarrow (66 + 32) = 98$

$\Rightarrow$ अब कुल कार्य $= (240 + 98) = 338$

$\Rightarrow$ एक साथ कार्य करके कार्य को पूरा करने के लिए आवश्यक कुल दिनों की संख्या

कुल कार्य/दक्षता A+B+C

$\Rightarrow \frac{338}{13} = 26$

$\therefore$ एक साथ कार्य करके कार्य को पूरा करने के लिए आवश्यक कुल दिनों की संख्या 26 दिन है।

अतः विकल्प (A) सही है।

69. दूसरी भुजा $= \sqrt{(17)^2 - (15)^2}$

$\Rightarrow \sqrt{289 - 225}$

$\Rightarrow \sqrt{64} = 8$ मी

इसलिए,

क्षेत्रफल $= (15 \times 8)m^2$

$\Rightarrow 120$ मी²

अतः विकल्प (B) सही है।

70. दिया गया समीकरण है:

$72 \times 25 + 45 \times 20 = 15^3 - ?$

उपरोक्त समीकरण को सरल करने पर,

$1800 + 900 = 3375 - ?$

$\Rightarrow ? = 3375 - 2700$

$\Rightarrow ? = 675$

अतः विकल्प (B) सही है।

71. दिया गया है,

किसी परीक्षा में 40% छात्र गणित में असफल हो जाते है,

30% अंग्रेजी में असफल हो जाते है,

10% दोनों विषयों मे असफल हो जाते है,

कुल असफल हुए छात्र = 40% + 30% - 10% = 60%

अत: दोनो विषयों में उत्तीर्ण होने वाले छात्र = 100 - 60 = 40%

अतः विकल्प (D) सही है।

72. पांचों कोचिंग संस्थानों में कुल छात्र = (25 + 60 + 40 + 35 + 20) × 100

= 18000

पांचों कोचिंग संस्थानों में कुल छात्राएँ = (35 + 75 + 20 + 40 + 30) × 100

= 20000

$$\text{अभीष्ट प्रतिशत} = \frac{(20000-18000)}{18000} \times 100$$

$$= \frac{2000}{18000} \times 100$$

$$= \frac{1}{9} \times 100$$

$$= 11.11\% \approx 11\%$$

अतः विकल्प (C) सही है।

73. दिया गया है:

$$\text{कुल खिलाड़ी} = 22,000$$

$$\text{डिस्क थ्रो करने वाले खिलाड़ियों का प्रतिशत} = 10\%$$

$$\text{एथलेटिक्स खेलने वाले खिलाड़ियों का प्रतिशत} = 20\%$$

हम जानते है कि,

अनुपात = एथलेटिक्स करने वाले खिलाड़ी : डिस्क थ्रो करने वाले खिलाड़ी

$$\text{एथलेटिक्स करने वाले खिलाड़ी} = \frac{20}{100} \times 22,000 = 4,400$$

$$\text{डिस्क थ्रो करने वाले खिलाड़ी} = \frac{10}{100} \times 22,000 = 2,200$$

$$\text{अनुपात} = 4400 : 2200$$

$$= 2 : 1$$

अत: विकल्प (A) सही है।

74. दिया गया है:

एक व्यक्ति की नाव चलाने की गति = 7.5 किमी/घंटा

धारा की गति = 2.5 किमी/घंटा

जैसा कि हम जानते हैं,

प्रतिकूल गति = नाव की गति - धारा की गति

अनुकूल गति= नाव की गति + धारा की गति

दूरी = गति × समय

मान लीजिए कि D दूरी है।

प्रतिकूल गति = नाव की गति - धारा की गति

प्रतिकूल गति = 5 किमी/घंटा

अनुकूल गति= = नाव की गति + धारा की गति

अनुकूल गति= 10 किमी/घंटा

प्रश्न के अनुसार,

दूरी/ प्रतिकूल गति - दूरी/अनुकूल गति = 3 घंटे

$$\frac{D}{5} - \frac{D}{10} = 3$$

$$\frac{D}{10} = 3$$

$$D = 30 \text{ किमी}$$

अतः विकल्प (D) सही है।

75. दिया गया है:

ΔLMN में ∠M = 70° और LM = NM

प्रयुक्त अवधारणा:

समद्विबाहु त्रिभुज में, समान भुजाओं के विपरीत दो कोण बराबर होते हैं।

त्रिभुज के सभी कोणों का योग = 180

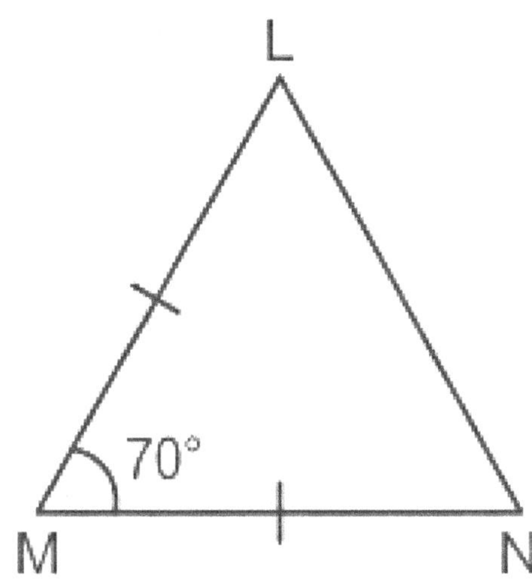

∴ ∠L = ∠N (समद्विबाहु त्रिभुज गुण द्वारा)

माना ∠L = ∠N = x

∴ कोण से योग गुण,

⇒ ∠L + ∠M + ∠N = 180°

⇒ x + 70° + x = 180°

2x = 110°

x = 55°

∴ ∠N is 55°

अतः विकल्प (B) सही है।

76. दक्षिण अफ्रीका के नामीबिया के आठ अफ्रीकी चीतों को मध्य प्रदेश के कुनो पालपुर राष्ट्रीय उद्यान में स्थानांतरित किया गया है।

चीतों के राष्ट्रीय उद्यान में आने के बाद, वे बड़े बाड़ों में स्थानांतरित होने से पहले संगरोध चरण के दौरान छोटे बाड़ों में रहेंगे। 1952 के बाद से भारत में धीरे-धीरे चीते विलुप्त होने शुरू हो गए, उसके बाद तब 2009 में 'अफ्रीकी चीता इंट्रोडक्शन प्रोजेक्ट इन इंडिया' शुरू किया गया था।

अतः विकल्प (A) सही है।

77. उत्तर अटलांटिक संधि संगठन (नाटो) के सदस्य राज्यों ने जुलाई 2022 में फिनलैंड और स्वीडन के लिए परिग्रहण प्रोटोकॉल पर हस्ताक्षर किए हैं।

अगला कदम प्रत्येक सदस्य राज्य के विधायी संस्थानों में दोनों देशों की सदस्यता का अनुमोदन होगा।

अत: विकल्प (C) सही है।

78. राज्य नीति के निर्देशक सिद्धांतों को संविधान के भाग।V में अनुच्छेद 36 से 51 में शामिल किया गया है।

अनुच्छेद 51 अंतर्राष्ट्रीय शांति और सुरक्षा को बढ़ावा देने को संदर्भित करता है।

नीति के निर्देशक सिद्धांत बाध्यकारी नहीं हैं, इसलिए इसे न्यायालय द्वारा लागू नहीं किया जा सकता है।

अतः विकल्प (B) सही है।

79. बहमनी साम्राज्य की स्थापना तुर्क जनरल आलालुद्दीन हसन बहमन शाह ने मुहम्मद बिन तुगलक की दिल्ली सल्तनत के खिलाफ विद्रोह के बाद की थी। बहमनी साम्राज्य दक्षिण भारत में दक्कन का एक मुस्लिम राज्य था और प्रमुख मध्ययुगीन भारतीय राज्यों में से एक था।

अलाउद्दीन हसन बहमन शाह का मूल नाम जफर खान था।

अतः विकल्प (B) सही है।

80. सत्याग्रह पर आधारित गाँधीजी की अहमदाबाद मिल हड़ताल में औद्योगिक श्रमिक वर्ग शामिल था। इस हड़ताल के दौरान, गाँधीजी ने पहली बार भूख हड़ताल की थी। यह विरोध प्रकृति में पूरी तरह अहिंसक था।

अतः विकल्प (C) सही है।

81. ब्रह्मपुत्र:

उद्गम- तिब्बत में मानसरोवर झील के पास कैलाश रेंज में चेमायुंगडुंग ग्लेशियर से होता है।

- तिब्बत में, इसे त्सांगपो के नाम से जाना जाता है, जिसका अर्थ है 'शोधक।'
- रंगो त्सांगपो तिब्बत में इस नदी की प्रमुख दाहिनी-तटीय सहायक नदी है।
- यह अरुणाचल प्रदेश के सदिया शहर के पश्चिम से भारत में प्रवेश करती है।
- दक्षिण-पश्चिम की ओर बहते हुए, यह अपनी मुख्य बाएं-तटीय सहायक नदियों से मिलती है, अर्थात, दिबांग या सिकांग और लोहित नदी के इसमें मिलने के बाद, इसे ब्रह्मपुत्र के रूप में जाना जाता है।
- ब्रह्मपुत्र धुबरी के पास बांग्लादेश में प्रवेश करती है और दक्षिण की ओर बहती है।
- बांग्लादेश में, तीस्ता इसके दाहिने किनारे पर मिलती है जहाँ से इस नदी को जमुना के नाम से जाना जाता है।
- यह अंततः पद्मा नदी में विलीन हो जाती है, जो बंगाल की खाड़ी में गिरती है।

अतः विकल्प (C) सही है।

82. पुरातत्वविदों को कालीबंगा में हड़प्पा सभ्यता से सबसे पहले के जुताई के क्षेत्र के प्रमाण मिले हैं।

कालीबंगा राजस्थान में स्थित है। इस क्षेत्र में एक दूसरे से समकोण पर स्थित दो हल रेखाओं के समूह हैं, जो दो अलग-अलग फसलों को एक साथ उगाए जाने का सुझाव देते हैं। अधिकांश हड़प्पा स्थल अर्ध-शुष्क भूमि में स्थित हैं, जहाँ कृषि के लिए सिंचाई की आवश्यकता थी।

अतः विकल्प (A) सही है।

83. भारत 2023 क्रिकेट विश्व कप की मेजबानी करेगा।

2023 आईसीसी पुरुष क्रिकेट विश्व कप पुरुष क्रिकेट विश्व कप का 13वां संस्करण होगा, जिसकी मेजबानी अक्टूबर और नवंबर 2023 के दौरान भारत द्वारा की जाएगी। यह पहली बार होगा जब प्रतियोगिता पूरी तरह से भारत में आयोजित की जाएगी।

अतः विकल्प (D) सही है।

84. केंद्रीय गृह मंत्री अमित शाह ने अहमदाबाद में 36वें राष्ट्रीय खेलों के शुभंकर और गान का शुभारंभ किया।

शुभंकर को 'सवज' नाम दिया गया है जिसका गुजराती में अर्थ होता है शावक। राष्ट्रगान की थीम 'एक भारत श्रेष्ठ भारत'। राष्ट्रीय खेलों का आयोजन 29 सितंबर से 12 अक्टूबर तक राज्य के छह शहरों में किया जाएगा।

अतः विकल्प (B) सही है।

85. जुलाई 2022 में, भारत में जन्मी गीता गोपीनाथ अंतर्राष्ट्रीय मुद्रा कोष (आईएमएफकी) के 'पूर्व मुख्य अर्थशास्त्रियों की दीवार' पर प्रदर्शित होने वाली पहली महिला और दूसरी भारतीय बन गई हैं।

रघुराम राजन इस दीवार पर अंकित होने वाले पहले भारतीय थे। गीता आईएमएफ की पहली महिला मुख्य अर्थशास्त्री थीं। वर्तमान में, वह जनवरी 21,2022 से आईएमएफ के उप प्रबंध निदेशक के रूप में कार्यरत हैं।

अंतर्राष्ट्रीय मुद्रा कोष (आईएमएफ):

प्रथम उप प्रबंध निदेशक: गीता गोपीनाथ

मुख्यालय: वाशिंगटन, डीसी, यूएस

प्रबंध निदेशक: क्रिस्टालिना जॉर्जीवा

मुख्य अर्थशास्त्री: पियरे-ओलिवियर गौरिनचास

अत: विकल्प (D) सही है।

86. सर्वर लोड व्यक्त करता है कि कंप्यूटर प्रोसेसर तक पहुँचने के लिए कतार में कितनी प्रक्रियाएँ चल रही हैं।

यह समय की एक निश्चित अवधि के लिए गणना की जाती है, और छोटी संख्या बेहतर होती है।

अतः विकल्प (C) सही है।

87. माइक्रोसॉफ्ट ऑफिस ओपन सोर्स सॉफ्टवेयर नहीं है।

- ओपन-सोर्स सॉफ्टवेयर का अर्थ है सॉफ्टवेयर का स्रोत कोड लेखकों द्वारा उपलब्ध कराया जाता है।
- ऐसा इसलिए किया जाता है ताकि लोग उस कोड को देख सकें, उससे सीख सकें, उससे कॉपी कर सकें, उसे बदल सकें या किसी के साथ साझा कर सकें।
- यह एक लाइसेंस के साथ जारी किया जाता है और लेखक इसका कॉपीराइट रखता है।
- आमतौर पर इस्तेमाल किया जाने वाला ओपन-सोर्स सॉफ्टवेयर अपाचे HTTP सर्वर, मोज़िला फायरफॉक्स और गूगल क्रोम लिबरऑफिस जैसे ब्राउज़र हैं।
- सबसे सफल ओपन-सोर्स सॉफ्टवेयर में से एक लिनक्स ऑपरेटिंग सिस्टम है।

- अन्य उदाहरणों में एंड्राॅयड, यूनिक्स, युबुन्टू आदि शामिल हैं।

अतः विकल्प (B) सही है।

88. घास के मैदान बड़े खुले क्षेत्रों को संदर्भित करते हैं जहाँ वनस्पतियों पर घास का प्रभुत्व होता है। दो मुख्य प्रकार के घास के मैदान हैं जिनमें उष्णकटिबंधीय और समशीतोष्ण घास के मैदान शामिल हैं।

उष्णकटिबंधीय घास के मैदान:

- ये घास के मैदान हैं जो उष्णकटिबंधीय क्षेत्रों और महाद्वीपों के आंतरिक भाग में स्थित हैं।
- ब्राजील में 'कैंपोस' और वेनेजुएला में 'ललानोस' उष्णकटिबंधीय घास के मैदानों के उदाहरण हैं।
- ब्राजील में कैम्पस को सवाना घास के मैदान भी कहा जाता है। ये पौधों की प्रजातियों में समृद्ध हैं और वन पारिस्थितिकी प्रणालियों की तुलना में अधिक विविध हैं।
- सवाना घास के मैदान 24°S और 35°S के बीच स्थित हैं, जिसमें उरुग्वे और पैराग्वे, ब्राजील और अर्जेंटीना के कुछ हिस्से शामिल हैं।
- इन क्षेत्रों में, जलवायु उपोष्णकटिबंधीय नम है और वर्षा पूरे वर्ष नियमित रूप से वितरित की जाती है।

उपर्युक्त बिन्दुओं से यह स्पष्ट हो जाता है कि ब्राजील में कंपोज और वेनेजुएला में ललानोस उष्णकटिबंधीय घास के मैदानों के उदाहरण हैं।

अतः विकल्प (C) सही है।

89. जैसा कि हम जानते हैं कि भोजन का पाचन शरीर में एंजाइमों द्वारा किया जाता है। मानव शरीर में वसा का पाचन छोटी आंत में होता है और छोटी आंत में वसा का पाचन लाइपेज एंजाइम की सहायता से होता है, इसलिए हम स्पष्ट रूप से कह सकते हैं कि पहला कथन गलत है।

भोजन का स्टार्च एमाइलेज द्वारा पचता है न कि लाइपेस द्वारा इसलिए कथन द्वितीय भी गलत है।

न्यूक्लिक एसिड जैसे डीएनए और आरएनए न्यूक्लिअस नामक एंजाइमों के समूह द्वारा न्यूक्लियोटाइड श्रृंखलाओं में टूट जाते हैं।

अतः, हम कह सकते हैं कि विकल्प C सही कथन है क्योंकि भोजन का वसा छोटी आंत में लाइपेस द्वारा पचता है।

अतः विकल्प (C) सही है।

90. सूर्य लघु-तरंग विकिरण के रूप में ऊर्जा का उत्सर्जन करता है और ऊष्मा प्राप्त करने के बाद पृथ्वी लंबी तरंग स्थलीय विकिरण के रूप में ऊष्मा का उत्सर्जन करती है।

प्रकीर्णन दीर्घ तरंग विकिरण का भाग नहीं है क्योंकि यह उस विकिरण के प्रकीर्णन से संबंधित है जबकि अन्य तीन दीर्घ तरंग विकिरण के भाग हैं।

अतः विकल्प (B) सही है।

91. आक्रमणकारी अभिकर्मक की उपस्थिति में कई बंधों में इलेक्ट्रॉनों का विस्थापन इलेक्ट्रोमेरिक प्रभाव कहा जाता है।

इलेक्ट्रोमेरिक प्रभाव एक अस्थायी प्रभाव है जो कि अभिकर्मक पर आक्रमण करने की आवश्यकता पर लाया जाता है। इलेक्ट्रोमेरिक प्रभाव एक आणविक ध्रुवीकरण प्रभाव को संदर्भित करता है जो एक अन्तराआणविक इलेक्ट्रॉन विस्थापन द्वारा होता है। यह एक अस्थायी प्रभाव है।

अतः विकल्प (B) सही है।

92. डेनमार्क को 'हवाओं का देश' कहा जाता है, क्योंकि यहाँ विश्व में पवन ऊर्जा का सबसे अधिक अनुपात है।

- यहाँ विश्व में पवन ऊर्जा का सबसे अधिक अनुपात है।
- पवन टरबाइनों से आने वाली 47% हरी ऊर्जा के साथ, पवन विद्यमान रहती है।

- डेनमार्क अपनी विद्युत आवश्यकताओं का लगभग 50% अक्षय ऊर्जा से पूरा करता है।

अतः विकल्प (C) सही है।

93. भारतीय सांकेतिक भाषा(आईएसएल) डिक्शनरी मोबाइल एप्लिकेशन का नाम 'साइन लर्न ऐप' है जिसे 23 सितंबर 2022 को लॉन्च किया गया है।

ऐप को सामाजिक न्याय और अधिकारिता राज्य मंत्री प्रतिमा भौमिक द्वारा लॉन्च किया गया था। यह भारतीय सांकेतिक भाषा अनुसंधान और प्रशिक्षण केंद्र (आईएसएलआरटीसी) के भारतीय सांकेतिक भाषा शब्दकोश पर आधारित है जिसमें 10,000 शब्द हैं। इससे पहले, 6 अक्टूबर, 2020 को, ISLRTC और NCERT ने कक्षा 1 से 12 तक की NCERT पाठ्यपुस्तकों को भारतीय सांकेतिक भाषा (डिजिटल प्रारूप) में बदलने के लिए एक समझौता ज्ञापन (MoU) पर हस्ताक्षर किए थे, ताकि पाठ्य पुस्तकों को श्रवण दोष वाले बच्चों के लिए सुलभ बनाया जा सके। 2022 में, ऐप के लॉन्च के साथ, कक्षा 6 एनसीईआरटी पाठ्यपुस्तकों के लिए आईएसएल ई-कंटेंट पेश किया गया है।

अतः विकल्प (B) सही है।

94. विश्व मौसम विज्ञान संगठन ने '2022 में वैश्विक जलवायु की अस्थायी स्थिति' रिपोर्ट जारी की।

रिपोर्ट के अनुसार, 2022 में वैश्विक औसत तापमान वर्तमान में पूर्व-औद्योगिक औसत से लगभग 1.15 डिग्री सेल्सियस ऊपर रहने का अनुमान है। अत्यधिक गर्मी, सूखा और विनाशकारी बाढ़, ग्रीनहाउस गैस सांद्रता और संचित गर्मी का प्रभाव है।

अतः विकल्प (B) सही है।

95. नवंबर 2022 में, भारत की राष्ट्रपति द्रौपदी मुर्मू ने नर्सिंग पेशेवरों को वर्ष 2021 के लिए राष्ट्रीय फ्लोरेंस नाइटिंगेल पुरस्कार प्रदान किए।

राष्ट्रीय फ्लोरेंस नाइटिंगेल पुरस्कारों की स्थापना वर्ष 1973 में स्वास्थ्य और परिवार कल्याण मंत्रालय द्वारा नर्सों और नर्सिंग पेशेवरों द्वारा समाज को प्रदान की गई सराहनीय सेवाओं के लिए मान्यता के रूप में की गई थी।

अतः विकल्प (C) सही है।

96. प्रसिद्ध उर्दू लेखक खालिद जावेद द्वारा लिखित और बरन फारूकी द्वारा उर्दू से अंग्रेजी में अनुवादित "द पैराडाइज़ ऑफ़ फूड" ने साहित्य 2022 के लिए 5वां जेसीबी पुरस्कार जीता है। जगरनॉट बुक्स द्वारा प्रकाशित पुस्तक मूल रूप से 2014 में उर्दू में "नेमत खाना" के रूप में लिखी गई थी। 'द पैराडाइज़ ऑफ़ फूड' चौथा अनुवाद है और पुरस्कार जीतने वाला उर्दू का पहला कार्य है।

अतः विकल्प (B) सही है।

97. हरिप्रसाद चौरसिया का जन्म 1 जुलाई 1938 को हुआ था। वे एक भारतीय संगीत निर्देशक और शास्त्रीय बांसुरी वादक हैं, जो हिंदुस्तानी शास्त्रीय परंपरा में बांसुरी बजाते हैं।

- उनका जन्म उत्तर प्रदेश के प्रयागराज में हुआ था।
- 2013 की डॉक्यूमेंट्री फिल्म बांसुरी गुरु में चौरसिया के जीवन और विरासत को दिखाया गया है।
- उन्होंने गणसम्रदनी लता मंगेशकर पुरस्कार - 2021-22, पद्म भूषण (1992), पद्म विभूषण (2000) आदि पुरस्कार जीते।
- सत्या सरन द्वारा उनकी आधिकारिक जीवनी 'ब्रेथ ऑफ गोल्ड'- 2019 और सुरजीत सिंह की 'बांसुरी सम्राट: हरिप्रसाद चौरसिया' चौरसिया की कुछ जीवनियां हैं।

अतः विकल्प (B) सही है।

98. भारत में एकल नागरिकता की अवधारणा को इंग्लैंड से अपनाया गया है।

भारत में, एकल नागरिकता की अवधारणा ब्रिटिश संविधान अर्थात इंग्लैंड से ली गई है।

- भारत का संविधान पूरे भारत के लिए एकल नागरिकता प्रदान करता है।

- नागरिकता अधिनियम, 1955 संविधान के प्रारंभ के बाद भारतीय नागरिकता के अधिग्रहण, निर्धारण और समाप्ति से संबंधित मामलों से संबंधित है।

अतः विकल्प (A) सही है।

99. किसी दिए गए क्षेत्र की प्रजातियों की संरचना में क्रमिक और काफी अनुमानित परिवर्तन को पारिस्थितिकीय अनुक्रमण कहा जाता है।

- बंजर क्षेत्र में पौधों के समुदायों के विकास को पारिस्थितिकीय अनुक्रमण कहा जाता है।

- अनुक्रमण के दौरान, कुछ प्रजातियां एक क्षेत्र का उपनिवेश करती हैं और उनकी आबादी अधिक हो जाती है, जबकि अन्य प्रजातियों की आबादी घट जाती है और गायब भी हो जाती है।

- समुदायों का वह पूरा क्रम जो किसी दिए गए क्षेत्र में क्रमिक रूप से बदलता है, सेरे कहलाता है।

अतः विकल्प (A) सही है।

100. कृषि क्षेत्र भारतीय अर्थव्यवस्था की रीढ़ है।

कृषि क्षेत्र प्राथमिक क्षेत्र के अंतर्गत आता है।

कृषि क्षेत्र भारतीय अर्थव्यवस्था की रीढ़ है क्योंकि यह GDP, रोजगार और निर्यात में योगदान देता है। यह विनिर्माण और सेवा क्षेत्र जैसे अन्य आर्थिक क्षेत्रों में भी मदद करता है।

अतः विकल्प (A) सही है।

English Language

Q.1 Sentences of a paragraph are given below in jumbled order. Arrange the sentences in the correct order to form a meaningful and coherent paragraph.

A. The current concern is that it is rising day by day due to various resources of pollutants.

B. It has been there in different forms since a long time, even before human evolution, such as volcanic eruptions, wildfire which led to various photochemical reactions in the atmosphere.

C. Pollution has become a very common yet serious issue in today's world.

D. And, one of the main pollutants are humans and man-made machines.

A. ABCD   **B.** CBAD   **C.** CDBA   **D.** CADB

Q.2 From among the words given in bold, select the INCORRECTLY spelt word in the following sentence.

Now I will not shoot a **sloth** bear **wantanly** but **unfortunately** for the poor **beast**.

A. sloth   **B.** beast
C. wantanly   **D.** unfortunately

Q.3 Select the most appropriate synonym of the given word.
Fleck

A. Fault   **B.** Neglect   **C.** View   **D.** Spot

Q.4 Select the most appropriate meaning of the given idiom.
Under duress

A. Under confusions   **B.** Under pressure
C. Under support   **D.** Under shelter

Q.5 Parts of the given sentence have been given as options. One of them contains a grammatical error. Select the option that has the error.

He continued staring at the elephant, as if he had not see one before.

A.   one before
B.   as if he had not see
C.   staring at the elephant
D.   He continued

Q.6 Complete the collocation.

I met my professor yesterday and we _____ a long conversation about books and work.

A. talked   **B.** did   **C.** had   **D.** spoke

Q.7 Select the most appropriate meaning of the given idiom.
Sum and substance

A. Deliberation   **B.** Essence
C. Assessment   **D.** Difficulty

Q.8 Select the INCORRECTLY spelt word.

A. Repitition   **B.** Procedure

C. Portray   **D.** Separate

Q.9 Select the most appropriate ANTONYM of the given word.
Pretence

A. Arrogance   **B.** Impotence
C. Reality   **D.** Intolerance

Q.10 Select the most appropriate option that can substitute the underlined segment in the given sentence.

A visit <u>in</u> Ladhak is a must these days.

A. from   **B.** at   **C.** for   **D.** to

Q.11 Select the option that expresses the given sentence in passive voice.

The finance minister will announce the budget.

A.   The budget are announced by the finance minister.
B.   The budget will be announced by the finance minister.
C.   The budget will have announced by the finance minister.
D.   The budget were announced by the finance minister.

Q.12 Select the most appropriate option that can substitute the underlined segment in the given sentence.

The NCERT <u>was set up ahead</u> by the government to assist and advise the Central and State Governments on policies and programmes for qualitative improvement in school education.

A. was set up   **B.** was set forward
C. was set over   **D.** was set off

Q.13 Select the option that can be used as a one-word substitute for the given group of words.

Allowing or assisting to discover

A. Conceptual   **B.** Ineducative
C. Heuristic   **D.** Unempirical

Q.14 Select the option that expresses the given sentence in active voice.

This match is being watched today by more than thirty-three million people worldwide.

A.   This match is watching more than thirty-three million people worldwide today.
B.   More than thirty-three million people worldwide have been watching this match today.
C.   More than thirty-three million people worldwide are watching this match today.
D.   Today more than thirty-three million people worldwide have watched this match.

Q.15 Select the most appropriate ANTONYM of the given word.
Precocious

A. Liberal   **B.** Backward
C. Gentle   **D.** Lenient

Q.16 Select the most appropriate meaning of the given idiom.
Apple of one's eye

A. Very far   **B.** Very dear

C. Very useful   **D.** Very harmful

Q.17 Select the most appropriate option fill in the blank.

I have been studying this course _____ two years now.

A. through   **B.** for   **C.** since   **D.** almost

Q.18 Select the option that can be used as a one-word substitute for the given group of words.

Direct and outspoken

A. Fortify   **B.** Fortitude

C. Forthright   **D.** Formica

Q.19 Select the most appropriate synonym of the given word.

Incite

A. Tighten   **B.** Inflame   **C.** Pacify   **D.** Quote

Q.20 Spot the error in the given sentence and select the correct sentence from the options given.

Is Savita is joining us for lunch today?

A. Is Savita joining us for lunch today?

B. Savita is joined us for lunch today?

C. Savita joining us for lunch today?

D. Are Savita joining us for lunch today?

Ques (21-25):Direction: In the following passage, some words have been deleted. Read the passage carefully and select the most appropriate option to fill in each blank.

The most urgent areas of attention and immediate action are nutrition, health and education of children, whose well-being (1)_____ the health of the society and caring outlook of the polity. Since the causes of malnutrition of children are many, like exploding population, (2)_____ against the female child, weak and suffering mothers, the remedy calls for 'care of the mother and care by mother',(3)_____ , an effective control over population explosion. Ignorance on what food should be taken is another (4)_____ factor that results in malnutrition among women and children. The implementation of various schemes to fight the (5)_____ of malnutrition and undernourishment of children requires planning, co-ordination and monitoring by high-powered bodies right down to the village level.

Q.21 Select the most appropriate option to fill in blank number 1.

A. reflects   **B.** thinks   **C.** groups   **D.** efforts

Q.22 Select the most appropriate option to fill in blank number 2.

A. advanced   **B.** bias

C. neutral   **D.** law

Q.23 Select the most appropriate option to fill in blank number 3.

A. Besides   **B.** Against

C. Instead   **D.** Regardless

Q.24 Select the most appropriate option to fill in blank number 4.

A. explanatory   **B.** contributory

C. advisory   **D.** contradictory

Q.25 Select the most appropriate option to fill in blank number 5.

A. solace   **B.** balance   **C.** embrace   **D.** menace

General Intelligence

Q.26 उस विकल्प का चयन कीजिए जो पाँचवें पद से उसी प्रकार संबंधित है जैसे दूसरा पद पहले पद से और चौथा पद तीसरे पद से संबंधित है।

BIRTHDAY : HDAYBIRT :: CHILDREN : DRENCHIL :: PROGRESS : ?

A. SSERGORP   **B.** RPOGERSS

C. RESSPROG   **D.** GRESSPRO

Q.27 एक महिला की ओर इशारा करते हुए रोहन ने कहा- "उसकी पुत्री का पुत्र मेरी पत्नी की पुत्री का भाई है।" वह महिला रोहन से किस प्रकार संबंधित है?

A. बहन   **B.** सास   **C.** पुत्री   **D.** माता

Q.28 उस विकल्प का चयन कीजिए जो दिए गए शब्दों के उस सही क्रम को निरूपित करता है जिस क्रम में वे अंग्रेजी शब्दकोश में दिखाई देते हैं।

1. Knight
2. Kitchen
3. Kinship
4. Kinetic
5. Kind

A. 5, 4, 3, 2, 1   **B.** 5, 3, 4, 2, 1

C. 5, 3, 2, 4, 1   **D.** 5, 2, 3, 4, 1

Q.29 एक निश्चित कूट भाषा में, 'STATE' को '38401405' लिखा जाता है और 'EXILE' को '5489245' लिखा जाता है। उसी भाषा में 'ARENA' को क्या लिखा जाएगा?

A. 1365141   **B.** 21181014

C. 21810142   **D.** 1365281

Q.30 एक कागज दिखाए अनुसार मोड़ा और काटा गया है। इसे खोलने पर यह कैसा दिखेगा?

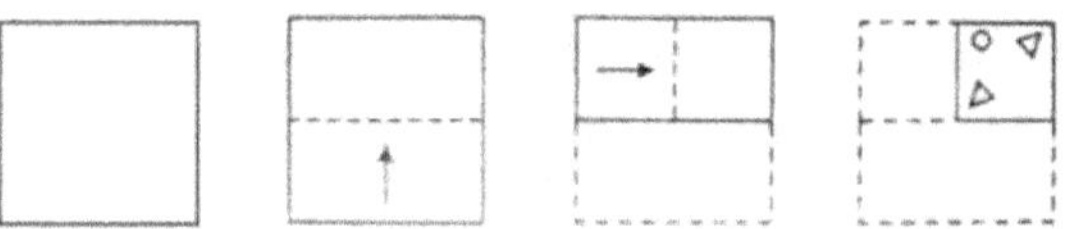

A.

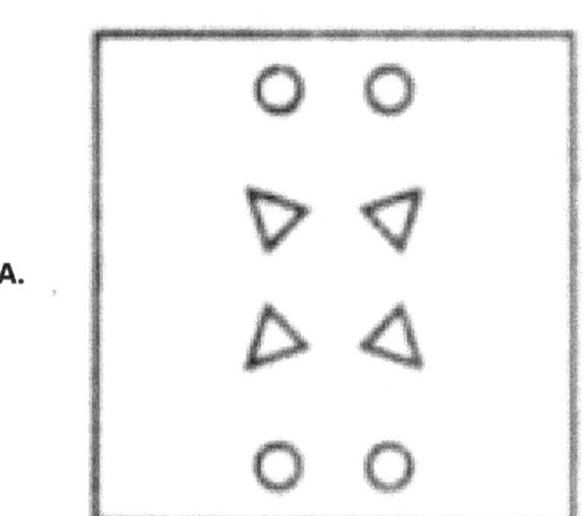

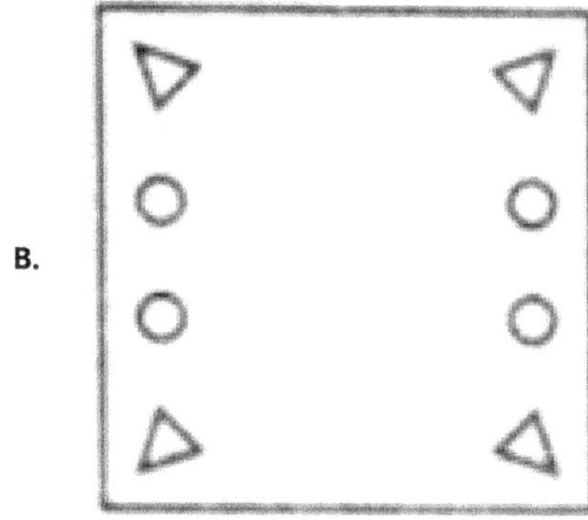

B.

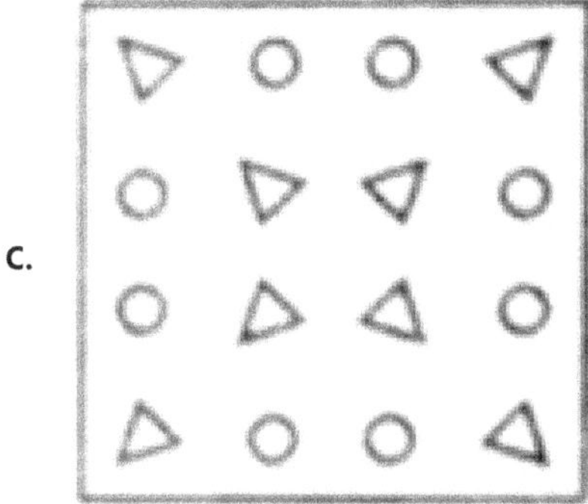

C.

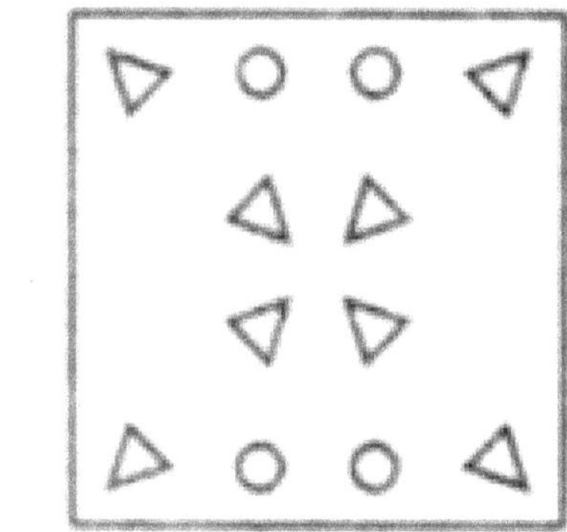

D.

A. 1930   **B.** 1939   **C.** 1940   **D.** 1929

Q.35 एक ही पासे के दो अलग-अलग स्थितियों दिखाई गई हैं, जिसके छह फलकों पर 11 से 16 तक की संख्याएं अंकित हैं। उस संख्या का चयन करे, जो ' 15 ' दर्शाने वाले फलक के विपरीत फलक पर होगी।

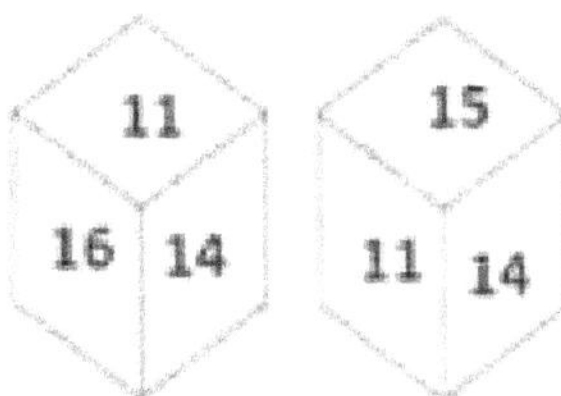

A. 14   **B.** 12   **C.** 13   **D.** 16

Q.36 निम्नलिखित में से कौन-सी संख्या दी गई श्रृंखला में प्रश्न चिह्न (?) को प्रतिस्थापित करेगी?

12, 32, 123, 609, ?

A. 3045   **B.** 3647   **C.** 3054   **D.** 3654

Q.37 दिए गए विकल्पों में उस विकल्प का चयन कीजिए जो पांचवीं संख्या से उसी प्रकार संबंधित है जिस प्रकार दूसरी संख्या पहली संख्या से संबंधित है और चौथी संख्या तीसरी संख्या से संबंधित है।

7: 71:: 13: 209:: 16:?

A. 309   **B.** 305   **C.** 291   **D.** 317

Q.38 उस विकल्प का चयन करें जो तीसरे पद से उसी प्रकार संबंधित है जिस प्रकार दूसरा पद पहले पद से संबंधित है और छठा पद पांचवें पद से संबंधित है।

5 : 35 :: 9 : ? : :: 14 : 224

A. 87   **B.** 113   **C.** 99   **D.** 107

Q.39 तीन कथन और उसके बाद तीन निष्कर्ष I, II और III दिए गए हैं। कथनों को सत्य मानते हुए, भले ही वे सामान्य रूप से ज्ञात तथ्यों से भिन्न प्रतीत होते हों, निर्णय करें कि कौन सा निष्कर्ष तार्किक रूप से कथनों का अनुसरण करता है।

कथन:

सभी झोपड़ियां, घर हैं।

कोई विला, घर नहीं है।

कुछ इमारतें, विला हैं।

निष्कर्ष:

I. कुछ इमारतें, झोपड़ियां हैं।

II. कुछ घर, इमारतें हैं।

III. कोई झोपडी, विला नहीं है।

A. केवल निष्कर्ष I अनुसरण करता है।

B. केवल निष्कर्ष II अनुसरण करता है।

C. निष्कर्ष I और III दोनों अनुसरण करते हैं।

D. निष्कर्ष I और II दोनों अनुसरण करते हैं।

Q.40 निम्नलिखित में से कौन-सी संख्या दी गई श्रृंखला में प्रश्नवाचक चिह्न (?) के स्थान पर आएगी?

5, 16, 28, 36, 71, 90, 234, 342, ?

A. 839   **B.** 739   **C.** 893   **D.** 793

Q.41 दिए गए संख्या-युग्मों में दूसरी संख्या पहली संख्या पर कुछ गणितीय संक्रियाएँ करके प्राप्त की गई हैं। विकल्पों में दिए गए संख्या-युग्मों में से एक संख्या-युग्म को छोड़कर, सभी संख्या-युग्मों में एक समान ही गणितीय संक्रियाएँ की गई हैं। दिए गए विकल्पों में उस असमान संख्या-युग्म को चुनिए, जिस पर वही गणितीय संक्रियाएँ नहीं की गई हैं।

A. 25:8   **B.** 8:3   **C.** 15:4   **D.** 48:7

Q.31 नीचे दिए गए समीकरण में * चिन्हों को बदलने और समीकरण को संतुलित करने के लिए गणितीय चिन्हों के सही संयोजन का चयन कीजिए।

$$24 * 6 * 51 * 31 * 3$$

A. =,−,×,+   **B.** ×,−,=,×

C. +,−,=,×   **D.** −,÷,=,+

Q.32 एक निश्चित कूट भाषा में, 'THREE' को 'UISFF' के रूप में लिखा जाता है, और 'SEVEN' को 'TFWFO' के रूप में लिखा जाता है। उसी भाषा में 'EIGHT' को कैसे लिखा जाएगा?

A. JFIHU   **B.** JFHIU   **C.** FJHUI   **D.** FJHIU

Q.33 विकल्पों में से कौन सा अक्षर-समूह प्रश्नवाचक चिह्न (?) को प्रतिस्थापित करके दी गई श्रेणी को पूरा करेगा?

EMXB, ?, YGRV, VDOS, SALP

A. JBUY   **B.** BJUY   **C.** YUBJ   **D.** BYJU

Q.34 निम्नलिखित में से कौन-सी संख्या दी गई श्रृंखला में प्रश्न चिह्न (?) के स्थान पर आएगी?

58, 117, 237, 479, 965, ?

Q.42 जब दर्पण को निम्नांकित चित्र के अनुसार XY पर रखा जाता है, तो दिए गए संयोजन का सही दर्पण प्रतिबिंब चयनित करें।

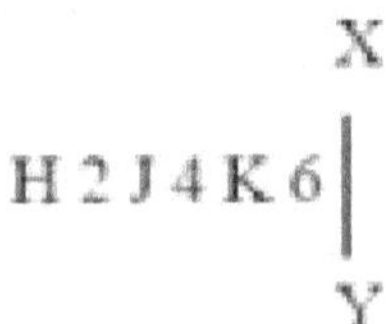

A. (image) B. (image)

C. (image) D. (image)

Q.43 दी गई आकृति में कितने वर्ग हैं?

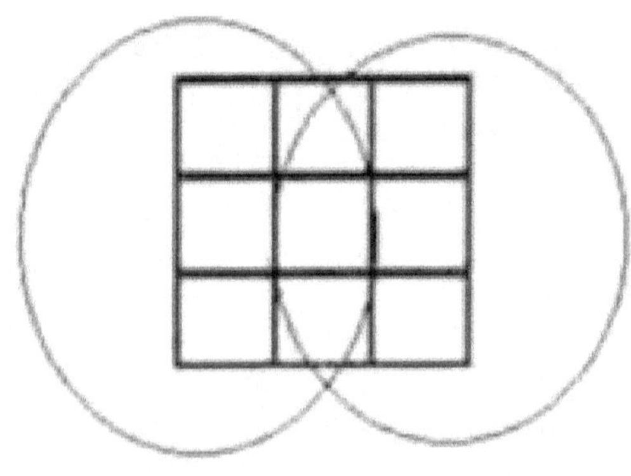

A. 13   B. 15   C. 12   D. 14

Q.44 उस विकल्प का चयन करें जो उन अक्षरों का निरूपण करता है, जिन्हें नीचे श्रृंखला में दिए गए रिक्त स्थानों पर बाएं से दाएं क्रमिक रूप से रखने पर श्रृंखला पूर्ण हो जाएगी।

tu _ _ x _ _ _ u u _ _ x y _ _ _ v x x _

A. uvxxtvxtuuy   B. uvxytvxtuuy
C. uvxytvxtuuu   D. uvxyuvxtuuy

Q.45 जब दर्पण को निम्न आकृति के अनुसार MN पर रखा जाता है, तो दिए गए संयोजन का दर्पण मे निर्मित सही प्रतिबिंब चयनित कीजिए।

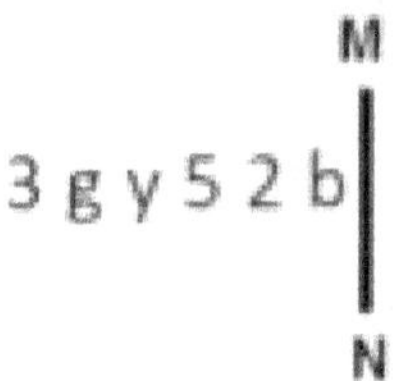

A. (image)

B. (image)

C. (image)

D. (image)

Q.46 निम्नलिखित में से कौन-सी संख्या दी गई श्रृंखला में प्रश्न चिह्न (?) को प्रतिस्थापित करेगी?

176, 218, 228, 291 , 280, 364, 332, ?

A. 435   B. 437   C. 384   D. 416

Q.47 दिए गए समीकरण में * चिह्नों को क्रमिक रूप से बदलने और समीकरण को संतुलित करने के लिए गणितीय चिह्नों के सही संयोजन का चयन कीजिए।

$16 * 2 * 4 * 8 * 10 * 34$

A. $-, +, \times, \div, =$ B. $\div, \times, +, -, =$
C. $\times, \div, -, +, =$ D. $\div, \times, -, +, =$

Q.48 गणितीय चिन्हो के उस सही संयोजन का चयन कीजिए जिसे क्रमिक रूप से ^ चिन्हो के स्थान पर रखने पर दिया गया समीकरण संतुलित हो जाएगा।

$104*26*13*7*18*77$

A. $\times, +, \div, -, =$ B. $\div, +, \times, -, =$
C. $\div, -, \times, +, =$ D. $\times, +, -, \div, =$

Q.49 एक निश्चेत कोड भाषा में, "NOPE" को " 100 " के रूप में कोडित किया गया, और "EGG" को "38" के रूप में कोडित किया गया है। उसी भाषा में "LAP" को किस रूप में कोडित किया जाएगा?

A. 31   B. 58   C. 27   D. 29

Q.50 जब दर्पण को निम्नांकित चित्र के अनुसार XY पर रखा जाता है, तो दिए गए संयोजन का सही दर्पण प्रतिबिंब चयनित करें।

X
$246HJK$
Y

A. (image)

B. (image)

C. (image)

D. (image)

Quantitative Aptitude

Q.51 एक त्रिभुज के कोणों के माप का अनुपात 3: 4: 8 है। तीनों कोणों में से सबसे छोटे कोण का माप क्या होगा?

A. 39°   B. 33°   C. 36°   D. 30°

Q.52 $8 + [16 - \{7 + 4 - (9 \text{ का } 3 + 6 - 4 \times 7)\}] = ?$

A. 18   B. 16   C. 21   D. 23

Q.53 8127 को 8 से भाग देने पर प्राप्त शेषफल क्या होगा?

A. 6 **B.** 4 **C.** 7 **D.** 5

Q.54 एक रेलगाड़ी 400 m लंबे प्लेटफॉर्म को 50 सेकंड में और एक अन्य 600 m लंबे प्लेटफॉर्म को 60 सेकंड में पार करती है। रेलगाडी की लंबाई और चाल कितनी-कितनी है?

A. 550 m; 75 किमी/घंटा **B.** 650 m; 74 किमी/घंटा
C. 500 m; 70 किमी/घंटा **D.** 600 m; 72 किमी/घंटा

Q.55 यदि $\frac{a}{b} + \frac{b}{a} = -1, a \neq 0, b \neq 0$ है, तो $6(a^3 - b^3)$ का मान क्या होगा?

A. 3 **B.** 0 **C.** 6 **D.** 1

Q.56 यदि $\sin x - 3\cos x = \sqrt{3}\cos x$, है, तो $\cot x$ का मान____है।

A. $3 - \sqrt{3}$ **B.** $\frac{3-\sqrt{3}}{6}$ **C.** $3 + \sqrt{3}$ **D.** $\sqrt{3}$

Q.57 $2\ cm$ आधार त्रिज्या और $6\ cm$ ऊंचाई वाले बेलन का पृष्ठीय क्षेत्रफल क्या होगा? ($\pi = 3.14$) मान लीजिए

A. $75.36\ cm^2$ **B.** $81\ cm^2$
C. $73\ cm^2$ **D.** $88.24\ cm^2$

Q.58 एक अर्धगोले का वक्र पृष्ठीय क्षेत्रफल 1232 वर्ग सेमी² है। इसकी त्रिज्या _________ होगी: (π = 22/7 लें)

A. 10 सेमी **B.** 16 सेमी **C.** 12 सेमी **D.** 14 सेमी

Q.59 नीचे दी गई तालिका पंजीकृत मतदाताओं की संख्या और पंजीकृत मतदाताओं के प्रतिशत के बारे में जानकारी प्रदान करती है, जिन्होंने तीन अलग-अलग केंद्रों, P, Q और R में किसी विशेष चुनाव में मतदान किया।

केंद्र	पंजीकृत मतदाताओं की कुल संख्या	मतदान करने वाले लोगों का प्रतिशत (कुल पंजीकृत मतदाताओं की संख्या में से)
P	3200	90
Q	1850	80
R	2500	66

केंद्र Q पर पंजीकृत मतदाताओं की कुल संख्या के कितने प्रतिशत वोट अवैध थे, यदि केंद्र Q पर डाले गए मतो की संख्या, केंद्र पर डाले गए सभी मतो की 25% थी?

A. 25% **B.** 20% **C.** 75% **D.** 40%

Q.60 यदि एक आयत की लंबाई और चौड़ाई में क्रमशः 15% और 20% की वृद्धि की जाती है, तो आयत के क्षेत्रफल में कितने प्रतिशत की वृद्धि होगी?

A. 48% **B.** 36% **C.** 32% **D.** 38%

Q.61 सुनीला अपनी यात्रा के पहले $75\ km$ में $45\ km/h$ की औसत चाल से कार चलाती है उसके बाद शेष $45\ km$ यात्रा में वह $70\ km/h$ की औसत चाल से कार चलाती है। यदि सुनीला यात्रा के दौरान कहीं भी रुकी नहीं है, तो पूरी यात्रा के दौरान उसकी औसत चाल (km/h में) ज्ञात कीजिए।

A. 51 **B.** $51\frac{93}{97}$ **C.** 52 **D.** $51\frac{3}{7}$

Q.62 यदि $a:b = 2:3$ और $b:c = 6:8$ है, तो $a:b:c$ ज्ञात करें।

A. 2:3:6 **B.** 2:3:4 **C.** 2:3:5 **D.** 1:2:3

Q.63 एक रेफ्रिजरेटर का अंकित मूल्य ₹ 60,000 है। दुकानदार पूर्ण नकद भुगतान करने पर ₹ 12,000 की एक सीधी छूट देता है। इसके अलावा वह अपने नियमित ग्राहकों को अंकित मूल्य पर 5% की अतिरिक्त छूट प्रदान

करता है। एक नियमित ग्राहक को रेफ्रिजरेटर के लिए कितने भुगतान करना पड़ेगा?

A. ₹ 47,000 **B.** ₹ 48,000 **C.** ₹ 44,000 **D.** ₹ 45,000

Q.64 एक किराना व्यापारी को क्रमशः ₹ 15 और ₹ 20 प्रति kg की दाल की दो किस्मों को किस अनुपात में मिलाना चाहिए, ताकि ₹ 18 प्रति kg का मिश्रण प्राप्त हो सके?

A. 2:5 **B.** 2:3 **C.** 3:2 **D.** 3:4

Q.65 प्रथम 43 प्राकृत संख्याओं का औसत क्या होगा?

A. 22 **B.** 44 **C.** 33 **D.** 43

Q.66 यदि यह ज्ञात है कि 35 छात्रों ने अपने पसंदीदा भोजन के रूप में मोमोज का उल्लेख किया है, तो निम्नलिखित पाई चार्ट में दी गई जानकारी के आधार पर, उन छात्रों की संख्या की गणना करें जिन्होंने या तो रोल या आलू परांठे को अपने पसंदीदा भोजन के रूप में उल्लेख किया है।

विभिन्न प्रकार के भोजन को पसंद करने वाले छात्रों के अंशों को दर्शाने वाला पाई चार्ट:

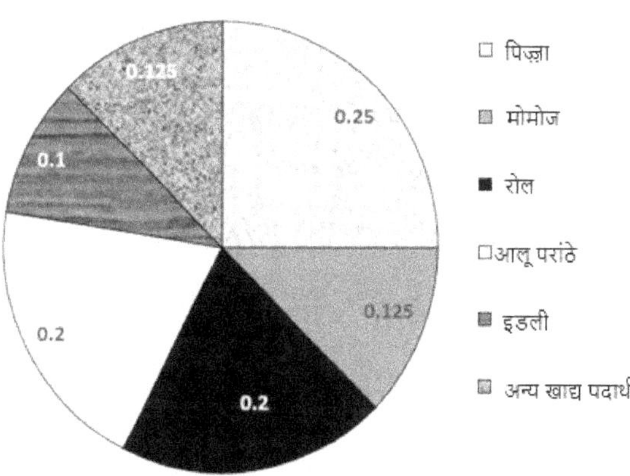

A. 116 **B.** 108 **C.** 120 **D.** 112

Q.67 एक कलम को 15% लाभ पर ₹ 28.75 में बेचा गया। यदि इसे ₹ 25.75 में बेचा जाता, तो लाभ प्रतिशत क्या होता?

A. 1% **B.** 3% **C.** 4% **D.** 2%

Q.68 एक शहर की जनसंख्या 5% वार्षिक चक्रवृद्धि दर (वार्षिक रूप में चक्रवृद्धि होने पर) से बढ़ रही है। शहर की वर्तमान जनसंख्या 93051 है। 2 वर्ष पूर्व इस शहर की जनसंख्या कितनी थी?

A. 88000 **B.** 88400 **C.** 84400 **D.** 84000

Q.69 जब अंकित मूल्य पर 25% की छूट दी जाती है तो 25% लाभ कमाया जाता है। जब 35% छूट हो, तो लाभ _________ होगा (पूर्णांकित मान का संज्ञान लें)।

A. 8% **B.** 13% **C.** 9% **D.** 11%

Q.70 आरंभ में सोहम का व्यय और बचत का अनुपात 5:1 था। उसके वेतन में 25% की वृद्धि होती है, जबकि उसकी बचत में 20% की वृद्धि होती है। यदि सोहम का वर्तमान व्यय ₹ 4,347 है, तो उसका प्रारंभिक वेतन क्या था?

A. ₹ 4,150 **B.** ₹ 4,160 **C.** ₹ 4,140 **D.** ₹ 4,130

Q.71 आशा और भुवन एक कार्य को क्रमशः 6 दिन और 9 दिन में पूरा कर सकते हैं। वे पहले दिन आशा से आरंभ करते हुए वैकल्पिक दिनों में कार्य करते हैं। कार्य कितने दिनों में पूरा हो जाएगा?

A. 7 दिनों **B.** 9 दिनों **C.** 6 दिनों **D.** 8 दिनों

Q.72 यदि $x + y = 14$ है, तो $x^3 + y^3 + 42xy$ का मान _________ है।

A. 2742   **B.** 2714   **C.** 2644   **D.** 2744

Q.73 एक घनाभ की लंबाई, चौड़ाई और गहराई का योग $23\ cm$ है, और इसका विकर्ण $5\sqrt{7}\ cm$ है। इसका पृष्ठीय क्षेत्रफल क्या है?

A. $188\ cm^2$ **B.** $144\ cm^2$ **C.** $111\ cm^2$ **D.** $177\ cm^2$

Q.74 एक कक्षा के 50 विद्यार्थियों के गणित के प्राप्तांक निम्न तालिका में दिए गए हैं। माध्य प्राप्तांक की गणना कीजिये।

अंतराल	बारंबारता
0-10	2
10-20	11
20-30	28
30-40	6
40-50	3

A. 26.6   **B.** 24.4   **C.** 28.8   **D.** 22.2

Q.75 यदि $p^4 = 4354 - \dfrac{1}{p^4}$ है, तो $p^3 - \dfrac{1}{p^3}$ का मान है।

A. 516   **B.** 416   **C.** 536   **D.** 436

General Awareness

Q.76 भारतीय संगीत में उस्ताद अल्ला रक्खा का नाम निम्नलिखित में से किस वाद्य यंत्र की बजाने के लिए प्रसिद्ध है?

A. तबला   **B.** वीणा   **C.** घटम   **D.** संतूर

Q.77 पुरुष हॉकी विश्व कप 2023 का आयोजन निम्नलिखित में से किस राज्य द्वारा किया जाएगा?

A. ओडिशा   **B.** महाराष्ट्र
C. उत्तर प्रदेश   **D.** पंजाब

Q.78 पारिस्थितिक तंत्र के माध्यम से ऊर्जा और पोषक तत्व कैसे प्रवाहित होते हैं', इस बारे में किस पारिस्थितिकीविद के शोध ने क्रांतिकारी नवीन अंतर्दृष्टि प्रदान की?

A. चार्ल्स एल्टन   **B.** आर्थर टैन्सली
C. अर्नस्ट हेकेल   **D.** रेमंड एल. लिंडेमैन

Q.79 निम्नलिखित में से किस संगठन ने मई 2021 में एटियेन ग्लिचिच पुरस्कार जीता?

A. अखिल भारतीय फुटबॉल महासंघ
B. भारतीय क्रिकेट कंट्रोल बोर्ड
C. हॉकी इंडिया
D. बैडमिंटन एसोसिएशन ऑफ इंडिया

Q.80 जनवरी 2022 में, किस भारतीय राज्य को सामाजिक सेवाओं की सुरक्षा के लिए विश्व बैंक से ₹ 1,000 करोड़ का ऋण मिला?

A. असम   **B.** पश्चिम बंगाल
C. महाराष्ट्र   **D.** ओडिशा

Q.81 निम्नलिखित में से किस भारतीय क्रिकेट खिलाड़ी (महिला) ने मेजर ध्यानचंद खेल रत्न पुरस्कार 2021 प्राप्त किया?

A. मिताली राज   **B.** शेफाली वर्मा
C. दीप्ति शर्मा   **D.** पूनम यादव

Q.82 अस्थाना नर्तकी ('रेजिडेंट नर्तक') की उपाधि तिरुमाला तिरुपति देवस्थानम मंदिर द्वारा निम्नलिखित प्रमुख नर्तकों/नर्तकियों में से किसे प्रदान की गई थी?

A. उमा शर्मा   **B.** माया राव
C. सितारा देवी   **D.** यामिनी कृष्णमूर्ति

Q.83 सेंस एंड सेंसिबिलिटी', 'मैन्सफील्ड पार्क' और 'एम्मा' शीर्षक पुस्तकों के लेखक निम्नलिखित में से कौन हैं?

A. डी एच लॉरेंस   **B.** जेन ऑस्टेन
C. थॉमस हार्डी   **D.** जॉर्ज एलियट

Q.84 उस घटक की पहचान करें जो केवल प्रोकैरियोट्स में अद्वितीय रूप से पाया जाता है।

A. गुणसूत्र   **B.** मेसोसोम
C. केन्द्रक   **D.** केन्द्रक झिल्ली

Q.85 कृषि में ऋण का सहयोग करने के लिए बैंक केसीसी जारी करते हैं। केसीसी का पूर्ण रूप क्या है?

A. किसान क्रेडिट कार्ड
B. किसान क्रेडिट सर्टिफिकेट
C. कृषि क्रेडिट सार्टिफिकेट
D. कृषि क्रेडिट कार्ड

Q.86 उपराष्ट्रपति का चुनाव लड़ने के इच्छुक उम्मीदवार को जमानत राशि के तौर पर कितनी राशि जमा करनी होती है?

A. ₹ 15,000   **B.** ₹ 25,000
C. ₹ 30,000   **D.** ₹ 20,000

Q.87 8वें टी-20 महिला क्रिकेट विश्व कप का आयोजन निम्नलिखित में से किस देश द्वारा किया जाएगा?

A. इंग्लैंड   **B.** भारत
C. दक्षिण अफ्रीका   **D.** ऑस्ट्रेलिया

Q.88 निम्नलिखित में से किसे भरतनाट्यम के लिए संगीत नाटक अकादमी पुरस्कार से सम्मानित किया गया है?

A. अनीता रत्नम   **B.** गीता चंद्रन
C. ए.बी. बाला कोंडाला राव   **D.** विजय शंकर

Q.89 जन्तु कोशिकाओं में, कौन-सी झिल्ली-बद्ध कोशिका अंगक सामान्यतः छोटे होते हैं और अपशिष्ट उत्पादों को अलग करने में मदद करते हैं?

A. प्लास्टिड   **B.** गॉल्जीकाय
C. रिक्तिकाएं   **D.** साइटोसोल

Q.90 प्रसिद्ध संगीतकार शकूर खान निम्नलिखित में से किस वाद्य यंत्र से संबंधित थे?

A. संतूर   **B.** सारंगी   **C.** सितार   **D.** सरोद

Q.91 दक्षिण भारत में 7640 मिमी औसत वार्षिक वर्षा प्राप्त करने वाला जैव विविधता समृद्ध क्षेत्र अगुम्बे किस राज्य में स्थित है?

A. आंध्र प्रदेश   **B.** केरल   **C.** कर्नाटक   **D.** तमिलनाडु

Q.92 उस पादप की पहचान करें जो पत्तियों के माध्यम से अनुकूलन दिखाता है जो कि कांटों में बदल जाती हैं।

A. गुलाब   **B.** छुई-मुई   **C.** गुड़हल   **D.** नागफनी

Q.93 प्रसिद्ध शास्त्रीय नृत्यांगना विद्यागौरी अडकर को भारतीय शास्त्रीय नृत्य के ______ घराने से पहचाना जाता है।

A. ग्वालियर   **B.** बनारस   **C.** अलवर   **D.** जयपुर

Q.94 गुजरात में प्रायद्वीप के पश्चिमी और पूर्वी किनारों पर अवसादी चट्टानों में कौन सा संसाधन पाया जाता है?

A. सोना   **B.** पेट्रोलियम   **C.** बाक्साइट   **D.** मैंगनीज़

Q.95 गुरु श्यामा चरण पति को मुख्य रूप से निम्नलिखित में से किस नृत्य शैली में उनके योगदान के लिए पद्म श्री से सम्मानित किया गया था?

A. काठी नाच   **B.** छाऊ नृत्य
C. झुमैर   **D.** संथाली नृत्य

Q.96 हमारे शरीर में उपापचयी अभिक्रियाएँ किसके द्वारा की जाती हैं:

A. लवण   **B.** कार्बोहाइड्रेट
C. प्रोटीन   **D.** लिपिड

Q.97 मध्यकालीन भारत के प्रसिद्ध संगीतकारों में से एक तानसेन निम्नलिखित में से किस मुगल सम्राट के दरबार में थे?

A. अकबर   **B.** बाबर   **C.** औरंगजेब   **D.** हुमायूं

Q.98 भारतीय स्वतंत्रता के दौरान हुए दंगों पर आधारित प्रसिद्ध उपन्यास 'पिंजर' _______ द्वारा लिखा गया था।

A. अमृता प्रीतम   **B.** दिव्य प्रकाश दुबे
C. मोहन राकेश   **D.** मानव कौल

Q.99 किस पत्रकार की आत्मकथा का शीर्षक 'डेविल्स एडवोकेट: द अनटोल्ड स्टोरी' है?

A. प्रणय रॉय   **B.** विनोद दुआ
C. वीर सांघवी   **D.** करण थापर

Q.100 निम्नलिखित में से कौन-सा हिंदुस्तानी संगीत घराना सभी ख्याल गायकी शैलियों में सबसे पुराना है?

A. अतरौली घराना   **B.** किराना घराना
C. ग्वालियर घराना   **D.** आगरा घराना

// स्मार्ट उत्तर पुस्तिका //

सही उत्तर	उन छात्रों का प्रतिशत जिन्होंने प्रश्नों का सही उत्तर दिया था।	छोड़ दिया	उन छात्रों का प्रतिशत जिन्होंने प्रश्नों को छोड़ दिया था।

प्रश्न संख्या	उत्तर	सही उत्तर / छोड़ दिया	प्रश्न संख्या	उत्तर	सही उत्तर / छोड़ दिया	प्रश्न संख्या	उत्तर	सही उत्तर / छोड़ दिया	प्रश्न संख्या	उत्तर	सही उत्तर / छोड़ दिया	प्रश्न संख्या	उत्तर	सही उत्तर / छोड़ दिया	प्रश्न संख्या	उत्तर	सही उत्तर / छोड़ दिया
1	B	49.39 % / 37.94 %	18	C	48.46 % / 32.64 %	35	D	42.71 % / 31.43 %	52	A	62.8 % / 33.01 %	69	A	41.82 % / 38.81 %	86	A	80.31 % / 17.47 %
2	C	89.54 % / 10.4 %	19	B	58.21 % / 39.21 %	36	B	69.57 % / 30.21 %	53	C	88.69 % / 10.78 %	70	C	61.22 % / 31.43 %	87	C	80.19 % / 14.38 %
3	D	54.39 % / 30.91 %	20	A	44.45 % / 30.04 %	37	B	43.02 % / 56.19 %	54	D	42.31 % / 45.12 %	71	A	67.43 % / 30.41 %	88	B	88.38 % / 10.18 %
4	B	57.57 % / 42.03 %	21	A	83.2 % / 10.19 %	38	C	41.55 % / 33.05 %	55	B	68.81 % / 30.4 %	72	D	56.89 % / 33.01 %	89	C	81.09 % / 13.57 %
5	B	84.6 % / 14.19 %	22	B	40.17 % / 34.17 %	39	A	66.32 % / 33.13 %	56	B	43.41 % / 54.14 %	73	D	63.84 % / 31.86 %	90	B	83.69 % / 11.37 %
6	C	82.47 % / 13.07 %	23	A	77.67 % / 18.9 %	40	D	41.49 % / 54.45 %	57	A	66.76 % / 30.16 %	74	B	48.04 % / 30.86 %	91	C	87.87 % / 11.29 %
7	B	62.32 % / 31.26 %	24	B	46.45 % / 34.98 %	41	A	55.85 % / 37.94 %	58	D	41.65 % / 35.47 %	75	C	67.18 % / 30.75 %	92	D	87.56 % / 11.08 %
8	A	88.12 % / 11.86 %	25	D	82.71 % / 13.06 %	42	C	78.39 % / 15.56 %	59	B	50.34 % / 35.84 %	76	A	79.55 % / 18.07 %	93	D	77.26 % / 20.97 %
9	C	69.34 % / 30.65 %	26	C	84.54 % / 12.12 %	43	D	42.51 % / 38.28 %	60	D	68.4 % / 30.07 %	77	A	65.79 % / 31.14 %	94	B	82.63 % / 11.91 %
10	D	57.02 % / 39.09 %	27	B	64.9 % / 32.12 %	44	B	47.56 % / 36.78 %	61	B	11.99 % / 75.68 %	78	D	77.36 % / 13.16 %	95	B	88.86 % / 10.78 %
11	B	83.01 % / 15.68 %	28	A	60.46 % / 37.65 %	45	C	66.67 % / 32.98 %	62	B	46.67 % / 43.73 %	79	C	77.61 % / 17.88 %	96	C	86.61 % / 10.46 %
12	A	81.33 % / 12.61 %	29	D	61.25 % / 31.83 %	46	B	65.71 % / 32.45 %	63	D	51.13 % / 44.26 %	80	B	56.78 % / 32.78 %	97	A	81.44 % / 14.7 %
13	C	27.35 % / 70.0 %	30	D	64.0 % / 32.25 %	47	D	47.08 % / 50.65 %	64	B	26.04 % / 70.08 %	81	A	89.35 % / 10.36 %	98	A	89.37 % / 10.3 %
14	C	60.73 % / 30.78 %	31	B	58.01 % / 31.0 %	48	B	66.05 % / 32.54 %	65	A	83.29 % / 15.48 %	82	D	49.84 % / 44.52 %	99	D	80.85 % / 15.54 %
15	B	48.62 % / 37.9 %	32	D	63.84 % / 30.52 %	49	B	66.01 % / 30.81 %	66	D	51.24 % / 30.72 %	83	B	77.72 % / 13.5 %	100	C	83.98 % / 13.22 %
16	B	82.51 % / 10.3 %	33	B	79.23 % / 19.28 %	50	A	45.91 % / 34.41 %	67	B	56.68 % / 38.79 %	84	B	83.61 % / 15.49 %			
17	B	44.68 % / 44.85 %	34	B	48.36 % / 32.96 %	51	C	76.08 % / 19.41 %	68	C	63.48 % / 34.72 %	85	A	87.73 % / 11.24 %			

//संकेत और समाधान//

1. The correct order is as follows:

C. Pollution has become a very common yet serious issue in today's world.

B. It has been there in different forms since a long time, even before human evolution, such as volcanic eruptions, wildfire which led to various photochemical reactions in the atmosphere.

A. The current concern is that it is rising day by day due to various resources of pollutants.

D. And, one of the main pollutants are humans and man-made machines.

Hence, the correct option is (B).

2. The incorrectly spelt word in the above sentence is: wantanly

'wantonly' is the correct word, which means 'in a deliberate and unprovoked way'.

Correct sentence: Now I will not shoot a sloth-bear wantonly but unfortunately for the poor beast.

Hence, the correct option is (C).

3. Appropriate synonym of the 'Fleck' is 'Spot'.

Meaning of Fleck: a very small patch of color or light.

Meaning of Spot: a small round or roundish mark, differing in color or texture from the surface around it.

Hence, the correct option is (D).

4. 'Under pressure' is the most appropriate meaning of the 'Under duress' idiom.

Meaning of duress: threats, violence, constraints, or other action brought to bear on someone to do something against their will or better judgment.

Hence, the correct option is (B).

5. Error in "He continued staring at the elephant, as if he had not see one before." sentence is as if he had not see.

The correct sentence would be:

He continued staring at the elephant. He seemed not to have seen one before.

or

He continued staring at the elephant because he had never seen one before.

Hence, the correct option is (B).

6. Complete sentence: I met my professor yesterday and we had a long conversation about books and work.

In the above blank we use 'had' because had is used when we talk about the past event.

Hence, the correct option is (C).

7. Appropriate meaning of the idiom 'Sum and substance' is 'Essence'.

'Sum and substance' means main idea, gist, or point.

'Essence' means 'the basic' or 'of the utmost importance'.

Hence, the correct option is (B).

8. Incorrectly spelt word is 'Repitetion'.

Correct spelling of 'Repitetion' is 'Repetition'.

Hence, the correct option is (A).

9. Most appropriate antonym of 'Pretence' is 'Reality'.

Meaning of Pretence: to act or appear in a way that looks real but is false.

Meaning of 'Reality': the quality or state of being real.

Hence, the correct option is (C).

10. A visit in Ladhak is a must these days.

Most appropriate word that can substitute the underlined segment in the given sentence is 'to'.

Complete sentence: A visit to Ladhak is a must these days.

'To' is used to indicate a goal or a direction of movement, as well as a place of arrival.

Hence, the correct option is (D).

11. Passive voice of 'The finance minister will announce the budget.': The budget will be announced by the finance minister.

For converting active voice to passive voice we follow the given steps:

- Move the active sentence's direct object into the sentence's subject place
- Place the active sentence's subject into a phrase beginning with the preposition 'by'
- Add a form of the auxiliary verb be to the main verb and change the main verb's form

Hence, the correct option is (B).

12. The NCERT was set up ahead by the government to assist and advise the Central and State Governments on policies and programmes for qualitative improvement in school education.

Most appropriate option that can substitute the underlined segment in the given sentence is 'was set up'.

Complete sentence: The NCERT was set up by the government to assist and advise the Central and State Governments on policies and programmes for qualitative improvement in school education.

Hence, the correct option is (A).

13. One-word substitute for 'Allowing or assisting to discover' is 'Heuristic'.

Meaning of 'Heuristic': enabling someone to discover or learn something for themselves.

Hence, the correct option is (C).

14. Active voice of the 'This match is being watched today by more than thirty-three million people worldwide.' is 'More than thirty-three million people worldwide are watching this match today.'

For converting passive voice to active voice we follow the given steps:

- Move the passive sentence's subject into the active sentence's direct object slot
- Remove the auxiliary verb be from the main verb and change main verb's form if needed
- Place the passive sentence's object of the preposition by into the subject slot.

Hence, the correct option is (C).

15. Antonym of 'Precocious' is 'Backward'.

Meaning of Precocious: unusually advanced or mature in development

Meaning of 'Backward': directed towards the back or slow to develop

Hence, the correct option is (B).

16. Appropriate meaning of the idiom 'Apple of one's eye': Very dear

Meaning of 'Apple of one's eye': something or someone very precious or dear

Meaning of 'Very dear': loved or liked very much

Hence, the correct option is (B).

17. Complete sentence: I have been studying this course for two years now.

We use 'for' with a period of time to refer to duration (how long something lasts).

Hence, the correct option is (B).

18. One-word substitute of 'Direct and outspoken': Forthright

Meaning of 'Direct and outspoken': spoken or expressed without reserve

Meaning of 'Forthright': (of a person or their manner or speech) direct and outspoken; straightforward and honest

Hence, the correct option is (C).

19. Appropriate synonym of 'Incite': Inflame

Meaning of 'Incite': encourage or stir up (violent or unlawful behavior).

Meaning of 'Inflame': provoke or intensify (strong feelings, especially anger) in someone.

Hence, the correct option is (B).

20. Correct sentence: Is Savita joining us for lunch today?

The sentence "Is Savita is joining us for lunch today?" is interrogative sentence and hence starts with is and placing 'is' after subject 'Savita' would be incorrect.

Hence, the correct option is (A).

21. Complete sentence: The most urgent areas of attention and immediate action are nutrition, health and education of children, whose well-being (1) reflects the health of the society and caring outlook of the polity.

'reflects' is appropriate word for blank (1) which means to show, express, or be a sign of something

In the sentence, the well-being of children express or reflect health of the society.

Hence, the correct option is (A).

22. Complete sentence: Since the causes of malnutrition of children are many, like exploding population, (2)bias against the female child

'bias' is appropriate word for blank (2) which means prejudice in favor of or against one thing, person

In the sentence, 'bias against the female child' means giving less preference to female child, which is the causes of malnutrition of children.

Hence, the correct option is (B).

23. Complete sentence: care by mother',(3) Besides, an effective control over population explosion.

'Besides' is appropriate word for blank (3) which means in addition to; apart from.

In the sentence, the remedy calls for 'care of the mother and care by mother' is important for health , apart from controlling over population explosion.

Hence, the correct option is (A).

24. Complete sentence: Ignorance on what food should be taken is another (4) contributory factor that results in malnutrition among women and children.

'contributory' is is appropriate word for blank (4) which means 'playing a part in bringing something about.'

In the sentence, ignorance of food is another factor that contributes or bring malnutrition among women and children.

Hence, the correct option is (B).

25. Complete sentence: The implementation of various schemes to fight the (5) menace of malnutrition and undernourishment of children requires planning.

'menace' is appropriate word for blank (5) which means threat or danger

In the sentence, planning is required to save the children from danger or threat of malnutrition and undernourishment.

Hence, the correct option is (D).

26. BIRTHDAY : HDAYBIRT :: CHILDREN : DRENCHIL

पैटर्न को देखने पर हमें पता चलता है कि पहले चार अक्षरों को क्रमशः अंतिम चार अक्षरों के स्थान पर रखा गया है और अंतिम चार अक्षरों को क्रमशः पहले चार अक्षरों के स्थान पर रखा गया है।

इस प्रकार, PROGRESS को RESSPROG के रूप में कोडित किया जाएगा।

अतः विकल्प (C) सही है।

27. दिया गया कथन: एक महिला की ओर इशारा करते हुए, रोहन ने कहा, "उसकी बेटी का बेटा मेरी पत्नी की बेटी का भाई है।

अनुमान: महिला रोहन की पत्नी की माँ है अर्थात रोहन की सास है, क्योंकि महिला की एक बेटी है और उसकी बेटी का एक बेटा है, जो उस लड़की का भाई है जो रोहन की पत्नी की बेटी है।

आरेख रोहन और लेडी के बीच के संबंध को दर्शाता है:

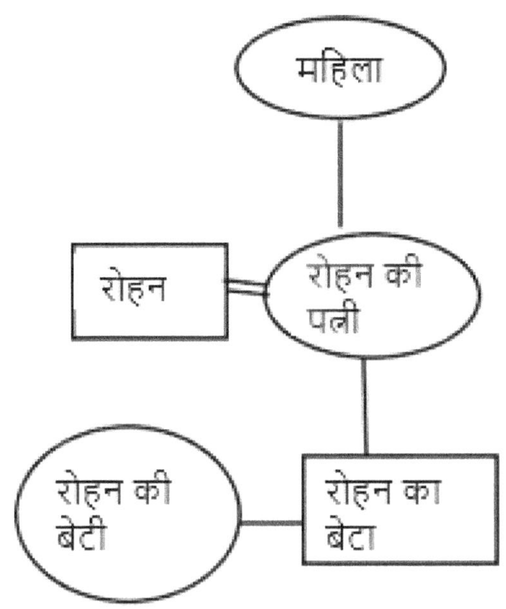

अतः विकल्प (B) सही है।

28. दिए गए शब्दों के सही क्रम का प्रतिनिधित्व करने वाला विकल्प नीचे दिखाया गया है:

5. Kind

4. Kinetic

3. Kinship

2. Kitchen

1. Knight

अत: 5, 4, 3, 2, 1 सही क्रम है।

अतः विकल्प (A) सही है।

29. 'STATE' को '38401405' के रूप में कोडित किया गया है

'EXILE' को '5489245' के रूप में कोडित किया गया है

उपरोक्त पैटर्न को देखने से हमें पता चलता है कि सभी अक्षरों का स्थितिगत मान केवल तभी लिया जाता है और 2 से गुणा किया जाता है जब संख्या दो अंकों में होती है अन्यथा एक अंक का मान लिखा जाता है।

पैटर्न: राज्य का स्थितीय मान: 19, 20, 1, 20, 5

$19 \times 2 = 38, 20 \times 2 = 40, 20 \times 2 = 40, 5$

STATE के लिए कोड: 38401405

इसी प्रकार, EXILE का स्थितीय मान : 5, 24, 9, 12, 5

इसी प्रकार, EXILE का स्थितीय मान : 5, 24, 9, 12, 5

$5, 24 \times 2 = 48, 9 \times 2 = 24, 5$

EXILE के लिए कोड: 5489245

अब, ARENA को इस प्रकार कोडित किया जाएगा:

$1, 18 \times 2 = 36, 5, 14 \times 2 = 28, 1$

$= 1365281$

अतः विकल्प (D) सही है।

30. जब कागज खोला जाता है तो यह इस तरह दिखाई देगा:

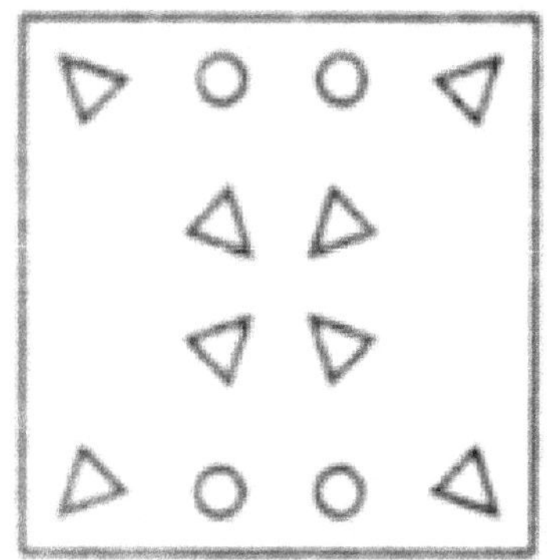

अतः विकल्प (D) सही है।

31. दिया गया समीकरण: 24*6*51*31*3

संकेतों को प्रतिस्थापित करने और BODMAS नियम का प्रयोग करने पर, हम पाते हैं,

(A): $24 = 6 - 51 \times 31 + 3$

$24 = 6 - 1581 + 3$

$24 = 6 - 1584$

$24 \neq -1578$

(B): $24 \times 6 - 51 = 31 \times 3$

$144 - 51 = 93$

$93 = 93$

(C): $24 + 6 - 51 = 31 \times 3$

$30 - 51 = 93$

$-21 \neq 93$

(D): $24 - 6 \div 51 = 31 + 3$

$24 - 0.12 = 34$

$23.88 \neq 34$

अतः विकल्प (B) सही है।

32. 'THREE' के लिए कोड: 'UISFF' और 'SEVEN' के लिए कोड: 'TFWFO'

दिए गए कोड के पैटर्न को देखकर हमें पता चलता है कि,

सभी अक्षरों को उनके तत्काल अगले अक्षर के रूप में कोडित किया गया है।

अत:, 'EIGHT' के लिए कूट : 'FJHIU'

अतः विकल्प (D) सही है।

33. अंग्रेजी वर्णमाला श्रृंखला और उसके स्थितीय मान के अनुसार, हम प्राप्त करते हैं:

$Y \xrightarrow{-2} V$

$$G \xrightarrow{-2} D$$

$$R \xrightarrow{-2} O$$

$$V \xrightarrow{-2} S$$

इसी प्रकार,

$$V \xrightarrow{-2} S$$

$$D \xrightarrow{-2} A$$

$$O \xrightarrow{-2} L$$

$$S \xrightarrow{-2} P$$

अब उपरोक्त प्रतिरूप का पालन करें

$$E \xrightarrow{-2} B$$

$$M \xrightarrow{-2} J$$

$$X \xrightarrow{-2} U$$

$$B \xrightarrow{-2} Y$$

अतः विकल्प (B) सही है।

34. संख्या श्रृंखला के उपरोक्त पैटर्न का अवलोकन करने पर हमें पता चलता है कि,

$$58 \times 2 + 1 = 117$$

$$117 \times 2 + 3 = 237$$

$$237 \times 2 + 5 = 479$$

$$479 \times 2 + 7 = 965$$

$$965 \times 2 + 9 = 1939$$

अतः विकल्प (B) सही है।

35. पासे पर संभावित संख्याएँ: 11, 12, 13, 14, 15 और 16

11 और 14 का 15 के विपरीत प्रकट होना संभव नहीं है क्योंकि वे 15 के सन्निकट हैं। 16 केवल संभावना है क्योंकि 16 भी 11 और 14 के सन्निकट है, इसका मतलब है कि उनके पास एक सामान्य शीर्ष है। तो, 15 के विपरीत चेहरा 16 है।

अतः विकल्प (D) सही है।

36. संख्या श्रृंखला के उपरोक्त पैटर्न का अवलोकन करने पर हमें पता चलता है कि,

$$12 \times 3 - 4 = 32$$

$$32 \times 4 - 5 = 123$$

$$123 \times 5 - 6 = 609$$

$$609 \times 6 - 7 = 3647$$

अतः विकल्प (B) सही है।

37. यहाँ अनुसरण किया गया पैटर्न है,

$$7 \times (7+3) + 1 = 71$$

$$13 \times (13+3) + 1 = 209$$

$$16 \times (16+3) + 1 = 305$$

अतः विकल्प (B) सही है।

38. निम्नलिखित प्रतिरूप है,

$$5 \times 7 = 35$$

$$5 \times (7+4) = 99$$

$$14 \times (11+5) = 224$$

अतः विकल्प (C) सही है।

39. निम्नलिखित प्रतिरूप है,

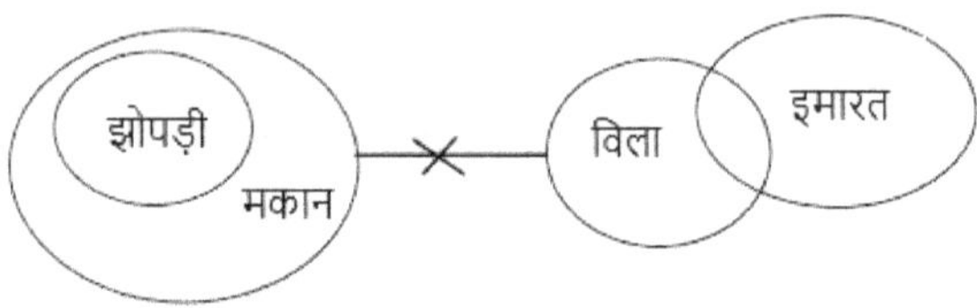

निष्कर्ष:

I. कुछ इमारतें झोपड़ियाँ हैं: संभव है लेकिन सुनिश्चित नहीं है। इस प्रकार गलत निष्कर्ष।

II. कुछ हाउस बिल्डिंग हैं: संभव है लेकिन निश्चित नहीं है। इस प्रकार गलत निष्कर्ष।

III. कोई झोपड़ी विला नहीं है: चूंकि, सभी झोपड़ियां घर हैं और कोई घर विला नहीं है। अतः केवल III निष्कर्ष अनुसरण करता है।

अतः विकल्प (A) सही है।

40. यहाँ अनुसरण किया गया तर्क है:

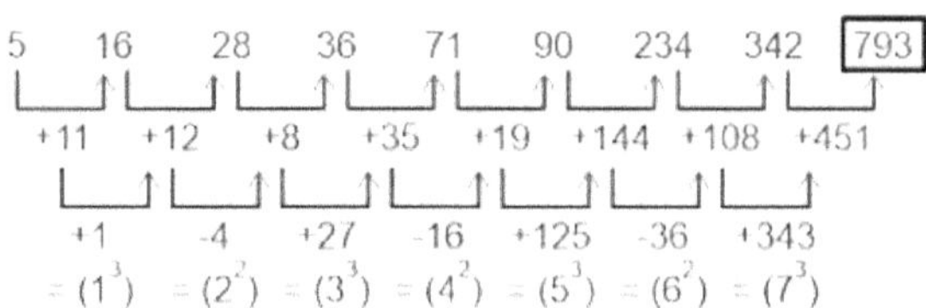

अतः विकल्प (D) सही है।

41. यहाँ अनुसरण किया गया तर्क है:

विकल्प 1 से: $8 \times 8 - 1 = 63 = \neq 25$

विकल्प 2 से: $3 \times 3 - 1 = 8$

विकल्प 3 से: $4 \times 4 - 1 = 15$

विकल्प 4 से: $7 \times 7 - 1 = 48$

केवल विकल्प (A) विषम युग्म है।

अतः विकल्प (A) सही है।

42. एक दर्पण छवि में बाएं दाएं और दाएं बाएं में बदलते हैं।

दर्पण छवि के बाद दर्पण से सटे अक्षर बाएं से दाएं और दाएं बाएं के साथ बाएं से सटे होंगे।

शब्द का प्रारंभिक अक्षर अंत में दर्पण छवि के बाद होगा जिसमें बाएं से दाएं और दाएं बाएं में परिवर्तन होते हैं।

सही छवि:

अतः विकल्प (C) सही है।

43. उपरोक्त आकृति में 3 पंक्तियाँ और 3 स्तंभ हैं। तो मान लीजिए $n = 3$.

यहाँ, हम $n \times n$ ग्रिड में वर्गों की संख्या ज्ञात करने के लिए सूत्रों का उपयोग इस प्रकार करते हैं।

सूत्र:

$$n^2 + (n-1)^2 + (n-2)^2 + \cdots + (n-n)^2$$

3×3 आव्यूह में वर्गों की संख्या है

$$= 3^2 + 2^2 + 1^2$$

$$\Rightarrow 9 + 4 + 1 = 14$$

अतः विकल्प (D) सही है।

44. एक-एक करके विकल्पों की जाँच करना:

(A): t u u v x x x t u u v x x y t u u v x x y → किसी भी पैटर्न का पालन नहीं करता है

(B): t u u v x x y t u u v x x y t u u v x x y → एक पैटर्न का पालन करता है

(C): t u u v x x y t u u v x x y t u u v x x u → किसी पैटर्न का पालन नहीं करता

(D): t u u v x x y u u u v x x y t u u v x x y → किसी पैटर्न का पालन नहीं करता

अतः विकल्प (B) सही है।

45. एक दर्पण छवि में बाएं दाएं और दाएं बाएं में बदलते हैं।

दर्पण छवि के बाद दर्पण से सटे अक्षर बाएं से दाएं और दाएं बाएं के साथ बाएं से सटे होंगे।

शब्द का प्रारंभिक अक्षर अंत में दर्पण छवि के बाद होगा जिसमें बाएं से दाएं और दाएं बाएं में परिवर्तन होते हैं।

सही छवि:

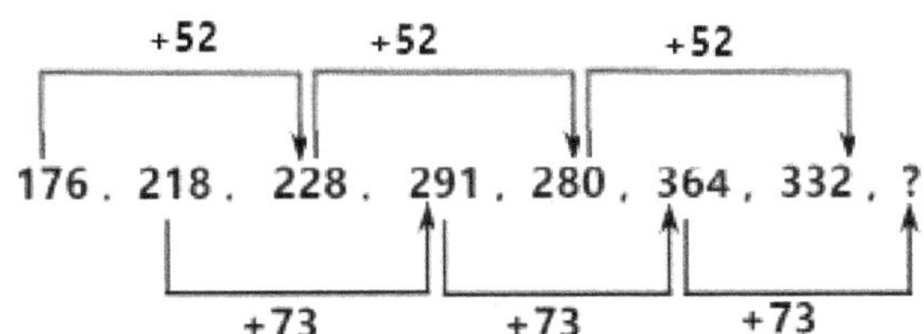

अतः विकल्प (C) सही है।

46. यहाँ अनुसरण किया गया तर्क है:

```
      +52        +52              +52
   ┌──────┐  ┌──────┐        ┌──────┐
   │      ▼  │      ▼        │      ▼
 176 . 218 . 228 . 291 . 280 . 364 . 332 . ?
        ▲      ▲        ▲         ▲
        └──────┘        └─────────┘
          +73     +73      +73
```

दूसरी संख्या से वैकल्पिक रूप से 73 जोड़ने पर हमें परिणाम 364 + 73 = 437 प्राप्त होता है।

अतः विकल्प (B) सही है।

47. दिया गया समीकरण: $16 * 2 * 4 * 8 * 10 * 34$

संकेतों को प्रतिस्थापित करने और BODMAS नियम का प्रयोग करने पर, हम पाते हैं,

(A): $16 - 2 + 4 \times 8 \div 10 = 34$

$16 - 2 + 4 \times 0.8 = 34$

$16 - 2 + 3.2 = 34$

$16 - 5.2 = 34$

$10.8 \neq 34$

(B): $16 \div 2 \times 4 + 8 - 10 = 34$

$8 \times 4 + 8 - 10 = 34$

$32 + 8 - 10 = 34$

$40 - 10 = 34$

$30 \neq 34$

(C): $16 \times 2 \div 4 - 8 + 10 = 34$

$16 \times 0.5 - 8 + 10 = 34$

$9 - 8 + 10 = 34$

$9 - 18 = 34$

$-9 \neq 34$

(D): $16 \div 2 \times 4 - 8 + 10 = 34$

$8 \times 4 - 8 + 10 = 34$

$32 - 8 + 10 = 34$

$42 - 8 = 34$

$34 = 34$

अतः विकल्प (D) सही है।

48. दिया गया समीकरण: $104 * 26 * 13 * 7 * 18 * 77$

संकेतों को प्रतिस्थापित करने और BODMAS नियम का प्रयोग करने पर, हम पाते हैं,

(A): $104 \times 26 + 13 \div 7 - 18 = 77$

$104 \times 26 + 1.85 - 18 = 77$

$2704 + 1.85 - 18 = 77$

$2705.85 - 18 = 77$

$2687.85 - 18 \neq 77$

(B): $104 \div 26 + 13 \times 7 - 18 = 77$

$4 + 13 \times 7 - 18 = 77$

$4 + 91 - 18 = 77$

$95 - 18 = 77$

$77 = 77$

(C): $104 \div 26 - 13 \times 7 + 18 = 77$

$4 - 13 \times 7 + 18 = 77$

$4 - 91 + 18 = 77$

$22 - 91 = 77$

$-69 \neq 77$

(D): $104 \times 26 + 13 - 7 \div 18 = 77$

$104 \times 26 + 13 - 0.38 = 77$

$2704 + 13 - 0.38 = 77$

$2717 - 0.38 = 77$

$2716.62 \neq 77$

अतः विकल्प (B) सही है।

49. "NOPE" को "100" के रूप में कोडित किया गया है

"EGG" को "38" के रूप में कोडित किया गया है

उपरोक्त पैटर्न को देखने से हमें पता चलता है कि सभी अक्षरों के स्थितीय मानों का योग लिया जाता है और 2 से गुणा किया जाता है।

अब, 'LAP' को इस प्रकार कोडित किया जाएगा:

L का स्थितिगत मान: 12

A का स्थितिगत मान: 1

P का स्थितिगत मान: 16

अब, 12 + 1 + 16 = 29

$\Rightarrow 29 \times 2 = 58$

अतः विकल्प (B) सही है।

50. एक दर्पण छवि में बाएं दाएं और दाएं बाएं में बदलते हैं।

दर्पण छवि के बाद दर्पण से सटे अक्षर बाएं से दाएं और दाएं बाएं के साथ बाएं से सटे होंगे।

शब्द का प्रारंभिक अक्षर अंत में दर्पण छवि के बाद होगा जिसमें बाएं से दाएं और दाएं बाएं में परिवर्तन होते हैं।

सही छवि:

अतः विकल्प (A) सही है।

51. जैसा कि हम जानते हैं कि एक त्रिभुज के सभी कोणों का योग $180°$ के बराबर होता है।

इस प्रकार, अनुपातों का योग 15 होगा जो $180°$ के बराबर है

अब 1 अनुपात का मान होगा $\frac{180°}{15} = 12°$

तीनों कोणों में से सबसे छोटे कोण का अनुपात 3 $\Rightarrow 3 \times 12° = 36°$ है

अतः विकल्प (C) सही है।

52. दिया गया,

$8 + [16 - \{7 + 4 - (9 \text{ of } 3 + 6 - 4 \times 7)\}]$

BODMAS नियम का प्रयोग करके व्यंजक को सरल बनाना:

$= 8 + [16 - \{7 + 4 - (27 + 6 - 28)\}]$

$= 8 + [16 - \{7 + 4 - (33 - 28)\}]$

$= 8 + [16 - \{7 + 4 - 5\}]$

$= 8 + [16 - \{11 - 5\}]$

$= 8 + [16 - 6]$

$= 8 + [10]$

$= 18$

अतः विकल्प (A) सही है।

53.

$$
\begin{array}{r}
1\ 0\ 1\ 5 \\
8\,\overline{)\,8\ 1\ 2\ 7} \\
-\ 8 \\
\hline
0\ 1\ 2 \\
-\ 0\ 8 \\
\hline
4\ 7 \\
-\ 4\ 0 \\
\hline
7
\end{array}
$$

ऊपर किए गए विभाजन से हमें शेषफल के रूप में 7 प्राप्त होता है।

अतः विकल्प (C) सही है।

54. मान लीजिए कि ट्रेन की लंबाई T_l, गति T_s है और पहले प्लेटफार्म और दूसरे प्लेटफार्म की लंबाई क्रमशः P_1 और P_2 है।

दिया गया है, $P_1 = 400$ मीटर, $P_2 = 600$ मीटर

पहले प्लेटफार्म को पार करने में लगा समय = 50 सेकंड

पहले प्लेटफार्म को पार करने में लगा समय = 60 सेकंड

जैसा कि हम जानते हैं,

$\frac{T_l + P_1}{50} = T_s$ ...(i)

$$\frac{T_l+P_2}{60} = T_s \qquad ...(ii)$$

(i) और (ii) से हम पाते हैं,

$$\frac{T_l+P_1}{50} = \frac{T_l+P_2}{60}$$

$$\Rightarrow \frac{T_l+400}{50} = \frac{T_l+600}{60}$$

$$\Rightarrow (T_l + 400)6 = (T_l + 600)5$$

$$\Rightarrow 6T_l + 2400 = 5T_l + 3000$$

$$\Rightarrow 6T_l - 5T_l = 600$$

$$\Rightarrow T_l = 600\text{m}$$

अब, $T_s = \frac{400+600}{50}$

$$\Rightarrow 20 \text{ मी/से या } 20 \times \frac{18}{5} \text{ किमी/घंटा}$$

$$T_s = 72 \text{ किमी/घंटा}$$

अतः विकल्प (D) सही है।

55. दिया गया,

$$\frac{a}{b} + \frac{b}{a} = -1$$

$$\frac{a^2+b^2}{ab} = -1$$

$$a^2 + b^2 = -ab$$

$$a^2 + b^2 + ab = 0 \quad .... \text{(i)}$$

अब,

$$6(a^3 - b^3) = 6(a - b)(a^2 + b^2 + ab) \qquad ...[$$
$$(a^3 - b^3) = (a - b)(a^2 + b^2 + ab) \text{ सूत्र का उपयोग करके]}$$

$$= 6(a - b)(0) \cdots [\text{(i) से मान डालने पर]}$$

$$= 6(a^3 - b^3) = 0$$

Hence, the correct option is (C).

56. $\sin x - 3\cos x = \sqrt{3}\cos x$

इसे $\sin x$ से विभाजित करना

$$1 - 3\cot x = \sqrt{3}\cot x$$

$$\sqrt{3} \cot x + 3\cot x = 1$$

$$\cot x(\sqrt{3} + 3) = 1$$

$$\cot x = \frac{1}{\sqrt{3}+3} \times \frac{\sqrt{3}-3}{\sqrt{3}-3}$$

$$\cot x = \frac{\sqrt{3}-3}{3-9}$$

$$\Rightarrow \frac{\sqrt{3}-3}{-6}$$

$$\Rightarrow \cot x = \frac{3-\sqrt{3}}{6}$$

अतः विकल्प (B) सही है।

57. दिया गया,

बेलन की त्रिज्या $= 2$ सेमी

बेलन की ऊँचाई $= 6$ सेमी

सिलेंडर का कुल सतही क्षेत्रफल:

$$= 2\pi rh$$

$$\Rightarrow 2 \times 3.14 \times 2 \times 6$$

$$\Rightarrow 75.36$$

$\therefore$ सिलेंडर का कुल सतही क्षेत्रफल 75.36 सेमी ^{2} है।

अतः विकल्प (A) सही है।

58. दिया गया,

अर्धगोले का वक्र पृष्ठीय क्षेत्रफल $= 1232$ सेमी ^{2}

अर्धगोले का वक्र पृष्ठीय क्षेत्रफल

$$= 2\pi r^2$$

$$\Rightarrow 2 \times \frac{22}{7} \times r^2 = 1232$$

$$r^2 = \frac{1232 \times 7}{44}$$

$$r^2 = 196$$

$$r = 14 \text{ सेमी}$$

अत: अर्धगोले की त्रिज्या 14 सेमी है।

अतः विकल्प (D) सही है।

59. केंद्र पर डाले गए कुल वोट Q

$$= 1850 \times \frac{80}{100}$$

$$\Rightarrow 1480°$$

अवैध स्वर $= 1480 \times 25\%$

$$\Rightarrow 370$$

अब,

केंद्र Q में डाले गए अमान्य वोटों की कुल संख्या का प्रतिशत:

$$\frac{370}{1850} \times 100 = 20\%$$

अतः विकल्प (B) सही है।

60. आयत का क्षेत्रफल $=$ लंबाई $\times$ चौड़ाई

मान लीजिए एक आयत की लंबाई और चौड़ाई क्रमशः l और b हैं

नई लंबाई $= l + \frac{15}{100} \times l = \frac{115l}{100}$

नई चौड़ाई $= b + \frac{20}{100} \times b = 120\frac{b}{100}$

नया क्षेत्रफल $= \frac{(115 \times 120)lb}{10000} = 1.38 lb$

क्षेत्रफल में प्रतिशत वृद्धि $= \frac{(1.38lb - lb)}{lb} \times 100 = 38\%$

अतः विकल्प (D) सही है।

61. औसत गति = कुल दूरी/कुल समय

कुल दूरी $= 75 + 45 = 120$ कि.मी

कुल समय $= \frac{75}{45} + \frac{45}{70}$

$\Rightarrow \frac{97}{42}$ घंटे

अब, औसत गति $= \frac{120 \times 42}{97}$

$\Rightarrow 51\frac{93}{97}$

अतः विकल्प (B) सही है।

62. $a:b = 2:3 \quad \ldots (i)$

$b:c = 6:8 \quad \ldots (ii)$

(i) अनुपात को 2 से गुणा करने पर,

$a:b = 4:6$

अब b समान मान वाले दोनों अनुपातों में उभयनिष्ठ है

अतः $a:b:c = 4:6:8$

$\Rightarrow 2:3:4$

अतः विकल्प (B) सही है।

63. दिया गया,

रेफ्रिजरेटर का अंकित मूल्य (MP) = ₹60,000

रेफ्रिजरेटर का विक्रय मूल्य = (MP) - (छूट)

$\Rightarrow 60000 - (12000) - (5\%$ का $60000)$

$\Rightarrow ₹\ 45000$

अतः विकल्प (D) सही है।

64. रुपये की कीमत की दाल की मात्रा पर विचार करें $15 = x$

और कीमत की नब्ज की राशि रु $20 = y$

फिर मिश्रण की कुल मात्रा $= 15x + 20y$

लेकिन मिश्रण की कीमत प्रति किलो $=$ रु 18

इसलिए $(x + y)kg = 18(x + y)$ की कुल कीमत

अब समीकरण के अनुसार

$18(x + y) = 15x + 20y$

$18x + 18y = 15x + 20y$

$3x = 2y$

$\frac{x}{y} = \frac{2}{3}$

इस प्रकार, आवश्यक अनुपात है $2:3$

अतः विकल्प (B) सही है।

65. पहली n प्राकृत संख्याओं का योग $= \frac{n(n+1)}{2}$

इसलिए, 43 प्राकृत संख्याओं का योग $= \frac{(43 \times 44)}{2} = 946$।

$\therefore$ अपेक्षित औसत $= \frac{946}{43} = 22$

अतः विकल्प (A) सही है।

66. मोमोज पसंद करने वाले विद्यार्थी = 35

मोमोज पसंद करने वाले विद्यार्थियों का अंश = 0.125

$\because 0.125 = 35$

$\therefore$ छात्रों की कुल संख्या $= \frac{35}{0.125} \times 1$

$\Rightarrow 280$

अब,

रोल या आलू पराठा पसंद करने वाले छात्रों की संख्या:

$\Rightarrow 280 \times (0.2 + 0.2)$

$\Rightarrow 280 \times (0.4)$

$\Rightarrow 112$

अतः विकल्प (D) सही है।

67. विक्रय मूल्य $= 28.75$ रु., लाभ $= 15\%$

C.P $= \frac{100}{115} \times 28.75 = 25$ रु.

यदि S.P$=25.75$ रु.

फिर लाभ $= 25 - 25.75 = .75$ रुपये

लाभ प्रतिशत $= \frac{75}{25} \times 100 = 3\%$

अतः विकल्प (B) सही है।

68. दिया गया डेटा,

जनसंख्या वृद्धि दर $= 5\%$ प्रतिवर्ष

शहर की वर्तमान जनसंख्या $= 93051$

$\therefore$ 2 साल पहले की आबादी $= \left(\frac{100}{105}\right)^2 \times 93051$

$= 84400$

2 वर्ष पूर्व इस शहर की कुल जनसंख्या थी 84400

अतः विकल्प (C) सही है।

69. दिया गया,

लाभ प्रतिशत = 25%

छूट प्रतिशत = 25%

माना वस्तु का क्रय मूल्य 100 है

विक्रय मूल्य होगा: $100 \times \frac{125}{100} = 125$

अंकित मूल्य $= \frac{125}{75} \times 100 = 166.66$

अब, जब बट्टा 35% है, तो नया विक्रय मूल्य होगा,

$166.66 \times \frac{65}{100} = 108$

नया विक्रय मूल्य $= 108$

लाभ प्रतिशत $= 8\%$

अतः विकल्प (A) सही है।

70. प्रारंभिक व्यय और बचत का अनुपात $= 5:1$

प्रारंभिक आय $= 5 + 1 = 6$

वर्तमान आय $= 6 \times \frac{125}{100} = 7.5$

मौजूदा बचत $= 1 \times \frac{120}{100} = 1.20$

वर्तमान व्यय $= 7.5 - 1.2 = 6.3$

अब,

6.3 अनुपात का मान $= 4347$

1 अनुपात का मान $= \frac{4347}{6.3} = 690$

प्रारंभिक आय $= 690 \times 7.5$

$= ₹\ 4,140$

अतः विकल्प (C) सही है।

71. चूंकि वे वैकल्पिक दिनों में काम करते हैं, आइए हम दो दिनों की अवधि पर विचार करें।

दो दिनों की अवधि में, आशा और भुवन द्वारा किया गया कार्य

$= \frac{1}{6} + \frac{1}{9} = \frac{5}{18}$

यदि हम ऐसी 3 समय अवधियों पर विचार करते हैं (हम 3 अवधियों पर विचार कर रहे हैं क्योंकि भिन्न $\frac{5}{18}$ में अंश 5 हर 18 में 3 बार जाता है),

किया गया कार्य $= 3 \times \frac{5}{18} = \frac{15}{18}$

शेष कार्य $= \frac{3}{18} = \frac{1}{6}$

अब A की बारी है, क्योंकि 3 पूर्ण आवर्त समाप्त हो चुके हैं।

A द्वारा कार्य के $\frac{1}{6}$ वें भाग को पूरा करने में लिया गया समय एक दिन है।

तो, लिया गया कुल समय $= (3 \times 2) + 1 = 7$ दिन।

अतः विकल्प (A) सही है।

72. दिया गया,

$x + y = 14 \quad ....(i)$

$(x + y)^3 = 14^3$

$\Rightarrow x^3 + y^3 + 3x^2y + 3xy^2 = 2744 \quad ....$ सूत्र का उपयोग करके $[(a + b)^3 = a^3 + b^3 + 3a^2b + 3ab^2]$

$\Rightarrow x^3 + y^3 + 3xy(x + y) = 2744$

$\Rightarrow x^3 + y^3 + 3xy(14) = 2744 \quad ....$ (i) का प्रयोग

$x^3 + y^3 + 42xy = 2744$

अतः विकल्प (D) सही है।

73. मान लीजिए $l, b, h,$ घनाभ की लंबाई, चौड़ाई और ऊंचाई हैं।

$\therefore l + b + h = 23$

विकर्ण $= \sqrt{1^2 + b^2 + h^2} = 5\sqrt{7}$

$\Rightarrow l^2 + b^2 + h^2 = \left(5\sqrt{7}\right)^2 = 175$

घनाभ का पृष्ठीय क्षेत्रफल $= (lb + bh + lh)$

$= (l + b + h)^3 = l^2 + b^2 + h^2 + 2lb + 2bh + 2lh$

$\Rightarrow (23)^2 = 175 + 2(lb + bh + lh)$

$529 - 175 = 2(lb + bh + lh)$

$\therefore (lb + bh + lh) = 177$ सेमी ^{2}

अतः विकल्प (D) सही है।

74.

कक्षा	मध्य मान(x)	f	fx
0-10	5	2	10
10-20	15	11	165
20-30	25	28	700
30-40	35	6	210
40-50	45	3	135
कुल		50	1220

माध्य स्कोर $\left(\overline{x}\right) = \frac{\sum fx}{\sum f}$

$\frac{1220}{50} = 24.4$

अतः विकल्प (B) सही है।

75. दिया गया,

$p^4 = 4354 - \frac{1}{p^4}$

$\Rightarrow (p^2)^2 + \frac{1}{(p^2)^2} = 4354$

दोनों पक्षों में 2 जोड़ने पर हमें प्राप्त होता है

$\Rightarrow (p^2)^2 + \frac{1}{(p^2)^2} + 2 = 4354 + 2$

$\Rightarrow \left(p^2 + \frac{1}{p^2}\right)^2 = 4356 \quad ...$ [सूत्र का प्रयोग करके $(a + b)^2 = a^2 + b^2 + 2ab] \Rightarrow \left(p^2 + \frac{1}{p^2}\right) = \sqrt{4356}$

$\Rightarrow \left(p^2 + \frac{1}{p^2}\right) = 66$

अब दोनों पक्षों से 2 घटाएं

$$p^2 + \frac{1}{p^2} - 2 = 66 - 2$$

$$\left(p - \frac{1}{p}\right)^2 = 64 \qquad \text{...[सूत्र का प्रयोग करके } (a-b)^2 =$$

$$a^2 + b^2 - 2ab] \Rightarrow \left(p - \frac{1}{p}\right) = \sqrt{64}$$

$$\Rightarrow \left(p - \frac{1}{p}\right) = 8$$

घन करने पर,

$$p^3 - \frac{1}{p^3}$$

$$\Rightarrow \left(p - \frac{1}{p}\right)\left(p^2 + \frac{1}{p^2} + 1\right) \qquad \text{...[सूत्र का प्रयोग करके}$$

$$a^3 - b^3 = (a-b)(a^2 + b^2 + ab)]$$

$$= (8)(66 + 1)$$

$$= 536$$

अतः विकल्प (C) सही है।

76. उस्ताद अल्ला रक्खा भारतीय संगीत में तबला वादन में अपने योगदान के लिए प्रसिद्ध हैं। दुनिया भर में एक कला के रूप में तबला वादन की पहुंच को बढ़ाने में उनके योगदान के लिए उन्हें 1977 में भारत सरकार द्वारा पद्म श्री पुरस्कार से सम्मानित किया गया था।

अतः विकल्प (A) सही है।

77. पुरुष हॉकी विश्व कप 2023 का आयोजन ओडिशा द्वारा किया जाएगा। ओडिशा के मुख्यमंत्री नवीन पटनायक ने राजधानी भुवनेश्वर के कलिंगा स्टेडियम में 2023 (एफआईएच) पुरुष हॉकी विश्व कप के लोगों का अनावरण किया।

अतः विकल्प (A) सही है।

78. रेमंड एल लिंडमैन इकोलॉजिस्ट के शोध ने क्रांतिकारी नई अंतर्दृष्टि प्रदान की, कि पारिस्थितिक तंत्र के माध्यम से ऊर्जा और पोषक तत्व कैसे आगे बढ़ते हैं।

उनकी थीसिस ने क्रांतिकारी नई अंतर्दृष्टि प्रदान की कि कैसे ऊर्जा और पोषक तत्व पारिस्थितिक तंत्र के माध्यम से प्रकाश संश्लेषण से शुरू होते हैं और खाद्य श्रृंखला की यात्रा करते हैं।

अतः विकल्प (D) सही है।

79. हॉकी इंडिया संगठनों ने मई 2021 में एटिने ग्लिचिच पुरस्कार जीता।

21 मई (शुक्रवार), 2021 को, हॉकी इंडिया को देश में खेल के विस्तार और सुधार में अपने योगदान के सम्मान में सम्मानित एटिने ग्लिचिच पुरस्कार मिला।

हॉकीइन्साइट्स वर्चुअल सम्मेलन के दौरान, पुरस्कार अंतर्राष्ट्रीय हॉकी महासंघ (एफआईएच) द्वारा प्रस्तुत किए गए, जो खेल की देखरेख करता है।

अतः विकल्प (C) सही है।

80. 5 जनवरी 2022 में, पश्चिम बंगाल को विश्व बैंक से सामाजिक सेवाओं की सुरक्षा के लिए 1,000 करोड़ रुपये का ऋण मिला।

राज्य ने कहा, "'समावेशी सामाजिक सुरक्षा के लिए पश्चिम बंगाल बिल्डिंग स्टेट कैपेबिलिटी' ऑपरेशन के तहत ऋण इस राज्य की क्षमता को विस्तारित करने और राज्य के गरीब और कमजोर समूहों के लिए सामाजिक सहायता और लक्षित सेवा तक पहुंच को मजबूत करेगा।"

अतः विकल्प (B) सही है।

81. भारतीय क्रिकेट खिलाड़ी (महिला) मिताली राज ने मेजर ध्यानचंद खेल रत्न पुरस्कार 2021 प्राप्त किया।

राष्ट्रपति भवन में आयोजित एक समारोह में मिताली राज को अवॉर्ड से नवाजा गया। मिताली राज इस पुरस्कार को प्राप्त करने वाली पहली महिला क्रिकेटर हैं।

अतः विकल्प (A) सही है।

82. अस्थाना नर्तकी ('रेजिडेंट डांसर') की उपाधि तिरुमाला तिरुपति देवस्थानम मंदिर द्वारा प्रमुख नर्तकी यामिनी कृष्णमूर्ति को प्रदान की गई थी।

एक बहुआयामी कलाकार, कृष्णमूर्ति को उनके काम के लिए कई पुरस्कार मिले, जिनमें पद्म श्री, संगीत नाटक अकादमी पुरस्कार और पद्म भूषण शामिल हैं।

अतः विकल्प (D) सही है।

83. 'सेंस एंड सेंसिबिलिटी', 'मैन्सफील्ड पार्क' और 'एम्मा' जेन ऑस्टेन ने लिखी हैं। जेन ऑस्टेन को छह उपन्यासों के लिए जाना जाता है: सेंस एंड सेंसिबिलिटी, प्राइड एंड प्रेज्यूडिस, मैन्सफील्ड पार्क, एम्मा, और अनुनय और नॉर्थेंगर एब्बे।

अतः विकल्प (B) सही है।

84. मेसोसोम केवल प्रोकैरियोट्स के लिए अद्वितीय है। मेसोसोम बैक्टीरिया की कोशिका झिल्ली के विलीफॉर्म विशेषज्ञता के लिए एक विशेषता परिपत्र है जो प्लाज्मा झिल्ली से अंतर्वृद्धि के रूप में विकसित होता है। इसमें श्वसन एंजाइम होते हैं और प्रोकैरियोटिक कोशिकाओं के श्वसन में मदद करते हैं।

अतः विकल्प (B) सही है।

85. बैंक कृषि में ऋण का समर्थन करने के लिए केसीसी जारी करते हैं। केसीसी का मतलब किसान क्रेडिट कार्ड है।

किसान क्रेडिट कार्ड योजना 1998 में किसानों को उनकी जोतों के आधार पर किसान क्रेडिट कार्ड जारी करने के लिए शुरू की गई थी ताकि किसान बीज, उर्वरक, कीटनाशक आदि जैसे कृषि आदानों को आसानी से खरीदने के लिए उनका उपयोग कर सकें।

अतः विकल्प (A) सही है।

86. उपराष्ट्रपति का चुनाव लड़ने के इच्छुक उम्मीदवार को जमानत राशि के तौर पर ₹ 15,000 की राशि जमा करनी होती है।

राष्ट्रपति को प्रस्तावक के रूप में कम से कम 50 निर्वाचकों और अनुमोदक के रूप में 50 निर्वाचकों द्वारा सदस्यता लेनी होगी। प्रत्येक उम्मीदवार को भारतीय रिजर्व बैंक में ₹ 15,000 की जमानत राशि जमा करनी होगी। यदि उम्मीदवार डाले गए मतों का छठा हिस्सा हासिल करने में विफल रहता है तो उसकी जमानत जब्त की जा सकती है। 1997 से पहले प्रस्तावकों और अनुमोदकों की संख्या दस-दस थी और जमानत राशि 2,500 रुपये थी। 1997 में, गैर-गंभीर उम्मीदवारों को हतोत्साहित करने के लिए उन्हें बढ़ाया गया था।

अतः विकल्प (A) सही है।

87. 8वां टी20 महिला क्रिकेट विश्व कप दक्षिण अफ्रीका द्वारा आयोजित किया जाएगा।

ICC महिला T20 विश्व कप (2019 तक ICC महिला विश्व टेंटी-20 के रूप में जाना जाता है) महिला टेंटी-20 अंतर्राष्ट्रीय क्रिकेट के लिए द्विवार्षिक अंतर्राष्ट्रीय चैम्पियनशिप है। यह आयोजन खेल के शासी निकाय, अंतर्राष्ट्रीय क्रिकेट परिषद (आईसीसी) द्वारा आयोजित किया जाता है, जिसका पहला संस्करण 2009 में इंग्लैंड में आयोजित किया गया था।

अतः विकल्प (C) सही है।

88. गीता चंद्रन भरतनाट्यम के लिए संगीत नाटक अकादमी की प्राप्तकर्ता हैं। गीता चंद्रन एक भारतीय भरतनाट्यम नृत्यांगना और गायिका हैं। कर्नाटक संगीत में प्रशिक्षित, वह भारतीय शास्त्रीय भरतनाट्यम में एक दूरदर्शी और प्रसिद्ध कलाकार हैं, जिन्हें थिएटर, नृत्य, शिक्षा, वीडियो और फिल्मों में उनके काम के लिए पहचाना जाता है।

अतः विकल्प (B) सही है।

89. पशु कोशिकाओं में, रिक्तिका झिल्ली-बद्ध कोशिका अंगक सामान्यतः छोटे होते हैं और अपशिष्ट उत्पादों को अलग करने में मदद करते हैं।

'रिक्तिका' शब्द का अर्थ है 'खाली स्थान'। वे विभिन्न पदार्थों के भंडारण और निपटान में मदद करते हैं। वे जीवित रहने के लिए एक कोशिका द्वारा आवश्यक भोजन या अन्य पोषक तत्वों को संग्रहीत कर सकते हैं। वे अपशिष्ट उत्पादों को भी संग्रहीत करते हैं और पूरे सेल को दूषित होने से रोकते हैं।

अतः विकल्प (C) सही है।

90. सारंगी के साथ मशहूर संगीतकार शकूर खान जुड़े थे।

उस्ताद शकूर खान (1905-1975) बीसवीं शताब्दी के उत्कृष्ट सारंगी वादकों में से एक थे। उस्ताद अब्दुल वहीद खान के भतीजे और छात्र होने के नाते किराना घराने के साथ उनकी दृढ़ता से पहचान थी।

अतः विकल्प (B) सही है।

91. अगुम्बे, एक जैव विविधता समृद्ध क्षेत्र जो दक्षिण भारत में 7640 मिमी औसत वार्षिक वर्षा प्राप्त करता है, कर्नाटक में स्थित है।

कर्नाटक के शिमोगा जिले में स्थित, अगुम्बे को इसकी उपाधि मिली है क्योंकि यह 7640 mm औसत वार्षिक वर्षा प्राप्त करता है, जो भारत में दूसरी सबसे अधिक वार्षिक वर्षा है। अगुम्बे समृद्ध जैव विविधता से घिरा हुआ है और हिल स्टेशन अंतिम जीवित तराई के वर्षा वनों में से एक है। अगुम्बे में कर्नाटक में सर्वाधिक वर्षा होती है। अगुम्बे घाट शिवमोगा और उडुपी को जोड़ता है।

अतः विकल्प (C) सही है।

92. नागफनी पत्तियों के माध्यम से अनुकूलन दिखाता है जो रीढ़ की हड्डी तक कम हो जाते हैं। कांटेदार नाशपाती कैक्टस या जिसे नागफनी भी कहा जाता है, मधुमेह, उच्च कोलेस्ट्रॉल, मोटापे और हैंगओवर के इलाज के लिए बढ़ावा दिया जाता है। यह अपने एंटीवायरल और एंटी-इंफ्लेमेटरी गुणों के लिए भी जाना जाता है।

अतः विकल्प (D) सही है।

93. प्रसिद्ध शास्त्रीय नृत्यांगना विद्यागौरी आडकर को भारतीय शास्त्रीय नृत्य के जयपुर घराने से मान्यता प्राप्त है।

विद्यागौरी अडकर भारत में जयपुर घराने का प्रतिनिधित्व करने वाली कथक नृत्य की प्रतिपादक हैं। उन्होंने कई संगीत समारोहों में प्रदर्शन किया है जिनमें खजुराहो नृत्य महोत्सव, तिरुवनंतपुरम में चिलंका नृत्य महोत्सव, नृत्य और संगीत समारोह, दिल्ली आदि शामिल हैं।

अतः विकल्प (D) सही है।

94. गुजरात में प्रायद्वीप के पश्चिमी और पूर्वी किनारों पर तलछटी चट्टानों में पेट्रोलियम संसाधन पाया जाता है।

निम्नलिखित पेट्रोलियम संसाधन हैं: तेल, गैस, कोयला सीम गैस, अपरंपरागत पेट्रोलियम संसाधन, ऑयल शेल, अपतटीय एकरेज रिलीज, आदि।

अतः विकल्प (B) सही है।

95. गुरु श्यामा चरण पति को मुख्य रूप से छाऊ नृत्य शैली में उनके योगदान के लिए पद्म श्री से सम्मानित किया गया था

छऊ नृत्य, जिसे छौ नृत्य भी कहा जाता है, मार्शल और लोक परंपराओं के साथ एक अर्ध शास्त्रीय भारतीय नृत्य है। यह उस स्थान के नाम पर तीन शैलियों में पाया जाता है जहां वे प्रदर्शन किए जाते हैं, अर्थात पश्चिम बंगाल का पुरुलिया छऊ, झारखंड का सरायकेला छऊ और ओडिशा का मयूरभंज छऊ।

अतः विकल्प (B) सही है।

96. हमारे शरीर में उपापचयी क्रियाएँ प्रोटीन द्वारा संपन्न होती हैं।

प्रोटीन कोशिकाओं में कई कार्य करते हैं। वे एंजाइम के रूप में कार्य करते हैं जो रासायनिक प्रतिक्रियाओं को उत्प्रेरित करते हैं, संरचनात्मक समर्थन प्रदान करते हैं, कोशिका झिल्ली में पदार्थों के पारित होने को नियंत्रित करते हैं, रोग से रक्षा करते हैं, और सेल सिग्नलिंग मार्गों का समन्वय करते हैं।

अतः विकल्प (C) सही है।

97. मध्यकालीन भारत के प्रसिद्ध संगीतज्ञों में से एक तानसेन अकबर मुगल बादशाहों के दरबार में थे।

सम्राट अकबर संगीत के बड़े प्रेमी थे। अबुल फ़ज़ल, जो मुगल सम्राट अकबर के शासनकाल के दौरान एक इतिहासकार थे, ने अपने काम में उल्लेख किया है कि अकबर ने 36 संगीतकारों को संरक्षण दिया था। उनमें सबसे प्रसिद्ध तानसेन थे।

अतः विकल्प (A) सही है।

98. भारतीय स्वतंत्रता के दौरान हुए दंगों पर आधारित प्रसिद्ध उपन्यास 'पिंजर' अमृता प्रीतम द्वारा लिखा गया था।

1950 में अमृता प्रीतम 31 वर्ष की थीं, जब उन्होंने 1947 में स्वतंत्रता के साथ आए विभाजन की भयावहता का एक काल्पनिक लेखा-जोखा पिंजर लिखा था।

अतः विकल्प (A) सही है।

99. करण थापर पत्रकार की आत्मकथा का शीर्षक 'डेविल्स एडवोकेट: द अनटोल्ड स्टोरी' है।

करण थापर (जन्म 5 नवंबर 1955) द वायर के साथ काम करने वाले एक भारतीय पत्रकार, समाचार प्रस्तुतकर्ता और साक्षात्कारकर्ता हैं। थापर सीएनएन-आईबीएन से जुड़े थे और उन्होंने द डेविल्स एडवोकेट और द लास्ट वर्ड को होस्ट किया था। वे इंडिया टुडे से भी जुड़े रहे।

अतः विकल्प (D) सही है।

100. ग्वालियर घराना हिंदुस्तानी संगीत घराने सभी ख्याल गायकी शैलियों में सबसे पुराना है। ग्वालियर घराने को भारतीय शास्त्रीय संगीत का सबसे पुराना ख्याल घराना माना जाता है। इसकी स्थापना 19वीं शताब्दी के पूर्वार्द्ध में हुई थी। यह मुगल सम्राट अकबर के शासनकाल के दौरान भारत में लोकप्रिय हुआ।

अतः विकल्प (C) सही है।

English Language

Q.1 Direction: Examine the four jumbled sentences. Out of the given options, pick the one that gives their correct order.

A. Next, keep tapping the pot on all sides and at the bottom until the plant loosens.

B. Finally, slide the plant gently and remove the old potting mix on a newspaper.

C. The first thing to do when repotting is to remove the plant from the current pot.

D. Begin by holding the plant gently, and turning the pot sideways.

A. BDAC   **B.** CDAB   **C.** DBCA   **D.** ACDB

Q.2 Direction: Identify the segment which contains a grammatical error.

Not with standing we were / all busy that weekend / we had to / cancel the outing.

A. cancel the outing

B. all busy that weekend

C. Not with standing we were

D. we had to

Q.3 Direction: Select the most appropriate synonym of the given word.

CALLOUS

A. inaccurate   **B.** incredible

C. inexperienced   **D.** insensitive

Q.4 Direction: Select the correct passive form of the given sentence.

He drove the car very carefully on the hilly terrain.

A. The car is being driven very carefully on the hilly terrain.

B. The car was driven very carefully on the hilly terrain.

C. The car is driven very carefully on the hilly terrain.

D. The car has been driven very carefully on the hilly terrain.

Q.5 Direction: Select the option that will improve the underlined segment in the given sentence. In case no improvement is needed, select 'No improvement'

I must have dropped <u>one</u> of my gloves in the car.

A. No improvement   **B.** the

C. any   **D.** an

Q.6 Direction: Select the INCORRECTLY spelt word.

A. Aggravate   **B.** Initiate

C. Titilate   **D.** Mediate

Q.7 Direction: Select the most appropriate meaning of the underlined idiom in the given sentence.

He is very impulsive and does things <u>without rhyme or reason</u>.

A. without any resources

B. without anyone's help

C. without proper planning

D. without a reasonable explanation

Q.8 Direction: Select the most appropriate one-word substitution for the given words.

A period of two weeks

A. Month   **B.** Century

C. Fortnight   **D.** Decade

Q.9 Direction: Select the misspelt word.

A. Arrivel   **B.** Modern

C. Applause   **D.** Serious

Q.10 Direction: Select the correct indirect form of the given sentence.

"I love Bollywood music," Deepu said to Reena.

A. Deepu had told Reena that he loved Bollywood music.

B. Deepu will say to Reena that he loved Bollywood music.

C. Deepu told Reena that he loved Bollywood music.

D. Deepu says to Reena that he loves Bollywood music.

Q.11 Direction: Select the most appropriate synonym of the given word.

LIVID

A. lively   **B.** Timid   **C.** Mild   **D.** Furious

Q.12 Direction: Select the most appropriate option to substitute the underlined segment in the given sentence. If there is no need to substitute it, select 'No substitution'.

Small desert animals burrow underground <u>across the days</u> and come out only at night.

A. within the days   **B.** between days

C. No substitution   **D.** during the day

Q.13 Direction: In the given sentence, identify the segment which contains a grammatical error.

If you rent a house near your office, it will save your time as well as also money.

A. it will save your time

B. as well as also money

C. near your office

D. If you rent a house

Q.14 Direction: Select the word which means the same as the group of words given.

Killing of one's mother

A. Patricide   **B.** Regicide

C. Infanticide   **D.** Matricide

Q.15 Direction: Select the most appropriate meaning of the given idiom.

To add insult to injury

A. To make fun of someone

B. To make something worse

C. To work hard on making up

D. To wound physically

Q.16 Direction: Fill in the blank with most appropriate word.

This part of the sea _____ with sharks.

A. crowds   **B.** expands   **C.** teems   **D.** suffices

Q.17 Direction: Select the most appropriate word to fill in the blank.

It is _____ to see so many of our fellow Indians help the migrants in their struggle to go home.

A. savouring   **B.** relishing
C. reuniting   **D.** heartening

Q.18 Direction: Select the most appropriate ANTONYM of the given word.

LAVISH

A. Frugal   **B.** Tiny
C. Luxurious   **D.** Excessive

Q.19 Direction: Select the option that gives their correct order.

A. Then he started on his eighteen kilometer expedition back to his village.

B. Mohan first equipped himself with a long, sturdy stick.

C. At several points, he lost the road and had to swim his way ahead.

D. It was a journey he would never forget where he had to use his stick constantly to locate the road.

A. BADC   **B.** ACBD   **C.** CDBA   **D.** DCAB

Q.20 Direction: Select the most appropriate antonym of the given word.

AFFINITY

A. Aversion   **B.** Weakness
C. Inclination   **D.** Attraction

Ques (21-25):Direction: Read the passage carefully and answer the questions that follow.

In the 'Kingdom of Fools', both the king and the ministers were complete fools. They didn't want to do things (1)_____ other kingdoms, so they decided to (2)_____ night into day and day into night. They (3)_____ that everyone should be awake at night, (4)_____ their lands and run their (5)_____ only after dark and should go to bed as soon as the sun came up.

Q.21 Select the most appropriate option to fill in the blank no. (1).

A. like   **B.** so as   **C.** same   **D.** than

Q.22 Select the most appropriate option to fill in the blank no. (2).

A. agree   **B.** adjust   **C.** develop   **D.** change

Q.23 Select the most appropriate option to fill in the blank no. (3).

A. ordered   **B.** ruled
C. presented   **D.** believed

Q.24 Select the most appropriate option to fill in the blank no. (4).

A. till   **B.** cut   **C.** dig   **D.** sow

Q.25 Select the most appropriate option to fill in the blank no. (5).

A. employment   **B.** business
C. career   **D.** livelihood

General Intelligence

Q.26 कागज के एक टुकड़े को मोड़ा और काटा जाता है जैसा कि नीचे प्रश्न आकृति में दर्शाया गया है। दी गई उत्तर आकृतियों में से चयन कीजिए कि जब इसे खोला जाएगा तो यह कैसी दिखेगी।

Q.27 एक निश्चित कूट भाषा में, BANKER को 57 के रूप में और SPAN को 54 के रूप में कूटित किया जाता है। उस भाषा में PRANK को किस प्रकार कूटित किया जाएगा?

A. 69   **B.** 58   **C.** 65   **D.** 61

Q.28 निर्देश: उस विकल्प का चयन कीजिए जिसमें संख्याएँ वही संबंध साझा करती हैं जो दिए गए संख्याओं के युग्म द्वारा साझा किया जाता है।

28 : 70

A. 30 : 84   **B.** 12 : 32   **C.** 18 : 45   **D.** 34 : 86

Q.29 निर्देश: चार अक्षर-समूह दिए गए हैं, जिनमें से तीन किसी न किसी रूप में एक जैसे हैं और एक भिन्न है। तो उस अक्षर-समूह का चयन कीजिए जो भिन्न हो।

A. KMPV   **B.** MIGF   **C.** BDMS   **D.** HKPT

Q.30 निर्देश: उस विकल्प का चयन कीजिए जिसमें संख्याएँ उसी प्रकार संबंधित हैं जैसे निम्नलिखित समुच्चय की संख्याएँ हैं।

2, 2, 9

A. {12, 60, 98}   **B.** {6, 18, 46}
C. {8, 36, 81}   **D.** {4, 8, 25}

Q.31 निर्देश: चार अंक दिए गए हैं, जिनमें से तीन किसी न किसी रूप में एक जैसे हैं और एक भिन्न है। तो उस संख्या का चयन कीजिए जो भिन्न है।

A. 2197   **B.** 4913   **C.** 1331   **D.** 2379

Q.32 निर्देश: उस विकल्प का चयन कीजिए जिसमें समुच्चय की संख्याएँ दिए गए समुच्चय की संख्याओं के समान संबंध साझा करती हैं।

(14, 22, 77)

A. (20, 16, 105)   **B.** (17, 15, 76)
C. (22, 11, 86)   **D.** (18, 32, 144)

Q.33 यदि 'A + B' का अर्थ है 'A, B की माता है', 'A × B' का अर्थ है 'A, B की बहन है', और 'A * B' का अर्थ है 'A, B की पुत्री है', तो निम्नलिखित व्यंजक में R, P से किस प्रकार संबंधित है?

'R + V × Q × M * P'

A. पुत्री   **B.** पत्नी   **C.** बहन   **D.** माता

Q.34 निर्देश: नीचे दिए गए प्रश्न में दो कथन दिए गए हैं और उन कथनों पर आधारित तीन निष्कर्ष क्रमांकित I, II, और III दिए गए हैं। दिए गए कथनों को सत्य मानना भले ही वे सामान्यतः ज्ञात तथ्यों से भिन्न प्रतीत होते हों। सभी निष्कर्षों को पढ़िए और फिर तय कीजिए कि कौन सा निष्कर्ष सामान्यतः ज्ञात तथ्यों की अवहेलना करते हुए दिए गए कथनों का तार्किक रूप से अनुसरण करता है।

कथन:

सभी कथन उत्तर हैं।

कुछ कथन प्रश्न हैं।

निष्कर्ष:

I. कोई प्रश्न कथन नहीं है।

II. कुछ उत्तर कथन हैं।

III. कुछ प्रश्न कथन हैं।

A. केवल निष्कर्ष I और III अनुसरण करते हैं

B. केवल निष्कर्ष II और III अनुसरण करते हैं

C. केवल निष्कर्ष I और II अनुसरण करते हैं

D. या तो निष्कर्ष I या III अनुसरण करता है

Q.35 निर्देश: उस विकल्प का चयन कीजिए जो अक्षरों का प्रतिनिधित्व करता है, जब नीचे रिक्त स्थान में बाएँ से दाएँ रखा जाता है, तो अक्षर क्रम को सही तरह से पूरा करेगा।

K _ P _ L C _ R _ C P _ N _ P R

A. C R P M R C   **B.** C R P M R C

C. E R P R R C   **D.** C P P M R R

Q.36 निर्देश: दिए गए संयोजन की सही दर्पण छवि का चयन कीजिए, जब एक दर्पण इसके दाएँ ओर रखा जाता है।

A. ʏ੧ƨH੧4

B. ʏ੧ƨH੧4

C. ʏ੧ƨH੧4

D. ʏbƨH੧4

Q.37 निर्देश: निम्नलिखित चार शब्दों में से तीन एक निश्चित तरीके से एक जैसे हैं और एक भिन्न है। भिन्न का चयन कीजिए।

A. संतोष   **B.** घृणा   **C.** उदासी   **D.** ईर्ष्या

Q.38 निम्नलिखित आकृति में कितने त्रिभुज हैं?

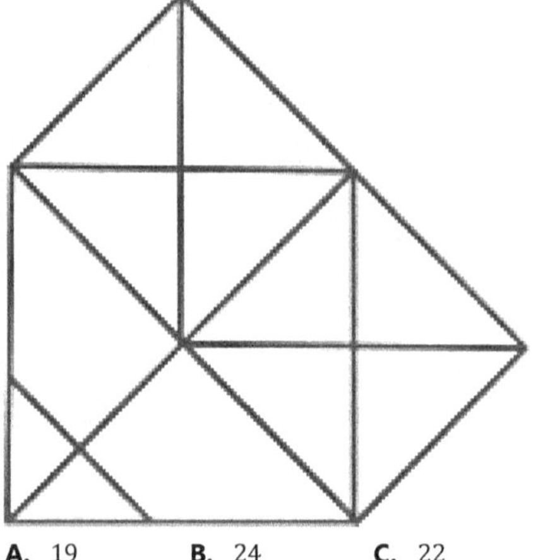

A. 19   **B.** 24   **C.** 22   **D.** 26

Q.39 निर्देश: उस सही विकल्प का चयन कीजिए जो दिए गए शब्दों को तार्किक और सार्थक क्रम में व्यवस्थित करता है।

1. Class

2. Admission

3. Certificate

4. Application

5. Assessment

A. 2, 4, 3, 1, 5   **B.** 3, 5, 2, 3, 1

C. 4, 2, 1, 5, 3   **D.** 4, 2, 5, 1, 3

Q.40 निर्देश: उस विकल्प का चयन कीजिए जिसमें शब्द वही संबंध साझा करते हैं जो दिए गए शब्दों के जोड़े द्वारा साझा किए गए हैं।

हार : सोना

A. घास : लॉन   **B.** कुम्हार : मिट्टी

C. महासागर : नदी   **D.** कागज : काष्ठ-लुगदी

Q.41 दिए गए समीकरण को सही बनाने के लिए किन दो चिन्हों को आपस में बदला जाना चाहिए?

$$39 \div 3 \times 13 + 26 - 13 = 2$$

A. ÷ और ×   **B.** ÷ और −

C. × और −   **D.** + और −

Q.42 'कंगन' का संबंध 'आभूषण' से उसी प्रकार है जैसे 'लौंग' का संबंध '______' से है।

A. स्वाद   **B.** मसाले

C. खाना बनाना   **D.** रसोईघर

Q.43 ₹ 481 को A, B और C में इस प्रकार विपरीत किया जाता है कि A को प्राप्त होने वाली राशि का दो-तिहाई हिस्सा B को प्राप्त होता है और B को प्राप्त होने वाली राशि का तीन-चौथाई हिस्सा C को प्राप्त होता है। तो B को कितना प्राप्त होता है?

A. ₹ 168   **B.** ₹ 222   **C.** ₹ 111   **D.** ₹ 148

Q.44 निर्देश: उस संख्या का चयन कीजिए जो निम्नलिखित श्रृंखला में प्रश्नवाचक चिन्ह (?) को प्रतिस्थापित कर सकती है।

35, 35, 33, 99, 95, 475, ?

A. 501   **B.** 469   **C.** 479   **D.** 481

Q.45 निर्देश: दिए गए आरेख में, वृत्त, 'स्नातक' के लिए है, आयत, 'स्कूल शिक्षक' के लिए है और त्रिभुज, 'विवाहित व्यक्तियों' के लिए है। विभिन्न खंडों में दी गई संख्या उस श्रेणी के व्यक्तियों की संख्या को दर्शाती है।

कितने स्कूल शिक्षक या तो स्नातक हैं या विवाहित व्यक्ति हैं लेकिन दोनों नहीं हैं?

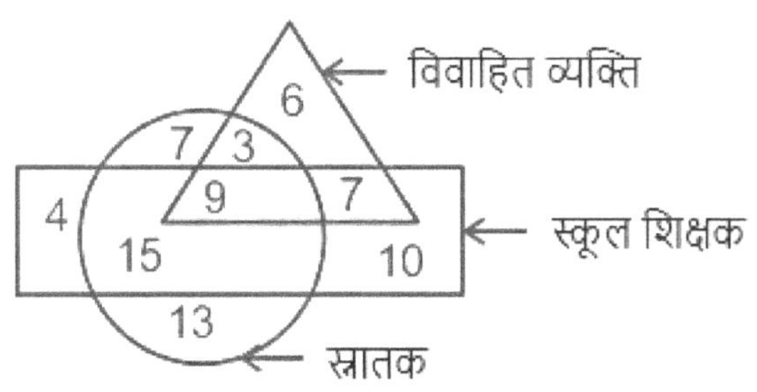

A. 25 **B.** 22 **C.** 15 **D.** 29

Q.46 एक ही पासे की दो अलग-अलग स्थितियों को दिखाया गया है। वह संख्या का चयन कीजिए जो सबसे ऊपर होगी यदि ' 6' सबसे नीचे है।

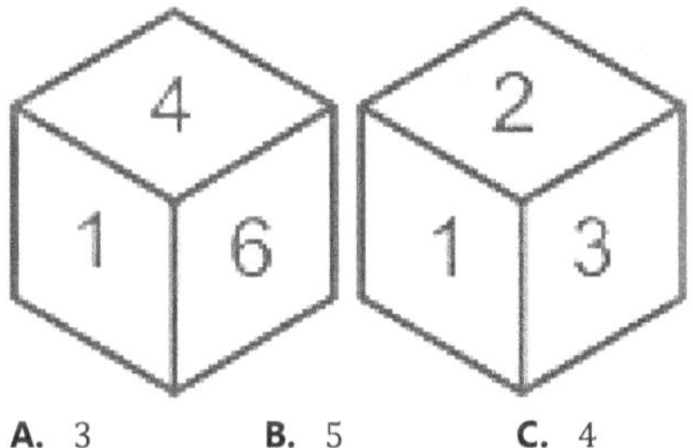

A. 3 **B.** 5 **C.** 4 **D.** 2

Q.47 निर्देश: उस विकल्प का चयन कीजिए जो तीसरे अक्षर-समूह से उसी प्रकार संबंधित है जैसे दूसरा अक्षर-समूह पहले अक्षर-समूह से संबंधित है।

NEED : OGHH :: FAST : ?

A. GCVX **B.** ECVZ **C.** GDUX **D.** GCWY

Q.48 निर्देश: उस विकल्प आकृति का चयन कीजिए जिसमें उसके भाग के रूप में आकृति X सन्निहित है (घूर्णन की अनुमति नहीं है)।

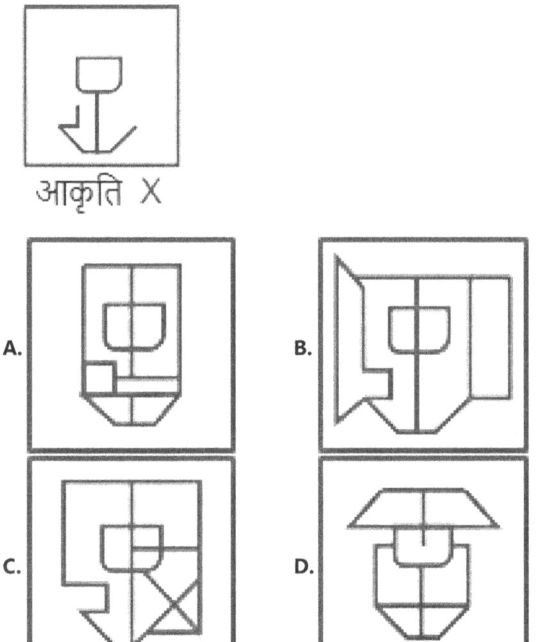

Q.49 एक कूट भाषा में, SAUCE को ASVEC के रूप में लिखा जाता है। तो MEANT को उसी भाषा में किस प्रकार लिखा जाएगा?

A. EMANT **B.** MEBTN **C.** EMBTN **D.** EMCTN

Q.50 निर्देश: उस आकृति का चयन कीजिए जो निम्नलिखित श्रृंखला में आगे आएगी।

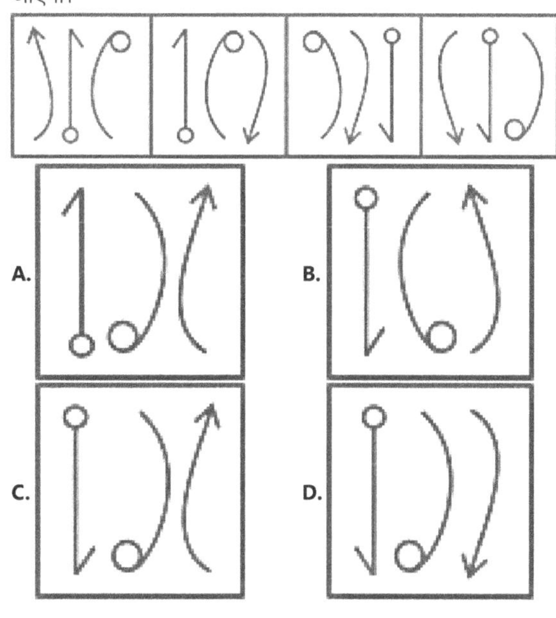

Quantitative Aptitude

Q.51 रवि स्थिर जल में 14 किमी/घंटा की गति से एक नाव चलाता है। यदि एक नदी 2 किमी/घंटा की गति से बहती है और रवि को धारा के प्रतिकूल एक निश्चित दूरी तय करने में 3 घंटे लगते हैं, तो वह धारा के अनुकूल समान दूरी को तय करने में कितना समय लेगा?

A. 2 घंटा 20 मिनट **B.** 2 घंटा
C. 2 घंटा 15 मिनट **D.** 2 घंटा 30 मिनट

Q.52 निर्देश: दिया गया रेखाचित्र एक कंपनी के उत्पादन (टन में) और बिक्री (टन में) को दर्शाता है।

2015 और 2017 में कुल मिलाकर उत्पादन 2016 और 2018 में कुल बिक्री (टन में) से कितना अधिक है?

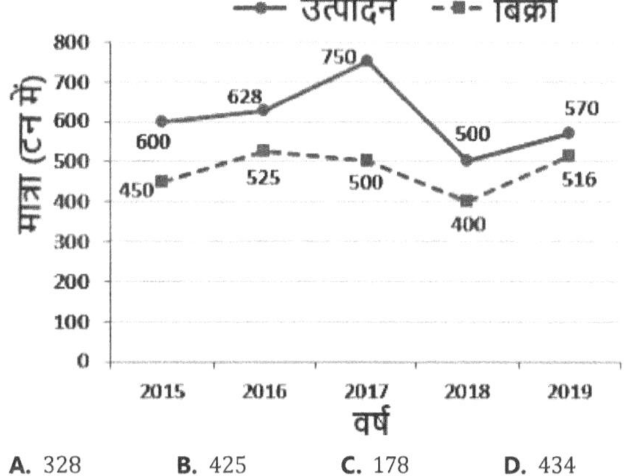

A. 328 **B.** 425 **C.** 178 **D.** 434

Q.53 गीता 10 मिनट में एक खिलौने को बना सकती है, जबकि सुधा उसी खिलौने को 15 मिनट में बना सकती है। यदि वे एक साथ कार्य करते हैं, तो उन्हें 60 खिलौनों को बनाने में कितना समय लगेगा?

A. 7 घंटे 30 मिनट **B.** 7 घंटे
C. 5 घंटे **D.** 6 घंटे

Q.54 निम्नलिखित व्यंजक को सरलीकृत कीजिए।

$(2a - b - 3c)(4a^2 + b^2 + 9c^2 + 2ab + 6ac - 3bc)$

A. $8a^3 + b^3 + 27c^3$
B. $8a^3 - b^3 - 27c^3 + 18abc$
C. $-8a^3 + b^3 + 27c^3$
D. $8a^3 - b^3 - 27c^3 - 18abc$

Q.55 निम्नलिखित व्यंजक को सरलीकृत कीजिए।

$\frac{3}{5} + 2\frac{2}{5} \div \left[\left(\frac{7}{8} - \frac{3}{4} \right) \times 4 - 6\frac{2}{3} \div \frac{4}{3} \right] \times \frac{1}{3}$

A. $\frac{17}{15}$
B. $\frac{13}{5}$
C. $\frac{19}{45}$
D. $-\frac{2}{9}$

Q.56 निर्देश: दिए गए दंड आलेख का अध्ययन कीजिए और नीचे दिए गए प्रश्न का उत्तर दीजिए।

एक चाय बागान कंपनी तीन प्रकारों की चाय का उत्पादन करती है - काली चाय, हरी चाय और हर्बल चाय। 2014 से 2019 तक छह वर्षों की अवधि में तीन प्रकारों (दस लाख टन में) का उत्पादन यहाँ दंड आलेख में दिखाया गया है। X-अक्ष वर्षों का प्रतिनिधित्व करता है और Y-अक्ष तीन प्रकरों के उत्पादन को दस लाख टन में प्रदर्शित करता है।

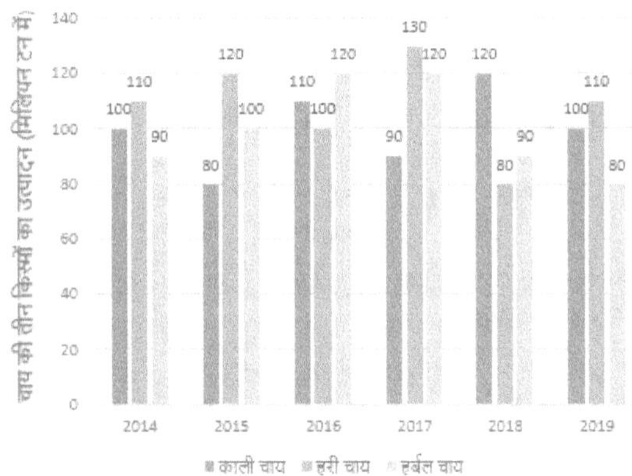

2016 और 2018 में हरी चाय का कुल उत्पादन 2015 और 2017 में हर्बल चाय के कुल उत्पादन का कितना प्रतिशत है?

A. 79.7
B. 85.6
C. 81.8
D. 83.4

Q.57 जोसेफ दो ऊनी जैकेट क्रमशः 2100 रुपये और 3150 रुपये में खरीदता है। पहले को $k\%$ के लाभ पर और दूसरे को $k\%$ की हानि पर बेचने पर, उसे ज्ञात होता है कि दोनों का विक्रय मूल्य समान है। तो k का मान क्या है?

A. 20
B. 25
C. 22.64
D. 15

Q.58 एक वृत्त की दो जीवाएँ PQ और RS उत्पन्न होने पर A पर मिलती हैं। AT, T पर मिलने वाले वृत की स्पर्श रेखा है। तो, PA : SA का अनुपात निम्नलिखित में से किसके बराबर है?

A. AQ : AT
B. RQ : QT
C. RA : AQ
D. AQ : QR

Q.59 साधारण ब्याज पर उधार दी गई राशि 2 वर्ष बाद 9920 रुपये और 5 वर्ष बाद 12800 रुपये हो जाती है। तो वार्षिक ब्याज दर ज्ञात कीजिए।

A. 18%
B. 6.57%
C. 12%
D. 19.68%

Q.60 चीनी की दर में 20% की कमी सुधीर को 960 रुपये में 6 किलोग्राम अधिक चीनी प्राप्त करने में सक्षम बनाती है। तो प्रति किलोग्राम चीनी की घटी हुई दर क्या है?

A. 35 रुपये
B. 40 रुपये
C. 36 रुपये
D. 32 रुपये

Q.61 यदि $a + b - c = 0$, तो $\frac{(b-c)^2}{4bc} \frac{(c-a)^2}{4ca} \frac{(a+b)^2}{4ab}$ का मान क्या है ज्ञात कीजिए?

A. $-\frac{1}{2}$
B. $\frac{1}{64}$
C. $\frac{3}{4}$
D. $-\frac{3}{4}$

Q.62 यदि $cosec^2\theta(\cos\theta - 1)(1 + \cos\theta) = k$, तो k का मान क्या है ज्ञात कीजिए?

A. -1
B. 0
C. 1
D. $\frac{1}{2}$

Q.63 D, E और F एक त्रिभुज ABC के शीर्षों A, B और C से क्रमशः लम्बवत के पाद हैं। यदि कोण BED और कोण BFE (डिग्री में) क्रमशः 24 और 110 हैं, तो कोण EBF का माप (डिग्री में) क्या है?

A. 55
B. 46
C. 86
D. 67

Q.64 3 व्यक्तियों A, B और C का औसत वजन 60 किग्रा है। जब D समूह में शामिल होता है, तो औसत वजन 65 किग्रा हो जाता है। जब एक अन्य व्यक्ति E जिसका वजन D से 3 किग्रा कम है, A को प्रतिस्थापित करता है, तो B, C, D और E का औसत वजन 67 किग्रा हो जाता है। तो, A का वजन क्या है?

A. 60 किग्रा
B. 72 किग्रा
C. 65 किग्रा
D. 69 किग्रा

Q.65 निम्नलिखित अभिव्यक्ति का मूल्यांकन कीजिए।

$$\frac{\tan^2 60° + cosec\,30° \sin 90° + 3\sec^2 30°}{4\sin^2 45° + \sec^2 60° - \cot^2 30° - 5\cos^2 90°}$$

A. -12
B. $\frac{19}{17}$
C. 3
D. $\frac{7}{3}$

Q.66 निर्देश: रेखाचित्र एक कंपनी के उत्पादन (टन में) और बिक्री (टन में) को दर्शाता है।

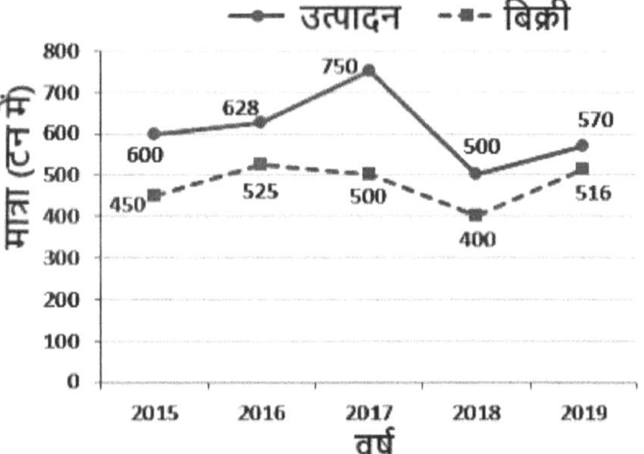

पिछले वर्ष की तुलना में कंपनी के उत्पादन में अधिकतम वृद्धि या कमी का प्रतिशत कितना है?

A. 33.33% कमी
B. 46.67% कमी
C. 29% वृद्धि
D. 50% वृद्धि

Q.67 PA और PB बाहरी बिंदु P से O केंद्र वाले वृत्त पर खींची गई स्पर्श रेखाएँ हैं। यदि A और B वृत्त पर स्थित बिंदु हैं और $\angle OBA = 42°$ है, तो $\angle APB$ है:

A. 78°
B. 86°
C. 76°
D. 84°

Q.68 एक डिपार्टमेंटल स्टोर में 960 रुपये पर अंकित जींस की एक जोड़ी को 816 रुपये में दिया जाता है। तो, दुकानदार द्वारा दी गई छूट का प्रतिशत क्या है?

A. 17   **B.** 15   **C.** 17.64   **D.** 16

Q.69 निर्देश: दिए गए दंड आलेख का अध्ययन कीजिए और नीचे दिए गए प्रश्न का उत्तर दीजिए।

एक शीतल पेय कंपनी तीन अलग-अलग फ्लेवरों - A, B, C के पेय तैयार करती है। 2010 से 2014 तक पाँच वर्षों की अवधि में तीन फ्लेवरों का उत्पादन दिए गए दंड आलेख में व्यक्त किया गया है। आरेख का अध्ययन कीजिए और नीचे दिए गए प्रश्न का उत्तर दीजिए।

एक कंपनी द्वारा पाँच वर्षों में तीन अलग-अलग फ्लेवरों A, B और C (लाखों में बोतलों) का उत्पादन होता है।

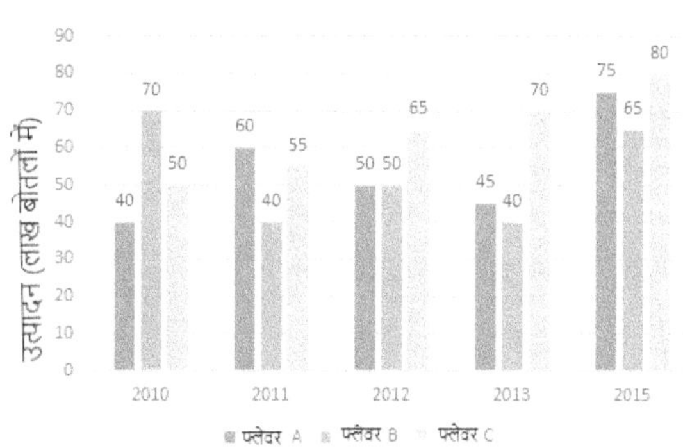

2012, 2013 और 2014 में फ्लेवर A के औसत उत्पादन और 2012, 2013 और 2014 में फ्लेवर C के औसत उत्पादन के बीच का अंतर है:

A. 12 लाख बोतलें   **B.** 10 लाख बोतलें
C. 18 लाख बोतलें   **D.** 15 लाख बोतलें

Q.70 $\triangle PQR$ में, बिंदु T और S क्रमशः PQ और PR पर इस प्रकार हैं कि TS, QR के समानांतर है। यदि $TQ = 7.2$ सेमी, $PS = 1.8$ सेमी और $SR = 5.4$ सेमी, तो PT की लंबाई ज्ञात कीजिए।, तो PT की लंबाई ज्ञात कीजिए।

A. 1.35 सेमी   **B.** 2 सेमी   **C.** 3.6 सेमी   **D.** 2.4 सेमी

Q.71 यदि $a:b = 5:7, b:c = 8:15$, तो $8c : 5a$ का मान ज्ञात कीजिए।

A. 8:21   **B.** 21:5   **C.** 176:65   **D.** 24:5

Q.72 यदि संख्या $34k56k$, 6 से विभाज्य है, तो k का सबसे बड़ा मान क्या होगा?

A. 4   **B.** 8   **C.** 6   **D.** 9

Q.73 यदि $x - y = 4$ और $xy = 3$, तब $x^3 - y^3$ का मान क्या है ज्ञात कीजिए?

A. 64   **B.** 100   **C.** 28   **D.** 88

Q.74 त्रिभुज ABC में, C पर समकोण है, यदि $secA = \frac{13}{5}$, तब $\frac{1+sinA}{cosB}$ का मान ज्ञात कीजिए।

A. $\frac{3}{2}$ **B.** 5   **C.** $\frac{25}{12}$ **D.** $\frac{18}{5}$

Q.75 एक आयताकार पार्क में जिसकी विमाएँ 60 मीटर × 40 मीटर हैं, 7 मीटर त्रिज्या वाली दो वृत्ताकार फूलों की क्यारियों को विकसित किया

जाता है। तो पार्क के शेष भाग का क्षेत्रफल कितना है? ($\pi = \frac{22}{7}$ का उपयोग कीजिए)

A. 1749 मीटर ^{2} **B.** 2092 मीटर ^{2}
C. 1196 मीटर ^{2} **D.** 2246 मीटर ^{2}

General Awareness

Q.76 निम्नलिखित में से किसका उपयोग वाइन में फाइनिंग एजेंट के रूप में किया जाता है?

A. सोडियम   **B.** जिलेटिन
C. बेकिंग सोडा   **D.** क्लोरिन

Q.77 निम्नलिखित में से किस विटामिन की कमी से रतौंधी होती है?

A. विटामिन D   **B.** विटामिन B_2
C. विटामिन E   **D.** विटामिन A

Q.78 वर्ष 2019 के लिए विश्व आर्थिक मंच के 141 देशों के वैश्विक प्रतिस्पर्धात्मकता सूचकांक में भारत का स्थान क्या है?

A. 48वाँ   **B.** 68वाँ   **C.** 65वाँ   **D.** 45वाँ

Q.79 हरमंदिर साहिब (स्वर्ण मंदिर) कहाँ स्थित है?

A. लुधियाना   **B.** अमृतसर   **C.** पटियाला   **D.** जालंधर

Q.80 राजस्थान राज्य का वाद्य यंत्र 'करताल' _____ की श्रेणी में आता है।

A. मेम्ब्रानोफोन्स   **B.** इलेक्ट्रोफ़ोन
C. कॉर्डोफ़ोन   **D.** इडियोफोन

Q.81 विधान परिषद के एक तिहाई सदस्य प्रत्येक _____ वर्ष में सेवानिवृत्त होते हैं।

A. तीन   **B.** एक   **C.** दो   **D.** चार

Q.82 विंडोज़ में फाइल को खोलने और सेव करने के लिए एमएस पेंट निम्न में से किस फाइल फॉर्मेट का उपयोग करता है?

A. JPEG   **B.** .PPT   **C.** .DOC   **D.** .XIS

Q.83 पेरिस में होने वाले 2024 के ग्रीष्मकालीन ओलंपिक में पहली बार किस खेल को खेलने की मंजूरी दी गई है?

A. ब्रेकडांसिंग   **B.** क्रिकेट
C. डार्ट्स   **D.** पार्कोर दौड़

Q.84 _____ अपने चुनाव की तारीख से लोकसभा की पहली बैठक के भंग होने के तुरंत पहले तक पद धारण करता है, जिसके लिए वह चुना गया था।

A. सूचना और प्रसारण मंत्री   **B.** अध्यक्ष
C. उप राष्ट्रपति   **D.** संसदीय कार्य मंत्री

Q.85 डॉ. सेरिंग लैंडौल, जो पद्म भूषण 2020 पुरस्कार प्राप्त करने वालों में से एक थी, वे कहाँ से हैं?

A. मिजोरम   **B.** लद्दाख
C. अरुणाचल प्रदेश   **D.** नागालैंड

Q.86 विश्व प्रेस स्वतंत्रता सूचकांक 2020 में निम्नलिखित में से कौन सा देश पहले स्थान पर है?

A. नॉर्वे   **B.** भारत   **C.** फ्रांस   **D.** यूएस

Q.87 निम्नलिखित में से किसने सितंबर 1923 में कांग्रेस के विशेष सत्र की अध्यक्षता की और 35 वर्ष की आयु में कांग्रेस के अध्यक्ष के रूप में चुने जाने वाले सबसे कम उम्र के व्यक्ति बने?

A. मौलाना अबुल कलाम आज़ाद
B. राम मनोहर लोहिया
C. महादेव गोविंद रानाडे
D. बाल गंगाधर तिलक

Q.88 भारतीय मुक्केबाज लवलीना बोरगोहेन निम्नलिखित में से किस वर्ग में खेलती हैं?

A. 81 किग्रा   **B.** 69 किग्रा   **C.** 91 किग्रा   **D.** 75 किग्रा

Q.89 जनवरी 2021 तक, भारत के 93% से अधिक क्रोमाइट संसाधन कहाँ स्थित थे?

A. मध्य प्रदेश   **B.** कर्नाटक   **C.** ओडिशा   **D.** झारखंड

Q.90 'पर ड्रॉप मोर क्रॉप' भारत सरकार की किस योजना का लक्ष्य है?

A. प्रधानमंत्री मुद्रा योजना (पीएमएमवाई)

B. प्रधानमंत्री आवास योजना ग्रामीण (पीएमएवाई-जी)

C. प्रधानमंत्री जन-धन योजना (पीएमजेडीवाई)

D. प्रधानमंत्री कृषि सिंचाई योजना (पीएमकेएसवाई)

Q.91 निम्नलिखित में से कौनसा एक कंप्यूटर एप्लीकेशन सॉफ्टवेयर है?

A. वर्ड प्रोसेसर   **B.** जावा

C. विजुअल बेसिक   **D.** रैम

Q.92 ऊष्मा, _______ में, एक गर्म पदार्थ से ठंडे पदार्थ में ऊर्जा स्थानांतरण का एक प्रकार है।

A. चुम्बक   **B.** घर्षण

C. ऊष्मा गतिकी   **D.** गुरुत्वाकर्षण

Q.93 स्वाली की लड़ाई (1612) में अंग्रेजों ने _______ के खिलाफ लड़ाई लड़ी।

A. दानिश   **B.** पुर्तगाली   **C.** डच   **D.** फ्रांसीसी

Q.94 कॉमनवेल्थ गेम्स 2018 में भारत द्वारा जीते गए स्वर्ण पदकों की कुल संख्या कितनी थी?

A. 26   **B.** 33   **C.** 44   **D.** 18

Q.95 एलएसी (वास्तविक नियंत्रण रेखा) भारत और _______ के बीच एक प्रभावी सीमा है।

A. पाकिस्तान   **B.** भूटान   **C.** श्री लंका   **D.** चीन

Q.96 निम्नलिखित में से कौन दिसंबर 2020 तक टेस्ट क्रिकेट में भारत का सबसे अधिक विकेट लेने वाला गेंदबाज है?

A. कपिल देव   **B.** बिशन सिंह बेदी

C. नरेंद्र हिरवानी   **D.** अनिल कुंबले

Q.97 मई 2020 तक देश भर में भारतीय खाद्य निगम (एफडीआई) की कुल धान खरीद में किस भारतीय राज्य का सबसे अधिक योगदान था?

A. उत्तर प्रदेश   **B.** पंजाब

C. आंध्र प्रदेश   **D.** तेलंगाना

Q.98 किसकी आत्मकथा का शीर्षक 'द सब्सटेंस एंड द शैडो' है?

A. राज कपूर   **B.** किशोर कुमार

C. राजेश खन्ना   **D.** दिलीप कुमार

Q.99 2020 में भारत सरकार और विश्व बैंक द्वारा शुरू की गई 'STARS' परियोजना कितने राज्यों को कवर करना चाहती है?

A. 6   **B.** 4   **C.** 8   **D.** 10

Q.100 राष्ट्रीय शिक्षा नीति (एनईपी), 2020 राज्यों और केंद्र द्वारा शिक्षा पर कुल व्यय को सकल घरेलू उत्पाद के _____ तक बढ़ाने के लिए प्रतिबद्ध है।

A. 2%   **B.** 4%   **C.** 6%   **D.** 8%

// स्मार्ट उत्तर पुस्तिका //

सही उत्तर — उन छात्रों का प्रतिशत जिन्होंने प्रश्नों का सही उत्तर दिया था।   **छोड़ दिया** — उन छात्रों का प्रतिशत जिन्होंने प्रश्नों को छोड़ दिया था।

प्रश्न संख्या	उत्तर	सही उत्तर / छोड़ दिया	प्रश्न संख्या	उत्तर	सही उत्तर / छोड़ दिया	प्रश्न संख्या	उत्तर	सही उत्तर / छोड़ दिया	प्रश्न संख्या	उत्तर	सही उत्तर / छोड़ दिया	प्रश्न संख्या	उत्तर	सही उत्तर / छोड़ दिया	प्रश्न संख्या	उत्तर	सही उत्तर / छोड़ दिया
1	B	81.41 % / 14.45 %	18	A	85.31 % / 10.11 %	35	A	85.1 % / 11.6 %	52	B	11.06 % / 86.58 %	69	D	54.23 % / 37.26 %	86	A	66.53 % / 32.88 %
2	C	87.05 % / 10.06 %	19	A	84.49 % / 11.53 %	36	B	41.93 % / 52.73 %	53	D	60.4 % / 32.77 %	70	D	52.23 % / 42.2 %	87	A	23.82 % / 73.78 %
3	D	47.78 % / 49.04 %	20	A	30.07 % / 68.38 %	37	A	46.51 % / 50.81 %	54	D	77.08 % / 14.59 %	71	B	60.53 % / 34.74 %	88	B	52.45 % / 45.29 %
4	B	59.16 % / 38.58 %	21	A	81.78 % / 18.16 %	38	D	54.75 % / 36.67 %	55	C	65.69 % / 33.18 %	72	C	54.13 % / 42.06 %	89	C	54.85 % / 43.69 %
5	A	56.01 % / 41.78 %	22	D	52.67 % / 39.55 %	39	C	77.96 % / 19.43 %	56	C	76.35 % / 22.07 %	73	B	46.74 % / 32.38 %	90	D	59.91 % / 36.71 %
6	C	69.63 % / 30.32 %	23	A	61.75 % / 33.74 %	40	D	48.22 % / 50.65 %	57	A	83.78 % / 14.64 %	74	C	20.6 % / 67.76 %	91	A	66.65 % / 32.28 %
7	D	49.72 % / 43.38 %	24	A	65.63 % / 32.1 %	41	B	67.98 % / 30.97 %	58	C	62.52 % / 31.61 %	75	B	56.86 % / 35.03 %	92	C	56.3 % / 32.47 %
8	C	88.59 % / 10.78 %	25	B	89.25 % / 10.25 %	42	B	78.57 % / 19.99 %	59	C	48.96 % / 42.67 %	76	B	45.61 % / 44.7 %	93	B	64.49 % / 32.38 %
9	A	54.23 % / 41.24 %	26	B	83.75 % / 16.2 %	43	D	53.11 % / 31.98 %	60	D	40.75 % / 51.81 %	77	D	59.05 % / 39.3 %	94	A	50.89 % / 37.98 %
10	C	50.78 % / 41.75 %	27	C	42.0 % / 31.56 %	44	B	62.93 % / 35.68 %	61	B	65.57 % / 31.02 %	78	B	40.31 % / 37.38 %	95	D	42.87 % / 30.58 %
11	D	54.8 % / 41.88 %	28	C	60.81 % / 34.94 %	45	B	55.62 % / 41.02 %	62	A	61.54 % / 37.76 %	79	B	77.34 % / 13.01 %	96	D	56.2 % / 35.22 %
12	D	88.78 % / 10.77 %	29	B	64.91 % / 31.91 %	46	A	65.51 % / 30.31 %	63	B	52.73 % / 46.67 %	80	D	45.25 % / 43.37 %	97	D	21.33 % / 68.32 %
13	B	46.24 % / 49.11 %	30	D	66.97 % / 31.76 %	47	A	78.79 % / 10.41 %	64	D	42.29 % / 45.38 %	81	C	46.62 % / 46.62 %	98	D	42.23 % / 43.95 %
14	D	50.75 % / 39.34 %	31	D	41.99 % / 56.63 %	48	B	20.17 % / 72.54 %	65	C	87.11 % / 11.73 %	82	A	58.47 % / 33.63 %	99	A	60.99 % / 30.31 %
15	B	65.69 % / 30.89 %	32	D	31.27 % / 68.31 %	49	C	52.25 % / 33.18 %	66	A	59.28 % / 31.13 %	83	A	46.72 % / 39.68 %	100	C	61.76 % / 36.03 %
16	C	87.18 % / 11.24 %	33	B	40.31 % / 38.91 %	50	C	66.18 % / 33.42 %	67	D	44.32 % / 37.8 %	84	B	84.33 % / 13.79 %			
17	D	60.98 % / 33.76 %	34	B	69.52 % / 30.06 %	51	C	86.63 % / 12.47 %	68	B	86.77 % / 11.04 %	85	B	80.54 % / 12.16 %			

//संकेत और समाधान//

1. The correct order is CDAB.

The first thing to do when repotting is to remove the plant from the current pot. Begin by holding the plant gently, and turning the pot sideways. Next, keep tapping the pot on all sides and at the bottom until the plant loosens. Finally, slide the plant gently and remove the old potting mix on a newspaper.

- Option (C) must be the first line as it's already mentioned in the sentence. (The first thing to do)
- Option (D) will be the second, as it's explaining how to start the process. (Begin by holding)
- Option (A) is the third sentence, as it's mentioned what to do next. (Next, keep tapping)
- Option (B) is the last one, as the word 'finally' clearly states the last step. (Finally, slide the plant gently).

Hence, the correct option is (B).

2. Not with standing (preposition) means 'despite the face or thing mentioned.'

- Not with standing severe headache, he gave the presentation.
- Many criticisms notwithstanding, this movie broke the record.
- Reason can be expressed with the words like because or as.
- As we were all busy that weekend we had to cancel the outing.
- The use of notwithstanding is inappropriate here.

Hence, the correct option is (C).

3. Callous means unkind, cruel, and without sympathy or feeling for other people.

- Insensitive means not feeling or showing sympathy for other people's feelings.
- Inaccurate (adjective) - not completely correct or exact
- Incredible (adjective) - extremely good and impossible to believe
- Inexperienced (noun) - lack of knowledge or experience

Hence, the correct option is (D).

4. The car was driven very carefully on the hilly terrain.

- The sentence is in the past tense (indefinite) as the second form of a verb (drove) is used.
- To convert this sentence into passive, we need to make some changes.
- Start the sentence with the object (the car).
- Helping verb (was) with 3rd form of the main action verb (driven) would be used.

Hence, the correct option is (B).

5. In the sentence, the person is recalling that where he has dropped his one of the gloves.

To express high possibility in past tense, the model 'must' is used with 'have and 3rd form of a verb'.

If we check the sentence, there is not required any improvement.

Hence, the correct option is (A).

6. 'Titilate' is wrongly spelled, the accurate spelling is 'titillate'.

- Titillate (verb) - to make someone excited intentionally but only a little, usually with sexual images and descriptions.
- Aggravate (verb) - to make a bad situation worse
- Initiate (verb) - to begin something
- Mediate (verb) - to intervene in a dispute to bring about an agreement

Hence, the correct option is (C).

7. The phrase 'without rhyme or reason' means without any obvious reasonable explanation.

- He was sent behind the bars without rhyme or reason.
- The phrase 'rhyme or reason' means sense, logic, meaning, or planning.
- And when we add 'without or with no' in the beginning, it becomes without any obvious reasonable explanation.
- We will have to repent if we do something without rhyme or reason.

Hence, the correct option is (D).

8. A period of two weeks or fifteen days is called 'a fortnight'.

- I will be back in a fortnight.
- The project will be completed in a fortnight.

Months - It is one of the twelve periods of time that a year is divided into. January, February, etc.

Century - It is a period of hundred years that is when stating a date. The 19th century was the period from 1801 to 1900.

Decade - It is a period of ten years. 1980 to 1989

Hence, the correct option is (C).

9. Arrivel is the word that is misspelt. The accurate spelling is 'arrival'.

It means the action, process, or fact of arriving somewhere.

- On the arrival of a famous cricketer, many people were gathered.
- There was no one present on my arrival.
- Modern - designed or made using the most recent ideas and methods.
- Applause - the action or sound made by people clapping their hands repeatedly.
- Serious - severe in effect, not joking.

Hence, the correct option is (A).

10. Deepu told Reena that he loved Bollywood music.

- First of all, 'said to' will be changed into 'told'.
- Second, remove inverted commas and use 'that'.

- Based on the subject and object of reporting speech, bring some changes in the reported speech noun. (Deepu is the one who loved music, so change 'I' into 'he'.)
- Make required changes in the verb based on the tense of 'reporting speech'. ('Said to' represents past indefinite tense so the verb 'love' will be changed into 'loved'.)

Hence, the correct option is (C).

11. Livid means furious, extremely angry etc.

- He was livid to see the journalist.
- She was livid to observe her friend's behavior.

Furious - Very strong, violent

Example- A furious row has broken out over the closure of the school.

Lively - full of energy and enthusiasm

Example - We have a lively group of faculty.

Timid - shy and nervous

Example - I was timid in childhood and gradually I gained confidence.

Mild - not extreme and violent

Example - He doesn't accept even mild criticism of his work.

Hence, the correct option is (D).

12. According to the sentence, throughout the day small desert animals stay underground and come out only at night.

To express throughout the course and duration, we can use the preposition 'during'.

- Small desert animals burrow underground during the days and come out only at night.
- During - from the beginning to the end of a particular period.
- He works during the night and sleeps in the day.
- I decided to spend my weekends in the hill station during the summer.

Hence, the correct option is (D).

13. If we observe the sentence, there is no need to use 'also' with 'as well as'.

If you rent a house near your office, it will save your time as well as money.

As well as is an adverb that means 'also', 'too', or 'in addition.'

Normally, it is used at the end of the clause.

- We look forward to seeing you again and to meeting your wife as well.

As well as is a multi-word preposition which means 'in addition to'.

- They have invited Robert as well as Jill.
- When I go to the hill station, I like waking as well as skiing.

Hence, the correct option is (B).

14. Matricide - The killing of one's mother

Meaning of others words:

- Patricide - The killing of one's father.
- Regicide - A person who kills or takes part in killing a king.
- Infanticide - A person who kills his/her child within a year of birth.

Hence, the correct option is (D).

15. 'To add insult to injury' means to act in a way that makes a bad situation worse.

- She told him that he was too old to work, and then to add insult to injury, she deducted the amount based on that.
- He was so upset to see his result, and then to add insult to injury, his father rebuked him harshly.
- He lost his wallet while coming from the office, and then to add insult to injury, the traffic police charged a penalty for crossing the speed limit.

Hence, the correct option is (B).

16. This part of the sea teems with sharks.

Meaning of others words:

- Teem (verb) - be full of or swarming with.
- Crowd (verb) - fill (a large number of people), almost completely, no room for movement.
- Expand (verb) - become or make larger or more extensive.
- Suffice (verb) - be enough or sufficient.

Hence, the correct option is (C).

17. It is heartening to see so many of our fellow Indians help the migrants in their struggle to go home.

Meaning of others words:

- Hearten - to make someone feel happier and more positive about the situation.
- Savour - to enjoy food or an experience slowly.
- Relish - to like or enjoy something.
- Reunite - to bring people together again.

Hence, the correct option is (D).

18. The antonym of lavish is frugal which means the one who is careful to use only as much money, food, etc as is necessary.

The word 'lavish' means the one who is careless in spending, giving, or using more than is necessary or reasonable.

Meaning of other words.

- Tiny - extremely small.
- Luxurious - very comfortable and expensive.
- Excessive - too much.

Hence, the correct option is (A).

19. The correct order is BADC.

Mohan first equipped himself with a long, sturdy stick. Then he started on his eighteen kilometer expedition back to his village. It was a journey he would never forget where he had to use his stick constantly to locate the road. At several points, he lost the road and had to swim his way ahead.

- The first sentence would be 'B', as it's clearly mentioned the very first thing Mohan did.
- The second sentence is 'A', as it states the reason why Mohan took that sturdy stick.
- The third sentence will be 'D' which tells what this eighteen-kilometer expedition is.
- The last sentence is obviously 'C' that we are left with.

Hence, the correct option is (A).

20. The antonym of affinity is aversion which means a strong dislike or unwillingness.

The word 'affinity' means a natural liking for and understanding of someone or something.

Meaning of other words:

- Weakness - the state or condition of being weak.
- Inclination - tendency to act or feel in a particular way.
- Attraction - feeling of liking someone because of the way they look or behave.

Hence, the correct option is (A).

21. According to the passage,

- At the beginning of the passage, it's clearly mentionedthat the king and the ministers were fools.
- By just roughly going through the passage, you would get to know that they wanted to do something different than other kingdoms.
- Apart from the preposition 'Like', none is relevant as per the context.
- They didn't want to do things like other kingdoms.

Hence, the correct option is (A).

22. According to the passage,

- The sentence says that the king and the ministers didn't want to do the same things as other kingdoms.
- In order to do something different, they have to change something.
- That's why options (A),(B), and (C) i.e. agree, adjust, and develop are not relevant.
- So they decided to change night into day and day into night.

Hence, the correct option is (D).

23. According to the passage,

When we read the sentence, we get to know that in order to keep everyone awake at night an authoritative action must be taken.

- 'Ordered' means an authoritative command or instruction.
- 'Rule' means exercising ultimate power over (the area and its people).

- 'Present' means give or award formally or ceremonially.
- 'Believe' means to accept something is true.

Hence, the correct option is (A).

24. According to the passage,

The sentence says that it was ordered by them to stay awake at night and prepare land for crops. It means to turn over the soil.

- 'Till' is right option that is relevant according to the context.
- They ordered that everyone should be awake at night, till their lands.

Hence, the correct option is (A).

25. According to the passage,

- The sentence says that it was ordered by them to stay awake at night and till their lands and run their business only after dark.
- 'Business' is the right option that is relevant according to the context.
- They ordered that everyone should be awake at night, till their lands and run their business only after dark.

Hence, the correct option is (B).

26. कागज को खोलने पर प्राप्त प्रतिबिम्ब है,

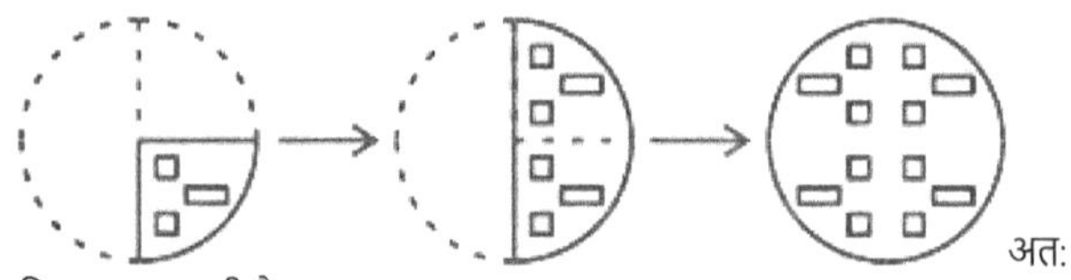

विकल्प (B) सही है।

27. तालिका में अक्षरों का स्थानीय मान है:

वर्ण मा ला	A	B	C	D	E	F	G	H	I	J	K	L	M
स्था नीय मान	1	2	3	4	5	6	7	8	9	10	11	12	13
स्था नीय मान	26	25	24	23	22	21	20	19	18	17	16	15	14
वर्ण मा ला	Z	Y	X	W	V	U	T	S	R	Q	P	O	N

यहाँ अनुसरित स्वरूप इस प्रकार:

अक्षरों के स्थितीय मानों का योग $+$ अक्षर की कुल संख्या $=$ संख्या

BANKER $=$ अक्षरों की कुल संख्या 6 है।

B(2) $+$ A(1) $+$ N(14) $+$ K(11) $+$ E(5) $+$ R(18)

$= 2 + 1 + 14 + 11 + 5 + 18$

$= 51$

अक्षरों के स्थितीय मानों का योग $+$ अक्षर की कुल संख्या $=$ संख्या

$51 + 6$

$= 57$

और,

SPAN $=$ अक्षरों की कुल संख्या 4 है।

S(19) $+$ P(16) $+$ A(1) $+$ N(14)

$= 19 + 16 + 1 + 14$

$= 50$

अक्षरों के स्थितीय मानों का योग $+$ अक्षर की कुल संख्या $=$ संख्या

$50 + 4$

$= 54$

उसी प्रकार,

PRANK $=$ अक्षरों की कुल संख्या 5 है।

P(16) $+$ R(18) $+$ A(1) $+$ N(14) $+$ K(11)

$= 16 + 18 + 1 + 14 + 11$

$= 60$

अक्षरों के स्थितीय मानों का योग $+$ अक्षर की कुल संख्या $=$ संख्या

$60 + 5$

$= 65$

इसलिए , PRANK को " 65" के रूप में लिखा जाएगा।

अत: विकल्प (C) सही है।

28. यहाँ अनुसरित तर्क इस प्रकार है:

पहली संख्या : दूसरी संख्या

$\Rightarrow$ (पहली संख्या $\times 5$) $\div 2 =$ दूसरी संख्या

$28 : 70$ में

(पहली संख्या $\times 5$) $\div 2$

$= (28 \times 5) \div 2$

$= 140 \div 2$

$\Rightarrow 70 =$ दूसरी संख्या

अब सभी विकल्पों की जाँच कीजिए,

विकल्प (A) $30 : 84$

(पहली संख्या $\times 5$) $\div 2$

$= (30 \times 5) \div 2$

$= 150 \div 2$

$= 75 \neq$ दूसरी संख्या

विकल्प (B) $12 : 32$

(पहली संख्या $\times 5$) $\div 2$

$= (12 \times 5) \div 2$

$= 60 \div 2$

$\Rightarrow 30 \neq$ दूसरी संख्या

विकल्प (C) $18 : 45$

(पहली संख्या $\times 5$) $\div 2$

$= (18 \times 5) \div 2$

$= 90 \div 2$

$\Rightarrow 45 =$ दूसरी संख्या

विकल्प (D) $34 : 86$

(पहली संख्या $\times 5$) $\div 2$

$= (34 \times 5) \div 2$

$= 170 \div 2$

$\Rightarrow 85 \neq$ दूसरी संख्या

इसलिए, सही उत्तर " $18 : 45$" है।

अत: विकल्प (C) सही है।

29. तालिका में वर्णमाला के अक्षरों की क्रम संख्या:

वर्णमाला	A	B	C	D	E	F	G	H	I	J	K	L	M
स्थानीय मान	1	2	3	4	5	6	7	8	9	10	11	12	13
स्थानीय मान	26	25	24	23	22	21	20	19	18	17	16	15	14
वर्णमाला	Z	Y	X	W	V	U	T	S	R	Q	P	O	N

यहाँ अनुसरित स्वरूप इस प्रकार है,

K(11) M(13) P(16) V(22)	अक्षर आरोही क्रम में और सभी अक्षर व्यंजन हैं।
M(13) I(3) G(7) F(6)	अवरोही क्रम में अक्षर और एक अक्षर स्वर है।
B(2) D(4) M(13) S(19)	अक्षर आरोही क्रम में और सभी अक्षर व्यंजन हैं।
H(8) K(11) P(16) T(20)	अक्षर आरोही क्रम में और सभी अक्षर व्यंजन हैं।

'MIGF' को छोड़कर सभी एक ही स्वरूप का अनुसरण करते हैं।

इसलिए, "MIGF" भिन्न है।

अत: विकल्प (B) सही है।

30. यहाँ अनुसरित तर्क इस प्रकार है:

(पहली संख्या $+$ दूसरी संख्या) $\times 2 + 1 =$ तीसरी संख्या

$\{2, 2, 9\}$ में

(पहली संख्या $+$ दूसरी संख्या) $\times 2 + 1$

$= (2 + 2) \times 2 + 1$

$= 4 \times 2 + 1$

$= 8 + 1$

$= 9 =$ तीसरी संख्या

अब सभी विकल्पों की जाँच कीजिए,

विकल्प (A) $\{12, 60, 98\}$

(पहली संख्या + दूसरी संख्या) $\times 2 + 1$

$= (12 + 60) \times 2 + 1$

$= 72 \times 2 + 1$

$= 144 + 1$

विकल्प (B) $\{6, 18, 46\}$

$(1^{st}\ Number + 2^{nd}\ number) \times 2 + 1$

$= (6 + 18) \times 2 + 1$

$= 24 \times 2 + 1$

$= 48 + 1$

$= 49 \neq$ तीसरी संख्या

विकल्प (C) $\{8, 36, 81\}$

(पहली संख्या + दूसरी संख्या) $\times 2 + 1$

$= (8 + 36) \times 2 + 1$

$= 44 \times 2 + 1$

$= 88 + 1$

$= 89 \neq$ तीसरी संख्या

विकल्प (D) $\{4, 8, 25\}$

(पहली संख्या + दूसरी संख्या) $\times 2 + 1$

$= (4 + 8) \times 2 + 1$

$= 12 \times 2 + 1$

$= 24 + 1$

$\Rightarrow 25 =$ तीसरी संख्या

इसलिए, सही उत्तर " $4,\ 8,\ 25$ " है।

अत: विकल्प (D) सही है।

31. यहाँ अनुसरित तर्क इस प्रकार है:

विकल्प (A) $2197 =$ यह 13 का पूर्ण घन है।

विकल्प (B) $4913 =$ यह 17 का पूर्ण घन है।

विकल्प (C) $1331 =$ यह 11 का पूर्ण घन है।

विकल्प (D) $2379 =$ यह किसी भी संख्या का पूर्ण घन नहीं है।

इसलिए, " 2379 " भिन्न है।

अत: विकल्प (D) सही है।

32. यहाँ अनुसरित तर्क इस प्रकार है:

(पहली संख्या $\div 2$) $\times$ (दूसरी संख्या $\div 2$) $=$ तीसरी संख्या

$(14, 22, 77)$ में

(पहली संख्या $\div 2$) $\times$ (दूसरी संख्या $\div 2$)

$= (14 \div 2) \times (22 \div 2)$

$= 7 \times 11$

$\Rightarrow 77 =$ तीसरी संख्या

अब सभी विकल्पों की जाँच कीजिए,

विकल्प (A) $(20, 16, 105)$

(पहली संख्या $\div 2$) $\times$ (दुसरी संख्या $\div 2$)

$= (20 \div 2) \times (16 \div 2)$

$= 10 \times 8$

$\Rightarrow 80 \neq$ तीसरी संख्या

विकल्प (B) $(17, 15, 76)$

(पहली संख्या $\div 2$) $\times$ (दुसरी संख्या $\div 2$)

$= (17 \div 2) \times (15 \div 2)$

$= 8.5 \times 7.5$

$\Rightarrow 63.75 \neq 3^{rd}\ Number$

विकल्प (C) $(22, 11, 86)$

(पहली संख्या $\div 2$) $\times$ (दुसरी संख्या $\div 2$)

$= (22 \div 2) \times (11 \div 2)$

$= 11 \times 5.5$

$\Rightarrow 60.5 \neq$ तीसरी संख्या

विकल्प (D) $(18, 32, 144)$

$(1^{st}\ Number \div 2) \times (2^{nd}\ number \div 2)$

$= (18 \div 2) \times (32 \div 2)$

$= 9 \times 16$

$\Rightarrow 144 =$ तीसरी संख्या

इसलिए, सही उत्तर " $(18, 32, 144)$ " है।

अत: विकल्प (D) सही है।

33. दिया गया है:

'A $+$ B' का अर्थ है 'A, B की माता है'।

'A $\times$ B' का अर्थ है 'A, B की बहन है'।

'A $*$ B' का अर्थ है 'A, B की पुत्री है'।

हम पहले दिए गए प्रतीकों को विकृटित करेंगे और फिर एक वंश वृक्ष बनाएँगे।

प्रतीक	$+$	$\times$	$*$
अर्थ	माता	बहन	पुत्री

अब 'R $+$ V $\times$ Q $\times$ M $*$ P' का कूट तोड़ने पर,

1) R $+$ V

'R $+$ V' का अर्थ है 'R, V की माता है'

2) V ✕ Q

'V ✕ का अर्थ है 'V, Q की बहन है'

3) Q ✕ M

'Q ✕ का अर्थ है 'Q, M की बहन है'

4) M * P

'M * P' का अर्थ है 'M, P की पुत्री है'

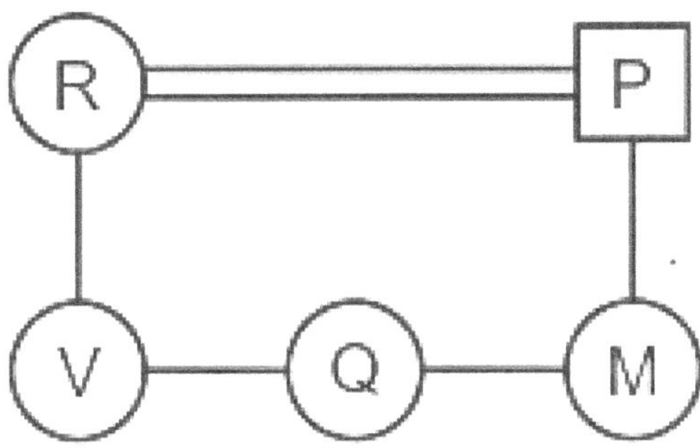

इसलिए, R, P की पत्नी है।

अत: विकल्प (B) सही है।

34. कथन:

सभी कथन उत्तर हैं।

कुछ कथन प्रश्न हैं।

दिए गए कथनों के लिए न्यूनतम संभावित आरेख इस प्रकार है

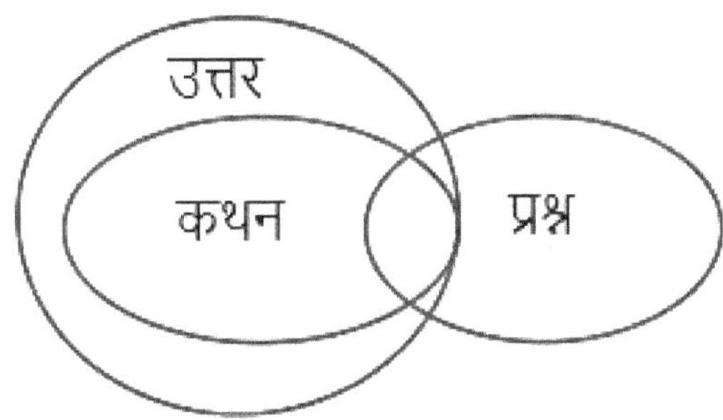

निष्कर्ष:

I. कोई प्रश्न कथन नहीं है = असत्य (यह संभव नहीं है क्योंकि पहले से ही कथन दिया गया है कि कुछ कथन प्रश्न हैं)

II. कुछ उत्तर कथन हैं = सत्य (क्योंकि सभी कथन उत्तर हैं तो कुछ उत्तर कथन भी हैं)

III. कुछ प्रश्न कथन हैं = सत्य (क्योंकि कुछ कथन प्रश्न हैं तो कुछ प्रश्न कथन भी हैं)

इसलिए, "केवल निष्कर्ष II और III अनुसरण करते हैं"।

अत: विकल्प (B) सही है।

35. हम सभी विकल्पों को रिक्त स्थानों में रखते हैं और जाँचते हैं कि कौन विशेष स्वरूप बनाता है:

विकल्प (A): C R P M R C

K _ P _ L C _ R _ C P _ N _ P R

ऊपर दिए गए विकल्प में रिक्त स्थान को अक्षरों/संख्याओं से भरने के बाद, हम प्राप्त करते हैं:

K C P R / L C P R / M C P R / N C P R

जब अनुक्रम को समान भागों में विभाजित किया जाता है तब एक विशेष स्वरूप खुद को दोहराता है।

यहाँ शब्द का पहला अक्षर +1 से बढ़ रहा है।

K + 1 = L, L + 1 = M, M + 1 = N.

विकल्प (B): M R P M R R

K _ P _ L C _ R _ C P _ N _ P R

ऊपर दिए गए विकल्प में रिक्त स्थान को अक्षरों/संख्याओं से भरने के बाद, हम प्राप्त करते हैं:

K M P R / L C P R / M C P R / N R P R

जब अनुक्रम को समान भागों में विभाजित किया जाता है तब कोई विशेष स्वरूप खुद को नहीं दोहराता है।

विकल्प (C): E R P R R C

K _ P _ L C _ R _ C P _ N _ P R

ऊपर दिए गए विकल्प में रिक्त स्थान को अक्षरों/संख्याओं से भरने के बाद, हम प्राप्त करते हैं:

K E P R / L C P R / R C P R / N C P R

जब अनुक्रम को समान भागों में विभाजित किया जाता है तब कोई विशेष स्वरूप खुद को नहीं दोहराता है।

विकल्प (D): C P P M R R

K _ P _ L C _ R _ C P _ N _ P R

ऊपर दिए गए विकल्प में रिक्त स्थान को अक्षरों/संख्याओं से भरने के बाद, हम प्राप्त करते हैं:

K C P P / L C P R / M C P R / N R P R

जब अनुक्रम को समान भागों में विभाजित किया जाता है तब कोई विशेष स्वरूप खुद को नहीं दोहराता है।

इसलिए, सही उत्तर 'C R P M R C' है।

अत: विकल्प (A) सही है।

36. दी गई आकृति की सही दर्पण छवि जब दर्पण को दाएँ ओर रखा जाता है:

अत:

विकल्प (B) सही है।

37. यहाँ अनुसरित तर्क इस प्रकार है:

विकल्प (A) को छोड़कर सभी शब्द एक दूसरे के पर्यायवाची हैं जबकि विकल्प (A) शब्द इन सभी शब्दों का विलोम है।

विकल्प (A) संतोष प्रसन्न और संतुष्ट होने की अवस्था है।

विकल्प (B) घृणा बहुत तीव्र नापसंदगी या अस्वीकृति की भावना है।

विकल्प (C) उदासी दुखी होने की अवस्था है।

विकल्प (D) ईर्ष्या क्रोध की भावना है।

इसलिए, "संतोष" एक भिन्न है।

अत: विकल्प (A) सही है।

38. दी गई आकृति में त्रिभुजों की संख्या है:

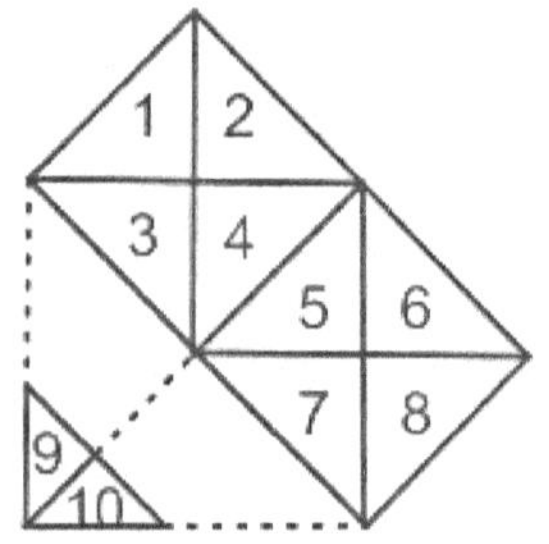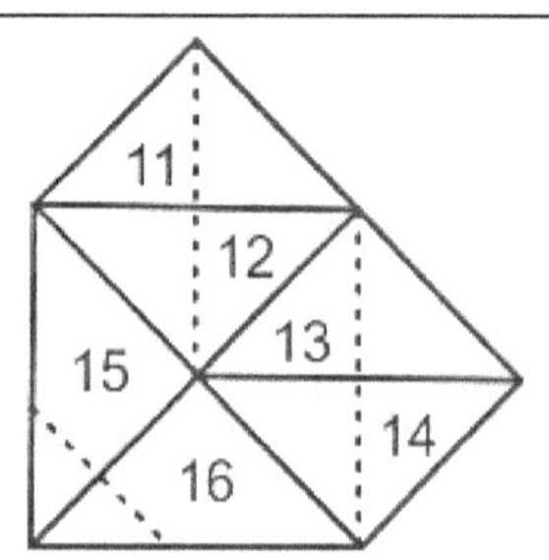

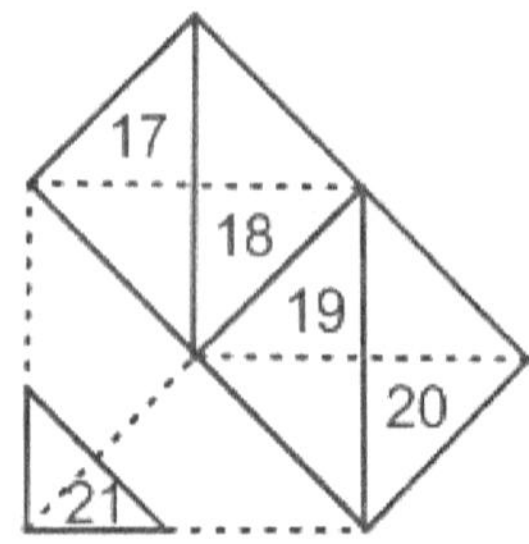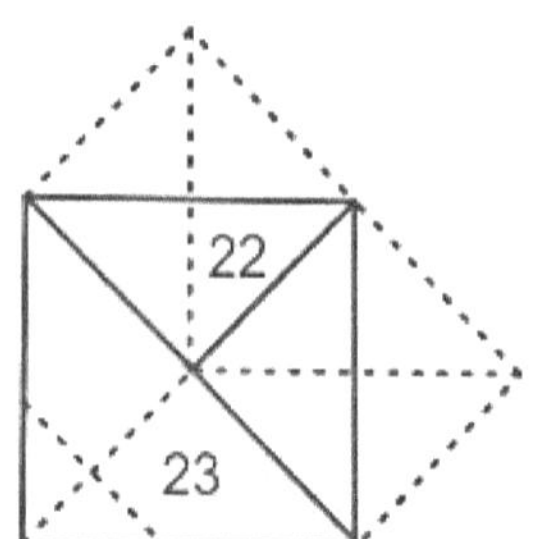

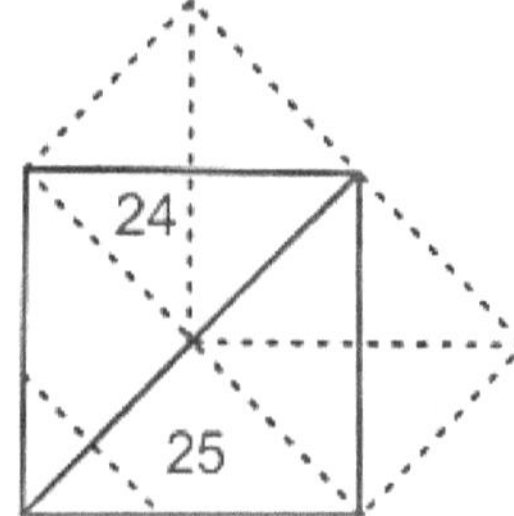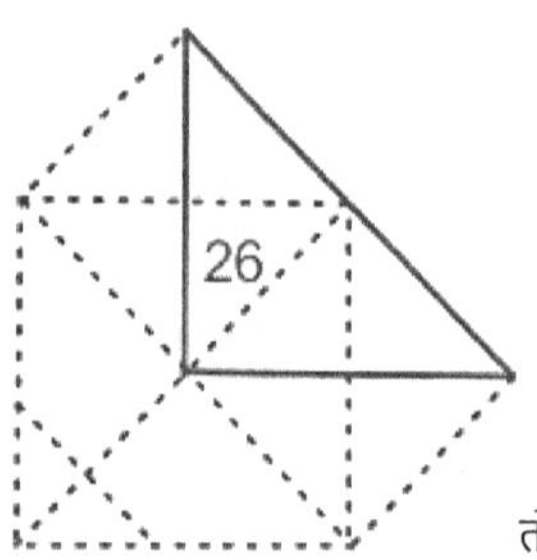

तो,

आकृति में कुल 26 त्रिभुज हैं।

इसलिए, ' 26' सही उत्तर है।

अत: विकल्प (D) सही है।

39. दिए गए शब्दों का तार्किक और अर्थपूर्ण क्रम इस प्रकार है:

तर्क: शिक्षा के स्तर के अनुसार शब्दों की व्यवस्था की गई है।

4. Application = सबसे पहले हम स्कूल, कॉलेज या संस्थान आदि में प्रवेश के लिए आवेदन पत्र भरते हैं।

2. Admission = आवेदन पत्र भरने के बाद हमें स्कूल, कॉलेज या संस्थान आदि में प्रवेश मिलता है।

1. Class = प्रवेश के बाद हम स्कूल, कॉलेज या संस्थान आदि में कक्षा में जाते हैं।

5. Assessment = परीक्षा के बाद स्कूल, कॉलेज या संस्थान आदि में अंकों का मूल्यांकन।

3. Certificate = मूल्यांकन के बाद हमें स्कूल, कॉलेज या संस्थान आदि में प्रमाण पत्र मिलता है।

इसलिए , "4, 2, 1, 5, 3" सही उत्तर है।

अत: विकल्प (C) सही है।

40. यहाँ अनुसरित तर्क इस प्रकार है:

हार : सोना = हार बनाने के लिए सोने की आवश्यकता होती है।

उसी प्रकार,

कागज : काष्ठ-लुगदी = कागज बनाने के लिए काष्ठ-लुगदी की आवश्यकता होती है।

इसलिए, 'कागज : काष्ठ-लुगदी' सही उत्तर है।

अत: विकल्प (D) सही है।

41. BODMAS नियम के अनुसार:

विकल्प (A): $\div$ और x

दिया गया है:

$$39 \div 3 \times 13 + 26 - 13 = 2$$

संकेतों के आदान-प्रदान के बाद;

$$39 \times 3 \div 13 + 26 - 13 = 2$$

BODMAS नियम के द्वारा,

$$9 + 26 - 13 = 2$$

$$35 - 13 = 2$$

$$22 \neq 2 \text{ (बायाँ पक्ष} \neq \text{दायाँ पक्ष)}$$

विकल्प (B) : $\div$ और $-$

दिया गया है:

$$39 \div 3 \times 13 + 26 - 13 = 2$$

संकेतों के आदान-प्रदान के बाद;

$$39 - 3 \times 13 + 26 \div 13 = 2$$

BODMAS नियम के द्वारा,

$$39 - 3 \times 13 + 2 = 2$$

$$39 - 39 + 2 = 2$$

$$41 - 39 = 2$$

$$2 = 2 \text{ (बायाँ पक्ष = दायाँ पक्ष)}$$

विकल्प (C): $\times$ और $-$

दिया गया है:

$$39 \div 3 \times 13 + 26 - 13 = 2$$

संकेतों के आदान-प्रदान के बाद;

$$39 \div 3 - 13 + 26 \times 13 = 2$$

BODMAS नियम के द्वारा,

$$13 - 13 + 26 \times 13 = 2$$

$$13 - 13 + 338 = 2$$

$$13 - 13 + 338 = 2$$

$$351 - 13 = 2$$

$$338 \neq 2 \text{ (बायाँ पक्ष} \neq \text{दायाँ पक्ष)}$$

विकल्प (D): $+$ और $-$

दिया गया है:

$$39 \div 3 \times 13 + 26 - 13 = 2$$

संकेतों के आदान-प्रदान के बाद;

$39 \div 3 \times 13 - 26 + 13 = 2$

BODMAS नियम के द्वारा,

$13 \times 13 - 26 + 13 = 2$

$169 - 26 + 13 = 2$

$182 - 26 = 2$

$156 \neq 2$ (बायाँ पक्ष $\neq$ दायाँ पक्ष)

इसलिए, सही उत्तर " $\div$ और $-$" है।

अत: विकल्प (B) सही है।

42. यहाँ अनुसरित तर्क इस प्रकार है:

दिया गया है:

'कंगन' का संबंध 'आभूषण' से है = कंगन एक प्रकार का आभूषण है।

उसी प्रकार,

'लौंग' का संबंध 'मसाले' से है = लौंग एक प्रकार का मसाला है।

इसलिए, 'मसाला' सही उत्तर है।

अत: विकल्प (B) सही है।

43. दिया गया है:

1) ₹ 481 को A, B और C के बीच वितरित किया जाता है।

$\Rightarrow A + B + C = 481$

2) A को प्राप्त होने वाली राशि का दो-तिहाई हिस्सा B को प्राप्त होता है।

$\Rightarrow B = \frac{2}{3} A$

$\Rightarrow B : A = 2 : 3$

$\Rightarrow A : B = 3 : 2$

$= 6 : 4$

$\Rightarrow A : B = 3 : 2$

$= 6 : 4$

3) B को प्राप्त होने वाली राशि का तीन-चौथाई हिस्सा C को प्राप्त होता है।

$\Rightarrow C = \frac{3}{4} B$

$\Rightarrow C : B = 3 : 4$

$\Rightarrow B : C = 4 : 3$

अब, A : B : C = 6 : 4 : 3

तो, $A = 6x ; B = 4x ; C = 3x$ (जहाँ x अनुपात का सामान्य कारक है)।

समीकरण 1 से

$\Rightarrow A + B + C = 481$

$\Rightarrow 6x + 4x + 3x = 481$

$\Rightarrow 13x = 481$

$\Rightarrow x = 37$

हम जानते है कि B $= 4x$

$= 4 \times 37$

$= 148$

इसलिए, सही उत्तर " 148 " है।

अत: विकल्प (D) सही है।

44. यहाँ अनुसरित स्वरूप इस प्रकार है:

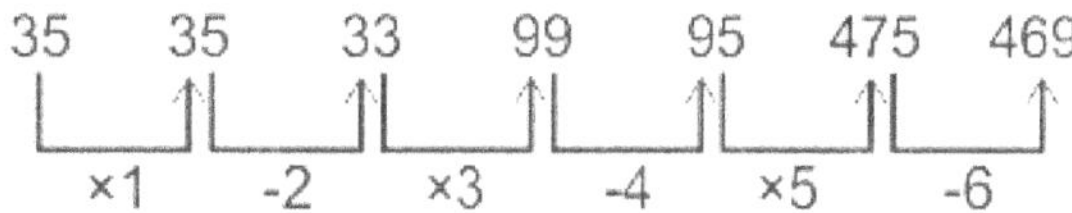

अत: विकल्प (B) सही है।

45. छायांकित भाग दर्शाता है कि स्कूल के शिक्षकों की संख्या या तो स्नातक है या विवाहित व्यक्ति है, लेकिन दोनों नहीं है।

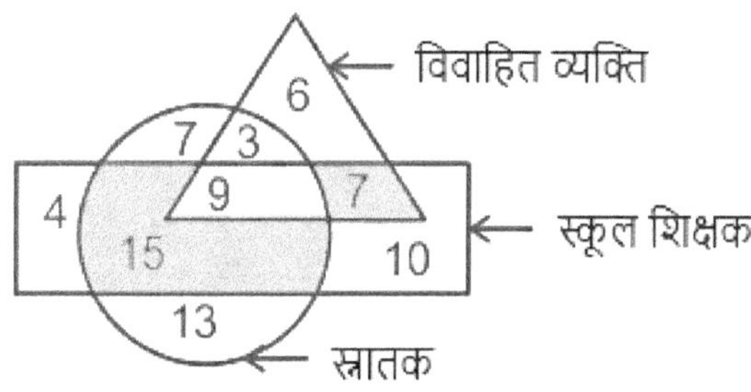

स्कूल शिक्षकों की संख्या या तो स्नातक या विवाहित व्यक्ति है लेकिन दोनों नहीं

$= 15 + 7$

$= 22$

इसलिए, ' 22 ' सही उत्तर है।

अत: विकल्प (B) सही है।

46. तर्क: यदि दी गई छवि में दो पासों के फलक का मान समान है तो उनकी दक्षिणावर्त या वामावर्त वाली संख्या पासे में विपरीत संख्या के रूप में जानी जाती है।

दिया गया है,

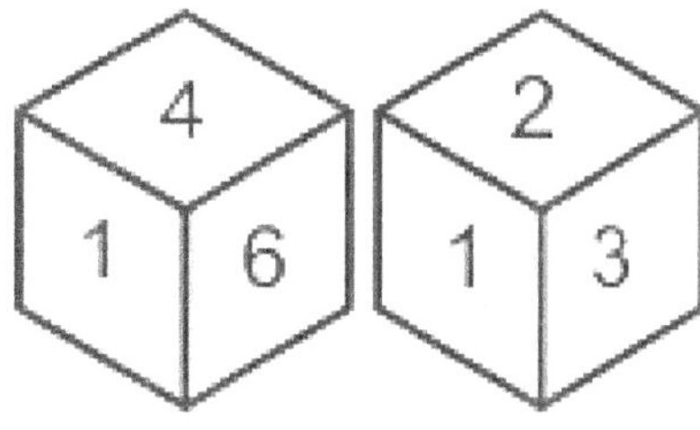

पहले पासे और दूसरे पासे में

संख्या ' 1 ' सामान्य है।

बायाँ अक्षर एक दूसरे के विपरीत होगा और उन्हें 1 से शुरू करके दक्षिणावर्त ओर लिखा जाएगा।

अक्षर	विपरीत

4	2
6	3
1	5

इसलिए, 6 के विपरीत फलक " 3" है।

अत: विकल्प (A) सही है।

47. तालिका में अक्षरों का स्थानीय मान है:

वर्णमाला	A	B	C	D	E	F	G	H	I	J	K	L	M
स्थानीय मान	1	2	3	4	5	6	7	8	9	10	11	12	13
स्थानीय मान	26	25	24	23	22	21	20	19	18	17	16	15	14
वर्णमाला	Z	Y	X	W	V	U	T	S	R	Q	P	O	N

यहाँ अनुसरित तर्क इस प्रकार है,

NEED : OGHH

N(14) E(5) E(5) D(4) : O(15) G(7) H(8) H(8)

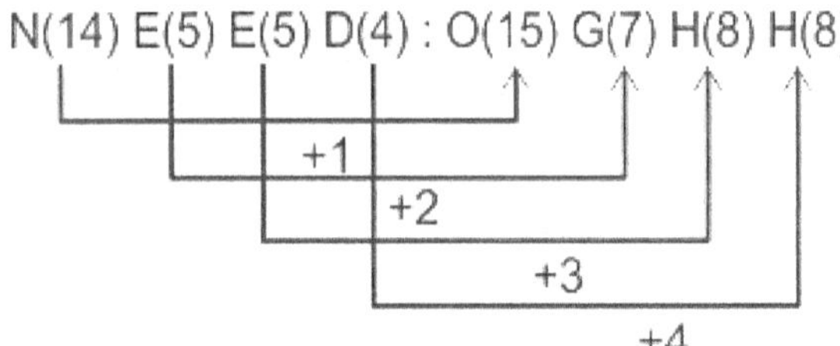

उसी प्रकार,

FAST : ?

F(6) A(1) S(19) T(20) : G(7) C(3) V(22) X(24)

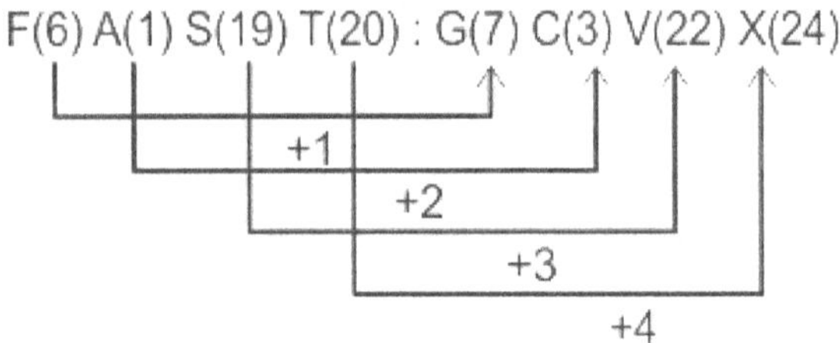

इसलिए, सही उत्तर "GCVX" है।

अत: विकल्प (A) सही है।

48. इस छवि का सन्निहित भाग है:

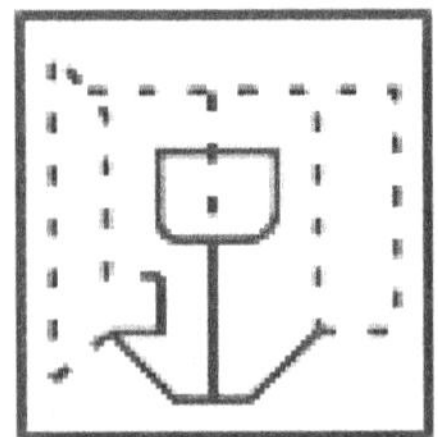

अत: विकल्प (B) सही है।

49. तालिका में अक्षरों का स्थानीय मान है:

वर्णमाला	A	B	C	D	E	F	G	H	I	J	K	L	M
स्थानीय	1	2	3	4	5	6	7	8	9	10	11	12	13

मान													
स्थानीय मान	26	25	24	23	22	21	20	19	18	17	16	15	14
वर्णमाला	Z	Y	X	W	V	U	T	S	R	Q	P	O	N

यहाँ अनुसरित स्वरूप इस प्रकार है:

SAUCE को ASVEC के रूप में लिखा जाता है।

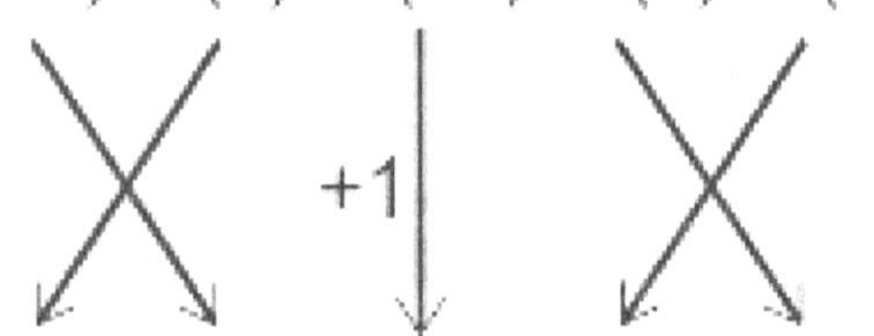

उसी प्रकार,

इसलिए, 'MEANT' को "EMBTN" के रूप में कूटित किया गया है।

अत: विकल्प (C) सही है।

50. निम्नलिखित आकृति श्रृंखला में प्रश्नवाचक चिह्न (?) को प्रतिस्थापित करने वाला आकृति नीचे दर्शाया गया है:

1) पहली स्थिति छोटी आकृति अंतिम स्थिति में स्थानांतरित हो जाती है और लंबवत फ्लिप करती है।

2) दूसरी स्थिति छोटी आकृति पहली स्थिति में स्थानांतरित हो जाती है और क्षैतिज फ्लिप करती है।

3) अंतिम स्थिति छोटी आकृति दूसरी स्थिति में स्थानांतरित हो जाती है।

अत: विकल्प (C) सही है।

51. दिया गया है:

नाव की गति = 14 किमी/घंटा

नदी का प्रवाह = 2 किलोमीटर प्रति घंटा

धारा के प्रतिकूल एक निश्चित दूरी तय करने में रवि को 3 घंटे लगते हैं।

जैसा कि हम जानते है,

दूरी $=$ समय $\times$ गति

धारा के अनुकूल जाते समय, प्रभावी गति की गणना करने के लिए एक नाव की गति और नदी के प्रवाह को जोड़ दिया जाता है। दूसरी ओर धारा के प्रतिकूल जाते समय प्रभावी गति लेने के लिए नाव की गति और नदी के प्रवाह के बीच के अंतर पर विचार किया जाता है।

धारा के प्रतिकूल यात्रा के दौरान प्रभावी गति $= (14 - 2)$ किमी/घंटा

$= 12$ किमी/घंटा

तय की गई दूरी $= 12 \times 3$

$= 36$ किमी

धारा के अनुकूल की गई यात्रा के दौरान प्रभावी गति $= (14 + 2)$ किलोमीटर प्रति घंटा

$= 16$ किलोमीटर प्रति घंटा

तो, रवि द्वारा धारा के अनुकूल 36 किमी की दूरी तय करने में लिया गया समय $= 36 \div 16$

$= 2.25$ घंटे

$= 2$ घंटे 15 मिनट

$\therefore$ रवि धारा के अनुकूल समान दूरी को तय करने में 2 घंटे 15 मिनट का समय लेगा।

अत: विकल्प (C) सही है।

52. दिया गया है:

2015 और 2017 में उत्पादन $= (600 + 750)$ टन

$= 1350$ टन

2016 और 2018 में बिक्री $= (525 + 400)$ टन

$= 925$ टन

तो, अधिक $= (1350 - 925)$

$= 425$ टन

$\therefore$ 2015 और 2017 में उत्पादन 2016 और 2018 में कुल बिक्री की तुलना में 425 टन अधिक लिया गया है।

अत: विकल्प (B) सही है।

53. दिया गया है:

गीता 10 मिनट में एक खिलौने को बना सकती है।

सुधा उसी खिलौने को 15 मिनट में बना सकती है।

जैसा कि हम जानते है,

संपूर्ण कार्य $=$ प्रत्येक मिनट में किया गया कार्य $\times$ लिया गया समय (मिनटों में)

$(10,15)$ का लघुत्तम समापवर्त्य $= 30$

माना कि संपूर्ण कार्य (खिलौना बनाना) गीता और सुधा द्वारा लिए गए समय का लघुत्तम समापवर्त्य है।

तो, संपूर्ण कार्य $= 30$ इकाई

गीता एक मिनट में करती है $= 30 \div 10$

$= 3$ इकाई कार्य

सुधा एक मिनट में करती है $= 30 \div 15$

$= 2$ इकाई कार्य

संपूर्ण कार्य को एक साथ पूरा करने में लगने वाला समय $= 30 \div (3 + 2)$

$= 6$ मिनट

तो, 60 खिलोनों को एक साथ बनाने में लगने वाला समय $= 6 \times 60$

$= 360$ मिनट $= 6$ घंटे

$\therefore$ अगर वे एक साथ कार्य करते हैं, तो उन्हें 60 खिलौनों को बनाने में 6 घंटे लगेंगे।

अत: विकल्प (D) सही है।

54. दिया गया है:

$(2a - b - 3c)(4a^2 + b^2 + 9c^2 + 2ab + 6ac - 3bc)$

सरलीकरण करने पर,

$= 8a^3 + 2ab^2 + 18ac^2 + 4a^2b + 12a^2c - 6abc - 4a^2b - b^3 - 9bc^2 - 2ab^2 - 6abc + 3b^2c - 12a^2c - 3b^2c - 27c^3 - 6abc - 18ac^2 + 9$

$= 8a^3 - 18abc - b^3 - 27c^3$

$\therefore$ सरलीकृत व्यंजक $8a^3 - b^3 - 27c^3 - 18abc$ है।

अत: विकल्प (D) सही है।

55. दिया गया है:

$\frac{3}{5} + 2\frac{2}{5} \div \left[\left(\frac{7}{8} - \frac{3}{4}\right) \times 4 - 6\frac{2}{3} \div \frac{4}{3}\right] \times \frac{1}{3}$

BODMAS नियम का प्रयोग करने पर, हम प्राप्त करते हैं,

$\frac{3}{5} + 2\frac{2}{5} \div \left[\left(\frac{7}{8} - \frac{3}{4}\right) \times 4 - 6\frac{2}{3} \div \frac{4}{3}\right] \times \frac{1}{3}$

$= \frac{3}{5} + \frac{12}{5} \div \left[\frac{(28-24)}{32} \times 4 - \frac{20}{3} \div \frac{4}{3}\right] \times \frac{1}{3}$

$= \frac{3}{5} + \frac{12}{5} \div \left[\frac{4}{32} \times 4 - \frac{20}{3} \times \frac{3}{4}\right] \times \frac{1}{3}$

$= \frac{3}{5} + \frac{12}{5} \div \left[\frac{1}{8} \times 4 - 5\right] \times \frac{1}{3}$

$= \frac{3}{5} + \frac{12}{5} \div \left(-\frac{9}{2}\right) \times \frac{1}{3}$

$= \frac{3}{5} - \frac{8}{15} \times \frac{1}{3}$

$= \frac{19}{45}$

$\therefore$ $\frac{3}{5} + 2\frac{2}{5} \div \left[\left(\frac{7}{8} - \frac{3}{4}\right) \times 4 - 6\frac{2}{3} \div \frac{4}{3}\right] \times \frac{1}{3}$ का अभीष्ट मान $\frac{19}{45}$ है।

अत: विकल्प (C) सही है।

56. दिया गया है:

2016 और 2018 में हरी चाय का कुल उत्पादन $= (100 + 80)M$

$= 180M$

2015 और 2017 में हर्बल चाय का कुल उत्पादन $= (100 + 120)M$

$= 220M$

$\% = \frac{180}{200} \times 100\%$

$= 81.8\%$

∴ 2016 और 2018 में हरी चाय का कुल उत्पादन 2015 और 2017 में हर्बल चाय के कुल उत्पादन का 81.8% है।

अत: विकल्प (C) सही है।

57. दिया गया है:

जोसेफ दो ऊनी जैकेट क्रमशः 2100 रुपये और 3150 रुपये में खरीदता है।

पहले को $k\%$ के लाभ पर और दूसरे को $k\%$ की हानि पर बेचता है।

दोनों का विक्रय मूल्य समान है।

जैसा कि हम जानते है,

विक्रय मूल्य $=$ क्रय मूल्य $(1 + $ लाभ प्रतिशत $/100)$

विक्रय मूल्य $=$ क्रय मूल्य $(1 - $ हानि प्रतिशत $/100)$

प्रश्नानुसार,

$$2100 \left(1 + \frac{k}{100}\right) = 3150 \left(1 - \frac{k}{100}\right)$$

$$\Rightarrow \frac{\left(1+\frac{k}{100}\right)}{\left(1-\frac{k}{100}\right)} = \frac{3}{2}$$

$$\Rightarrow k = 20\%$$

∴ k का मान 20 है।

अत: विकल्प (A) सही है।

58. दिया गया है:

एक वृत्त की दो जीवाएँ PQ और RS उत्पन्न होने पर A पर मिलती हैं। AT, T पर मिलने वाले वृत्त की स्पर्श रेखा है।

जैसा कि हम जानते है,

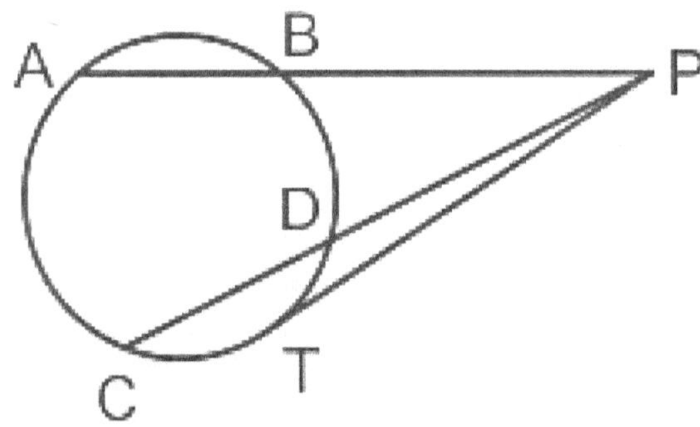

यहाँ, PA और PC दो छेदक हैं और वृत्त में बिंदु T पर PT एक स्पर्श रेखा है। तो, हम जानते हैं,

$$PA \times PB = PC \times PD = (PT)^2$$

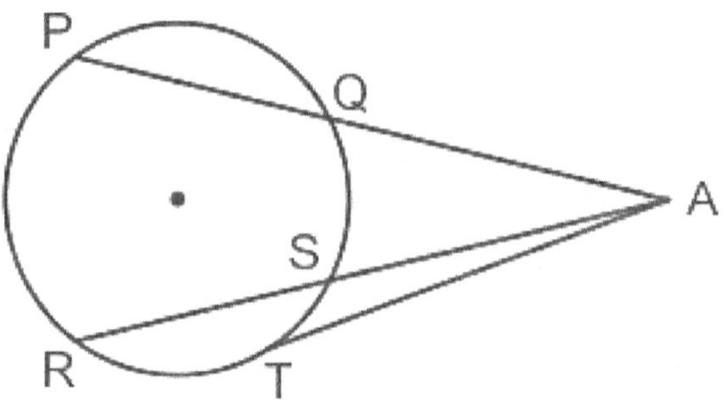

यहाँ, PQ,RS छेदक हैं और RT एक स्पर्शरेखा है।

तो, हम जानते हैं,

$$PA \times AQ = SA \times RA$$

$$\Rightarrow PA:SA = RA:QA$$

∴ PA:SA अनुपात RA:QA के बराबर है।

अत: विकल्प (C) सही है।

59. दिया गया है:

साधारण ब्याज पर उधार दी गई राशि 2 वर्ष बाद 9920 रुपये और 5 वर्ष बाद 12800 रुपये हो जाती है।

जैसा कि हम जानते है,

साधारण ब्याज $(S.I) = \frac{(P \times R \times T)}{100}$

मूलधन $=$ राशि $-$ ब्याज

जहाँ,

$P = $ मूलधन

$R = $ प्रति वर्ष ब्याज दर

$T = $ वर्षों में समय

प्रश्नानुसार,

2 साल बाद साधारण ब्याज $= 9920$ रुपये

5 साल बाद साधारण ब्याज $= 12800$ रुपये

इसलिए,

3 साल का साधारण ब्याज $= 2880$ रुपये

1 साल का साधारण ब्याज $= \frac{2880}{3}$ रुपये

$= 960$ रुपये

2 साल का साधारण ब्याज $= 920 \times 2$

$= 1920$ रुपये

मूलधन $= 9920 - 1920$

$= 8000$

साधारण ब्याज $= \frac{8000 \times R \times 1}{100}$

$\Rightarrow 960 = \frac{8000 \times R}{100}$

$\Rightarrow R = \frac{960 \times 100}{8000}$

$\Rightarrow R = \frac{96}{8}$

$\Rightarrow R = 12\%$

∴ ब्याज दर 12% है।

अत: विकल्प (C) सही है।

60. दिया गया है:

20% की कमी के परिणामस्वरूप 6 किलोग्राम अधिक चीनी प्राप्त होती है।

जैसा कि हम जानते है,

प्रतिशत का प्रयोग

माना कि चीनी की पिछली कीमत किसी मात्रा R किलोग्राम के लिए P रुपये है।

अब, पिहले (R $+6$) किलोग्राम प्राप्त किया जा सकता था $= 960 \div 0.8$

$= 1200$ रुपये

तो, $(1200 - 960)$ रुपये $= 240$ रुपये का परिणाम 6 किलोग्राम है।

इसलिए, चीनी का पिछला मूल्य $= 240 \div 6$

$= 40$ रुपये प्रति किलोग्राम

तो, 960 रुपये पर, कोई प्राप्त कर सकता है $= 960 \div 40$

$= 24$ किलोग्राम चीनी

अब, चीनी का नया मूल्य $= 960 \div (24 + 6)$

$= 32$ रुपये

∴ चीनी की घटी हुई दर 32 रुपये प्रति किलोग्राम है।

अत: विकल्प (D) सही है।

61. दिया गया है:

$a + b - c = 0$

$\frac{(b-c)^2}{4bc} \frac{(c-a)^2}{4ca} \frac{(a+b)^2}{4ab} = ?$

जैसा कि हम जानते है,

$b - c = -a$

$c - a = b$

$a + b = c$

$= \left(\frac{(-a)^2}{4bc}\right) \times \left(\frac{b^2}{4ca}\right) \times \left(\frac{c^2}{4ab}\right)$

$= \left(\frac{a^2 \times b^2 \times c^2}{4bc \times 4ca \times 4ab}\right)$

$= \frac{a^2 \times b^2 \times c^2}{64(a^2 \times b^2 \times c^2)}$

$= \frac{1}{64}$

∴ $\frac{(b-c)^2}{4bc} \frac{(c-a)^2}{4ca} \frac{(a+b)^2}{4ab}$ का मान $\left(\frac{1}{64}\right)$ है।

अत: विकल्प (B) सही है।

62. दिया गया है:

$cosec^2\theta(\cos\theta - 1)(1 + \cos\theta) = k$

जैसा कि हम जानते है,

$cosec = \frac{1}{\sin}$

$\sin^2 + \cos^2 = 1$

$(a + b)(a - b) = a^2 - b^2$

$cosec^2\theta(\cos\theta - 1)(1 + \cos\theta) = k$

$\Rightarrow cosec^2\theta(1 - \cos\theta)(1 + \cos\theta) = -k$

$\Rightarrow cosec^2\theta(1 - \cos^2\theta) = -k$

$\Rightarrow cosec^2\theta \times \sin^2\theta = -k$

$\Rightarrow 1 = -k$

$\Rightarrow k = -1$

∴ k का मान (-1) है।

अत: विकल्प (A) सही है।

63. दिया गया है:

D, E और F एक त्रिभुज ABC के शीर्षों A, B और C से क्रमशः लम्बवत के पाद हैं।

$\angle BED$ और $\angle BFE$ (डिग्री में) 24 और 110 हैं।

जैसा कि हम जानते है,

एक वृत की जीवा द्वारा उसके केंद्र पर अंतरित कोण, केंद्र पर संगत (लघु) चाप द्वारा अंतरित कोण के बराबर होता है।

त्रिभुज में सभी कोणों का योग हमेशा $180°$ होता है।

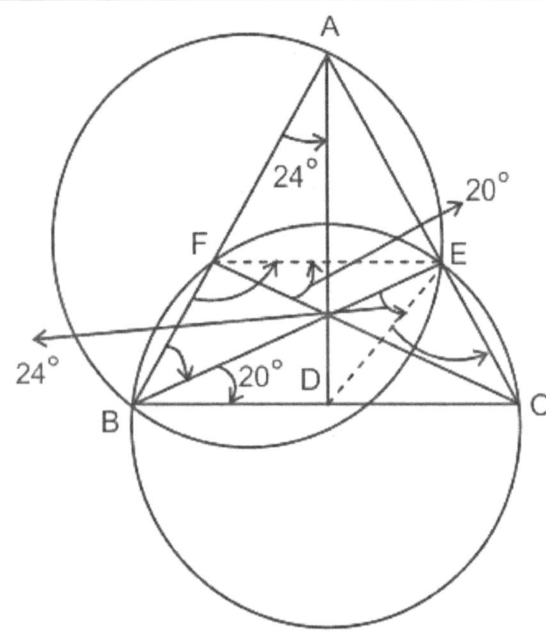

BC को व्यास मानकर हम एक वृत्त बनाते हैं।

यहाँ, $\angle BEC$ व्यास द्वारा परिधि पर अंतरित कोण है जो कि $90°$ है।

अब, EC को एक जीवा मानकर, $\angle EBC = \angle EFC = 20°$

अब, AB को व्यास मानकर हम एक वृत्त बनाते हैं।

यहाँ, $\angle AEB$ व्यास द्वारा परिधि पर अंतरित कोण है जो कि $90°$ है।

अब, BD को एक जीवा मानकर, $\angle BED = \angle BAD = 24°$

तो, $\triangle ABD$ में,

$\angle BAD + \angle ADB + \angle ABD = 180°$

$\Rightarrow 24° + 90° + \angle ABE + \angle EBD = 180°$

$\Rightarrow 24° + 90° + \angle ABE + 20° = 180°$

$\Rightarrow \angle ABE = 46°$

$\Rightarrow \angle EBF = 46°$

$\therefore \angle EBF$ का माप $46°$ है।

अत: विकल्प (B) सही है।

64. दिया गया है:

3 व्यक्तियों A, B और C का औसत वजन 60 किग्रा है।

जब D समूह में शामिल होता है, तो औसत वजन 65 किग्रा हो जाता है।

E जिसका वजन D से 3 किलोग्राम कम है, A को प्रतिस्थापित करता है, B, C, D और E का औसत वजन 67 किलोग्राम हो जाता है।

जैसा कि हम जानते है,

कुल $=$ औसत $\times$ संस्थाओं की संख्या

तो, D का वजन $= (65 \times 4) - (60 \times 3)$

$= 80$ किग्रा

तब, E का वजन $= 80 - 3$

$= 77$ किग्रा

प्रश्नानुसार,

$77 + (60 \times 3 - P) + 80 = 67 \times 4$

$\Rightarrow P = 69$

$\therefore A$ का वजन 69 किग्रा है।

अतः विकल्प (D) सही है।

65. दिया गया है:

$$\frac{\tan^2 60° + cosec\,30°\sin 90° + 3\sec^2 30°}{4\sin^2 45° + \sec^2 60° - \cot^2 30° - 5\cos^2 90°}$$

जैसा कि हम जानते है,

	0°	30°	45°	60°	90°
sin	0	12	12	32	1
cos	1	32	12	12	0
tan	0	13	1	3	∞
cosec	∞	2	2	23	1
sec	0	23	2	2	∞
cot	∞	3	1	13	0

$$= \frac{\left(3 + 2 \times 1 + 3 \times \left(\frac{4}{3}\right)\right)}{\left(4 \times \left(\frac{1}{2}\right) + 4 - 3 - 5 \times 0\right)}$$

$$= \frac{9}{3}$$

$$= 3$$

$\therefore \dfrac{\tan^2 60° + cosec\,30°\sin 90° + 3\sec^2 30°}{4\sin^2 45° + \sec^2 60° - \cot^2 30° - 5\cos^2 90°}$ का अभीष्ट मान 3 है।

अत: विकल्प (C) सही है।

66. 2015 से 2016 तक उत्पादन में प्रतिशत परिवर्तन $=$ $\dfrac{(628 - 600)}{600} \times 100\%$

$= 4.67\%$

2016 से 2017 तक उत्पादन में प्रतिशत परिवर्तन $= \dfrac{(750 - 628)}{628} \times 100\%$

$= 19.42\%$

2017 से 2018 तक उत्पादन में प्रतिशत परिवर्तन $=$ $\dfrac{(750 - 500)}{750} \times 100\%$

$= 33.33\%$

2018 से 2019 तक उत्पादन में प्रतिशत परिवर्तन $= \dfrac{(570 - 500)}{500} \times 100\%$

$= 14\%$

$\therefore$ पिछले वर्ष की तुलना में कंपनी के उत्पादन में अधिकतम वृद्धि या कमी का प्रतिशत 33.33% है।

अत: विकल्प (A) सही है।

67. दिया गया है:

PA और PB बाहरी बिंदु P से O केंद्र वाले वृत्त पर खींची गई स्पर्श रेखाएँ हैं। यदि A और B वृत्त पर स्थित बिंदु हैं

$\angle OBA = 42°$

जैसा कि हम जानते है,

एक वृत्त की त्रिज्या वृत्त की परिधि पर उसके अंतिम बिंदु से होकर जाने वाली स्पर्श रेखा के लंबवत होती है।

त्रिभुज के सभी कोणों का योग $180°$ होता है।

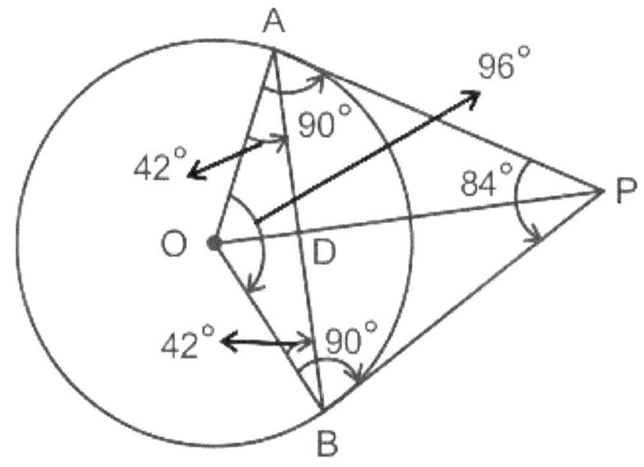

यहाँ, OB और OA वृत्त की त्रिज्याएँ हैं।

तो, $\angle OBA = \angle OAB = 42°$

इसलिए $\angle AOB = 180° - (42° \times 2)$

$= 96°$

यहाँ, $\angle AOB$ और $\angle PAB$ संपूरक कोण हैं।

अब, $\angle PAB = 180° - \angle AOB$

$= 180° - 96°$

$= 84°$

$\therefore \angle APB$ का माप $84°$ है।

अत: विकल्प (D) सही है।

68. दिया गया है:

एक डिपार्टमेंटल स्टोर में 960 रुपये पर अंकित जींस की एक जोड़ी को 816 रुपये में दिया जाता है।

जैसा कि हम जानते है,

छूट $=$ अंकित मूल्य $-$ विक्रय मूल्य

दी गई छूट $= (960 - 816)$

$= 144$

तो, छूट $\% = \dfrac{144}{960} \times 100\%$

$= 15\%$

$\therefore$ दुकानदार द्वारा दी गई छूट का प्रतिशत 15% है।

अत: विकल्प (B) सही है।

69. 2012, 2013 और 2014 में फ्लेवर A का औसत उत्पादन $= (50 + 45 + 75) \div 3$

$= \left(\dfrac{170}{3}\right)$ लाख बोतलें

2012, 2013 और 2014 में फ्लेवर C का औसत उत्पादन $= (65 + 70 + 80) \div 3$

$= \left(\dfrac{215}{3}\right)$ लाख बोतलें

इसलिए, अंतर $= (215 - 170)$

$= 15$ लाख बोतलें

$\therefore$ 2012, 2013 और 2014 में फ्लेवर A के औसत उत्पादन और 2012, 2013 और 2014 में फ्लेवर C के औसत उत्पादन के बीच का अंतर 15 लाख बोतल है।

अत: विकल्प (D) सही है।

70. दिया गया है:

$\triangle PQR$ में, बिंदु T और S क्रमशः PQ और PR पर इस प्रकार हैं कि TS, QR के समानांतर है। यदि $TQ = 7.2$ सेमी, $PS = 1.8$ सेमी और $SR = 5.4$ सेमी

जैसा कि हम जानते है,

दो त्रिभुजों की समरूपता

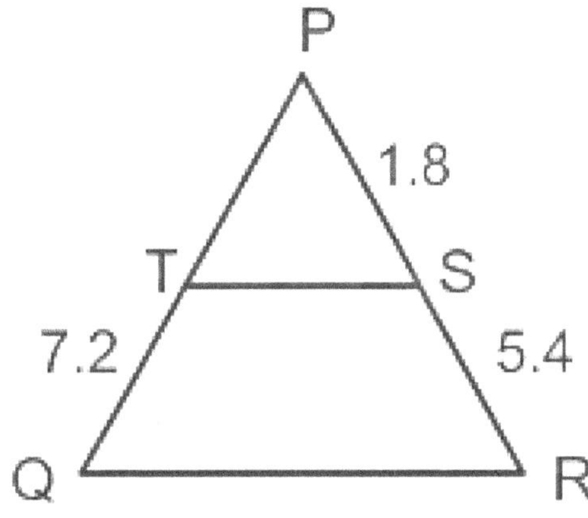

चूँकि $TS \mid |QR$, $\triangle PTS$ और $\triangle PQR$ समरूप त्रिभुज हैं।

तब,

$\dfrac{PT}{TQ} = \dfrac{PS}{SR}$

$\Rightarrow PT = \left(\dfrac{PS}{SR}\right) \times TQ$

$\Rightarrow PT = \left(\dfrac{1.8}{5.4}\right) \times 7.2$

$\Rightarrow PT = 2.4$

$\therefore PT$ की लंबाई 2.4 सेमी है।

अत: विकल्प (D) सही है।

71. दिया गया है:

$a : b = 5 : 7, b : c = 8 : 15$

जैसा कि हम जानते है,

अनुपात समानुपात

$a : b = 5 : 7$

$= 40 : 56$

$b : c = 8 : 15$

$= 56 : 105$

इसलिए, $a : b : c = 40 : 56 : 105$

माना कि K उभयनिष्ठ अनुपात है।

तब,

$a = 40K$

$b = 56K$

$c = 105K$

इसलिए,

$8c : 5a$

$= 8 \times 105\ K : 5 \times 40\ K$

$= 21 : 5$

$\therefore\ 8c : 5a$ का मान $21 : 5$ है।

अत: विकल्प (B) सही है।

72. दिया गया है:

संख्या $34k56k$, 6 से विभाज्य है।

जैसा कि हम जानते है,

वे संख्याएँ जो 2 और 3 दोनों से विभाज्य हैं, वह 6 से विभाज्य हैं। अर्थात्, यदि दी गई संख्या का अंतिम अंक सम है और उसके अंकों का योग 3 का गुणज है, तो दी गई संख्या भी 6 का गुणज होगी।

चूँकि k एक अंक है, $(k + k)$ का अधिकतम संभव मान $= 18$

अब, संख्या के अंकों का योग $= 3 + 4 + k + 5 + 6 + k = 18 + 2k$

यहाँ, $34k56k$ 6 से विभाज्य होगा, यदि $2k$ 6 से विभाज्य है।

अब, $2k$ के संभावित मान 6 के गुणज हैं अर्थत 6,12,18

तो, 2 से विभाज्य होने के लिए, संख्या में इकाई स्थान पर एक सम संख्या होनी चाहिए।

इसलिए, $2k$ का अधिकतम मान $= 12$ और $k = 6$

$\therefore\ 6, k$ का सबसे बड़ा मान होगा।

अत: विकल्प (C) सही है।

73. दिया गया है:

$x - y = 4$

$xy = 3$

जैसा कि हम जानते है,

$x^3 - y^3 = (x - y)((x - y)^2 + 3xy)$

$= 4((4)^2 + 3 \times 3)$

$= 4(16 + 3 \times 3)$

$= 4(16 + 9)$

$= 4(25)$

$= 4 \times 25$

$\Rightarrow x^3 - y^3 = 100$

$\therefore\ x^3 - y^3$ का मान 100 है।

अत: विकल्प (B) सही है।

74. दिया गया है:

त्रिभुज ABC में, C पर समकोण है, यदि $secA = \dfrac{13}{5}$,

जैसा कि हम जानते है,

$Cos\theta = \dfrac{1}{Sec\theta}$

$Cos\theta = $ आधार $/$ कर्ण

$Sin\theta = $ लम्ब $/$ कर्ण

पाइथागोरस त्रिक द्वारा

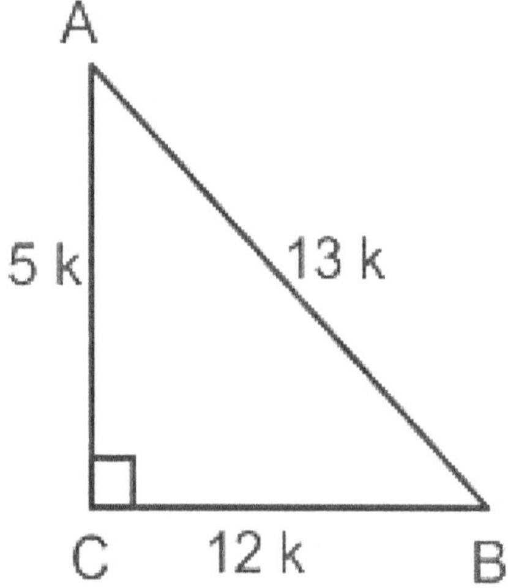

यहाँ,

$SecA = \dfrac{13}{5}$

$\Rightarrow \dfrac{AB}{AC} = \dfrac{13}{5}$

इसलिए, माना कि $AB = 13k$ और $AC = 5k, k$ को उनका उभयनिष्ठ अनुपात मानते हैं।

इसलिए, $BC = \sqrt{(13k)^2 - (5k)^2}$

$= 12k$

अब,

$$SinA = \frac{BC}{AB}$$

$$= \frac{12}{13}$$

$$CosB = \frac{12}{13}$$

इसलिए,

$$\frac{1+sinA}{cosB}$$

$$= \frac{\left(1+\frac{12}{13}\right)}{\left(\frac{12}{13}\right)}$$

$$= \frac{25}{12}$$

$\therefore \dfrac{1+sinA}{cosB}$ का मान $\dfrac{25}{12}$ है।

अत: विकल्प (C) सही है।

75. दिया गया है:

एक आयताकार पार्क में जिसकी विमाएँ 60 मीटर $\times$ 40 मीटर हैं।

7 मीटर की त्रिज्या वाली दो वृत्ताकार फूलों की क्यारियों को विकसित किया जाता हैं।

जैसा कि हम जानते है,

आयत का क्षेत्रफल $=$ ऊँचाई $\times$ चौड़ाई

एक वृत्त का क्षेत्रफल $= \pi R^2$ (R त्रिज्या है)

आयताकार पार्क का क्षेत्रफल $= 60 \times 40$

$= 2400$ मीटर ^{2}

दो वृत्ताकार फूलों की क्यारियों का क्षेत्रफल $= 2 \times \pi R^2$

$= 2 \times \dfrac{22}{7} \times 7^2$

$= 308$ मीटर ^{2}

इसलिए , शेष क्षेत्रफल $= (2400 - 308)$

$= 2092$ मीटर ^{2}

$\therefore$ शेष भाग का क्षेत्रफल 2092 मीटर ^{2} है।

अत: विकल्प (B) सही है।

76. जिलेटिन का उपयोग वाइन में फाइनिंग एजेंट के रूप में किया जाता है।

- फाइनिंग एक वाइन बनाने की प्रक्रिया है जिसका उद्देश्य वाइन को शुद्ध और स्थिर करना है।
- फाइनिंग एजेंट जूस में मिलाई जाने वाली विशेष सामग्रियों की एक श्रृंखला है जो फाइनिंग की प्रक्रिया को सक्षम बनाता है।
- फाइनिंग के कारण, बॉटलिंग के बाद शराब के धुंधली या मलिन होने की संभावना कम होती है और इसलिए यह अधिक आकर्षक होती है।
- फाइनिंग हाइड्रोजन सल्फाइड और कड़वा स्वाद भी हटा देता है।

- वाइन में फाइनिंग एजेंट डालने का सबसे आम समय किण्वन समाप्त होने के ठीक बाद या बॉटलिंग से कुछ दिन पहले होता है।

अत: विकल्प (B) सही है।

77. विटामिन A की कमी से रतौंधी होती है।

- रतौंधी रात में या खराब रोशनी की स्थिति में अच्छी तरह से देखने में असमर्थता है।
- रतौंधी को निक्टलोपिया भी कहा जाता है।
- रतौंधी अक्सर विटामिन A की कमी के कारण होती है।
- रतौंधी भी निकट दृष्टिदोष या मोतियाबिंद के कारण होता है।
- विटामिन A प्रदान करने वाले खाद्य पदार्थ गाजर, शकरकंद, अंडे, दूध उत्पाद आदि हैं।

अत: विकल्प (D) सही है।

78. विश्व आर्थिक मंच के वैश्विक प्रतिस्पर्धात्मकता सूचकांक, 2019 में भारत 68वें स्थान पर था।

- समग्र प्रतिस्पर्धात्मकता रैंकिंग में, सिंगापुर ने पहला स्थान लेने के लिए अमेरिका की जगह ली।
- दक्षिण एशिया में, भारत के बाद श्रीलंका (84), बांग्लादेश (105), नेपाल (108) और पाकिस्तान (110) हैं।
- इस साल के सर्वेक्षण में कोलंबिया (57), अजरबैजान (58), दक्षिण अफ्रीका (60) और तुर्की (61) जैसे देशों ने भारत को पीछे छोड़ दिया।

अत: विकल्प (B) सही है।

79. हरमंदिर साहिब (स्वर्ण मंदिर) अमृतसर, पंजाब में स्थित है। हरमंदिर शब्द का शाब्दिक अर्थ है भगवान का घर। यह सिख धर्म के लिए एक महत्वपूर्ण पूजा स्थल है।

अत: विकल्प (B) सही है।

80. राजस्थान राज्य का वाद्य यंत्र 'करताल' इडियोफोन की श्रेणी में आता है।

- करताल (जैसा कि नीचे चित्र में दिखाया गया है) एक प्राचीन ताली की तरह बजाने वाला वाद्य यंत्र है, जिसमें लकड़ी या प्लास्टिक के हैंडल होते हैं, जो मुख्य रूप से भक्ति या लोक गीतों में उपयोग किए जाते हैं।
- यह लकड़ी का क्लैपर घाना वाद्य है जिसमें डिस्क या प्लेट होते हैं जो एक साथ करताली करने पर झनझनाहट ध्वनि उत्पन्न करते हैं।
- यह इडियोफोन की श्रेणी में आता है।
- इडियोफोन ऐसे उपकरण हैं जिनका अपना पदार्थ ध्वनि उत्पन्न करने के लिए कंपन करता है।
- इडियोफोन के कुछ उदाहरण घंटियाँ, आदि हैं।

अत: विकल्प (D) सही है।

81. विधान परिषद के एक तिहाई सदस्य प्रत्येक दो वर्ष में सेवानिवृत्त होते हैं।

- विधान परिषद या राज्य विधान परिषद उन राज्यों में उच्च सदन है जिनमें द्विसदनीय विधायिका है।
- विधान परिषद (एमएलसी) के सदस्यों का कार्यकाल छह वर्ष का होता है। राज्य विधान परिषद के एक तिहाई सदस्य हर दो साल बाद सेवानिवृत्त हो जाते हैं।
- यह व्यवस्था भारत की संसद के ऊपरी सदन राज्य सभा के समान है।

अत: विकल्प (C) सही है।

82. किसी फ़ाइल को खोलने और सहेजने के लिए एमएस पेंट द्वारा उपयोग किया जाने वाला फ़ाइल स्वरूप .JPEG है।

- माइक्रोसॉफ्ट पेंट एक साधारण ग्राफ़िक्स एडिटर है जिसे माइक्रोसॉफ्ट विंडोज़ के सभी संस्करणों के साथ शामिल किया गया है।
- JPEG, का पूर्ण रूप, संयुक्त फोटोग्राफिक विशेषज्ञ समूह (जॉइंट फोटोग्राफिक एक्सपर्ट ग्रुप) है।
- यह फोटो का सबसे अधिक इस्तेमाल किया जाने वाला प्रारूप है।
- अन्य प्रारूप हैं PNG (पोर्टेबल नेटवर्क ग्राफ़िक्स), GIF (ग्राफ़िक्स इंटरचेंज फॉर्मेट), TIFF (टैग्ड इमेज फ़ाइल), PSD (फ़ोटोशॉप डॉक्यूमेंट), आदि।

अत: विकल्प (A) सही है।

83. पेरिस में होने वाले 2024 के ग्रीष्मकालीन ओलंपिक में पहली बार ब्रेकडांसिंग खेल को खेलने की मंजूरी दी गई है।

- इससे पहले इसे ब्यूनस आयर्स में 2018 यूथ ओलंपिक में पेश किया गया था।
- ब्रेकडांसिंग, लोकप्रिय रूप से ब्रेकिंग के रूप में जाना जाता है, नृत्य खेल का एक रूप है जो उल्लेखनीय एथलेटिसवाद के साथ शहरी नृत्य का मिश्रण करता है।
- ब्रेकडांसिंग की शुरुआत 1970 के दशक में न्यूयॉर्क की सड़कों से हुई थी।
- हालांकि, सड़कों पर इसकी शुरुआत के विपरीत, यह एक उचित नृत्य खेल के रूप में विकसित हुआ है, जिसमें नियमों का एक निश्चित सेट है जो निष्पक्ष प्रतिस्पर्धा के लिए बनाता है।

अत: विकल्प (A) सही है।

84. अध्यक्ष अपने चुनाव की तारीख से लोकसभा की पहली बैठक के भंग होने के तुरंत पहले तक पद धारण करता है, जिसके लिए वह चुना गया था।

- लोकसभा/विधान सभा का अध्यक्ष नवनिर्वाचित सदन की पहली बैठक से ठीक पहले पद रिक्त कर देता है।
- आम चुनाव और नवनिर्वाचित सदन के गठन के बाद, एक प्रोटेम या अंतरिम अध्यक्ष नियुक्त किया जाता है।

अत: विकल्प (B) सही है।

85. डॉ. सेरिंग लैंडौल, जो पद्म भूषण 2020 पुरस्कार प्राप्त करने वालों में से एक थी, वे लद्दाख से हैं।

- सेरिंग लैंडौल एक भारतीय स्त्री रोग विशेषज्ञ हैं और महिलाओं के स्वास्थ्य के अग्रदूतों में से एक हैं।
- वह भारत के केंद्र शासित प्रदेश लद्दाख की रहने वाली हैं।
- भारतीय चिकित्सा में उनके योगदान के लिए 2020 में भारत सरकार द्वारा दिया गया पद्म भूषण, उन्हें सम्मान प्राप्त करने वाली पहली लद्दाखी महिला डॉक्टर बनाती है।
- उन्हें 2006 में चौथे सर्वोच्च नागरिक सम्मान, पद्म श्री से भी सम्मानित किया गया था।
- उन्होंने सोनम नोरबू मेमोरियल सरकारी अस्पताल, लेह में सेवा की, और अन्य शैक्षणिक संस्थानों से भी जुड़ी हुई हैं।

अत: विकल्प (B) सही है।

86. वर्ल्ड प्रेस फ्रीडम इंडेक्स 2020 में 180 देशों में नॉर्वे पहले स्थान पर है।

- इंडेक्स में भारत का स्थान 142 है।
- दक्षिण एशिया सामान्य रूप से सूचकांक में खराब रहा, जिसमें पाकिस्तान 145 पर और बांग्लादेश 151 पर था।
- चीन 177वें स्थान पर उत्तर कोरिया से महज तीन स्थान ऊपर है, जो 180वें स्थान पर है।
- वर्ल्ड प्रेस फ्रीडम इंडेक्स 2002 से हर साल रिपोर्टर्स सैन्स फ्रंटियर (आरएसएफ) या रिपोर्टर्स विदाउट बॉर्डर्स द्वारा जारी किया गया है।

- आरएसएफ, पेरिस में स्थित, एक स्वतंत्र गैर सरकारी संगठन है जिसे संयुक्त राष्ट्र, यूनेस्को, यूरोप की परिषद और फ्रैंकोफोनी के अंतर्राष्ट्रीय संगठन (औआईएफ) के साथ परामर्शी स्थिति प्राप्त है।

अत: विकल्प (A) सही है।

87. अबुल कलाम आजाद ने 1923 में दिल्ली में आयोजित भारतीय राष्ट्रीय कांग्रेस के विशेष सत्र की अध्यक्षता की।

- 1923 में, 35 वर्ष की आयु में, वह भारतीय राष्ट्रीय कांग्रेस के अध्यक्ष के रूप में सेवा करने वाले सबसे कम उम्र के व्यक्ति बने।
- उन्हें रामगढ़ में 1940 के सत्र के अध्यक्ष के रूप में भी चुना गया था।
- आमतौर पर मौलाना आजाद के रूप में माने जाने वाले नेता को 1992 में भारत रत्न (मरणोपरांत) से सम्मानित किया गया था।
- वे एक क्रांतिकारी कवि, पत्रकार, कार्यकर्ता और स्वतंत्रता सेनानी थे।
- उन्हें विश्वविद्यालय अनुदान आयोग और भारतीय प्रौद्योगिकी संस्थानों के गठन का श्रेय दिया जाता है।

अत: विकल्प (A) सही है।

88. लवलीना बोरगोहेन एक भारतीय मुक्केबाज हैं जो 69 किग्रा वर्ग में खेलती हैं।

- वह 23 साल की है और असम के गोलाघाट जिले की रहने वाली है।
- उन्होंने टोक्यो ओलंपिक 2021 में महिला वेल्टरवेट वर्ग में कांस्य पदक जीता।
- इस जीत के साथ, वह 2008 और 2012 ओलंपिक में क्रमशः विजेंदर सिंह और एमसी मैरी कॉम के कांस्य के बाद भारत के लिए ओलंपिक में पदक जीतने वाली तीसरी मुक्केबाज बन गईं।

अत: विकल्प (B) सही है।

89. जनवरी 2021 तक, भारत के 93% से अधिक क्रोमाइट संसाधन ओडिशा में स्थित थे।

- क्रोमाइट क्रोमियम का एकल व्यावसायिक रूप से व्यवहार्य अयस्क है जिसे रासायनिक रूप से आयरन क्रोमियम ऑक्साइड के रूप में जाना जाता है।
- भारत में 93 प्रतिशत से अधिक क्रोमाइट संसाधन कटक में सुकिंडा घाटी और ओडिशा के जाजापुर में पाए जाते हैं।
- लघु निक्षेप मणिपुर, नागालैंड, कर्नाटक, झारखंड, महाराष्ट्र, तमिलनाडु और आंध्र प्रदेश में फैले हुए हैं।
- यह एक स्टील-ग्रे, चमकदार, कठोर और भंगुर धातु है जो एक उच्च पॉलिश लेता है, धूमिल होने का प्रतिरोध करता है, और इसका गलनांक उच्च होता है।
- क्रोमियम के गुण जो इसे सबसे बहुमुखी और अपरिहार्य बनाते हैं, वे हैं जंग, ऑक्सीकरण और घिसाव हेतु इसका प्रतिरोध।
- क्रोमियम एक महत्वपूर्ण मिश्र धातु है। इसका उपयोग अन्य धातुओं, जैसे निकल, कोबाल्ट, तांबा, आदि के साथ मिश्र धातुओं के निर्माण में किया जाता है।
- इसका उपयोग कई अन्य धातुकर्म, अपवर्तक और रासायनिक उद्योगों में भी किया जाता है।

अत: विकल्प (C) सही है।

90. 'पर ड्रॉप मोर क्रॉप' भारत सरकार की प्रधानमंत्री कृषि सिंचाई योजना (पीएमकेएसवाई) योजना का लक्ष्य है।

- सटीक सिंचाई और अन्य जल-बचत प्रौद्योगिकियों को अपनाने हेतु 'पर ड्रॉप मोर क्रॉप' को अपनाया गया है।
- PMKSY सूक्ष्म सिंचाई (CSS) पर एक केंद्र प्रायोजित योजना है, जिसे पहली बार जनवरी 2006 में शुरू किया गया था।
- केंद्र-राज्य वित्त पोषण अनुपात 75:25 प्रतिशत होगा और उत्तर-पूर्वी क्षेत्र और पहाड़ी राज्यों के मामले में यह 90:10 होगा।

- यह योजना कृषि और किसान कल्याण मंत्रालय के तहत कृषि, सहकारिता और किसान कल्याण विभाग (DAC&FW) द्वारा कार्यान्वित की जा रही है।

अत: विकल्प (D) सही है।

91. वर्ड प्रोसेसर एक कंप्यूटर एप्लीकेशन सॉफ्टवेयर है।

- एक वर्ड प्रोसेसर (WP) एक कंप्यूटर प्रोग्राम या एप्लिकेशन सॉफ्टवेयर है जो अक्सर कुछ अतिरिक्त सुविधाओं के साथ इनपुट, संपादन, स्वरूपण और टेक्स्ट के आउटपुट प्रदान करता है।
- एक एप्लिकेशन प्रोग्राम या सॉफ्टवेयर एक कंप्यूटर प्रोग्राम है जिसे कंप्यूटर के संचालन से संबंधित एक के अलावा एक विशिष्ट कार्य को पूरा करने के लिए डिज़ाइन किया गया है।
- एप्लिकेशन सॉफ्टवेयर के कुछ उदाहरण मीडिया प्लेयर, अकाउंटिंग सॉफ्टवेयर, स्प्रेडशीट सॉफ्टवेयर आदि हैं।

अत: विकल्प (A) सही है।

92. ऊष्मा, ऊष्मा गतिकी में, एक गर्म पदार्थ से ठंडे पदार्थ में ऊर्जा स्थानांतरण का एक प्रकार है।

- ऊष्मा ऊर्जा का वह रूप है जो दो पदार्थों के बीच अलग-अलग तापमान पर स्थानांतरित होता है।
- ऊर्जा प्रवाह की दिशा उच्च तापमान के पदार्थ से निम्न तापमान के पदार्थ की ओर होती है।
- ऊष्मा को ऊर्जा की इकाइयों में मापा जाता है, आमतौर पर कैलोरी या जूल।
- ऊष्मप्रवैगिकी गर्मी, कार्य, तापमान और ऊर्जा के बीच संबंधों का अध्ययन है।
- ऊष्मप्रवैगिकी के नियम बताते हैं कि किसी सिस्टम में ऊर्जा कैसे बदलती है और चाहे सिस्टम अपने परिवेश में उपयोगी कार्य कर सकता हो।

अत: विकल्प (C) सही है।

93. स्वाली की लड़ाई (1612) में अंग्रेजों ने पुर्तगाली के खिलाफ लड़ाई लड़ी।

- स्वाली की लड़ाई, जिसे सुवाली के युद्ध के रूप में भी जाना जाता है, 29 से 30 नवंबर 1612 को हुई थी।
- यह एक नौसैनिक युद्ध था जो भारत के गुजरात के सूरत शहर के पास एक गाँव सुवाली के तट पर लड़ा गया था।
- यह पुर्तगालियों पर ब्रिटिश ईस्ट इंडिया कंपनी की जीत थी।

अत: विकल्प (B) सही है।

94. कॉमनवेल्थ गेम्स 2018 में भारत द्वारा जीते गए स्वर्ण पदकों की कुल 26 संख्या थी।

- 26 स्वर्ण पदक, 20 रजत पदक और 20 कांस्य पदक और कुल 66 पदक के साथ, भारत टूर्नामेंट के लिए तीसरे स्थान पर रहा।
- 2018 कॉमनवेल्थ गेम्स की मेजबानी ऑस्ट्रेलिया ने की थी। कॉमनवेल्थ गेम्स 2018 गोल्ड कोस्ट, क्वींसलैंड में आयोजित किए गए थे।
- 2018 कॉमनवेल्थ गेम्स का आधिकारिक शुभंकर बोरोबी नाम का कोआला था।

अत: विकल्प (A) सही है।

95. एलएसी (वास्तविक नियंत्रण रेखा) भारत और चीन के बीच एक प्रभावी सीमा है।

- एलएसी (वास्तविक नियंत्रण रेखा) वह सीमांकन है जो भारतीय-नियंत्रित क्षेत्र को चीनी-नियंत्रित क्षेत्र से अलग करता है।
- एलएसी वह सीमांकन है जो 1962 के चीन-भारतीय युद्ध के बाद बनाया गया था और यह भारत-चीन सीमा विवाद का हिस्सा है।

- कहा जाता है कि इस शब्द का इस्तेमाल झोउ एनलाई ने 1959 में जवाहरलाल नेहरू को लिखे एक पत्र में किया था।

अत: विकल्प (D) सही है।

96. अनिल कुंबले दिसंबर 2020 तक टेस्ट क्रिकेट में भारत का सबसे अधिक विकेट लेने वाला गेंदबाज है।

- पूर्व भारतीय लेग स्पिनर और भारतीय टीम के पूर्व कोच अनिल कुंबले टेस्ट क्रिकेट में सबसे ज्यादा विकेट लेने वाले गेंदबाज हैं।
- उन्होंने 132 मैचों में 66 के स्ट्राइक रेट से 619 विकेट लिए हैं।
- पुरुष अंतरराष्ट्रीय टेस्ट में सर्वकालिक अग्रणी विकेट लेने वाले खिलाड़ी श्रीलंका के मुथैया मुरलीधरन हैं।
- इस स्पिन गेंदबाज ने 1992 से 2010 तक 133 मैचों के टेस्ट करियर में 800 विकेट लिए।

अत: विकल्प (D) सही है।

97. मई 2020 तक देश भर में भारतीय खाद्य निगम (एफडीआई) की कुल धान खरीद में तेलंगाना का सबसे अधिक योगदान था।

- इसने देश भर में एफडीआई की कुल धान खरीद में 63 प्रतिशत का योगदान दिया।
- तेलंगाना ने 83.01 लाख टन की राष्ट्रव्यापी खरीद के मुकाबले 52.23 लाख टन से अधिक धान की आपूर्ति की।
- इसी सीजन में आंध्र प्रदेश ने केवल 23.04 लाख टन का योगदान दिया।

अत: विकल्प (D) सही है।

98. दिलीप कुमार की आत्मकथा का शीर्षक 'द सब्सटेंस एंड द शैडो' है।

- द सब्सटेंस एंड द शैडो दिलीप कुमार की आत्मकथा है।
- इसे 2014 में मुंबई में एक इवेंट में रिलीज़ किया गया था।
- यह पुस्तक 91 वर्षीय दिलीप कुमार के बहुचर्चित रिश्तों, शादी और फिल्मों के उतार-चढ़ाव का पहला वर्णन है।
- उनका असली नाम मोहम्मद युसूफ खान था।
- गंभीर भूमिकाओं के उनके चित्रण के लिए "ट्रेजेडी किंग" के रूप में और पूर्वव्यापी रूप से बॉलीवुड के "द फर्स्ट खान" के रूप में संदर्भित, उन्हें उद्योग में सबसे सफल फिल्म सितारों में से एक के रूप में वर्णित किया गया है और उन्हें एक अलग रूप लाने का श्रेय दिया जाता है। सिनेमा के लिए अभिनय।
- कुमार ने सर्वश्रेष्ठ अभिनेता के लिए फिल्मफेयर पुरस्कार के लिए सबसे अधिक जीत का रिकॉर्ड बनाया (आठ, जिसे बाद में शाहरुख खान ने बराबर कर दिया) और पुरस्कार के उद्घाटन प्राप्तकर्ता भी थे, उन्होंने लगातार 3 फिल्मफेयर पुरस्कार जीते हैं (जो बाद में अभिषेक द्वारा बराबर किया गया था) बच्चन)।

अत: विकल्प (D) सही है।

99. STARS परियोजना को भारत सरकार और विश्व बैंक द्वारा 2020 में लॉन्च किया गया था।

यह परियोजना 6 राज्यों- हिमाचल प्रदेश, राजस्थान, महाराष्ट्र, मध्य प्रदेश, केरल और ओडिशा को कवर करने का प्रयास करती है।

STARS का पूर्ण रूप है राज्यों के लिए शिक्षण-शिक्षण और परिणामों को मजबूत करना (Strengthening Teaching-Learning and Results for States) है।

STARS परियोजना को स्कूली शिक्षा और साक्षरता विभाग, शिक्षा मंत्रालय (MoE) के तहत एक नई केंद्र प्रायोजित योजना के रूप में लागू किया गया है।

ये लक्ष्य और उद्देश्य गुणवत्ता-आधारित शिक्षण परिणामों की राष्ट्रीय शिक्षा नीति (एनईपी) 2020 के उद्देश्यों के अनुरूप हैं। इनमें से कुछ हैं:

- सरकार द्वारा प्रबंधित स्कूल शिक्षा प्रणाली को मजबूत करना जो मुख्य रूप से हाशिए के समूहों की लड़कियों और छात्रों की शैक्षिक आवश्यकताओं को पूरा करती है।

- आत्मानिर्भर भारत अभियान के हिस्से के रूप में पीएम ई-विद्या, फाउंडेशनल लिटरेसी, और न्यूमेरसी मिशन और नेशनल करिकुलर एंड पेडागोगिकल फ्रेमवर्क फॉर अर्ली चाइल्डहुड केयर एंड एजुकेशन की पहल पर ध्यान देना।

अत: विकल्प (A) सही है।

100. राष्ट्रीय शिक्षा नीति (एनईपी), 2020 राज्यों और केंद्र द्वारा शिक्षा पर कुल व्यय को सकल घरेलू उत्पाद के 6% तक बढ़ाने के लिए प्रतिबद्ध है।

- राष्ट्रीय शिक्षा नीति 2020 ने शिक्षा क्षेत्र में सार्वजनिक निवेश को जल्द से जल्द सकल घरेलू उत्पाद (जीडीपी) के 6 प्रतिशत तक पहुंचाने का लक्ष्य रखा है।

- लगभग तीन दशकों के बाद सरकार कुछ प्रभावशाली सुझाव देकर देश की शिक्षा प्रणाली को बदलने के लिए तैयार है।

- जबकि राष्ट्रीय शिक्षा नीति 2020 (एनईपी 2020) का उद्देश्य सभी को उच्च गुणवत्ता से युक्त शिक्षा प्रदान करके भारत को वैश्विक ज्ञान महाशक्ति बनाना है।

- नीति व्यावसायिक शिक्षा सहित उच्च शिक्षा में सकल नामांकन अनुपात (जीईआर) को 2035 तक 26.3 प्रतिशत से 50 प्रतिशत तक लगभग दोगुना करने पर केंद्रित है।

- वर्तमान में, सकल घरेलू उत्पाद के अनुपात के रूप में केंद्र और राज्यों द्वारा शिक्षा पर खर्च 2019/20 (बजट अनुमान) में 3.1 प्रतिशत है और पिछले छह वर्षों में केवल 30 आधार अंकों की वृद्धि हुई है।

अत: विकल्प (C) सही है।

English Language

Q.1 Direction: Select the most appropriate synonym of the given word.

ASSERTION

A. Discussion　　　　　B. Rejection
C. Declaration　　　　　D. Continuation

Q.2 Select the wrongly spelt word.

A. Awfully　　B. Unduly　　C. Unruly　　D. Faithfuly

Q.3 Direction: Select the correct passive form of the given sentence.

The police beat a number of protestors last night.

A. A number of protestors had been beaten by the police last night.

B. A number of protestors were being beaten by the police last night.

C. A number of protestors has been beaten by the police the night before.

D. A number of protestors were beaten by the police last night.

Q.4 Direction: Select the most appropriate meaning of the given idiom.

Up in arms

A. Angry about something
B. Give up fighting and surrender
C. Divide into armed groups
D. Throw up arms in joy

Ques (5-9):Direction: In the following passage, some words have been deleted. Fill in the blanks with the help of the alternatives given. Select the most appropriate option for each blank.

Smartphones have become an essential part of our lives and their (1)_____ usage is now impacting human behaviour. We need to (2)_____ think about digital detox! Yes, the concept of disconnecting with (3)_____ virtual world is not just a fad. It's the need of the hour today. The Global Brand Director of the smartphone Vivo in his speech nudged all smartphone users (4)_____ a step backwards and think. He said, "Let's (5)_____ our mobiles and pledge to be closer and nearer to our loved ones."

Q.5 Select the most appropriate option for blank number (1).

A. exceeding　　　　　B. excessive
C. exceed　　　　　　D. exceedingly

Q.6 Select the most appropriate option for blank number (2).

A. serious　　　　　　B. seriousness
C. series　　　　　　D. seriously

Q.7 Select the most appropriate option for blank number (3).

A. many　　B. the　　C. any　　D. a

Q.8 Select the most appropriate option for blank number (4).

A. to taking　　B. takes　　C. to take　　D. taken

Q.9 Select the most appropriate option for blank number (5).

A. switch in　　　　　B. switch over
C. switch up　　　　　D. switch off

Q.10 Direction: Select the most appropriate synonym of the given word.

GUILE

A. Intuition　　B. Surfeit　　C. Sincerity　　D. Deceit

Q.11 Direction: Select the most appropriate option to substitute the underlined segment in the given sentence. If there is no need to substitute it, select 'No improvement'.

Lenovo has launched ThinkPad XI Fold, the world's first foldable laptop which is claimed <u>to be so durable as</u> its other devices.

A. to be most durable as
B. No improvement
C. to be very durable as
D. to be as durable as

Q.12 Direction: Select the most appropriate word to fill in the blank in the given sentence.

If the video clip of the murder had not been shared on social media, the world would likely have remained _____ of the tragedy.

A. recognised　　　　　B. unconfirmed
C. unaware　　　　　　D. renowned

Q.13 Direction: Select the most appropriate ANTONYM of the given word.

DEMOLISH

A. Cherish　　　　　　B. Abolish
C. Construct　　　　　D. Obstruct

Q.14 Select the wrongly spelt word.

A. Popularly　　　　　B. Beggarly
C. Sincearly　　　　　D. Jocularly

Q.15 Direction: Select the most appropriate meaning of the given idiom.

Stir up a hornet's nest

A. Provoke trouble　　　B. Lead a revolt
C. Call for dialogue　　　D. Destroy a nest

Q.16 Direction: Select the correct indirect form of the given sentence.

"Do you attend the film festival at Goa every year?" he asked.

A. He is asking me if I attended the film festival at Goa every year.

B. He had asked me if I was attending the film festival at Goa every year.

C. He asked me if I attend the film festival at Goa every year.

D. He asks me if I attend the film festival at Goa every year.

Ques (17-18):Direction: Given below are four jumbled sentences. Select the option that gives their correct order.

Q.17 A. This test is conducted on the fully automated Driving Test Track designed by Maruti Suzuki.

B. Each of these specific skills is to be tested and need to be completed successfully in under seven minutes by the candidate.

C. It is a fully-automated track having six segments to test specific driving skills.

D. The Regional Transport Offices of Delhi have recently introduced a new driving test.

A. BADC **B.** ADBC **C.** DBAC **D.** DACB

Q.18 A. The most well-known among them is the Purple Frog needing immediate protection.

B. The Secret Life of Frogs is the first-ever film on the Amphibians of India.

C. The film has been shot extensively in the Western Ghats.

D. It showcases unique species of frogs that are critically endangered.

A. BCDA **B.** CBDA **C.** DCBA **D.** BCAD

Q.19 Direction: In the given sentence identify the segment which contains the grammatical error.

When I met Akbar Padamsee, one of a pioneers of Indian art, he was 87 but still alert and active.

A. he was 87

B. When I met

C. but still alert and active

D. one of a pioneers of Indian art

Q.20 Direction: Select the word which means the same as the group of words given.

That which is no longer useful

A. Redundant **B.** Dominant

C. Abundant **D.** Reluctant

Q.21 Direction: Select the most appropriate option to substitute the underlined segment in the given sentence. If there is no need to substitute it, select 'No improvement'.

It is reported that everyday India witnessing the death of over 2000 babies aged less than one year.

A. India will be witness the death

B. India witnesses the death

C. No improvement

D. India witness the death

Q.22 Direction: In the given sentence identify the segment which contains the grammatical error.

Your skill lie in cheering up people who are stressed out, wounded up or generally just annoyed.

A. Your skill lie

B. who are stressed out, wounded up

C. or generally just annoyed

D. in cheering up people

Q.23 Direction: Select the most appropriate ANTONYM of the given word.

SURVEILLANCE

A. Attack **B.** Neglect

C. Endurance **D.** Vigilance

Q.24 Direction: Select the most appropriate word to fill in the blank in the given sentence.

Padamse worked like a mathematician and was a true _____ who experimented with numerous mediums.

A. voluntary **B.** literary

C. opponent **D.** visionary

Q.25 Direction: Select the word which means the same as the group of words given.

Something that is genuine

A. Unreal **B.** Academic

C. Authentic **D.** Majestic

General Intelligence

Q.26 निर्देश: दिए गए शब्दों को एक तार्किक और अर्थपूर्ण क्रम में व्यवस्थित कीजिए।

1. फ्लैट

2. सड़क

3. कमरा

4. अपार्टमेंट

5. शहर

A. 3, 4, 1, 2, 5 **B.** 5, 4, 3, 2, 1

C. 3, 5, 1, 4, 2 **D.** 3, 1, 4, 2, 5

Q.27 चार अक्षर-समूह दिए गए हैं, जिनमें से तीन किसी प्रकार एकसमान हैं, जबकि एक बेजोड़ है। बेजोड़ अक्षर-समूह को चुनिए।

A. LNP **B.** DFH **C.** TVW **D.** FHJ

Q.28 एक निश्चित कूट भाषा में, N को 30 के रूप में कूटबद्ध किया जाता है और COT को 78 के रूप में कूटबद्ध किया जाता है। उस भाषा में PET को किस प्रकार कूटबद्ध किया जाएगा?

A. 70 **B.** 84 **C.** 100 **D.** 41

Q.29 निर्देश: एक कागज को मोड़ने का क्रम और जिस तरह से मोड़े हुए कागज को काटा गया है, उसे निम्नलिखित आकृति में दर्शाया गया है। खोलने पर यह कागज कैसा दिखेगा?

A.
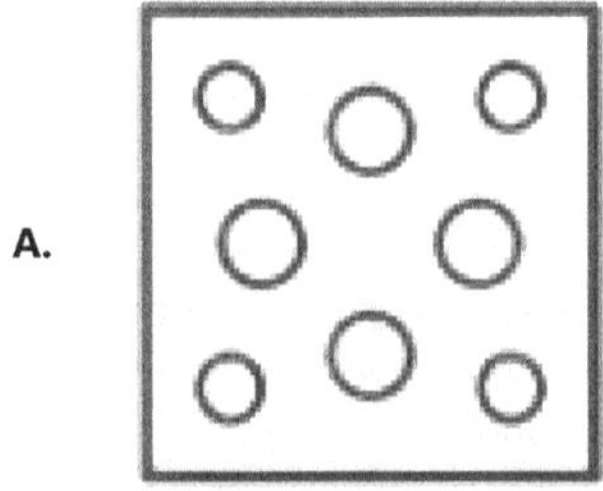

B.

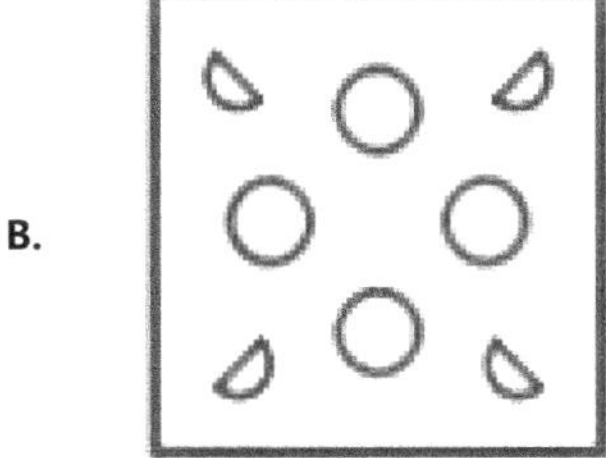

C.

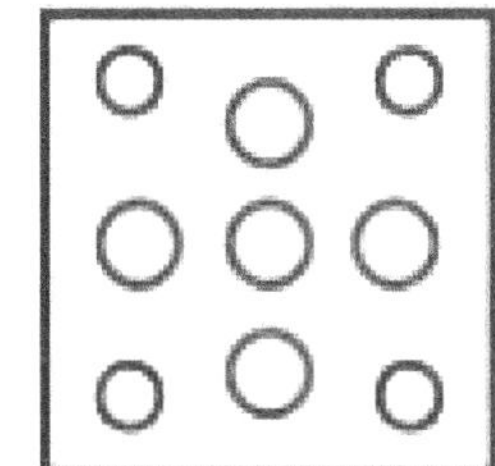

D.

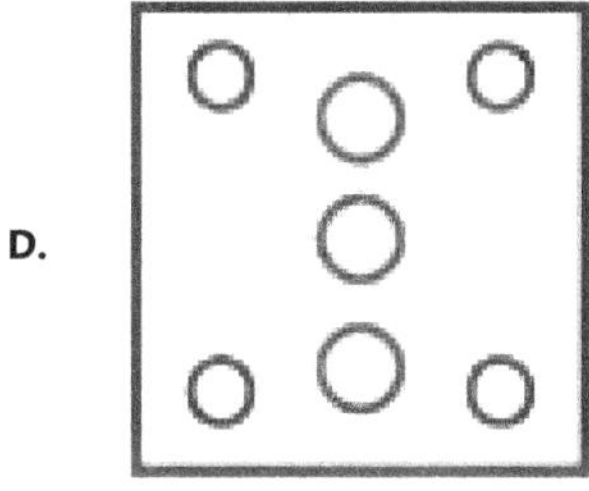

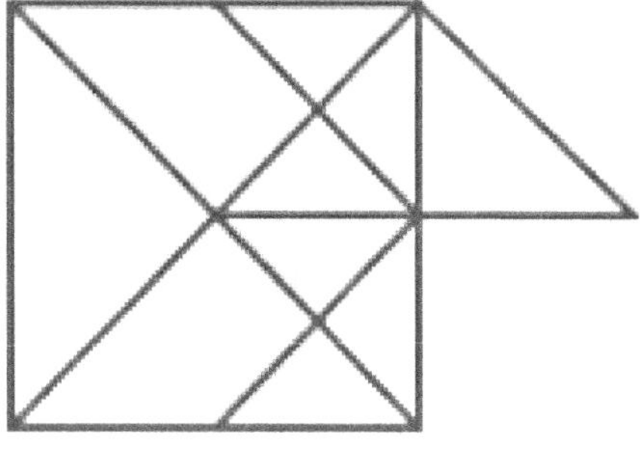

A. 18   **B.** 21   **C.** 20   **D.** 22

Q.34 निर्देश: दी गई आकृति की सही दर्पण छवि को चुनिए।

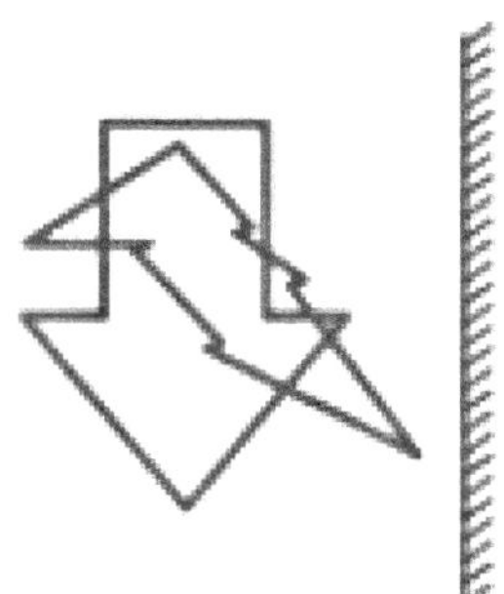

A.

B.

C.

Q.30 निर्देश: दिए गए कथनों और निष्कर्षों को ध्यानपूर्वक पढ़िए। आपको कथनों में दी गई जानकारी को सत्य मानना है, भले ही वे ज्ञात तथ्यों से अलग प्रतीत होते हों, फिर निर्णय कीजिए कि दिए गए निष्कर्षों में से कौनसा निष्कर्ष कथनों का तार्किक रूप से अनुसरण करता है।

कथन:

1. सभी सेम मांस हैं।
2. सभी रोटियां मांस हैं।

निष्कर्ष:

I. कुछ सेम रोटियां हैं।

II. कुछ रोटियां सेम हैं।

A. केवल निष्कर्ष I अनुसरण करता है।

B. निष्कर्ष I और II दोनों अनुसरण करते हैं।

C. या तो निष्कर्ष I या फिर II अनुसरण करता है।

D. ना तो निष्कर्ष I और ना ही II अनुसरण करता है।

Q.31 निर्देश: उस विकल्प का चयन कीजिए जिसमें संख्याएं एक-दूसरे से उसी प्रकार संबंधित हैं जिस प्रकार दिए गए समुच्चय में संख्याएं एक-दूसरे से संबंधित हैं।

3,68,5

A. (2,10,1)   **B.** (2,72,10)

C. (2,72,10)   **D.** (4,64,5)

Q.32 जॉन पिछले महीने तक 80 रु प्रति लीटर की दर से पेट्रोल खरीदता था। अब वह उसे 85 रु प्रति लीटर की दर से खरीदता है। पिछले महीने की तुलना में पेट्रोल की कीमत में कितने प्रतिशत की वृद्धि हुई?

A. 6.25%   **B.** 5.5%   **C.** 8.35%   **D.** 10%

Q.33 निम्न आकृति में कितने त्रिभुज हैं?

D. 

C. 

D. 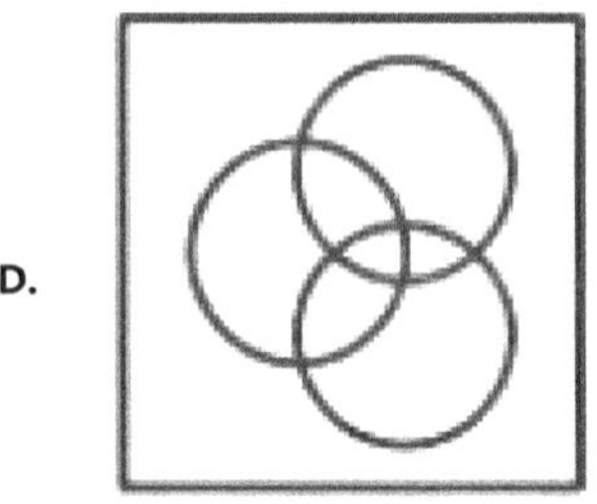

Q.35 निर्देश: उस विकल्प का चयन कीजिए जो तीसरे अक्षर-समूह से उसी प्रकार संबंधित है जिस प्रकार दूसरा अक्षर-समूह पहले अक्षर-समूह से संबंधित है।

GOAT : DQYW : : TRES:?

A. QTCV **B.** HUMO **C.** PSBU **D.** RSDW

Q.36 निर्देश: अक्षरों के उस संयोजन का चयन कीजिए जिसे रिक्त स्थान में बाएँ से दाएँ क्रमिक रूप से रखने पर श्रृंखला को पूरा करेगा।

aba_ccdab_ _ dababc_ _

A. cacccd **B.** bacccd **C.** abdccd **D.** bacacd

Q.37 निर्देश: उस विकल्प का चयन कीजिए जिसमें शब्द दी गयी जोड़ी में शब्दों के समान संबंध को साझा करते हैं।

गाय : दूध

A. पक्षी : उड़ना **B.** बकरी : मिमियाना
C. मुर्गी : अंडा **D.** ईगल : झपट्टा

Q.38 चार अक्षर-समूह दिए गए हैं, जिनमें से तीन किसी प्रकार एकसमान हैं और एक बेजोड़ है। बेजोड़ अक्षर-समूह का चयन कीजिए।

A. EGVT **B.** TUGD **C.** NOML **D.** ADZW

Q.39 एक निश्चित कूट भाषा में, 'BROWSE' को 'GUYQTD' लिखा जाता है। उस भाषा में 'AMALGAM' को किस प्रकार लिखा जाएगा?

A. PMDGCPD **B.** CONCICO
C. DPMDGCP **D.** OCINCOC

Q.40 निर्देश: उस वेन आरेख को चुनिए जो दिए गये वर्गों के बीच सबंध को सबसे बेहतर दर्शाता है।

सरीसृप, स्तनपायी, गिरगिट

A. 

B. 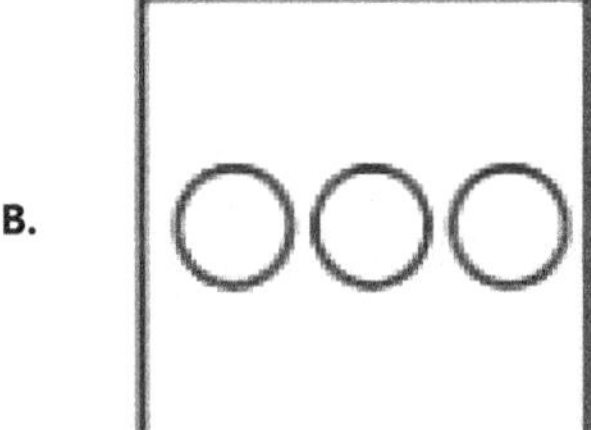

Q.41 निर्देश: उस विकल्प आकृति का चयन कीजिए जो निम्न श्रृंखला में आगे आएगा।

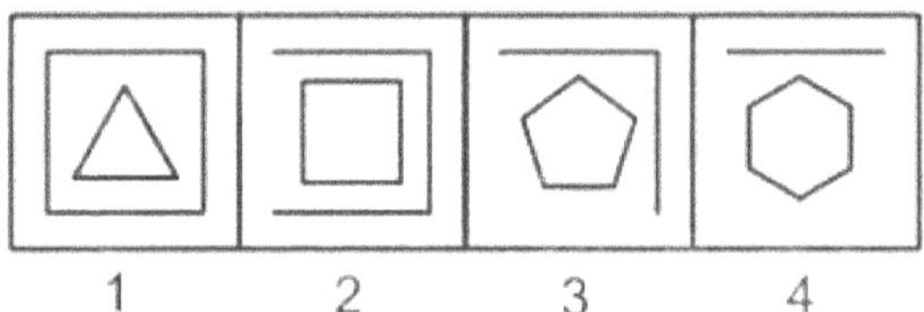

A. 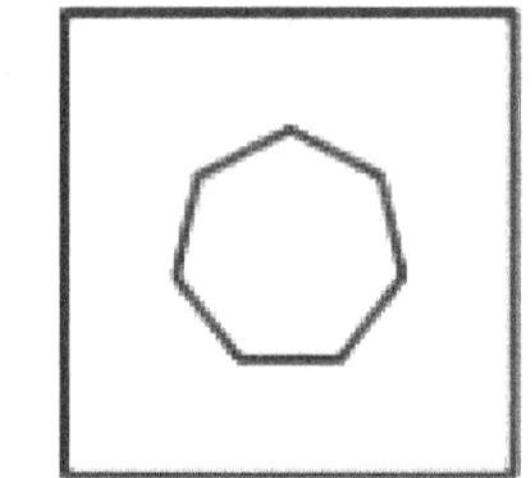

B. 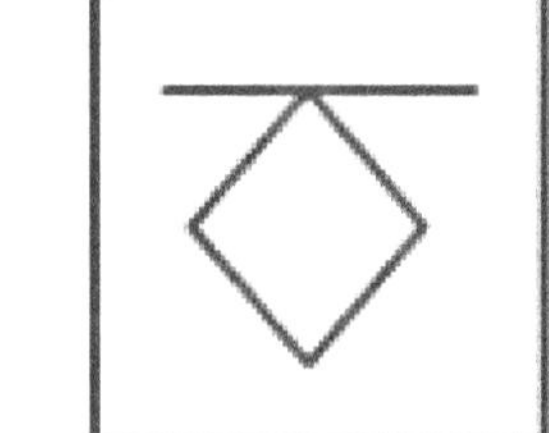

C.

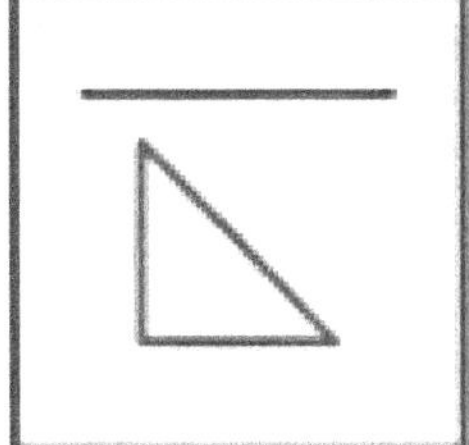

D.

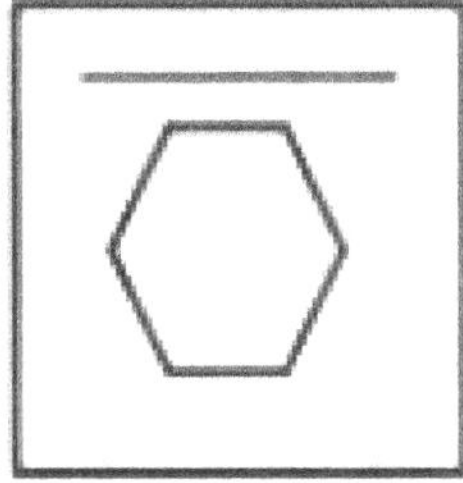

A.

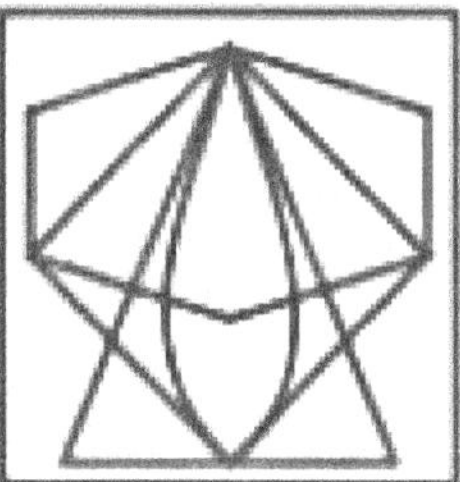

B.

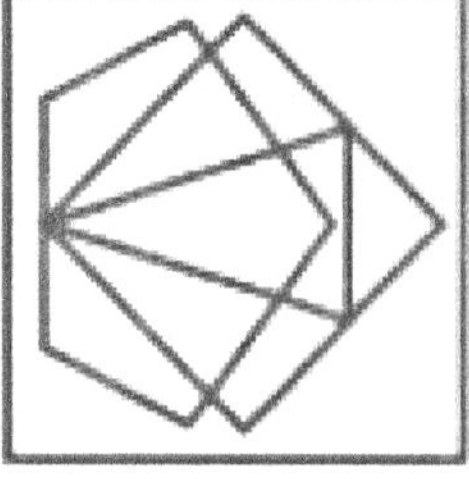

Q.42 निर्देश: उस विकल्प का चयन कीजिए जिसमें संख्याएं उसी संबंध को साझा करती हैं जो दी गयी संख्या-जोड़ी द्वारा साझा किया गया है।

$8:49$

A. $9:87$ **B.** $12:121$ **C.** $13:170$ **D.** $15:211$

Q.43 निर्देश: A को बाएँ से दाएँ क्रमिक रूप से बदलने के लिए गणितीय प्रतीकों के सही संयोजन का चयन कीजिए और निम्नलिखित समीकरण को संतुलित कीजिए।

$26\,A\,2\,A\,3\,A\,3\,A\,13$

A. $\times, =, -, \div$ **B.** $\div, \times, =, -$

C. $\times, \div, +, =$ **D.** $\div, \times, =, \times$

Q.44 निर्देश: उस विकल्प का चयन कीजिए जो तीसरे शब्द से उसी प्रकार संबंधित है जिस प्रकार दूसरा शब्द, पहले शब्द से संबंधित है।

कार्य : जूल :: क्षेत्रफल : ?

A. लम्बाई   **B.** परिमाप   **C.** रेडियन   **D.** हेक्टेयर

Q.45 चार संख्याएं दी गई हैं, जिनमें से तीन किसी प्रकार एकसमान हैं और एक बेजोड़ है। अन्य सभी से बेजोड़ संख्या को चुनिए।

A. 268   **B.** 124   **C.** 212   **D.** 255

Q.46 निर्देश: उस विकल्प का चयन कीजिए जिसमें दी गई आकृति निहित है। (आकृति को घुमाने की अनुमति नहीं है)

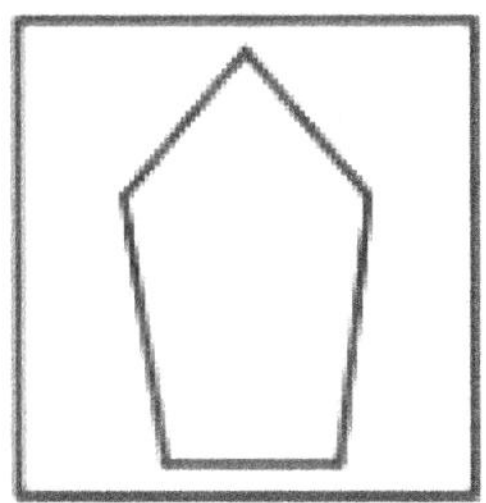

C.

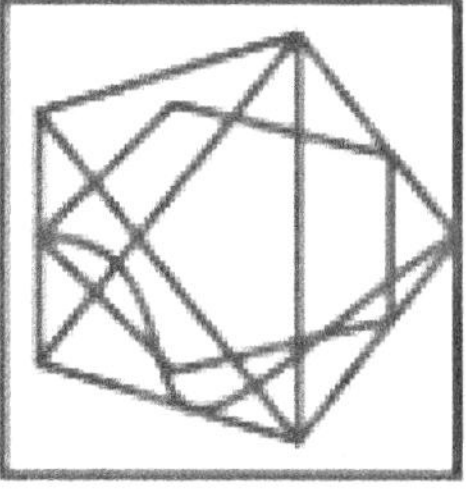

D.

Q.47 चार शब्द दिए गए हैं, जिनमें से तीन किसी प्रकार एकसमान हैं और एक बेजोड़ है। उस बेजोड़ को चुनिए।

A. तलाशना   **B.** चहचहाना   **C.** हिनहिनाना   **D.** मिमियाना

Q.48 निर्देश: उस विकल्प का चयन कीजिए जिसमें संख्याएं एक-दूसरे से उसी प्रकार संबंधित हैं जिस प्रकार दिए गए समुच्चय में संख्याएं एक-दूसरे से संबंधित हैं।

$(7, 15, 31)$

A. $(5, 625, 6)$ **B.** $(2, 17, 14)$

C. $(6, 13, 21)$ **D.** $(3, 7, 15)$

Q.49 दिशा का वेतन, प्रतिमा के वेतन से 3000 रु अधिक है। दिशा और प्रतिमा के वेतन का अनुपात क्रमशः $17:15$ है। प्रतिमा का वेतन क्या है?

A. 27250 रु   **B.** 22500 रु   **C.** 26750 रु   **D.** 25500 रु

Q.50 निर्देश: नीचे एक पासे की तीन अवस्थाएं दर्शायी गई हैं। उस संख्या को चुनिए जो संख्या '1' को दर्शाने वाले फलक के विपरीत फलक पर होगा?

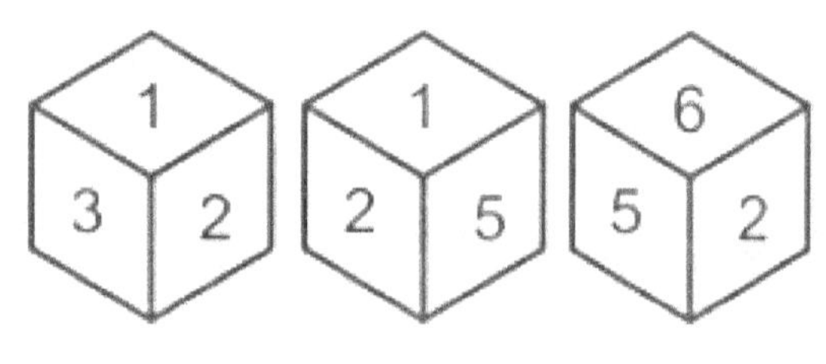

A. 3   **B.** 6   **C.** 5   **D.** 4

Quantitative Aptitude

Q.51 राम ने 25% के लाभ पर 70000 रुपये में एक मोटरसाइकिल बेची। 30% लाभ प्राप्त करने के लिए उसे किस मूल्य पर मोटरसाइकिल को बेचना चाहिए?

A. 72900 रुपये   **B.** 72600 रुपये
C. 72800 रुपये   **D.** 72700 रुपये

Q.52 दी गयी आकृति में, O वृत्त का केंद्र है, BC एक चाप है और CD, C के माध्यम से एक स्पशरिखा है। यदि $\angle AOC = 118°$ है, तो $\angle ACD$ ज्ञात कीजिये।

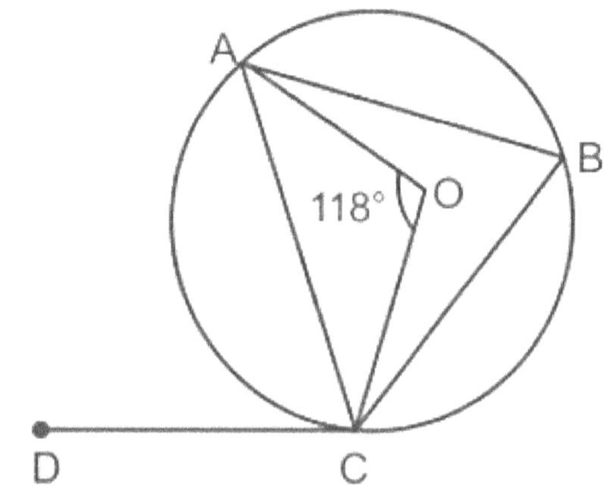

A. 63°   **B.** 65°   **C.** 59°   **D.** 56°

Q.53 25 पुरुषों की औसत आयु 28 वर्ष है। 25 वर्ष की औसत आयु के 5 नए पुरुष उनमें शामिल हुए। सभी पुरुषों की कुल औसत आयु ज्ञात कीजिए।

A. 26.5 वर्ष   **B.** 28.5 वर्ष   **C.** 29.5 वर्ष   **D.** 27.5 वर्ष

Q.54 $8cosec^2\theta + 25\sin^2\theta$ का न्यूनतम मान है:

A. $10\sqrt{2}$ **B.** $40\sqrt{2}$ **C.** $20\sqrt{2}$ **D.** $30\sqrt{2}$

Q.55 ऋचा 15 किमी/घंटा की गति से A से B तक, 20 किमी/घंटा से B से C और 30 किमी/घंटा से C से D तक यात्रा करती है यदि $AB = BC = CD$, तो ऋचा की औसत गति ज्ञात कीजिये।

A. 17 किमी/घंटा   **B.** 19 किमी/घंटा
C. 20 किमी/घंटा   **D.** 18 किमी/घंटा

Q.56 $M, \triangle ABC$ का परिकेन्द्र है, जिसकी परित्रिज्या 15 सेमी है। माना $BC = 24$ सेमी और ML, BC के लंबवत है। तो ML की लंबाई है:

A. 9 सेमी   **B.** 10 सेमी   **C.** 12 सेमी   **D.** 8 सेमी

Q.57 $\triangle XYZ$ में, L और M क्रमशः XY और XZ भुजाओं के मध्य बिंदु हैं, R खंड LM पर एक बिंदु है, जैसे कि $LR:RM = 1:2$, यदि $LR = 3$ सेमी, तो YZ के बराबर है:

A. 19 सेमी   **B.** 17 सेमी   **C.** 18 सेमी   **D.** 16 सेमी

Q.58 आयत का विकर्ण 15 सेमी और लम्बाई 12 सेमी है। आयत का क्षेत्रफल ज्ञात कीजिए।

A. 114 सेमी ^{2} **B.** 108 सेमी ^{2}
C. 116 सेमी ^{2} **D.** 112 सेमी ^{2}

Q.59 निर्देश: निम्नलिखित आलेख में $1996 - 2001$ की अवधि के दौरान एक कंपनी द्वारा अर्जित वार्षिक लाभ दिया गया है। आलेख का ध्यानपूर्वक अध्ययन कीजिये और दिए गए प्रश्नों के उत्तर दीजिये।

लाभ $=$ आय $-$ व्यय

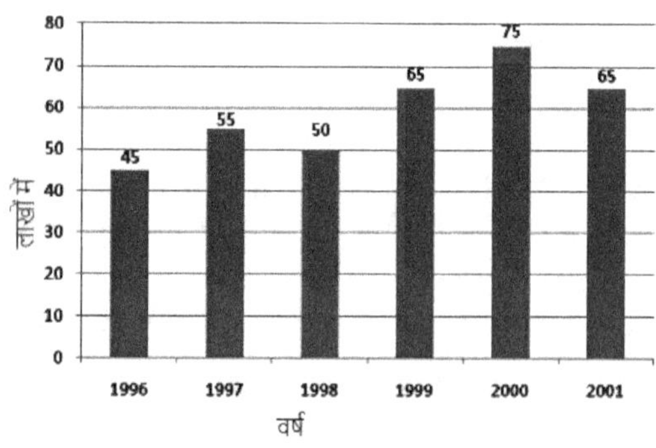

वर्ष 1996 के दौरान कंपनी का व्यय 30 लाख रुपये था। उस वर्ष कंपनी की आय कितनी थी?

A. 45   **B.** 65   **C.** 55   **D.** 75

Q.60 यदि $a + b + c = 2, \dfrac{1}{a} + \dfrac{1}{b} + \dfrac{1}{c} = 0, ac = \dfrac{4}{b}$ और $a^3 + b^3 + c^3 = 28$, $a^2 + b^2 + c^2$ का मान ज्ञात कीजिये।

A. 8   **B.** 6   **C.** 10   **D.** 12

Q.61 6300 रुपये X, Y, Z के बीच विभाजित किये गए हैं, जैसे कि $X:Y = 7:5$ और $Y:Z = 4:3$, Y का हिस्सा ज्ञात कीजिये।

A. 2000 रुपये   **B.** 1800 रुपये
C. 2400 रुपये   **D.** 2200 रुपये

Q.62 15 पुरुष 10 दिनों में एक काम पूरा कर सकते हैं। 20 पुरुष उसी काम को कितने दिनों में पूरा कर सकते हैं?

A. 5.5 दिन   **B.** 7.5 दिन   **C.** 6.5 दिन   **D.** 8.5 दिन

Q.63 निर्देश: निम्नलिखित आलेख में $1996 - 2001$ की अवधि के दौरान एक कंपनी द्वारा अर्जित वार्षिक लाभ दिया गया है। आलेख का ध्यानपूर्वक अध्ययन कीजिये और दिए गए प्रश्नों के उत्तर दीजिये।

$\%$ लाभ $=$ (आय-व्यय / व्यय)$\times 100$

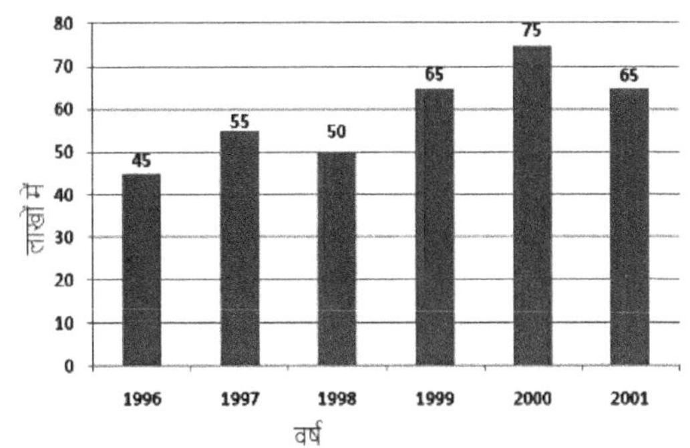

जिस अवधि में कंपनी का लाभ तेजी से बढ़ा है वह है:

A. 1998 – 1999
B. 2000 – 2001
C. 1996 – 1997
D. 1997 – 1998

Q.64 दी गयी आकृति में, जीवा PQ और RS बिंदु L पर एक दूसरे को काटती हैं। RL की लंबाई ज्ञात कीजिए।

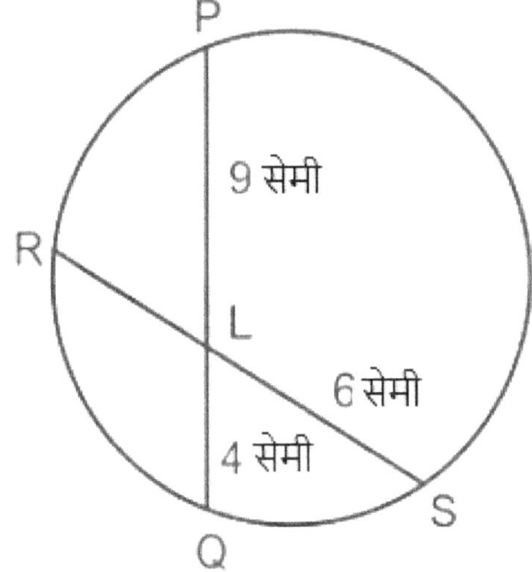

A. 8 सेमी
B. 2 सेमी
C. 6 सेमी
D. 3 सेमी

Q.65 शैक्षणिक सत्र $2018 - 2019$ के लिए काचिता की स्कूल में उपस्थिति 216 दिनों की थी। उसकी उपस्थिति की गणना करने पर, यह देखा गया कि उसकी उपस्थिति 90% थी। स्कूल के कुल कार्य दिवस थे:

A. 250
B. 240
C. 194
D. 195

Q.66 निम्नलिखित में से कौन-सा विकल्प 11 से पूर्णतः विभाज्य है?

A. 809781
B. 963391
C. 107611
D. 116571

Q.67 निर्देश: दिए गए आलेख में सीनियर सेकेंडरी बोर्ड परीक्षा में एक स्कूल के छह शिक्षकों द्वारा पढ़ाए गए छात्रों के उत्तीर्ण प्रतिशत को दर्शाया गया है।

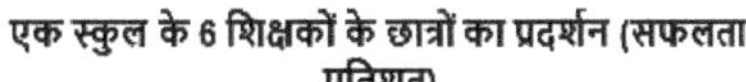
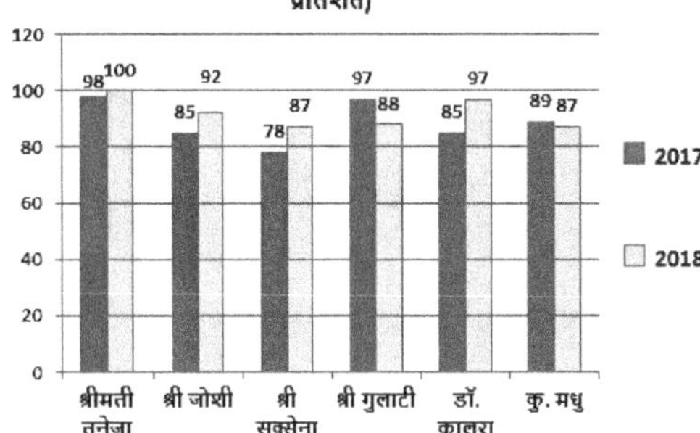

उस शिक्षक को पहचानिये जिसके छात्रों ने अधिकतम सुधार दिखाया है।

A. श्री जोशी
B. डॉ कालरा
C. श्रीमती तनेजा
D. श्री सक्सेना

Q.68 निर्देश: निम्नलिखित का मान क्या है?

$$-15 + 90 \div [89 - \{9 \times 8 + (33 - 3 \times 7)\}]$$

A. 3
B. 5
C. 4
D. 2

Q.69 यदि $\cos(x - y) = \dfrac{\sqrt{3}}{2}$ और $\sin(x + y) = \dfrac{1}{2}$, $x(0 \leq x \leq 90)$ का मान है:

A. 45°
B. 30°
C. 15°
D. 60°

Q.70 यदि $\cot A = k$, तो $\sin A$ के बराबर है:
(मानिये कि A एक न्यून कोण है)

A. $\dfrac{k^2}{\sqrt{1+k^2}}$
B. $\dfrac{1}{k}$
C. $-\dfrac{1}{k}$
D. $\dfrac{1}{\sqrt{1+k^2}}$

Q.71 निर्देश: निम्नलिखित आलेख में $1996 - 2001$ की अवधि के दौरान एक कंपनी द्वारा अर्जित वार्षिक लाभ दिया गया है। आलेख का ध्यानपूर्वक अध्ययन कीजिये और दिए गए प्रश्नों के उत्तर दीजिये।

$$\% \text{ लाभ } = (\text{आय} - \text{व्यय})/\text{व्यय} \times 100$$

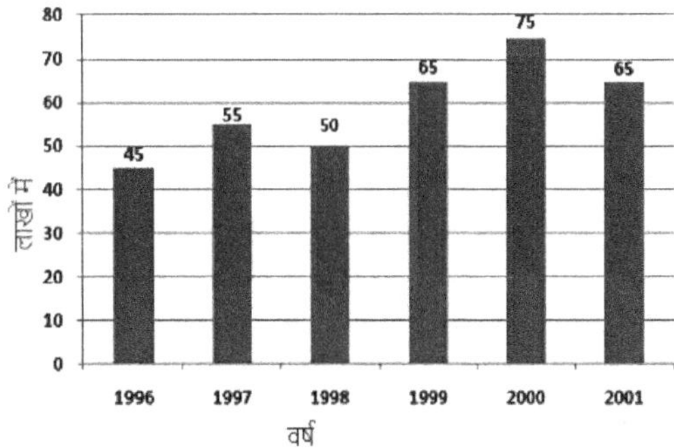

कंपनी द्वारा अर्जित लाभ किस वर्ष में अधिकतम है?

A. 1999
B. 2001
C. 1996
D. 2000

Q.72 यदि $\dfrac{\cos\theta + \sin\theta}{\cos\theta - \sin\theta} = 8$, $\cot\theta$ का मान बराबर है:

A. $\dfrac{7}{6}$
B. $\dfrac{9}{7}$
C. $\dfrac{6}{5}$
D. $\dfrac{8}{5}$

Q.73 बाइक का सूची मूल्य, क्रय मूल्य से 15% अधिक है। इसे 20% की छूट पर बेचा जाता है। विक्रेता के हानि या लाभ प्रतिशत को ज्ञात कीजिये।

A. लाभ 8%
B. लाभ 9%
C. हानि 9%
D. हानि 8%

Q.74 यदि $x - 2y = 3$ और $xy = 5$, $x^2 - 4y^2$ का मान ज्ञात कीजिये।

A. 21   **B.** 20   **C.** 23   **D.** 22

Q.75 10% प्रति वर्ष साधारण ब्याज पर निवेश की गई 3500 रुपये की राशि, कितने वर्षों में 4500 रुपये हो जाएगी?

A. $2\frac{4}{7}$ वर्ष   **B.** $2\frac{3}{7}$ वर्ष   **C.** $2\frac{6}{7}$ वर्ष   **D.** $2\frac{5}{7}$ वर्ष

General Awareness

Q.76 पंकज आडवाणी नें 'IBSF विश्व बिलियर्ड्स चैंपियनशिप' कितनी बार जीता?

A. 22   **B.** 21   **C.** 24   **D.** 20

Q.77 कंप्यूटर में, कौन-सा इकाई डेटा को संसाधित करने के लिए उत्तरदायी होता है और इसे कंप्यूटर का इलेक्ट्रॉनिक मस्तिष्क भी कहा जाता है?

A. हार्ड डिस्क
B. सेंट्रल प्रोसेसिंग यूनिट(CPU)
C. रैम
D. कीबोर्ड

Q.78 भारत में प्रत्येक वर्ष संविधान दिवस किस दिन मनाया जाता है?

A. 2 अक्टूबर   **B.** 30 नवम्बर
C. 15 अक्टूबर   **D.** 26 नवम्बर

Q.79 यूनेस्को की अमूर्त सांस्कृतिक विरासत की प्रतिनिधि सूची में राजस्थान के 'कालबेलिया' लोक गीत और नृत्य किस वर्ष सम्मिलित किए गए थे?

A. 2010   **B.** 2017   **C.** 2012   **D.** 2015

Q.80 भारतीय संविधान का कौन सा अनुच्छेद यह वर्णित करता है कि लोकसभा में एक अध्यक्ष और एक उपाध्यक्ष होना चाहिए?

A. अनुच्छेद 93   **B.** अनुच्छेद 85
C. अनुच्छेद 97   **D.** अनुच्छेद 100

Q.81 'सागा दावा' सबसे बड़े बौद्ध त्योहारों में से एक है निम्नलिखित में से किस राज्य में मनाया जाता है?

A. उड़ीसा   **B.** केरल   **C.** सिक्किम   **D.** झारखंड

Q.82 निम्न में से कौन सा जोड़ा सही नहीं है?

A. जनसांख्यिकी - जनसंख्या भूगोल
B. मानवशास्त्र - सांस्कृतिक भूगोल
C. जल विज्ञान - समुद्र विज्ञान
D. मृदाविज्ञान - पादप भूगोल

Q.83 'व्यपगत का सिद्धांत' की शुरुआत किसने की थी?

A. लॉर्ड लिटन   **B.** लार्ड डलहौज़ी
C. लॉर्ड वेलेज़ली   **D.** लार्ड कैनिंग

Q.84 कलकत्ता में भारतीय सांख्यिकी संस्थान (ISI) की स्थापना किसने की?

A. जे एम सेनगुप्ता   **B.** सुभेंदु शेखर बोस
C. आर एन मुखर्जी   **D.** प्रशांत चंद्र महालनोबिस

Q.85 किस वन को 'मानसून वन' के रूप में भी जाना जाता है?

A. पर्वतीय वन
B. उष्णकटिबंधीय पर्णपाती वन
C. उष्णकटिबंधीय सदाबहार वन
D. मैंग्रोव वन

Q.86 मानव हृदय की अलिंद एक बहुत महत्वपूर्ण पेप्टाइड हार्मोन का स्राव करती है। उस हार्मोन का नाम क्या है?

A. ANF   **B.** GIP   **C.** CCK   **D.** ADH

Q.87 मोरचा लगने से बचाने के लिए लोहे पर एक सुरक्षात्मक जस्ते की विलेपन किस प्रक्रिया में प्रयोग किया जाता है?

A. जस्तीकरण   **B.** अनिलिन
C. प्रगलन   **D.** वेल्डिंग

Q.88 'प्लेयर ऑफ द ईयर' के लिए 'सर गारफील्ड सोबर्स ट्रॉफी' जीतने वाले इतिहास में पहले खिलाड़ी कौन बने?

A. राहुल द्रविड़   **B.** महेन्द्र सिंह धोनी
C. विराट कोहली   **D.** सचिन तेंडुलकर

Q.89 इंसुलिन की कमी के कारण कौन सी बीमारी होती है?

A. स्कलेरोडर्मा   **B.** मल्टिपल स्किलरोसिस
C. रूमेटाइड अर्थराइटिस   **D.** मधुमेह मेलिटस

Q.90 मानसिक स्वास्थ्य के बारे में जागरूकता फैलाने के लिए विश्व आर्थिक मंच द्वारा दिए गए क्रिस्टल अवार्ड 2020' के लिए किस भारतीय अभिनेत्री को चुना गया था?

A. दीपिका पादुकोण   **B.** प्रियंका चोपड़ा
C. विद्या बालन   **D.** कंगना रनोट

Q.91 निम्नलिखित में से किस खेल के साथ भामिदीपति साई प्रणीत जुड़े हैं?

A. क्रिकेट   **B.** बैडमिंटन   **C.** हॉकी   **D.** टेनिस

Q.92 निम्नलिखित में से किस बॉलीवुड अनुभवी को 66 वें दादा साहब फाल्के पुरस्कार 2018 के लिए चुना गया था?

A. आशुतोष राणा   **B.** शत्रुघ्न सिन्हा
C. नाना पाटेकर   **D.** अमिताभ बच्चन

Q.93 मध्यमंडल के सन्दर्भ में, निम्न में से कौन-सा कथन सही नहीं है?

A. यह समतापमंडल के ठीक ऊपर होता है।
B. यह वायुमंडल की तीसरी स्तर है।
C. अंतरिक्ष से प्रवेश करते समय इस परत में उल्कापिंड जलते हैं।
D. मध्यमंडल के भीतर, बढ़ती ऊंचाई के साथ तापमान बढ़ता है।

Q.94 निम्नलिखित में से किस कंपनी को 'कार्बन न्यूटल व्यवस्था' श्रेणी में UN ग्लोबल क्लाइमेट एक्शन अवार्ड्स, सितंबर 2019 के लिए चुना गया?

A. रिलायंस हेल्थ   **B.** इन्फोसिस
C. विप्रो   **D.** आर्गेनिक इंडिया

Q.95 भारत की दूसरी सबसे बड़ी नदी घाटी कौन सी है जो देश के 10% क्षेत्र को घेरती है?

A. कृष्णा   **B.** नर्मदा   **C.** महानदी   **D.** गोदावरी

Q.96 2 दिसंबर 2019 को, भारतीय नौसेना की पहली महिला पायलट कौन बनी?

A. भावना कंठ   **B.** सरला ठकराल
C. पुनीता अरोड़ा   **D.** शिवांगी

Q.97 भूकंप को मापने में उपयोग किए जाने वाले तीव्रता के पैमाने की सीमा क्या है?

A. 1 से 12   **B.** 1 से 7   **C.** 1 से 15   **D.** 1 से 5

Q.98 इकोनॉमिस्ट इंटेलिजेंस यूनिट (EIU) के अनुसार, 2019 में दुनिया भर में कैंसर तैयारियों के सूचकांक (ICP) में भारत का स्थान क्या है?

A. 15   **B.** 19   **C.** 28   **D.** 10

Q.99 भारत छोड़ो आंदोलन के दौरान बॉम्बे के गोवालिया टैंक मैदान में भारतीय राष्ट्रीय कांग्रेस का झंडा फहराने के लिए किसे जाना जाता था?

A. अरुणा आसफ अली   **B.** कनकलता बरुआ
C. भिकाजी रूस्तम कामा   **D.** लक्ष्मी सहगल

Q.100 'आतिश-ए-चिनार' (फ्लेम ऑफ चिनार) किस राजनेता की आत्मकथा है?

A. शेख मुहम्मद अब्दुल्ला

B. बेनजीर भुट्टो

C. एम हिदायतुल्लाह

D. ए पी जे अब्दुल कलाम

// स्मार्ट उत्तर पुस्तिका //

सही उत्तर — उन छात्रों का प्रतिशत जिन्होंने प्रश्नों का सही उत्तर दिया था। **छोड़ दिया** — उन छात्रों का प्रतिशत जिन्होंने प्रश्नों को छोड़ दिया था।

प्रश्न संख्या	उत्तर	सही उत्तर / छोड़ दिया	प्रश्न संख्या	उत्तर	सही उत्तर / छोड़ दिया	प्रश्न संख्या	उत्तर	सही उत्तर / छोड़ दिया	प्रश्न संख्या	उत्तर	सही उत्तर / छोड़ दिया	प्रश्न संख्या	उत्तर	सही उत्तर / छोड़ दिया	प्रश्न संख्या	उत्तर	सही उत्तर / छोड़ दिया
1	C	83.94 % / 15.69 %	18	A	67.87 % / 32.05 %	35	A	54.5 % / 33.55 %	52	C	44.94 % / 53.83 %	69	B	77.09 % / 11.43 %	86	A	66.43 % / 32.7 %
2	D	79.53 % / 12.06 %	19	D	89.34 % / 10.22 %	36	B	79.35 % / 16.7 %	53	D	83.31 % / 10.34 %	70	D	45.7 % / 51.37 %	87	A	55.42 % / 35.51 %
3	D	79.31 % / 14.85 %	20	A	47.16 % / 41.04 %	37	C	85.01 % / 11.79 %	54	C	81.24 % / 17.99 %	71	D	82.49 % / 11.93 %	88	A	78.4 % / 13.43 %
4	A	85.31 % / 13.53 %	21	B	80.15 % / 13.93 %	38	B	55.07 % / 38.58 %	55	C	60.88 % / 35.04 %	72	B	88.72 % / 11.27 %	89	D	53.01 % / 41.22 %
5	B	54.51 % / 42.19 %	22	A	50.22 % / 35.37 %	39	D	46.45 % / 45.67 %	56	A	64.13 % / 34.68 %	73	D	68.86 % / 30.01 %	90	A	77.52 % / 15.17 %
6	D	50.07 % / 49.68 %	23	B	76.85 % / 13.55 %	40	C	85.41 % / 10.45 %	57	C	25.62 % / 71.48 %	74	A	49.04 % / 31.35 %	91	B	76.77 % / 17.5 %
7	B	88.31 % / 10.84 %	24	D	49.87 % / 49.56 %	41	A	76.83 % / 13.46 %	58	B	68.69 % / 30.94 %	75	C	30.64 % / 68.16 %	92	D	80.38 % / 10.14 %
8	C	77.0 % / 11.89 %	25	C	59.74 % / 35.2 %	42	B	76.79 % / 10.69 %	59	D	64.39 % / 32.23 %	76	A	77.53 % / 21.15 %	93	D	81.68 % / 18.29 %
9	D	22.67 % / 73.29 %	26	D	77.77 % / 15.38 %	43	D	88.43 % / 10.88 %	60	A	45.92 % / 30.42 %	77	B	88.42 % / 10.08 %	94	B	78.83 % / 15.26 %
10	D	81.15 % / 10.95 %	27	C	66.32 % / 31.03 %	44	D	87.82 % / 11.3 %	61	A	78.03 % / 20.78 %	78	D	78.25 % / 18.88 %	95	D	82.69 % / 13.38 %
11	D	88.04 % / 10.24 %	28	B	19.32 % / 74.71 %	45	D	77.69 % / 14.5 %	62	B	89.98 % / 10.02 %	79	A	87.91 % / 10.51 %	96	D	89.75 % / 10.17 %
12	C	66.33 % / 31.35 %	29	A	59.07 % / 35.21 %	46	D	89.34 % / 10.27 %	63	A	46.57 % / 52.57 %	80	A	64.76 % / 31.82 %	97	A	77.93 % / 17.23 %
13	C	85.87 % / 13.6 %	30	D	62.68 % / 37.14 %	47	A	80.69 % / 10.41 %	64	C	83.65 % / 11.54 %	81	C	80.13 % / 16.99 %	98	B	81.47 % / 18.15 %
14	C	51.67 % / 36.65 %	31	A	82.09 % / 10.58 %	48	D	88.89 % / 10.09 %	65	B	87.88 % / 10.69 %	82	D	48.59 % / 32.39 %	99	A	86.17 % / 13.49 %
15	A	86.59 % / 11.49 %	32	A	87.96 % / 10.86 %	49	B	83.0 % / 10.8 %	66	B	81.79 % / 17.3 %	83	B	87.28 % / 11.43 %	100	A	85.72 % / 10.73 %
16	C	87.6 % / 10.03 %	33	C	45.04 % / 45.98 %	50	B	80.39 % / 14.01 %	67	B	49.66 % / 42.72 %	84	D	62.03 % / 33.61 %			
17	D	41.92 % / 31.21 %	34	A	69.91 % / 30.06 %	51	C	83.24 % / 10.73 %	68	A	84.02 % / 14.36 %	85	B	77.07 % / 21.26 %			

//संकेत और समाधान//

1. The meaning of the given words:

- Assertion: a solemn and often public declaration of the truth or existence of something.
- Declaration: a formal or explicit statement or announcemnt.
- Discussion: a conversation or debate about a specific topic.
- Rejection: the dismissing or refusing of a proposal, idea, etc.
- Continuation: the action of carrying something on overtime or the state of being carried on.

From the meaning of the given word, we can say that the word 'Declaration' is the same in meaning.

Hence, the correct option is (C).

2. Faithfuly is wrongly spelt as it doesn't have any existence or meaning. The correct spelling is "Faithfully".

Faithfully means in a manner that is true to the facts or the original.

Hence, the correct option is (D).

3. Passive form: A number of protestors were beaten by the police last night.

- In Active Voice, a sentence emphasizes the subject, performing an action.
- In Passive Voice, a sentence emphasizes the action or the object of the sentence.
- The given sentence is in the active voice and 'The police' is the subject and 'a number of protestors' is the object.
- When we convert this sentence into passive voice, the subject 'The police' of the active voice becomes the object, the object 'a number of protestors' becomes the subject.
- The passive format "were + V3" should be used.

Hence, the correct option is (D).

4. Up in arms means angry and complaining about something.

Example: The arts community will be up in arms with this line of questioning.

Hence, the correct option is (A).

5. In the given sentence, an adjective should be used to describe the noun 'usage'.

- Excessive will act as an adjective means more than is necessary, normal, or desirable; immoderate.
- Exceeding will act as a gerund means be better than; surpass.
- Exceed will act as the base form of the verb means be better than; surpass.
- Exceedingly will act as an adverb means extremely.

So, excessive is appropriate for blank number (1).

Hence, the correct option is (B).

6. In the given sentence, an adverb should be used to modify the verb 'think'.

- Seriously will act as an adverb means to a degree that is significant or worrying.
- Serious will act as an adjective means solemn or thoughtful in character or manner.
- Seriousness will act as a noun means the quality or state of being serious.
- Series will act as a noun means a number of events, objects, or people of a similar or related kind coming one after another.

So, seriously is appropriate for blank number (2).

Hence, the correct option is (D).

7. The determiner 'the' is used for denoting one or more people or things already mentioned or assumed to be common knowledge.

So, according to the context of the passage, 'the' is appropriate.

Hence, the correct option is (B).

8. To take is correct as the infinitive verb "to take" will act as an object of the sentence.

- To taking is incorrect as infinitives are never conjugated with -ed or -ing at the end because they are not used as verbs in a sentence.
- Takes is incorrect as the verb 'takes' is a third-person singular present verb.
- Taken is incorrect as it is the past participle form of the verb and the given sentence is in the present tense.

Hence, the correct option is (C).

9. The noun 'switch' means a device for making and breaking the connection in an electric circuit.

- The preposition 'off' is used when a machine or piece of electrical equipment that is off is not switched on or is not being used.
- The preposition 'in' is used for expressing inclusion or involvement.
- The preposition 'over' means above so as to cover or protect.
- The preposition 'up' means from a lower to a higher point of (something).

So, according to the context of the passage, 'switch off' is appropriate.

Hence, the correct option is (D).

10. The meaning of the given words:

- Guile: the inclination or practice of misleading others through lies or trickery.
- Deceit: the action or practice of deceiving someone by concealing or misrepresenting the truth.
- Intuition: the ability to understand something instinctively, without the need for conscious reasoning.
- Surfeit: an excessive amount of something.
- Sincerity: the absence of pretence, deceit, or hypocrisy.

From the meaning of the given word, we can say that the word 'Deceit' is the same in meaning.

Hence, the correct option is (D).

11. In the given underlined segment, the use of "so durable as" is incorrect as "so...as" can only be used with negative like 'not'.

- We use not + so + adjective/adverb + as to make comparisons, meaning not to the same degree.
- In the first option, 'most' is used which is not a comparative adjective but a superlative adjective.
- In the third option, 'very' is not generally comparable. We can use 'very' before superlative adjectives that end in -est.
- But we use as + adjective/adverb + as to make comparisons when the things we are comparing are equal in some way.

Correct Sentence: Lenovo has launched ThinkPad XI Fold, the world's first foldable laptop which is claimed to be as durable as its other devices.

Hence, the correct option is (D).

12. The meaning of the given words:

- Unaware means having no knowledge of a situation or fact.
- Recognised means acknowledged the existence, validity, or legality of someone or something.
- Unconfirmed means not confirmed as to truth or validity.
- Renowned means a known or talked about by many people; famous.

So, according to the context of the sentence unaware is appropriate.

Hence, the correct option is (C).

13. The meaning of the given words:

- Demolish: to destroy (as a building) completely by knocking down or breaking to pieces.
- Construct: to build or make (something, typically a building, road, or machine).
- Abolish: formally put an end to (a system, practise, or institution).
- Cherish: protect and care for (someone) lovingly.
- Obstruct: deliberately make (something) difficult.

From the meaning of the given word, we can say that the word 'construct' is the opposite word for 'demolish.'

Hence, the correct option is (C).

14. Sincearly is wrongly spelt as it doesn't have any existence or meaning. The correct spelling is Sincerely.

Sincerely means in a sincere or genuine way.

Hence, the correct option is (C).

15. Stir up a hornet's nest means to create, provoke, or trigger a dangerous, troublesome, or complicated situation.

Example: According to my brother Paul, this Lonnie Norton was asking a lot of questions and stirring up a hornet's nest around town.

Hence, the correct option is (A).

16. Indirect form: "He asked me if I attend the film festival at Goa every year."

The basic rules for changing or converting direct speech into indirect speech:

- The question mark (?) is removed and a full stop (.) is used at the end of a sentence.
- The given example is an interrogative sentence starting with a helping verb, therefore, 'do' will be replaced with 'if/whether'.
- The second person 'you' will be changed into 'I'.
- The interrogative statement is changed into an assertive statement (helping verb will come after the subject).
- If reported speed in past/present routine action(here every year shows the routine action) then, there is no change in tense of reported speech.

Hence, the correct option is (C).

17. Correct order is DACB.

- The sentence 'D' is independent of any other sentences as it is giving general information about "The Regional Transport Offices of Delhi". So, 'D' is the first part.
- The phrase "This test" in the sentence 'A' refers back to the 'new driving test' mentioned in the sentence 'D'. So, 'A' follows 'D'.
- The pronoun 'It' in the sentence 'C' refers back to the 'Driving Test Track' mentioned in the sentence 'A'. So, 'C' follows 'A'.
- The phrase "these specific skills" in the sentence 'B' refers back to the 'specific driving skills' mentioned in the sentence 'C'. So, 'B' follows 'C'.

Hence, the correct option is (D).

18. Correct order is BCDA.

- The sentence 'B' is independent of any other sentences as it is giving general information about the film "The Secret Life of Frogs". So, 'B' is the first part.
- The phrase "The film" in the sentence 'C' refers back to 'The Secret Life of Frogs' mentioned in the sentence 'B'. So, 'C' follows 'B'.
- The pronoun 'It' in the sentence 'D' refers back to 'The film' mentioned in the sentence 'C'. So, 'D' follows 'C'.
- The pronoun 'them' in the sentence 'A' refers back to 'unique species of frogs' mentioned in the sentence 'D'. So, 'A' follows 'D'.

Hence, the correct option is (A).

19. In the given sentence, the use of the article 'a' before the specific noun 'pioneers' is incorrect. 'A' is an indefinite article, which means that it refers to, or introduce, an unspecified noun. In other words, we use an indefinite article in front of a noun when we're not referring to a particular person, place, thing or idea, but we want to

convey that we're talking about any person, place, thing or idea. We use 'a' before a consonant sound (here surprising).

In the given sentence, the noun 'pioneers' is specific or particular. The definite article 'the' is used before singular and plural nouns when the noun is specific or particular.

Correct Sentence: When I met Akbar Padamsee, one of the pioneers of Indian art, he was 87 but still alert and active.

Hence, the correct option is (D).

20. The meaning of the given words:

- Redundant means not or no longer needed or useful; superfluous.
- Dominant means having power and influence over others.
- Abundant means existing or available in large quantities; plentiful.
- Reluctant means unwilling and hesitant; disinclined.

Hence, the correct option is (A).

21. In the given sentence, the present participle form of the verb 'witnessing' used is incorrect.

- The verb third-person singular present should be used with the noun 'India'.
- Therefore, the third-person singular verb 'witnesses' should be used instead of the present participle form of the verb 'witnessing'.

Correct Sentence: It is reported that everyday India witnesses the death of over 2000 babies aged less than one year.

Hence, the correct option is (B).

22. In the given sentence, the base form of the verb 'lie' used is incorrect.

- The verb third-person singular present should be used in the simple present tense with the pronoun 'Your'.
- In the present tense, regular verbs are conjugated by adding an 's' in the third person singular.
- Therefore, the third-person singular verb 'lies' should be used instead of the base form of the verb 'lie'.

Correct Sentence: Your skill lies in cheering up people who are stressed out, wounded up or generally just annoyed.

Hence, the correct option is (A).

23. The meaning of the given words:

- Surveillance: close observation, especially of a suspected spy or criminal.
- Neglect: not to pay proper attention to; disregard
- Attack: act against (someone or something) aggressively in an attempt to injure or kill
- Endurance: the capacity of something to last or to withstand wear and tear
- Vigilance: the action or state of keeping careful watch for possible danger or difficulties

From the meaning of the given word, we can say that the word 'Neglect' is opposite in meaning.

Hence, the correct option is (B).

24. The meaning of the given words:

- A visionary is a person with original ideas about what the future will or could be like.
- Voluntary means done, given, or acting of one's own free will.
- Literary is the one concerned with literature as a profession.
- An opponent is one's adversary in a contest, conflict, or dispute.

So, according to the context of the sentence visionary is appropriate.

Hence, the correct option is (D).

25. The meaning of the given words:

- Authentic means of undisputed origin and not a copy; genuine.
- Unreal means imaginary or illusory.
- Academic means relating to education and scholarship.
- Majestic means having or showing impressive beauty or scale.

Hence, the correct option is (C).

26. कमरा क्रम में सबसे पहले आता है।

उसके बाद फ्लैट आता है।

फ्लैट के बाद अपार्टमेंट आता है।

अपार्टमेंट के बाद सड़क आता है।

सड़क के बाद शहर आता है।

सही क्रम इस प्रकार है:

कमरा (3) → फ्लैट (1) → अपार्टमेंट (4) → सड़क (2) → शहर (5)

अत: विकल्प (D) सही है।

27. अंग्रेजी वर्णमाला श्रृंखला और उसके स्थानीय मान के अनुसार:

अक्षर	A	B	C	D	E	F	G	H	I	J	K	L	M
स्थानीय मान	1	2	3	4	5	6	7	8	9	10	11	12	13
स्थानीय मान	26	25	24	23	22	21	20	19	18	17	16	15	14
अक्षर	Z	Y	X	W	V	U	T	S	R	Q	P	O	N

यह अनुसरित तर्क इस प्रकार है:

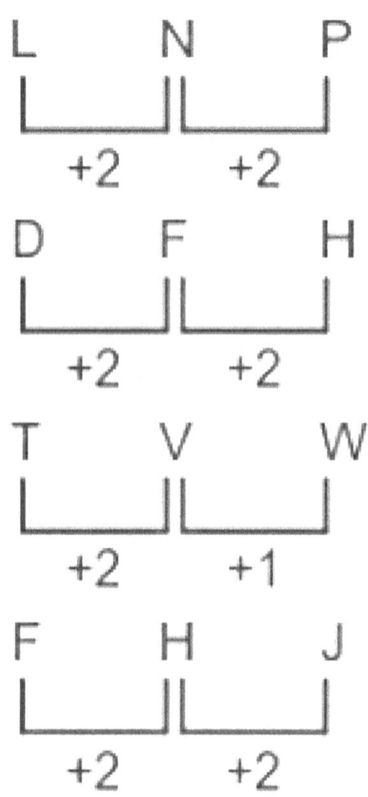

TVW को छोड़कर, अन्य सभी समान तर्क का अनुसरण करते हैं।

इसलिए, TVW बेजोड़ है।

अत: विकल्प (C) सही है।

28. अंग्रेजी वर्णमाला श्रृंखला और उसके स्थानीय मान के अनुसार:

अक्षर	A	B	C	D	E	F	G	H	I	J	K	L	M
स्थानीय मान	1	2	3	4	5	6	7	8	9	10	11	12	13
स्थानीय मान	26	25	24	23	22	21	20	19	18	17	16	15	14
अक्षर	Z	Y	X	W	V	U	T	S	R	Q	P	O	N

दिया गया है,

N को 30 के रूप में कूटबद्ध किया जाता है और COT को 78 के रूप में कूटबद्ध किया जाता है।

अनुसरण किया गया तर्क इस प्रकार है,

अक्षर	N		
स्थानीय मान	14		
कूट	$14 \times 2 + 2 = 30$		

COT के लिए,

अक्षर	C	O	T
स्थानीय मान	3	15	20
कूट	$(3 + 15 + 20) \times 2 + 2 = 78$		

इसी प्रकार,

PET के लिए,

अक्षर	P	E	T
स्थानीय मान	16	5	20
कूट	$(16 + 5 + 20) \times 2 + 2 = 84$		

अत: विकल्प (B) सही है।

29. खोलने पर कागज इस प्रकार दिखेगा:

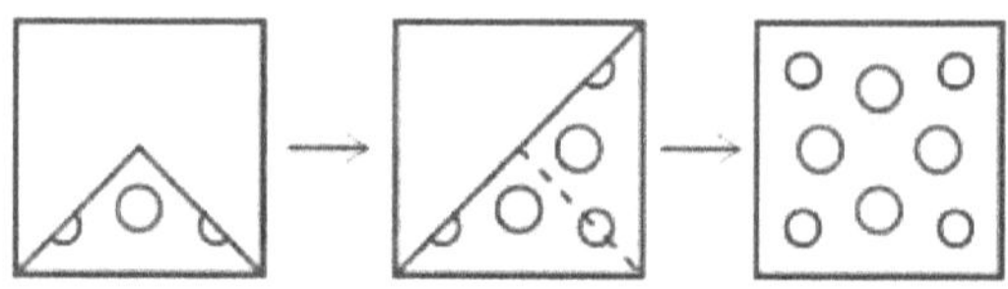

अत: विकल्प (A) सही है।

30. न्यूनतम संभावित वेन आरेख इस प्रकार है:

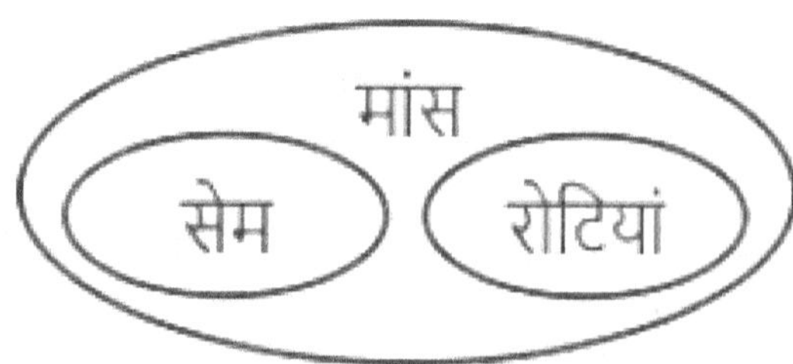

निष्कर्ष I: कुछ सेम रोटियां हैं → असत्य (यह संभव है लेकिन निश्चित नहीं है)

निष्कर्ष II: कुछ रोटियां सेम हैं → असत्य (यह संभव है लेकिन निश्चित नहीं है)

इसलिए, ना तो निष्कर्ष I और ना ही II अनुसरण करता है।

अत: विकल्प (D) सही है।

31. यहाँ अनुसरित तर्क है:

(पहली संख्या का वर्ग $+$ तीसरी संख्या का वर्ग) $\times 2 =$ मध्य संख्या

$(3, 68, 5) \rightarrow \left(3^2 + 5^2\right) \times 2 = (9 + 25) \times 2 = 34 \times 2 = 68$

- (A) $(2,10,1) \rightarrow \left(2^2 + 1^2\right) \times 2 = (4 + 1) \times 2 = 5 \times 2 = 1$

- (B) $(2, 72, 10) \rightarrow \left(2^2 + 10^2\right) \times 2 = (4 + 100) \times 2 = 104 \times 2 = 208 \neq 72$

- (C) $(5, 72, 8) \rightarrow \left(5^2 + 18^2\right) \times 2 = (64 + 25) \times 2 = 89 \times 2 = 178 \neq 72$

- (D) $(4, 64, 5) \rightarrow \left(4^2 + 5^2\right) \times 2 = (16 + 25) \times 2 = 41 \times 2 = 82 \neq 64$

अत: विकल्प (A) सही है।

32. दिया गया है,

जॉन पिछले महीने तक 80 प्रति लीटर की दर से पेट्रोल खरीदता था।

अब वह 85 रु प्रति लीटर की दर से खरीदता है।

प्रतिशत वृद्धि $= \frac{(85-80)}{80} \times 100$

$= \frac{5}{80} \times 100$

$= 0.0625 \times 100 = 6.25$

इसलिए, पिछले महीने की तुलना में पेट्रोल की कीमत में 6.25% प्रतिशत की वृद्धि हुई।

अत: विकल्प (A) सही है।

33. दी गई आकृति में त्रिभुजों की संख्या है:

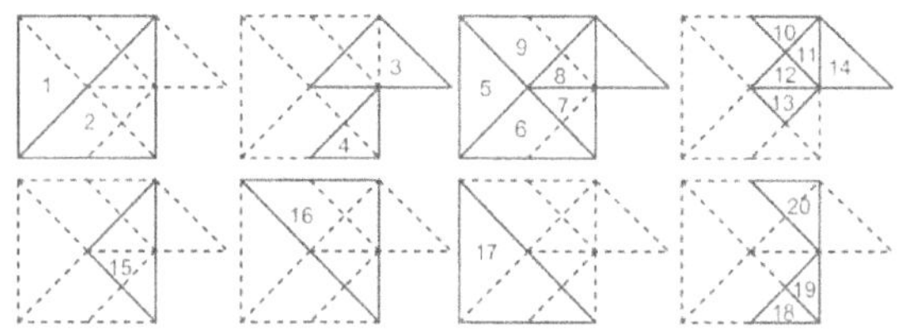

इसलिए, आकृति में 20 त्रिभुज हैं।

अत: विकल्प (C) सही है।

34. दी गई आकृति की सही दर्पण छवि इस प्रकार है:

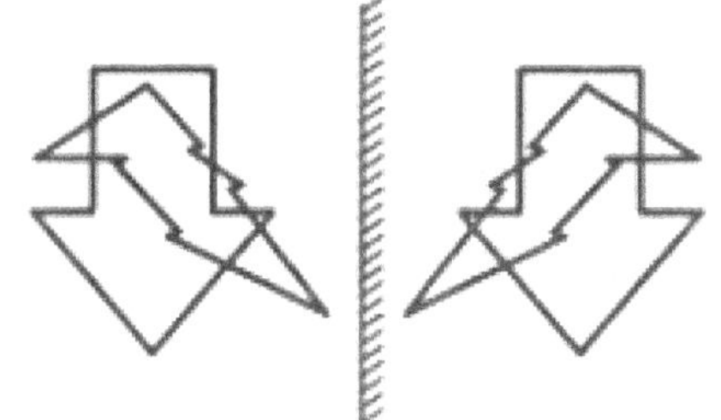

अत: विकल्प (A) सही है।

35. अनुसरण किया गया पैटर्न इस प्रकार है:

```
G   O   A   T
-3| +2| -2| +3|
D   Q   Y   W
```

इसी प्रकार,

```
T   R   E   S
-3| +2| -2| +3|
Q   T   C   V
```

अत: विकल्प (A) सही है।

36. अनुसरण किया गया पैटर्न इस प्रकार है:

अक्षर समूह 'ababccd' पुनरावर्ती हैं।

- (A) abacccd/ ababccd/ababccd (किसी भी पैटर्न का पालन नहीं करता है)

- (B) ababccd/ ababccd/ababccd (पैटर्न का पालन करता है)

- (C) abaaccd/ abbbdcd/ababccd (किसी भी पैटर्न का पालन नहीं करता है)

- (D) ababccd/ ababcad/ababccd (किसी भी पैटर्न का पालन नहीं करता है)

अत: विकल्प (B) सही है।

37. गाय से दूध प्राप्त होता है।

इसी प्रकार,

मुर्गी से अंडा प्राप्त होता है।

अत: विकल्प (C) सही है।

38. अंग्रेजी वर्णमाला श्रृंखला और उसके स्थानीय मान के अनुसार:

अक्षर	A	B	C	D	E	F	G	H	I	J	K	L	M
स्थानीय मान	1	2	3	4	5	6	7	8	9	10	11	12	13
स्थानीय मान	26	25	24	23	22	21	20	19	18	17	16	15	14
अक्षर	Z	Y	X	W	V	U	T	S	R	Q	P	O	N

अनुसरण किया गया पैटर्न इस प्रकार है:

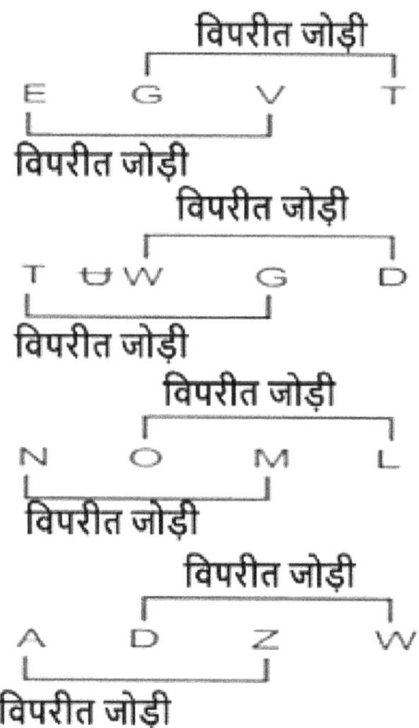

TUGD को छोड़कर, अन्य सभी समान पैटर्न का अनुसरण करते हैं।

इसलिए, TUGD बेजोड़ है।

अत: विकल्प (B) सही है।

39. अनुसरण किया गया पैटर्न इस प्रकार है:

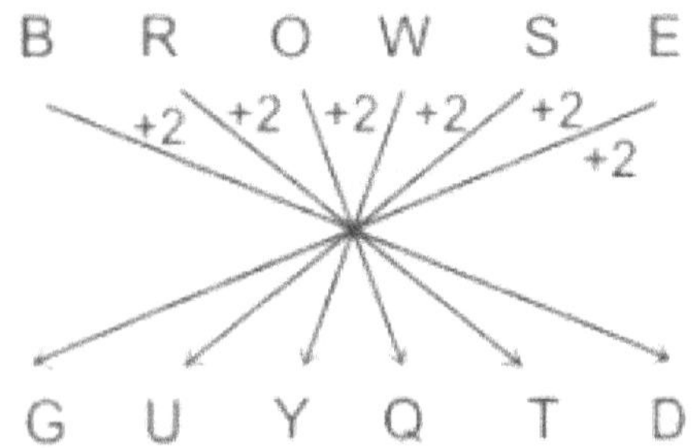

इसी प्रकार,

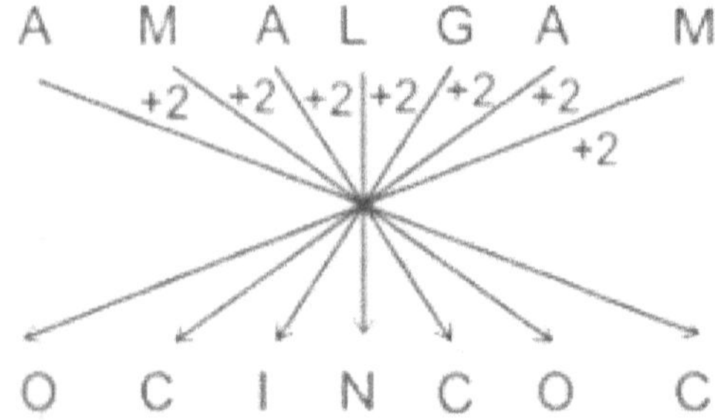

इसलिए, 'AMALGAM' को OCINCOC लिखा जाएगा।

अत: विकल्प (D) सही है।

40. गिरगिट एक सरीसृप है,और स्तनपायी को अलग से निरुपित किया गया है।

सही वेन आरेख इस प्रकार है:

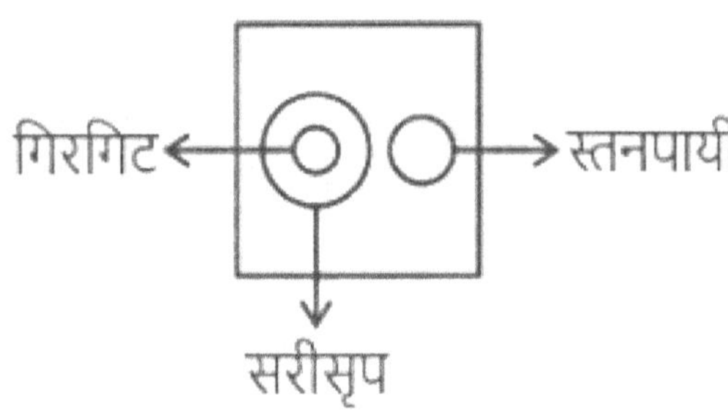

अत: विकल्प (C) सही है।

41. अनुसरण किया गया पैटर्न इस प्रकार है:

आकृति में, भुजाओं की संख्या लगातार बढ़ रही है। पहली आकृति में तीन भुजाएं हैं, दूसरी आकृति में चार भुजाएं हैं, तीसरी आकृति में पांच भुजाएं हैं, चौथी आकृति में छह भुजाएं हैं और उत्तर आकृति में सात भुजाएं होंगी। आकृति के चारों ओर रेखाओं की संख्या लगातार एक घट रही है।

वह आकृति जो श्रृंखला में आगे आएगी इस प्रकार है:

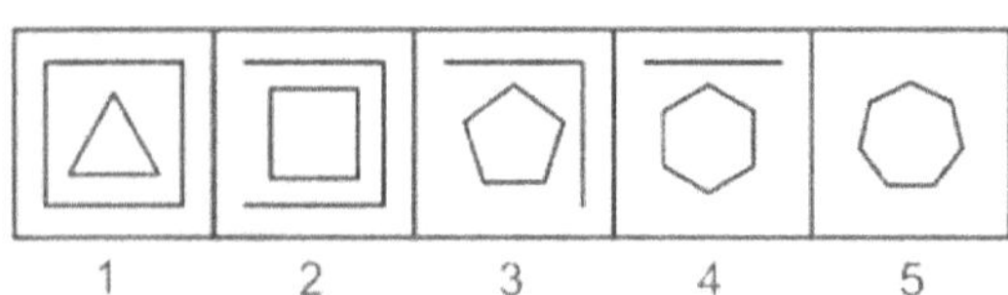

अत: विकल्प (A) सही है।

42. अनुसरण किया गया पैटर्न इस प्रकार है:

$$8:49 \rightarrow 8 - 1 = 7, 7^2 = 49$$

इसलिए, $8:49$

इसी प्रकार,

- विकल्प (A) $\rightarrow 9:87 \rightarrow 9 - 1 = 8, 8^2 = 64, 87$ नहीं
- विकल्प (B) $\rightarrow 12:121 \rightarrow 12 - 1 = 11, 11^2 = 121$
- विकल्प (C) $\rightarrow 13:170 \rightarrow 13 - 1 = 12, 12^2 = 144, 170$ नहीं
- विकल्प (D) $\rightarrow 15:210 \rightarrow 15 - 1 = 14, 14^2 = 196, 211$ नहीं

अत: विकल्प (B) सही है।

43. निम्नलिखित प्रतीकों को बदलने पर और समीकरण को हल करने पर:

विकल्प (A)$\rightarrow \times, =, -, \div$

प्रतीकों को बदलने पर, हम प्राप्त करते हैं

$$26 \times 2 = 3 - 3 \div 13$$

BODMAS नियम का उपयोग करने पर,

$$\Rightarrow 26 \times 2 = 3 - 0.23$$

$$\Rightarrow 52 \neq 2.77$$

$52, 2.77$ के बराबर नहीं है।

विकल्प (B) $\rightarrow \div, \times, =, -$

प्रतीकों को बदलने पर, हम प्राप्त करते हैं:

$$26 \div 2 \times 3 = 3 - 13$$

BODMAS नियम का उपयोग करने पर,

$$\Rightarrow 13 \times 3 = 3 - 13$$

$$\Rightarrow 39 \neq -10$$

$39, -10$ के बराबर नहीं है।

विकल्प (C) $\rightarrow \times, \div, +, =$

प्रतीकों को बदलने पर, हम प्राप्त करते हैं,

$$26 \times 2 \div 3 + 3 = 13$$

BODMAS नियम का उपयोग करने पर,

$$\Rightarrow 26 \times 0.66 + 3 = 13$$

$$\Rightarrow 17.16 + 3 = 13$$

$$\Rightarrow 20.16 \neq 13$$

$20.16, 13$ के बराबर नहीं है।

विकल्प (D) $\rightarrow \div, \times, =, \times$

प्रतीकों को बदलने पर, हम प्राप्त करते हैं

$$26 \div 2 \times 3 = 3 \times 13$$

BODMAS नियम का उपयोग करने पर,

$$\Rightarrow 13 \times 3 = 3 \times 13$$

$\Rightarrow 39 = 39$

इसलिए, $\div, \times, =, \times$ प्रतीकों के सही संयोजन है।

अत: विकल्प (D) सही है।

44. जूल कार्य की इकाई है।

इसी प्रकार,

हेक्टेयर क्षेत्रफल की इकाई है।

अत: विकल्प (D) सही है।

45. अनुसरण किया गया पैटर्न इस प्रकार है:

255 को छोड़कर, अन्य सभी संख्याएं 4 से विभाज्य हैं।

$268 \div 4 = 67$

$124 \div 4 = 31$

$212 \div 4 = 53$

$255 \div 4 = $ विभाज्य नहीं है

अत: विकल्प (D) सही है।

46. दी गई आकृति निम्न आकृति में निहित है:

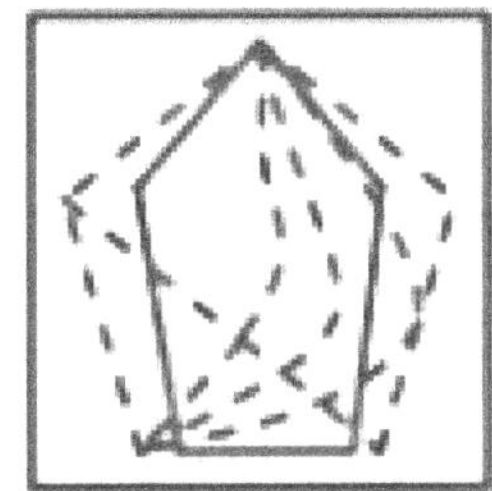

अत: विकल्प (D) सही है।

47. चहचहाना, हिनहिनाना और मिमियाना विभिन्न जन्तुओं और पक्षियों द्वारा उत्पन्न की गई ध्वनियाँ हैं।

जबकि,

तलाशना का तात्पर्य छिपी वस्तुओं की खोज से है। इसलिए, तलाशना बेजोड़ है।

अत: विकल्प (A) सही है।

48. तर्क है:

(पहली संख्या, पहली संख्या $\times 2 + 1$, दूसरी संख्या $\times 2 + 1$)

$(7,15,31) \to (7, 7 \times 2 + 1, 15 \times 2 + 1)$

इसी तरह,

$(3,7,15) \to (3, 3 \times 2 + 1, 7 \times 2 + 1) \to (3,7,15)$

अत: विकल्प (D) सही है।

49. दिया गया है,

दिशा का वेतन $= 17x$

प्रतिमा का वेतन $= 15x$

प्रश्न के अनुसार,

$17x - 15x = 3000$

$\Rightarrow 2x = 3000$

$\Rightarrow x = 1500$

इसलिए, प्रतिमा का वेतन $= 15 \times 1500 = 22500$ रु

अत: विकल्प (B) सही है।

50. आकृति (1) की आकृति (3) से तुलना करने पर, हम प्राप्त करते हैं

'2' '4' के विपरीत है।

'3' '5' के विपरीत है।

और,

'1' '6' के विपरीत है।

अत: विकल्प (B) सही है।

51. दिया गया है,

मोटरसाइकिल का विक्रय मूल्य $= 70000$ रुपये

लाभ% $= 25\%$

जैसा कि हम जानते हैं,

विक्रय मूल्य $=$ क्रय मूल्य $\times (100 + $ लाभ $\%)/100$

मोटरसाइकिल का क्रय मूल्य $= \left(70000 \times \dfrac{100}{125}\right)$

30% प्राप्त करने के लिए मोटर साइकिल का नया विक्रय मूल्य $=$
$70000 \times \left(\dfrac{100}{125}\right) \times \left(\dfrac{130}{100}\right) = 72800$ रुपये

अत: विकल्प (C) सही है।

52. दिया गया है,

O वृत्त का केंद्र है, BC एक चाप है और CD, C के माध्यम से एक स्पशरिखा है।

$\angle AOC = 118°$

जैसा कि हम जानते हैं,

इसके केंद्र में एक वृत्त के चाप द्वारा बनाया गया कोण उस कोण का दोगुना है जो इस वृत्त की परिधि के किसी भी बिंदु पर बनाता है।

किसी भी वृत्त के लिए, स्पशरिखा और जीवा के बीच का कोण, स्पशरिखा के संपर्क के बिंदु के माध्यम से वैकल्पिक खंड के बराबर है।

सूत्र के अनुसार,

$\angle AOC = 2\angle ABC$

$\Rightarrow 118° = 2\angle ABC$

$\Rightarrow \angle ABC = \dfrac{118°}{2}$

$\Rightarrow \angle ABC = 59°$

और, $\angle ABC = \angle ACD$

$\Rightarrow \angle ACD = 59°$

$\therefore \angle ACD, 59°$ है।

अत: विकल्प (C) सही है।

53. दिया गया है,

25 पुरुषों की औसत आयु $= 28$ वर्ष

जैसा कि हम जानते हैं,

औसत $=$ सभी अवलोकनों का योग / सभी अवलोकनों की कुल संख्या

25 पुरुषों की आयु का योग $= 28 \times 25 = 700$

यदि 25 वर्ष की औसत आयु के 5 पुरुष उनके साथ जुड़ गए, तो

5 पुरुषों की आयु का योग $= 25 \times 5 = 125$ वर्ष

30 पुरुषों की आयु का योग $= 700 + 125 = 825$ वर्ष

$\therefore$ 30 पुरुषों की औसत आयु $= \frac{825}{30} = 27.5$ वर्ष

अत: विकल्प (D) सही है।

54. दिया गया है,

$8cosec^2\theta + 25\sin^2\theta$

जैसा कि हम जानते हैं,

यदि $acosec^2\theta + b\sin^2\theta$, है तो न्यूनतम मान $= 2\sqrt{ab}$

$8cosec^2\theta + 25\sin^2\theta$ का न्यूनतम मान $= 2\sqrt{(8 \times 25)}$

$= 2\sqrt{200}$

$= 2\sqrt{(100 \times 2)}$

$= 2 \times 10\sqrt{2}$

$= 20\sqrt{2}$

अत: विकल्प (C) सही है।

55. दिया गया है,

ऋचा की A से B तक यात्रा करने की गति $= 15$ किमी/घंटा

ऋचा की B से C तक यात्रा करने की गति $= 20$ किमी/घंटा

ऋचा की C से D तक यात्रा करने की गति $= 30$ किमी/घंटा

$AB = BC = CD$

जैसा कि हम जानते हैं,

औसत गति $=$ कुल दूरी / कुल समय

माना $AB = BC = CD = 60$ किमी (15,20 और 30) का लघुत्तम समापवर्त्य

कुल दूरी $= 3 \times 60 = 180$ किमी

ऋचा को A से B तक की यात्रा में समय लगता है $= \frac{60}{15} = 4$ घंटे

ऋचा को B से C तक की यात्रा में समय लगता है $= \frac{60}{20} = 3$ घंटे

ऋचा को C से D तक की यात्रा में समय लगता है $= \frac{60}{30} = 2$घंटे

ऋचा को A से D तक की यात्रा में समय लगता है $= 4 + 3 + 2 = 9$ घंटे

$\therefore$ औसत गति $= \frac{180}{9} = 20$ किमी/घंटे

अत: विकल्प (C) सही है।

56.

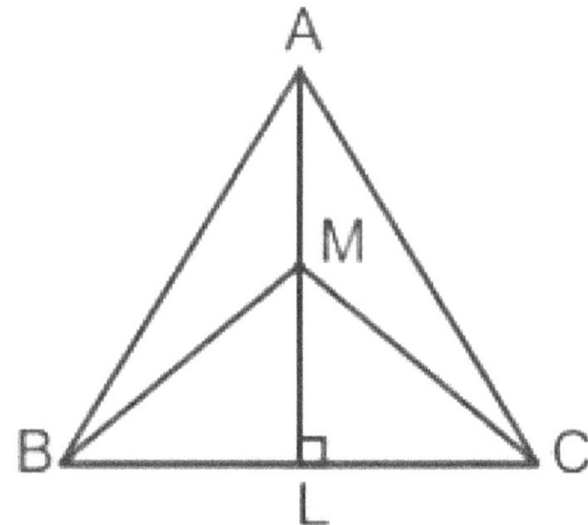

$\triangle ABC$ में,

$AM = BM = CM = 15$ (परित्रिज्या)

ML BC लंब पर है, तो

ML BC को दो बराबर भागों में विभाजित करेगा, इसलिए

$BL = LC = \frac{24}{2} = 12$ सेमी

समकोण $\triangle MLC$ में,

$(MC)^2 = (ML)^2 + (LC)^2$

$\Rightarrow 15^2 = ML^2 + 12^2$

$\Rightarrow ML^2 = 225 - 144$

$\Rightarrow ML = \sqrt{81}$

$\therefore ML = 9$ सेमी

अत: विकल्प (A) सही है।

57.

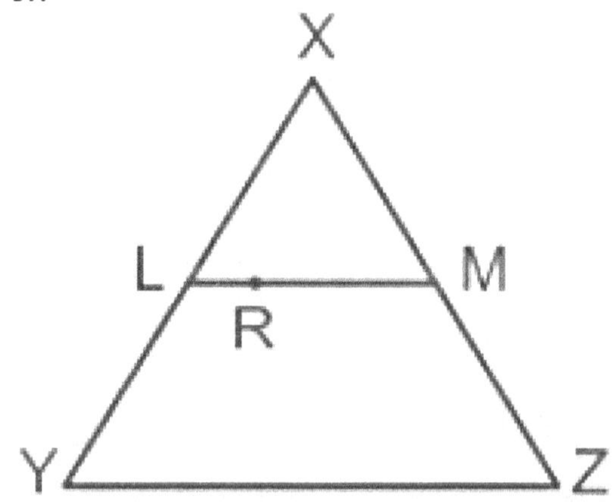

दिया है:

$\triangle XYZ$, L और M क्रमशः XY और XZ भुजाओं के मध्य बिंदु हैं।

$LR : RM = 1 : 2$

$LR = 3$ सेमी

जैसा कि हम जानते हैं,

यदि $\triangle ABC \sim \triangle PQR$, तो

$$\frac{AB}{PQ} = \frac{BC}{QR} = \frac{AC}{PR}$$

$LR : RM = x : 2x$

$LR = 3$ सेमी, तो

$x = 3$ सेमी

इसलिए, $2x = 3 \times 2 = 6$ सेमी

$LM = LR + RM$

$\Rightarrow LM = 3 + 6 = 9$ सेमी

$\triangle XYZ$ और $\triangle XLM$ में

$\angle X = \angle X$ [उभयनिष्ठ]

$\angle XYZ = \angle XLM$

$\angle XZY = \angle XML$

$\therefore \triangle XYZ \sim \triangle XLM$

अब,

$$\frac{LM}{YZ} = \frac{XL}{XY}$$

$\Rightarrow \dfrac{9}{YZ} = \dfrac{XL}{2XL}$ [$\because L$, XY का केंद्र है]

$\Rightarrow \dfrac{9}{YZ} = \dfrac{1}{2}$

$\Rightarrow YZ = 9 \times 2$

$\therefore YZ = 18$ सेमी

अतः विकल्प (C) सही है।

58. दिया गया है,

आयत का विकर्ण $= 15$ सेमी

आयत की लम्बाई $= 12$ सेमी

जैसा कि हम जानते हैं,

आयत का क्षेत्रफल $=$ लम्बाई $\times$ चौड़ाई

विकर्ण $^2 =$ लम्बाई $^2 +$ चौड़ाई ^{2}

$15^2 = 12^2 +$ चौड़ाई ^{2}

$\Rightarrow$ चौड़ाई $^2 = 225 - 144$

$= \sqrt{81}$

$= 9$

$\therefore$ आयत का क्षेत्रफल $= 9 \times 12 = 108$ सेमी ^{2}

अतः विकल्प (B) सही है।

59. दिया गया है,

वर्ष $1996 =$ के दौरान कंपनी का व्यय 30 लाख रुपये

वर्ष 1996 के दौरान कंपनी का लाभ $= 45$ लाख

जैसा कि हम जानते हैं,

लाभ $=$ आय $-$ व्यय

$45 =$ आय $- 30$

आय $= 45 + 30$

$\therefore$ आय $= 75$ लाख

अतः विकल्प (D) सही है।

60. दिया गया है,

$a + b + c = 2,\ \dfrac{1}{a} + \dfrac{1}{b} + \dfrac{1}{c} = 0,\ ac = \dfrac{4}{b}$ and $a^3 + b^3 + c^3 = 28$

जैसा कि हम जानते हैं,

$a^3 + b^3 + c^3 - 3abc = (a + b + c)(a^2 + b^2 + c^2 - ab - bc - ca)$

$\dfrac{1}{a} + \dfrac{1}{b} + \dfrac{1}{c} = 0$

$\Rightarrow \dfrac{(ab + bc + ca)}{abc} = 0$

$\Rightarrow ab + bc + ca = 0$

और,

$ac = \dfrac{4}{b}$

$\Rightarrow abc = 4$

प्रश्न के अनुसार,

$a^3 + b^3 + c^3 - 3abc = (a + b + c)(a^2 + b^2 + c^2 - ab - bc - ca)$

$\Rightarrow 28 - 3 \times 4 = 2 \times (a^2 + b^2 + c^2 - 0)$

$\Rightarrow \dfrac{(28 - 12)}{2} = a^2 + b^2 + c^2$

$\Rightarrow a^2 + b^2 + c^2 = \dfrac{16}{2}$

$\Rightarrow a^2 + b^2 + c^2 = 8$

$\therefore a^2 + b^2 + c^2$ का मान 8 है।

अतः विकल्प (A) सही है।

61. दिया गया है,

कुल राशि जो A, B और C के बीच विभाजित है $= 6300$ रुपये

$X : Y = 7 : 5$ और $Y : Z = 4 : 3$

$X : Y = 7 : 5 \ldots(1)$

$Y : Z = 4 : 3 \ldots(2)$

समीकरण (1) में (4) से गुणा करने पर और समीकरण (2) में 5 से गुणा करने पर, हम प्राप्त करते हैं:

$X : Y : Z = 28 : 20 : 15$

$X : Y : Z$ का अनुपात $= 28x : 20x : 15x$

प्रश्न के अनुसार,

$28x + 20x + 15x = 6{,}300$

$\Rightarrow 63x = 6{,}300$

$\Rightarrow x = \dfrac{6{,}300}{63}$

$\Rightarrow x = 100$

$\therefore$ Y का हिस्सा $= 20 \times 100 = 2000$ रुपये

अत: विकल्प (A) सही है।

62. दिया गया है,

15 आदमी 10 दिनों में एक कार्य पूरा कर सकते हैं।

$M_1 = 15$, $D_1 = 10$ और $M_2 = 20$

जैसा कि हम जानते हैं,

$M_1 \times D_1 = M_2 \times D_2$

$15 \times 10 = 20 \times D_2$

$\Rightarrow D_2 = \dfrac{150}{20}$

$\Rightarrow D_2 = 7.5$ दिन

$\therefore$ 20 पुरुष उसी काम को 7.5 दिनों में पूरा कर सकते हैं।

अत: विकल्प (B) सही है।

63. दिया गया है,

1996 में कंपनी का लाभ $= 45$ लाख

1997 में कंपनी का लाभ $= 55$ लाख

1998 में कंपनी का लाभ $= 50$ लाख

1999 में कंपनी का लाभ $= 65$ लाख

2000 में कंपनी का लाभ $= 75$ लाख

2001 में कंपनी का लाभ $= 65$ लाख

1997 में कंपनी के लाभ प्रतिशत में वृद्धि हुई $= \left[\dfrac{(55-45)}{45}\right] \times 100 = 22.23\%$

1998 में कंपनी के लाभ प्रतिशत में कमी आई $= \left[\dfrac{(50-55)}{55}\right] \times 100 = -9.09\%$

1999 में कंपनी का लाभ प्रतिशत में वृद्धि हुई $= \left[\dfrac{(65-50)}{50}\right] \times 100 = 30\%$

2000 में कंपनी का लाभ प्रतिशत में वृद्धि हुई $= \left[\dfrac{(65-75)}{65}\right] \times 100 = 15.39\%$

2001 में कंपनी के लाभ प्रतिशत में कमी आई $= \left[\dfrac{(65-75)}{75}\right] \times 100 = -13.34\%$

$\therefore$ $1998 - 1999$ में कंपनी सबसे तेजी से बढ़ी।

अत: विकल्प (A) सही है।

64. दिया गया है,

$PL = 9$ सेमी, $LQ = 4$ सेमी और $LS = 6$ सेमी

जैसा कि हम जानते हैं,

यदि दो जीवाएं PQ और RS बिंदु L पर एक दूसरे को काटती हैं, तो

$PL \times LQ = RL \times LS$

प्रश्न के अनुसार,

$9 \times 4 = RL \times 6$

$\Rightarrow RL = \dfrac{36}{6}$

$\therefore RL = 6$ सेमी

अत: विकल्प (C) सही है।

65. दिया गया है,

शैक्षणिक सत्र $2018 - 2019$ के लिए काचिता की स्कूल में उपस्थिति 216 दिनों की थी।

काचिता की उपस्थिति % $= 90\%$

जैसा कि हम जानते हैं,

y के प्रतिशत के रूप में $x = \left(\dfrac{x}{y}\right) \times 100$

माना स्कूल के कुल कार्य दिवस x दिन थे, तो

$x \times \left(\dfrac{90}{100}\right) = 216$

$\Rightarrow x = 216 \times \left(\dfrac{100}{90}\right)$

$\Rightarrow x = 240$ दिन

$\therefore$ स्कूल के कुल कार्य दिवस 240 दिन थे।

अत: विकल्प (B) सही है।

66. जैसा कि हम जानते हैं,

11 का विभाज्यता नियम: यदि संख्या के अंकों के एकांतर संख्याओं का योग का अंतर 11 का गुणक है (उदाहरण: 2343, 11 से विभाज्य है क्योंकि $2 - 3 + 4 - 3 = 0$, जो 11 का गुणक है)

विकल्प (B):

963391

$\Rightarrow 9 - 6 + 3 - 3 + 9 - 1$

$\Rightarrow 21 - 10$

$\Rightarrow 11$ (11 का गुणक)

अब हम कह सकते हैं कि 963391, 11 से विभाज्य है।

अत: विकल्प (B) सही है।

67. श्री जोशी के छात्र जिन्होंने सुधार दिखाया है $= 92 - 85 = 7\%$

डॉ कालरा के छात्र जिन्होंने सुधार दिखाया है $= 97 - 85 = 12\%$

श्रीमती तनेजा के छात्र जिन्होंने सुधार दिखाया है $= 100 - 98 = 2\%$

श्री सक्सेना के छात्र जिन्होंने सुधार दिखाया है $= 87 - 78 = 9\%$

इसलिए,

डॉ कालरा के छात्रों ने अधिकतम सुधार दिखाया है।

अत: विकल्प (B) सही है।

68. दिया गया है,
$-15 + 90 \div [89 - \{9 \times 8 + (33 - 3 \times 7)\}]$
$= -15 + 90 \div [89 - \{72 + (33 - 21)\}]$
$= -15 + 90 \div [89 - \{72 + 12\}]$
$= -15 + 90 \div [89 - 84]$
$= -15 + 90 \div 5$
$= -15 + 18$
$= 3$

अत: विकल्प (A) सही है।

69. दिया गया है,

$\cos(x - y) = \dfrac{\sqrt{3}}{2}$

$\sin(x + y) = \dfrac{1}{2}$

जैसा कि हम जानते हैं,

$\cos 30° = \dfrac{\sqrt{3}}{2}$

$\sin 30° = \dfrac{1}{2}$

$\cos(x - y) = \dfrac{\sqrt{3}}{2}$

$\Rightarrow \cos(x - y) = \cos 30°$

$(x - y) = 30° \ldots(1)$

$\sin(x + y) = \dfrac{1}{2}$

$\Rightarrow \sin(x + y) = \sin 30°$

$(x + y) = 30 \ldots(2)$

समीकरण (1) और समीकरण (2) को जोड़ने पर, हमें प्राप्त होता है

$2x = 60°$

$\therefore x = 30°$

अत: विकल्प (B) सही है।

70. दिया गया है,

$\cot A = k$

जैसा कि हम जानते हैं,

$\cot A = $ आधार/लम्ब

$\sin A = $ लम्ब/कर्ण

(कर्ण)^2 = (आधार)^2 + (लम्ब)^2

$\cot A = \dfrac{k}{1}$

$\Rightarrow$ आधार/लम्ब $= \dfrac{k}{1}$

$\Rightarrow$ आधार $= k$ और लम्ब $= 1$

(कर्ण)^2 = (आधार)^2 + (लम्ब)^2

$\Rightarrow$ (कर्ण)$^2 = k^2 + 1^2$

कर्ण $= \sqrt{(1 + k^2)}$

अब, $\sin A = \left(\dfrac{1}{\sqrt{(1+k^2)}} \right)$

अत: विकल्प (D) सही है।

71. दिया गया है,

1996 में कंपनी द्वारा अर्जित लाभ $= 45$ लाख

1997 में कंपनी द्वारा अर्जित लाभ $= 55$ लाख

1998 में कंपनी द्वारा अर्जित लाभ $= 50$ लाख

1999 में कंपनी द्वारा अर्जित लाभ $= 65$ लाख

2000 में कंपनी द्वारा अर्जित लाभ $= 75$ लाख

2001 में कंपनी द्वारा अर्जित लाभ $= 65$ लाख

$\therefore$ कंपनी द्वारा अर्जित लाभ वर्ष 2000 में अधिकतम है।

अत: विकल्प (D) सही है।

72. दिया गया है,

$\dfrac{(\cos\theta + \sin\theta)}{(\cos\theta - \sin\theta)} = 8$

जैसा कि हम जानते हैं,

यदि $\dfrac{x}{y} = \dfrac{a}{b}$, तो

अनुपात और समानुपात नियम

$\dfrac{(x+y)}{(x-y)} = \dfrac{(a+b)}{(a-b)}$

$\dfrac{(\cos\theta + \sin\theta)}{(\cos\theta - \sin\theta)} = \dfrac{8}{1}$

अनुपात और समानुपात नियम

$\Rightarrow \dfrac{\cos\theta}{\sin\theta} = \dfrac{(8+1)}{(8-1)}$

$\Rightarrow \cot\theta = \frac{9}{7}$

अत: विकल्प (B) सही है।

73. दिया गया है,

बाइक का सूची मूल्य, क्रय मूल्य से अधिक है $= 15\%$

छूट $\% = 20\%$

जैसा कि हम जानते हैं,

यदि एक संख्या $x\%$ से बढ़ती है, तो

बढ़ी संख्या $=$ वास्तविक संख्या $\times \frac{(100+x)}{100}$

विक्रय मूल्य $=$ चिन्हित मूल्य $\times [(100 - $ छूट $\%)/100]$

हानि $=$ क्रय मूल्य $-$ विक्रय मूल्य

हानि $\% = ($हानि/क्रय मूल्य$) \times 100$

माना बाइक का क्रय मूल्य 100 रुपये है, तो

बाइक का सूची मूल्य $= 100 \times \left(\frac{115}{100}\right) = 115$ रुपये

बाइक का विक्रय मूल्य $= 115 \times \left(\frac{80}{100}\right) = 92$ रुपये

हानि $= 100$ रुपये -92 रुपये $= 8$ रुपये

अत: विकल्प (D) सही है।

74. दिया गया है,

$x - 2y = 3$ और $xy = 5$

जैसा कि हम जानते हैं,

$(x - y)^2 = x^2 + y^2 - 2xy$

$(x - 2y)^2 = x^2 + 4y^2 - 2 \times x \times 2y$

$\Rightarrow 3^2 = x^2 + 4y^2 - 4 \times 5$

$\Rightarrow x^2 + 4y^2 = 9 + 20$

$\Rightarrow x^2 + 4y^2 = 29 ...(1)$

$(x^2 + 4y^2)^2 = x^4 + 16y^4 + 2 \times x^2 \times 4y^2$

$\Rightarrow 29^2 = x^4 + 16y^4 + 8 \times 25$

$\Rightarrow x^4 + 16y^4 = 841 - 200$

$\Rightarrow x^4 + 16y^4 = 641 ...(2)$

$(x^2 - 4y^2)^2 = x^4 + 16y^4 - 2 \times x^2 \times 4y^2$

$\Rightarrow (x^2 - 4y^2)^2 = 641 - 8 \times 25$

$\Rightarrow (x^2 - 4y^2)^2 = 441$

$\Rightarrow x^2 - 4y^2 = \sqrt{441}$

$\therefore x^2 - 4y^2 = 21$

अत: विकल्प (A) सही है।

75. दिया गया है,

मूलधन $= 3500$ रुपये

धनराशि $= 4500$ रुपये

साधारण ब्याज $= 4500$ रुपये -3500 रुपये $= 1000$ रुपये

ब्याज दर $= 10\%$ प्रति वर्ष

जैसा कि हम जानते हैं,

साधारण ब्याज $= \frac{P \times R \times T}{100}$ जहां $P =$ मूलधन, $R =$ दर, $T =$ समय।

$1000 = \frac{(3500 \times 10 \times T)}{100}$

$\Rightarrow T = \frac{1000}{350}$

$\Rightarrow T = 2\frac{6}{7}$ वर्ष

$\therefore$ 10% प्रति वर्ष साधारण ब्याज पर निवेश की गई 3500 रुपये की राशि, $2\frac{6}{7}$ वर्षों में 4500 रुपये हो जाएगी।

अत: विकल्प (C) सही है।

76. पंकज आडवाणी ने 'IBSF विश्व बिलियर्ड्स चैंपियनशिप' 22 बार जीता।

पंकज अर्जन आडवाणी (जन्म 24 जुलाई 1985) एक भारतीय बिलियर्ड्स और पूर्व पेशेवर स्नूकर खिलाड़ी हैं। वह 22 बार के अंतर्राष्ट्रीय बिलियर्ड्स और स्नूकर फेडरेशन (IBSF) के विश्व चैंपियन हैं। उन्होंने 16 बिलियर्ड्स वर्ल्ड टाइटल, 15 मौकों पर आईबीएसएफ वर्ल्ड बिलियर्ड्स चैंपियनशिप और एक बार वर्ल्ड टीम बिलियर्ड्स चैंपियनशिप जीती हैं। स्नूकर में, उन्होंने तीन बार आईबीएसएफ वर्ल्ड स्नूकर चैंपियनशिप, दो बार आईबीएसएफ वर्ल्ड सिक्स-रेड चैंपियनशिप और आईबीएसएफ वर्ल्ड टीम कप और आईबीएसएफ वर्ल्ड टीम चैंपियनशिप एक-एक बार जीती। उनके पास आईबीएसएफ विश्व चैंपियनशिप की संख्या का रिकॉर्ड है।

उन्हें पुरस्कृत किया गया है:

- बिलियर्ड्स और स्नूकर के लिए अर्जुन पुरस्कार
- राजीव गाँधी खेल रत्न पुरस्कार
- पदम् भूषण
- पदमश्री
- हीरो इंडिया का खेल पुरस्कार

अत: विकल्प (A) सही है।

77. कंप्यूटर में, सेंट्रल प्रोसेसिंग यूनिट(CPU) डेटा को संसाधित करने के लिए उत्तरदायी होता है और इसे कंप्यूटर का इलेक्ट्रॉनिक मस्तिष्क भी कहा जाता है।

- CPU का पूर्ण रूप सेंट्रल प्रोसेसिंग यूनिट होता है।
- CPU को केन्द्रीय संसाधक या मुख्य संसाधक के रूप में भी जाना जाता है।
- यह अंकगणित, तर्क, नियंत्रण और इनपुट / आउटपुट संचालन जैसे कार्य करता है।
- CPU हार्डवेयर का एक भाग है जो कंप्यूटर प्रोग्राम के कार्यों के लिए उत्तरदायी होता है।

अत: विकल्प (B) सही है।

78. भारत में प्रत्येक वर्ष संविधान दिवस 26 नवम्बर को मनाया जाता है।

- इसे "संविधान दिवस" या "राष्ट्रीय कानून दिवस" भी कहा जाता है।

- भारत सरकार ने 19 नवंबर 2015 को एक गजट अधिसूचना द्वारा 26 नवंबर को संविधान दिवस के रूप में घोषित किया।
- यह दिन 1950 में भारतीय संविधान को अपनाने का वर्णन करता है।
- इस दिन स्कूलों में संविधान संबंधी गतिविधियां होती हैं, समानता की मांग होती है और विशेष संसदीय सत्र होता है।
- संविधान 26 नवंबर 1949 को अपनाया गया और यह 26 जनवरी 1950 को लागू हुआ था।

अत: विकल्प (D) सही है।

79. यूनेस्को की अमूर्त सांस्कृतिक विरासत की प्रतिनिधि सूची में राजस्थान के 'कालबेलिया' लोक गीत और नृत्य वर्ष 2010 में सम्मिलित किए गए थे।

- कालबेलिया लोक नृत्य और गीत राजस्थान राज्य के हैं।
- कालबेलिया नृत्य की वेशभूषा लहँगा, ओढ़नी, या अंगरखा है।
- यह नृत्य पुरुष और महिला दोनों द्वारा किया जाता है।
- कालबेलिया गीत पौराणिक कथाओं से लिए गए हैं।
- मानवता की अमूर्त सांस्कृतिक विरासत की प्रतिनिधि सूची में राजस्थान के कालबेलिया लोक गीत और नृत्य सूचीबद्ध हैं।
- कालबेलिया लोक गीत और राजस्थान के नृत्य को यूनेस्को द्वारा एक अमूर्त सांस्कृतिक विरासत के रूप में मान्यता दी गई थी।

अत: विकल्प (A) सही है।

80. अनुच्छेद 93 वर्णित करता है कि लोकसभा में एक अध्यक्ष और एक उपाध्यक्ष होना चाहिए।

अध्यक्ष और उपाध्यक्ष:

- वह लोकसभा के प्रधान अधिकारी होतें हैं।
- वह आम चुनाव की प्रक्रिया के बाद लोकसभा की पहली बैठक में चुने जाते हैं।
- उपाध्यक्ष का लोकसभा में दूसरा सबसे अधिक अधिकार है।
- वे अध्यक्ष के अभाव में प्रधान अधिकारियों के रूप में कार्य करते हैं।

अत: विकल्प (A) सही है।

81. 'सागा दावा' सिक्किम में मनाया जाता है।

सागा दावा सिक्किम के लोगों के लिए सबसे महत्वपूर्ण त्योहार है, जो साल के चौथे महीने में राजधानी गंगटोक में बड़े उत्साह के साथ मनाया जाता है। सागा दावा सिक्किमियों के लिए एक शुभ महीना है। इसे ट्रिपल धन्य महोत्सव के रूप में भी जाना जाता है।

अत: विकल्प (C) सही है।

82. मृदाविज्ञान - पादप भूगोल जोड़ा सही नहीं है एक मिट्टी से संबंधित है और दूसरा पौधों से संबंधित है।

- पादप भूगोल पौधों या पौधों के वर्गीकरण समूहों के वितरण का अध्ययन है और इसका केंद्रबिन्दु पौधों की श्रेणियों को उनकी उत्पत्ति, फैलाव और विकास के संदर्भ में स्पष्ट करना है।
- मृदाविज्ञान मिट्टी की उत्पत्ति और साथ ही मिट्टी की आकृति विज्ञान पर शोध करती है और फिर उन्हें वर्गीकृत करती है।पेडोलॉजी शब्द "पेडन" से लिया गया है जिसका अर्थ है "मिट्टी" और "लॉजी" जिसका अर्थ "अध्ययन" है। पेडोलॉजी मिट्टी के निर्माण, विकास और मिट्टी के मुख्य अंगों का अध्ययन है।

अत: विकल्प (D) सही है।

83. 'व्यपगत का सिद्धांत' की शुरुआत लार्ड डलहौज़ी ने की थी।

- व्यपगत का सिद्धांत एक राज्य-हरण नीति थी।
- यह नीति 1859 तक ब्रिटिश ईस्ट इंडिया कंपनी के द्वारा लागू किया गया था।

- इस सिद्धांत के अंतर्गत, जब किसी संरक्षित राज्य का शासक बिना उसके वास्तविक उत्तराधिकारी के होने पर मृत्यु को प्राप्त हो जाए तो, उसका राज्य, देश की सदियों पुरानी परंपरा के अनुसार स्वीकृत दत्तक वारिस को नहीं दिया जाता था।
- इसे ब्रिटिश प्रभुत्व में तब तक मिलाना था जब तक कि ब्रिटिश अधिकारियों द्वारा गोद लेने को स्पष्ट रूप से मंजूरी नहीं दी गई थी।

अत: विकल्प (B) सही है।

84. कलकत्ता में भारतीय सांख्यिकी संस्थान (ISI) की स्थापना प्रशांत चंद्र महालनोबिस ने की।

- भारतीय सांख्यिकी संस्थान एक सार्वजनिक शोध विश्वविद्यालय है।
- इस संस्थान का आदर्श वाक्य "विविधता में विश्वविद्यालय" है।
- इस संस्थान का मुख्यालय बोनहोगली (बारानगर), पश्चिम बंगाल, कोलकाता है।
- दिल्ली, बंगाल, चेन्नई और गिरिडीह में इसके चार सहायक केंद्र हैं।
- ISI की प्राथमिक गतिविधियां सांख्यिकी के अनुसंधान और प्रशिक्षण, सैद्धांतिक आंकड़ों का विकास और इसके अनुप्रयोग हैं।
- ISI भारत सरकार के सांख्यिकी और कार्यक्रम कार्यान्वयन मंत्रालय के अंतर्गत आता है।
- प्रोफेसर पी.सी.महालनोबिस द्वारा कोलकाता में 17 दिसंबर 1931 को स्थापित, संस्थान ने 1959 में भारतीय संसद के एक अधिनियम द्वारा राष्ट्रीय महत्व के संस्थान का दर्जा प्राप्त किया।

अत: विकल्प (D) सही है।

85. उष्णकटिबंधीय पर्णपाती वन को 'मानसून वन' के रूप में भी जाना जाता है।

- उष्णकटिबंधीय पर्णपाती वन को "मानसून वन" भी कहा जाता है।
- उष्णकटिबंधीय पर्णपाती वन कटि बन्ध में भूमध्य रेखा के साथ कर्क और मकर रेखा के साथ-साथ नम उपप्रजातियों में पाए जाते हैं।
- उष्णकटिबंधीय पर्णपाती वन विशाल पत्तियों वाले पेड़ों के घर हैं जो वर्ष के किसी एक मौसम में गिरते हैं।
- इस जंगल में वर्षा की सीमा 70 - 200 सेमी है।

अत: विकल्प (B) सही है।

86. मानव हृदय की अलिंद एक बहुत महत्वपूर्ण पेप्टाइड हार्मोन का स्राव करती है। उस हार्मोन का नाम ANF है।

- आलिंद नैत्र्युरेटिक पेप्टाइड (ANP) को अत्रिअल नेत्रीय्यूटिक फैक्टर (ANF) के रूप में भी जाना जाता है।
- यह एक प्रकार का हार्मोन है जो हृदय के आलिंद से स्रावित होता है।
- ANP के कार्य में गुरदे के सोडियम उत्सर्जन को बढ़ाकर विस्तारित कोशिकाबाह्य तरल पदार्थ (ECF) की मात्रा में कमी करना होता है।
- ANP हृदय में आलिंद में हृदय की मांसपेशी कोशिकाओं द्वारा संश्लेषित और स्रावित होता है।
- इन कोशिकाओं में वॉल्यूम रिसेप्टर्स मौजूद होते हैं जो कि आलिंद रक्त की मात्रा बढ़ने के कारण धमनी के बढ़ते खिंचाव का प्रतिक्रिया दिखाते हैं।
- 1981 में डी बोल्ड ने नैट्रियूरेटिक कारक की खोज की।

अत: विकल्प (A) सही है।

87. मोरचा लगने से बचाने के लिए लोहे पर एक सुरक्षात्मक जस्ते की विलेपन जस्तीकरण प्रक्रिया में प्रयोग किया जाता है।

- जस्तीकरण, स्टील या लोहे में जस्ता का लेप लगाने की प्रक्रिया है।
- यह प्रक्रिया स्टील और लोहे को जंग लगने से बचाने के लिए प्रयोग किया जाता है।

- जस्तीकरण की सबसे सामान्य विधि "हॉट-डिप-गैल्वनीकरण" है।
- इस विधि में, पिघले हुए गरम जस्ते के घोल में अवयवों को डुबोया जाता है।

अत: विकल्प (A) सही है।

88. 'प्लेयर ऑफ द ईयर' के लिए 'सर गारफील्ड सोबर्स ट्रॉफी' जीतने वाले इतिहास में पहले खिलाड़ी कौन बने।

- इस ट्रॉफी के पहले विजेता 2004 में राहुल द्रविड़ थे । वह भारत के पूर्व क्रिकेटर थे जिन्होंने भारत के लिए 164 टेस्ट और 344 एक दिवसीय अंतर्राष्ट्रीय मैच खेले थे।
- राहुल द्रविड़ अपने प्रशंसकों के बीच अपने उपनाम मिस्टर डिपेंडेबल, द वॉल और भारत के संकटमोचन के साथ प्रसिद्ध थे।
- उनकी कुछ महत्वपूर्ण उपलब्धियों में शामिल हैं 1998 में अर्जुन पुरस्कार, 2004 में पद्म श्री, पद्म भूषण 2013।

अत: विकल्प (A) सही है।

89. मधुमेह इंसुलिन की कमी या इंसुलिन प्रतिरोध के कारण होता है। मधुमेह मेलिटस इंसुलिन क्रिया की सापेक्ष या पूर्ण कमी के कारण होता है। हाइपरग्लेसीमिया (असामान्य रूप से ऊंचा रक्त ग्लूकोज) मधुमेह मेलिटस की जैव रासायनिक पहचान है, लेकिन सभी प्रमुख पोषक तत्वों के मार्ग विक्षिप्त होते हैं।

अत: विकल्प (D) सही है।

90. मानसिक स्वास्थ्य के बारे में जागरूकता फैलाने के लिए विश्व आर्थिक मंच द्वारा दिए गए क्रिस्टल अवार्ड 2020' के लिए दीपिका पादुकोण को चुना गया था।

20 जनवरी, 2020 को वर्ल्ड इकोनॉमिक फोरम के उद्घाटन सत्र के दौरान 26 वें वार्षिक क्रिस्टल अवार्ड समारोह में दीपिका पादुकोण को क्रिस्टल अवार्ड 2020 से सम्मानित किया गया। लोकप्रिय भारतीय अभिनेत्री को मानसिक स्वास्थ्य जागरूकता बढ़ाने और उनकी नींव लिव लव लाफ में अग्रणी भूमिका निभाने के लिए सम्मानित किया गया।

अत: विकल्प (A) सही है।

91. भामिदीपति साई प्रणीत बैडमिंटन से जुड़े हैं।

- बी. साई प्रणीत का जन्म 10 अगस्त 1992 को हैदराबाद में हुआ था।
- वह प्रकाश पादुकोण के बाद BWF विश्व चैम्पियनशिप में कांस्य पदक जीतने वाले पहले भारतीय पुरुष बैडमिंटन खिलाड़ी हैं।
- साई प्रणीत को 2019 में अर्जुन पुरस्कार से सम्मानित किया गया था।

अत: विकल्प (B) सही है।

92. अमिताभ बच्चन को 66 वें दादा साहब फाल्के पुरस्कार 2018 के लिए चुना गया था।

दिग्गज अभिनेता अमिताभ बच्चन को फिल्म उद्योग में उनके उत्कृष्ट योगदान के लिए प्रतिष्ठित दादा साहब फाल्के पुरस्कार के लिए नामित किया गया है। यह पुरस्कार सरकार द्वारा भारतीय सिनेमा के विकास और विकास में उत्कृष्ट योगदान के लिए दिया जाता है। इसमें एक स्वर्ण कमल और 10 लाख रुपये का नकद पुरस्कार शामिल है। 76 वर्षीय स्क्रीन आइकन, जो 1970 के दशक में "जंजीर", "दीवार" और "शोले" जैसी फिल्मों के साथ युवा पीढ़ी के गुस्से को दर्शाने वाले अपने 'एंग्री यंग मैन' व्यक्तित्व के साथ स्टारडम तक पहुंचे थे।

अत: विकल्प (D) सही है।

93. "मध्यमंडल के भीतर, बढ़ती ऊंचाई के साथ तापमान बढ़ता है।" कथन सही नहीं है।

मध्यमंडल:

- यह समतापमंडल के लगभग 80 किमी की ऊँचाई तक स्थित होता है।
- यह स्तर वायुमंडल की सबसे ठंडी परत होती है।
- यह समतापमंडल के ठीक ऊपर होता है।

- समताप मंडल और मेसोस्फीयर को सामूहिक रूप से "मध्य वायुमंडल" के रूप में जाना जाता है।
- मध्यमंडल के भीतर, बढ़ती ऊंचाई के साथ तापमान कम हो जाता है।
- यह वायुमंडल की तीसरी स्तर है।

अत: विकल्प (D) सही है।

94. इन्फोसिस को 'कार्बन न्यूट्रल व्यवस्था' श्रेणी में UN ग्लोबल क्लाइमेट एक्शन अवार्ड्स, सितम्बर 2019 के लिए चुना गया।

- कंपनी को यह पुरस्कार जलवायु परिवर्तन से निपटने के अपने प्रयासों के लिए मान्यता प्राप्त करने वाला एकमात्र भारतीय कॉर्पोरेट होने के लिए प्राप्त हुआ।
- संयुक्त राष्ट्र के महासचिव एंटोनियो गुटेरेस द्वारा न्यूयॉर्क में संयुक्त राष्ट्र जलवायु सम्मेलन आयोजित किया गया था।
- चिली के सैंटियागो में संयुक्त राष्ट्र जलवायु परिवर्तन सम्मेलन (COP25) में इन्फोसिस को यह पुरस्कार प्रदान किया जाएगा।

अत: विकल्प (B) सही है।

95. भारत की दूसरी सबसे बड़ी नदी घाटी गोदावरी है जो देश के 10% क्षेत्र को घेरती है।

- इस नदी का स्रोत त्र्यंबकेश्वर, महाराष्ट्र है।
- यह महाराष्ट्र, तेलंगाना, आंध्र प्रदेश, छत्तीसगढ़ और ओडिशा राज्य से होकर बहती है।
- इस नदी का मुहाना बंगाल की खाड़ी है।
- गंगा के बाद गोदावरी भारत की दूसरी सबसे लम्बी नदी है।
- इस नदी की लम्बाई 1,465 किमी है।

अत: विकल्प (D) सही है।

96. 2 दिसंबर 2019 को, भारतीय नौसेना की पहली महिला पायलट शिवांगी बनी।

- सब लेफ्टिनेंट शिवांगी का जन्म 15 मार्च 1995 को मुजफ्फरपुर, बिहार में हुआ था।
- वह 2 दिसंबर 2019 को पहली भारतीय नौसेना पायलट बनी।
- सब-लेफ्टिनेंट शिवांगी ने कोच्चि से ऑपरेशनल ट्रेनिंग पूरी की।
- उन्हें भारतीय नौसेना अकादमी, एझिमाला में 27 एनओसी पाठ्यक्रम के भाग के रूप में लघु सेवा आयोग के तहत भारतीय नौसेना में चुना गया था।
- उन्होने छह महीने के दो पाठ्यक्रम शुरू किए।
- उन्होने भारतीय नौसेना के एयर स्क्वाड्रन 550 में डॉर्नियर विमान उड़ाना सीखा।

अत: विकल्प (D) सही है।

97. भूकंप को मापने में उपयोग किए जाने वाले तीव्रता के पैमाने की सीमा 1 से 12 है।

भूकंप की तीव्रता को मापने के लिए जिन उपकरणों का इस्तेमाल किया जाता है वे सिस्मोग्राफ, रिक्टर स्केल और सिस्मोग्राफ हैं।

रिक्ट स्केल	रिक्टर स्केल को एक परिमाण स्केल भी कहा जाता है यह चार्ल्स एफ. रिक्टर द्वारा विकसित किया गया था
मरक्कली स्केल	मर्कली स्केल का विकास गिसेसे मर्कल्ली ने किया था। स्केल 1 से 12 के बीच होता है।
सिस्मोग्राफ	एक सिस्मोग्राफ में एक निश्चित आधार से जुड़ा एक द्रव्यमान होता है। भूकंप के दौरान द्रव्यमान चलता रहता है।

अत: विकल्प (A) सही है।

98. इकोनॉमिस्ट इंटेलिजेंस यूनिट (EIU) के अनुसार, 2019 में दुनिया भर में कैंसर तैयारियों के सूचकांक (ICP) में भारत का स्थान 19 है।

कैंसर तैयारियों का सूचकांक:

- यह सूचकांक "इकोनॉमिस्ट इंटेलिजेंस यूनिट" द्वारा बनाया गया है।
- सूचकांक 28 देशों से कैंसर नीति और नियंत्रण के लिए प्रासंगिक डेटा का एक संग्रह है।
- सूचकांक का उद्देश्य राष्ट्रीय प्रयासों की बेंचमार्किंग की अनुमति देना और कैंसर चुनौती को संबोधित करने में सर्वोत्तम अभ्यास की पहचान करना है।
- इंडेक्स में सबसे ऊपर ऑस्ट्रेलिया और उसके बाद नीदरलैंड और जर्मनी थे।

अत: विकल्प (B) सही है।

99. अरुणा आसफ़ अली एक राजनीतिक कार्यकर्ता थीं और उन्होंने भारतीय स्वतंत्रता आंदोलन में भाग लिया।

- वह भारत छोड़ो आंदोलन के दौरान मुंबई के गोवालिया टैंक मैदान में भारतीय ध्वज फहराने के लिए जानी जाती हैं।
- 1958 में, वह "दिल्ली की पहली मेयर" भी बनीं।
- अरुणा आसफ अली को स्वतंत्रता आंदोलन के 'ग्रैंड ओल्ड लेडी' के रूप में जाना जाता है।
- गोवालिया टैंक मैदान मध्य मुंबई में स्थित है।
- महात्मा गांधी ने इस उद्यान में भारत छोड़ो भाषण जारी किया।
- वह महात्मा गांधी के विचारों और विश्वासों से बहुत प्रभावित थी।
- 1932 में, वह राजनीतिक कैदियों के साथ दुर्व्यवहार के खिलाफ तिहाड़ जेल में भूख हड़ताल पर चली गई थे।

अत: विकल्प (B) सही है।

100. आतिश-ए-चिनार' (फ्लेम ऑफ चिनार) शेख मुहम्मद अब्दुल्ला की आत्मकथा है।

- शेख मुहम्मद अब्दुल्ला 'शेर-ए-कश्मीर' के रूप में जाने जाते हैं।
- शेख अब्दुल्ला, जिन्होंने राष्ट्रीय सम्मेलन की स्थापना की, को उनके जीवनकाल में तीन बार सरकार के प्रमुख के रूप में नियुक्त किया गया।
- अब्दुल्ला को महाराजा हरि सिंह के खिलाफ कश्मीर छोड़ो आंदोलन शुरू करने के लिए तीन साल के कारावास की सजा सुनाई गई थी।
- 1953 में, शेख अब्दुल्ला पर राज्य के खिलाफ साजिश रचने का आरोप लगाया गया और उन्हें 'कश्मीर षड्यंत्र मामले' में गिरफ्तार कर लिया गया।
- वह एक कश्मीरी राजनीतिज्ञ थें और जम्मू-कश्मीर की राजनीति में शामिल थें।

अत: विकल्प (A) सही है।

// टिप्पणियाँ //